EL PODER DE LO ALTO

A. B. SIMPSON

EL PODER
DE LO ALTO

editorial clie

Libros CLIE
Galvani, 113
08224 TERRASSA (Barcelona)

EL PODER DE LO ALTO

Versión española: Eduardo Palací.

Depósito Legal: B. 7.988 - 1989
ISBN 84-7645-010-9

Impreso en los Talleres Gráficos de la M.C.E. Horeb,
E.R. nº 265 S.G. - Polígono Industrial Can Trias,
calles 5 y 8 - VILADECAVALLS (Barcelona)

ÍNDICE

Introducción 5
Prefacio 7

PRIMERA PARTE

I. Como una paloma 9
II. El aliento de Dios 21
III. La espada del Espíritu 37
IV. La columna y la nube de fuego 58
V. El agua viva 74
VI. El aceite de la unción 86
VII. El bautismo de fuego 100
VIII. El Espíritu de sabiduría 115
IX. El Espíritu Santo en el Libro de los Jueces . . 129
X. El hombre lleno del Espíritu 145
XI. El Espíritu Santo en la vida de Saúl y David . . 157
XII. El Espíritu Santo en el Libro de los Proverbios . 173
XIII. La voz apacible y delicada 186
XIV. La botija de aceite 204
XV. El valle de las acequias 217
XVI. El Espíritu inspirador 229
XVII. El Espíritu Santo en el Libro de Joel . . . 244
XVIII. El Espíritu Santo en el Libro de Isaías . . . 258
XIX. El Espíritu Santo en la vida y en el testimonio de Jeremías 272
XX. El Espíritu Santo en Ezequiel 292
XXI. El Espíritu de la resurrección 307
XXII. El río de bendiciones 319
XXIII. El Espíritu Santo en los días de la restauración . 332
XXIV. Las olivas y los candeleros de oro 346
XXV. El último mensaje del Espíritu Santo a la antigua dispensación 361

SEGUNDA PARTE

I.	El Espíritu Santo en la vida del Señor Jesucristo .	375
II.	El bautismo del Espíritu Santo	388
III.	Las vírgenes prudentes y las insensatas o el Espíritu Santo y el advenimiento del Señor	399
IV.	La parábola de las minas o el poder para el servicio	410
V.	El Espíritu Santo en el Evangelio de Juan . . .	426
VI.	El consolador	438
VII.	A la espera del Espíritu	450
VIII.	Poder de lo alto	463
IX.	Llenos del Espíritu	481
X.	El Espíritu en la Epístola a los Romanos . . .	493
XI.	El Espíritu Santo en la Primera Epístola a los Corintios	506
XII.	El Espíritu Santo en el cuerpo de Cristo . . .	520
XIII.	El Espíritu Santo en la Segunda Epístola a los Corintios	529
XIV.	El Espíritu Santo en la Epístola a los Gálatas . .	540
XV.	Todas las bendiciones del Espíritu o el Espíritu Santo en la Epístola a los Efesios	554
XVI.	El Espíritu Santo en la Epístola a los Filipenses .	571
XVII.	El Espíritu de amor	584
XVIII.	El Espíritu Santo en las Epístolas a los Tesalonicenses	595
XIX.	El Espíritu Santo en las Epístolas de Pablo a Timoteo	608
XX.	Regeneración y renovación	622
XXI.	El Espíritu Santo en la Epístola a los Hebreos .	633
XXII.	El celoso amor de Dios	646
XXIII.	El Espíritu Santo en las Epístolas de Pedro . .	661
XXIV.	El Espíritu Santo en la Primera Epístola de Juan .	672
XXV.	El Espíritu Santo en la Epístola de Judas . .	688
XXVI.	El Espíritu siete veces santo	702
XXVII.	Mensaje del Espíritu Santo a las iglesias . . .	711
XXVIII.	El último mensaje del Espíritu Santo	728

Introducción

Amado hermano Simpson:

Me causó inmenso placer enterarme de que dentro de poco aparecerá el primer tomo de la obra *"El Espíritu Santo, o el Poder de lo Alto"*. Recordará usted que en la convención celebrada el año pasado en Old Orchard, yo sentí que debía decir que "el libro sobre el Espíritu Santo no se había escrito aún", e invité a la inmensa congregación ahí reunida a que se pusiera de pie para orar pidiendo que el Espíritu Santo inspirara al Rvdo. A. B. Simpson para que escribiese el libro de este siglo acerca de él. Esa es la petición que vemos ahora a punto de ser contestada, con gran deleite para mí.

No puedo menos que creer que ha sido el propio Espíritu Santo que lo ha elegido a usted para que produjera esa obra de fe y trabajo hecho por amor, y no me cabe la menor duda de que él le ha preparado y se ha hecho conocer de usted personalmente para que, con su pluma de hábil escritor, pudiese usted darlo a conocer a la Iglesia ávida y al mundo. Me regocijo porque usted conoce al Espíritu Santo, y él le conoce a usted, y creo que ha recibido de arriba la habilidad necesaria para darlo a conocer.

Me alegra ver que no ha escrito al respecto un artículo, un trabajo, o algunos sermones, sino volúmenes, para hacer ver la plenitud de su poder, su capacidad y adaptabilidad para satisfacer todas las necesidades del cuerpo, del alma y del espíritu, en esta vida y en la eternidad. No he leído el tomo que está por aparecer, pero sí lo haré con el mayor interés, placer y beneficio, pues en él veré el pensamiento del Espíritu tal como se expresara por medio de la pluma sellada con el toque de Dios.

¡Cuánto ha avanzado el Espíritu Santo desde el día en que usted comenzó a enseñar acerca de él! ¡Con cuánta satisfacción le recibe la gente a él y las verdades que a él atañen! y ¡cuán abundantes bendiciones derrama él sobre aquellos que le aceptan! Este es el libro de su siglo. Miles se levantarán y le llamarán a usted bienaventurado por haber dado a luz esta obra y la influencia que usted ejerce para darlo a conocer será realzada por el propio Espíritu Santo, para gloria suya y alegría de usted que desea ver su *parousia* (presencia o advenimiento).

STEPHEN MERRITT

Prefacio

ENTRE los muchos volúmenes que se han escrito y publicado sobre la persona y la obra del Espíritu Santo, esta obra salida de la pluma del Dr. A. B. Simpson ha logrado conquistar un sitio descollante. La lucidez del estilo, la manera comprensible de la exposición y la espiritualidad del mensaje, son las características de esta obra, como lo son de todas las obras de este talentoso escritor. Miles de aquellos que estudian profundamente las Escrituras, como también los que recién se inician en la fe, han recibido incontables beneficios por medio de la valiosa ayuda espiritual que encierran las enseñanzas de esta obra. Así como la magnífica serie escrita por el Dr. Simpson bajo el título genérico de "Cristo en la Biblia", expone lo que dice en las páginas de las Escrituras acerca de Jesús, en esta valiosa exposición trata de *"El Espíritu Santo, o el Poder de lo Alto"* y hace que el lector reconozca al Espíritu Santo en todos los tipos, símbolos y profecías del Antiguo Testamento, como asimismo en las promesas, narraciones y revelaciones del Nuevo. Esta obra monumental debiera encontrarse en la biblioteca de todo obrero que desea dedicarse al ministerio espiritual, y todo cristiano que quiere vivir victoriosamente debiera leerla orando. A menudo, estas páginas convencerán de culpa, inspirarán aliento y reanimarán el ánimo.

Los capítulos de esta obra fueron pronunciados, originalmente, como ardientes mensajes, desde el púlpito de *The Gospel Tabernacle* (El Tabernáculo Evangélico) de Nueva York, con el objeto de guiar a los miembros de esa congregación a que disfrutasen personalmente de la verdad que en ellos se expone. Domingo tras domingo, el Dr. Simpson, con todo el corazón, exponía las enseñanzas de las Escrituras y exhortaba a sus oyentes a que aceptasen definitivamente la plenitud del Espíritu Santo. Su vida luminosa reflejaba la realidad del mensaje que proclamaba. Esta obra es, pues, la esencia de lo más profundo de su ministerio. Debido a la naturaleza de la preparación que requirió para darlas a luz, estas páginas tienen una acrimonia que penetra al alma y un poder que de manera extraña conmueve el espíritu.

Los lectores de ésta y de otras obras del Dr. Simpson entenderán fácilmente a qué se debe el constante crecimiento de la obra iniciada por él. El hombre se ha ido, pero sus mensajes permanecen. El Dr. Simpson tuvo el don de exponer las verdades de las Sagradas Escrituras con inflamado verbo. No presentó ningún mensaje nuevo, sino que instó a la iglesia a oír la antigua historia en toda su plenitud. Aumenta la convicción de que Alberto B. Simpson fue una voz que vino a su generación así como lo fueron Lutero y Wesley. Como la obra clásica de Lutero sobre la epístola a los Gálatas y los inmortales sermones de Wesley, los escritos del Dr. Simpson constituyen una herencia sagrada. Entre todos esos tesoros no hay ninguno que sea de tan vital importancia para los cristianos en general o más digno de diseminación que *"El Espíritu Santo, o el Poder de lo Alto".*

WALTER M. TURNBULL

CAPITULO I

COMO UNA PALOMA

EL primer emblema bajo el cual vemos representado al Espíritu Santo en el Nuevo Testamento, es el de una paloma que descendió sobre la cabeza de Jesús, en las riberas del río Jordán, después de su bautismo.

El primer emblema en que presenta al Espíritu Santo el Antiguo Testamento, también es el de una paloma. En la historia de la creación, en el primer capítulo del Génesis, versículo dos, leemos: "La tierra estaba desordenada y vacía, y las tinieblas estaban sobre la faz del abismo, y el Espíritu de Dios se movía sobre la faz de las aguas".

Esta es una figura de la paloma madre cobijando su nido y cuidando de sus pichones. ¡Cuán extraño es el fondo sobre el cual se destaca ese cuadro: caos, desolación, agitadas aguas, el silbido de las llamas, el espantoso abismo, el firmamento sin estrellas, el reinado de la ruina, de la muerte y de la desolación!

Ese fue el escenario en que la paloma del amor eterno y de la paz comenzó a construir su nido, y no reposó hasta que de en medio de ese escenario de ruinas surgió un mundo luminoso y feliz y un risueño paraíso, con su familia humana llena de pura y celestial esperanza.

Pasamos por alto siete capítulos, y nos encontramos con otra escena de desolación y ruina. Las aguas del diluvio arrasan el mundo. La obra de veinte siglos está sumergida bajo las arrolladoras aguas, y los incontables millones de seres yacen muertos bajo las olas. Un barco solitario navega sobre el líquido y tempestuoso elemento, a su bordo se encuentran ocho seres humanos, únicos sobrevivientes de la población terrenal.

Volvemos a ver la figura de la paloma. En Génesis 8:6-12 leemos: "Sucedió que al cabo de cuarenta días abrió Noé la ventana del arca que había hecho, y envió un cuervo, el cual salió, y estuvo yendo y volviendo hasta que las aguas se secaron sobre la tierra. Envió también de sí una paloma, para ver si las aguas se habían retirado de sobre la faz de la tierra. Y no halló la paloma donde sentar la planta de su pie, y volvió a él, al arca, porque las aguas estaban aún sobre la faz de toda la tierra. Entonces él extendió su mano, y tomándola, la hizo entrar consigo en el arca. Esperó aún otros siete días, y volvió a enviar la paloma fuera del arca. Y la paloma volvió a él a la hora de la tarde; y he aquí que traía una hoja de olivo en el pico; y entendió Noé que las aguas se habían retirado de sobre la tierra. Y esperó aún otros siete días, y envió la paloma, la cual no volvió ya más a él".

Detrás de esa paloma hay otro pájaro, es el cuervo de negro plumaje, emblema de Satán, así como la paloma lo es del Espíritu Santo.

Vemos tres notables pasos en el envío de la paloma, los que parecen hablarnos acerca de las tres dispensaciones del Espíritu Santo.

Primero, vemos a la paloma partir del arca y volar por encima del desolado mundo arrasado por el pecado y el juicio. Esa escena representa el período del Antiguo Testamento, tiempo en que tal vez el Espíritu Santo visitó este mundo pecador, mas no pudo encontrar ningún sitio donde asentar, y, por consiguiente, retornó al seno de Dios.

Después vemos que la paloma volvió a salir del arca y regresó con una rama de olivo en el pico, símbolo y pacto de paz y de reconciliación; señal de que el juicio había pasado y volvía la paz. Ciertamente, ésta podemos tomarla como una preciosa representación del nuevo paso y manifestación del Espíritu Santo, el cumplimiento del ministerio de Jesucristo y su resurrección, para proclamar la reconciliación del mundo pecador.

Pero todavía no puede residir en esta tierra que se encuentra bajo la maldición del pecado. Por lo tanto, queda por darse aún un tercer paso, cuando, al fin, sale la paloma del arca y no vuelve más, sino que hace su morada en el mundo y construye su nido entre las moradas de los hombres. Ese es el tercer paso en el que el Espíritu Santo se encuentra actualmente realizando su bendita obra.

Así, pues, no ha venido ahora a visitar a este mundo pecador, para regresar al cielo, sino que ha venido a morar aquí. Durante el ministerio de Cristo en la tierra, el Espíritu Santo habitó en él, no entre los hombres. Jesús dijo que estaba con los discípulos, pero añadió: "Estará en vosotros". Como la paloma de Noé siguió detenida en el arca, y sólo hacía recorridos de visita a la tierra, así habitó el Espíritu Santo en Jesús, y de tanto en tanto, tocaba el corazón de los hombres.

Pero ahora, Jesús lo ha enviado, y su residencia no está más en el cielo, sino en el corazón del creyente, y en el seno de la Iglesia. Ha asentado su morada en la tierra; aquí, entre los hombres pecadores y doloridos, la misma paloma está construyendo su nido y criando sus pichones para los reinos celestiales, de donde algún día remontarán el vuelo y cantarán en la luz de Dios.

Tal es el desarrollo simbólico del Espíritu Santo en los dos primeros cuadros del Antiguo Testamento. Reunamos ahora, sacándolas de la figura, algunas de las más claras lecciones y sugerencias que ella nos presenta.

I

El primer pensamiento que nos viene es el de su maternidad. Es la figura de la paloma madre. En una de las más recientes y brillantes obras del señor Drummond, vemos expuesta la idea que la meta de la naturaleza es siempre la de la maternidad.

En la creación vegetal, todo se mueve hacia la producción de la semilla y el fruto. La flor no es más que la cuna y los pañales del germen vivo. La planta vive simplemente para darle vida a otra planta, es decir, vive para reproducirse. Así, en el mundo natural, la primera aparición del amor no es sexual, sino en la relación maternal; de igual modo el gran propósito del corazón de Dios es el maternal. Dios posee en sí mismo esa verdadera naturaleza que se ha manifestado en la creación.

En la Divina Trinidad hay una personalidad que corresponde a las relaciones humanas. La paternidad humana expresa una necesidad que se encuentra en Dios Padre. La maternidad humana tiene su origen en el Espíritu Santo. La fraternidad, y la más elevada e íntima comunión del esposo y la esposa, se encuentran en Cristo, el Hijo de Dios, nuestro hermano y nuestro esposo. No podemos comprender, por medio del simple razonamiento, los alcances de la Trinidad, pero Dios puede darnos la comprensión de lo que realmente es por medio de instintos espirituales.

Hay momentos en que sentimos la necesidad de contar con las fuerzas y el amor de un padre, y nuestro espíritu abatido exclama: "¡Ojalá estuviera aquí conmigo mi padre, él me ayudaría inmediatamente!" Nuestro Padre Dios responde a esa oración.

Hay momentos en que el espíritu huérfano siente la necesidad del tierno y delicado toque maternal, y recordamos cómo nuestra madre solía consolarnos y nos prestaba su ayuda, como nadie podía hacerlo. Así necesitamos del corazón de Dios.

No envidio al hombre que ha perdido la noble sensación de dependencia del amor materno a tal punto que no encuentra sentido en frases como éstas:

¿Quién me alimentó en su pecho
Y en su seno hizo mi lecho?
¿Quién busca mi provecho?
Mi madre.

¿Quién me cuidó con ternura
Y acarició con dulzura,
Siendo yo una criatura?
Mi madre.

El Espíritu Santo, autor del corazón de madre y del amor de la criatura dependiente de ella, es quien puede hacernos sentir esa dependencia que nos hace mirar hacia Dios, como lo hace la criatura huérfana, pidiéndole que se conduela de nosotros.

En todo corazón humano hay también el recuerdo de algún hermano valiente y fiel, y está latente el deseo de encontrar a alguien con brazo fuerte que pueda sostenernos, con amor de hermano. Es un hecho que todos queremos tener amigos verdaderos en quienes podamos depositar nuestra entera confianza; Jesús es ese amigo que nos recibe como el esposo recibe a la esposa.

Todas las presentaciones que nos dan las Sagradas Escrituras con respecto al Espíritu Santo confirman ese concepto en lo que se refiere a su divina maternidad.

Se describe la regeneración del alma como un nuevo nacimiento y es el Espíritu Santo el que produce ese nuevo nacimiento. El lenguaje que se emplea para describir la vida del alma nacida de nuevo es el que se usa en la crianza de los niños y en el hogar. Al tratar de las más hondas necesidades del alma, se describe la actitud consoladora del Espíritu Santo comparándola con el cuidado y el amor que tiene la madre a sus criaturas. "Como aquel a quien consuela su madre, así os consolaré yo a vosotros,... y tomaréis consuelo" (Isaías 66:13).

Por nuestra parte, cuando hemos sido henchidos del Espíritu Santo, sentimos el mismo amor maternal para con los demás, y podemos impartir a otros las bendiciones y el consuelo que hemos recibido. Las oraciones que invocamos a favor de otras personas llegan a ser anhelos maternales, dolores de parto, y decimos como decía el apóstol: "Hijitos míos, por quienes vuelvo a sufrir dolores de parto, hasta que Cristo sea formado en vosotros" (Gálatas 4:19), y comprendemos lo que el Señor quiso decir cuando dijo: "En cuanto Sion estuvo de parto, dio a luz sus hijos" (Isaías 66:8).

Cuando el Espíritu Santo se apodera del corazón, despierta en él el deseo de hacer algo por otras personas, y le inspira a orar por los perdidos y por los que pasan por tentaciones; esos dolores son tan intensos como los dolores, la angustia y amor de la que va a ser madre; las personas, nacen, espiritualmente, por nuestros engendros, tan real y verdaderamente como nuestros hijos materiales y de igual modo se unen a nosotros como los de nuestra carne.

II

La figura de la paloma nos sugiere paz. La paloma que salió del arca fue mensajera de paz, y regresó al arca llevando una rama de olivo como símbolo de reconciliación. De igual modo, el Espíritu Santo es un mensajero de paz con Dios por medio del Señor Jesucristo. El hace que el alma reciba y comprenda el mensaje de misericordia y que encuentre la paz de Dios que guarda el corazón y la mente, por medio del Señor Jesucristo. Dondequiera que reina el Espíritu Santo hay paz.

Detrás del cuadro de la paloma se encuentra el del cuervo, que, intranquilo, va de un lado a otro. Este es un símbolo del espíritu maligno e intranquilo, que no encuentra reposo ni aun en el placer del pecado, y va de un estado de ánimo a otro, buscando descanso, mas todo es en vano, hasta que, finalmente, lo lanzan sobre las agitadas ondas de la eternidad, víctima de la eterna inquietud y desconfianza.

Pero el espíritu de aquel en quien mora el Espíritu Santo, está tranquilo. Disfruta de una paz que nadie puede disturbar, "la paz de Dios que sobrepuja todo entendimiento".

III

LA PALOMA ES SIMBOLO DE PUREZA. "Manso como una paloma", esa es la interpretación que da Cristo a ese precioso emblema. El Espíritu de Dios que es la pureza misma, no puede morar en un corazón impuro; no puede habitar en la mente carnal. Se dijo con respecto a la unción que se hacía en la antigüedad: "Sobre carne de hombre no será derramado" (Exodo 30:32).

La pureza que da el Espíritu Santo es como una inmaculada plantita blanca que nace y crece en medio de la naturaleza, de entre la tierra negra, sin que se le haya adherido a su cristalina superficie ni un ápice de impureza — es inmaculada como el ala de un ángel.

Así pues, el Espíritu Santo imparte al corazón una pureza que es en sí misma su propia protección, pues es, en esencia, completamente lo opuesto de todo lo malo que le circunda. Podrá estar rodeado de mal por todas partes, pero se mantiene sin contaminación, absolutamente puro porque su naturaleza es santa y divina. No puede mancharse, porque como el plumaje de la paloma, está protegido por su capa aceitosa, y sale sin mancilla del pozo de fango y de entre las negras aguas. No hay nada que pueda contaminarlo ni mancharlo.

IV

LA PALOMA ES EL SIMBOLO DE LA BENIGNIDAD. El Consolador es benigno, tierno, paciente y amoroso. ¡Con cuánta benignidad trata Dios a todos, aun a los pecadores! ¡Cuán grande es su longanimidad y cuán inagotable su paciencia! ¡Cuán misericordiosa es su disciplina hacia sus criaturas descarriadas! Como condujo a Jacob, a José, a Israel, a David, a Elías y a todos sus siervos de la antigüedad, hasta que pudieron decir con verdad: "Tu benignidad me ha engrandecido" (II Samuel 22:36).

El corazón en que mora el Espíritu Santo siempre se distinguirá por su ternura, su humildad, su serenidad, su mansedumbre y su tolerancia. El espíritu grosero, sarcástico, los modales bruscos, las palabras hirientes — todo eso es de la carne. No tienen nada que ver con las finas y delicadas enseñanzas del Consolador.

La santa paloma huye del ruido tumultuoso, del acaloramiento y de todo sentimiento vengativo, y busca refugio en el corazón humilde y en el alma pacífica. "El fruto del Espíritu es mansedumbre, humildad..."

V

EL ESPIRITU SANTO ES EL ESPIRITU DEL AMOR. La paloma es el emblema especial del afecto. El objeto especial del Divino Consolador es "derramar el amor de Dios en nuestros corazones" y hacer ver que "fruto del Espíritu es amor". Dondequiera que él se encuentra, se observa la disposición al desprendimiento y a la consideración por los demás; el deseo de hacer el bien y la bondad; y él también quiere que nosotros le amemos. Lo que él quiere no es tanto que le sirvamos sino que tengamos comunión con él. El tiene muchos que le sirvan; pero lo que quiere es que le amen y que reciban su tierno amor. El anhela nuestro afecto, y se decepciona cuando le consagramos una cosa cualquiera.

Otro precioso pensamiento que encontramos en las Sagradas Escrituras relacionado con el símbolo de la paloma, y también con el Espíritu Santo, es el luto de la paloma. Ella es un pájaro que sufre y las notas quejumbrosas de su canto expresan más tristeza que las de otros pájaros. El que oye el arrullo de la tórtola jamás se olvida de su tono melancólico.

¿Cómo puede ser verdad eso, al tratarse del Espíritu Santo? Sencillamente porque el amor es siempre muy sensible al dolor. Mientras más amamos, tanto más sufrimos, esto es especialmente así cuando el ser que amamos nos decepciona por no ser lo que esperábamos o porque no acepta nuestro afecto. La paloma solitaria arrulla porque siente la ausencia de su compañera ausente, y se enluta al ver que sus pichones la dejan.

Así también se representa al Espíritu Santo, demostrando tal amor por nosotros hasta llegar al extremo de entristecerse cuando no consigue lo que espera de nosotros. No leemos nada acerca del enojo del Espíritu Santo, pero sí se nos dice que se contrista. "Ellos empero se rebelaron, y contristaron su Espíritu Santo" (Isaías 63:10 V. M.) "No contristéis al Espíritu Santo de Dios, con el cual fuisteis sellados para el día de la redención" (Efesios 4:30).

En la epístola de Santiago (capítulo 4:5) hay un versículo que en la versión corriente de Cipriano de Valera no expresa la idea exacta del texto original griego, dice "El espíritu que mora en nosotros codicia para envidia". La versión hispano-americana es más ajustada al original: "El espíritu que él ha hecho habitar en nosotros nos ama hasta sentir celos" (*). Es una figura de amor que sufre a causa del amor intenso que tiene al ser amado.

Tal es la ansiedad que tiene el Espíritu Santo de hacer la voluntad de Dios en nosotros y para nosotros, y de que nosotros le amemos con verdadero amor de Cristo, nuestro Esposo Divino, que se pone celoso cuando le decepcionamos o cuando dividimos con otros el amor que debemos consagrarle a él. A eso se debe que en el pasaje precedente diga: "Adúlteros y adúlteras, ¿no sabéis que la amistad del mundo es enemistad contra Dios?"

¿Contristaremos, pues a un amigo tan tierno y cariñoso? ¿Decepcionaremos a un esposo tan amoroso? ¿No le tendremos el mismo amor que él nos tiene, y le dedicaremos nuestro total cariño?

(*) El Doctor Simpson cita aquí el texto corriente de la versión inglesa, y luego la interpretación que él da al texto griego. Nosotros hemos tomado la versión corriente en castellano, de Cipriano de Valera y la hispano-americana que concuerda con la interpretación del autor de esta obra. — N. del T.

Es ciertamente extraño que Dios nos tenga que pedir que le amemos. Es extraño que Aquel a quien adoran las huestes celestiales, tenga un rival en el corazón de las criaturas creadas por él y en los seres que deben todo a su infinita misericordia. Es extraño que un amigo tan benigno tenga que rogar tanto, pidiéndonos que le consagremos nuestro afecto.

Dirijamos la mirada a un himno que es una invocación penitencial y una expresión de amor:

> *Ven, Espíritu Santo,*
> *Paloma celestial,*
> *Enciende en nuestro corazón*
> *La llama de tu amor.*

CAPITULO II

EL ALIENTO DE DIOS

Entonces Jehová Dios formó al hombre del polvo de la tierra, y sopló en su nariz aliento de vida, y fue el hombre un ser viviente (Génesis 2:7).

El viento sopla de donde quiere, y oyes su sonido; mas ni sabes de dónde viene, ni a dónde va; así es todo aquel que es nacido del Espíritu (Juan 3:8).

Y habiendo dicho esto, sopló, y les dijo: Recibid el Espíritu Santo (Juan 20:22).

EL primero de estos pasajes contiene la segunda referencia al Espíritu Santo que se encuentra en el Antiguo Testamento, y los otros pasajes prolongan la línea y fijan la aplicación del precioso cuadro del Génesis en la persona y en la obra del Espíritu Santo.

Los emblemas bajo los cuales se nos presenta el Espíritu en estos versículos son el aliento y el aire, la atmósfera en que vivimos, y el acto por el cual aspiramos o exhalamos sus propiedades vitales y su poder vigorizador.

El valor e importancia de la atmósfera son evidentes. Podemos pasar días sin alimento, vivir toda una vida sin ver ni oír, pero no podemos vivir ni una hora sin respirar. La respiración es la más esencial de todas nuestras funciones físicas y en las Sagradas Escrituras se le considera casi sinónimamente con la vida.

Repetidas veces encontramos expresiones tales como "toda carne que tiene en sí aliento de vida" (Génesis 6:17 V. M.). No podemos verlo, y apenas si podemos sentirlo, sin embargo, estamos rodeados de un océano de aire sin el cual no podríamos existir, y sin el cual casi todos nuestros sentidos quedarían ciegos, sordos e inutilizados. Sin aire no se podría comunicar el sonido, no podríamos cantar los preciosos himnos que entonamos, y ni habrían podido oírse; no podrían llegar hasta nosotros las voces de nuestras amistades y las armonías musicales serían inaudibles y muertas.

La visualidad también depende de la atmósfera. Si vamos más allá de la atmósfera de la tierra, el sol que vemos a la distancia parece estar sobre un negro fondo de tinieblas. La atmósfera es como un lente fino y transparente que recibe los rayos solares y los derrama en diluvios de luz para que puedan servir a los órganos de la vista.

Si no fuera por la atmósfera no sabríamos lo que es el calor. Allá arriba, en el espacio que vemos a la distancia, aunque parece cercano al sol, hay una perpetua zona frígida; y nuestra sangre se helaría en un instante si no tuviera que pasar por el aire templado que recibe y distribuye el calor solar.

Tal es la notable y hermosa imagen con que se representa al Espíritu de Dios. El le da el aliento vital al espíritu, al alma y al cuerpo, y crea la atmósfera en que vemos las cosas de Dios, en que oímos su voz y hace que habitemos dentro del calor que irradia su amor.

El pasaje que tenemos delante revela la obra del Espíritu en la creación original del hombre, y también sugiere, en una revelación más elevada aún, lo que es la obra del Espíritu en la restauración del hombre por medio de la gracia de Dios.

Lo primero que se observa en este pasaje es la notable diferencia que hay entre la creación del hombre y la de los demás animales. Bastó la palabra creadora para que estos últimos tomasen vida y entrasen a ocupar el lugar que les correspondía en la gran compañía de la naturaleza, sin ningún otro comentario.

Pero en el momento de comenzar la creación del hombre todo es diferente. Por medio de una significativa pausa se nos llama la atención a una importante crisis. Luego, paso a paso se realiza la gran obra, y vemos salir de las manos del Creador al primer ser humano en la plenitud de su extraordinaria naturaleza. Era esta la maravillosa obra de Dios.

Vemos al propio Creador aparecer bajo un nombre nuevo y en un aspecto totalmente nuevo. La alta crítica se ha deleitado poniendo en duda la unidad del libro de Génesis, porque en este capítulo segundo se le da a Dios un nombre completamente nuevo. Porque nos encontramos con Jehová Elohim, los críticos han propuesto la astuta hipótesis que este es un Dios diferente a aquel del cual se trata en el capítulo primero, y por consiguiente, este capítulo debe haber sido escrito por otra persona. Nos dicen también que este es otro de los fragmentos de la sabiduría hebrea que ha llegado hasta nosotros junto con los pergaminos y papiros babilónicos y egipcios, y que esto prueba claramente que Moisés no pudo haber sido el autor de estos dos capítulos.

¡Ah, pero cuánto más profundos son los pensamientos de Dios! Los críticos solían decirnos que la creación del sol realizada al cuarto día era una contradicción a la declaración de que la luz fue creada al principio. Pero la ciencia ha descubierto últimamente que la luz existió antes que el sol, y que existe aún aparte de él; vemos pues, que esa sabiduría de los primeros tiempos se ha desplomado ruidosamente dejando demostrada su insensatez.

Además, la erudición reverente, dictada por el cielo, ha descubierto que hubo una razón sabia y preciosa por la cual, en el capítulo segundo del Génesis, se efectuó el cambio del Divino Nombre. En el capítulo primero el escritor trata de cosas muertas, sin alma, y es muy natural que se refiera a Dios como el Creador de la Naturaleza.

En el segundo capítulo pasa a referirse a Dios en su relación directa con sus criaturas. Se trata del Padre que va al encuentro de su familia. Se va a efectuar la creación del hombre con su naturaleza espiritual; nos va a ser presentado con todas las tiernas relaciones espirituales que ha de tener con Dios y con sus semejantes. Por consiguiente, se trata de un Dios Padre, el que entabla relaciones humanas con el hombre y revela su nombre diciendo que es Jehová Dios, el Dios de amor infinito y de infinita ternura, el Dios que enviaría a su Hijo, nuestro Señor y Salvador Jesucristo. El cambio de nombre, por sí solo, es una prueba de los más benignos propósitos y de la ternura de su amor.

Pasamos a ver después la formación del cuerpo humano del polvo de la tierra. El cuerpo humano no fue creado de la nada. Los elementos de la naturaleza sí que fueron hechos de la nada, mas el hombre, creado de elementos ya existentes. Tampoco fue creado por medio de un proceso evolutivo que, gradualmente, fue desarrollando un ser humano de clase superior, sino que Dios lo hizo, al instante, en su forma completa, tal como hoy es. No tenía vida aún, pues sólo adquirió ésta cuando Dios lo tocó con el soplo divino salido de sus labios. Así como lo vemos en la visión de Ezequiel, cuando en la descripción de la resurrección final, se ve que los cuerpos comienzan primero a formarse reuniéndose todas las partes que lo constituyen — "los huesos con los huesos, la carne con la carne y la piel que los cubrió, mas no había en ellos espíritu".

Aquí no hay nada de evolución, sino que la acción creadora fue seguida, inmediatamente, por otro acto que le dio animación, inspiración e impartió la vida divina a la materia que hasta ese momento no había tenido alma, y le dio vida inmortal.

Ciertamente vemos aquí cuán sagrado es el cuerpo humano y cuán valiosa e importante es la vida. Es obra directa del Espíritu Santo. Por consiguiente, la vida del hombre es infinitamente más valiosa que la de los animales; y Dios considera que el homicidio es un ataque contra su propia vida, y por lo tanto, es un hecho sobre el cual impondrá el más terrible castigo.

Por esa misma razón el desesperado acto de suicidio, es un desafío lanzado contra el Creador y una temeraria destrucción de la más grande de sus obras. Uno de los signos más dolorosos de nuestros tiempos no es solamente el hecho que los hombres se maten unos a otros, sino el que se le haya permitido a uno de los incrédulos más eminentes de estos días, discutir públicamente la cuestión del suicidio, tratando de demostrar que cada uno puede hacer con su propia vida lo que se le antoje. No es de sorprender que tales discusiones hayan sido seguidas por un alarmante aumento de suicidios. Las personas que se suicidan son terribles criminales que, rebeldes y con las manos ensangrentadas, se presentan ante el trono del juicio de Dios.

Nadie tiene derecho a entretener, ni siquiera por un instante, tal pensamiento. La vida es un don que Dios ha confiado al hombre para que la emplee para su Creador y que al fin la devuelva a quien se la dio, en el gran día de cuentas.

Vemos aquí que la vida humana viene a través de la vida humana, y nace del toque directo del Creador y por la inspiración del Todopoderoso.

La vida del hombre no es como la del animal. Los órganos del cuerpo humano están completos antes de recibir el toque de vida. Nuestra vida no emanó de la tierra, ni de las fuerzas y funciones físicas, sino por el aliento que Dios puso directamente en él.

La vida del hombre es sagrada, porque es un don directo del amor de Dios, y le ha sido dada por la directa comunicación de la vida de Dios.

Vemos que aquí se representa al Espíritu Santo como autor no sólo de la vida sino igualmente de la mente y del alma. ¡Cuánta gloria imparte al concepto que tenemos del Espíritu Santo el pensar que él tuvo parte en la creación! Dice Job: "Su espíritu adornó los cielos" (Job 26:13). Las radiantes estrellas, el hermoso firmamento, el arco iris, el áureo sol, la plateada luna, las nubes del ocaso con sus deslumbrantes tintes, son sólo toques de infinita sabiduría y buen gusto.

El talento y los dones de las más grandes mentalidades, el asombroso genio de un Homero y de un Milton, el refinado gusto artístico de un Fidias y de un Rembrandt, las sublimes armonías musicales de un Haydn y un Beethoven, como también los elevados y seráficos vuelos de Isaías y de Juan; todos estos vinieron originalmente del Espíritu Santo, y todos tuvieron que reflejar las más elevadas cualidades de la sabiduría, gracia y gloria que constituyen sus infinitos atributos.

Ciertamente el hombre ha pervertido esos espléndidos dones y muchas veces ha hecho que sean instrumentos del egoísmo, de la impiedad y hasta de sentimientos diabólicos; no obstante eso, no dejan de ser, originalmente, dones del Espíritu que prueban la sabiduría y el poder de Dios.

¿No es inspirador pensar que el Espíritu Santo que llena nuestro corazón no es un mero sentimentalismo o éxtasis espiritual ni gozo emotivo, sino la gran Mente de la que provienen todas las demás mentes, la grandiosa Alma que hizo todas las otras almas, el Espíritu infinito del cual emanan todos los demás seres? Al contemplar el arco iris que se extiende entre las nubes, y la verde vegetación que corona la montaña; las fragantes flores que se ocultan en los escondrijos, que visten las peñas y se sonríen en todos los campos, recordemos que estos son sólo algunos de sus ropajes reales, que nos revelan algo de lo que es su real majestad y gloria y nos hacen pensar: "¡Cuán precioso, cuán glorioso y cuán infinito es el Espíritu Santo!"

Hermano mío, hermana mía, fue él quien hizo tu alma, él te dio la capacidad de pensar, te creó para que fueses de él y para que cumplieses sus elevados fines con los talentos y facultades intelectuales y físicas con que te dotó. ¿Qué estás haciendo con lo que se te ha confiado? ¿Qué responderás cuando él te lo reclame y te pida que rindas cuenta de tu mayordomía?

Aquí vemos las raras características del hombre tal como fue creado originalmente. "Fue el hombre en alma viviente". La característica predominante del hombre se expresa en la palabra "alma", así como la característica predominante del nuevo hombre en el Nuevo Testamento es la palabra "espíritu". El alma representa los elementos intelectuales y emotivos que constituyen al hombre. El espíritu representa la vida divina que nos une directamente con Dios y nos hace capaces de saber lo que son las cosas divinas y de ponernos en relación con ellas.

Es indudable que el hombre, tal cual fue creado originalmente, tenía también una naturaleza más elevada y espiritual, pues la verdadera traducción de este pasaje es: "Jehová Dios sopló en las narices el soplo de vida, y fue el hombre alma viviente". La vida que le dio fue múltiple. Consistía de vida física, mental y espiritual, pero el elemento dominante era el alma. Por eso, leemos en la epístola a los Corintios: "Fue hecho el primer hombre Adán alma viviente; el postrer Adán, espíritu vivificante" (I Corintios 15:45).

Al parecer, en la caída, el hombre perdió la vida espiritual, o por lo menos, se subordinó de tal modo a su naturaleza sin alma, que el hombre natural dejó de ser espiritual. Era necesario que naciera de lo alto por medio del Espíritu de Dios, y que recibiera un nuevo ser espiritual, para poder salvarse

Aun cuando Adán alcanzó su estado más elevado, era evidentemente un alma viviente, mas bien que un elevado espíritu. Predominaba la vida del alma. Era inmaculado y leal a Dios, pero era una vida inferior a la que disfrutan hoy los redimidos.

Era, sin embargo, una vida muy gloriosa, pues la había recibido por medio del toque glorioso del Espíritu de Dios. "Jehová sopló en sus narices el soplo de vida". El Gran Artista modeló su forma exterior con la más fina arcilla, haciendo que los rasgos de sus facciones y cada uno de sus miembros fuesen perfectos, y luego, como lo habría hecho una madre amorosa, besó los fríos labios con el calor de su propia vida y puso en el cuerpo inerte la chispa de su vida eterna, y he aquí que saltó a los brazos, el hombre, la criatura viva, del amoroso Creador.

Fue sólo un toque de vida, un toque de amor lo que separó al hombre y lo distinguió de los demás seres, convirtiéndolo en objeto especial del infinito amor de Dios y de su cuidado.

El hombre ¿qué es? Extremos hay
En su natura sin igual,
Su carne al polvo tornará
Divina es su alma e inmortal.

Tal fue la obra del Espíritu en la creación original del hombre. Nuestro texto sugiere lo que revela con tanta claridad el Nuevo Testamento — la obra más elevada del Espíritu Santo en la nueva creación. En el discurso que pronunció el Señor Jesús con respecto al nuevo nacimiento, según lo tenemos narrado en el capítulo tres de Juan, nos da una indicación muy significativa acerca de dicha obra bajo la misma figura que vemos en nuestro texto. Allí introduce la figura del viento que no obstante su invisibilidad es enérgico y potente, y lo compara con la obra de redención del alma humana que lleva a cabo el Espíritu Santo.

En la última entrevista que tuvo Jesús con sus discípulos según la hallamos descifrada en el capítulo veinte del Evangelio según Juan, dice: "Sopló y les dijo: Recibid el Espíritu Santo". Ese cuadro es tan semejante al que nos presenta nuestro texto que parece como si el uno complementara al otro. En uno de los casos vemos al Espíritu impartiendo el soplo a la antigua creación y dándole vida, y en el otro el mismo Espíritu sopla en la nueva creación de la vida y el poder de Dios en un principio más elevado.

La figura de la nueva creación se encuentra a través de todas las epístolas de Pablo. "Si alguno está en Cristo, nueva criatura es" (II Corintios 5:17). "Vestíos del nuevo hombre, creado según Dios en la justicia y santidad de la verdad" (Efesios 4:24). "Según Dios" significa, claramente, que no se trata simplemente de que se parece a Dios, sino que deriva de él.

Pues bien, ¿cuál es la obra que realiza el Espíritu Santo en la nueva creación? ¿Es acaso simplemente la restauración de la naturaleza adámica perfeccionada, o es algo más elevado y más divino? Indudablemente es esto último. "El primer hombre" — dice el apóstol — "es de la tierra, terrenal; el segundo hombre, que es el Señor, es del cielo; fue hecho el primer hombre Adán alma viviente; el postrer Adán espíritu vivificante" (I Corintios 15: 47 y 45). Luego añade: "Como hemos traído la imagen del terrenal, traeremos también la imagen del celestial" (I Corintios 15:49).

La vida adámica, en su mejor estado, no era más que vida humana, la vida que Cristo da es divina. La vida natural es la vida del alma; la vida divina es la vida del Espíritu.

Cuando en el Nuevo Testamento se habla del hombre natural, no se quiere significar con ello que se trata de un ser grosero, bajo, sensual, brutal que se revuelca en el fango de la lujuria, sino que se refiere al hombre que posee todas las cualidades y dones del más elevado ingenio y la más elevada cultura. Podrá tratarse de un poeta tal como Shakespeare, de un compositor de música como Mozart, de un escultor como Fidias, de un pintor como Rafael, de un escultor como Wren, de un orador como Cicerón o de un hombre de tan bellas facciones como las de un ángel y una vida tan virtuosa e inmaculada como una estatua de mármol, sin embargo, ser simplemente natural, terreno, sencillamente, un hombre con alma.

Al referirse el apóstol al "hombre natural no percibe las cosas que son del Espíritu... porque se han de discernir espiritualmente" (I Corintios 2:14), emplea la palabra hombre "psíquico". Todo el mundo sabe que Psiquis no era figura del sensualismo, sino de la belleza, de la virtud y de la pureza moral.

El hombre espiritual es algo diferente a todo eso. Su vida encuentra siempre su centro en Dios, y se deleita en la voluntad de Dios y en la comunión con él. Su esfera de vida no es la tierra, sino el mundo venidero, el reino celestial. No pertenece a este mundo. Hasta sus instintos han llegado a ser más elevados. Tiene sus afectos y cualidades naturales, pero éstos han sido transformados por la muerte y transmutados a una vida más elevada, habiendo pasado de la antigua vida a la nueva, de la vida transitoria a la eterna. Es un hecho muy natural que "los que son del Espíritu, piensan en las cosas del Espíritu" (Romanos 8:5).

Como el río corre en dirección al mar y el fuego asciende al sol,

> *Así el nacido de Dios*
> *Ansía ver su santa faz*
> *Mira siempre hacia el hogar*
> *Donde irá a vivir en paz.*

La etapa final de esta gloriosa habitación del Espíritu Santo en nosotros ocurrirá al cumplirse la visión de Ezequiel, y el Espíritu sople el soplo de la resurrección en el cuerpo y le dé la gloriosa vida inmortal. "Seremos semejantes a él, porque le veremos tal como él es" (I Juan 3:2).

De este cuadro y de todo el tema podemos sacar algunas lecciones:

1. Que lo más bajo depende de lo más alto, y debe estar subordinado a él.

La contextura física del hombre no tuvo vida hasta que su naturaleza superior — el alma— entró en ella; fue entonces que vivió. De igual modo, nuestra vida sigue dependiendo del ser superior, y la vida y la salud no proceden de abajo sino de arriba y de adentro.

Ese es el principio esencial de la sanidad divina, según se encuentra en la grandiosa ley de la creación, y según lo expresó el propio Señor Jesucristo en respuesta al tentador, al referirse a su vida física y a la nuestra: "No sólo de pan vivirá el hombre, sino de toda palabra que sale de la boca de Dios" (Mateo 4:4).

Nuestra superior naturaleza espiritual debiera dominar y dirigir el alma. Así como el alma es superior al cuerpo, así el espíritu debe predominar sobre el alma. El defecto fatal de la vida natural es que predomina, y la mente natural es la que domina y dirige tanto el espíritu como el cuerpo. Así pues, tanto el culto ateniense como el salvaje y brutal africano, son igualmente dominados por la carne.

La verdadera vida es la que se encuentra bajo el dominio y dirección del espíritu, cuando el espíritu está bajo el dominio y dirección del Espíritu Santo — el espíritu que mora en nosotros y la vida de Dios.

2. La hermosa figura del aliento y el aire nos enseñan lecciones prácticas acerca de la recepción del Espíritu Santo.

Es una sencilla ley natural que el aire siempre entra a llenar un vacío. En cualquier momento se puede producir una corriente de aire, calentando el aire hasta que asciende para luego dejar que una ráfaga de aire frío entre a ocupar el espacio que ha quedado vacío. De igual modo, siempre podemos ser llenos del Espíritu Santo, si creamos el vacío necesario para ello. El aliento depende de que el anterior haya desaparecido, si no se ha cumplido ese requisito, no se puede absorber otro. De igual modo es preciso vaciar el corazón del último aliento del Espíritu Santo que recibimos, pues éste se contamina en el momento en que lo recibimos, y necesitamos que se renueve a fin de evitar que se produzca asfixia espiritual.

Debemos aprender el secreto de expirar tanto como el de aspirar. La aspiración continuará siempre que se haga correctamente la otra parte. Una de las mejores maneras de hacer lugar para que entre el Espíritu Santo es reconocer las necesidades que se presentan en la vida en forma de vacíos para que él los llene. Por todas partes veremos esa necesidad, y al consagrar nuestras vidas al servicio santo, él derramará su presencia en mayor proporción.

Una vez, una comisión económica de una iglesia colocó en el templo un aparato de calefacción, luego lo encendieron y anunciaron que se iba a celebrar el servicio inaugural. Pero el templo estaba tan frío como un galpón. El aire caliente no entraba aunque las bocas de entrada estaban abiertas y el fuego ardía vigorosamente. Llamaron a un técnico conocedor de esta clase de aparatos de calefacción, y éste les dijo tranquilamente que si bien era cierto que habían provisto los medios para que entrara el aire caliente, no habían tomado ninguna medida para dejar salir el aire que estaba dentro del edificio y que, por consiguiente, el aire nuevo no podía entrar mientras no se hiciese salir el viejo que estaba adentro. A causa de eso, la gente se tuvo que quedar allí sentada temblando de frío.

De igual modo, algunos de nosotros estamos temblando y nos preguntamos cuál será el motivo que el Espíritu Santo no nos llena. Recibimos mucho, pero no damos nada. Dad las bendiciones que tenéis, haced planes más grandes de los servicios que queréis prestar y de las bendiciones que queréis esparcir. Muy pronto podréis ver que el Espíritu Santo está ante vosotros, y que él os dará las bendiciones para que seáis buenos y además todo lo que necesitéis para dar a otros.

En la naturaleza hay un hecho muy precioso que tiene su paralelo en lo espiritual. No hay música más celestial que la de un arpa eolia. Esta arpa está formada por una cantidad de cuerdas musicales arregladas armoniosamente, y luego se le deja para que la toquen los dedos invisibles de los vientos errantes. Al rozar el aliento del cielo sobre las cuerdas, según se dice, surgen al aire acordes casi divinos, como si un coro de ángeles estuviese tocando el instrumento.

Podemos conservar nuestro corazón abierto de manera tal que el Espíritu Santo pueda tocar en él según le plazca. Mientras esperamos en la senda del deber listos para servir, vez tras vez, el toque de la mano invisible producirá ecos, y el canto celestial resonará en el arcano de nuestro ser, y nos maravillará la rara alegría que sentiremos. Pero sigue siendo el arpa eolia del corazón totalmente consagrado y a tono con Dios, bajo el toque del aliento del Espíritu Santo.

Eso es lo que quiere decir el profeta, cuando dice: "Jehová está en medio de ti, poderoso, él salvará, se gozará sobre ti con alegría, callará de amor, se regocijará sobre ti con cánticos" (Sofonías 3:17).

CAPITULO III

LA ESPADA DEL ESPIRITU

"Echó, pues, fuera al hombre, y puso al oriente del huerto de Edén querubines, y una espada encendida que se revolvía a todos lados, para guardar el camino del árbol de la vida" (Génesis 3:24).

"Y la espada del Espíritu, que es la palabra de Dios" (Efesios 6:17).

"Porque la palabra de Dios es viva y eficaz y más cortante que toda espada de dos filos; y penetra hasta partir el alma y el espíritu, las coyunturas y los tuétanos, y discierne los pensamientos y las intenciones del corazón" (Hebreos 4:12).

E STAMOS acostumbrados a considerar esta escena que ocurre en la entrada del Edén como un terrible cuadro que representa el juicio de Dios.

Intimidados por la horrosa maldición, la fugitiva pareja se destaca en el centro del cuadro, saliendo apresuradamente del feliz Edén, al cual no volverían jamás; al mismo tiempo, veían que detrás y encima de ellos se cerraban para siempre las puertas, y una airada y amenazadora espada de fuego les impedía que se allegaran al árbol de la vida mientras seguían el doloroso viaje hacia la tumba.

Pero al dirigir la mirada, por segunda vez, y contemplar el símbolo glorioso, vemos que asume un aspecto más feliz; hasta que, al cabo de un rato, llegamos a ver en él un símbolo de la gracia de Dios, y no de su juicio. Indudablemente, así llegarían a comprenderlo Adán y Eva y no transcurriría mucho tiempo hasta que ese mismo llegara a convertirse, para ellos, en el símbolo de la presencia divina que señalaba el lugar donde rendían culto y adoración a Dios y era allí, en la entrada del Edén, donde se encontraban con él.

El querubín, que aparece por primera vez en este capítulo, llegó a ser, más adelante, en el curso de las narraciones de las Santas Escrituras, un signo del pacto del amor de Dios, y servía para manifestar su presencia. En el tabernáculo del desierto lo vemos encima del asiento de misericordia. Lo vemos en las visiones que tuvieron Isaías y Ezequiel donde interviene en la manifestación del trono de Dios y reaparece en el Apocalipsis en la visión de la gloria celestial.

Esta fue, indudablemente, una figura del Señor Jesucristo o, por lo menos, un símbolo de su persona y de su gloria. Las cuatro caras: del león, del buey, del águila y del hombre, representan su cualidad de rey, su sacrificio, su humanidad y su deidad; los cuatro Evangelios, de Mateo, Marcos, Lucas y Juan describen su personalidad bajo esos cuatro gloriosos aspectos.

Como la figura a que venimos refiriéndonos apareció en la puerta del Edén que habían perdido Adán y Eva, llegó a ser para nuestros primeros padres el símbolo de aquel que les fue prometido que nacería de la simiente de la mujer, el cual restauraría la herencia y el paraíso perdidos. No quiso significar que había perdido para siempre el árbol de la vida, sino que más bien indicaba la manera por la cual podrían recuperarlo, por medio del querubín, por medio de la obra redentora del Señor Jesucristo.

PERO ¿QUE SIGNIFICA LA ESPADA? La espada era el signo y emblema del Espíritu Santo, así como el querubín era la figura de Cristo. La palabra hebrea es, El Señor Dios Sheckina, el querubín, la espada de fuego. Era la misma Sheckina que apareció después en el lugar santísimo. Esa espada de fuego no fue otra cosa que el símbolo especial de la presencia de Dios en la persona del Espíritu Santo.

Por consiguiente, fue más bien un símbolo de la gracia de Dios, y no de su juicio; y si bien él encierra, en esencia, los principios de la justicia divina, que no podía permitir que una raza pecadora participase del árbol de la vida de la manera que lo hacían antes, no obstante señalaba hacia la redención venidera y a la obra de Jesucristo que había de abrir las puertas de misericordia, aun para los pecadores, por medio de la sangre de Jesús y la gracia renovadora del Espíritu Santo.

La espada de fuego que se vio en la puerta del Edén era el embrión de la cruz. Dio énfasis a la gran verdad de que el juicio tiene que venir antes de la misericordia, que la muerte tiene que ser la puerta que dé acceso a la vida, y que la antigua vida natural tiene que caer ante la afilada espada, antes que podamos entrar por las puertas del nuevo paraíso, y participar del árbol de la vida, aquella vida que es incorruptible y eterna.

I

SIGNIFICA LA FUERZA ARROLLADORA DEL ESPIRITU. La espada es símbolo de la muerte, y la muerte es la magna revelación de la gran salvación de Cristo. La tumba es siempre símbolo del evangelio, y la cruz no sólo significa la muerte de Jesús, sino también la nuestra. A eso debe el odio que tiene Satanás a la cruz, y fue él quien indujo a Pedro a que la desechara al decirle a Jesús: "Señor, ten compasión de ti" (Mateo 16:22). Pero el Divino Redentor no le hizo caso, y le dijo que ese pensamiento nacía de Satán.

La razón por qué los hombres tratan de eliminar la cruz y la sangre del nuevo evangelio es porque tienen sagaz sospecha de que habiendo existido una cruz para Jesús, también la habrá para ellos; pero no hay ningún otro modo por el cual podamos entrar a la vida eterna. Todo lo nacido de la carne, por consiguiente, está bajo la maldición. Toda partícula y fibra de la vida natural es mala. Podremos engatusarla y halagarla y se sonreirá con nosotros; pero llegará el día en que si le causamos algún disgusto, nos saltará y nos golpeará.

Por lo tanto, la sentencia de muerte ha caído sobre toda la raza de Adán, y la espada de fuego ha de destruir hasta el último vestigio de la antigua humanidad, antes que pueda entrar la nueva vida a participar de ese árbol vivificador que se encuentra detrás del glorioso querubín.

La obra del Espíritu Santo, consiste pues, en el acabar con la vida del yo y del pecado. No podemos tratar de crucificarnos a nosotros mismos ni mutilarnos dándonos golpes de toda especie, pues cada vez que hacemos algo, fallaremos en alguna parte vital, y el viejo yo surgirá vivo de todo el proceso. La espada de fuego es la única que puede dar el golpe mortal a la vida del hombre natural que sólo piensa en sí y que se destruye a sí mismo. Por eso, leemos en el capítulo octavo de la epístola a los Romanos: "Si por el Espíritu hacéis morir las obras de la carne, viviréis" (versículo 13).

Vemos que esta verdad se vislumbra a través de todo el Antiguo Testamento. La destrucción de la raza humana por medio del diluvio fue solamente una figura. El apóstol Pedro dice, refiriéndose al verdadero bautismo: "El bautismo que corresponde a esto ahora nos salva... por la resurrección de Jesucristo" (I Pedro 3:21). De modo que, el apóstol quiere decir que las ocho almas que pasaron las aguas del diluvio fueron salvadas *por* agua, *no* del agua.

El diluvio que destruyó y acabó con la raza humana impía que estaba corrompiéndolo todo, fue el misericordioso juicio de Dios que envió la salvación por medio de la destrucción. El propio Dios había dicho: "He decidido el fin de todo ser" (Génesis 6:13). El diluvio no fue otra cosa que la muerte y sepultura del gran cuerpo putrefacto de carne corrupta que había llegado a constituir la raza humana.

El sacrificio hecho en el monte Moriah fue otro símbolo de la vida que se recibe por medio de la rendición absoluta del yo. Los padecimientos de

José fueron las sendas que le condujeron a su elevación y coronación. El cruce del mar Rojo fue el bautismo de muerte del pueblo de Israel. La muerte de los primogénitos y la destrucción del ejército egipcio en el mar, lo mismo que los que perecieron en el diluvio, ponen de relieve el mismo cuadro. La salvación de los primogénitos de Israel fue la figura que empleó el propio Dios para demostrar que toda la nación había sido tenida por muerta, y que había sido salvada de entre los muertos.

Antes de que Israel pudiese entrar en la tierra de Canaán, la vieja generación tuvo que morir en Egipto, y una nueva raza pasó por las puertas de Cades. El cruce del Jordán fue la figura de una muerte más profunda. La muerte de Moisés y la sucesión de éste por Josué, que era el único que podía conducir al pueblo a la tierra prometida, da nuevo énfasis al aspecto moral de la herencia más elevada que le correspondía a ellos y a nosotros.

La circuncisión fue la figura del golpe de muerte que dio Dios a nuestra vida natural. Todos los tipos de la ley canónica estaban señalados con la marca de la muerte. Los adoradores hebreos y los sacerdotes aarónicos entraban al sitio privilegiado y eran aceptados, por medio de la sangre de ofrendas quemadas, ofrendas por el pecado y ofrendas de paz.

La limpieza del leproso se realizaba acompañada de la figura de la muerte del avecilla y el esparcimiento de la sangre sobre las alas de la compañera. Ambas constituían la parábola de cómo Dios purifica el corazón del pecador. La navaja debía rapar hasta el más mínimo signo de sus fuerzas naturales, antes que pudiese entrar a reunirse con los adoradores. En la ordenanza de la vaca bermeja, debía quemarse no sólo el animal, sino también el cuero bermejo, o escarlata, que era figura del pecado, e igualmente, el pequeño y tierno hisopo que representaba nuestra vida natural, y los más delicados signos de su fortaleza y hermosura — todo debía ser consumido por las llamas junto con la vaca.

No sólo "la hierba se seca, y la flor se marchita, porque el viento de Jehová sopló en ella" (Isaías 40:7), sino que se ha de cumplir la sentencia de muerte tanto contra la hermosura de la flor como contra la rudeza y el sensualismo de la vida natural.

Aun las mejores cosas llegan a convertirse en maldición nuestra cuando las tomamos en nuestras manos naturales y en nuestros corazones ensimismados. Esa preciosa criatura inocente que Dios te ha enseñado a amar, sólo puede ser ídolo hasta que cese de ser tu criatura, y se haga hijo de Dios, y el golpe de muerte caiga sobre tu amor, y en la vida de la resurrección aprendas a conservarle para Dios y a amarle no con placer egoísta sino como algo sagrado que él te ha encomendado para que lo cuides.

Aun el esposo a cuyas fuertes manos Dios ha encomendado el cuidado de tu débil mano, podrá llegar a ser un sustituto de tu Dios, y una influencia que te aparte de él hasta que muera tu afecto egoísta y aprendas a amarlo no por darte gusto, a ti, a él, sino para agradar a Dios y para el mayor bien de todos.

El dinero no hace daño a nadie que no lo quiera adquirir únicamente por el gusto de atesorarlo. No es la fortuna la que causa daño sino el amor que a ella se le tiene; mientras está latente ese amor, el mundito de quinientos dólares por año es tan dañino a nosotros como lo son los suntuosos palacios e inmensas fortunas a los millonarios. Dios no se fija en las dimensiones de nuestro mundo, sino en el espacio que este ocupa en nuestro corazón.

Aun nuestra influencia cristiana, nuestra buena reputación de obreros de Dios y el aprecio que nos tienen nuestros hermanos, podrán ser ídolos que deben morir antes que podamos estar libres, para vivir sólo con él.

Si habéis visto una página impresa, seguramente habréis observado que la pequeña "i" tiene encima un puntito que la eleva por encima de las otras letras del renglón. Pues bien, cada uno de nosotros somos una pequeña "i" y encima tenemos un puntito de importancia personal, de propio albedrío, de propio interés, de confianza en nosotros mismos, deseos de nuestra propia complacencia, o apego a algo por lo cual contendemos en lo que se refleja el deseo de imponer nuestra voluntad como si se tratara de algo de las dimensiones de una montaña de importancia.

Esa "i" es un rival de Jesucristo, enemigo del Espíritu Santo y de nuestra paz y de nuestra vida. Por eso Dios ha dispuesto que debe morir, y el Espíritu Santo, con su espada de fuego, está a la espera para acabar con ella, para que podamos entrar por las puertas hasta el árbol de vida.

¿COMO SE PUEDE REALIZAR ESO? 1. Nosotros mismos debemos consentir a ello. Debemos reconocer la verdadera naturaleza de nuestra vida vivida para sí y la verdadera cualidad de lo malo que hay

en ella. Debemos dar nuestro consentimiento para que se acabe con ella, y nosotros mismos debemos llevarla al altar del sacrificio como lo hizo Abraham con su hijo Isaac.

Eso es muy difícil al corazón natural; pero en el instante en que se doblega la voluntad y se hace la elección, ocurre esa muerte; la agonía ha terminado, y nos sorprende ver que la muerte se ha efectuado.

Generalmente la crisis de la vida, en tales casos, depende de un solo punto. Dios no tiene por qué golpearnos en cien lugares para causarnos una herida mortal. Hay un punto que toca; el corazón; ese es el sitio en el que, generalmente, Dios da el golpe — en aquello que más amamos, la cosa decisiva de nuestros planes, la fortaleza de nuestra voluntad, el centro de nuestro corazón. Habiendo rendido eso, queda muy poco más por rendir; y al rehusar rendir ese punto, se apodera del resto de nuestra vida el espíritu de evasión y compromiso con otros elementos.

El hombre o mujer que se ha encontrado con Dios, sinceramente en el punto decisivo, será siempre sincero y sin vacilaciones en todas las demás crisis que se le presenten; y el hombre o mujer que comienza con un corazón rendido a medias, siempre tendrá alguna reserva hasta el final del capítulo, a menos que vuelva a encontrarse con Dios en otro punto y comience allí de la manera que debió haberlo hecho al principio.

La causa de la caída y ruina de Saúl fue falta de disposición para obedecer a Dios y el no querer entregar a Agag y a Amalec para que fuesen ejecutados. Saúl cumplió todas las órdenes de Dios, menos una. Peleó denodadamente, condujo sus campañas hábilmente, subyugó a Amalec, no dejó parte alguna en manos del enemigo; pero retuvo lo mejor de los despojos y dejó con vida al rey para complacerse a sí mismo, aunque pretendió que lo hacía para el culto de Dios.

Esa fue la causa de su ruina. El veterano Samuel dejó a las generaciones que habían de venir después de él una lección objetiva de lo que quiso significar al tomar su espada y al destrozar a Agag en presencia de Saúl, diciéndole que "obedecer es mejor que los sacrificios, y el prestar atención que la grosura de los carneros" (I Samuel 15:22).

En una ocasión, conversábamos con una querida amiga, la que por varios años había estado tratando de disfrutar de una experiencia espiritual que le satisficiera. Nos dijo que se sentía tan desencantada de todo que nada le satisfacía. Al mirar su cara, al parecer sincera y franca, nos pareció que debía haber algo que le impedía adquirir lo que tanto anhelaba y le preguntamos si no había alguna reserva en la consagración que había hecho de su vida a Dios. No fue necesario esperar la respuesta pues lo dijo con toda franqueza. Le preguntamos entonces si no estaría dispuesta a entregarse sin reserva alguna a Cristo, sin detenerse a pensar en lo que ello le costara, y si no quería ceder, cabalmente, aquello que le parecía más difícil de rendir a fin de entregarse a Jesús. Nos miró tristemente y dijo: "No tengo valor para hacer eso". ¡Ah, sí, esa es la antigua y repetida historia! Pero la verdad es que aquellas personas que temen someterse a Dios, tienen que padecer mucho más severas pruebas y pasar por tribulaciones y dolores que nos hacen estremecer al sólo pensar en ellos.

La persona valiente que se atreve a morir una vez por todas y para siempre, es la más prudente, la más feliz y la que descubre que "el yugo es fácil y ligera la carga".

Amado lector, ¿estás dispuesto a morir, o mejor dicho, estás dispuesto a ceder hasta la muerte aquello que tienes en el corazón — tu vida, tu voluntad, aquello que constituye la fortaleza de tu vida natural y que es el eje sobre el cual gira todo nuestro ser?

Habiéndote rendido hasta la muerte, la próxima cosa que debes hacer es creer que Dios te acepta y que el Espíritu Santo asume la responsabilidad de realizar la obra y que realmente la lleva a cabo. El mandato de las Sagradas Escrituras es muy sencillo: "Así que vosotros consideraos muertos al pecado, pero vivos para Dios en Cristo Jesús, Señor nuestro" (Romanos 6:11).

Este es un acto puramente de fe. La fe y la vista siempre difieren a tal punto que aunque a los sentidos les parece que no puede ser así, la fe debe creer que así es. Esa es una actitud difícil de asumir y únicamente creyendo totalmente en Dios, podemos confiar de tal modo en su palabra y en su obra. Pero al hacerlo así, la fe lo convierte en realidad y así será.

Esas dos palabras, "rendición" y "aceptación" son palabras claves en la vida resucitada. Son como los dos filos de la "espada del Espíritu" por la cual somos crucificados con Cristo.

Esos actos de rendición y de aceptación por la fe se reconocen en el Nuevo Testamento como hechos que señalan una crisis definida de la vida espiritual. No quiere decir eso que tengamos que estar muriendo continuamente, sino que debe haber habido un momento en el cual hayamos muerto realmente, después de lo cual debemos adquirir el hábito de contarnos por muertos y de mirar las cosas teniéndolo así en cuenta.

En el capítulo seis de la epístola a los Romanos el apóstol sostiene que debemos encontrarnos con Dios sabiendo que hemos resucitado de entre los muertos, y que así disfrutemos de los beneficios del acto de la crucifixión. Debemos entregar al Espíritu Santo, una vez y para siempre, nuestro pecado, nuestro yo, y todo lo que tenemos; y en adelante, venga lo que viniere en nosotros, no debemos contarlo como parte nuestra, sino que debemos mantenernos firmes resistiéndonos a reconocer que nace de nosotros, considerándolo simplemente como tentación. Así tendremos poder para vencerlo, y podremos conservar incólume nuestra conciencia de pureza y de victoria.

Al presentarse cualquier mal, y no bien nos sentimos conscientes que, algo impuro nos ha tocado en nuestros sentidos interiores, tenemos el privilegio de pasarlo, inmediatamente, al Espíritu Santo y depositarlo sobre Jesús, considerándolo como ya crucificado con él; y, como ocurría en la antigüedad al tratarse de la ofrenda por el pecado, será llevado fuera del campo y allí se le quemará hasta convertirlo en ceniza.

Eso podrá producir intenso sufrimiento, e indescriptible dolor, podrá ser muy real la pena que nos cause; pero a pesar de todo ello tendremos la dulce sensación de, que contamos con la presencia de Dios, de real y verdadera pureza en todo nuestro espíritu, y que estamos separados del mal que está pasando por el proceso de consumación. Ciertamente será llevado fuera del campamento, para que ni siquiera el olor contamine el santuario del corazón consagrado; y saldremos del fuego sin que se nos haya pegado a nuestras ropas ni aun el olor de las llamas.

Es una gran bendición eso de poder contar con que el Espíritu Santo destruirá aquellas cosas. No hay ninguna espada comparable con la del Espíritu Santo, para interponerse entre nosotros y lo malo, de modo, que se consuma el pecado sin tocar el espíritu. Así como el hábil cirujano, con valentía y buenos instrumentos puede pasar por entre las arterias y las venas de manera tan perfecta que no lastima ninguno de los tejidos y sin causar daño a ninguno de los órganos, así únicamente el Espíritu Santo puede separar lo malo de lo bueno y "penetra hasta partir el alma y el espíritu, las coyunturas y los tuétanos" (Hebreos 4:12).

II

Eso nos lleva al poder escudriñador del Espíritu Santo, pues esa espada de fuego es un arma escudriñadora que llega hasta el corazón al mismo tiempo que es potencia destructora del pecado.

Es indudable que el pasaje del capítulo cuarto de la epístola a los Hebreos que hemos citado, se refiere a esta antigua figura. "Porque la palabra de Dios es viva y eficaz, y más cortante que toda espada de dos filos; y penetra hasta partir el alma y el espíritu, las coyunturas y los tuétanos, y discierne los pensamientos y las intenciones del corazón. Y no hay cosa creada que no sea manifiesta en su presencia" (Hebreos 4:12,13).

El fuego eléctrico tiene poder fuerte y sutil para penetrar dentro de las sustancias y descubrir cualquier cosa anormal o mala que hubiere en ellas. Al pasar la esponja eléctrica por el cuerpo humano, no produce sensación alguna en las partes sanas; pero si hubiere alguna parte enferma, se pega a ese sitio, como buscando cuál es el mal, y penetra en él con un toque sutil, produciendo muchas veces, intenso dolor.

De igual modo, el Espíritu Santo pasa por aquellas partes de nuestro ser que están bien, que son puras, y que no oponen ninguna resistencia, tal vez, sin sentir nada. Tiene tan fácil acceso a nuestro ser que parece entremezclarse con nuestros sentimientos. Pero al tropezar con algo malo, inmediatamente se produce resistencia; él pone su mano sobre ello, dando por resultado un intenso sufrimiento.

La espada del Espíritu busca el mal y le obliga a que se manifieste, a la manera de lo que hacen las avanzadas de los ejércitos cuando avanzan hacia la guarida del enemigo, por medio de su ataque consiguen que salga al frente y que demuestren las posiciones que ocupan.

Los mayores impedimentos a nuestro progreso espiritual yacen en la manera en que el enemigo desfigura su actitud, y en el modo como nos engaña nuestra propia naturaleza. El mal no puede crucificarse mientras no se le reconozca, se le diagnostique, se le saque a la luz y se le entregue a la muerte.

El yo, se disfraza de tan diversos modos que no hay nada, aparte de la espada del Espíritu Santo, y las Santas Escrituras, que pueda ponerlo en el lugar que le corresponde, haciendo reconocer su mal carácter.

Alguien ha dicho que al llamar las cosas por su verdadero nombre se lleva ganada la mitad de la batalla de la vida. El Espíritu Santo escudriña nuestros pecados, y encuentra pecado en muchos sitios donde nuestra personal complacencia no habría ni sospechado que existía. El Espíritu Santo no sólo descubre y condena las formas más grotescas de la inmoralidad y de la desobediencia, que afectan directamente los preceptos contenidos en los diez mandamientos y en las leyes de justicia, sino que nos pone cara a cara con las leyes del amor, haciéndonos ver que aun el despiadado pensamiento del homicidio y el espíritu que se resiste a perdonar, son pecados imperdonables, lo mismo que el vivir en perpetua rebeldía contra Dios, y los motivos egoístas que nos animen aun cuando realicemos los actos más santos, se convierten en pecado que contamina el alma.

El Espíritu Santo nos pone cara a cara con las leyes de la fe, y nos hace ver que el dudar de Dios es un crimen, el tener ansiedad desesperante con respecto al mañana es maldad, que el orar sin fe es tomar el nombre de Dios en vano. En una palabra, que "todo lo que no es de la fe, es pecado".

El Espíritu Santo nos conduce a través de los reinos de la verdad y del error. Nos da la piedra de toque con la cual descubrimos lo falso, y nos enseña a responder a Satán aun cuando éste nos cite las Sagradas Escrituras empleando, como lo hizo

Jesús, las mismas armas blandidas por él, diciéndole: "También está escrito".

El sabe distinguir entre la falsa paz y la verdadera; entre el gozo terrenal y el incorruptible; entre el amor que nace únicamente del instinto natural y el de la caridad nacida del amor de Cristo, que no falla jamás; entre el celo de Jehú que es una pasión egoísta, y el celo santo que arde tanto cuando nadie lo aplaude, y se mantiene firme cuando nos cuesta la vida, como cuando nos conduce al trono. El sabe distinguir entre la adoración falsa y la verdadera; sabe cuando la oración que se eleva al Padre Celestial es inspirada por el Espíritu Santo y que se ve en secreto, lo mismo cuando la emoción religiosa nace de una sensación ascética producida por un sermón elocuente, por un relato conmovedor, por un llamamiento sentimental o por una sublime sinfonía musical que haga saltar las lágrimas, aunque el corazón permanezca duro como una piedra, sin sentir nada con respecto a Dios o nuestros semejantes.

El Espíritu Santo nos enseña a orar como lo hizo el salmista: "Examíname, oh Dios, y conoce mi corazón; pruébame y conoce mis pensamientos; y ve si hay en mí camino de perversidad, y guíame en el camino eterno" (Salmo 139:23,24).

El Espíritu Santo nos da ese espíritu de absoluta dependencia de Dios que nos hace estar dispuestos a que se nos escudriñe y nos deleita que se nos exponga delante de Dios, y nos hace exclamar: "Ve si hay en mí camino de perversidad", o, como dice la versión moderna, "camino malo". Nos alegra ser apartados no sólo de lo malo sino de lo terrenal y ser segregados de toda vida egoísta, a fin de evitar todo camino doloroso, y de ese modo quedará subyugado todo aquello que puede hacernos daño. De ese modo, no sólo podemos dejar a un lado el pecado que nos acecha, sino todo aquello que pudiera impedir desarrollarnos espiritualmente.

El bendito Espíritu Santo, que toma posesión del corazón consagrado, se interesa vivamente en nuestra vida más elevada y nos vigila con tal amor que raya en celo. La traducción hispano-americana nos da este texto de la epístola de Santiago con toda su hermosa exactitud: "El Espíritu que él ha hecho habitar en nosotros nos ama hasta sentir celos" (Capítulo 4:5).

El Espíritu Santo se preocupa muchísimo para conservarnos sin mancilla y sin culpa, poniéndonos así en condición de poder cumplir la voluntad de Dios.

El Esposo Celestial no sólo quiere que su iglesia sea inmaculada, sino que sea "sin arruga de ninguna especie". La mancha es la señal del pecado, pero la arruga es signo de debilidad, de vejez y de decadencia. Jesús no quiere ver ese toque desfigurador en el semblante de su amada. Por eso, el Espíritu Santo, que es el ejecutor de su voluntad, y el mensajero divino que él mandó para que llame, separe y conduzca a la esposa al hogar, éste está celosamente empeñado en que se cumpla, en todos sus detalles, la voluntad del Señor y nos escudriña constantemente, con más y más ternura y con la mayor solicitud, con el objeto de descubrir cualquier falta secreta o cualquier cosa que nos falte, a fin que alcancemos a la plenitud de la estatura espiritual y a la entera preparación para las bodas del Cordero. ¿Recibiremos su escrutinio y su amorosa atención con verdadero placer? Exclamaremos:

> Mira, Señor, mira mi corazón,
> Mira si es que hay algo de indecisión,
> Si es que la hay, dame, Señor, perdón,
> Y guía mi alma a la vida eterna.

III

EL PODER SUBYUGANTE DEL ESPIRITU SANTO. El Espíritu Santo es el ejecutivo de Dios, no sólo para conseguir la salvación y la santificación de su pueblo, sino también para llevar la convicción de pecado a los pecadores, para hacer ver a los malos el juicio que les espera, la destrucción que sufrirán los enemigos de Dios y el juicio final del Diablo y sus ángeles.

Esa espada es el arma de Dios para herir al orgulloso y soberbio pecador y hacerlo caer ante el banco de misericordia. Podemos entretener e interesar a los hombres, pero únicamente el Espíritu Santo puede hacerles ver su pecado, y penetrarles hasta el corazón haciéndoles sentir en lo más hondo del alma la indignidad de su pecado y la necesidad que tienen de reconocerse pecadores culpables. Nos regocijamos porque hay uno que blande esa poderosa espada, la emplea valiéndose para ello de su santa palabra, cuando ésta se expone con toda fidelidad, y consigue quebrantar el corazón del pecador y le hace caer postrado a los pies de Jesús.

Pero el Espíritu Santo también es la mano poderosa que defiende el honor de Dios contra los depravados, y castiga a aquellos que le desobedecen y que causan daños a su pueblo. El mismo poder que hirió de muerte a Ananías y Safira en los días de pentecostés, se encuentra en la Iglesia y en el mundo hoy día; y dondequiera que Dios está presente, hace conocer sus juicios de manera maravillosa.

Es cosa muy solemne el atreverse a presumir contra el Espíritu Santo. El es, el autor de la vida humana, y puede privar de ella en cualquier momento. Dios mismo lo ha dicho: "Si afilare mi reluciente espada, y echare mano del juicio, yo tomaré venganza de mis enemigos" (Deuteronomio 32:41). En otro lugar dice: "Ninguno agravie ni engañe en nada a su hermano; porque el Señor es vengador de todo esto" (I Tesalonicenses 4:6).

No me gustaría que criaturas y mujeres viudas se quejaran de mí delante de Dios. No me agradaría ver levantadas las manitas de inocentes criaturas que han sido maltratadas, rogando al cielo que se les vengue castigándome. No quisiera tener que encarar esa terrible sentencia, después de una vida vivida hablando mal contra los siervos de Dios, quien dijo: "No toquéis a mis ungidos, ni hagáis mal a mis profetas" (I Crónicas 16:22). Yo preferiría jugar con el rayo, o tomar en mis manos un alambre eléctrico descubierto y cargado de corriente, antes que decir algo en contra de un siervo de Cristo, o repetir los dardos difamatorios que miles de cristianos lanzan unos contra otros, causándose daños ellos mismos, tanto a sus almas como a sus cuerpos.

Tal vez os sorprenda algunas veces por qué no sanáis de vuestras enfermedades, por qué no sentís vuestro espíritu colmado del gozo del Espíritu Santo y vuestra vida bendecida y próspera. Podrá ser que algún dardo que arrojasteis con voz airada, en algún momento de ociosa charla os persigue en su viaje de regreso, pues toda palabra rencorosa y mala que decimos, después de hacer su recorrido, retorna al punto de partida.

Recordemos, que al perseguir a los hijos o hijas de Dios, le estamos persiguiendo a él y al obrar así nos causamos daño a nosotros mismos.

Finalmente, la hora viene en que "Jehová castigará con su espada dura, grande y fuerte al leviatán, serpiente veloz, y al leviatán serpiente tortuosa, y matará al dragón que está en el mar" (Isaías 27:1).

Entonces, el propio Satán sentirá la potencia de esa espada de fuego, que vio por primera vez, en todo su terrible esplendor, al salir de las puertas del Edén llevando sobre su cabeza el espantoso crimen de la destrucción del hombre y la tremenda maldición que todavía tiene que consumar ígnea espada.

Esa hora no ha llegado aún, pero ya está aquí el bendito Espíritu Santo para resistir y vencer el poder destructor.

El Espíritu Santo fue el que dio fortaleza a Cristo, y lo defendió en el conflicto que tuvo en el desierto, y él mismo ha dicho: "Vendrá el enemigo como río, mas el Espíritu de Jehová levantará bandera contra él" (Isaías 59:19).

Hay ciertas cosas que sólo Dios puede hacer marchitarse y secarse; y es ciertamente una gran bendición que en relación con el único milagro de castigo que hizo Jesús — el de la higuera que se secó — nos dio la más grandiosa lección del poder de la fe humana, y nos dijo que Dios podría darnos fe tal que podríamos hacer marchitarse y secarse la higuera estéril y destruir las fuerzas del mal que fuesen demasiado fuertes para que podamos resistirlas.

Es una gran bendición el que podamos contar con un Dios que no sólo puede limpiarnos y purificarnos, sino que es capaz de destruir a nuestros enemigos espirituales, y de encarar aun a nuestros adversarios humanos. "Jehová Dios es fuego consumidor, y juzgará a su pueblo". Si sólo pudiéramos darnos cabal cuenta del significado de esas tremendas palabras: "Jehová es fuego consumidor", sentiríamos tanta compasión por la persona que nos hace daño, que no le desearíamos mal, sino que temblaríamos al pensar en la sentencia que recaerá sobre ella. Nos postraríamos de rodillas ante Dios y le imploraríamos que le tuviera misericordia.

Amado lector, pasemos esta espada de fuego, sin reservas de ninguna especie. Si así lo hacemos no sólo no temeríamos que su poder podría causarnos daño, sino que ella sería el arma potente de defensa contra todos los adversarios y toda suerte de mal, y nos serviría también de arma de ataque en las luchas que sostuviéramos en el servicio de Dios en beneficio de la humanidad y por el tiempo del reino de nuestro Señor.

CAPITULO IV

LA COLUMNA Y LA NUBE DE FUEGO

"Y Jehová iba delante de ellos de día en una columna de nube para guiarlos por el camino, y de noche en una columna de fuego para alumbrarles, a fin de que anduviesen de día y de noche. Nunca se apartó de delante del pueblo la columna de nube de día, ni de noche la columna de fuego" (Exodo 13:21,22).

"Y el ángel de Dios que iba delante del campamento de Israel, se apartó e iba en pos de ellos; y asimismo la columna de nube que iba delante de ellos se apartó y se puso a sus espaldas, e iba entre el campamento de los egipcios y el campamento de Israel; y era nube y tinieblas para aquéllos, y alumbraba a Israel de noche, y en toda aquella noche nunca se acercaron los unos a los otros" (Exodo 14:19,20).

"Entonces una nube cubrió el tabernáculo de reunión, y la gloria de Jehová llenó el tabernáculo. Y no podía Moisés entrar en el tabernáculo de reunión, porque la nube estaba sobre él, y la gloria de Jehová lo llenaba. Y cuando la nube se alzaba del tabernáculo, los hijos de Israel se movían en todas sus jornadas; pero si la nube no se alzaba, no se movían hasta el día en que ella se alzaba. Porque la

LA COLUMNA Y LA NUBE DE FUEGO

nube de Jehová estaba de día sobre el tabernáculo, y el fuego estaba de noche sobre él, a vista de toda la casa de Israel, en todas sus jornadas" (Exodo 40:34-38).

"Y la nube de Jehová iba sobre ellos de día, desde que salieron del campamento. Cuando el arca se movía, Moisés decía: Levántate, oh Jehová, y sean dispersados tus enemigos, y huyan de tu presencia los que te aborrecen. Y cuando ella se detenía decía: Vuelve, oh Jehová, a los millares de millares de Israel" (Números 10:34-36).

"Porque no quiero, hermanos, que ignoréis que nuestros padres todos estuvieron bajo la nube, y todos pasaron el mar; y todos en Moisés fueron bautizados en la nube y en el mar" (I Corintios 10:1,2).

LA aplicación al Espíritu Santo que hallamos en estos preciosos pasajes, y la sublime figura que vemos a través de todas ellas, tienen su confirmación en las palabras del profeta Isaías que encontramos en el capítulo sesenta y tres de su profecía, donde dice: "En toda angustia de ellos él fue angustiado, y el ángel de su faz los salvó, en su amor y en su clemencia los redimió, y los trajo, y los levantó todos los días de la antigüedad".

"Mas ellos fueron rebeldes, e hicieron enojar su santo espíritu; por lo cual se les volvió enemigo, y él mismo peleó contra ellos".

"Pero se acordó de los días antiguos, de Moisés y de su pueblo, diciendo: "¿Dónde está el que les hizo subir del mar con el pastor de su rebaño?

¿dónde el que puso en medio de él su santo espíritu, el que los guió por la diestra de Moisés con el brazo de su gloria; el que dividió las aguas delante de ellos, haciéndose así nombre perpetuo, el que los condujo por los abismos, como un caballo por el desierto, sin que tropezaran?

"El espíritu de Jehová los pastoreó, como a una bestia que desciende al valle; así pastoreaste a tu pueblo, para hacerte nombre glorioso" (9-14).

El profeta expresamente reconoce que fue el Espíritu Santo que habitó entre el pueblo de Israel, y que fue él quien lo condujo cuando cruzaron el Mar Rojo y a través del desierto.

La figura con que se representa en estos pasajes es notable y sublime. Antiguamente era costumbre que cuando marchaban los ejércitos en países extranjeros, especialmente en horas de la noche, eran precedidos por grandes iluminaciones de antorchas y llamaradas que se elevaban y humeaban en la oscuridad de la noche.

Por consiguiente, no les parecía sorprendente a los israelitas, ver marchar a la cabeza de ellos la majestuosa columna de nube de fuego; pero la luz que veían no era producida por fuego humano. Con majestad, que no era terrenal sino divino, se elevaba la ígnea columna hacia el cielo, y avanzaba, como un potente centinela, delante del ejército, deteniéndose cuando debían descansar, levantándose en el momento en que debían proseguir la marcha, separándoles de los enemigos y, algunas veces, cubriéndoles como un gran palio celestial resguardándoles de los rigores del sol del desierto.

1. Era un símbolo sobrenatural. El propio Jehová era quien había de guiarles. Esa fue su par-

ticular distinción, era "sólo el Señor quien les guiaba". Ese era el lugar donde Moisés intercedía por ellos delante de Dios. "¿En qué nos diferenciaremos de los otros pueblos de la tierra si tú no estás con nosotros?" Y el Señor le respondió: "Mi rostro irá contigo y te haré descansar".

Las columnas de nube y de fuego no representaban ni siquiera la dirección o protección de un ángel, sino la presencia del mismo Dios.

De igual modo la Iglesia del Dios vivo cuenta con una dirección sobrenatural. El cristiano tiene un guía divino. Nuestro sagrado cristianismo no consiste de una colección de sabias opiniones humanas ni de una organización en la que se hallan combinadas las fuerzas de la sabiduría y el poder mundano. Todo ello no servirá de nada si no es divino. Lo que necesitamos es una religión sobrenatural, si no lo es así, mejor es que no se nos dé religión de ninguna clase.

La Iglesia de los apóstoles fue un milagro vivo, y lo mismo debe serlo la Iglesia del siglo diecinueve. Cualquier cosa que no sea eso, será motivo de desencanto para Dios y para todo verdadero hombre.

El no se presenta hoy día de manera tan portentosa como lo hacía en la antigüedad. Pero no por eso su presencia es menos real ni es inferior su modo de obrar en los corazones de su pueblo, ni las obras de su providencia.

¿Por qué ha de ser Dios menos glorioso hoy día de lo que fue en días de Moisés, en los triunfos de Josué y en los milagros de Pentecostés? Elevémosle la sincera oración diciéndole: ¡"Despiértate, despiértate, vístete de poder, oh brazo de Jehová; despiértate como en el tiempo antiguo"! Y escuchemos la respuesta que él nos da: ¡"Despierta, despierta, vístete de poder, oh, Sion; vístete tu ropa hermosa, oh Jerusalén"! (Isaías 51:9; 52:1).

2. La columna de nube y de fuego, servía para dar luz, para enseñar la verdad y para guiar al pueblo de Dios. La superstición bárbara se deleita con las cosas portentosas, en cambio el poder divino se manifiesta de manera práctica y útil. Dios no quiere jugar con nosotros, como lo hacen los prestidigitadores con el público; lo que él quiere es guiarnos como lo hace el pastor con sus ovejas. Cabalmente porque lo que quiere es darnos su vida, su palabra dice muy poco sobre temas que apelen únicamente a nuestra curiosidad, en cambio habla mucho a la inteligencia, al entendimiento y al corazón.

El Espíritu Santo no desciende para hacernos manifestaciones extraordinarias, sino para darnos vida y luz. Mientras más cerca estemos de él, tanto más sencilla será su iluminación y la manera como nos guía. El viene para "guiarnos a toda verdad". Viene para iluminar nuestros corazones y para hacernos ver lo que somos. El Espíritu Santo viene para revelarnos a Cristo, para darnos las Sagradas Escrituras y para iluminarnos a fin de que comprendamos lo que ellas dicen, de modo que aparezcan claras y vívidas las realidades divinas que ellas contienen de modo que comprendamos su significación espiritual. Viene para darnos sabiduría y para instruirnos en el conocimiento de Cristo, "alumbrando los ojos de vuestro entendimiento, para que sepáis cuál es la esperanza a que él os ha llamado, y cuáles las riquezas de la gloria de su herencia en los santos, y cuál la supereminente deza de su poder para con nosotros los que creemos, según la operación del poder de su fuerza" (Efesios 1:18,19).

Sin el Espíritu Santo no hay luz verdadera. Los sagrados misterios de las divinas realidades que tanto amamos, son incomprensibles aun a las más preclaras de las inteligencias humanas. Dos hombres, sentados uno al lado del otro, oyen las mismas verdades, leen las mismas palabras, viven bajo las mismas influencias religiosas. Al uno le parecen incomprensibles e irreales, en cambio para el otro ellas son la esencia de su vida.

Como en la antigüedad, la misma nube que alumbraba al pueblo de Israel, oscurecía a los egipcios, "y en toda aquella noche nunca se acercaron los unos a los otros" (Exodo 14:20). Y sigue siendo verdad aún, que "el hombre natural no percibe las cosas del Espíritu de Dios, porque le son insensatez: ni las puede conocer, por cuanto se disciernen espiritualmente" (I Corintios 2:14, V. M.)

3. Como era una nube e igualmente una columna de fuego, del mismo modo el Espíritu Santo es oscuridad para el que no cree y luz para el creyente. Las cosas de Dios son tan oscuras para el mundo como lo son precisas y claras para el verdadero discípulo. Aun para los propios hijos e hijas de Dios hay cierto elemento nebuloso a la par que luminosidad.

Hay una luz velada que algunas veces es tan necesaria como el sol cubierto por las nubes. El Espíritu Santo nos ha sido dado para que nos revele muchas cosas, "pero podemos llevarlas ahora", pero eso reserva lecciones más profundas hasta que estemos en condición de recibirlas y de comprenderlas.

"Les conduciré por caminos que ellos no conocen", es lo que él dice aún a la criatura que pone en él su confianza, pero siempre añade: "estas cosas les haré, y no les dejaré".

El hecho de que hayan nubes en nuestro cielo, y que tropecemos con pruebas en el camino por donde andamos, es la mejor evidencia que seguimos la nube y la columna de fuego y que andamos en la presencia de Dios. Los discípulos tuvieron que entrar en la nube antes de poder ver la gloria de la transfiguración. Poco después, esa misma nube se convirtió en el vehículo que recibió al Señor en su ascensión y sigue siendo el vehículo que está a la espera para conducirle en su gloriosa aparición.

Sigue siendo un hecho que aunque "las nubes y la oscuridad circunden su trono" nunca faltan su misericordia ni su verdad, y éstas irán siempre delante de él.

Tal vez una de las cosas más preciosas y misericordiosas con respecto a la nube era que ésta servía de resguardo contra los rigores del sol. Esa majestuosa nube, como inmensa sombrilla, se extendía sobre el campamento y servía de resguardo de los rayos del sol en la llanura totalmente desprovista de árboles. Los que no han sabido nunca lo que es el sol oriental no podrán apreciar cabalmente lo que significó para el pueblo de Israel esa sombra.

De igual modo el Espíritu Santo nos resguarda de los ardientes rayos de las tribulaciones y de las tentaciones, y bajo su sombra nos sentamos a cantar:

*Mi esperanza pongo en ti,
Tú mi amparo habrás de ser,
Con tus alas cúbreme,
Pues sin ti he de perecer.*

4. Era una columna de fuego. El fuego es más que simple luz. Este no sólo ilumina sino que da calor, purifica y destruye. El mismo Espíritu Santo bautiza con agua y con fuego, pero no es la misma clase de bautismo.

El bautismo de fuego es algo que penetra hasta las fibras de nuestro ser; consume la vieja vida, purifica y reactiva nuestro ser entero, y nos reviste con poder de lo alto.

Dios quiere que todos lleguemos a ese estado, que no temamos al fuego, porque todo lo combustible habrá sido quemado.

5. La columna iba delante de ellos. Al principio la vieron delante, a la distancia, y por encima de ellos. La primera vez que la vieron fue cuando estaban aún en Egipto, y fue ella quien les guió que saliesen de la tierra de la esclavitud.

De igual modo, el Espíritu Santo desciende hasta nosotros aun cuando vivimos en el pecado, y nos guía para que salgamos del mundo y para que sigamos en pos de Cristo, y emprendamos nuestra peregrinación con destino a la Tierra Prometida.

La primera vez que se nos manifiesta el Espíritu Santo nos parece que está muy lejos, y tal vez hasta tengamos miedo de acercarnos a él. Sabemos que él es quien nos hace conocer a Dios, el que nos da el mensaje de Cristo, y la esperanza de la salvación y el que nos guía los primeros pasos de la vida cristiana; pero no le hemos conocido aún como el huésped que viene a morar en nosotros y a constituirse en nuestro perenne Consolador.

6. La columna de nube se acercó más a ellos, pasó por encima del campamento y se puso a la retaguardia. Eso ocurrió mientras cruzaron las aguas del Mar Rojo; en la hora de peligro tuvieron que lanzarse por la fe a lo que parecía la muerte segura. En esos momentos el Guía se acercó más a ellos y les estrechó en sus brazos; después de lo cual se colocó a la retaguardia para defenderles de sus enemigos.

Lo mismo ocurre cuando damos un paso, con fe viva, y cruzamos el Mar Rojo que nos separa de nuestro pasado y de nuestra vida pecadora, y descendemos a las aguas de la muerte con Jesús; el Espíritu Santo se nos acerca y nos bautiza con el toque de su presencia.

El bautismo con agua que es figura de la muerte, significa el bautismo del Espíritu Santo. Cuando Jesús descendió al Jordán para ser bautizado por Juan, "el cielo se abrió, y descendió el Espíritu Santo sobre él en forma corporal, como paloma" (Lucas 3:21,22), y la promesa que hallamos en los Hechos de los Apóstoles tiene que ver también con el Espíritu Santo: "Arrepentíos, y bautícese cada uno de vosotros en el nombre de Jesucristo para perdón de los pecados; y recibiréis el don del Espíritu Santo" (Hechos 2:38). Así leemos que, "todos en Moisés fueron bautizados en la nube y en el mar" (I Corintios 10:2). Al entrar al Mar Rojo, la nube celestial les envolvió, y fueron sumergidos en ambos bautismos. Es muy posible que en el momento en que la nube pasó por entre ellos, estuvieron menos conscientes de su presencia de lo que fue el caso mientras estuvo a la distancia delante de ellos.

Lo mismo nos ocurre a nosotros al pasar por entre la nube, no estamos conscientes de ella. Lo único que vemos es niebla y oscuridad, por eso es que muchas veces al recibir el Espíritu Santo no sabemos exactamente lo que nos ocurre. Tal vez estamos tan sumidos en la oscuridad, tan ansiosos y tan anhelantes, pidiéndole algo a Dios, que no nos damos cuenta de nuestra condición. Mejor es que sea así.

El otro día me dijo un amigo: "Tengo tantos deseos de ser bautizado del Espíritu Santo, lo anhelo tantísimo". Le pregunté: "¿Quién le puso a usted ese deseo? ¿Quién le ha inspirado ese anhelo? ¿Ha sido el Espíritu Santo? El ya está con usted del lado de la sombra de la bendición, y él es quien le ha inspirado esos deseos al acercarse a usted dispuesto a satisfacerle".

7. La columna se puso detrás de ellos.

El Espíritu Santo está siempre a nuestra retaguardia. El toma nuestro pasado y lo oculta de nosotros. Detrás de ellos habían quedado Egipto y los egipcios, todo el pasado con su pecado, su bochorno y sus adversarios.

Así, el Espíritu Santo nos separa de todo lo que fuimos, y de todo aquello que podría presentarse en contra nuestra. ¡Cuán bendito es ponerlo entre nosotros y nuestros enemigos; entre nosotros y nuestros recuerdos, y contar con él a nuestra retaguardia!

8. Poco después, la nube y la columna de fuego, se quedaron con ellos. Llegó el día — el hecho señaló una nueva era de la historia del pueblo de

Israel — cuando se produjo un cambio notable de la posición de la nube y de la columna de fuego. Esto ocurrió el primer día del primer mes del segundo año de su historia.

Acababan de terminar la construcción del tabernáculo, ese sencillo santuario, pero divinamente planeado, que fue modelo perfecto y tipo de la Iglesia y de los santos individualmente. Habían acabado de labrar cada una de las tablas, cada claro, cada lazo y cada cortina habían sido hechos y colocados en sus respectivos lugares según lo había ordenado Dios. Cada uno de los muebles estaba en su sitio, por consiguiente lo dejaron todo en las manos de Dios, habiéndolo ungido todo con aceite, como símbolo que el Espíritu Santo había recibido y aceptado la ofrenda.

Inmediatamente la majestuosa nube que había coronado la montaña con su ígnea gloria, y que había flotado esplendorosamente en el firmamento, descendió de la altura y entró al lugar santo; allí, en el lugar santísimo, entre las alas de los querubines del banco de misericordia, tomó su lugar en el santo fuego — esa luz misteriosa y llama terrible que desde ese momento fue signo de la presencia de Dios y que iluminaba el recinto con luz y gloria sobrenaturales. Dios se había trasladado a su sacra morada, y a partir de esa fecha no estuvo nunca lejos en su trono de gloria, sino en medio de Israel, sentado en el trono de gracia.

Así, al principio del capítulo siguiente leemos que Dios habló con Moisés, no desde el monte ni desde la nube sino desde el tabernáculo. ¡Misterio de misterios! ¡Don de dones! ¡Indecible privilegio divino! Esa es la promesa que finalmente ha cumplido a su pueblo, promesa que hoy puede reclamar personalmente todo creyente. "¿No sabéis que sois templo de Dios, y que el Espíritu de Dios mora en vosotros?" (I Cor. 3:16). "Y pondré dentro de vosotros mi Espíritu, y haré que andéis en mis estatutos, y guardéis mis preceptos, y los pongáis por obra" (Ezequiel 36:27). "Habitaré y andaré entre ellos, y seré su Dios, y ellos serán mi pueblo" (II Corintios 6:16). "Si alguno oye mi voz y abre la puerta, entraré a él, y cenaré con él, y él conmigo" (Apoc. 3:20). "El mora en vosotros, y estará en vosotros" (Juan 14:17). "En aquel día vosotros conoceréis que yo estoy en mi Padre, y vosotros en mí, y yo en vosotros" (Juan 14:20). "El que me ama, mi palabra guardará; y mi Padre le amará, y vendremos a él, y haremos morada con él" (Juan 14:23).

¿Dónde está vuestro Dios? ¿Allá, en un trono de gloria, en las alturas celestiales, o aquí en el santuario de vuestro corazón entronizado en vosotros?

Sí, esta es la segunda era de la vida cristiana, el primer día del segundo año. El primer año fue de la pascua de la sangre rociada, de la aceptación de Jesús como Salvador. Así fue el principio de la historia de Israel porque Dios dijo que sería el principio de meses. Pero esta es la segunda de las bendiciones, una crisis tan definitiva, una era tan señalada, un momento tan eternamente memorable. Ese fue el Calvario, ese fue Pentecostés.

Todo tiene su tiempo, y hay un día en que Pentecostés viene en toda su plenitud. Ningún alma que ha sabido lo que es, puede olvidarlo jamás.

Amado lector, el Espíritu Santo, ¿ha venido a ti, o, mejor dicho, ha venido a morar por siempre en ti?

9. La columna de nube o de fuego siguió guiando al pueblo de Israel en todos sus viajes. Cuando debían emprender la marcha, iba delante de ellos; cuando debían descansar, se detenía y extendía sus alas protectoras encima de ellos, como el ave cubre a sus polluelos, como el grandioso dosel celeste bajo el cual se encontraban reunidos.

De igual modo, el Espíritu Santo es nuestro Guía, nuestro Dirigente y nuestro lugar de reposo. Hay veces que nos obliga a que oremos, a que le sirvamos, a que suframos, a que pasemos por experiencias nuevas, a que cumplamos nuevos deberes; somete nuestra fe, nuestra esperanza y nuestro amor a nuevas pruebas. Pero también hay momentos en que nos detiene de nuestras actividades y nos hace descansar al abrigo de sus alas; nos obliga a que nos quedemos quietos en el lugar secreto del Altísimo, donde nos enseña alguna lección nueva, y sopla en nosotros nuevas fuerzas o mayor plenitud de ellas, para que luego, cuando él lo disponga, podamos seguir adelante. El es verdadero guía de los santos y el verdadero dirigente de la Iglesia; es nuestro maravilloso Consejero, nuestro infalible Amigo. El que negare que el Espíritu Santo guía personalmente, para que consideremos la palabra de Dios como nuestra única guía, deshonra esa otra promesa de la bendita palabra que dice que sus ovejas conocerán su voz y que sus hijos e hijas obedientes oirán su voz que dice: "Este es el camino, seguid por él".

Observemos ahora que la nube que penetró en el tabernáculo no se quedó allí ni dejó de verse afuera; sino que se elevó de la cámara donde estaba el fuego sagrado y flotó encima de él, para luego desparramarse en el espacio como lo había hecho antes, demostrando tanto su presencia externa como interna.

La diferencia consistió en esto: en el primer caso era un signo externo únicamente; luego lo fue interno, después de lo cual, finalmente, lo fue interno y exteriormente — el fuego en el interior y la nube encima.

De igual modo nosotros al principio sólo conocemos el Espíritu Santo visto a la distancia, en cosas que ocurren providencialmente, o sólo por la palabra; pero después de algún tiempo le recibimos como huésped íntimo y él habita en nosotros; nos habla de manera íntima, en nuestro fuero interno. Mas no por eso cesa su acción externa sino que, por el contrario, ésta parece hacerse más activa y más gloriosa. El poder que obra dentro de nosotros se trasluce exteriormente, contestando nuestras oraciones, sanando enfermedades, e interviniendo en la providencia. "Aquel que es poderoso para hacer todas las cosas mucho más abundantemente de lo que pedimos o entendemos, según el poder que actúa en nosotros" (Efesios 3:20).

El creyente consagrado cuenta con la doble presencia del Señor. Este está presente en el corazón y está poderosamente presente en los sucesos de la vida. El es Cristo que está en nosotros; el Cristo de todos los días que tiene todo poder en el cielo y en la tierra.

Así como la nube y la columna de fuego les guió todo el camino, y les hizo triunfar sobre sus enemigos, dividió las aguas del Jordán y no se apartó de ellos hasta que hubieron entrado a la tierra prometida; de igual modo el Espíritu Santo es quien obra maravillas por nosotros, él es nuestro suficiente Dios y nuestro Guardián. En estos días él está a la espera para obrar tan portentosamente en los asuntos de los hombres como lo hizo en días de Moisés, de Daniel y de Pablo.

10. Se observará, sin embargo que, después que el pueblo de Israel hubo entrado a la tierra prometida, cesaron todas las expresiones externas de la presencia de Dios, y la visión que tuvo Josué delante de Jericó — el Hijo de Dios con una espada desenvainada en la mano — llegó a ser, en adelante, un pacto de la misma presencia, la misma protección y el mismo poder. A partir de esa fecha cesaron las señales externas, pues el Dirigente estaría con ellos y debían reconocerle así por la fe y no por la vista.

De la misma manera nos ocurre a nosotros cuando entramos en la plenitud de Cristo. Vemos menos señales, menos de lo aparentemente portentoso, pero disfrutamos más de las obras de la fe y de su poder.

Dios se reveló a Josué, pero no lo hizo valiéndose para ello de la luminosidad de una nube, sino por el derrumbe de los muros de Jericó, por la derrota de los cananitas en Bet-horón, por la captura de Hebrón, por la conquista de Anakimm y por la subyugación de los treinta reyes de Canaán. Esas fueron las maravillosas manifestaciones de su poder y las señales de su presencia.

Al conducirnos Dios a una vida de fe más profunda y de mayor poder, nos hará entender igualmente lo que él quiere y manifestará su presencia por las cosas que hace diariamente por medio nuestro, por la salvación de las almas que nos rodean, quebrantando los corazones soberbios y pecadores, abriendo las puertas de naciones paganas para dar acceso al evangelio, haciendo que su providencia obre en sucesos de nuestros días, por la evangelización del mundo por los portentosos vuelcos que han de dar por resultado el glorioso advenimiento de su Hijo.

Pero en todo esto, las bendiciones vendrán por la fe y no por lo que vemos. Debemos aprender a confiar en el Espíritu Santo, aun cuando no veamos señal alguna de su presencia.

En conclusión: ¿hemos mantenido el paso con el avance de la nube? ¿Hemos seguido en pos de él desde Egipto hasta el fondo del Mar Rojo y a través de las aguas del Jordán? ¿Hemos dejado que nos guíe hasta entrar en la tierra prometida? ¿Ha llegado a ser nuestro Sagrado Huésped? ¿Habita él en nosotros? ¿Sabemos lo que son las portentosas obras que hace por nosotros y en nosotros? ¿Nos ha conducido a la victoria por la fe y a las glorias del servicio que él tanto desea que prestemos, para gloria y honra de Jesús y para que apresure su regreso? ¿No querremos elevar esta oración?:

Santo Espíritu eres huésped
En mi alma bienvenido;
¡Oh, paloma de los cielos,
En mi pecho haz hoy tu nido!

CAPITULO V

EL AGUA VIVA

"Y todos bebieron la misma bebida espiritual; porque bebían de la roca espiritual que los seguía, y la roca era Cristo" (I Corintios 10:4).

"Así que, hermanos, teniendo libertad para entrar en el lugar santísimo por la sangre de Jesucristo, por el camino nuevo y vivo que él nos abrió a través del velo, esto es, de su carne, y teniendo un gran sacerdote sobre la casa de Dios, acerquémonos con corazón sincero, en plena certidumbre de fe purificados los corazones de mala conciencia, y lavados los cuerpos con agua pura" (Heb. 10:19-22).

No hay ningún emblema del Espíritu Santo que se emplee más frecuentemente en las Sagradas Escrituras que el agua. Como ésta, naturalmente, sugiere limpieza, refrigerio y plenitud, expresa de la manera más perfecta las funciones más importantes del Espíritu Santo.

No nos es posible referirnos a todos los pasajes e incidentes basados en dicha figura; pero vamos a llamar la atención del lector a cuatro pasajes muy notables que revelan, en orden lógico y cronológico, la obra del Espíritu Santo en nuestra redención y entera salvación.

I

El primero de dichos pasajes, citados arriba, se refiere a los tres primeros que nos revelan la acción del Espíritu Santo. Todos ellos tienen relación con incidentes ocurridos durante el viaje de los israelitas a través del desierto.

El primero es el golpe a la peña de Horeb, del cual leemos en el capítulo diecisiete de Exodo. Habían llegado a la fuente Meriba, y la habían encontrado seca; y, como lo habían hecho otras veces, en vez de confiar en Dios y orar a él, comenzaron a murmurar y a quejarse. Entonces Dios ordenó a Moisés que les condujese a la peña de Horeb, y que golpease ésta con la vara que había empleado para dividir el Mar Rojo y para realizar los milagros de juicio sobre Egipto. De esa peña emanó una corriente de agua de la que bebió el pueblo abundantemente y de igual modo, sus ganados.

El significado de la peña de Horeb, fue, por supuesto, una figura de Jesucristo y el golpe del juicio del Padre ejecutado en el Calvario por el cual fue expiada nuestra culpa y se abrió la fuente de la misericordia para los pecadores. Pero el agua que vertió de la peña era también figura del Espíritu Santo, comprado para nosotros como el don más preciado de la redención llevada a cabo por él.

El agua siempre es figura del Espíritu Santo. El propio Señor Jesucristo ha explicado este símbolo en el capítulo siete del Evangelio de Juan, versículo 38 a 39, donde, después de hablar del agua viva que correría del creyente, añade: "Esto dijo del Espíritu que habían de recibir los que creyesen en él".

El agua de la peña de Horeb, fue figura del derramamiento del Espíritu Santo en pentecostés, como consecuencia de la redención realizada por Cristo. Ese es el significado de su dispensación. En lo que se refiere a las eras sucesivas de nuestra vida cristiana, ella representa nuestras primeras experiencias del Espíritu Santo después de nuestra conversión.

Es un hecho que, en cierto sentido, muy real y verdadero, Dios da su Espíritu al creyente tan pronto éste acepta a Jesucristo como su Salvador. Más adelante, sin embargo, el creyente llega a disfrutar de una plenitud más profunda de ese Espíritu. Pero no por eso se debe desacreditar ni desplazar la otra experiencia real y verdadera que adquiere el creyente inmediatamente que abre el corazón para recibirle.

Esa fue la primera promesa que recibió la iglesia recién nacida y los más jóvenes creyentes. "Arrepentíos, y bautícese cada uno de vosotros en el nombre de Jesucristo para perdón de los pecados; y recibiréis el don del Espíritu Santo. Porque para vosotros es la promesa, y para vuestros hijos, y para todos los que están lejos; para cuantos el Señor nuestro Dios llamare". Esa es la única garantía de la seguridad y firmeza de los creyentes; no se debe dejar a ningún convertido mientras no haya recibido de manera clara y definida el Espíritu Santo, y éste le haya sellado para el día de la redención con el poder y la presencia de Dios.

II

En el capítulo veinte del libro de Números tenemos un segundo incidente muy parecido al primero y sin embargo, esencialmente diferente. El pueblo llega a encontrarse otra vez sumido en gran necesidad. Carecen de agua y están a punto de perecer de sed. De nuevo interviene Dios y les salva de la desesperada situación. Vuelve a conducirles a la peña y las aguas manan abundantemente y les abastece de todo lo que necesitaban, "y bebió la congregación y sus bestias", y se refrescaron y satisficieron. Todo esto parece exactamente igual al otro milagro, pero al mirarlo desde más cerca vemos diferencias muy importantes.

En primer lugar, esto ocurrió cuarenta años más tarde. El primer milagro se efectuó al principio de su vida en el desierto. Esto sucedió al aproximarse al final, por consiguiente, tiene por objeto señalar un estado de adelanto en la experiencia que habían adquirido.

Se trata de otro lugar llamado Cades. La palabra Cades significa santidad, y sabemos que Cades era la puerta de acceso a la Tierra prometida. Por consiguiente, esto nos sugiere que el derramamiento del Espíritu Santo en este caso se refiere a la época más avanzada de nuestra vida cristiana. Toda vida cristiana completa tiene su era; hay un Cades donde Dios nos conduce a la santidad y nos da el Espíritu que ha de morar en nosotros y que nos hará andar en sus estatutos y cumplir sus juicios; hay una tierra prometida cuya entrada está en Cades, en la cual entramos al recibir la plenitud del Espíritu Santo. Hay un sitio donde ora pasamos del desierto al "reposo que queda al pueblo de Dios", o donde entramos al incesante recorrer del fracaso y de las desilusiones en las que tantos viven hoy.

La diferencia entre esta recepción del Espíritu Santo y la venida de éste a nuestra alma en el momento de la conversión, es infinita. En este último caso el Espíritu Santo desciende para dar testimonio de que hemos sido aceptados y que se nos ha perdonado nuestro pecado; en cambio, en el primero lo hace para aceptar la ofrenda perfecta que le hacemos y a tomar posesión de nuestro ser entero, uniéndonos al Señor Jesús, y conservándonos, desde ese momento, obedientes y victoriosos.

Se observará también que la manera en que se efectuó el milagro fue totalmente otra. En el primer caso, el legislador debía golpear la peña con su vara, pero en el segundo caso no debía golpearla. Moisés debía hablarle simplemente, y la roca vertiría el agua en respuesta a la voz tranquila dicha con fe y oración. Moisés desobedeció esas órdenes y golpeó la roca varias veces diciendo con vehemencia: "¡Oid ahora, rebeldes! ¿Os hemos de hacer salir aguas de esta peña?" (Números 20:10). A Dios le desagradó esa actitud violenta e incrédula de Moisés y lo castigó severamente no permitiéndole entrar en la tierra prometida. No obstante eso, cumplió la promesa que le había hecho al pueblo dándoles el agua que necesitaban, a pesar del error de Moisés.

Toda esa acción es sumamente significativa. No se debía volver a golpear la roca, porque ya había sido golpeada y abierta, y las aguas estaban corriendo abundantemente. Todo lo que se requería era que se recibiese por la fe lo que se había conseguido a costa de tan enorme sacrificio. De igual modo, a nosotros ya se nos ha dado el Espíritu Santo, se ha consumado el sacrificio, el precio fue pagado, se han cumplido las bendiciones, se han abierto los cielos y el Espíritu Santo ha descendido.

No crucifiquemos otra vez a Cristo, no ignoremos el valor de su muerte procurando hacer bajar del cielo otra vez al Espíritu. Todo lo que nos toca hacer a nosotros es simplemente recibirle y hacer lugar para que entre. A nosotros no nos corresponde golpear la peña sino hablarle, y debemos hacerlo con toda sencillez y confianza, esperando tranquilamente su entrada; el Padre Celestial nos dará el Espíritu Santo con mucho más buena voluntad que la que tiene un padre al darle lo que le piden sus criaturas. No debemos hacerle nuestras peticiones con la algazara con que lo hacían los sacerdotes de Baal, sino sin vacilaciones, con toda confianza, seguridad y fe, que recibiremos lo que él tanto quiere darnos.

Las campanas del lugar santísimo donde Dios mora, están colgadas de manera muy delicada y si se les toca bruscamente podrán dañarse los finos alambres y romperse el delicado mecanismo. Lo único que se requiere es un toque suave. Años atrás se llamaba a la puerta de una casa golpeando con un llamador grande y pesado; pero en nuestros días todo lo que tenemos que hacer es tocar suavemente un botoncito, y la corriente eléctrica se encarga de comunicar hasta el piso más alto de la casa, que estamos en la puerta. Todas las campanillas de Dios se mueven por medio de la acción eléctrica, por consiguiente, los golpes bruscos que demos sólo sirven para impedir el cumplimiento de nuestras peticiones.

El Espíritu Santo es muy sensible, como lo es siempre el amor. A un animal feroz se le puede dominar a golpes o encadenándolo, pero el corazón de una mujer no se conquista de ese modo, ni tampoco se puede ganar por esos métodos el amor de ninguna persona sensible. Eso sólo se puede conseguir con delicadeza y cariño. Igualmente se debe tomar al Espíritu Santo por la fe con tanta ternura y delicadeza como amoroso corazón con el cual se ha de encontrar. Una sola duda, una sola expresión impaciente, desconfiada de sus actividades, así como el viento helado marchita los pétalos de la rosa y del lirio sensitivos.

Habla a la roca, no la golpees. Cree en el Espíritu Santo, trátale con la más tierna y mayor confianza y él te responderá al instante y con igual confianza.

Amados míos, ¿habéis llegado a la peña de Cades? ¿Habéis abierto todo vuestro ser para que lo posea la plenitud del Espíritu? Y luego, con esa confianza con que la criatura se entrega a su madre, la novia al esposo, la flor a los rayos del sol, ¿le habéis recibido por la fe? ¿Estáis disfrutando de la plenitud de su presencia y de su bendita vida?

III

Llegamos a la tercera parte en el capítulo siguiente, 21 del libro de Números. Tenemos aquí un notable cuadrito: "Y de allí vinieron a Beer: este es el pozo del cual Jehová dijo a Moisés: Reúne al pueblo, y les daré agua.

"Entonces cantó Israel este cántico: Sube, oh pozo; a él cantad;

"Pozo, el cual cavaron los señores. Lo cavaron los príncipes del pueblo, y el legislador, con sus báculos. Del desierto vinieron a Matana" (16-18).

A primera vista el significado es algo oscuro, pero al mirarlo más detenidamente vemos una figura muy notable. La gente ha avanzado desde Cades, y vuelven a encontrarse en el árido desierto. No hay oasis, fuentes ni arroyos y están pereciendo de sed. En ese momento reciben la divina orden: "Reúne a la gente y les daré agua". ¿Dónde debía reunirles? Debía reunirles en el pozo de Beer. "Oh, pero allí no hay ningún pozo." "No importa, reúne al pueblo como te he dicho; allí en el desierto arenoso es donde debes reunirles".

Los nobles recibieron órdenes de sacar sus báculos de peregrinos y excavar un pozo en la arena del desierto; mientras ellos hacían la obra, la gente les rodeaba y cantaba. Los nobles excavaron y el canto que entonaban se reducía a este coro: "Sube, oh pozo; a él cantad". Mientras cantaban, el agua surgió de las profundidades de la tierra y corrió por el campo como un río. La gente bebió el agua y cantó maravillada de lo que había visto.

He aquí la explicación de esa extraña expresión que encontramos en el texto que dice: "Bebían de la piedra que les seguía". Fue así como les siguió. La piedra no viajó por el desierto tras el campamento, ni fue arrastrada por las caravanas, como un fetiche; fue el agua la que les siguió. Esta corría por debajo de las arenas del desierto como un arroyo subterráneo. El pueblo no podía verlo en la superficie, no obstante, las aguas corrían por debajo. Lo único que tenían que hacer era reunirse y excavar con sus báculos cantando el cántico de fe y orando, y he aquí las aguas manaban abundantemente.

¡Cuán precioso cuadro es éste de la vida que se vive en el Espíritu, y las continuas fuentes de nuestra vida espiritual! Cuando recibimos la plenitud del Espíritu la misma promesa de vida y salvación nos sigue continuamente durante todo el curso de nuestra peregrinación por el desierto. No siempre veremos el agua, ni podremos saber por donde corre el cauce del río; pero allí está, bajo nuestros pies, aun bajo los ardientes rayos del sol en las calientes arenas del desierto. Todo lo que a nosotros nos toca hacer es excavar con el báculo de la promesa, y cantar el cántico de fe, y el Espíritu Santo saldrá como siempre a la superficie y nos abastecerá de todo lo que necesitamos.

Todas las promesas de la Biblia se adaptan de algún modo a las necesidades de nuestra vida. Si aprovechamos, fielmente, la promesa y cumplimos las sencillas condiciones que ella impone, veremos como las aguas suben a la superficie y lo que necesitamos nos vendrá de la Fuente de la Vida.

Siempre es agradable excavar. Hay bastante que excavar, y es necesario abrir espacio removiendo la arena; de igual modo, las promesas de Dios tienen sus aristas como también sus lados agradables. Ellas no sólo nos llenan sino que antes desalojan de nosotros lo que no debe estar allí pero si cumplimos las condiciones, veremos que las promesas son fieles y nos mantendrán siempre llenos, "mucho más abudantemente de lo que pedimos o entendemos".

Esta notable figura del pozo del desierto nos enseña el secreto de cómo se vive en el Espíritu. Nuestra vida más profunda en Cristo no siempre es visible, ni aun a nosotros mismos, porque está escondida con Cristo en Dios; pero el manantial está siempre allí, y continuamente podemos beber de las aguas profundas y él nos abastece de todo lo que necesitamos.

IV

Hay otra figura del Espíritu Santo que se desprende del pasaje citado de la epístola a los Hebreos. Vemos allí que el adorador entra al lugar santísimo con el cuerpo lavado con agua limpia. Eso recuerda la antigua fuente que se encontraba a la entrada del tabernáculo y estaba destinada al uso de los sacerdotes que entraban. En ella debían lavarse la cara y las manos y limpiar cualquier mancha que tuviesen en sus ropas cada vez que entraban al santo recinto. Dicha fuente fue hecha con los espejos de las mujeres de Israel, y es probable que la parte exterior era un gran espejo bien pulido en el que ellos podían verse, y también verían en él cualquier defecto que tuviesen. Luego se lavaban las manchas en el agua.

Esa fuente era una figura del Espíritu Santo, que es la fuente de nuestra purificación y la manera como podemos allegarnos a la santa presencia de Cristo. Sólo cuando nos hemos lavado en esa fuente podemos entrar como los santos sacerdotes de Dios y alimentarnos con el Pan Vivo, habitar alumbrados por la luz de los candelabros de oro, respirando el dulce perfume del incienso que llena el recinto dándole un ambiente celestial. Al mismo tiempo revela y quita las manchas del corazón y de la vida. En cierto sentido, el Espíritu Santo nos limpia una vez para siempre. Eso fue lo que quiso decir nuestro Maestro cuando dijo: "El que está lavado, no necesita sino lavarse los pies, pues está todo limpio" (Juan 13:10).

Existe, sin embargo, la constante posibilidad de contaminarse por lo menos con manchas de tierra, si no con pecado. El ambiente que respiramos está tan cargado de mal que es casi imposible escapar a su contacto y a sus manchas; pero el bendito Espíritu Santo está en el sagrado templo del corazón siempre listo a lavar la más diminuta mancha de tierra o de mal, y mantiene el alma inmaculada, sin culpa y en perfecto estado delante de Dios.

"Si andamos en luz, como él está en luz, tenemos comunión unos con otros, y la sangre de Jesucristo su Hijo nos limpia de todo pecado". La fuente es la que nos dice acerca de las permanentes operaciones del Espíritu Santo. Las peñas de Horeb y de Cades y aun el pozo del desierto, no eran más que tipos de esas verdades espirituales. Pero la fuente era el símbolo permanente de Dios y siguió ocupando su sitio en el tabernáculo durante todo el curso de la vida nacional del pueblo de Israel. Ella nos habla acerca de la continua provisión que él ha hecho para nuestra vida. Recibámosle, pues, y habitemos en él; esperemos en el lugar santo; no acudamos únicamente en busca de limpieza, sino sigamos concurriendo siempre, y habitemos bajo la continua influencia de su amor y de su ambiente para que jamás dejemos de estar en comunión con él y seamos preservados sin mancha de pecado.

En la descripción del tabernáculo vemos que no sólo se menciona la fuente, sino también el pedestal que la sostenía. ¿Qué objeto tenía el pedestal de la fuente? Tal vez era éste un pequeño conducto de desagüe por el cual podía correr el agua con facilidad para cuando alguien deseara lavarse. La fuente era alta y su borde, difícil de alcanzar; pero por medio de la cañería, que probablemente se abriría por medio de algún simple mecanismo, el agua corría y estaba al alcance hasta de una criatura, si ésta hubiese necesitado ir a lavarse en ella.

¡Cuán fielmente ilustra esto la bendita proximidad del Espíritu Santo! No tenemos por qué ir a buscarlo en el cielo, ni tenemos que llamarle desde lejos; él es nuestro Paracleto, él está constantemente a nuestro lado, en todo momento, presto a acudir a socorrernos cuando necesitamos su amparo. Para nosotros él es la presencia del Santo Dios, siempre presente en el corazón de su Iglesia. El está tan listo a entrar al corazón que se rinde a Dios, como la luz lo está a penetrar por la ventana abierta y los rayos del sol a besar los pétalos de la flor que se abre.

Elevémosle la sencilla a la par que fervorosa oración:

¡Oh, Espíritu Divino!
Pongo en ti toda mi fe,
Todo entero a ti me entrego
Tú de mi alma huésped sé.

CAPITULO VI

EL ACEITE DE LA UNCION

"El que nos confirma con vosotros en Cristo, y el que nos ungió, es Dios" (II Corintios 1:21).

EL uso del aceite es más común en los países orientales que en los de occidente. El olivo es uno de los árboles típicos de Palestina. Es un árbol admirable. Sus hojas están siempre lustrosas como si hubiesen sido bañadas en el aceite que producen, y el propio árbol parece casi indestructible. Generalmente es torcido, nudoso y casi destrozado. Casi todos los árboles son huecos, y a menudo se ve la parte superior del tronco aparentemente rota, y sólo una de las raíces parece adherida a la tierra; pero la copa se levanta frondosa y las ramas están cubiertas de follaje cuya frescura parece imperecedera. Algunos de los olivos de Getsemaní deben tener por lo menos mil años de existencia; la verdad es que, al parecer, los olivos rara vez mueren.

Es una buena figura del Espíritu Santo y del alma ungida con su vida y su poder. Podrá estar expuesto a todas las pruebas que se le presenten, pero saturado del elíxir de la vida imperecedera, sus hojas están siempre verdes y no dejará de dar fruto aunque esté en tierra árida y bajo los climas más inhospitalarios.

La ordenanza de la unción con aceite era una de las más comunes y más significativas del Antiguo Testamento. Se ungía al leproso, al tabernáculo, al sacerdote, al profeta, a los reyes, al huésped y al enfermo. Era el símbolo especial del Espíritu Santo y la dedicación de la persona que se entrega a él y a su servicio.

I

LA PREPARACION DEL OLEO PARA LA UNCION. En los versículos 23 a 30 del capítulo 30 del libro de Exodo tenemos el relato detallado de ésta. "Tomarás especias finas de mirra excelente quinientos siclos, y de canela aromática la mitad, esto es, doscientos cincuenta, de cálamo aromático doscientos cincuenta, de casia quinientos, según el siclo del santuario, y de aceite de olivas un hin y harás de ello el aceite de la santa unción; superior ungüento, según el arte del perfumador, será el aceite de la unción santa. Con él ungirás el tabernáculo de reunión, el arca del testimonio, la mesa con todos sus utensilios, el candelero con todos sus utensilios, el altar del incienso, el altar del holocausto con todos sus utensilios, y la fuente y su base. Así los consagrarás, y serán cosas santísimas; todo lo que tocare en ellos, será santificado. Ungirás también a Aarón y a sus hijos, y los consagrarás para que sean mis sacerdotes".

El método fue prescrito con todos sus detalles, y no se toleraba ninguna falsificación, bajo la amenaza del más severo castigo.

Se observará:

1. Que dicho aceite era especialmente preparado. No era simplemente el aceite de la oliva, sino que se le añadían otros ingredientes, principalmente perfumes, obteniendo así una exquisita fragancia, de modo que no sólo fuese visible, sino que por medio del sentido del olfato producía una dulcísima sensación de la presencia divina, de la cual el perfume fue siempre símbolo especial.

El Espíritu Santo ha sido preparado de igual modo para que lleve a cabo su obra especial en nosotros, así como el cuerpo de Jesús fue preparado y se hicieron los preparativos para su encarnación, a fin de que pudiera venir entre nosotros no sólo como David, sino como Dios manifestado en carne. Así también el Espíritu Santo ha sido preparado para que more en nosotros y para que nos conduzca a la presencia de Dios de la manera más aceptable a nuestra débil naturaleza humana.

El Espíritu Santo que habita en el creyente no es la Deidad que desciende directamente del trono con la majestad de la Divinidad. Este es el Espíritu que habitó en el Cristo humano durante tres años y medio, el Espíritu que vertió sus lágrimas, que padeció sus agonías, que habló sus palabras llenas de sabiduría y de amor, que tomó en sus brazos a los niños, que sanó a los enfermos y resucitó a los muertos, el que dejó que Juan se reclinara en el pecho de Jesús y el que les dijo a los desconsolados discípulos: "No se turbe vuestro corazón ni tenga miedo". Ese es, pues, el espíritu que desciende a nuestro corazón, enternecido y humanizado por su unción con el bendito Señor Jesucristo y tomó para sí el nombre de Espíritu de Cristo, de manera que al recibirle a él recibimos a Jesús en lo íntimo de nuestro ser.

Cuán misericordiosa es la manifestación del Espíritu Santo al venir de ese modo para corroborarnos en nuestra flaqueza y para darnos todo lo que necesitamos.

Así como el aceite era fragante y dulce, el Espíritu Santo nos trae todas las dulzuras del cielo. Probablemente todas las especias que se mencionan tenían algún significado especial. Sabemos que la mirra se empleaba para embalsamar los cadáveres, y ella nos sugiere la consolación del Espíritu Santo; la canela es dulce al paladar, expresa muy bien la felicidad que produce el Espíritu Santo; y la casia, que era un ingrediente curativo y saludable, nos recuerda que el Espíritu Santo nos trae la salud y es nuestro Santificador.

3. El aceite no debía ser falsificado ni imitado. Tampoco se puede imitar al Espíritu Santo. Satanás siempre ha tratado de imitar al espíritu de Dios, y hacer que le adoremos a él en vez de que nos rindamos, como corresponde, al culto de Dios. Aun en tiempo de Moisés hubo quienes presentaron fuego extraño en el altar del tabernáculo; pero los que así lo hicieron sufrieron el merecido castigo de Dios, que no puede permitir que se profanen las cosas sagradas, ni que se les confunda con lo malo. La humanidad corre peligro constantemente de aceptar lo falso por lo verdadero. El espiritismo, la ciencia cristiana, la teosofía, se presentan con sus profanas imitaciones, pero no se necesita gran capacidad para descubrir el disfraz. Se necesita ser persona muy osada para mezclarse con esas super-

cherías y engaños satánicos que dejan ampollas y cicatrices en el alma de quienquiera que las toque.

Hay otras falsificaciones menos deslumbrantes y menos descaradas. La brillantez intelectual, la elocuencia y el sentimentalismo presumen muchas veces imitar las acciones del Espíritu Santo y tratan de producir impresiones que sólo él puede producir. La música trata de despertar nuestros sentimientos ascéticos y nuestra predisposición al culto. Pero nada de eso puede hacer la obra del Espíritu Santo. Habrá quienes lloren bajo la impresión que les produce la música arrolladora, la elocuencia encantadora, etc., y sin embargo, después de eso, saldrán como antes, a vivir vidas cruelmente egoístas. La gente se podrá inclinar, con cierta especie de recogimiento, bajo el arco imponente y la vívida pintura o el impresionante acto ceremonial del culto, y sin embargo, no sentir ningún temor de Dios. No hay nadie ni nada que pueda substituir al Espíritu Santo. El es el único que puede producir la convicción, verdadera devoción, desprendimiento y el deseo de rendir culto sincero y reverente.

4. El aceite no se debía derramar sobre las carnes de cualquier hombre, sino que debía emplearse exclusivamente para aquellos que eran consagrados y separados para el servicio de Dios. Ningún extraño podía recibir esa unción. El signo de separación para el servicio de Dios. Vemos pues que el Espíritu Santo desciende sobre el corazón separado, dedicado y consagrado al servicio de Dios. Un alma carnal y mundana no puede recibirlo, porque Dios no morará en un espíritu pecador. Antes que el Espíritu Santo pueda descender a morar en

nuestro corazón, debemos separarnos de todo lo malo, debemos dedicarnos a él y ser crucificados con Cristo. He aquí lo que él ha prometido: "Quitaré de vuestra carne el corazón de piedra, y os daré un corazón de carne". Luego añade: "Pondré dentro de vosotros mi Espíritu, y haré que andéis en mis mandamientos, y guardéis mis preceptos, y los pongáis por obra" (Ezequiel 36:26,27).

Nadie puede recibir poder de Dios sin haber recibido primero la santidad. Simón el Mago quiso que Pedro le vendiera ese poder; pero su corazón depravado sólo recibió la represión de Dios y tuvo que escuchar estas severas palabras: "En hiel de amargura y en prisión de maldad veo que estás" (Hechos 8:23). Hay quienes siguen tratando de adquirir poder sin tener la santidad, tales personas lo único que obtendrán será desilusiones y peligros. El fin que les espera, en el afanoso esfuerzo que hacen para adquirir poder, lo más probable es que acabarán donde acabó Simón el Mago, tendrán el poder del maligno y la maldición del Santo Dios.

Lo primero que hace el Espíritu Santo es purificarnos, separarnos para santificarnos, para que nos dediquemos totalmente a Dios. Luego, cuando ya le pertenecemos, el Espíritu Santo toma posesión de nosotros y nos emplea únicamente para la honra y gloria de Dios.

II

CASOS ESPECIFICOS EN LOS CUALES SE EMPLEABA EL ACEITE DE LA UNCION.—

1. La unción del leproso se describe en el capítulo 14 de Levítico. Ese acto representa la purifica-

ción y la consagración del pecador. El infeliz leproso que se encontraba fuera del campamento, nos representa a nosotros en nuestro peor estado, y es cabalmente a los pecadores de esa clase a quienes el Espíritu Santo trae la plenitud de Jesús.

Primeramente, el pobre leproso era recibido por el sacerdote que le conducía dentro del campamento y derramaba sobre él el agua purificadora y le rociaba con la sangre; después de eso le ungía con el aceite, y se le tocaba sobre la señal de la sangre que ya se le había aplicado, sobre la oreja derecha, en el dedo pulgar de la mano derecha y en el dedo mayor del pie derecho, lo cual significaba la consagración de todas las facultades de comprensión y de recepción que representa el oído; todas las facultades de apropiación por la fe y santo servicio, representados por la mano, y todos los pasos que diera y caminos que siguiera, representados por los pies. Todo se dedica a Dios y el Espíritu Santo se posesiona de ello.

Lo primero que se pone no es el aceite, sino la sangre. Después, sobre la sangre se aplica el aceite. El Espíritu Santo viene únicamente a aquellos que han recibido a Jesús. Aparte de la cruz y del Salvador, no hay ningún otro poder espiritual. Las otras revelaciones superiores y enseñanzas más profundas que emanan de la sangre del Calvario surgen de abajo. Como le ocurría al anciano San Francisco, siempre podemos saber quien es el verdadero Cristo por las cicatrices que le dejaron los clavos y por la herida que le hizo la lanza en su costado. Sin embargo, necesitamos del aceite tanto como de la sangre. Nuestros oídos, nuestras manos y nuestros pies deben recibir la vida divina, deben ser poseídos y llenos del Espíritu Santo antes que podamos oír a Dios y comprender lo que nos dice y apreciar debidamente lo que sabemos y trabajar como debemos para él, y andar en sus santos caminos.

Mas, eso no es todo. Eso es sólo como la gota de aceite. Leemos que lo que quedaba del aceite lo derramaba sobre la cabeza de aquel que iba a ser limpiado. Era esa una manera más abundante de llenar. La misma palabra (derramar) significa la plenitud de la rendición, y el resto del aceite significa todo el aceite que quedaba, todo lo que tenía el sacerdote en las manos. Sabemos que el sacerdote allí simbolizado no es otro que el Hijo de Dios, el Poderoso, que tiene el océano en la palma de la mano y por consiguiente, el resto del aceite que queda en sus manos, es tal cual un océano, debido a su magnitud. Significa que todo el aceite que tuvo el propio Señor lo derrama sobre nuestra cabeza, él divide con nosotros la unión de que fue objeto. ¡Todo eso por un desdichado leproso!

Amado lector, ¿has recibido lo que queda del aceite?

2. La unción del sacerdote se describe en Exodo 29:7-21 y en Levítico 8:12,30. Vemos que aquí se le da otra aplicación al aceite. Se le aplica al sacerdote con objeto de hacerlo apto para el servicio a Dios y para que pudiera actuar en su presencia. Nosotros necesitamos recibir, igualmente, la unción no sólo para que seamos limpios, sino para que podamos servir a Dios y a nuestros semejantes. Mientras no recibamos el Espíritu Santo no estamos en condiciones para hacer ninguna especie de trabajo espiritual para Dios.

En relación con el uso del aceite, se observará aquí una doble operación. Primero se ungía a Aarón, después se ungía también a sus hijos, juntamente con él. Aarón recibía la unción solo, así como Cristo recibió el bautismo del Espíritu Santo en las orillas del río Jordán; después de eso, algo más tarde, él derramó el mismo Espíritu sobre los discípulos. De pie ante ellos sopló y les dijo: "Recibid el Espíritu", luego les explicó lo que era el gran don y la gran comisión con estas singulares y potentes palabras: "Como me envió el Padre, así también yo os envío".

Esa es nuestra verdadera preparación para el más elevado de todos los ministerios sacerdotales, para la oración y para todo servicio en que representemos a Dios o bendigamos a los hombres. Ni el propio Divino Maestro se aventuró a emprender su gran comisión hasta que pudo presentarse ante el mundo y decir: "El Espíritu Santo del Señor está sobre mí, por cuanto me ha ungido para dar buenas nuevas a los pobres; me ha enviado a sanar a los quebrantados de corazón... a poner en libertad a los oprimidos; a predicar el año agradable del Señor". El que un hombre pretenda representar al Hijo de Dios, interponerse entre los vivos y los muertos y actuar como embajador de Cristo, llevando la salvación a los moribundos, tratando de sacar a los hombres de las tinieblas a la luz, y de la férula de Satanás a la de Dios, sin haber recibido la unción del Espíritu Santo, es una de las más atrevidas presunciones y una de las más ofensivas impertinencias que un hombre puede cometer delante de Dios.

3. La unción del tabernáculo representa algo mucho más elevado que la limpieza o el servicio, representa realmente la entrada del propio Dios en el creyente y su permanencia en él, tomándolo por su templo consagrado. El relato completo lo encontramos en Exodo 40:9-16. Como lo hemos visto en un capítulo anterior, el día que ocurrió eso fue un día grandioso; ese día señala una era especial de la historia nacional. Eso ocurrió el primer día del primer mes del segundo año. Esa fecha señala un nuevo comienzo y una experiencia más elevada. La gloria que hasta entonces había ido delante de ellos o se había hecho ver encima de ellos, en la nube o en la montaña, estaría en adelante en medio de ellos, en el lugar santísimo. Pero antes de que Dios pudiera descender o morar entre ellos, el tabernáculo que había de ser su santuario y su morada, tenía que ser preparado perfectamente, para luego presentarlo a Dios en el acto solemne de la unción.

Se le debía poner definitivamente a los pies de Jehová, y se derramaba sobre él el aceite consagrado, como símbolo de que a partir de ese momento Dios tomaba posesión del sagrado edificio y haría en él su morada. Entonces, descendería la nube y el tabernáculo llegaba a convertirse en el trono de la presencia divina.

De igual modo, al presentar nuestros cuerpos "en sacrificio vivo, santo, agradable a Dios", nos convertimos en la sagrada morada del Espíritu Santo. No os conforméis con el mundo, sino sed transformados, es lo que dice el apóstol en su inspirado mensaje a las personas así consagradas. Después de haber pasado por esa unción, el creyente queda transformado e irradia luz como su Maestro, pues lleva en su interior la gloria de la presencia de Dios que el mundo no puede comprender, pero que los ángeles ven y hacen que el corazón del creyente sea la casa de Dios y la puerta del cielo.

Amados míos, ¿hemos alcanzado nosotros la gloria de ese misterio? ¿Sabemos lo que quiere decir eso de "Cristo en vosotros, la esperanza de gloria"?

Los paganos de antaño soñaban con algo así, cuando labraban en el mármol sus ideales de la belleza y de la gracia y las llamaban dioses. Ese fue el sueño del corazón humano, el deseo de conseguir la unción de Dios con el hombre. Jesús ha realizado esa obra encarnándose en nuestra imagen y haciendo que el Espíritu Santo more en nuestros corazones. El Padre se encarnó en Jesús y Jesús se encarna en nosotros por medio del Espíritu Santo.

Esta es la culminación; esta es la suprema gloria de la redención; y todo aquello que ahora se lleva a cabo en los individuos, un día se llevará a cabo en todos aquellos que han sido glorificados y transfigurados. Entonces se reunirá toda la Iglesia de Cristo y el cuerpo quedará completo, y el edificio será coronado con la gloriosa piedra angular, entonces, el universo será testigo de un espectáculo que se ha venido preparando por muchos siglos — el Dios infinito y eterno será entronizado en la humanidad glorificada; los cielos exclamarán: "He aquí el tabernáculo de Dios con los hombres y él morará con ellos; y ellos serán su pueblo, y Dios mismo estará con ellos como su Dios".

Hay tres o cuatro ejemplos más de unción a los que nos referiremos brevemente, aunque los trataremos con más detenimiento en otro capítulo más adelante.

4. Los antiguos profetas eran ungidos. Fue así como Eliseo recibió el llamamiento a su elevado cargo. De igual modo nosotros somos llamados y hechos idóneos por medio del Espíritu Santo, para que expongamos ante la humanidad la voluntad de Dios y para que demos testimonio de su palabra a nuestros semejantes.

5. Los reyes eran ungidos, así lo fue David, cuando se le apartó para que fuese el rey elegido por Dios. De la misma manera nosotros somos hechos reyes y sacerdotes de Dios, un real sacerdocio de amor y de vida victoriosa, para que llevemos en nuestras frentes la majestad de los santos de Dios como coherederos con Cristo en su reino venidero.

6. A los enfermos se les ungía para que recuperasen la salud. El Espíritu Santo llega a ser para nosotros un poder vivificante y restaurador de la salud, y él imparte la vida de Jesús a nuestros cuerpos mortales, desaloja las enfermedades y nos imparte la vida divina y resucitada del Hijo de Dios.

7. Se solía ungir a los huéspedes. En el salmo veintitrés tenemos la preciosa descripción del huésped sentado ante la mesa real para participar del banquete y exclama: "Aderezas mesa delante de mí en presencia de mis angustiadores; unges mi cabeza con aceite; mi copa está rebosando". Vemos que Jesús se quejó al fariseo, diciéndole: "No ungiste mi cabeza con aceite; mas ésta ha ungido con perfume mis pies". (Luc. 7:46).

Los antiguos recibían a los huéspedes con suma amabilidad y cortesía; los llevaban al baño donde les lavaban las manchas de tierra que hubiesen recogido en el camino, les vestían con ropas limpias, después de lo cual les ungían la cabeza con óleo fragante.

De igual modo, el bendito Espíritu Santo no sólo llega a ser nuestro huésped, sino que nos convierte en huéspedes suyos, y nos unge con aceite aromático y nos invita al banquete de su amor.

Un misionero del noroeste nos contaba que de tanto en tanto, él y su esposa solían ir a visitar a los indios, y celebraban una fiesta en sus hogares. La esposa del misionero le dijo a la señora india el domingo por la mañana cuando se encontraron en la iglesia, después del servicio religioso, que cierto día de la semana irían a visitarles, y que preparase una buena comida. La mujer respondió que era muy pobre y que lo único que podría ofrecerle sería un poquito de pescado. Pero la esposa del misionero la tranquilizó diciéndole que preparase lo que tuviese, todo bien aseado y bien arreglado, pues eso le satisfaría a ella y a su esposo. El día acordado se presentaron el misionero y su esposa, y ésta sacó de su trineo, paquete tras paquete de cosas que habían llevado para darles: té, café, azúcar y pan; papas y hasta un poco de manteca y otros bocadillos que esa pobre gente no había comido nunca. Cuando todo estuvo listo, el misionero llegó en otro trineo, pues había estado visitando a los creyentes de otros parajes de alrededor. Entonces comenzó la fiesta, y todos comieron juntos.

De hecho, la esposa del misionero era tanto la huésped visitante como la dueña de la casa, y la familia india comía ese día, lo que nunca habían gustado antes; por su parte, el misionero y su esposa se regocijaban al ver la felicidad de aquellos a quienes visitaban.

Eso es, cabalmente, lo que a nuestro amado Señor y Salvador le agrada hacer con nosotros. Le recibimos en nuestro humilde hogar, y le damos lo mejor que tenemos, aunque lo mejor nuestro es tan mezquino, pero él condesciende y lo acepta gustoso, y en seguida él saca lo suyo, que es lo mejor, todo lo que el cielo puede darnos, y nos alimenta abundantemente, y se cumple lo que él mismo ha dicho: "Cenaré con él y él conmigo". Recibe lo que le damos, pero, por su parte, él nos da mucho más; allí, sentado a su mesa, disfrutando de su amor, decimos como decía el salmista. "Aderezas mesa delante de mí en presencia de mis angustiadores; unges mi cabeza con aceite; mi copa está rebosando".

CAPITULO VII

EL BAUTISMO DE FUEGO

"El os bautizará en Espíritu Santo y fuego"
(Mateo 3:11).
"Porque nuestro Dios es fuego consumidor"
(Hebreos 12:29).

EL fuego es uno de los elementos más poderosos y más notables del mundo material. Siempre se le ha considerado como elemento importante, se le ha mirado con cierta superstición en las ideas y costumbres religiosas de todas las naciones. En la antigua Roma y en Grecia el fuego sagrado estaba al cuidado de sacerdotes y doncellas apartados para ese fin y era el centro del bien común y del hogar. Cuando se apagaba el fuego, se interrumpían todos los negocios del poder ejecutivo y nacionales, y el fuego tenía que encenderse de nuevo, ya fuese por medio de los rayos del cielo, por la concentración de los rayos del sol o por medio de la fricción de dos trozos de madera.

El embajador extranjero tenía que caminar alrededor del fuego antes de ser recibido por el Consejo de Estado. La novia esclava y la teutónica, tenían que inclinarse ante el fuego sagrado, al entrar al nuevo hogar. El cacique indio piel roja daba tres vueltas alrededor del fuego antes de detenerse a conversar con el que venía a visitarle. Las doce tribus griegas llevaron sus doce teas a Teseo, para que se les incorporase al Estado, y sus fuegos sagrados entraron a formar parte del oráculo de Delfos.

Los persas que rendían culto al fuego consideraban que el sol y las llamas eran elementos sagrados, y creían que escupir al fuego o cometer cualquier acto impropio ante esos elementos era una profanación imperdonable.

Creían que el fuego era idéntico a la vida. Los parsíes de la India de hoy día adoran el fuego con santa veneración.

Dios siempre ha reconocido el fuego en su palabra, no como objeto de superstición sino como símbolo de su gloria trascendente, y del poder de la presencia de su Espíritu Santo.

Conforme avanzan los descubrimientos científicos y aumentan los conocimientos humanos, aprendemos a hacer más acabados análisis de estos sagrados simbolismos, y sacamos de ellos más significativas lecciones.

El fuego es la energía más valiosa que conocemos. El sol es el centro de la energía de todo nuestro sistema planetario. Encerrada en las entrañas de la tierra, en las minas de carbón se encuentra la energía que impele las maquinarias del comercio y hace girar las ruedas de la industria a través del mundo. Vemos esa energía en la tremenda potencia de la artillería moderna — en el torpedo, en la bomba explosiva, en la dinamita, en la nitroglicerina y en los cañones sembradores de la muerte. El fuego es el factor principal de todos los implementos que se emplean en la guerra moderna.

Aun en las fuerzas mayores de la electricidad, con sus incontables adaptaciones, que van en aumento de día en día, el fuego está evolucionando todos los métodos industriales y comerciales modernos, y transformando todo el curso del comercio y del trabajo. La ciencia se inclina a creer que la energía suprema de la naturaleza es la electricidad y que la fuerza que mueve los planetas en sus órbitas y las estrellas en el curso que siguen no es otra cosa que una especie de fuego eléctrico. La verdad es que cuando lleguen al punto final de las investigaciones verán que es Dios en persona quien está allí. El es el origen de todas las energías y por medio de su voluntad funcionan todas las baterías que mantiene el universo en movimiento. Pues "el poder le pertenece a Dios", y él es el "fuego consumidor" de cuyo seno emanan todas las otras cosas.

El propio Espíritu Santo nos ha enseñado a reconocer en esa tremenda fuerza, el símbolo de su propia personalidad. "El os bautizará en Espíritu Santo y en fuego".

Hay algo muy notable en la analogía de la historia del fuego y la revelación del Espíritu Santo. Hubo un tiempo en la historia del mundo natural, en que los fuegos celestiales eran todo un misterio, algo incierto a lo que se le temía. Se sabía que los rayos que rasgaban el firmamento eran verdaderas fuerzas, pero nadie sabía sobre quién caería, ni nadie se atrevía a utilizarlas o dominarlas. Pero en estos últimos tiempos, la ciencia ha escalado al firmamento, ha prendido al rayo, y ha dominado las poderosísimas fuerzas eléctricas bajo ciertas leyes de modo que hasta una criatura pueda hacer lo que quiere con ellas; dichas fuerzas han llegado a ser instrumentos que empleamos diariamente para hacer sonar el timbre cuando alguien llama a la puerta de nuestra casa; para impulsar los tranvías que recorren nuestras ciudades; para alumbrar nuestras casas y nuestras calles; para hacer funcionar nuestras maquinarias, y para enviar los mensajes que queremos transmitir por telégrafo o por teléfono de un lado a otro del mundo.

De igual modo, hubo tiempo en que el fuego celestial del Espíritu Santo era una fuerza misteriosa, deslumbrante, como el relámpago que vemos en el firmamento sin saber por qué ni de dónde viene ni a dónde va; descendió una vez sobre Moisés y otra sobre Elías; algunas veces descendía con gran estruendo, como ocurrió en el monte Carmelo, sobre el altar del sacrificio; otras **veces para** destruir como sucedió en el campamento de Israel, cuando el pueblo lo había provocado; otras veces apareció silenciosamente como lo hizo en Horeb, en la zarza que ardía sin consumirse, como **símbolo** de la presencia de Dios.

Pero después de la ascensión de Cristo, el Espíritu Santo ha condescendido a morar entre nosotros bajo ciertas leyes claramente reveladas, pone a nuestra disposición todas las fuerzas y recursos de su poder, de acuerdo con ciertas leyes sencillas y claras, según las cuales hasta el más sencillo de sus discípulos pueden emplearlo según lo requiera para vivir y para trabajar, y puede hacerlo tan cómoda y fácilmente como empleamos la fuerza eléctrica en los negocios de la vida material. El ha llegado a condescender hasta tal punto que ha asumido el nombre de "la ley del espíritu de vida en Cristo Jesús".

El Espíritu Santo ha descendido al nivel de nuestra vida, y está dispuesto a ayudarnos no sólo como el autor de nuestra vida espiritual más elevada, sino que quiere ser el director de nuestra vida y de nuestra conducta y, al mismo tiempo, el poder que nos hace capaces de hacer lo que él quiere que hagamos tanto en las esferas seculares como en las espirituales.

En primer lugar, detengámonos a contemplar algunas de las ilustraciones de esa figura que tenemos en las Sagradas Escrituras, especialmente el empleo del fuego en el ritual mosaico.

Desde el principio del Exodo vemos que Dios se reveló bajo el símbolo del fuego en una zarza ardiente. Esta ardía pero no se consumía, de ese modo el fuego llegó a ser, para el pueblo de Israel, símbolo de la presencia de Dios.

La columna de fuego y la nube fueron **manifestación** más grande del mismo emblema glorioso. Como había ocurrido en la visión que tuvo Abraham centenares de años antes, el símbolo de la presencia divina que le apareció por la noche, en la visión que tuvo el patriarca, fue de una lámpara y un fuego que humeaba; y así, durante toda la peregrinación por el desierto, Dios manifestó su presencia valiéndose para ello del símbolo del fuego. En el Monte Sinaí descendió de igual modo y le habló al pueblo de entre el fuego. La gloria del fuego sagrado que ardía en el lugar santísimo, era probablemente una llama que se levantaba. Dios contestó la oración que elevó Elías en el monte Carmelo, valiéndose para ello del fuego y de igual modo aceptó el sacrificio que hicieron los padres de Sansón, y se reveló a sus siervos en tiempos pasados.

En todos los holocaustos y ofrendas que se hacían a Dios, el fuego era un elemento importante. El cordero pascual era asado en el fuego, después de lo cual lo comían como símbolo de la sangre de Cristo que el Espíritu Santo ha preparado para nosotros y que es nuestro Pan de Vida.

El sacrificio por el pecado era retirado y sacado fuera del campamento, allí se le quemaba, como símbolo de nuestro pecado que se descarga sobre Jesús y el Espíritu Santo lo consume afuera del patio de nuestros sentimientos, de modo que después que el Espíritu Santo ha consumado su obra no tenemos nada más que ver con el pecado que nos dominaba y abrumaba; lo único que nos corresponde hacer es descargar nuestras culpas sobre el Cordero de Dios y dejarlas allí.

El holocausto que se ponía sobre el altar debía ser consumido por el fuego, siendo éste una figura de Cristo, quien no sólo se ofreció en holocausto por nuestros pecados sino para que Dios nos aceptase y es también figura de nuestra verdadera consagración al rendirnos a Dios por medio del Espíritu Santo.

Así como el fuego se mantenía ardiendo constantemente, el fuego del Espíritu Santo se mantiene ardiendo continuamente en el alma consagrada y hace que la vida entera de dicha alma sea un sacrificio vivo, santo y agradable a Dios.

En el sacrificio de paces, también se empleaba el fuego. Este sacrificio era símbolo de nuestra comunión con Dios. En ese sacrificio se ofrendaba a Dios la gordura y las entrañas, y se les consumía con fuego, sobre el altar. Ese era el símbolo de la parte que le correspondía a Dios en la comunión del creyente. Después de eso se le daba al sacerdote la paletilla y el pecho, y éste los comía, lo cual era símbolo de la parte que a nosotros nos corresponde en esa santa comunión. Pero el Espíritu Santo es el único que puede conservar la verdadera comunión de las ofrendas de las paces, y de hacernos a nosotros capaces de rendirle a Dios el homenaje y la adoración que le corresponde, después de lo cual podemos tomar nuestra parte y alimentarnos con el Pan de Vida y recibir la ayuda que él nos da siendo como es, el Cristo vivo.

Una de las ofrendas más preciosas era la del incienso que se quemaba en el lugar santo. Esa también era una ofrenda de fuego. Las fragantes especias tenían que ser molidas y mezcladas, y algunas de ellas tenían que ser desmenuzadas hasta quedar convertidas en harina fina; después se quemaban en el incensario de oro y la dulce fragancia ascendía formando nubes de incienso delante del Señor, el humo y la fragancia henchían todo el santo lugar despertando continuamente el espíritu de adoración.

En primer lugar, ésta es una figura del ministerio sacerdotal de Cristo, y en segundo lugar, de nuestro fiel ministerio por medio de la oración.

Así como era necesario moler el incienso hasta reducirlo a polvo, puede ser que tenga que ver con cosas muy notables. Como las especias cuya naturaleza ignoramos, excepción hecha del fragante incienso, así en toda oración hay mucho de misterio, y muchas cosas que ni aun el corazón que ora, alcanza a comprender. Sin embargo, como el incienso que era bien conocido, la oración está compuesta de ingredientes y elementos que conocemos, y cosas que pedimos, sabiendo perfectamente lo que queremos y en las cuales creemos definitivamente.

Pero, sobre todo, el fuego que consumía el incienso simbolizaba al Espíritu Santo, sin el cual ninguna de nuestras oraciones llegaría al cielo, pues sólo por su intermedio pueden llegar nuestros deseos hasta el trono de Dios y alcanzar el resultado deseado.

No hay ninguna experiencia de la vida cristiana de mayores alcances que la que se consagra a la oración en el Espíritu Santo. El Espíritu también ayuda nuestra flaqueza, porque no sabemos orar como se debe; pero el Espíritu mismo hace intercesión por nosotros, con gemidos que no pueden expresarse con palabras. Mas el que escudriña los corazones sabe cuál sea la mente del Espíritu; pues él intercede por los santos conforme a la voluntad de Dios (Romanos 8:26,27, V. M.)

También vemos que se empleaba el fuego en relación con la ordenanza referente a la vaca bermeja. Ese símbolo era de especial significación para el pueblo de Dios mientras vivían en el desierto. La vaca bermeja representaba la figura de Cristo como el sacrificio inmolado y consumado por nosotros en el altar de Dios. Pero al quemar la vaca se empleaban también el palo de cedro, el hisopo y la lana escarlata, todo lo cual representaba algo que debía consumirse al mismo tiempo que se producía la muerte de Cristo.

La lana escarlata representa nuestros pecados, el palo de cedro es emblema de nuestra fortaleza, y el hisopo, el símbolo de nuestra debilidad y el elemento de dependencia de nuestra naturaleza.

Todo eso debe ser crucificado con Cristo, y eso

puede hacerse únicamente con el poder del Espíritu Santo. Nosotros no tenemos las cualidades necesarias para realizar la propia crucifixión, pero podemos entregarle todo al Espíritu consintiendo a que muramos. Luego, por medio del poder del propio Espíritu Santo, moriremos haciendo así que la crucifixión sea una realidad.

Pero después de la muerte de la vaca debía conservarse permanentemente el fuego dándole perpetuidad por medio de la conservación de las cenizas. Sabemos que la ceniza es una especie de fuego conservado. Derramando agua sobre la ceniza se produce la lejía; sustancia acre, picante, que quema. Esas cenizas se conservaban y derramaba agua sobre ellas, agua que se utilizaba para la separación o purificación cuando alguien hubiere contraído pecado o profanación.

Era ese un símbolo de la obra que constantemente realiza el Espíritu Santo, limpiándonos de cualquier mancha o contaminación que pueda producirnos el contacto con las cosas terrenales bajo el ambiente en que vivimos.

Esa purificación no siempre es agradable. Algunas veces tiene el efecto de la lejía, o del fuego consumidor; pero es saludable, como el quemar de la carne orgullosa por medio de un elemento cáustico, nos hace bien que nos purifique nuestra naturaleza de egoísmo y pecado.

Nos proporciona inmensa bendición el poder allegarnos en todo momento en que nos hemos contaminado, y el ser constantemente purificados por el Espíritu Santo, sabiendo que no sólo se nos limpia, sino que se nos mantiene puros, siempre acep-

EL BAUTISMO DE FUEGO

tables a Dios por medio de Jesucristo, listos para poder vivir en constante comunión con Dios y dispuestos a servir en todo aquello que él desee.

En relación con la vida de Elías vemos notables manifestaciones del fuego. En el monte Carmelo el fuego descendió del cielo como señal distintiva especialmente para demostrar que Dios había aceptado el sacrificio ofrecido por el profeta y para manifestarle al pueblo la magnificencia de su poder. Al descender el fuego, el altar no sólo consumió el sacrificio, sino que lamió el agua que había en las acequias excavadas alrededor del altar.

A fin de hacer más evidente la fe del pueblo de Dios, el profeta hizo que el milagro se produjera bajo las circunstancias más difíciles, tapando el altar y llenando de agua las zanjas que había excavado alrededor de éste, a fin de que no pudiera haber engaño de ninguna clase.

Dios premió la fe de su siervo y realizó una obra tan gloriosa y divina que todos pudieron ver que había sido la mano de Dios la que había realizado el milagro; y la gran multitud exclamó a gran voz: "¡Jehová es el Dios! ¡Jehová es el Dios!"

Vemos pues que el Espíritu Santo es el poder de Dios en nuestra obra, el fuego que todas las aguas del Diablo no pueden extinguir; el fuego que se deleita ardiendo en los sitios más difíciles y que emprende las tareas más difíciles también.

No debemos tener miedo de pedirle a Dios ese poder para llevar a cabo aun aquello que nos parece imposible, al contrario, debemos presentarle a Dios, con toda confianza, las más grandes dificultades, para glorificarle tanto más ante la feroz y formidable oposición de Satanás.

Luego volvemos a ver el fuego de la destrucción. Cuando los pretendidos sacerdotes se atrevieron a ofrecer sacrificios valiéndose para ello de fuego extraño, el fuego consumidor de Dios cayó sobre ellos y los consumió.

De igual modo, el Espíritu Santo sigue siendo el poder vengador de los enemigos de Dios. Fue él quien castigó con la muerte a Ananías y a Safira cuando obraron con presunción e hipocresía. El Espíritu Santo está todavía presente en la Iglesia como el Ejecutivo de Jehová, y como el fuego consumidor, en cuyas manos podemos dejar, confiadamente, a nuestros enemigos y todos los odios de la tierra y del infierno.

De esa figura podemos sacar varias lecciones.

El fuego es un elemento purificador. Difiere del agua en el hecho que ésta limpia la parte exterior, en cambio, el fuego purifica el interior pues penetra intrínsecamente en la sustancia misma de las cosas, y llena todas las fibras y partículas del objeto que se trata, con su propio elemento.

El bautismo de Juan representaba la purificación de nuestra conducta, la reforma de nuestro carácter y la obra de la ley y la verdad en el corazón humano. Pero el bautismo de Cristo era de fuego, y penetraba a la raíz de la conducta. La pureza que él exigía incluía los motivos que impelían a la acción, las aspiraciones y "los pensamientos e intenciones del corazón". El Espíritu Santo no sólo quiere que seamos puros, sino que nos da la pureza que parte de lo profundo de nuestro ser. Como la llama que consume la escoria y deja el metal derretido puro y sin contaminación. El Espíritu Santo nos separa, pues, de nuestra antigua naturaleza pecadora y nos da la naturaleza y la vida de Cristo.

Además, el fuego anima y vivifica. El retorno de la primavera y el calor solar vivifican las semillas enterradas en los campos y jardines y toda la naturaleza se embellece y fructifica. Los invernáculos sirven para hacer que el calor haga germinar las semillas y las plantas y para hacerlas crecer más rápidamente. Es el calor lo que hace que el pichoncito se forme dentro del cascarón y después de romperlo crezca y se desarrolle.

De igual modo, el Espíritu Santo es el que vivifica. Nacemos de nuevo por medio del Espíritu de Dios. Este es el que nos cuida y nos hace desarrollar espiritualmente hasta que lleguemos a la madurez.

El Espíritu Santo es también el que vivifica el corazón y lo hinche de amor. Como el cambio que se produce del frío invierno al calor del verano así es la transición que se lleva a cabo en el corazón.

El Espíritu Santo tiene la misión de romper las ligaduras del miedo y de las afliciones, y para inflamar los corazones con el amor de Cristo y el gozo del cielo, dando calor a todos los afectos de la nueva naturaleza y para derramar el amor de Dios en el alma hasta que ésta llegue a ser tierra abrigada siempre por el verano del amor.

Finalmente, el fuego es una fuerza que imparte energía. Da poder. De igual modo, el Espíritu Santo es la fuente de poder. Ciertamente si el fuego ha podido impartir a la naturaleza el tremendo poder que tiene; si ha dado al sol la potencia necesaria para mantener a los planetas en sus órbitas, y para vivificar la tierra con su calor y cubrirla de su frondosa vegetación; si ha encerrado en el rayo, y en las minas de carbón lo mismo que en la atmósfera, el dinamismo que apenas ha descubierto el hombre hasta ahora, para dar impulso a las industrias de la raza humana, él mismo puede hacer mucho más que los medios que emplea.

¡Cuán ciegos son aquellos que están tratando de hacer la obra de Dios sin el poder del Espíritu Santo! ¡Cómo nos reiríamos al ver a un hombre que se valiese de una docena de hombres para mover a mano la rueda impulsora de su molino, como lo hacen todavía en la China! Sin embargo, hay miles de cristianos que están tratando de hacer la obra de Dios con sus propias fuerzas.

La ciencia ha hecho suficientes progresos para valerse de las fuerzas del vapor y la electricidad. ¡Oh! dejemos que la fe se valga del dinamismo celestial y del poder del Espíritu Santo. Ese es el secreto de la victoria sobre la tentación y sobre el pecado y sobre todos los enemigos espirituales.

Se dice que en la antigüedad, Arquímedes incendió las naves enemigas que estaban en la bahía de Siracusa valiéndose para ello de un cristal por medio del cual atraía los rayos del sol y los enfocaba sobre las naves enemigas hasta hacerlas arder. Así debemos nosotros consumir a nuestros enemigos por medio del Espíritu Santo.

Cuando los pobladores de las grandes llanuras sembradas o cubiertas de extensos pajonales ven que se ha producido un incendio, que el fuego avanza hacia donde están ellos, y que al cabo de una o dos horas se verán envueltos en las llamas y serán consumidos por el irresistible elemento, tienen la prudencia necesaria de aislar un extenso espacio del terreno alrededor del sitio donde se encuentra el foco del incendio hasta que todo ese combustible se consume, de manera que las llamas que se aproximan no tengan medio alguno para extenderse, y al fin extinguen por falta de combustible. Las personas quedan a salvo en la llanura, donde no queda nada que pueda alimentar el fuego.

Así pues, enfrentemos las llamas del mal con el fuego del Espíritu Santo. Contamos con recursos divinos, siendo esto así, ¿por qué hemos de descender a lo humano? Contamos con Dios para defendernos en la batalla, siendo esto así ¿por qué hemos de luchar nosotros?

En la antigua Roma cuando se apagaba el fuego, cesaban todas las actividades comerciales. Los romanos no se atrevían a hacer nada sin el fuego sagrado. De igual modo, todo el verdadero trabajo de Dios cesa cuando se retira el Espíritu Santo de la Iglesia y del trabajo que ella lleva a cabo. Dios no acepta nada que se haga sin el poder del Espíritu Santo.

En la antigua Roma, el fuego sagrado debía encenderse con el fuego de un rayo, con el del sol o con el que producía la fricción de dos trozos de madera. Algunas veces Dios nos manda los rayos de su poder para reencender la llama. Aunque muchas veces esto es peligroso, algunas veces él tiene que golpear con su juicio antes que su pueblo se dé cuenta de lo que necesita.

Siempre podemos extraer el fuego del sol de justicia por medio del cristal de la fe. Dios tiene, sin embargo, otro medio para aumentar nuestro fuego espiritual, y este es el de la fricción.

Hace unos días, estando en una de nuestras ciudades, me llamó la atención el hecho que la corriente eléctrica que servía para poner en movimiento las máquinas, generaba la fuerza motriz enteramente por medio de fricción. Grandes ruedas giraban constantemente y producían la fuerza eléctrica por medio del roce de unas contra otras.

De igual modo, Dios a menudo reaviva nuestra existencia y ahonda nuestra fuerza espiritual valiéndose para ello de las pruebas y tribulaciones por las cuales nos deja pasar, las que nos obligan a que dependamos de él y a que tomemos más de la vida y fuerzas que él nos da.

Por consiguiente, en vez de quejarnos de nuestras circunstancias y de murmurar porque nos sobrevienen pruebas, dejemos que todo lo que nos ocurre sirva para allegarnos más a Dios y para corroborarnos a fin de que podamos ser más y más útiles en su servicio por medio del poder del Espíritu Santo.

CAPITULO VIII

EL ESPIRITU DE SABIDURIA

"Porque no nos ha dado Dios espíritu de cobardía, sino de poder, de amor y de dominio propio" (II Timoteo 1:7).
"Y enviaste tu buen Espíritu para enseñarles" (Nehemías 9:20).

EL último de los dos versículos citados presenta al Espíritu Santo como maestro y guía del pueblo de Dios a través de la historia en el desierto.

Los versículos anteriores conectan la historia de Israel durante los cuarenta años de su peregrinación, e identifican la nube y la columna de fuego que les guió todo ese tiempo con el Espíritu Santo que es nuestro actual adalid y guía.

El otro versículo tomado de la epístola a Timoteo, nos presenta al Espíritu Santo como el espíritu de sabiduría y de templanza.

Es interesante e instructivo trazar la revelación del espíritu divino en el Antiguo Testamento, presentándolo como el espíritu de la sabiduría, que nos sirve de guía. Echemos una mirada a algunos ejemplos especiales.

El primero es el caso de José, que se relata en Génesis 41:38-40.

"Y dijo Faraón a sus siervos: ¿Acaso hallaremos a otro hombre como éste, en quien esté el espíritu de Dios? Y dijo Faraón a José: Pues que Dios te ha hecho saber todo esto, no hay entendido ni sabio como tú. Tú estarás sobre mi casa, y por tu palabra se gobernará todo mi pueblo; solamente en el trono seré yo mayor que tú".

Aquí tenemos una vislumbre del secreto que yacía oculto tras la vida extraordinaria de José; era éste el Espíritu de Dios. Tal vez jamás hubo vida alguna que haya tenido más cercana relación con la vida común de la humanidad sufriente. Vemos en José una fiel y noble naturaleza expuesta a la disciplina del más punzante sufrimiento; alejado del hogar y de sus amistades; llevado cautivo a tierra extraña; mal comprendido, calumniado, condenado injustamente y sometido al oprobio y a la más cruenta humillación; y, sin embargo, se mantuvo heroicamente fiel a Dios y a la justicia, confiando implícitamente en la divina justicia y en el amor de Dios, y fue debido a esa actitud que eventualmente triunfó sobre todas las dificultades que se le presentaron, y se elevó desde la prisión donde estaba hasta ocupar un principado, cubierto de honores e investido de poder; ascendiendo desde el lugar más humilde a la posición más encumbrada que pudo alcanzar un ser mortal. ¿Se produjo alguna vez una transformación más portentosa que esa? ¿Hubo jamás una lección objetiva de lo que puede hacer un carácter elevado y santo?

El pasaje que hemos citado lo revela todo. Su triunfo no se debió a sus cualidades humanas, sino a la dirección divina que le guió en todos sus pasos y le elevó por encima de todas sus pruebas. Fue

EL ESPIRITU DE SABIDURIA

aquella una hermosísima ilustración de cómo el Espíritu Santo interviene en los asuntos de la vida humana, y en las esferas comunes en las cuales transcurre la vida.

Lo más importante de todo fue el hecho que el soberbio e impío rey de Egipto, fue el primero en reconocer la presencia divina en la vida de José. Este no tuvo que decir que el Espíritu Santo moraba en él; pero al observarle, los hombres del mundo se vieron obligados a decir: "¿Acaso hallaremos a otro hombre como éste, en quien esté el espíritu de Dios?"

Es verdaderamente encantador cuando vemos que aun las personas no creyentes se ven obligadas a glorificar a Dios al observar nuestras vidas. No hay ningún triunfo que supere al de conseguir que las personas mundanas se vean obligadas a reconocer el poder de Dios que obra en nosotros, al observar la manera como vivimos.

Esa fue la gloria de Daniel, de tal manera que aun sus peores enemigos tuvieron que decir: "No hallaremos contra este Daniel ocasión alguna para acusarle, si no la hallamos contra él en relación con la ley de su Dios". (Daniel 6:5). Y el más grandioso testimonio que se dio por labio humano acerca de Jesucristo, fue el de Poncio Pilato, su juez, cuando éste se vio obligado a decir: "Mirad, he aquí os lo traigo fuera para que entendáis que ningún delito hallo en él" (Juan 19:4).

¡Oh, hombres que miráis hacia el porvenir deseosos de saber el secreto de los más grandes éxitos, ojalá que lleguéis a conocer el mismo espíritu que guió los pasos de José y le condujo por la dolorosa senda, hasta que sacándole del calabozo de Faraón y de la casa de Potifar le elevó a la categoría de primer ministro de Egipto y del mundo! Ese mismo Espíritu está esperando que le dejéis que sea vuestro guía, vuestro maestro, vuestra sabiduría y fuente de vuestra fortaleza, de vuestros éxitos y de vuestra felicidad.

El próximo ejemplo es el de Moisés y Aarón. Exodo 4:10-16. En ese pasaje tenemos el relato de cómo llamó Dios a Moisés para que asumiese la dirección del pueblo de Israel y lo condujese a Canaán. También le encomendó la misión especial de presentarse ante Faraón para exigirle que dejara al pueblo de Dios. Vemos que Moisés se resistió a asumir dicha responsabilidad aduciendo como razón para ello su inhabilidad para hablar, y le rogó a Dios que enviara a algún otro. Dios le respondió diciéndole: "¿Quién dio la boca al hombre? ¿O quién hizo al mudo y al sordo, al que ve y al ciego? ¿No soy yo Jehová? Ahora pues, vé, y yo estaré con tu boca, y te enseñaré lo que hayas de hablar".

Mas a pesar de todo eso, Moisés no estaba dispuesto a asumir la responsabilidad que Dios quería poner en sus manos. Esa actitud le desagradó a Dios y le ordenó que llamara a su hermano Aarón, y le dijo a este: "Tú hablarás a él, y pondrás en su boca las palabras, y yo estaré con tu boca y con la suya, y os enseñaré lo que hayáis de hacer. Y él hablará por ti al pueblo; él te será a ti en lugar de boca, y tú serás para él en lugar de Dios".

Vemos aquí que Dios le ofreció a Moisés no sólo la sabiduría necesaria para que supiese qué decir, sino también poder necesario para que dijese bien lo que tenía que decir. Pero la fe de Moisés no estuvo a la altura de la grandiosa promesa, por eso

Dios fue indulgente con él e hizo que dividiese con otras personas la comisión que le había encargado, y le dio a Aarón para que fuese su vocero.

Al aceptar ese arreglo Moisés, naturalmente, perdió mucho, pues así como Dios le dio a Aarón la facultad de expresión, pudo habérsela dado a él. De principio a fin todo dependía de Dios, y Moisés pudo haber sido poseedor de toda la bendición en vez de la mitad de ella. La verdad es que, como quedó demostrado por los acontecimientos sucesivos, la colaboración de Aarón fue de dudosa bendición, pues llegó el día en que Aarón fue quien contribuyó al descarrío de Israel y sirvió de piedra de tropiezo a Moisés. Aarón fue quien hizo el becerro de oro para que el pueblo de Israel le rindiera culto idólatra al pie del monte Sinaí, así que el juicio del ofendido Dios cayese sobre el pueblo.

Vemos, pues, que en lugar de ayudar a Moisés, Aarón le trajo dificultades; la vara sobre la cual quiso apoyarse se quebró bajo su peso y le hirió sus propias manos y hasta el corazón.

Eso nos enseña a nosotros una lección muy práctica. El mismo Espíritu que llamó a Moisés y le encomendó la gran empresa de sacar al pueblo de Israel de Egipto y conducirlo por el desierto, es el que se nos promete a nosotros asegurándosenos que seremos investidos del poder necesario para cumplir la obra que se nos encomienda. El puede ser nuestra boca para hablar y nos asegura que nos dará la sabiduría necesaria para que ninguno de nuestros adversarios pueda contrarrestarnos. Pero si nos detenemos a mirar nuestras debilidades, o si queremos apoyarnos en las fuerzas o la sabiduría de otras personas, nosotros, como Moisés, llegaremos a ver que la confianza que hemos puesto en la ayuda terrenal, nos sirve más bien de traba e impedimento para llevar a cabo la obra que Dios quiere que hagamos, y aprenderemos con amargura, que es cierto lo que dice la divina palabra: "Maldito el varón que confía en el hombre, y pone carne por su brazo" (Jer. 17:5), en vez de depender enteramente de Dios, creyendo que él le dará todos los recursos, sabiduría y fuerzas necesarias para realizar la obra que le ha encomendado.

3. *El próximo ejemplo del Espíritu de sabiduría lo encontramos en el libro de Números 11:11-17, y también en los versículos 24-29.* Este pasaje se parece al anterior en lo que se refiere a su significación general. Vemos que Moisés sentía el peso de la responsabilidad que recaía sobre él en su condición de jefe del pueblo. La incredulidad y la rebeldía de la gente le hacían sufrir muchísimo constantemente y llegó el momento en que exhaló una petulante queja contra Dios, expresando su desaliento: "¿Por qué has hecho mal a tu siervo? ¿y por qué no he hallado gracia en tus ojos, que has puesto la carga de todo este pueblo sobre mí? No puedo yo solo soportar a todo este pueblo, que me es pesado en demasía". Dios le respondió inmediatamente como lo hace siempre con nosotros.

Es cosa muy grave el hablar apresuradamente con Dios sin detenernos a pensar en lo que decimos y expresando desaliento y desconfianza. Es cosa muy solemne eso de pedirle a Dios que nos releve de cualquier responsabilidad que él nos hubiere encomendado. Es muy fácil que perdamos nuestra corona y la oportunidad que él nos ha dado para que le sirvamos, a causa de nuestra petulancia y falta de fe. "Entonces Jehová dijo a Moisés: Reúneme setenta varones de los ancianos de Israel... y yo descenderé y hablaré allí contigo; y tomaré del espíritu que está en ti, y pondré en ellos; y llevarán contigo la carga del pueblo, y no la llevarás tú solo". Poco más adelante se añade: "Entonces Jehová descendió en la nube, y le habló; y tomó del espíritu que estaba en él y lo puso en los setenta varones ancianos; y cuando posó sobre ellos el espíritu, profetizaron, y no cesaron".

A primera vista todo esto parece como si hubiese aliviado mucho a Moisés; en vez de tener que cargar con todos los problemas del pueblo contaba con la ayuda de setenta hombres, los cuales se distinguían por su buen criterio y su probada experiencia, a más de estar poseídos del mismo espíritu que él tenía. Pero al mirar la situación más detenidamente observamos que esos setenta hombres no recibieron ningún poder adicional, sino únicamente les fue dado parte del mismo espíritu que tenía Moisés. En otras palabras, Dios le quitó a Moisés una parte del poder que le había dado y lo distribuyó entre las otras personas de modo que en vez de que una persona tuviese el poder, ahora lo tenían setenta y una; pero los setenta y un hombres no contaban con más poder del que antes había tenido uno solo. Dios había preferido dar a Moisés toda su sabiduría y toda su fortaleza, antes que dársela a los setenta ancianos. Ahora, estos dones los extendió sobre una superficie más amplia. Es más, antes que la historia llegara a su término, esos ancianos le causaron tantas molestias y ansiedades a Moisés como las que le causó su hermano Aarón. De hecho, ellos constituyeron el principio del famoso concilio de los setenta que después se conoció con el nombre de Sanedrín, o Consejo de los Setenta Ancianos, el mismo que años después condenó a muerte al Hijo de Dios y fue culpable de su crucifixión. Esos setenta ancianos, cuya ayuda solicitó Moisés en razón de su incredulidad, llegaron a ser más bien una carga adicional que se añadió a las aflicciones que tuvo que sufrir.

¿Cuál es la lección que aprendemos de todo eso? Que el Espíritu de Dios es lo que nos basta para poder realizar la obra que él nos encomienda, cualquiera que ésta sea, y que él puede hacer esa obra con pocas o con muchas personas, con una o con mil. No debemos poner nuestra confianza en la cantidad de personas ni en la sabiduría de éstas sino en la fortaleza de Dios, ya sea que esa fuerza se nos dé sin instrumentalidad humana o con ella. Los hombres podrán ayudar a llevar a cabo la obra de Dios, pero sólo podrán hacerlo según les dé aptitudes y poder para ello.

Pero más tarde vemos — en los versículos 26-29 — cómo dos de los ancianos, Eldad y Medad, profetizaron extralimitándose de las facultades que les habían sido dadas. Los amigos de Moisés quisieron reprenderles, pero Moisés, con la amplitud de visión y grandeza de alma que le caracterizaba, reconoció el hecho que los dones de Dios muchas veces rebalsan los conductos ordinarios y que el Espíritu Santo no puede ser restringido por nuestras ideas o métodos. Moisés no les dijo nada, como haríamos nosotros con nuestros hermanos cuando vemos que están trabajando para Dios y dando testimonio de la verdad, aunque lo hagan fuera del palio de nuestros métodos y organizaciones. El poder de Dios es más grande que nuestros insignificantes programas, y si una persona honra a Jesucristo y da testimonio de él con el poder del Espíritu Santo, no tenemos por qué hacerle que adopte nuestros métodos ni obligarle a pronunciar nuestro mezquino "shiboth".

4. *El siguiente ejemplo de esa unción divina está en Josué. Números 27:18.* "Y Jehová dijo a Moisés: Toma a Josué hijo de Nun, varón en el cual hay espíritu, y pondrás tu mano sobre él; y lo pondrás delante del sacerdote Eleazar, y delante de toda la congregación; y le darás el cargo en presencia de ellos".

En este pasaje vemos que Josué ya estaba investido del Espíritu antes que Moisés diera órdenes especiales acerca de lo que debía hacer, demostrando que antes de la ordenación pública la persona debe haber recibido la preparación personal. El hombre no recibe el Espíritu en razón del acto mismo de la ordenación, Dios tiene que investirlo primero con las cualidades necesarias para el ministerio. Una vez que Dios le ha dotado de su Espíritu, el hombre debe reconocer lo que Dios ha hecho, apartando al hombre realmente consagrado, para la obra especial que él quiere asignarle.

Hay otro pasaje en el libro de Deuteronomio, 34:9, que nos demuestra cómo se debe llevar a cabo el acto de la ordenación de una persona realmente consagrada, por la bendición y la plenitud del Espíritu. "Y Josué hijo de Nun fue lleno del espíritu de sabiduría, porque Moisés había puesto sus manos sobre él". Vemos aquí que, Josué recibió la plenitud de la bendición, después que Moisés hubo puesto sus manos sobre él. Hay, pues, dos etapas en la historia espiritual de Josué: primero, antes de ser llamado al elevado cargo que había de desempeñar, estaba poseído del Espíritu; y luego, el llamamiento que recibió lo condujo a mayor plenitud del Espíritu. ¿Queremos que se nos honre dándosenos alguna responsabilidad especial en el servicio de Dios? Estemos continuamente llenos del Espíritu y a la disposición de Dios para cualquier cosa que él quiera que hagamos, en tales condiciones es más probable que nos llame. ¿Hemos sido llamados para que realicemos alguna obra especial? Si es así arrojémonos en sus brazos para que nos dé una mayor medida de su gracia y, como Josué, seamos llenos del Espíritu.

Ese fue el secreto de la vida maravillosa de Josué. Así como Moisés fue divinamente investido del Espíritu de sabiduría para el desempeño de su enorme tarea, así Josué fue hecho idóneo por el Espíritu de justicia para la clase de vida que debió vivir, dándole la discreción y coraje necesarios. Igualmente, este siervo de Jehová necesitó de las cualidades divinas para llevar a cabo la gran empresa que se le encomendó. El fue destinado para que fuese el director militar de la gran campaña que debía realizar el pueblo de Israel, él había de ser el capitán del ejército victorioso del Señor, por lo tanto, necesitaba cualidades especiales para cumplir dicha empresa. Se le dio la comisión de ir al encuentro de las poderosas huestes del mal; debía contender contra los aguerridos reyes heteos, los que, como vemos por los datos históricos, eran rivales de los egipcios en el arte de la guerra y en la potencia militar. Josué encabezaba un ejército indisciplinado, no obstante eso, recibió órdenes de ir al encuentro de los ejércitos de poderosas naciones. Sin embargo, en el curso de pocos años, su victorioso ejército dominó al enemigo y cayeron bajo sus soldados las poderosas fortalezas enemigas y sometió a treinta y uno de los poderosos soberanos enemigos, que se opusieron a su avance.

Hasta entonces jamás se había llevado a cabo una campaña militar tan grande, pero para ello se requirió mucho valor, hábil estrategia, fe y sabiduría. Todo eso le dio el Espíritu Santo a Josué; y el Espíritu Santo dará todo eso hoy día al soldado de Cristo y al siervo de Dios para que pueda hacer frente a los grandes conflictos de estos últimos tiempos cuando Cristo está reuniendo a sus ejércitos para el conflicto de los siglos y la venida del Rey.

5. *Tenemos un ejemplo más de los dones prácticos del Espíritu Santo.* En cierto sentido el más notable y alentador de todos. Los detalles se encuentran en el libro de Exodo 35:30-35. Se trata de la historia de Bezaleel y de Aholiab, que eran especialmente hábiles artesanos en mecánica y en las artes necesarias para la erección del tabernáculo que debía construirse en el desierto. Moisés les dijo a los hijos de Israel: "Mirad, Jehová ha nombrado a Bezaleel... y lo ha llenado del Espíritu de Dios, en sabiduría, en inteligencia, en ciencia y en todo arte, para proyectar diseños, inventos, para trabajar en oro, en plata y en bronce, y la talla de piedras de engaste, y en obra de madera, para trabajar en toda labor ingeniosa. Y ha puesto en su corazón el que pueda enseñar, así él como Aholiab... y los ha llenado de sabiduría de corazón, para que hagan toda obra de arte y de invención, y de bordado en azul, en púrpura, en carmesí, en lino fino y en te-

lar, para que hagan toda labor, e inventen todo diseño".

Tenemos aquí una lista de casi todas las clases de trabajos manuales y artísticos. Se trata de trabajos prácticos y de decoraciones artísticas de la mejor clase — trabajos de joyería, de escultura y de tejidos. Todo ello no lo saben por medio de la educación, ni por cuidadoso entrenamiento, sino debido a la directa inspiración de Dios. Esta era gente que había salido de entre los fabricantes de ladrillos de Egipto, de una nación esclavizada que no contaba con las ventajas de la cultura, sin embargo, Dios, por medio de su inspiración divina, les dio la capacidad necesaria para que pudiesen elaborar los objetos y ornamentos para el edificio más perfecto y más hermoso que jamás se había erigido hasta entonces.

¡Qué magnífica lección es ésta para el artesano, para el cristiano que trabaja arduamente, para el hombre de negocios en el desempeño de sus obligaciones cotidianas! Vemos aquí que la presencia divina no se revela únicamente en el púlpito, en la reunión de oración o en la oración privada, sino que lo hace, igualmente, en la fábrica, en el taller, en la oficina, en la sala de clases de la escuela y hasta en la cocina.

Aquí tenemos el Espíritu Santo que actúa tanto entre los que se ocupan en tareas manuales en la casa de lunes a sábado, o en la sagrada hora del culto y en las otras ocupaciones del día domingo. El Espíritu Santo no sirve únicamente para darnos lo que necesitamos para nuestra experiencia espiritual y para el desempeño de nuestros deberes religiosos, sino para todo lo que concierne a nuestra vida.

¡Oh, de cuánta ayuda nos es, y cuánto consuelo nos da saber que tenemos un Cristo que pasó los primeros treinta años de su vida en el taller de carpintería de Nazaret, batiendo el martillo, bañado en sudor y cubierto de polvo, físicamente cansado, como lo estamos nosotros muchas veces, y que, por consiguiente, sabe lo que sentimos! A él le complace participar de nuestras tareas y nos da las fuerzas y capacidad necesarias para que podamos desempeñarnos bien en todo lo que hacemos, tanto con las manos como con el cerebro.

Sí, humilde hermana, él le ayudará a usted a hacer su trabajo ante la batea de lavar ropa o en la cocina, así como lo hace en la hora de la oración. Sí, amigo obrero, él irá con usted a su trabajo y lo ayudará a manejar el martillo y el serrucho, o en el manejo del arado en el campo; si acepta usted la sabiduría y dirección que él dará, será usted mejor obrero, mejor labrador y mejor hombre de negocios. El Dios al cual servimos no es únicamente el Dios de los domingos y del sentimentalismo, sino que es el Dios de la Providencia, el Dios de la Naturaleza, el autor y director de todo el mecanismo de la vida humana. No hay sitio ni momento en que él no quiera estar con nosotros, cuando no quiera emplear nuestras manos y nuestro cerebro para trabajar y para unirse amorosamente con nosotros en todo lo que necesitamos, en el desempeño de todos nuestros deberes y en enfrentar todas nuestras pruebas, haciéndonos ver que él nos basta en todo.

Tal es el cuadro que nos da el Antiguo Testamento, del Espíritu Santo, como el Espíritu de sabiduría y del buen criterio. En José le vemos obrando en los momentos de las pruebas de la vida humana. En Moisés le vemos preparando a un gran jefe para ponerlo en condiciones de poder desempeñar la importante misión que se le iba a encomendar, y para que pudiera mantenerse firme bajo las difíciles circunstancias por las cuales tendría que pasar. En Josué le vemos preparando al poderoso guerrero para que pudiera sostener las violentas campañas y salir victorioso de ellas, y en Bezaleel y Aholiab le vemos descender al nivel de nuestras vocaciones seculares y deberes comunes, para hacernos aptos para el desempeño de nuestras tareas, cualesquiera que éstas fueren.

¡Bendito Espíritu Santo — sabiduría y guía nuestro! Debemos mayor amplitud a la esfera de sus actividades; hagámoslo socio nuestro en todos los asuntos y en todas las circunstancias de nuestra vida y hagamos ver al mundo que:

> No hay por qué el mundo dejar
> Y en un claustro ir a parar,
> Para servir al buen Dios
> Y de lo santo ir en pos;
> Mas lo que sí es menester
> Es a Dios obedecer.

CAPITULO IX

EL ESPIRITU SANTO EN EL LIBRO DE LOS JUECES

> "Sino que lo necio del mundo escogió Dios, para avergonzar a los sabios; y lo débil del mundo escogió Dios, para avergonzar lo fuerte; y lo vil del mundo y lo menospreciado escogió Dios, y lo que no es, para deshacer lo que es a fin de que nadie se jacte en su presencia".
>
> (I Corintios 1:27-29).

EL libro de los Jueces señala el período de mayor depresión y declinación en la historia del Antiguo Testamento, así como el libro de Josué que lo precede, señala los más brillantes triunfos del pueblo de Israel. Esos triunfos se destacan entre la historia del desierto de un lado, con los cuarenta años de peregrinación, y la historia de los jueces, por otro lado, con sus cuatrocientos años de decadencia.

La oscura nube que siguió a la conquista de Canaán, fue mucho más honda y densa que aquella que la precedió, y duró cuatro siglos y medio, hasta el día de la reforma bajo Samuel y David. Pero a Dios le agrada emplear las más oscuras nubes para que sirvan de telón de fondo al arco iris de sus más misericordiosas manifestaciones. Las más radiantes demostraciones de la gracia de Dios se han producido en medio de los más feroces asaltos del adversario.

Elías ejerció su ministerio en los sombríos días del reinado de la idólatra Jezabel. La historia de Jeremías se desenvuelve en medio de las tristes escenas del cautiverio de Judá y la caída de Jerusalén; y los cuatro siglos y medio que abarca la historia de los jueces, con toda su idolatría y pecado nos han legado los preciosos episodios de Otoniel, Débora, Gedeón, Barac, Jefté y Sansón.

Cada uno de ellos es una lección de la gracia y del poder del Espíritu Santo y una demostración de la manera como emplea a sus representantes y mensajeros para que lleven a cabo la obra para la cual les necesita.

I

Otoniel representa al espíritu de arrojo (Jueces 3:10). "Y el Espíritu de Jehová vino sobre él, y juzgó a Israel, y salió a batalla, y Jehová entregó en su mano a Cusan-risataim, rey de Siria". Otoniel fue el primer juez de Israel, y por medio del Espíritu Santo pudo vencer al poderoso monarca de Mesopotamia y obtuvo así cosa de medio siglo de paz para su país.

Todo eso lo atribuye al Espíritu. El mismo poder que le dio a Moisés la idoneidad para el desempeño de la obra legislativa y que preparó a Josué para la carrera militar, fue el que llamó a Otoniel y lo preparó para que presidiera con éxito los asuntos de la nación y le dio el valor y arrojo del león para desafiar al más grande de los potentados del mundo.

Pero toda carrera brillante tiene tras sí un capítulo especial; así, hubo una hora en la vida de Otoniel, y toda su carrera subsecuente fue el epílogo de aquélla. El capítulo inicial lo tenemos en Josué 15:16,17. Se trata de un episodio relacionado con la captura de una de las fortalezas de Canaán. Después de que Caleb hubo capturado a Hebrón, encontró una ciudad adyacente denominada Quiriat-sefer, que era la capital literaria de los cananitas. Dicho nombre significa "La ciudad de los libros". Caleb ofreció la mano de su hermosa hija Axa. Otoniel fue el héroe que aceptó el reto y obtuvo el doble premio.

Cuando vemos que un funcionario público realiza alguna proeza y de un momento a otro se coloca ante los ojos del mundo, pasando, instantáneamente, de la oscuridad a la fama, somos propensos a olvidar que detrás de la deslumbrante acción yace algún pequeño incidente ocurrido, tal vez años antes, pero que realmente fue el que señaló la orientación de esa vida y preparó a la persona para la actuación pública que había de desempeñar en el porvenir.

Dios siempre prepara a sus obreros anticipadamente, y cuando llega la hora oportuna los coloca en el escenario; todos miran asombrados una carrera de prodigiosos triunfos, sin saber que Dios ha estado preparando a su siervo para la obra de su vida. Aquel fue un día glorioso para Israel, cuando en un instante, en las cámaras de la muerte, se oyó la voz de Dios, y el primer espíritu humano regresó del otro mundo a su morada de barro, y el profeta Elías puso en los brazos de la madre hebrea al hijo que había estado muerto.

Pero si volvemos la mirada algunos años atrás, encontraremos la clave de todo esto en un pequeño incidente ocurrido un día en aquel hogar hebreo. El anciano profeta iba caminando cuando se encontró con la mujer y le pidió un favor que implicaba un gran sacrificio; le rogó que le preparase algo de comer. Ella misma no tenía casi nada para comer, ni siquiera qué darle a su hijo. Pero la señora no rehusó hacer lo que le pidió el profeta. Sin vacilación alguna hizo lo que le dijo el siervo de Dios, y desde ese momento pudo alimentar a su hijo con pan del cielo. Cuando fue sometida a la prueba que requería que tuviese fe para creer que Dios resucitaría a su hijito de entre los muertos, ella estaba preparada para la prueba.

Dios sigue preparando a sus héroes también hoy día, para que al presentarse la oportunidad, pueda ponerlos al instante en el lugar donde él los necesite, dejando que el mundo se asombre y pregunte de donde han salido. Deje que el Espíritu Santo le prepare, querido amigo, por medio de las disciplinas de la vida, y cuando haya dado el último retoque al mármol, le será fácil a Dios poner el pedestal y colocarlo en el sitio que le corresponde.

Llegará el día cuando nosotros también, como Otoniel, juzgaremos las naciones, y reinaremos con Cristo en la tierra durante el milenio. Mas, antes que llegue ese día, debemos dejar que Dios nos prepare como preparó a Otoniel en Quiriat-sefer, en medio de las pruebas de la vida y en las victorias cotidianas, cuya significación tal vez ni siquiera soñamos. Por lo menos estemos seguros de esto, que el Espíritu Santo tiene preparado un Otoniel, el Señor de los cielos y la tierra tiene preparado un trono para el tal.

II

Débora demostró lo que puede hacer la mujer, como lo vemos en el capítulo 4 del libro de los Jueces. Débora fue la primera mujer a quien el Espíritu Santo llamó al servicio público. Verdad que María, la hermana de Moisés, se había destacado entre el pueblo de Israel, como directora del canto sagrado. Pero Débora fue la primera mujer designada para desempeñar el cargo de funcionaria dirigente.

¡Cuán gloriosa multitud de mujeres han seguido tras ella! Hoy día hay mujeres santas que desempeñan el gran ministerio de la iglesia. Hace menos de medio siglo desde que partieron las primeras mujeres con destino al campo misionero, y actualmente más de la mitad de los obreros del campo misionero son mujeres. Las mujeres constituyen la más potente fuerza espiritual de nuestro siglo.

El nombre de Débora significa "abeja", y su colmenita oculta tras las palmeras del monte Efraín ha desparramado sus abejas, a través de los tiempos, por todas partes del mundo y millones de almas han gustado la dulzura de su miel, todas las expresiones del mal han sabido lo que son las punzadas de sus picaduras; pero Débora, como toda verdadera mujer tenía mucho más miel que ponzoña. Es innecesario a esta altura de la historia humana el que hagamos la apología del ministerio de la mujer. Los hechos de la providencia de Dios y los frutos del Espíritu de Dios son mucho más sólidos argumentos que nuestras fantasías teológicas.

El Espíritu Santo ha reconocido claramente el sitio que ocupa la mujer en la iglesia, no sólo para amar, para sufrir y para interceder, sino para profetizar, para enseñar y atender a todas las necesidades del cuerpo y del alma. Sin embargo, no obstante lo que dejamos dicho hay ciertas restricciones que toda verdadera mujer estará dispuesta a reconocer.

Hay diferencia entre el ministerio del hombre y el de la mujer. El propio Dios ha dicho que el hombre es la cabeza de la mujer, y la cabeza de todos es Cristo y la de Cristo es Dios. "No permito a la mujer enseñar, ni ejercer dominio sobre el hombre" (I Tim. 2:12). Después de todo, eso se podría decir con respecto a ambos lados de este asunto, pero parece quedar como conclusión práctica de todo, que la mujer puede enseñar sin restricción alguna, puede testificar, y trabajar en todas las ramas de la iglesia, pero no se le da libertad para que gobierne, en la administración de la iglesia de Cristo, ni para que ejerza el ministerio oficial que el Espíritu Santo ha encomendado a los ancianos u obispos de su iglesia; y cada vez que la mujer sale de su modesta esfera y asume un puesto directivo público y de gobierno, debilita su propio poder y pierde su peculiar encanto.

Débora, que fue la primera mujer llamada a desempeñar un cargo público, tuvo la prudencia de pedirle a Barac que ocupara el puesto delantero, y ella se quedó detrás de él, dirigiendo las operaciones modestamente, demostrando, al fin de cuentas que era ella la verdadera dirigente. El ministerio de la mujer no desmerece nada por colocarla a ella en esa posición. ¿Quién se atrevería a decir que la obra de Moisés, de pie sobre el monte, con las manos levantadas hacia Dios, mientras Josué conducía a los ejércitos en la llanura, fue menos importante que la de este último? Moisés era el verdadero dirigente y el verdadero poder que respaldaba a los ejércitos de Israel, aunque nadie le veía. Ese fue el grandioso honor que recayó sobre Débora, y nadie reconoció su eminencia más que el propio Barac.

Dirija Dios más y más y utilice el elevado y santo ministerio de las mujeres en estos últimos días, mientras nos preparamos para la venida de nuestro Maestro.

III

Gedeón, o mejor dicho, el Espíritu Santo, empleó las cosas débiles de este mundo para confundir a las poderosas. El llamamiento de Gedeón tiene algo de dramático y de cómico. Encontrándose oculto detrás del granero, por miedo a los madianitas, se le apareció el ángel del Señor y le dijo: "Jehová está contigo, varón esforzado y valiente". Gedeón se quedó atónito al oír esa extraña salutación. Le parecía que el ángel se burlaba de él, pues él estaba lejos de ser "hombre esforzado"; la verdad era que cabalmente en ese mismo momento se había ocultado por miedo de los enemigos.

La manera cómo contestó Gedeón parece expresar esos sentimientos, pero Dios lo animó diciéndole: "Vé con esta tu fuerza, y salvarás a Israel de la mano de los madianitas". La nueva fortaleza que Dios le había ofrecido era la propia fortaleza del Todopoderoso, el poder del Espíritu Santo. Por consiguiente, a partir de ese momento, cada paso que Gedeón dio fue una demostración del significado de nuestro texto, que "Dios ha escogido lo débil del mundo para confundir lo fuerte".

Después de eso vemos que el mismo principio regía con respecto a los colaboradores de Gedeón. Dios no podía emplear el gran ejército que se había reunido alrededor de su pabellón. Eran tantos que no les dejarían a Dios obrar y, por consiguiente, tuvo que reducirlos, de los más de treinta mil hombres que eran, a trescientos.

Es interesante observar la manera cómo el Espíritu Santo los redujo. Hizo que ellos mismos efectuaran la reducción. Primero se les permitió a los timoratos que volviesen a sus casas, de ese modo, el ejército se redujo a una tercera parte de lo que era. Después de eso, a los que habían quedado, se les sometió a una prueba con objeto de ver quienes eran los más arrebatados e imprudentes, la prueba consistió en hacerles beber agua del arroyo que cruzaba el camino por el cual debían avanzar al encuentro del enemigo. No le fue difícil a Gedeón ver cuáles eran los que debían acompañarle, pues Dios le había dado la señal de quienes eran, por la manera en que bebían el agua.

Los arrebatados se arrodillaron en la orilla e inclinando la cabeza bebieron del agua cristalina, sin detenerse a pensar en el peligro que corrían ante el enemigo. En cambio los prudentes miraron en todas direcciones, y vigilando, para no ser sorprendidos, bebieron de pie, recogiendo el agua en la palma de las manos, al mismo tiempo que se mantenían alerta mirando en todas direcciones; fue así como los prevenidos fueron los elegidos y el resto fue despedido.

Dios no sólo quiere contar con hombres valientes para realizar su obra, sino que desea que éstos sean también prudentes. Cada día que vivimos nos juzgamos a nosotros mismos y de nuestra actitud depende el que se nos asigne los cargos de honor y de utilidad o que se nos deje en nuestra casa. Dios necesita hombres aptos para su obra y hace que cada uno demuestre su idoneidad o su incapacidad por medio de las acciones de su vida. Algunas veces ni siquiera se nos ocurre pensar que una palabra arrebatada, una conversación inadecuada, una acción imprudente o una confesión de incredulidad, nos impide ser más útiles, o nos obliga a dejar a una lado una gran oportunidad que Dios había estado preparando para nosotros.

Aunque el Espíritu Santo emplea a hombres débiles, no quiere que sigan siéndolo después de haberlos elegido. Aunque él emplea los insensatos, después que él desciende les da gracia y sabiduría. El emplea la insensatez de la predicación, pero eso no quiere decir, necesariamente que emplee a predicadores insensatos. Como la corriente eléctrica, que tiene la fuerza de mil hombres pero que necesita medios de conducción, y cada alambre, por delgado que sea, es más poderoso que una gruesa soga.

Dios quiere emplear su poder en instrumentos adecuados para ello, quiere utilizar voluntades totalmente rendidas a él, corazones que confíen implícitamente en él, vidas que estén acordes con la fe que profesan y labios dispuestos a decir lo que él les dicte. Cuando esto ocurre él puede emplear las armas más débiles convirtiéndolas en "poderosas en Dios para la destrucción de fortalezas" (II Corintios 10:4).

La clase de armas que empleó Gedeón para hacer frente al enemigo nos demuestra igualmente cómo Dios utiliza las cosas débiles de este mundo para destruir al enemigo. Estas no pudieron ser más sencillas: antorchas, cántaros de barro y trompetas. Esto fue todo lo que Dios necesitó. Las antorchas eran símbolos de la luz, y el fuego del Espíritu Santo; los cántaros representan las vasijas rotas de nuestros cuerpos y vidas rendidas a Dios; las trompetas son imágenes de la palabra de Dios y del mensaje del evangelio que debemos proclamar. Esas armas bastaron para deshacer a los ejércitos de Madián; y esas son igualmente las armas que debemos emplear en nuestra guerra, armas que, con la ayuda y bendición de Dios, siguen siendo poderosas para la "destrucción de fortalezas".

Un solo funcionario de justicia, teniendo de su parte la constitución de su país, es más poderoso que una multitud de mil rebeldes; y el más humilde de los siervos del Señor Jesucristo, armado del Espíritu Santo y con la Palabra de Dios, cuenta con el respaldo y el apoyo de todo el poder celestial. Los que rehusan aceptar el mensaje lo hacen exponiéndose ellos mismos al peligro porque Cristo ha dicho: "El que a vosotros recibe, a mí me recibe; y el que me recibe a mí, recibe al que me envió" (Mateo 10:40).

El secreto para que podamos contar con el poder de Dios entre los hombres es mantenernos siempre escudados por nuestro mensaje y nuestro Maestro, y que seamos rotos, como los cántaros de Gedeón, de manera que de ellos irradie la luz de nuestras antorchas celestiales y emane el mensaje que Dios nos ha encargado que proclamemos.

IV

Jefté, o el Espíritu Santo emplea "las cosas despreciadas". Sin ninguna culpa de parte suya, Jefté nació deshonrosamente. Llevaba en su corazón el estigma de su origen y vivió alejado de la casa de su padre. Pero a Dios le agrada emplear las cosas que el hombre desecha. La piedra que desecharon los edificadores viene a ser la piedra angular. Fue a Isaac, y no a Ismael a quien Dios dio la primogenitura; el favorito del padre fue Jacob, no Esaú; fue José, el odiado y desechado, el que fue encumbrado; fue Moisés, hijo de un pueblo de esclavos, a quien eligió para emplearlo como siervo suyo; fue a David, el jovencito pastor de Belén, a quien eligió para exaltarlo al trono. A esos fue a quien Dios eligió para elevarles a los altos cargos que desempeñaron en la historia de su pueblo escogido. Fue así como Jefté, despreciado y desechado de Galaad, llegó a ser el elegido del Señor para que librara a su pueblo de los amonitas.

Se le atribuye al Espíritu Santo, especialmente, el llamamiento de Jefté: "El Espíritu de Jehová vino sobre Jefté, y pasó... a los hijos de Amón... y Jehová los entregó en su mano" (Jueces 11:29-32).

El Señor sigue empleando las cosas que el hombre desprecia. Los nombres, nazareno y cristiano, eran antiguamente, epítetos despectivos. Nadie puede ser grandemente encomiado y utilizado por Dios y, al mismo tiempo popular entre la gente de su generación. Aquellas personas a quienes más se estigmatiza, son generalmente las que Dios más emplea. Muchas veces los gruñidos del Diablo y las mofas despectivas del mundo son señales de que la persona así acosada cuenta con los más altos honores que Dios puede darle. No es necesario que, por nuestro proceder, atraigamos sobre nosotros los males y los reproches de los hombres; pero si obramos bien, y sufrimos por ello, no tenemos por qué temer. "Dejadle que maldiga... quizá mirará Jehová a mi aflicción y me dará Jehová bien por sus maldiciones de hoy" (II Samuel 16:11-12).

Nos puede ocurrir cosas peores que la impopularidad y el ser mal entendidos. Hay cosas mucho peores que el figurar entre la minoría. Muchas de las más grandes bendiciones de Dios, están ocultas detrás de los espantapájaros de la antipatía y las tergiversaciones. El Espíritu Santo no se avergüenza de aquellos de nosotros que somos impopulares, y si Dios nos utiliza ¿por qué hemos de preocuparnos de lo que piensen o de lo que digan los hombres?

En el ejército británico hubo una vez un capitán plebeyo que había ganado sus galones por propios méritos, pero los otros oficiales que pertenecían a la aristocracia social de ese país le miraban despectivamente. Un día el coronel se enteró de lo que sucedía y quiso poner fin a esa actitud de los malos compañeros de milicia. Con ese propósito llamó al joven capitán, objeto de los vejámenes de los otros oficiales, y tomándolo del brazo se paseó con él de arriba a abajo en los terrenos donde se encontraba formado el ejército. Naturalmente los otros oficiales se veían obligados a saludar al jefe y, al hacerlo saludaban también a aquel a quien habían despreciado. Eso afirmó la posición del joven capitán y desde aquel momento cesaron las burlas y las actitudes despectivas. El hecho de que, el jefe lo hubiese llevado consigo haciéndolo andar a su lado bastó para enaltecerlo.

Con tal que contemos con el reconocimiento de Dios, lo que digan los hombres importará muy poco. Dios nos dará toda la ayuda y elogio humanos que necesitamos. No rebajemos nuestras normas o principios con objeto de complacer a los hombres. Tratemos únicamente de saber cuál es su voluntad, darle a él toda la gloria y contar con su aprobación en todo lo que hagamos. Por amor de él cumplamos las más difíciles empresas y realicemos las tareas más pequeñas. Bástenos el honor que él nos emplee y que nos envíe a hacer lo que a él le plazca. No tengamos miedo de seguirle afuera del campo, ni de sufrir reproches por amor de su nombre, llegará el día en que reconocerá nuestro indigno nombre delante de millares de seres en la tierra y en el cielo.

V

Sansón fue un hombre a quien el Espíritu Santo dotó de fortaleza física. En toda la Biblia no hay ningún personaje más notable que el vigoroso gigante de Timnat-Sera, que representó en su cuerpo la relación que puede haber entre la fuerza física y la presencia y el poder del Espíritu Santo. La fortaleza de Sansón no se debió al desarrollo alcanzado por medio de la cultura física, ni a la extraordinaria fortaleza de sus huesos y músculos, sino a la presencia y al poder del Espíritu Santo que tomó posesión de él y que obró por su intermedio. El secreto de sus sorprendentes fuerzas lo tenemos expuesto con notable sencillez y claridad en pasajes tales como éstos: Jueces 13:25; 14:6,19; 15:14.

En todos esos episodios se puede ver que fue el Espíritu del Señor que obró por medio de Sansón, dándole para ello fuerza física sobrenatural. No fue la fuerza de los músculos ni de los huesos que se adquiere por la alimentación o por medio de estimulantes, sino que se trataba del propio poder de Dios que se valió de su cuerpo para realizar la obra que quiso llevar a cabo. Este hecho estuvo en entera relación con la consagración que Sansón había hecho de su vida al servicio de Dios y con el voto de nazareno contraído por él. Siendo esto así, se comprende, naturalmente, que la fortaleza de Sansón era divina y la recibió porque estaba en cierto estado espiritual; sus fuerzas dependían enteramente de la vida pura y recta que vivía y de su obediencia a Dios. Ese es el principio que rige al tratarse de la sanidad por medio de la oración, según Dios nos lo está enseñando en estos días. No se trata de la reconstrucción física del organismo por medio de fuerzas propias, sino de la manifestación supernatural de la presencia divina que llena el cuerpo y le imparte nueva fortaleza, esto lo hace cuando estamos totalmente apartados de las cosas terrenales y de las cosas prohibidas y vivi-

EL ESPIRITU SANTO EN EL LIBRO DE JUECES

mos en contacto con el Espíritu Santo. Ese estado de goce de la presencia del Espíritu Santo pueden disfrutarlo hombres o mujeres de endeble constitución física. No es nuestra vida la que se manifiesta en nuestra carne mortal, sino la de nuestro Señor Jesucristo. Es una vida muy sagrada que nos mantiene constantemente apartados del mundo y entregados a Dios y es una buena manera de conservarnos puros y obedientes.

Sansón perdió sus fuerzas en el mismo instante en que tocó las cosas prohibidas de este mundo y las faldas de Dalila. Para nosotros también el secreto de nuestra fortaleza es éste: "Si oyeres atentamente la voz de Jehová tu Dios, e hicieres lo recto delante de sus ojos, y dieres oído a sus mandamientos, y guardares todos sus estatutos, ninguna enfermedad de las que envié a los egipcios te enviaré a ti; porque yo soy Jehová tu sanador" (Exodo 15:26). Ese es el bendito ministerio del Espíritu Santo; primero, el dar la justicia práctica y mantenernos en perfecta armonía con la voluntad de Dios, para luego darnos la vida física que ha prometido a los que le obedecen. He aquí lo que él mismo ha prometido: "Si el Espíritu de aquel que levantó de los muertos a Jesús mora en vosotros, el que levantó de los muertos a Cristo Jesús vivificará también vuestros cuerpos mortales por su Espíritu que mora en vosotros" (Romanos 8:11). Esa es, pues, la bendita plenitud del Espíritu Santo según se manifiesta en este antiguo libro de los Jueces. ¡Cuánto más rica y más completa ha de ser la gracia que podamos esperar de él hoy día!

¿Lo recibiremos como lo hizo Otoniel, como el Espíritu que inspira ánimo y valor; como Débora, para el elevado y glorioso ministerio de la mujer; como Gedeón y Jefté para que emplee lo débil de este mundo para confundir a lo fuerte, y para confundir con lo que vale poco a lo que vale mucho? "se hicieron fuertes en batallas, pusieron en fuga ejércitos extranjeros" (Hebreos 11:34).

CAPITULO X

EL HOMBRE LLENO DEL ESPIRITU

"Ciertamente espíritu hay en el hombre, y el soplo del Omnipotente le hace que entienda" (Job. 32:8).

"El espíritu de Dios me hizo, y el soplo del Omnipotente me dio vida" (Job. 33:4).

I

EL libro de Job es el poema más antiguo del mundo. Ha llegado hasta nosotros procedente de un período que oscila entre los días de Abraham y el tiempo en que vivió Josué. Es un drama profundamente interesante, que pone en claro algunos de los más importantes principios del gobierno divino, y revela la manera como trata Dios, personalmente, a su pueblo por medio del Espíritu Santo.

Primeramente, se presenta Job en el escenario como un ejemplo de lo que debe ser una persona de carácter noble y recio, un hombre que es la expresión del más elevado ideal del carácter humano.

Después, vemos cómo Dios lo sometió a prueba, haciéndole ver las profundidades de su vida interior y el pecado que está siempre oculto en todo corazón humano, hasta que, finalmente, aparece

Job, bajo los rayos reveladores de la luz del Espíritu Santo, presentando un espectáculo lastimoso, no sólo por su enfermedad y padecimientos sino porque trataba de justificarse, vindicarse y rebelarse contra el propio Dios.

Varias personas aparecen en el escenario, una tras otra, las que representan la sabiduría, el bienestar y la amistad del mundo, de hecho, estas personas representan todo lo que el mundo puede ofrecer para ayudarnos en nuestras horas de tribulación. Aparecen Elifaz, Bildad y Zofar que probablemente representan, respectivamente, la sabiduría, las riquezas y los placeres mundanos, pero ninguno de ellos pudo dar a Job el consuelo, la enseñanza ni la disciplina que necesitaba.

Finalmente, aparece en el escenario Eliú, y, por primera vez, Job recibe la ayuda y el mensaje de Dios. El propio nombre Eliú significa el hombre de Dios, y lo que este hombre dijo, está de acuerdo con el lugar de donde provenía el mensaje que trajo. Contemplando a Eliú, lo vemos erguirse como uno de los ejemplos más remotos de un hombre en el cual habita y obra el Espíritu Santo y también fluye de él.

Primero, veamos lo que fue el hombre en sí, luego consideraremos el mensaje que trajo. En seguida, nos detendremos a ver la influencia que tuvo su mensaje sobre Job, personaje principal de todo el drama que se desarrolla en este libro.

Primeramente él mismo dice que era joven: "Yo soy joven" —dice— "y vosotros ancianos; por tanto, he tenido miedo, y he temido declararos mi opinión". Dios puede hablar a sus discípulos por jóvenes que sean, y puede emplearles para que lleven su mensaje a otras personas. Mas, observad la modestia de Eliú. Este se sentía consciente de su juventud, era retraído y tímido, características estas de las personas que realmente valen algo. Mientras más nos utiliza Dios, tanto más conscientes debemos ser de nuestra insuficiencia. Vemos, además, no sólo la modestia de este joven, sino el respeto que tenía a los demás, por eso pudo esperar, hasta que aquellos mayores que él hubieron dicho lo que tenían que decir. El hecho de que estemos dotados del Espíritu Santo y que tengamos un mensaje que dar, no es razón para que nos ensalcemos impetuosamente. El hombre lleno del Espíritu Santo, siempre tendrá deferencia y consideración por los demás. Al hablar en las asambleas a que se refiere el Nuevo Testamento, el apóstol aconseja particularmente a que los participantes se prevengan contra ese peligro, por eso dice: "Los espíritus de los profetas están sujetos a los profetas" (I Corintios 14:32). Cuando Dios nos da un mensaje, puede esperar hasta que lo demos. Por eso, Eliú esperó hasta que los otros hubieron dicho lo que tenían que decir, y entonces habló, y vemos que los resultados fueron muy buenos.

Pero aunque Eliú es respetuoso y modesto no deja por eso de ser franco e independiente de las opiniones de los demás, y es osado y decidido cuando se trata de la obediencia a la voz de Dios, que él ha oído en las profundidades de su alma, y dice: "No haré ahora acepción de personas, ni usaré con nadie títulos lisonjeros. Porque no sé hablar lisonjas; de otra manera, en breve mi Hacedor me consumiría" (Job 32:21, 22).

Así, pues, el hombre espiritualmente libre, es libre del que dirán de los demás. No trata de imitar a nadie, sino que escucha directamente a la voz de Dios, por medio de su palabra y por su Espíritu. Muchos somos como loros; nos apropiamos de las opiniones y de las ideas de otras personas. Dios quiere contar con personas que tengan su propia personalidad y que den mensajes individuales. El quiere que cada uno, individualmente, sea lleno del Espíritu Santo y que sea él quien le enseñe.

Vemos que Eliú era un hombre tan lleno del Espíritu Santo que no pudo dejar de decir lo que debía dar a conocer. El dice: "Porque lleno estoy de palabras, y me apremia el espíritu dentro de mí. De cierto mi corazón está como el vino que no tiene respiradero, y se rompe como odres nuevos" (Job 32:18-19). Eso mismo fue lo que sintió el apóstol cuando dijo: "No podemos dejar de decir lo que hemos visto y oído" (Hechos 4:20). Necesitamos ese poder volcánico que dé potencia a nuestra fuerza y nos obligue a dar el mensaje que Dios nos ha confiado.

Otras de las cosas que vemos en Eliú son sus vivos deseos de glorificar a Dios. El se sintió triste porque los amigos de Job no habían respondido a sus preguntas, vindicando a Dios. El único deseo que le animaba era el de honrar y glorificar el nombre de su Divino Creador. Esa es la clase de obreros que Dios quiere instruir y emplear siempre. El Espíritu Santo está a la espera de hombres y mujeres de esa clase.

II

EL MENSAJE DE ELIU. El mensaje de Eliú es ciertamente admirable, revela los más profundos principios del gobierno moral de Dios y se eleva a las más grandes alturas de la elocuencia inspirada. No hay ninguna discusión acerca del trato de Dios para con sus criaturas, más profunda, ni de más alcance que ésta, de la cual nos estamos ocupando. Dios habla constantemente a su pueblo. "En una o en dos maneras habla Dios; pero el hombre no entiende" (Job 33:14), no hace caso, no ve o no oye, y, por consiguiente, no puede entender la voz de su Padre. Entonces Dios tiene que hablar otra vez por medio de enfermedad y de sufrimientos físicos; así es el cuadro que tenemos en el capítulo 33 desde el versículo 19 al 22.

Es el cuadro de un pobre enfermo afligido por el dolor, hundiéndose más y más de día en día a causa del agotamiento que le produce la enfermedad, hasta que llegó el momento en que parecía que estaba listo para caer en el sepulcro. Pero no fue esa la última palabra de Dios; hay otro mensaje, pero ¡cuán rara vez se encuentra el verdadero mensajero que dé este mensaje! "Uno entre mil" ¡Cuán precioso es el mensaje que trae! Le enseña al hombre la justicia de Dios y la amorosa ternura de su castigo, con el propósito de guiarle al arrepentimiento, después de lo cual revela el bendito y grandioso mensaje de la propiciación y exclama: "...que Dios tuvo de él misericordia, que lo libró de descender al sepulcro, que halló redención" (Job 33:24). ¿Qué efecto tuvo todo eso? "Su carne será más tierna que la de un niño, volverá a los días de su juventud" (Job 33:25).

Ese es el bendito evangelio de la propiciación — propiciación por las enfermedades y por el pecado; ese es el bendito evangelio de la adquisición de la salud por medio de la fe y la oración — para adquirir la salud del cuerpo y del alma. Ese fue el propósito de Dios desde la antigüedad, y aún continúa invariable. Esa es su voluntad para con todos aquellos que sencillamente quieren creer y recibir.

Esa es la manera uniforme como Dios procede con sus criaturas. "He aquí, todas estas cosas hace Dios dos y tres veces con el hombre, para apartar su alma del sepulcro, y para iluminarlo con la luz de los vivientes" (Job 33:29,30). Los castigos de Dios son los zigzags de los rayos del firmamento, que caen sin que sepamos donde ni cuando, pero en su trato inteligente y comprensivo el Padre nos hace comprender por qué nos aflige. El mismo nos lo ha dicho en el Nuevo Testamento. "Si, pues, nos examinásemos a nosotros mismos, no seríamos juzgados, mas siendo juzgados, somos castigados por el Señor, para que no seamos condenados con el mundo" (I Corintios 11:31,32). Eso es lo que persigue Dios en su trato con sus criaturas: lo que él quiere es sacarnos de una posición incómoda y ponernos en condición tal que podamos hacer su sagrada voluntad, y tan luego aprendemos la lección que quiere enseñarnos, él se complace en aliviarnos de la presión que nos agobia, y nos manifiesta claramente que contamos con su favor y bendición, tanto en lo que atañe a nuestra alma como a nuestro cuerpo. ¿Podemos encontrar algo que nos pruebe mejor la sabia, amplia y fiel revelación de la bondad y misericordia de Dios y de la manera amorosa y fiel de tratar a sus criaturas que lo que es el caso en el mensaje de Eliú proclamado cosa de tres mil años ya?

Después se aboca a dar un discurso más sublime, en lo que se refiere a toda la extensión de los cielos y de todo el campo de la naturaleza que nos revela, haciendo correr el velo del cielo y revelándonos la gloria de la majestad de Dios en todas sus obras. Finalmente, al llegar al cénit de su mensaje, Dios le interrumpe y cierra la cumbre de sus obras y pone fin a su magnífica oración con una grandiosa plática, con una grandiosa preparación, mientras éstos hablan como habló con voz inconfundible. Ojalá que el lector haya oído la voz del Señor, y que desde el principio oiga la verdadera voz de Dios, que le guíe y le dé nuevas fuerzas, como le sucedió a Job.

III

EFECTO DE ESTE MENSAJE. Eso nos trae el efecto que el mensaje tuvo sobre Job. Ese es el gran pensamiento central de todo el libro y del drama entero.

Job nos ve como la figura central de lo que somos. Representa lo mejor del hombre, así como Eliú, al final, nos hace ver lo mejor de Dios.

Vemos en Job al hombre recto, al mejor hombre de su tiempo; la mejor clase de hombre que puede producir la gracia divina, hasta que muere su propia personalidad, y entra a gozar de la comunión de Dios.

El primer cuadro es favorable a Job — tanto a él como a todos los demás. Parece estar bien, hasta que Dios derrama sobre él su luz reveladora y quirúrgica, entonces todo se derrumba y aparece tal cual es, con todas las debilidades e indignidades de nuestra perdida humanidad. Lo peor que vemos en Job es al propio Job. Dios no quiso convencerle de ningún pecado atroz, sino de sus propias flaquezas, de su propia falta de rectitud, y del erróneo concepto que tenía de su propio valer. Lo que debemos dejar a un lado es la elevada opinión que tenemos de nosotros mismos; lo que nos es más difícil es ver lo que realmente somos y la crucifixión del yo, la inmolación de nuestra voluntad. Antes de llegar a reconocer eso tenemos que pasar por muchos incidentes dolorosos y por muchas humillaciones.

Por eso vemos que Job, bajo los destellos de la luz reveladora de Dios, aparece tal cual es, demostrando su incredulidad, tratando de vindicarse a sí mismo y culpando a Dios por su inmerecida aflicción. Sus varios amigos van apareciendo de uno en uno en el escenario, éstos representaban el saber, las riquezas y los placeres mundanos; pero Job descubre que los argumentos de éstos son falaces y rechaza sus mensajes, hasta el momento en que se presenta Eliú con el inspirado mensaje de Dios. Después de eso, el propio Dios se reveló a Job y le habló desde el torbellino con una voz que Job no pudo resistir.

Ante la luz de Dios, Job pudo ver su propia indignidad y cayendo postrado a los pies de Dios, exclama: "De oídas te había oído; mas ahora mis ojos te ven. Por tanto me aborrezco, y me arrepiento en polvo y en ceniza" (Job 42:5,6). He ahí, al fin de cuentas, la muerte del yo; y ahora Dios está dispuesto a recoger a su siervo, a perdonarle sus errores y flaquezas y aun a vindicarle ante sus amigos.

Fue entonces que por primera vez Dios aprobó la actitud de Job y dijo a los amigos de éste: "No habéis hablado de mí lo recto, como mi siervo Job" (Job 42:7). ¿Qué fue lo que dijo Job que fue correcto? Fueron sus expresiones por las cuales reconoció su indignidad, su humillación, su renunciación. Job había llegado a su fin y por consiguiente Dios podía comenzar a obrar. Dios responde inmediatamente, concediéndole a Job no sólo sus favores y bendiciones, sino que le dio toda la prosperidad y bienestar que había tenido y perdido, y aun más. Desde ese momento, Job surge a una nueva vida tanto material como espiritual.

Esta es la resurrección a una nueva vida según se desprende de la figura antigua. Esa es la resurrección a una vida nueva que el Espíritu Santo quiere dar a todos aquellos que, como Job, desean que el yo muera primero. Dios no esperaba que Job cometiera algún pecado flagrantemente depravado, lo que él buscaba era la vida sutil que yace oculta detrás de mil disfraces, y que cuesta tanto conseguir que muera.

Muchas veces Dios no sólo tiene que hacernos sufrir y ponernos en el lecho de enfermedad y dolor, sino que tiene que ponernos en circunstancias en que podamos ver que no somos tan buenos como nos lo imaginamos y nuestra reputación se hace pedazos. Esto lo hace para que nos humillemos y reconozcamos que nuestra vida natural debe ser crucificada totalmente. Sólo cuando hemos llegado a esa condición estamos a los pies de Jesús, podemos recibirle para que more en nosotros, y sólo entonces también podremos depender únicamente de él; él será quien nos dará la vida y las fuerzas necesarias; él será nuestra cabeza viva.

Fue así como la misma caída que tuvo Pedro fue el medio por el cual se salvó. El yo de Pedro tuvo que morir para que pudiera vivir más perfectamente para Cristo.

¿Hemos muerto nosotros de ese modo, y hemos renunciado a la fortaleza de la confianza en nosotros mismos? Felices de nosotros si así fuera, pues en tal caso contaremos con los recursos de Cristo y toda su fortaleza. Entonces él podrá darnos lo que le dio a Job, todas las riquezas de su bondad y todos los planes de su providencia que necesitamos en nuestra vida terrenal.

Comenzamos la vida con las cosas terrenales, después vienen las espirituales; luego, cuando realmente hemos recibido el reino de Dios y su justicia, lo natural se añade a lo espiritual, y podemos recibir los dones de su providencia y las bendiciones de la vida, sin que nos absorban por completo o que nos separen de Dios.

Esa es la preciosa lección que aprendemos de Job. Ese es el radiante y feliz epílogo de sus tribulaciones. Esa es la madurez de la semilla de la muerte y del dolor. Esa es la bendita fruición de todas sus penas; es un pequeño símbolo de la resurrección a aquella vida que nos revela el Nuevo Testamento.

El Espíritu Santo está a la espera para conducirnos a todos a la senda de la vida por las puertas de la muerte. Se cuenta acerca de un caballero que fue a visitar a un antiguo amigo y éste le invitó a que le acompañara para mostrarle sus espléndidos almacenes. Al subir a los altos del edificio, el visitante quiso hacerlo por las escaleras, pero el dueño del establecimiento le dijo: "Amigo, venga usted por acá" — y abriendo una portezuela le hizo bajar unos peldaños hasta una plataforma donde se abrió una puerta que daba acceso al ascensor. "Ahora subimos por aquí" — le dijo el dueño al amigo visitante — y el ascensor les condujo hasta la parte más alta del edificio que era de ocho o diez pisos, y desde allí fueron bajando de piso en piso, sin mayor esfuerzo. De regreso a la oficina de entrada el caballero visitante le dijo a su amigo: "He estado pensando que esto es la manera como Dios nos hace ascender. Primero nos hace bajar, luego nos hace entrar en el ascensor y nos eleva hacia la altura donde él se encuentra".

Esa es la historia de Job. Esa es la historia de Jesús. Esa es la historia de toda verdadera vida. "Si el grano de trigo no cae en la tierra y muere, queda solo, pero si muriere, lleva mucho fruto" (Juan 12:24). Dios nos ayuda a morir. No temamos el dolor, el sacrificio ni la entrega que tengamos que hacer de nosotros mismos. "Aunque ande en valle de sombra de muerte, no temeré mal alguno, porque tú estarás conmigo" (Salmo 23:4). Y una vez que estemos al otro lado diremos: "Unges mi cabeza con aceite; mi copa está rebosando. Ciertamente el bien y la misericordia me seguirán todos los días de mi vida, y en la casa de Jehová moraré por largos días" (Salmo 23:5,6).

¡Oh, cuán dulce es morir con Jesús,
Para sí mismo, el mundo y el pecado!
¡Oh, cuán dulce es vivir con Jesús,
Cuando él vive y reina en todo!

CAPITULO XI

EL ESPIRITU SANTO EN LA VIDA DE SAUL Y DE DAVID

> Crea en mí, oh Dios, un corazón limpio, y renueva un espíritu recto dentro de mí.
> No me eches de delante de ti, y no quites de mí tu santo Espíritu.
> Vuélveme el gozo de tu salvación, y el espíritu noble me sustente (Salmo 51:10-12).

ESAS palabras expresan la oración de David en una importante época de su vida, y nos hace ver cuales fueron sus relaciones con el Espíritu Santo en su experiencia íntima. Detrás de este cuadro yace el opaco esbozo de otra figura que representa otra vida que antes disfrutó de la presencia del Espíritu Santo, pero que ha perdido dicha bendición; tal vez fue la contemplación de ese fondo oscuro y triste lo que le hizo exclamar: "No quites de mí tu santo Espíritu". La otra escena representa a Saúl. Esas dos vidas se destacan juntas, la una al lado de otra, para ilustrar cómo trata el Espíritu Santo a dos personas de opuesto carácter, y como las conduce a opuestos resultados. Las escenas constituyen un contraste muy solemne y enseñan una lección muy instructiva.

1. Primeramente, vemos en la historia de Saúl que él también disfrutó de la presencia del Espíri-

tu Santo. Esa historia la encontramos en el capítulo diez del primer libro de Samuel. Vemos aquí cómo el Espíritu descendió sobre un hombre, sin que éste ni siquiera lo buscara, y, aparentemente, sin ninguna preparación para ello. El Espíritu de Dios descendió sobre ese hombre para darle idoneidad para la obra que Dios quiso encomendarle; le dio poder para profetizar, para conquistar, para gobernar; se trataba de una unción que tenía por objeto impartir aptitudes para el servicio, y no el goce de la experiencia de la propia persona.

En esto hay siempre un verdadero peligro. Es una cosa realmente grave el querer recibir el Espíritu Santo simplemente con el objeto de adquirir poder para realizar la obra de Dios. Es mucho más importante que lo recibamos en bien de nuestro propio carácter y de nuestra santidad personal. Tal vez el oculto secreto del fracaso de Saúl tuvo su origen en eso, como Balaam, tuvo poder para testificar y para trabajar, pero no para vivir y obedecer.

Las gracias de Dios son más elevadas que sus dones, y un grano de amor vale más que mil destellos de fuego profético.

Vemos además, otro de los secretos que, probablemente, fueron la causa del fracaso de Saúl, es el hecho que el poder que recibió le vino, principalmente, por conducto de otras personas. El espíritu de profecía descendió sobre él mientras se encontraba en compañía de los profetas. Siempre corremos peligro de dejar que influya en nosotros el ambiente dentro del cual actuamos, de depender poco directamente de Dios. "Maldito el varón que confía en el hombre, y pone carne por su brazo, y su corazón se aparta de Jehová" (Jeremías 17:5). La diferencia entre Saúl y David consistía en que éste último conocía a Dios personalmente, y sabía lo que era sentir, en su fuero interno, la vida del Espíritu que obedecía habitualmente, en cambio Saúl sólo le conocía como impulso sobrenatural para la vida pública.

Pero, no obstante todo eso, la unción del Espíritu Santo que recibió Saúl fue muy profunda e importante. Ella señala una crisis total de su vida; se produjo un cambio en su corazón y llegó a ser otro hombre.

Es grato comprobar cuán completamente puede Dios tomar posesión de un alma. Leemos acerca de personas de quienes el demonio toma entera posesión y llega a dominarles a tal punto que la vida de estos adquiere diez veces más poder. Siendo esto así ¿por qué el hombre poseído por Dios, de modo que todas sus fuerzas y facultades se llenan del Espíritu Santo, no ha duplicado sus energías y su capacidad?

Eso le ocurrió a Saúl y lo mismo puede sucedernos a nosotros. Ved cómo la divina presencia le bastó para toda emergencia. Samuel le dijo: "Cuando te hayan sucedido estas señales, haz lo que te viniere a la mano, porque Dios está contigo" (I Sam. 10:7).

No es necesario que tengamos planes bien trazados ni que dependamos de nuestro propio saber; pues contamos con uno que es nuestro guía y nuestro amigo que nos dirigirá según lo necesitemos, y si lo reconocemos en todo lo que hacemos, él dirigirá nuestros pasos.

Así comenzó Saúl su carrera. Nadie tuvo jamás un comienzo más promisorio. Contaba con el apoyo de un espléndido personal, con un pueblo entusiasta, con un claro y definitivo llamamiento de Dios y con la unción específica para la realización de la obra que se le había encomendado. Ciertamente contaba con todos los medios para lograr grandes resultados para Dios y para los hombres.

Pero fatalmente, su fin fue una desilusión y un fracaso. Al cabo de poco tiempo el propio Dios que le había dado el reino tuvo que quitárselo, y su sol se puso dejándolo sumido en la oscuridad y anegado en sangre. ¿Cuáles fueron las causas de su fracaso, y cuáles son las lecciones que se desprenden de su extraña carrera?

Vemos que muy pronto se vio sometido a prueba. Samuel le encomendó una gran misión, y le dijo que esperase su llegada. Le dijo que esperara siete días, después de los cuales el propio profeta vendría para hacer los sacrificios a Dios, antes que partiesen al encuentro del enemigo. Saúl esperó hasta que hubieron transcurrido los siete días, pero luego perdió la paciencia y se puso ansioso y en ese estado de ánimo decidió ofrecer los sacrificios él mismo. Apenas había acabado de ofrecerlos apareció Samuel y le dijo que a causa de su desobediencia había perdido la aprobación de Dios y la permanencia de su reino.

Tal vez parezca que fue una pequeñez, pero son las pequeñeces las que siempre deciden el curso de la vida, pues es cabalmente en las cosas pequeñas en las que se demuestran los principios y el carácter de las personas. Fue una cosa pequeña la que produjo la ruina de la raza humana. Una insignificante acción desobediente, unos minutos en que nuestros primeros padres traspasaron los mandamientos de Dios y se propusieron hacer lo que a ellos se les antojaba, dieron comienzo a la rebeldía y al alejamiento del Creador que les había traído para que formaran la raza humana.

Ese hecho demostró lo que realmente era el espíritu de Saúl. Hay una frase que explica definitivamente lo que ocurrió, ésta es: Saúl era un hombre caprichoso.

Aunque Dios le había designado para que fuese su rey, él quería hacer siempre lo que se le antojaba, demostrando así su ineptitud para desempeñar el cargo que se le había encomendado.

No transcurrió mucho tiempo antes que se presentara la segunda prueba. Dios le dio a Saúl otra oportunidad. Le envió en una expedición contra los amalecitas, que eran los más antiguos enemigos del pueblo de Israel; figura eran estos del mundo y la carne y enemigos de la verdadera vida que Dios da al alma.

Dios le dio órdenes implícitas y perentorias. Debía acabar totalmente con Amalec. Dios acompañó a Saúl en la expedición, le coronó de éxito y pudo regresar victorioso, habiendo subyugado a los amalecitas y desolado sus ciudades. Pero llevó consigo lo mejor de los despojos y al rey Agag con objeto de dar realce a su triunfo.

Samuel llegó, precisamente, en el momento en que Saúl celebraba su espléndida victoria, y la manera cómo había cumplido con toda fidelidad la gran comisión que se le había dado. Cuando se encontraron, Saúl estaba muy confiado en que contaría con la aprobación de éste, pero el profeta le recibió con una severa reprensión. El rey le dijo al profeta: "Yo he cumplido la palabra de Jehová" (15:14). A esa declaración, sigue el severo discurso acusador del profeta que terminó con el retiro de Samuel. Al demostrar éste su intención de retirarse, Saúl, queriendo retenerle, le destrozó la capa, quedando un pedazo de ella en manos del rey, al verlo, Samuel declaró que era el símbolo del pacto que había roto y ello significaba la pérdida de su reino.

Saúl dejó ver cuán mundano era su corazón en la súplica que le hizo al profeta: "Te ruego que me honres delante de los ancianos de mi pueblo y delante de Israel" (15:30). Dios le concedió esa gracia que, al menos, por el momento le dejó satisfecho. De esta escena oscura y terrible surgió una declaración que es la clave de toda verdadera obediencia y de todo éxito verdadero: "Obedecer es mejor que los sacrificios, y el prestar atención que la grosura de los carneros" (15:22). Ese fue el secreto del fracaso de Saúl: carecía del espíritu sumiso y del deseo de obedecer.

Estaba dispuesto a seguir en pos de Dios mientras ello no se opusiera a sus propios gustos; pero, cuando para hacerlo le fue necesario hacer sacrificios se resistió a obedecer, quiso complacerse a sí mismo, y no a Dios. Esa fue la diferencia esencial entre Saúl y David. A eso se debió el que David fuese un hombre según el corazón de Dios. El quiso obedecer a Dios, y el verdadero propósito de su corazón fue complacer a **Jehová**.

Saúl en cambio deseaba, principalmente, complacerse a sí mismo y lo que le preocupaba era complacer y glorificarse él mismo. Era el ejemplo típico del hombre dotado de poder pero desprovisto de gracia, con dones, pero sin santidad.

El deseo que tuvo de dejar con vida a Agag es un ejemplo del espíritu que le animó todo el tiempo. Agag es un personaje representativo de aquellos que quieren vivir sólo para sí, y todo el relato ilustra la gran lección del sacrificio personal, que es lo que se encuentra en los umbrales de toda bendición espiritual. Amalec y los deseos de la carne deben morir, por consiguiente, él mismo debía morir. El que quisiere salvar su vida la perderá y el que estuviere dispuesto a perder su vida terrenal, la conservará hasta que se trueque en aquella vida que no es de la tierra sino eterna.

Ese fue el punto donde comenzó la retrogresión de la carrera de Saúl. A partir de ese momento el espíritu de Dios se separó de él, y apoderándose de él un espíritu de Satanás, pero el diablo pudo apoderarse de Saúl, porque Dios le dio permiso para ello.

Estamos tocando aquí un tema tremendo, pero no nos atrevemos a evadirlo. En muchos lugares de las Sagradas Escrituras se nos enseña que cuando las personas rehuyen la dirección del Espíritu Santo, prefiriendo hacer lo que quieren o lo que Satanás les insta, el Señor, consiente que hagan lo que quieran y les deja a merced de las fuerzas del mal.

¡Jamás debemos jugar con las cosas sagradas de Dios! No hablemos nunca despectivamente acerca de la insistencia de los santos cuando presuntuosamente desobedecemos a Dios. Como la criatura que mantiene su arco rodando y golpeando de un lado y del otro, así Dios nos declara sus promesas y sus amenazas, según el estado de preparación en que nos encontremos para recibirlas. Al discípulo desobediente y descuidado le dice muy solemnemente: "El que piensa estar firme, mire que no caiga" (I Cor. 10:12). En cambio, al alma tímida y temblorosa que se hunde en su desaliento le dice: "No te dejaré, ni te desampararé" (Josué 1:5); "Mis ovejas oyen mi voz, y yo las conozco, y me siguen, y yo les doy vida eterna; y no perecerán jamás ni nadie las arrebatará de mi mano" (Juan 10:27-28).

Como el peregrino del sueño de Bunyan, tengamos, a la vez, esperanza y temor. Tengamos precaución de no dar el primer paso retrospectivo pues, si lo hacemos, no sabemos a donde vamos a parar. El apóstol insinúa que tal vez nos conduzca a la perdición y nos dice: "No perdáis, pues, vuestra confianza" (Hebreos 10:35). "Mas el justo vivirá por la fe; y si se retrocediere, no agradará a mi alma" (Hebreos 10:38).

2. David, igualmente, supo lo que era la experiencia del Espíritu Santo. En el mismo párrafo en que se relata cómo el Espíritu Santo se apartó de Saúl leemos estas sencillas palabras: "Y Samuel tomó el cuerno del aceite, y lo ungió en medio de sus hermanos; y desde aquel día en adelante el Espíritu de Jehová vino sobre David" (I Samuel 16:13).

El primer efecto producido por el Espíritu Santo en David se ve en la referencia que se hace en seguida, en el capítulo 18, versículo 5 en el que leemos: "Y salía David a dondequiera que Saúl le enviaba, y se portaba prudentemente". David no sólo fue ungido y dotado de poder, sino que dicha unción también le invistió de sabiduría y gracia, haciéndole capaz de vivir la vida como debía vivirla, complaciendo a su jefe y a todos los demás.

La vida subsecuente de David es simplemente una manifestación del Espíritu Santo. En el libro de los Salmos tenemos una exposición de la vida interior de David y en los libros históricos tenemos su historia exterior.

Vemos que el propio David atribuyó al poder de Dios, del cual dependía, sus hazañas militares, su poder físico y los éxitos de su reinado. No hay nada que ilustre mejor esta verdad que el salmo dieciocho en el que el propio David explica cuál fue el secreto de su fortaleza.

"Quien adiestra mis manos para la batalla, para entesar con mis brazos el arco de bronce".

"Me diste asimismo el escudo de tu salvación; tu diestra me sustentó, y tu benignidad me ha engrandecido (Salmo 18:34-35).

Vemos, pues, que el rey guerrero reconocía que disfrutaba en su cuerpo del mismísimo poder que hoy nos fortalece a nosotros, el cual poder nos es dado en el nombre del Señor Jesucristo, y atribuyó todos sus triunfos al poder del Espíritu Santo.

En la historia de sus campañas tenemos algunas vívidas ilustraciones que demuestran su perpetua dependencia de Dios y de la dirección y de su espíritu. Aun cuando andaba errante, fugitivo entre sus enemigos, vemos cómo constantemente hablaba con el Señor preguntándole qué era lo que debía hacer. En la ocasión en que ascendió al trono los filisteos se lanzaron al ataque contra él, y vemos que al momento apeló a Jehová preguntándole: "¿Iré contra los filisteos? ¿Los entregarás en mi mano?" (II Sam. 5:19). Sólo después de haber recibido la respuesta y las órdenes de avanzar, se atrevió a hacerlo.

Es innecesario decir que su avance fue coronado por la victoria. Después de transcurrido un año, cuando el mismo enemigo volvió a atacarle, David no salió a su encuentro como lo había hecho anteriormente. Se dirigió otra vez a Dios para pedirle su dirección, pero Dios le dio órdenes diferentes. "No subas, sino rodéalos, y vendrás a ellos enfrente de las balsameras. Y cuando oigas un ruido como de marcha por las copas de las balsameras, entonces te moverás porque Jehová saldrá de delante de ti a herir el campamento de los filisteos". Indudablemente ese era un divino plan de batalla y una victoria divina.

Así peleó David sus batallas, así ganó su corona; así gobernó y organizó a su pueblo; y así hizo los planes del glorioso templo; así vivió su vida admirable sostenido por el poder del mismo Espíritu Santo que nosotros recibimos en mayor plenitud en la dispensación del Nuevo Testamento.

En los Salmos tenemos algunas deliciosas revelaciones de la relación del Espíritu Santo con la vida interior de David. Una de las más espirituales de dichas revelaciones es la que encontramos en esta oración: "Tu buen espíritu me guíe a tierra de rectitud" (En Salmo 143:10). En algunos de esos salmos vemos el florecimiento de una vida más profunda y hace que ellos vengan a ser como faros que guían a los que navegamos en pos de una experiencia cristiana más elevada.

En ninguna parte encontramos una concepción más profunda de la fe que la que hallamos en algunos de los salmos. El salmo treinta y siete no deja de parecerse a las bienaventuranzas del Señor Jesucristo.

Vemos allí dos cuadros, uno que corresponde a la historia de Saúl, la otra al espíritu de David. Vemos a un hombre que urde planes en contra del siervo de Dios y quiere matarle, y a otro, cuyo espíritu descansa confiado en Dios, encomendándose a él en todo, deleitándose en su compañía y recibiendo de él lo que su corazón desea.

Ciertamente, el hombre que escribió esos saludos debió haber bebido abundantemente de las fuentes del Espíritu Santo.

En el pasaje que hemos citado al principio de este capítulo tenemos una revelación muy clara de la acción del Espíritu Santo en la experiencia personal de David. Se la representa aquí desde tres puntos de vista, y bajo tres nombres diferentes. Primero, como el espíritu recto; "renueva un espíritu recto dentro de mí"; segundo, como el Espíritu Santo; "no quites de mí tu santo Espíritu"; tercero, como el espíritu libre, que, literalmente, quiere decir espíritu principesco, el espíritu elevado, noble, que imparte vida y libertad; "El espíritu noble me sustente" (51:10,11,12).

Estas no son meras repeticiones. En primer lugar, es un hecho cierto que hay espíritu recto. Este tiene relación con el corazón limpio, es obra de la creación. Es el espíritu del alma nacida de nuevo. Se trata del corazón que ha sido purificado; no se refiere al hecho que el Espíritu more en el alma sino al efecto de su obra que hace que el corazón sea recto delante de Dios y de los hombres.

En segundo lugar, tenemos al Espíritu Santo en persona, que desciende a morar dentro del corazón que ha sido justificado, y lo inviste de su poder y santidad.

Es el Espíritu Santo el que trae la santidad; y por santidad entendemos plenitud, completa conformidad con la voluntad de Dios. Aquí David insinúa que es posible perder ese Espíritu Santo, como lo perdió Saúl, pero exclama: "No quites de mí tu santo Espíritu".

La confianza que demuestra David es muy preciosa. Había llegado a encontrarse ante una gran crisis. Había perdido su reino y las bendiciones de que disfrutaba por haber dejado de cumplir sus obligaciones. A no haber sido por la confianza que tenía en Dios, se habría sumido en desesperación. Había caído tan hondo que toda su naturaleza moral se encontraba ofuscada, y su sentido espiritual estaba tan paralizado que durante cuatro años estuvo inconsciente de su caída. Al despertarse de su sueño y al darse cuenta de su pecado y de su iniquidad, sintió horror.

Bajo los rayos de la luz del Espíritu Santo, se vio tal cual era y exclamó: "Contra ti, contra ti solo he pecado". No obstante eso, ante esa horrorosa visión, David vio la gracia de Dios como nadie la había visto hasta entonces; y pudo levantarse de las profundidades del pecado y ascender a las alturas de la misericordia y pudo exclamar: "Seré más blanco que la nieve".

Judas tuvo una visión algo parecida acerca de su pecado, pero sin la visión de la misericordia, y se hundió para no levantarse jamás. Pero Dios, movido por su infinita misericordia, le dio a David la fe necesaria para que comprendiese lo que es el amor divino, por eso pudo levantarse del abismo del pecado a las alturas de la salvación. Un incidente parecido es el de la mujer cananea, a quien Jesús le dirigió las desalentadoras palabras: "No está bien tomar el pan de los hijos y echarlo a los perrillos" (Mateo 15:26). Esa expresión, "perrillos", significa la profundidad del pecado y del crimen desnaturalizado. Ella no lo negó; aceptó humildemente la despectiva calificación, pero saltó de las profundidades de su indignidad y penitencia al punto más elevado del amor y reclamó, aun siendo perra, las migajas de pan que caían de la mesa de su Señor. Jesús la miró asombrado porque ella había podido darse cuenta de su indignidad, mas no obstante eso, había aceptado su misericordia y su gracia.

Ese fue el espíritu que hizo que David pudiese confiar en Dios aun en las horas más oscuras, e indudablemente, por esa misma causa, fue que David se acercó más a Dios de lo que jamás lo había hecho antes.

Vemos aquí que se le da al Espíritu Santo una tercera designación: "El espíritu noble me sustente" (12). Había peligro que, al regresar a Dios después de haber estado en las horrendas condiciones de pecado en que estuvo, se sentiría cohibido por el miedo servil. Por eso le pidió a Dios que le concediera el espíritu de amor y santa libertad. David es el hijo pródigo que regresa a ocupar el sitio más elevado, a vestir las mejores ropas, a ostentar el anillo real y a sentarse en el banquete celestial. Dios quiere que todos tengamos ese espíritu; es el espíritu de los hijos; es el espíritu nacido de nuevo; es el espíritu principesco.

Dios nos recibe en Jesucristo, "como si fuésemos él mismo". Nos ha hecho aceptos en el amado, y de ningún modo podemos honrarle mejor que aceptando el lugar que nos asigna, considerándonos súbditos de su perfecta voluntad e infinito amor, por medio de Jesucristo, nuestro Señor.

Ese es el espíritu de poder, de amor; el espíritu que tiene en sí elasticidad y fuerza de modo que nos da la disposición al sacrificio y al amor abnegado. Por eso añade: "Enseñaré a los transgresores tus caminos, y los pecadores se convertirán a ti... cantará mi lengua tu justicia" (13,14).

¿No sería el caso que basado en esa experiencia escribió el admirable salmo veintitrés? es innegable que en dicho salmo se observan el mismo proceso del pensamiento y de la experiencia. Primero vemos la restauración de la oveja debido al interés y cuidado del pastor, vemos como ésta se regocija paciendo en los verdes pastos y acostándose junto a las aguas de reposo. Después vemos otro cuadro diferente. Este representa a una oveja errante, pero sólo se recuerda a la oveja errante en el campo de la restauración. El restaura mi alma, me hace andar por las sendas de justicia, por amor de su nombre.

Es aquí donde se produce la crisis, en el "valle de sombra de muerte". No se trata de la muerte material, sino de esa muerte más profunda del yo y del pecado, por la que debe pasar toda verdadera vida, por la cual, probablemente, pasó David después de la tragedia de Urías y de Betsabé.

Aunque es un valle muy oscuro, hay una luz que brilla en él — ésta es la presencia del Señor. "Tú estarás conmigo, tu vara y tu cayado me infundirán aliento".

"No temeré mal alguno".

El lector observará aquí que David habla de la segunda persona. No habla ahora de él, sino de *ti*. Ahora tiene a Dios a su lado y en su corazón. ¡Cuán grande es el cambio que se ha producido! En lugar de ser el Pastor, es el *Padre,* de quien se trata; y en lugar de encontrarse en el aprisco, hállase en un banquete, en el seno de la familia. En vez de ser el dolorido pródigo que retorna al hogar, se encuentra sentado a la mesa celebrando la fiesta en presencia de sus enemigos; le han ungido la cabeza con aceite y su copa está rebosando. Ese es "el espíritu noble". Esa es la bendición inmensa que nadie tiene capacidad suficiente para recibirla. Todo el panorama se le presenta atractivo y alegre, y al contemplarlo exclama: "Ciertamente el bien y la misericordia me seguirán todos los días de mi vida".

Amado lector, esas son las "positivas misericordias que recibió David". El Señor está esperando, deseoso de dar a todos sus hijos e hijas el mismo Espíritu Santo, el mismo espíritu de libertad y la misma plenitud de todo para el espíritu, el alma y el cuerpo. Podrá ser el caso que algunos, como David, han caído en el pecado y se encuentran hundidos en él y sumidos en la desesperación. Si así fuere, aconsejo a los tales que no se rindan ante el desaliento, sino, por el contrario, reconozcan, al mismo tiempo que la caída, la mano misericordiosa que Dios les extiende. Tal vez fue el amor divino que quiso hacerles ver que no se podían sostener solos, y les hace retornar, no al antiguo sitio donde anteriormente recibieron bendiciones, sino a una condición en la cual él puede preservarles de que sufran caídas, de manera que se puedan presentar ante él en la gloria sin culpa y llenos de inefable gozo.

Ese bendito Espíritu Santo está dispuesto a descender sobre ti, amado lector, para hacer que sea posible que andes según sus estatutos, de modo que puedas guardar sus mandamientos y cumplirlos. Ese "espíritu noble" está tan ansioso de henchirte, que el agua que te dará saltará para vida eterna; más aún, no sólo beberás abundantemente de sus bendiciones, sino que éstas serán tan abundantes que no podrás contenerlas, y de tu ser interior saldrán ríos de agua viva, y la bendición que recibirás alcanzará su plenitud en el canto final de David cuando dijo: "Enseñaré a los transgresores tus caminos, y los pecadores se convertirán a ti". "Señor, abre mis labios, y publicará mi boca tu alabanza".

CAPITULO XII

EL ESPIRITU SANTO EN EL LIBRO DE LOS PROVERBIOS

"La sabiduría clama en las calles, alza su voz en las plazas; clama en los principales lugares de reunión; en las entradas de las puertas de la ciudad dice sus razones. ¿Hasta cuándo, oh simples, amaréis la simpleza, y los burladores desearán el burlar, y los insensatos aborrecerán la ciencia?" (Proverbios 1:20, 21, 22 y 23).

EN los primeros tiempos de la vida de Salomón ocurrió un significativo incidente que revela el secreto de su extraordinaria vida.

Poco después de ascender al trono dejado vacante por David, su padre, el Señor se le apareció en Gabaón, y le dio a elegir la clase de bendición que más descara. Salomón en vez de pedir riquezas, poder, larga vida, o la muerte de sus enemigos, pidió que Dios le diera sabiduría. Le agradó tanto al Todopoderoso que él hubiese hecho esa elección, que no sólo le dio sabiduría, sino que con ella le dio muchas otras bendiciones. Salomón llegó a ser renombrado por su sobrehumana sabiduría, y en este libro de los Proverbios, tenemos algunos de sus dichos sabios, cristalizados en la forma de breves axiomas, que con justa razón se les ha llamado, "perlas reunidas al acaso".

Se dice que los escoceses acostumbran llevar consigo, en el bolsillo del chaleco, un ejemplar pequeño del libro de los Proverbios como un "vademécum", o sea, como una especie de manual práctico de sabiduría, que les sirve de guía en todas las circunstancias de la vida.

Este libro nos revela un aspecto de la vida que es sumamente práctico e importante y nos da a conocer las enseñanzas y obra del Espíritu Santo en lo que afectan nuestra vida cotidianamente. La palabra clave de todo el libro es la palabra sabiduría. Ocurre muchísimas veces.

Sabiduría es una peculiar palabra hebrea, y en estas páginas se le personifica, a tal punto que llega a convertirse en nombre propio. Es muy semejante a otro término que se emplea en el Nuevo Testamento para designar a nuestro Señor Jesucristo — nos referimos a la palabra Verbo o "Logos", que se emplea en el capítulo primero del Evangelio de San Juan. El hecho es que la palabra Verbo en el evangelio de Juan y la palabra Sabiduría en los Proverbios son términos que se emplean para designar a una misma persona — al Señor Jesucristo, a quien estas antiguas páginas revelan en toda su primitiva gloria. Pero el Señor Jesucristo siempre aparece unido con el Espíritu Santo, el que lo revela, lo llena y por intermedio del cual habla y por medio del cual actuó durante su ministerio terrenal; vemos, pues, que en el libro de los Proverbios la palabra sabiduría no sólo expresa la personificación de Jesucristo, sino también al bendito Espíritu Santo.

Veamos algunos de los cuadros de esa bendita

persona tal cual se presentan en estas antiguas páginas.

I

Primero, le vemos en primitiva gloria personal. Esta se revela en la sublime visión que se describe en el capítulo octavo de los Proverbios. "Jehová me poseía en el principio, ya de antiguo, antes de sus obras" (22). Esa bendita persona data de antes de la creación. "Eternamente tuve el principado, desde el principio, antes de la tierra. Antes de los abismos fui engendrada; antes que fuesen las fuentes de las muchas aguas. Antes que los montes fuesen formados, antes de los collados, ya había sido yo engendrada; no había aún hecho la tierra, ni los campos, ni el principio del polvo del mundo".

Más adelante le vemos participando en la obra de la creación:

"Cuando formaba los cielos, allí estaba yo; cuando trazaba el círculo sobre la faz del abismo; cuando afirmaba los cielos arriba, cuando afirmaba las fuentes del abismo; cuando ponía al mar su estatuto, para que las aguas no traspasasen su mandamiento; cuando establecía los fundamentos de la tierra; con él estaba yo ordenándolo todo, y era su delicia de día, teniendo solaz delante de él en todo tiempo".

¡Oh, cuán maravillosa es la luz que arrojan estos extraños pero luminosos versículos, sobre la comunión del Padre con el Hijo y con el Espíritu Santo en los remotos y eternos siglos! ¡Y cuán asombrosa es la revelación que hacen del amor que tuvieron a la pobre raza humana! "Me regocijo en la parte habitable de su tierra; y mis delicias son con los hijos de los hombres".

Este bendito Cristo, este bendito Consolador, que buscan vuestro amor, no son nada menos que la segunda y tercera persona de la Trinidad Eterna. Ellos fueron quienes hicieron los cielos y la tierra. Toda la majestuosa naturaleza es obra de sus manos. Toda la sabiduría de los siglos ha salido de sus mentes eternas. Ellos no sólo representan la sabiduría y el poder de Dios, sino que también representan el amor que desde el principio se ha preocupado por nosotros y nos amará hasta el fin.

Al constituirse este mundo, cuando se formaron las montañas y se abrieron las fuentes de las aguas y se formaron los ríos, Dios pensaba en nosotros, y el Espíritu Santo hacía los planes para nuestra felicidad y bienestar.

Todo el universo material, toda la estructura de la naturaleza, toda la economía de los siglos se planeó teniendo en cuenta nuestra creación, nuestra redención y nuestra eterna gloria. Nuestra redención no es algo que se le ocurrió después a Dios; sino que cuando hubo hecho esta tierra y puesto las estrellas en sus órbitas, lo hizo teniendo en cuenta la creación del hombre y el destino futuro de éste. ¡Oh, si bien podemos confiar en sus manos nuestro destino futuro, bien podemos hacerlo teniendo presente su pasado eterno! ¡Oh, no tenemos por qué vacilar al encomendarle nuestro destino a sus poderosas manos que labraron los cielos maravillosos y pusieron las bases de la tierra; bien podemos entregarnos al amor eterno que nos amó desde el principio y nos amará hasta el fin!

Mas no sólo vemos la parte que tomó en la creación, lo vemos en la providencia. El dice:
"Por mí reinan los reyes, y los príncipes deter-
[minan justicia.
"Por mí dominan los príncipes, y todos los go-
[bernadores juzgan la tierra" (15-16).

El es la sabiduría que ha inspirado todos los pensamientos elevados y poderosos del hombre; él es el fuego que ha inflamado toda expresión del genio humano. El es el origen de la vida, de la verdad, de la sabiduría y del poder; y ha prometido ser al mismo tiempo, nuestra sabiduría, nuestro guía y todo lo que necesitemos.

Ciertamente podemos escuchar muy bien su suave voz cuando nos llama, teniendo en cuenta su gloriosa historia: "Ahora, pues, hijos, oídme, y bienaventurados los que guardan mis caminos. Atended el consejo, y sed sabios, y no lo menospreciéis. Bienaventurado el hombre que me escucha, velando a mis puertas cada día, aguardando a los postes de mis puertas. Porque el que me halle, hallará la vida, y alcanzará el favor de Jehová. Mas el que peca contra mí, defrauda su alma; todos los que me aborrecen aman la muerte" (Proverbios 8:32-36).

II

El capítulo siguiente nos revela a la sabiduría divina erigiendo su casa, labrando sus siete columnas, matando sus víctimas, teniendo su mesa, invitando a sus huéspedes y llamando a sus amigos al banquete de su abundancia y de sus favores. Este es, igualmente, una figura del Espíritu Santo. La casa que edifica es la Iglesia de Cristo. Las siete columnas del frente del edificio son la verdad, la justicia, la fe, el amor, el poder y la esperanza. El sacrificio es el de Cristo, nuestra gran propiciación; y el banquete que prepara es la fiesta de su amor, el Pan Vivo, que él mismo provee, y el vino del gozo y de la bendición que resulta de la morada del Espíritu Santo dentro del alma. A esta bendita casa de misericordia y a esta mesa donde se sirven todas las bendiciones celestiales, el Espíritu Santo invita al mundo hambriento.

En contraste con esta bendita mujer que está de pie en el frente del cuadro, en los versículos finales se revela la presencia de otra mujer. Es una mujer que aparece a menudo en los cuadros de los Proverbios, es esa malvada mujer que se sienta en los caminos de la vida y llama a los que pasan a que participen de placeres no santos; invita a los incautos y a los simples a que participen de placeres prohibidos, diciéndoles que "las aguas hurtadas son dulces, y el pan comido en oculto es sabroso" (9:17). Pero ¡ay! detrás de la puerta hay un esqueleto, y de esa casa de maldad y de pecado se escapa un angustioso lamento, que el profeta nos dice que "allí están los muertos; que sus convidados están en lo profundo del Seol".

Así pues, las dos casas están frente la una de la otra en el camino de la vida; la celestial, con el Espíritu Santo de pie en la puerta, invitando a los hijos del pecado y del dolor diciéndoles: "A todos los sedientos: Venid a las aguas; y los que no tienen dinero, Venid y comed. Venid, comprad sin dinero y sin precio, vino y leche. ¿Por qué gastáis el dinero en lo que no es pan, y vuestro trabajo en lo que no sacia?" (Isaías 55:1,2). Al otro lado del camino por donde pasan las multitudes, está la casa de la bajeza, la casa del pecado, cuyos peldaños están cerca a las puertas del infierno.

III

Retrocedemos al primer capítulo del libro de los Proverbios, y allí tenemos otro cuadro de la Sabiduría como personificación del Espíritu Santo. Se detiene en las calles de la gran ciudad, en los lugares públicos donde concurren las multitudes, y llamando a los que pasan, les dice: "¿Hasta cuándo, oh simples, amaréis la simpleza, y los burladores desearán el burlar, y los insensatos aborrecerán la ciencia? Volveos a mi represión; he aquí yo derramaré mi espíritu sobre vosotros, y os haré saber mis palabras" (Proverbios 1:22,23). Este es el Espíritu Santo rogándole a un mundo perdido y a punto de perecer. Este es el Espíritu de Dios en los mensajeros del evangelio, que invitan a los hombres a que vuelvan a Dios. Esta es la visión de la divina misericordia que se esfuerza para salvar a la humanidad por medio del mensaje del evangelio.

No podemos esperar que el mundo pecador venga a nuestras puertas. Debemos salir, tranquilamente, en busca de ellos y constreñirles a que entren; y si estuviéremos llenos del Espíritu Santo, nuestro clamor, como el de la Sabiduría, se oiría en las plazas; en los principales lugares de concurso y en las entradas de las puertas de la ciudad. Sería el mismo clamor: "Arrepentíos", "volveos a mi represión". Es el llamamiento a los hombres a que dejen el pecado y se vuelvan a Dios; ese llamamiento viene acompañado de la promesa que Dios dará su Espíritu al pecador que se vuelva a él, y le hará capaz de arrepentirse, de creer y de obedecer.

¿Hay alguna alma pecadora que escucha este mensaje o lee estas líneas? Si la hubiere, es a ti, a nadie más que a ti, a quien llama y dice: "Vuélvete a mi reprensión" y él derramará su Espíritu sobre ti, en el momento en que te colocas en el sitio de la bendición; él te revelará su palabra y te guiará a toda verdad mientras le sigues y le obedeces, según la luz que ya te ha dado. Pero la misma solemne advertencia se hace a aquellos que rehusan arrepentirse y que no quieren creer. ¡Oh, cuán triste y cuán solemne es esta advertencia! "Por cuanto llamé, y no quisisteis oir, extendí mi mano, y no hubo quien atendiese, sino que desechasteis todo consejo mío y mi reprensión no quisisteis, también yo me reiré en vuestra calamidad, y me burlaré cuando os viniere lo que teméis; cuando viniere como una destrucción lo que teméis, y vuestra calamidad llegare como un torbellino; cuando sobre vosotros viniere tribulación y angustia" (Proverbios 1:24-27). ¡Oh, cuán oscura se presenta la airada nube!

Sigue entonces un extraño y temible cambio en la estructura de la oración gramatical; ésta cambia de la segunda a la tercera persona. Deja de decir vosotros y habla de ellos; pues Dios está ahora tan distante que no se dirige más a la pobre alma extraviada, sino que simplemente habla acerca de ella: "Entonces me llamarán, y no responderé; me buscarán de mañana, y no me hallarán. Por cuanto aborrecieron la sabiduría, y no escogieron el temor de Jehová, ni quisieron mi consejo, y menospreciaron toda reprensión mía, comerán del fruto de su camino, y serán hastiados de sus propios consejos" (Proverbios 1:28-31). Esa sigue siendo la solemne advertencia del Espíritu Santo a todos aquellos que rehusan su mensaje y rechazan el evangelio de su gracia.

Pero la nube tormentosa se disipa, y el arco iris se levanta por encima de la última sombra. Es el arco iris de la promesa a aquellos que han prestado atención a su advertencia y atendido su voz. Ruega a Dios, hermano mío, que sea eso lo que él te diga y que acatando su reprensión te vuelvas a él y le oigas decir: "El que me oyere, habitará confiadamente y vivirá tranquilo, sin temor del mal" (Proverbios 1:33). Bendita promesa: salvado de todo mal, de la sombra que el mal arroja, y del contacto de todo mal.

IV

¿Cómo podremos dar con la verdad? ¿Cómo podremos recibir esa sabiduría celestial? La respuesta se encuentra en el capítulo segundo, en los primeros nueve versículos: "Si recibiereis mis palabras, y mis mandamientos guardares dentro de ti, haciendo estar atento tu oído a la sabiduría; si inclinares tu corazón a la prudencia, si clamares a la inteligencia, y a la prudencia dieres tu voz; si como a la plata la buscares, y la escudriñares como a tesoros, entonces entenderás el temor de Jehová, y hallarás el conocimiento de Dios". He aquí el secreto de la enseñanza divina, profunda sinceridad y perseverancia en lo que se desea; se le deben rendir los oídos, el corazón y el ser entero. Debemos desear tener a Dios por encima de todo lo demás, y debemos buscarle como se buscan la plata y el oro.

Dios ha ocultado todo lo precioso con objeto de que hallarlo sea recompensa al diligente, premio al perseverante y desilusión al alma perezosa. Toda la naturaleza se aúna en contra del haragán y el ocioso. La nuez está escondida en su dura cáscara; la perla está oculta en las profundidades del mar; el oro está encerrado en las entrañas de la montaña; la gema sólo se encuentra después de romper la roca que la contiene; la misma tierra sólo da la mies como recompensa al afán y al trabajo del labrador. De igual modo, es menester buscar la verdad y a Dios. "El que busca, halla; y al que llama, se le abrirá" (Lucas 11:10).

Dios da el Espíritu Santo en toda su plenitud a aquellos que lo desean con sincero fervor y único propósito. No es posible obtener las cosas más sublimes de Dios sin sacrificar todo lo demás. "Lo he perdido todo, y lo tengo por basura" (Filip. 3:8), "por la excelencia del conocimiento de Cristo Jesús, mi Señor". Ese es el verdadero espíritu de la realización divina. El premio no es para todos. Todos corren pero uno es el que recibe el premio. Dios nos da la diligencia, la constancia, la abnegación, la consagración, el propósito y todo el poder necesario para que hagamos aquello que realmente significa todo, y nosotros, a nuestra vez, veremos que Dios está a la espera, listo para premiar a todo aquel que es fiel a él. Como siempre, es un hecho lo que dijo el Señor: "Me buscaréis y me hallaréis, porque me buscaréis de todo vuestro corazón" (Jeremías 29:13).

V

El mensaje de la sabiduría al que busca y escudriña en pos del tesoro, lo encontramos en el capítulo 3 del libro de los Proverbios, versículos 13 al 18. "Bienaventurado el hombre que halla la sabiduría, y que obtiene la inteligencia; porque su ganancia es mejor que la ganancia de la plata, y sus frutos más que el oro fino. Más preciosa es que las piedras preciosas; y todo lo que puedes desear, no se puede comparar a ella. Largura de días está en su mano derecha; en su izquierda riquezas y honra. Sus caminos son caminos deleitosos, y todas sus veredas paz. Ella es árbol de vida a los que de ella echan mano, y bienaventurados son los que la retienen".

Luego también, en el capítulo 8:10,11 vemos que dice: "Recibid mi enseñanza, y no plata; y ciencia antes que el oro escogido. Porque mejor es la sabiduría que las piedras preciosas; y todo cuanto se puede desear, no es de compararse con ella".

Y en los versículos 18 a 21, leemos: "Las riquezas y la honra están conmigo; riquezas duraderas, y justicia. Mejor es mi fruto que el oro,... y mi rédito mejor que la plata escogida. Por vereda de justicia guiaré, por en medio de sendas de juicio, para hacer que los que aman tengan su heredad, y que yo llene sus tesoros".

Estos son algunos de los tesoros que la sabiduría celestial derramará sobre aquellos que, en realidad, confían en ella.

La otra clave de toda la lección la vemos en la vida de Salomón. Este tuvo la prudencia de elegir la sabiduría — la sabiduría únicamente, y Dios añadió a ella todas las cosas que él no eligió. Sigue siendo un hecho real ahora que si elegimos al Espíritu Santo, éste llegará a ser para nosotros la suma total de todo lo bueno.

El será nuestra paz y nuestra felicidad, nuestro gozo, reposo, salud, fortaleza, providencia, protección, guía, provisión, liberación de temores y cuidado, y todos los dones y bendiciones que pueda dar Dios a aquellos que en él confiaren.

Como la vasija de aceite de la viuda, el Espíritu Santo en nosotros será equivalente a todo lo que pueda desear nuestro corazón o podamos necesitar para la vida. Dios nos ayude a hacer la sabia y feliz elección, y podamos así tener en él todo lo que necesitemos y tenerlo a él en todo; y al buscar el reino de Dios y su justicia veremos que nos serán añadidas todas las demás cosas.

Fue así como comenzó Salomón su ilustre carrera. Grande habría sido su felicidad si hubiese terminado como comenzó. Desafortunadamente, las mismas bendiciones con que Dios lo colmó vinieron a convertirse en trampa en la cual quedó enredado. Se apartó de todo aquello por lo cual había sido bendecido. Se encariñó con las cosas que le rodeaban — sus mujeres, sus amigos, sus tesoros, tal vez su propia sabiduría, y se apartó del Creador para allegarse a la criatura, de las alturas de la sabiduría a las profundidades de la fatuidad, de la humillación, y el dolor.

Moisés también tuvo que fallar para que quedara demostrado que la ley no hace nada perfecto, y Salomón, tuvo que fallar para demostrar que la más alta sabiduría humana no basta para la criatura de Dios. Gracias a Dios porque está aquí: "Uno más grande que Salomón" — el Señor Jesucristo;

no se trata de su sabiduría sino de él mismo, el sabio; no se trata de la santidad sino de él mismo, el Santo; no se trata de lo mejor de nosotros, sino de él mismo, él en nosotros para que seamos lo mejor.

Recibamos a Cristo, que es la sabiduría de Dios, de modo que se pueda decir de nosotros con toda verdad, "Mas por él estáis vosotros en Cristo Jesús, el cual nos ha sido hecho por Dios sabiduría, justificación, santificación y redención" (I Corintios 1:30).

El bendito Espíritu Santo está esperando para traerlo a nuestro corazón y para revelarlo y manifestarlo en nuestra vida, presentándolo como el Admirable, Consejero, El Poderoso Dios, El Padre Eterno, El Príncipe de Paz, La Luz del Mundo, para que el que le siga no ande en tinieblas sino que tenga la luz de la vida (Juan 8:12).

CAPITULO XIII

LA VOZ APACIBLE Y DELICADA

"El le dijo: Sal fuera, y ponte en el monte delante de Jehová. Y he aquí Jehová que pasaba, y un grande y poderoso viento que rompía los montes, y quebraba las peñas delante de Jehová; pero Jehová no estaba en el viento. Y tras el viento un terremoto; pero Jehová no estaba en el terremoto. Y tras el terremoto un fuego; pero Jehová no estaba en el fuego. Y tras el fuego un silbo apacible y delicado. Y cuando lo oyó Elías, cubrió su rostro con su manto, y salió, y se puso a la puerta de la cueva. Y he aquí vino a él una voz, diciendo: ¿Qué haces aquí, Elías?" (I Reyes 19:11-13).

ESA hermosa expresión, "un silbo apacible y delicado", ha llegado a ser reconocida casi como uno de los nombres del Espíritu Santo. Toda la escena es una buena ilustración de la manera de obrar del Espíritu Santo, no sólo a través de los siglos y las dispensaciones, sino también en la experiencia de cada corazón, individualmente.

La escena es muy dramática. Elías estaba en lo mejor de su maravilloso ministerio, en esa escena del monte Carmelo lo vemos en el cenit de su carrera. Dios había respondido a su fe y a sus oraciones haciendo descender fuego. Toda la nación se había inclinado ante su voluntad, y aun el rey se sentía impotente como un niño, cuando estaba ante él; por su parte, los profetas de Baal, incapaces de resistir la tormenta del entusiasmo popular, habrían sido barridos por un golpe del juicio de Dios. Hasta los mismos cielos que habían estado cerrados por años, abrieron sus puertas y vertieron sus aguas acatando las órdenes del profeta, y, como si hubiese sido el jefe supremo de la tierra y del cielo, Elías había conducido a la procesión victoriosa hasta las puertas de la capital. Mas, he aquí que ahora se presenta otra escena tan dramática como la primera.

Había otro corazón en Israel tan poseído del Diablo como Elías lo estaba del Espíritu Santo. La persona cuyo corazón estaba así poseído del Diablo había recibido las extraordinarias noticias sin la más mínima inquietud, sin que ninguno de sus músculos o nervios sufriera alteración alguna y sin que su rostro de pedernal y su corazón de acero reflejasen conmoción. Solamente espetó una frase amenazadora y desafiante: "Así me hagan los dioses, y aun me añadan, si mañana a estas horas yo no he puesto tu persona como la de uno de ellos" (I Reyes 19:2). Fue esa una bien dirigida descarga lanzada desde las baterías centrales. En un instante realizó su obra desastrosa, y el profeta de fuego se sintió intimidado como si hubiese sido una criatura. La gráfica descripción de la huída del profeta tiene algo de risible: "Elías se levantó y se fue para salvar su vida" (19:3); no se detuvo hasta que llegó a Beerseba, situada casi en los confines del país. Pero ni aun allí se detuvo, sino que dejando atrás a su criado, siguió en dirección al desierto, hasta que exhausto, hambriento y cansado, se sentó en el terreno arenoso, debajo de un enebro y dijo desconsoladamente: "Basta ya, oh Jehová, quítame la vida, pues no soy yo mejor que mis padres" (19:4).

Dios cuidó tiernamente a su fatigada criatura, la hizo dormir, después hizo que un ángel le despertara y le diera de comer, hasta que recuperó las fuerzas y estuvo en estado de poder seguir viaje. Entonces lo envió a Horeb, que era el monte de Dios.

Allí, en alguna abertura entre las rocas, a la entrada de la cueva, esperó el mensaje de su Dios. Se sentía agitado e inquieto. Le pareció que su vida era un fracaso, y sintió vivos deseos de adquirir poder para llevar a cabo las cosas para las cuales se sentía incapaz. Tal vez se le ocurrió la idea de que si él hubiese podido regir al mundo, aunque hubiese sido únicamente por poco tiempo, las cosas cambiarían. Se encontraba en ese estado de ánimo en que, lo que deseaba era ver que ocurriera algo. Cualquiera cosa era mejor que el silencio en que se encontraba, y hasta la misma guerra de los elementos era para su espíritu, en ese estado, como una especie de alivio y descanso. No tuvo que esperar mucho tiempo antes que se cumpliera lo que había estado pensando, y Dios comenzó a hablarle por medio de la voz de la naturaleza. Primero, se produjo un fuerte temblor de tierra, que rompía los montes y deshacía las peñas y hacía sacudir el desierto como se mecen las olas del océano y hasta pareció como si él mismo iba a ser arrancado de donde estaba o que se iba a hundir en las cavernas que se abrían a su alrededor. Pero el profeta contempló toda la escena sin conmoverse. Nada de lo que acababa de ocurrir había tocado su espíritu. El terremoto vino y se fue, pero Elías sintió que "Dios no estaba en el terremoto".

Vino después un violento tornado, que llenó el aire de nubes de arena, y el ventarrón sopló violentamente entre las montañas, rompió los peñascos, arrancándolos de sus bases y arrastró los bosques y los lanzó en los abismos, mientras en el aire reverberaban los truenos y los rayos y relámpagos iluminaban el espacio. En los oídos del profeta retumbaba el ruido estridente de los truenos; pero a pesar de todo ese ruido atolondrador, el profeta no se sintió conmovido. Tal vez su espíritu ardiente sintió más bien cierto reposo al encontrarse dentro de ese ambiente en que los elementos de la naturaleza parecían estar en pugna los unos con los otros. Nada de eso le dijo algo a lo íntimo de su ser interior. Pasó el viento recio, pero Jesús no estaba en el viento recio.

En seguida, vino el fuego. Tal vez se trataba de truenos que sacudían el firmamento; tal vez eran incendios producidos por los rayos que inflamaban los bosques y barrían las faldas de las montañas; o pudo haber sido algún fuego sobrenatural que cayó del cielo y que se presentó ante los ojos de Elías como el fuego que ardía en el monte Sinaí siglos antes, cuando Moisés recibió las tablas de la ley. Pero ni aun eso le hizo palidecer las mejillas ni le conmovió el corazón; contempló todo eso con espíritu impertérrito, y con el corazón desafiante. Después de eso vino algo así como el silencio que precede a la tempestad, o como la pausa enfática de ciertos momentos musicales; se produjo un inquietante silencio que fue seguido de "un silbo apacible y delicado" una voz más suave que las campanas vespertinas, más dulce que el canto maternal, más tierna que las más tiernas notas musicales. Tal vez llegó esa voz tanto a lo íntimo del alma del profeta como había llegado a sus oídos exteriores; pero había en esa voz algo tan profundo, tan penetrante que hizo estremecer al profeta hasta lo más íntimo de su alma.

Esta voz consiguió que su espíritu se quebrantase, que se enterneciese y se sumiera en íntimo recogimiento, y, ciñéndose su manto, entró en la cueva postrándose a los pies de Dios, preparándose para escuchar el mensaje que quería darle. El corazón impetuoso y fogoso había sido, al fin, subyugado; el poderoso profeta se había rendido y había asumido la actitud de una criatura.

¿Qué es lo que significa todo este extraordinario drama?

I

LA LECCION QUE APRENDIO ELIAS. En primer lugar, tuvo su significado para el propio Elías. Este necesitaba estar tranquilo, y debía aprender que las fuerzas que deseaba tener no eran las más potentes de las que Dios tenía a su disposición y que aun su propia naturaleza fuerte y tesonera debía ser subyugada y debía aprender lo que es el poder más profundo de la ternura y el amor.

II

ELIAS Y ELISEO. En segundo lugar, tenía un significado más elevado aún: fue una especie de cuadro descriptivo de los dos ministerios, el de Elías y el de Eliseo. Elías vino como el invierno antes de la primavera, como el arado antes del sembrador, como la tormenta antes de la lluvia. El ministerio de Elías fue el juicio y destrucción. Pero el sol de la primavera es más fuerte que las tempestades del invierno, y la semillita que cae en la tierra es más poderosa que el hierro del arado que abre los surcos, o que la dinamita que destroza los peñascos. Fue así como el ministerio de Eliseo que siguió al de Elías fue más poderoso y más fructífero que todos los milagros destructivos del gran Elías. Este tuvo su lugar; pero el terremoto, el viento huracanado y el fuego de sus terribles juicios tuvieron que pasar y la voz callada y suave de las enseñanzas tiernas de Eliseo, de los milagros de gracia que realizó éste, tuvieron que reemplazar a Elías y sus actividades.

III

LA NUEVA DISPENSACION. Pero todo eso fue profético de una era más grandiosa y de una transacción más portentosa. Elías y su ministerio fueron figuras típicas de la ley y de Moisés, en cambio Eliseo fue una figura típica del Señor Jesucristo y del Evangelio de su gracia. Vemos pues, que la escena que se produjo en Horeb fue una representación de la diferencia que hay entre la Ley y la Gracia; entre el Juicio y la Misericordia; entre la Antigua Dispensación y la Nueva.

Dios ya había probado cuán poco se consigue únicamente con la disciplina para perfeccionar el carácter humano y para darle justicia duradera.

Todo el sufrimiento y todo el castigo que se

puede imponer para purificar a un pueblo se lo habían impuesto al antiguo pueblo de Israel. ¿Qué hay que pueda reemplazar la conmovedora caída de Israel; que el cautiverio de Judá y de la suerte de Jerusalén? Pero, ¡ay! ¡cuán transitorios fueron los efectos que produjeron sobre el carácter de la nación! Lloraron, sufrieron, murieron, y en el corazón de cada uno quedó un ardor terrible; pero la siguiente generación volvió a repetir los mismos pecados y los mismos descarríos de sus antepasados, de modo que lo único que pudo hacer Dios fue: "¿Por qué querréis ser castigados aún? ¿Todavía os revelaréis? Toda cabeza está enferma, y todo corazón doliente. Desde la planta del pie hasta la cabeza no hay en él cosa sana, sino herida, hinchazón, y podrida llaga" (Isaías 1:5,6).

Gracias a Dios porque hay un camino mejor. El evangelio de su gracia, la ternura de su amor, y el poder de su Espíritu Santo, han realizado no la ley del terror, sino el milagro de la nueva vida, pacífica y fructífera. La voz callada y suave del amor de Jesús es mucho más poderosa que todos los truenos del Monte Sinaí o que los ejércitos asirios o caldeos. La ley no perfeccionó a nadie pero sí lo hizo así la introducción de una mejor esperanza. El terremoto, el viento huracanado y el fuego han desaparecido, pero la voz callada y suave, del Calvario y de Pentecostés sigue hablando a los corazones de millones de almas, y les conduce de nuevo a Dios, a la justicia y al cielo.

IV

LA EXPERIENCIA DEL ALMA, INDIVIDUALMENTE. La escena de Horeb se repite muchas veces en nuestra vida individual. Nosotros también tenemos que pasar por el terremoto, por el viento huracanado y por el fuego, buscando a Dios en vano; pero al fin le encontramos en la forma de la voz callada y suave, en lo profundo de nuestra alma. Tal vez lleguemos a ese estado por medio de una gran prueba, por sufrimientos externos o internos; tal vez se deba a pruebas que nos desgarran el corazón y que nos aplastan el espíritu. Pero el sufrimiento no tiene ningún poder salvador. El corazón humano puede quedar destrozado, y sin embargo, cada trozo de él podrá seguir lleno de orgullo y soberbia, como lo era cuando estaba en una sola pieza.

Se requiere de la tranquila y serena influencia del Espíritu Santo para cambiar el corazón y para santificar el alma. El sufrimiento, sin el Espíritu Santo, es lo más horroroso que uno puede imaginarse en la tierra. Las tribulaciones no santificadas son como los rayos que asustan y causan contratiempos, pero no pueden bendecir.

Algunas veces no se trata tanto de sufrimientos externos sino de una lucha interior. En el arcano de nuestra alma, existe un afán por hallar a Dios y disfrutar de paz. ¡Oh, cómo luchamos y cómo hacemos toda suerte de tentativas! Pero al ver que no da mejor resultado, al persuadirnos de la inutilidad de nuestros propios esfuerzos, y sintiendonos impotentes para cambiar la situación, nos quedamos quietos a los pies de Cristo. Si procedemos así nos despertaremos y, al despertarnos, nos encontraremos en los brazos de su amor y de su poder. Nos damos cuenta entonces que en la nueva experiencia que hemos adquirido hay muy poco que podemos llamar tangible o que se destaca sobre los demás. El hecho es que lo que ocurre más a menudo es que descubrimos que no somos nada. La quietud es tan tranquila que muchas veces no nos damos cuenta ni de nuestra propia existencia ni de nuestros sentimientos, y hasta la misma presencia de Dios es tan "apacible y delicada" que, para poder oirla, tenemos que silenciar cualquier otro sonido que hubiese.

La verdad es que la primera sensación que se produce en el alma es de un gran vacío, un sentimiento de aridez, de nulidad, uno se siente propenso a desalentarse y decir: "¿Es eso lo que se quiere decir cuando se habla del descanso de la fe?" Mas no tardamos en darnos cuenta que, al sentirnos nulos es cabalmente el momento en que comienza a manifestarse la presencia de Dios que nos hace capaces de todo, y como estamos dispuestos a descansar en nuestra nulidad, confiando en la suficiencia de Dios, no transcurre mucho tiempo antes que comencemos a oír la dulzura de esa voz y a reconocer su potencia.

V

EL ESPIRITU SANTO COMO LA VOZ DE DIOS.
La nota clave de toda esta admirable historia es *La Voz*. El terremoto hizo ruido, pero no tenía voz. La tempestad y el viento huracanado sin duda hicieron mucho ruido también, pero no se oyó voz alguna. El fuego podría haber hablado por medio de la visión ocular, y pudo haber llenado el alma de asombro, pero no disponía de voz para hablar al corazón. Pero la voz callada y suave tenía tras sí

una mente capaz, una personalidad viva, un corazón amoroso y era mucho más potente que todas las otras fuerzas muertas que la habían precedido.

¡Oh, el poder de la voz! ¡Cómo perdura en nuestra memoria! ¡Cómo algunas notas, o tonos de voz, nos cautivan la atención y despiertan todos los acordes del pasado! La voz nos hace ver la diferencia entre naturaleza y la revelación, entre el lenguaje de la tierra y el del cielo, y el lenguaje de la preciosa Palabra de Dios. Dios ha hablado una vez con la voz de la creación, pero ese lenguaje es como el modo inarticulado del terremoto, del viento huracanado, y del fuego. Dios ha hablado por segunda vez, con la voz de su Santa Palabra y su Hijo bendito, y ese es el mensaje que trae al hombre luz, vida y salvación.

Una voz es algo más que un mensaje, algo más que una página impresa, más que un libro inspirado. La voz incluye a la persona que habla, y las palabras vivas que nos dirige personalmente. De ese modo nos habla Dios, no sólo en la Biblia, sino su propia voz personal. "Las ovejas le siguen, porque conocen su voz. Mas al extraño no seguirán, sino huirán de él, porque no conocen la voz de los extraños" (Juan 10:4 y 5).

En la Biblia y en la revelación de Cristo hay algo más que un mero mensaje de la verdad. Es además, un mensaje personal de amor. Dios tiene una voz especial para cada una de sus criaturas, y a nosotros nos es dado el privilegio de conocer su voz.

¡Oh, cómo puede hablarnos esa voz! No es una voz audible; no llega hasta nuestros sentidos exteriores; no será posible explicarle a un extraño cómo es que oímos esa voz dentro del corazón; pero al arrodillarnos para orar y para pedirle su consejo, al allegarnos con nuestros corazones apesadumbrados y al arrojarnos en sus brazos en busca de consuelo; al presentarle nuestras peticiones y al esperar la respuesta con voz callada y suave, ¡cómo nos habla, cómo nos satisface, cómo se identifica con nosotros y nos hace saber que él es el Señor! ¡Cómo expresa su aprobación del plan que él recomienda! ¡Cómo sella la promesa que él nos ha sugerido, y cómo su aprobación cae como bálsamo sobre la sangrante herida!

¡Cómo nos hace comprender las palabras que salen de los labios del que habla, y nos hace ver que son los mensajes vivos que envía Dios a nuestros corazones! ¡Cómo da énfasis a todo lo que leemos y cómo su voz dulce y celestial penetra en nuestros corazones agradecidos y los llena de paz, de gozo y de vida hasta que, henchidos de alegría y de gratitud, sólo pueden decir: "Escucharé lo que hablará Jehová Dios; porque hablará paz a su pueblo y a sus santos" (Salmo 85:8).

VI

EL PODER DE LA TERNURA. La nueva versión (*) traduce esta frase de la siguiente manera: "El sonido de una suave quietud". Se refiere a la ternura de Dios. La ternura es un atributo de las naturalezas más elevadas. El soldado más valiente, la persona de más notable carácter, son siempre los más humildes y los más tiernos.

(*) El autor se refiere a una nueva versión inglesa (N. del T.)

El apóstol empleó ese concepto como el más poderoso de sus argumentos, al escribir: "Os ruego por la mansedumbre y dulzura de Cristo" (II Corintios 10:1, V. M.). El propio Divino Maestro dijo, refiriéndose a sí mismo: "Soy manso y humilde de corazón" (Mateo 11:29). Lo cual no fue sino la confirmación del antiguo cuadro profético en el que se describe al Mesías de este modo: "No voceará, ni alzará su voz, ni la hará oír por las calles: no quebrará la caña cascada, ni apagará el pabilo que aún humea" (Isaías 42:2,3, V. M.).

¿Hay algún espectáculo más sublime en la historia de este mundo, algún cuadro más conmovedor que el del Mesías sufriendo pacientemente los vejámenes, de pie ante el tribunal, o mientras pendía de la cruz, dejando a los homicidas que hicieran su obra, sin replicar ni una palabra? El Espíritu Santo, representante de Cristo, también es la personificación de la ternura. Este descendió sobre Jesús en forma de paloma, y mora en nosotros en calidad de cariñoso Monitor, como tiernísimo Consolador a quien podemos "ofender" y aun "disgustar" pero a quien no debemos "airar". Para que le obedezcamos apela al recurso de su sensibilidad haciéndonos ver que podemos ofenderle. ¡Oh, seamos tiernos y tengámosle toda la consideración que se merece!

El no entrará a nuestros corazones a la fuerza. El no quiere violentar el derecho que nos asiste del libre albedrío. El no nos obligará a que hagamos lo que no deseamos hacer, ni a que entreguemos lo que no querramos dar de nuestra propia y libre voluntad. El apela a los más sanos sentimientos de nuestro ser, a los deseos que parten de lo más íntimo de nuestro corazón y sólo acepta la obediencia que voluntaria y alegremente queremos prestarle.

Imitemos, pues, la ternura del Espíritu Santo; pidámosle que la imparta a nuestros corazones para que seamos sencillos, sensibles, considerados, humildes y mansos como niños, y "aun como él es". Que en nuestros rostros, en la tonalidad de nuestra voz, y en todos los aspectos de nuestra vida se vean entremezclados el espíritu del Cordero y el de la Paloma.

VII

EL PODER DE LA QUIETUD. Era "un silbo apacible y delicado", o "el sonido de una suave quietud". ¿Hay alguna nota de música en los coros tan poderosa y enfática como la pausa? ¿Hay en todo el Salterio alguna palabra más elocuente que la palabra "Selah"? (pausa). ¿Hay algo más impresionante y que nos ponga más en suspenso que el silencio que precede a la tempestad o que la extraña quietud que parece caer sobre la naturaleza momentos antes de producirse algún fenómeno o convulsión sobrenatural? ¿Hay algo que pueda tocar más hondamente los sentimientos de nuestro corazón que la quietud?

La más dulce de las bendiciones que nos trae el Salvador es el descanso dominical del alma, del cual era figura el Sabbath de la creación, la Tierra Prometida — la gran lección objetiva de Dios. Ahí está para el corazón que, por su propia y libre voluntad, quiera tomar "la paz de Dios, que sobrepasa todo entendimiento" (Fil. 4:7); "una quietud y confianza", que es la fuente de toda fortaleza; una dulce paz que "nada la ofende", un profundo descanso que "el mundo no puede dar ni quitar". En la profundidad del alma hay una morada de paz en la que habita Dios, y si entramos en ella y silenciamos todo otro sonido oiremos la callada y suave voz de nuestro Señor.

En el centro del eje sobre el cual gira la más veloz de las ruedas, hay un sitio donde no se produce movimiento alguno; de igual modo, en la vida, por atareada que sea, puede haber un lugar donde moremos con Dios en perpetua quietud.

Esa es la única manera de conocer a Dios. "Estad quietos, y conoced que yo soy Dios" (Salmo 46:10). Después vino la preocupación acerca del mañana, los deberes y los afanes, mas Dios les dijo: "Estad quietos". Vienen en seguida las oraciones acerca de las cosas que el corazón inquieto quiere exigir a Dios; pero él dice: "Estad quietos". Y si escucho y aprendo a obedecer, si cierro mis oídos a todos los demás sonidos, descubro, al poco tiempo, que al cesar las otras voces o cuando yo dejo de oirlas, hay una voz callada y suave que comienza a hablar en lo íntimo de mi ser, y ésta se expresa con indescriptible ternura, y me imparte poder y consuelo. Mientras la oía, me pareció la voz de la oración, la voz de la sabiduría, y la voz del deber. No tuve que pensar ni orar con tanta insistencia, ni tuve que hacer esfuerzo para confiar, pues esa "voz callada y suave" que era la del Espíritu Santo, era la oración de Dios que se repetía en lo secreto de mi alma, era la respuesta que Dios daba a todas mis interrogaciones; era la vida y fortaleza que Dios le daba a mi alma y a mi cuerpo, y que llegaba a ser la sustancia de todos mis conocimientos, de todas mis oraciones y de todas mis bendiciones; era el propio Dios vivo que constituía mi vida y mi todo.

Amados míos, esa es la más honda de las necesidades de nuestro espíritu. Es así como aprendemos a conocer a Dios; es así como recibimos la alimentación y la nutrición espiritual; así es como se alimenta nuestro corazón; así es como recibimos el Pan Vivo; es así como aun nuestros cuerpos reciben la salud y es así como nuestro espíritu embebe la vida de nuestro Salvador resucitado y avanzamos a enfrentar los conflictos de la vida y a cumplir nuestros deberes, como la flor que ha bebido bajo las sombras de la noche las frescas y cristalinas gotas de rocío. Pero el rocío no cae cuando la noche es tempestuosa, de igual modo el rocío de su gracia no desciende jamás sobre el alma agitada.

No podemos viajar tranquilos y serenos a través de la vida, en tren expreso, con sólo diez minutos para la comida. Necesitamos disfrutar de horas tranquilas, debemos conocer los lugares secretos del Altísimo donde podemos pasar momentos de íntima comunión con él, momentos en que renovaremos nuestras fuerzas y aprenderemos a remontarnos como las águilas, para luego descender, y correremos y no nos cansaremos, caminaremos y no nos fatigaremos.

Lo mejor de esta quietud es que ella deja que Dios obre. "El que ha entrado en su reposo, también ha reposado de sus obras, como Dios de las suyas" (Hebreos 4:10); y cuando cesamos de nuestras obras, Dios obra en nosotros; cuando cesamos de nuestros pensamientos, nos vienen los pensamientos de Dios; cuando nos serenamos de nuestra impaciente actividad, Dios obra en nosotros como él quiere y como a él le place, a nosotros lo único que nos toca es hacer lo que él desea.

Amados míos, adquiramos su quietud, moremos en "el lugar secreto del Altísimo", entremos a disfrutar de Dios y de su eterno reposo, si así lo hacemos oiremos su voz callada y suave. Hay otra clase de quietud, esta es la que deja que Dios obre, que nos hace quedar callados; la quietud que deja de contender, y de tratar de vindicarse y de tratar de valerse de la propia sabiduría y previsión, y deja que Dios provea, y deja que sea él quien responda a la palabra hiriente y al golpe cruel, como él sabe hacerlo con su amor invariable y fiel. Cuán a menudo no permitimos que Dios se interponga, porque no le dejamos que tome a su cargo nuestra defensa.

Jamás olvidaré algo que ocurrió no hace mucho tiempo. Una señorita cristiana muy quieta y recatada estaba sentada a la mesa con un grupo de amiguitas que discutían una obra cristiana en la que ella tenía mucho interés. Algunas de las críticas que se hicieron fueron muy severas y en la opinión de la señorita a quien nos referimos dichas críticas eran injustas y faltas de equidad. La joven dijo algunas palabras para corregir lo que decían pero al ver que la crítica continuaba, simplemente guardó silencio. Observé que se nubló su frente y las lágrimas se agolparon a sus ojos; pensé que le habría sido muy fácil responder de manera tan hiriente como la crítica de las otras señoritas. Pero la gracia de Dios predominó en su corazón; el Espíritu Santo estaba entronizado. La joven se quedó sentada, sumida en silencio, sufriendo y esperando. Después de unos minutos pude ver que no podía resistir más; se levantó silenciosamente y se retiró de la mesa y se dirigió a su cuarto para poner la pena que la abrumaba en el seno de su Salvador. Instantáneamente otra persona que la amaba tiernamente comprendió el daño que le había causado. Sabía muy bien de qué modo habría procedido ella algunos meses antes. La dulzura y gentileza de su conducta le penetró al alma y le enseñó una lección que tuvo la varonil franqueza de confesar. Jamás volverán a salir de sus labios esas imprudentes palabras, ni jamás olvidará ese cuadro de ternura y silencio.

Esa fue su mejor vindicación, además prodújole una joya de inmaculado lustre que adornará su corona allá arriba.

No hay ninguna escena en toda la Biblia comparable con aquella en que vemos al Salvador guardando silencio cuando se le impugnaba injusta e inicuamente, sabiendo que habría bastado una mirada de sus ojos o una palabra de sus labios para hacer rodar por tierra a sus impugnadores. Pero Jesús les dejó que dijeran lo que quisiesen y que procedieran como se les antojara mientras él se sostenía con la potencia de su silencio — él era el santo y silencioso Cordero de Dios.

Dios nos da ese poder silencioso, esa poderosa facultad de rendirnos; ese espíritu vencido que nos hará "más que vencedores por medio de aquel que nos amó" (Rom. 8:37). Que nuestra voz y nuestra vida hablen como esa voz callada y suave de Horeb y como el sonido del viento suave y sereno. Y después que terminen las luchas sobre esta tierra, los que nos conocieron y trataron se acordarán de nosotros y dirán que fuimos como el rocío de la mañana, como la luz y como el suave resplandor del sol, como el aura del atardecer, y como el Cordero del Calvario, como la paloma mansa, santa y celestial.

CAPITULO XIV

LA BOTIJA DE ACEITE

"Declárame qué tienes en casa. Y ella dijo: Tu sierva ninguna cosa tiene en casa, sino una botija de aceite.

El le dijo: Vé y pide para ti vasijas prestadas de todos tus vecinos, vasijas vacías, no pocas. Entra luego, y enciérrate tú y tus hijos; y echa en todas las vasijas, y cuando una esté llena, ponla aparte.

Y se fue la mujer, y cerró la puerta encerrándose ella y sus hijos; y ellos le traían las vasijas, y ella echaba del aceite.

Cuando las vasijas estuvieron llenas, dijo a un hijo suyo: Tráeme aún otras vasijas. Y él dijo: No hay más vasijas. Entonces cesó el aceite.

Vino ella luego, y lo contó al varón de Dios, el cual dijo: Vé y vende el aceite, y paga a tus acreedores; y tú y tus hijos vivid de lo que quede" (II Reyes 4:2-7).

LOS sucesos que ocurrieron en la vida de Eliseo se parecen más a los de la vida de Cristo que los de cualquier otro de los profetas del Antiguo Testamento. Así como Elías representó al Espíritu del Señor y el ministerio de Juan el Bautista —ministerio de juicio y de fuego— Eliseo representó el ministerio de Jesucristo con toda su ternura, benignidad y gracia; muchos de sus maravillosos milagros se parecen claramente a los que realizó nuestro Señor, y ellos nos enseñan las mismísimas lecciones que nos dejaron los portentos realizados por el Divino Salvador, con el mismo espíritu, el mismo amor y la misma bondad.

La página que tenemos delante es una notable lección objetiva que muestra que el Espíritu Santo puede proveernos de todo lo que necesitamos.

I

LO QUE NECESITABA LA VIUDA. En primer lugar, vemos que la pobre viuda estaba muy necesitada. Se encontraba endeudada, en peligro, en infortunio y sin saber qué hacer. No tenía a quien volver la mirada sino únicamente a Dios, y si Dios no la amparaba, su situación habría sido insostenible. Las circunstancias en que se encontraba la mujer en cuestión representa el estado de impotencia a que puede llegar un hijo o hija de Dios. Pero muchas veces el encontrarnos en esa situación puede redundar en la más grande bendición nuestra, pues nos obliga a arrojarnos totalmente en los brazos de Dios y a confiar, sin reserva de ninguna clase, en que su gracia nos bastará.

Casi todos los ejemplos que encontramos en la Biblia respecto del poder de la fe y de la gracia victoriosa se produjeron en momentos de extrema necesidad y bajo apremiantes circunstancias. A Dios le agradan esos momentos difíciles, y generalmente, la fe nace del peligro y de la apremiante necesidad.

Fue en circunstancias de esa clase que Jacob fue transformado en Israel, en medio de la lucha que tuvo que sostener en Peniel. Fue cuando el pueblo de Israel llegó a un estado de desesperación, causada por los sufrimientos que soportaban en Egipto, que clamaron a Dios para que les libertara de la esclavitud donde se les imponía la doble producción de ladrillos y el trabajo en las fundiciones de hierro. Fue en circunstancias semejantes que David aprendió a conocer a su Dios y pudo decir: "Has conocido mi alma en las angustias" (Salmo 31:7). No permitamos que las dificultades nos desalienten, ni creamos que siempre son infortunios; lo que debemos hacer es recibirlas como reto a nuestra fe y como oportunidades que nos da Dios para hacernos ver que para él no hay nada que sea demasiado difícil.

II

LOS RECURSOS DE QUE DISPONIA LA VIUDA. ¿No le quedaba nada? ¿Estaba totalmente sin recursos? "Declárame qué tienes en casa". La mujer respondió: "Tu sierva ninguna cosa tiene en casa sino una vasija de aceite". A ella le pareció que eso significaba nada, sin embargo, en esa vasija tenía lo necesario para abastecerse de todo lo que necesitaba. A Dios le agrada utilizar todos los recursos de que nos ha provisto, economizándolos al mismo tiempo. Así como un buen artesano puede hacer muy buenos trabajos valiéndose para ello de herramientas deficientes, Dios también puede valerse de instrumentos deficientes para llevar a cabo sus obras, pero quiere que empleemos lo que nos ha dado. Lo que Moisés tenía en las manos era algo muy pequeño, pero esa varita bastó para dividir el Mar Rojo y para quebrantar las fuerzas de Faraón. Lo que tenía el muchacho que se encontraba en las playas del lago de Galilea era muy poco, pero los cinco panes y los dos pececillos en las manos de Jesús, bastaron para alimentar a más de cinco mil personas. A Dios le basta lo que tengamos, siempre que le dejemos a él obrar como quiera.

Pero la vasija de aceite no era muy insignificante que digamos. Ella representaba el poder del Espíritu Santo, atributo infinito del propio Dios.

No es necesario que nos detengamos a probar que, en las Sagradas Escrituras, el aceite simboliza al Espíritu Santo. Esa vasija de aceite representaba la presencia del Espíritu, que puede tener todo creyente, y, hasta cierto punto lo tiene, y si únicamente supiésemos emplearlo, éste podría ayudarnos a encarar cualquier situación que se nos presentara en nuestra vida cristiana. Pero muy a menudo los cristianos no se dan cuenta que poseen ese poder y por consiguiente no lo emplean para nada.

Se cuenta una conmovedora historia acerca de cierta mujer escocesa que viéndose sumida en la más extrema miseria fue a consultar con su pastor acerca de su situación. El pastor le preguntó si no tenía ningún amigo o amiga o miembros de su familia que pudieran hacer algo por ella. La anciana respondió que tenía un hijo, muy bueno, pero que estaba en la India prestando servicios para el gobierno.

—¿No le escribe a usted nunca?— interrogó el pastor.

—Oh sí— respondió la anciana. Me escribe muy a menudo cartas muy cariñosas con láminas muy bonitas, pero a mí me da vergüenza decirle que me encuentro en tan precaria situación económica y, naturalmente no espero que él me envíe nada.

—A ver, muéstreme una de las láminas que le ha enviado— dijo el pastor.

La anciana abrió su Biblia y de dentro de las páginas sacó varias de las láminas que había recibido de su hijo. Estas no eran otra cosa que billetes del Banco de Inglaterra. Las puso en manos del pastor diciéndole:

—Estas son las que me ha enviado mi hijo.

El pastor se sonrió y le dijo:

—Doña Juana, usted es mucho más rica que yo. Estos son billetes de banco. Usted debió cambiarlos por dinero corriente y haber comprado todo lo que necesitaba. Dentro de su Biblia tiene una fortuna y usted no lo sabía.

Es un hecho innegable que muchos de nosotros tenemos en la Biblia tesoros, sin darnos cuenta de ello, o dejamos de hacer uso de nuestros recursos infinitos. Se nos ha dado el Espíritu Santo para que le empleemos en todo lo que necesitamos; sin embargo, a pesar de tener a nuestra disposición todas las fuerzas del cielo, muchos nos quedamos pereciendo de hambre, simplemente porque no sabemos cuáles son los tesoros de que disponemos ni nos valemos de los derechos que nos corresponden con motivo de nuestra redención. El apóstol pregunta: "¿No sabéis que sois templo de Dios, y que el Espíritu de Dios mora en vosotros?" (I Cor. 3:16). Si usáramos el poder que recibimos en nuestros pechos, junto con el nombre de Jesús y las promesas de Dios, no fallaríamos más, no tendríamos más temores, no volveríamos a deshonrar el nombre de nuestro Salvador, ni desalentaríamos al mundo y nos elevaríamos a la victoria exclamando: "A Dios gracias, el cual nos lleva siempre en triunfo en Cristo Jesús" (II Corintios 2:14).

¿Cuál es la diferencia, en estos días entre el Japón y la China? Hela aquí: El Japón ha aprendido los secretos del progreso moderno, y los está empleando en la guerra victoriosa, en cambio la China ignora lo que saben otras naciones. ¿Dónde se encuentra la diferencia en nuestro siglo y el siglo de nuestros abuelos? Simplemente en el hecho que hemos aprendido más de la naturaleza. Estamos empleando los grandes secretos del vapor, la electricidad y las diversas aplicaciones que se da a la ciencia en nuestra vida industrial, a eso se debe el que hoy día un solo hombre hace lo que en tiempos de nuestros abuelos hacían veinte. El hombre de negocios se sienta en su oficina y atiende sus asuntos hablando por teléfono, ganando así tiempo y ahorrándose la molestia de trasladarse de un lugar a otro, y por medio del fonógrafo puede hablar a la generación venidera.

¿Qué fue lo que le ocurrió a Agar cuando se vio sumida en angustia? Lo que le sucedió fue lo siguiente: no sabía que cerca de donde estaba había una fuente de agua, y debido a su ignorancia ella y su hijo estuvieron a punto de perecer de sed. No fue necesario que el ángel creara una fuente de agua; lo único que tuvo que hacer fue abrirle los ojos a Agar para que viese el manantial y bebiese ella y su hijo.

En Mara no fue necesario que Dios creara un manantial de agua dulce para que bebiera el pueblo, bastó que le indicara a Moisés cuáles eran las ramas que ya estaban allí, con las que podía hacer el agua agradable para beber. Lo único que tuvo que hacer Moisés fue meter las ramas en el agua. Inmediatamente de haberlo hecho así las aguas quedaron sanas y la gente pudo saciar la sed.

No fue necesario que descendiera a la falda del cerro un ejército de ángeles en auxilio de Eliseo. Los ángeles ya estaban allí; todo lo que se requería era que se le abriese los ojos al siervo del profeta para que viese a las fuerzas celestiales que les rodeaban y les defendían. De igual modo está a nuestra disposición la fuente de la vida, lo único que se requiere es que bebamos de ella; las ramas sanadoras están a nuestro alcance; el ejército angélico nos circunda. Lo único que se precisa es que lo veamos, que sepamos que está allí; que sepamos cuáles son los derechos que nos corresponden como resultado de nuestra redención, para reclamarlos y triunfar en nombre de Jesús, nuestro Redentor. Dios nos dice: "Levántate, resplandece; porque ha venido tu luz" (Isaías 60:1). Cristo apareció, ha venido el Espíritu Santo, y todo lo que nos corresponde hacer a nosotros es saber cuál es nuestra divina gran comisión, recibirla y ponerla en práctica.

III

CONDICIONES PARA RECIBIR LA AYUDA DIVINA Y PARA SABER QUE LA HEMOS RECIBIDO.
En primer lugar, el profeta le dijo a la mujer que preparara un buen lugar en la casa. Luego que de-

bía conseguir las vasijas vacías para poner en ellas lo que se le iba a dar. Lo que más urge es que preparemos un lugar para Dios. La verdad es que Dios tiene que hacerse lugar él mismo creando nuevas vasijas de necesidad. Cada prueba que nos sobreviene no es otra cosa que una necesidad de que él nos llene y nos haga ver lo que él puede ser para nosotros y lo que puede hacer por nosotros. Pero no basta la necesidad; también es menester que tengamos espacio vacío. Debemos sentirnos conscientes de lo que necesitamos y debemos estar convencidos que Dios es el único que puede proveernos de ello. Debemos estar vacíos de nuestro propio valer y de toda dependencia humana. Al rendirnos incondicionalmente a sus pies él nos hará ver "cuán sabio es él y cuán fuerte es su mano".

Además, debemos tener fe, que podemos depender de él y que podemos seguir confiados que él nos dará todo lo que necesitamos. La viuda no se quedó esperando que su vasija rebalsara, sino que buscó otras vasijas como si hubiese tenido una gran cantidad de aceite para echar en ellas. De igual modo tuvieron que proceder los discípulos al dar de comer a la multitud con cinco panes y dos peces. Iban distribuyéndolos contando con lo que recibirían pero que todavía no estaba a la vista. Debemos contar con lo que Dios nos dará y tener suficiente confianza en él para agradecerle anticipadamente; cuando así lo hacemos, él premia nuestras expectativas con su gloriosa y abundante gracia.

Pero no sólo debemos tener fe, sino también amor desinteresado. Las vasijas de que dispuso la mujer eran prestadas. Ella no era la única necesitada, e indudablemente al devolver las vasijas a aquellas personas que se las habían prestado, no las retornaría vacías. A Dios le agrada darnos cuando recibimos con el deseo de dar a otros.

Lo más precioso al tratarse de Dios es que él mismo no necesita nada; él siempre da, bendice y busca productos por medio de los cuales pueda derramar en otros la plenitud de su vida. Si recibimos nosotros esa vida, debiéramos ser como es Dios: grandes dadores. El secreto de la felicidad consiste en no andar en busca de algo para nosotros, sino el anhelar hacer algo para que otras personas reciban bendiciones; el vivir para otros y llenar constantemente las vasijas de las personas necesitadas con lo que rebalsa de nuestros corazones. La belleza de la parábola del hombre que fue a visitar a su amigo a medianoche está principalmente en esto, que no fue en busca de pan para sí sino que lo quería para darlo a otro. De igual modo, cuando acudimos a Dios en busca de inspiración para ayudar a aquellos que la necesitan, veremos que Dios abre las ventanas del cielo y derrama sus bendiciones hasta que no haya más lugar donde recibirlas.

Luego también la fe de la mujer era indispensable. Debía demostrarla echando de la vasija pequeña en que tenía el aceite a la vasija grande. Mientras siguió vaciándolo, el líquido siguió corriendo hasta que quedaron llenas todas las vasijas, y habría seguido corriendo si hubiesen habido más vasijas.

La fe se debe, pues, seguir ejerciendo y debe actuar con toda confianza, aunque para ello se deba correr algún riesgo, haciendo algo y colocándose en el lugar donde se encuentre con la ayuda que Dios le dé. El agua de Caná no se convirtió en vino hasta el momento en que la vaciaron. Sólo cuando el hombre inválido, que tenía la mano seca, la extendió, ésta le fue restaurada. Fue cuando los leprosos emprendieron camino, que quedaron sanos. Fue cuando el padre emprendió el camino de regreso a su casa, que le dijeron que su hijo estaba vivo.

En la epístola a los Hebreos hay una preciosa expresión en la que dice que los antiguos padres estaban persuadidos de las promesas y "las saludaron", o como dice una versión inglesa, "corrieron al encuentro de ellas" (Hebreos 11:13). Corramos, pues, al encuentro de las promesas de Dios. Pongámonos a la altura de ellas. Obremos demostrando nuestra confianza en Dios y él vendrá a nuestro encuentro con su fidelidad y su gracia.

Hay aún otra lección, la más importante de todas: "Vé y vende el aceite... tú y tus hijos vivid de lo que quede" (II Reyes 4:7). El aceite no era otra cosa que un valor representativo, que podía cambiarse por todo lo que pudiesen necesitar. Era algo equivalente a dinero, a cambio del cual podrían adquirir alimentos, casa, vestuario, tierra, o cualquier otra cosa de valor que necesitaran. Así, el Espíritu Santo es convertible en cualquier cosa que necesitemos.

Hay pasajes parecidos a éste en los evangelios de Mateo y de Lucas que nos enseñan una gran lección. En uno de los pasajes leemos: "Si vosotros, siendo malos, sabéis dar buenas dádivas a vuestros hijos, ¿cuánto más vuestro Padre celestial dará el Espíritu Santo a los que se lo pidan?" (Lucas 11:13). En el pasaje paralelo a éste que encontramos en el otro evangelio, en vez del Espíritu Santo, dice: "¿...dará buenas cosas a los que le pidan?" (Mateo 7:11). Es decir, el Espíritu Santo da todas las cosas buenas, y es equivalente a todo lo que podamos necesitar. ¿Necesitamos salvación? El nos guiará a Cristo, y nos dará el testimonio de que el Salvador nos ha aceptado. ¿Necesitamos paz? El traerá a nuestro corazón la paz de Dios. ¿Necesitamos pureza? El nos santificará, nos hará andar en sus estatutos y que guardemos sus preceptos y los pongamos por obra (Ezequiel 36:27). ¿Necesitamos fuerzas? El es el Espíritu de la fortaleza. ¿Necesitamos luz? El es el Maestro, el Consejero y el Guía. ¿Necesitamos fe? El es el Espíritu de la fe. ¿Necesitamos amor? Es por él que "el amor de Dios ha sido derramado en nuestros corazones" (Rom. 5:5). ¿Queremos orar y recibir respuesta a nuestras oraciones? "El Espíritu mismo intercede por nosotros con gemidos indecibles" (Romanos 8:26). ¿Necesitamos salud? El avivará nuestros cuerpos mortales por medio del Espíritu que mora en nosotros. ¿Necesitamos cobrar ánimo? El nos dará fe, fe que reclamará todo lo que necesitamos por medio de la oración creyente. ¿Queremos que Dios cambie nuestras circunstancias por medio de su poderosa providencia? El es el Espíritu que tiene el poder para hacerlo. Los corazones de los hombres están en sus manos y él puede hacerles cambiar de curso como lo hace con los ríos, y puede hacer que todo obre para bien de aquellos que aman a Dios (Rom. 8:28).

El es el Espíritu Todopoderoso, el Gran Ejecutivo de la Trinidad, y teniéndolo a él en nuestros corazones, él puede hacer maravillas con nosotros "según el poder que actúa en nosotros" (Ef. 3:20).

¡Oh! empleemos al Espíritu Santo no sólo en

los momentos en que nos sentimos emocionados, cuando estamos en ese estado que solemos llamar "experiencia espiritual", sino en todas las esferas de la vida, tengámoslo siempre como el Dios Ejecutivo, el todo suficiente Guiador de nuestra fe victoriosa.

Hay otra lección aún que debemos aprender; ésta es que podemos aumentar y multiplicar la efectividad del Espíritu de Dios en nuestras vidas, empleando prudentemente el poder y la gracia que él nos da.

La idea del debido empleo que debemos dar a los dones espirituales la tenemos expuesta más plenamente en el Nuevo Testamento, en la gran parábola de las minas, donde la mina que indudablemente representa el don del Espíritu Santo, sabiamente empleada, ganó diez. De igual modo, nosotros podemos tomar el Espíritu Santo, y obedeciéndole y sabiendo emplearlo de acuerdo con las grandes leyes que rigen sus operaciones, podremos comprobar que su poder y eficiencia no tienen límites. Todo lo que se requiere es lugar, oportunidad y fe para depender de él.

El aceite no dejó de correr hasta que la mujer dejó de vaciarlo; Dios siguió obrando hasta el momento en que su fe llegó a su límite. El mismo Dios es el que hoy obra, y nuestra fe se detendrá mucho antes que su deseo de ayudarnos y sus recursos para hacerlo se hayan agotado. ¿Pondremos en él más confianza? ¿Reconoceremos toda dificultad y situación que se nos presente como una oportunidad para probar mejor la gloria de su nombre, y seguiremos decididamente hasta que se hayan rendido todos los adversarios y se vean obligados a ayudarnos; hasta que hayan desaparecido todas las montañas de dificultades y se hayan convertido en montes de alabanza, y que todo lugar difícil de la vida se haya trocado en vasija que Dios pueda emplear para derramar la plenitud de su todopoderosa suficiencia?

Amado lector, al dar el paso hacia el futuro, ¿nos olvidaremos de las experiencias que hemos tenido y ascenderemos a mayores alturas y a cosas más grandes? ¿Dejaremos las vasijas que nos han satisfecho y traeremos otras nuevas para que él las llene? ¿Olvidaremos las bendiciones que hemos recibido del Espíritu Santo y pensaremos en aquellas que no hemos recibido aún? ¿No trataremos de probar su gran promesa: "Os abriré las ventanas de los cielos, y derramaré sobre vosotros bendición hasta que sobreabunde"? (Malaquías 3:10).

CAPITULO XV

EL VALLE DE LAS ACEQUIAS

"Dijo: Así ha dicho Jehová: Haced en este valle muchos estanques.

"Porque Jehová ha dicho así: No veréis viento, ni veréis lluvia, pero este valle será lleno de agua, y beberéis vosotros, y vuestras bestias y vuestros ganados.

"Y esto es cosa ligera en los ojos de Jehová; entregará también a los moabitas en vuestras manos" (II Reyes 3:16-18).

ESTE es otro de los milagros parabólicos de Eliseo; pues se trata de ambas cosas — una parábola que nos da una enseñanza divina y un milagro, también divino. El hecho contiene muchas lecciones prácticas acerca del Espíritu Santo para nuestras vidas.

I

UNA GRAN EMERGENCIA. En primer lugar, observamos una gran emergencia. Los reyes de Israel y de Judá se habían unido para llevar a cabo una campaña contra los moabitas, y mientras los ejércitos marchaban por el desierto se vieron en una situación muy difícil; se agotaron sus reservas de agua y estuvieron a punto de perecer de sed. Ese hecho puede ser una figura simbólica de cualquier situación difícil en que podamos encontrarnos en el curso de nuestra vida. Tal emergencia es la oportunidad para que Dios nos bendiga, y el único modo por el cual muchos de nosotros podemos llegar a saber lo que es la plenitud de la gracia divina.

Pero, por lo menos una de las personas que intervinieron en el desesperante suceso, se encontraba en situación singular. Nos referimos a Josafat, rey de Judá que por su propia acción había traído sobre sí ese infortunio, y no podía echarle a ningún otro la culpa de su desgracia. Los sufrimientos que tuvo que soportar se debieron a la imprudencia de haber formado alianza con un rey perverso. De igual modo, Dios nos ha advertido que no debemos relacionarnos íntimamente con los malos, y si lo hacemos, ora sea por unirnos indebidamente en matrimonio con una persona inconversa o por asociarnos en negocios con esa clase de personas, tendremos que sufrir las consecuencias.

Es muy fácil ver la diferencia entre un hombre malo y un hijo de Dios. El depravado rey de Israel al darse cuenta del laberinto en que se había metido, se sumió en desesperación, pero ni siquiera se le ocurrió el acudir a Dios en busca de socorro. Lo que hizo fue dar un grito angustioso, pues lo que dijo fue prácticamente esto: "Dios nos ha traído hasta aquí para acabar con nosotros". Así es como los hombres impíos ven las situaciones en que ellos mismos se meten.

Josafat, en cambio, procedió de otro modo; al instante sus pensamientos se tornaron hacia Dios e hizo llamar al siervo del Todopoderoso, dispuesto a oír lo que él dijera. Por difícil y angustiosa que fuere la situación, y aunque nosotros seamos culpables de lo que nos ocurre, debemos recurrir inmediatamente a Dios para pedirle que nos guíe y nos liberte; si así lo hacemos veremos que nunca será en vano.

Josafat mandó llamar, inmediatamente, al profeta de Jehová. Lo que el rey necesitaba era un profeta. Josafat estaba dispuesto a oír lo que Dios quisiera decirle y a aceptar lo que él dispusiera con tal de verse libre de la dificultad en que se había metido. Causa satisfacción el hecho que el profeta se encontraba allí al alcance del agobiado rey. Diferente a Elías, que era el profeta del juicio y representaba la ley, Eliseo era un precioso símbolo del Espíritu Santo y del Cristo siempre presente. Eliseo se encontraba siempre entre el pueblo; ayudando a la atribulada viuda, a los estudiantes que se encontraban en la ribera del Jordán, cuando se cayó al agua el hacha, y también con el ejército de su país cuando se encontraban en su difícil y peligrosa expedición. Eliseo representaba a ese Dios que siempre está al alcance de nuestra voz y listo a acudir a prestarnos su ayuda. El mismo nombre "Paracleto" o "Abogado", significa que se trata de alguien que está siempre cerca — de alguien a quien se le puede llamar en cualquier momento que se le necesite. Llevemos, pues, a él todo aquello que nos abruma; echemos sobre él todos nuestros afanes y cuidados; acudamos a él en toda emergencia, y veremos que él puede sacarnos de cualquier condición fortuita en que nos encontremos.

II

LOS PREPARATIVOS. En seguida vemos los preparativos para la liberación. Primero, Eliseo va a llamar a un trovador. Sabréis que ese trovador representaba al espíritu de alabanza. Nosotros también debemos comenzar nuestras oraciones con preces. Debemos hacer frente a nuestras dificultades con cantos de fe y de victoria. Si así lo hacemos veremos que Dios está dispuesto a respondernos con un canto de liberación. Cuando no tenemos ánimo para orar, podemos estar seguros que ha llegado el momento para que cantemos loores a Dios.

En seguida vino el mensaje divino: "Así ha dicho Jehová". Era indispensable que escuchasen lo que Dios tenía que decir al respecto. Debían oír su voz, recibir su mensaje y hacer lo que él ordenara. Cuando se nos presenta una dificultad, lo primero que hacemos es correr en todas direcciones, solicitar consejos y ayuda de todos aquellos que, según nos parece, podrían dárnoslo, y por último acudimos al cielo.

Cuando nos vemos en alguna dificultad, lo primero que debemos preguntar es: ¿Qué dice el Señor al respecto? ¿Qué lección nos está enseñando? ¿Qué reprensión nos está haciendo? ¿Qué medio de escape quiere que tomemos? Dios tiene siempre un camino por el cual puede sacarnos de las dificultades, y el camino que él emplea es el único que hay.

Después es necesario que hagamos lugar para la bendición que ha de venir. "Hay muchos estanques en el valle". Pudo habérsenos ocurrido que el valle ya era suficientemente hondo y que, por lo tanto, no era necesario excavar estanques en él. Pero el valle ya existía y lo que se precisaba era que excavasen los estanques ex profeso. Puede suceder que necesitemos de Dios y que no tengamos lugar para él. Los estanques en este caso, representan la preparación especial y la apertura de los conductos de la fe para poder recibir las bendiciones.

¿Qué es una acequia? Es una abertura que se hace en la tierra; las acequias no tienen nada de bonitas ni de ornamentales; son, simplemente espacios abiertos y vacíos, lugares hechos para recibir el agua. ¿De qué modo podemos abrir las acequias para que Dios las llene? Lo que debemos hacer es poner ante él nuestras necesidades, los fracasos que nos han ocurrido y las grandes aberturas y vacíos que se han producido en nuestras vidas. Al principio de año nuevo nos hace bien pensar en las fallas que hemos tenido y las cosas que todavía nos faltan en el corazón. Presentémosle todo a Dios, él puede llenar nuestro corazón y nuestra vida, así como llenó las vasijas de la viuda.

Se debe reclamar la respuesta valiéndose para ello, sencillamente, de la fe. El profeta dijo: "No veréis viento, ni veréis lluvia; pero este valle será lleno de agua". No se produciría ninguna demostración exterior, el agua vendría sin hacer ruido alguno y sin que nadie se diera cuenta de ello. Esa es la manera como le agrada a Dios darnos sus bendiciones, y también esa es la manera como la fe ha de recibir, siempre sus bendiciones. Pero ese no es el modo que agrada a los que no creen. Lo que estos quisieran ver es el viento y la lluvia, y gran despliegue de circunstancias externas; sólo entonces creerían que las aguas iban a venir. "Si no viereis señales y prodigios, no creeréis", así les dijo en su tiempo el Divino Maestro al público que le seguía, reprendiendo su actitud descreída; y lo mismo podríamos decirlo hoy día.

Pero "la fe es la certeza de lo que se espera, la convicción de lo que no se ve" (Heb. 11:1), y ésta se deleita sobremanera al recibir las promesas y al descansar confiadamente en la palabra de aquel que las hace, dejándole que responda cuando él quiera, con la seguridad de ello como si ya fuesen un hecho. ¿Confiaremos nosotros así en Dios y andaremos por la fe y no por lo que vemos?

III

LA RESPUESTA DIVINA. La respuesta divina no tardó en llegar. Al rayar el día, las acequias habían desaparecido y el valle estaba lleno de agua, en cuya cristalina superficie se reflejaban los rojos cerros de Edom, y los moabitas creyeron que eran charcos de sangre.

Lo único que había entrado en el valle era agua, nada más que agua. Eso era todo lo que necesitaban. El agua era símbolo del Espíritu Santo, y todo lo que necesitamos en nuestras horas de mayor apuro y aflicción es al Espíritu Santo. Él será la respuesta a nuestras oraciones, la provisión que necesitamos, el abastecimiento espiritual y todo aquello que concierne a la vida y a la piedad.

Observad que cuando el agua invadió el valle, las acequias desaparecieron de la vista. Igual cosa ocurre al descender el Espíritu Santo, recibimos todo lo que necesitamos y desaparecen hasta el recuerdo de las angustias y dolores que sufrimos. Mientras fijamos la mirada en las acequias y en lo desesperado de nuestra situación, no seremos henchidos de agua. Dios quiere llenarnos de tal modo que ni siquiera recordemos nuestro pecado ni nuestros pesares, y, como lo expresa tan acertadamente Job: "De tu miseria te olvidarás, o te acordarás de ella como aguas que pasaron" (Job 11:16, V. M.).

Cuando llegó el agua no bastó únicamente para que la gente bebiese, sino que también pudieron beberla el ganado y los demás animales; lo mismo sucede cuando Dios llena nuestra vida del Espíritu Santo; la bendición rebalsa no sólo sobre las personas que nos rodean, sino que hasta los animales de que nos servimos sacarán ventaja de nuestra bendición por la manera en que les tratamos. No estaba muy errado el campesino aquel que dijo que su caballo y su perro sabían que él se había convertido. ¡Cuántos quejidos ascienden hasta Dios de parte de la naturaleza, a causa del pecado humano! ¡Cuántas bendiciones vendrán sobre todo el universo cuando el hombre reciba a su Salvador y se separe para ser el señor de todos los demás seres de la creación!

Se emplea una frase muy notable con respecto a este glorioso milagro de gracia divina: "Esto es cosa ligera en los ojos de Jehová" (3:18). Para Dios, esa portentosa bendición no había sido nada extraordinario ni difícil de realizar. Tampoco le es difícil a él bautizarnos con el Espíritu Santo hasta que tengamos todo lo que necesitamos y quedemos repletos de su bendición. A menudo al pensar en dicha bendición, nos imaginamos que es algo que requiere gran esfuerzo de su parte. Miles de cristianos contemplan ese suceso como si fuera algo que se halla muy distante y consideran que viene a ser algo así como la culminación de la vida. Es todo lo contrario. Para Dios eso es algo muy pequeño, pues esa bendición tiene por objeto ser, más bien, el principio de nuestra carrera en su servicio que no el fin de ella. El gran objetivo de la venida de Cristo fue que librados de nuestros enemigos, le sirvamos sin temor, andando en justicia y santidad delante de él (Lucas 1:74-75) — no los últimos días sino "todos los días de nuestra vida". *Ella no tiene por objeto prepararnos para el cielo sino para la vida.*

IV

LA BENDICION MAS GRANDE. Vino después de la liberación que Dios les dio, la bendición más grande aún que tenía reservada para ellos. "Esto es cosa ligera en los ojos de Jehová; entregará también a los moabitas en vuestras manos". Ese fue el gran fin de la campaña y el designio de Dios al librarles del peligro en que estuvieron. Lo que Dios quiso fue que avanzaran y dominasen a sus enemigos. Ese es también el propósito de Dios al santificarnos.

Dios no nos da el Espíritu Santo con el único fin de que tengamos el corazón limpio y que luego vivamos contemplándole y contándole a la gente lo que nos ha acontecido, lo que él quiere es que contando con el poder del Espíritu Santo, que mora en nuestros corazones, conquistemos el mundo para él. Nosotros también tenemos un gran enemigo al cual debemos hacer frente, y a la vez, un gran deber que cumplir. Se nos envía a que conquistemos al mundo, la carne y el Demonio, y para que demos el evangelio a todos los moradores de la tierra. Es vergonzoso ver que hay tantos miles de cristianos que no reclaman ese bautismo; y aún más, el hecho que miles más pasen la vida tratando de interesarse satisfactoriamente en Cristo y de obtener la santificación.

¿Qué pensaríamos de un hortelano que después de haber pasado cinco años plantando y cultivando un huerto de naranjos en el estado de Florida, regándolo, podándolo y cultivándolo, se llegara a enterar que deberá esperar un cuarto de siglo antes de poder recoger algún fruto de todo su trabajo? Sin duda, diríamos que no vale la pena hacer inversiones en empresas de esa clase. Está muy bien que se emplee algún tiempo en la preparación y cultivo del huerto, pero es de esperar que ha de llegar el día en que los árboles crezcan y den su fruto, remunerando con una buena mies el trabajo realizado.

¿Qué diríamos de un manufacturero que construye una rueda para dar movimiento, por medio de la corriente de agua, a la maquinaria de su fábrica, y que después de haber invertido dinero en ella dejase que la rueda diese vuelta impulsada por la corriente, sin hacer nada para que pusiera en movimiento la maquinaria de la fábrica? Dios deberá cansarse de vernos siempre en reparación. Ciertamente, él tiene derecho de esperar que llegue el momento de recoger la cosecha. Dios nos ayude, amados míos, a que pongamos manos a la obra y no desistamos. Mantengamos nuestra máquina afuera del taller de reparaciones; pongámosla en orden tan pronto como nos sea posible, y luego pidámosle a Dios que ponga detrás de ella un tren expreso para que corra y traslade la valiosa carga que produzca por el gran camino de su santa voluntad.

Es algo muy triste y desconsolador el tener que ser santificado continuamente, y ello es indigno de la infinita gracia y poder de Dios. Lancémonos a la lucha seguros que triunfaremos, trabajemos activamente para Dios y en favor del mundo perdido, y podemos estar seguros que Dios nos entregará a nuestros enemigos, y nos hará más que vencedores por medio de aquel que nos amó. Si lo hacemos, no hemos de tardar mucho antes de convencernos que la mejor manera de retener la bendición es empleándola, así como mantener la rueda en movimiento es el mejor modo de impedir que se caiga.

V

TRABAJO BIEN HECHO Y ACABADO. El pueblo de Israel recibió órdenes de que no bien hubiesen derrotado a los madianitas, debían consumar bien la obra, derribando los muros de todas las ciudades amuralladas, desparramando piedras en todos los terrenos fértiles del país, y tapando todo pozo de agua que encontrasen a fin de dejar el país totalmente desolado y sin valor alguno. Eso fue, sencillamente, para dar a entender que la obra debía ser bien hecha.

Cuando Dios comienza a trabajar para nosotros, ha llegado el momento para que nosotros trabajemos para él, y lo que hagamos debe ser tan bien hecho como lo que él hace. Es una insensatez el que nos quedemos sentados, sin hacer nada, alegando que "Dios lo hará". Debemos obrar nuestra salvación, tanto más debemos hacer esto porque Dios obra en nosotros.

Al oír David "un estruendo que iba por las copas de los morales", comprendió que había llegado el momento en que debía actuar, haciendo lo mejor que le fuera posible, pues Dios iba delante de él para entregarle en sus manos a sus enemigos. Al ver la manera poderosa de obrar de Dios, comprendemos que ha llegado el momento para que prestemos nuestra fiel colaboración, y que hagamos bien lo que se nos encomiende hacer.

Fue, naturalmente porque los israelitas no acabaron bien la obra que se les encomendó que hiciesen, que perdieron las bendiciones que consiguió Josué con sus conquistas. Dejaron que algunos de los enemigos se quedasen en el territorio conquistado, y, más tarde, esos mismos rezagados llegaron a dominarles a ellos. Los que consienten que algunos males queden rezagados en el corazón, obran insensatamente. Al convertirnos, no debemos dejar ningún vestigio de mal en nuestro corazón. La obra que se lleva a cabo, al arrepentirnos, debe ser total en lo que se refiere a nuestra obediencia, nuestra santificación, nuestra sanidad física y los servicios que prestemos para Dios.

Cuán insensato sería que un constructor levantase las paredes de un edificio y lo dejara sin techar. Expuestas a la intemperie las paredes y el resto del edificio que se hubiere levantado no tardarían en deteriorarse por falta de protección y al cabo de algún tiempo todo se convertiría en ruinas. Terminemos nuestra obra de día en día. Todo lo que hacemos debemos hacerlo tan bien y tan completo como la métrica, la melodía y la armonía de una pieza de música, sin los cuales elementos, la composición carecería de arte y de belleza. Debemos vivir, pues, de día en día de tal modo que cuando llegue el fin, no nos quede ninguna otra cosa que hacer sino ir a recibir nuestro galardón y decir como dijo nuestro Maestro poco antes de partir: "Padre, yo te he glorificado en la tierra, he acabado la obra que me diste que hiciese" (Juan 17:4).

Amados míos, este es el tiempo en que Dios está obrando poderosamente en el mundo y entre las naciones. Eso debe estimularnos a que nos pongamos en acción santa, y a que colaboremos con él en sus grandiosos propósitos para preparar el mundo a fin de que estemos listos para el pronto regreso de su Hijo, nuestro bendito Señor y Salvador Jesucristo.

Se oye "un sonido de algo que pasa entre los árboles", el Señor ascendió antes que nosotros. Apurémonos, pues, a fin de apresurar el día de la venida de nuestro Maestro y para que se oiga el grito de victoria alrededor del mundo y entre los ejércitos celestiales: "¡Aleluya, porque reina el Señor Dios Omnipotente!"

Como lo dijo muy acertadamente el doctor Chalmers: "Confiemos, como si todo dependiese de Dios, pero trabajemos como si todo dependiese de nosotros".

CAPITULO XVI

EL ESPIRITU INSPIRADOR

"Ninguna profecía de la Escritura es de interpretación privada, porque nunca la profecía fue traída por voluntad humana, sino que los santos hombres de Dios hablaron siendo inspirados por el Espíritu Santo" (II Pedro 1:20,21).

ESTE pasaje nos llama la atención al hecho de la inspiración de los antiguos profetas y nos enseña que la obra del Espíritu Santo consistió en revelar a los mensajeros escogidos lo que era la voluntad de Dios. Muchas veces y de diversos modos, Dios habló a nuestros padres por los profetas.

La revelación divina comenzó en el Edén, y Dios nunca ha dejado de estar en comunicación con sus súbditos fieles. En las dispensaciones antediluviana y patriarcal, en intervalos habló con ciertos hombres y les reveló su voluntad; pero a partir del día en que eligió a Moisés para enviarle a que sacara de Egipto a su pueblo, ha ocupado siempre a cierta clase de personas especiales a quien encargaba que expusieran sus mensajes a su pueblo. A esos mensajeros se les conoce con el nombre de profetas de Jehová. Probablemente Moisés fue el primero de ellos.

En el capítulo cuarto de Exodo, vemos cómo Dios lo llamó para encomendarle un ministerio especial. Le dijo: "Ahora, pues, vé, y yo estaré con tu boca, y te enseñaré lo que hayas de hablar" (vs. 12). Poco después de nombrar a Aarón para que fuese vocero de Moisés, añadió, "Tú hablarás a él, y pondrás en su boca las palabras, y yo estaré con tu boca y con la suya, y os enseñaré lo que hayáis de hacer. Y él hablará por ti al pueblo; y él te será a ti en lugar de boca, y tú serás para él en lugar de Dios" (vs. 15).

Moisés sabía que era profeta, y dijo, refiriéndose a aquel de quien era símbolo: "Jehová tu Dios levantará para ti un profeta de en medio de ti, de tus hermanos semejantes a mí; a él oiréis" (Deuteronomio 18:15, V. M.).

El otro gran profeta que vino después de Moisés fue Samuel. Este, como Moisés, apareció en momentos en que su pueblo pasaba por especial crisis. Por siglos habían ido degenerando y sumiéndose en profunda y angustiosa miseria. Como lo hizo con Lutero en la reforma de nuestros tiempos, Dios eligió a Samuel para hacer que el pueblo de Israel retornara a él. El llamamiento de Samuel fue de lo más notable y su ministerio muy importante. En el primer libro de Samuel, capítulo 3, versículo 19 a 21, leemos lo que dice acerca de él: "Jehová estaba con él, y no dejó caer a tierra ninguna de sus palabras, y todo Israel conoció... que Samuel era fiel profeta de Jehová. Y Jehová volvió a aparecer en Silo; porque Jehová se manifestó a Samuel en Silo por la palabra de Jehová".

La verdad es que Samuel fue el fundador de las instituciones proféticas y de las escuelas de profetas, que a partir de su tiempo, funcionaron en Israel. Jamás hubo en la tierra clase alguna de hombres más excelente que la de los profetas de Israel. Fue la de éstos la única clase que se mantuvo leal a Dios. Con pocas excepciones, los reyes fueron todos muy perversos, y aun los componentes de la clase sacerdotal siguieron las tendencias de los soberanos corruptos y del pueblo impío. Pero los profetas fueron verdaderos representantes y testigos de la justicia y de la piedad en los momentos más oscuros de la historia del antiguo pueblo de Dios.

Cuando Saúl dejó de desempeñar lealmente el alto cargo al cual Dios le había llamado, Samuel siguió siendo leal a Dios. Cuando David se hundió en su doble crimen, Natán se presentó para reprobarlo y para darle el mensaje de parte de Jehová. Cuando Salomón permitió que su corazón se apartara de Dios, se presentó el profeta Ahías para darle el mensaje de Dios advirtiéndole lo que le iba a sobrevenir, y para decirle a Jeroboam que su reino iba a ser dividido. Cuando Roboam reemplazó a su padre y estuvo a punto de arrastrar el reino a la ruina a causa de sus presuntuosos arrebatos, el profeta Ahías silonita estaba listo para ir y darle el mensaje que le envió Dios para detenerle e impedir que continuara obrando tan imprudentemente. Cuando Jeroboam hubo ascendido al trono de Israel y trasladado sus altares idólatras a Dan, un profeta de Dios estaba listo a presentarse ante él con objeto de advertirle acerca de los juicios de Jehová que caerían sobre él a causa de su idolatría. Cuando el malvado Baasa, rey de Israel, había hecho rebalsar la copa de su pecado, Dios tenía listo a su siervo el profeta Jehú, para que le llevara su mensaje advirtiéndole del castigo que iba a caer sobre él. Cuando Sisac, rey de Egipto se lanzó al ataque contra Roboam, acudió el profeta Semaías con el objeto de llamar al pueblo al arrepentimiento, y a prometerle que Dios le iba a libertar de mano del enemigo.

Cuando el rey Asa hizo el llamamiento a su nación para que se preparara a hacer frente al enemigo, confiando en el brazo de Jehová, Dios envió al profeta Azarías, con un mensaje de aliento, prometiéndole que haría pacto con él; y cuando más adelante, en el curso de su reinado, Asa se ensoberbeció y, dejando de lado el brazo de Dios, quiso apoyarse en el de carne, entonces Dios envió al profeta Hanani para decirle que su actitud había desagradado a Dios, y para anunciarle el castigo que iba a acarrear sobre sí a causa de su actitud. Josafat se enfrentó con los amonitas y con los moabitas, en el valle de Beraca, y se vio en gran peligro de ser derrotado, mas Dios envió al profeta Jahaziel para que anunciara la victoria que, por la fe, ganarían a la mañana siguiente.

Cuando Joas, rey de Judá, se apartó de Dios, y Zacarías, profeta de Jehová, fue para reprenderle por su pecado, éste fue cruelmente maltratado por el rey y por el pueblo, hasta dejarlo muerto. Zacarías fue el primero de la hueste de mártires del Señor, que sellaron con su sangre el testimonio que dieron en nombre de Dios. Cuando Acab y Jezabel reinaban en Samaria y todo Israel rendía culto a Baal, apareció Elías como mensajero de fuego del Señor, para exhortar al pueblo y para hacer que éste volviera a cumplir la alianza que había hecho con el cielo. Cuando Elías hubo acabado su ministerio, se presentó Eliseo, como mensajero de paz, y por medio siglo fue un siervo de Dios que simbolizó la venida de Cristo.

La luz más destellante del reinado de Ezequías fue el profeta Isaías. Aun después de la caída de Jerusalén, cuando la nación judía fue conducida al cautiverio, Jeremías fue como un ángel guardián que vigilaba sobre ella en el negror de la medianoche, y por medio de sus exhortaciones y sus ruegos trató de aliviar su cruel destino, y cuando no pudo hacer más por ellos, lloró sobre ellos, como años más tarde lo hizo el Divino Maestro sobre la ciudad que tanto amaba. En los últimos días de Israel, Oseas, el profeta del amor, fue quien le llevó los mensajes de Dios. El cautiverio de Judá fue aliviado por el ministerio profético de Ezequiel, que les visitaba en las orillas del río Quebar y Daniel lo hizo en la lejana Babilonia. En los días de la restauración, el pueblo dependió más de los profetas Hageo y Zacarías que de Zorobabel; y, finalmente, la dispensación del Antiguo Testamento llegó a su fin con el ministerio de Malaquías, mensajero de Jehová y profeta de lo que había de venir.

Basta la mención de estos profetas mensajeros para que nos demos cuenta del valor y grandeza de la misión que cumplieron. "Isaías" y "Oseas", significan que Dios es el Salvador; "Jeremías", que Dios está en las alturas; "Ezequías", que Dios es fuerte; "Daniel", que Dios es juez; "Joel", que Jehová es Dios; "Elías", que Dios es Jehová; "Eliseo", que Dios es nuestro Salvador; "Jonás", el primero de los profetas cuyos escritos han llegado hasta nosotros, significa "la paloma", e indica al Espíritu

Santo con toda su tierna gracia. "Nahum", que escribió cuando Israel estaba en lo peor de sus aflicciones y ruina, significa "el Consolador", y "Malaquías", que fue mensajero de la nueva dispensación, significa, "mi mensajero". Vemos, pues, que aun los nombres y las vidas de esos mensajeros de Dios expresaban la elevada naturaleza de la divina misión que les fue encomendada.

Los profetas de Israel se pueden dividir en dos clases: primera, aquellos de quienes sólo sabemos que vivieron; y segunda, aquellos cuyos escritos han llegado hasta nosotros. Estos últimos se pueden dividir en seis clases.

En primer lugar tenemos a Jonás, que se destaca como el iniciador de los profetas y el primero cuyos escritos poseemos. Luego tenemos a los profetas que intervinieron durante los últimos tiempos de Israel, es decir Oseas, Amós y Nahum. En tercer lugar figuran los profetas de Judá, desde el reinado de Ezequías, por cosa de dos generaciones y cerca de un siglo antes de la caída de Judá. Estos fueron Joel, Miqueas, e Isaías. Vivieron en los prósperos días del reino de Judá, y fueron enviados para que trataran de impedir que la nación cayera en el cautiverio hacia el cual iban a grandes pasos. Debido al ministerio de estos mensajeros de Dios, se retardó casi un siglo que le ocurriera a Judá la desventura que le sobrevino a Israel. Pero ésta llegó al fin y tenemos un cuarto grupo de profetas, que se mantuvieron alrededor del reino de Judá que se derrumbaba y después de la caída de Jerusalén. Estos fueron Jeremías, Abdías, Sofonías y Habacuc.

Algo más tarde encontramos una quinta clase, a la que podemos llamar la clase de los profetas del cautiverio. Estos profetizaron durante el cautiverio. Fueron, Ezequiel, y Daniel, el uno en el país, el otro en la capital de Babilonia.

Finalmente, tenemos a los profetas de la restauración, aquellos que exhortaron y consolaron a la patria para reconstruír el templo y la ciudad de Jerusalén. Estos fueron Hageo, Zacarías y Malaquías. Estos dieciséis nombres constituyen la gloriosa compañía de profetas cuyos escritos han llegado hasta nosotros. Generalmente se les divide en dos clases — los profetas mayores y los menores. Isaías, Jeremías y Ezequiel, pertenecen a los primeros y el resto a los segundos. Todos ellos aseguraban que eran mensajeros especialmente enviados por Jehová, y eso fue confirmado por la presencia y el poder de Dios que les acompañaba. Todos ellos pertenecían a esa clase a la cual se refiere el versículo que nos sirve de texto: "Hablaron siendo inspirados del Espíritu Santo". Lo mismo, y tal vez con mayor énfasis, se podría decir al tratarse de los profetas y escritores del Nuevo Testamento.

Llegamos así al gran tema de la inspiración de las Santas Escrituras y los mensajeros de la voluntad de Dios en el curso de las diversas dispensaciones. Detengámonos a considerar, brevemente, primero, la naturaleza de la inspiración; luego, las evidencias de ella; y, en tercer lugar, la responsabilidad que cae sobre nosotros.

I

¿Qué es lo que queremos decir al hablar de la naturaleza de la inspiración, y qué queremos decir cuando hablamos de los inspirados profetas e inspiradas Escrituras?

Los primeros escritores de la Palabra de Dios dejan contestada esa pregunta y más aún, la resuelven. Es indudable que ellos afirmaban que eran especiales mensajeros de Dios y que traían al hombre las expresiones de su voluntad, y el propio Señor Jesucristo reconoció que era así. Tal vez no nos sea fácil explicar, precisamente, la naturaleza de dicha inspiración. Todo lo que nos es necesario es saber la extensión práctica y el valor de ella, y que se debió a una influencia divina, que tomó posesión de ellos e impidió que incurrieran en errores y les puso en condiciones de poder dar a la humanidad, detalles correctos e infalibles de los hechos que debían representar, y los mensajes que Dios quiso que diesen. Fue la dirección e inspiración del Espíritu Santo lo que les hizo capaces de exponer los mensajes sin errores ni equivocaciones. No siempre fue necesario que recibiesen revelación de todos los hechos del caso, pues podrían haber estado al corriente de muchos de ellos o, tal vez, de todos. Lo que necesitaron fue la dirección divina que les hiciera narrar los hechos con exactitud, tal cual Dios lo quería.

Esa dirección divina no les convirtió en instrumentos pasivos, como si hubiesen sido máquinas. No escribieron de la manera que habla un fonógrafo, ni como una máquina de escribir que obedece únicamente al toque de los dedos del dactilógrafo. Aunque es posible que en muchos casos fueron inconscientes de lo que hacían, indudablemente en otros lo hicieron dándose cabal cuenta de los hechos y empleando para ello sus facultades físicas e intelectuales. Sabemos que procedieron haciendo uso de la propia individualidad, y que el mensaje de cada uno de ellos llevaba el colorido de la propia mentalidad, a eso se debe, entonces, el que podamos distinguir los escritos de Isaías de los de Jeremías; reconocemos la diferencia entre la voz de Elías y la de Eliseo. Conocemos la diferencia de estilo que tienen los escritos de Juan de los de Pablo. El libro de Dios se parece a un hermoso jardín, en el que crece toda suerte de flores en la misma tierra, regadas por el agua que cae del mismo cielo, pero cada una de ellas tiene sus propios matices, formas, fragancia y cualidades. Se trata de un arpa que cuenta con casi cien cuerdas, pero todas ellas armonizan perfectamente, y todos los metros se reducen a un solo glorioso acorde: *Jesús, Redención.* "¡Gloria a Dios en las alturas, y en la tierra paz, buena voluntad para con los hombres!" (Lucas 2:14). No es necesario que creamos que el Espíritu Santo inspiró las palabras malignas que se encuentran en la Biblia, tales como las palabras insensatas y las fatuas que se encuentran en el libro de Job, y muchas otras cosas por el estilo. Todo lo que se requería era que la Biblia contuviese los datos correctos acerca de la esposa de Job y de lo que dijeron los amigos de éste, y aun de lo que dijo el propio Diablo. Los discursos los inspiró el Diablo, pero la anotación que se hizo de ellos la inspiró el Espíritu Santo.

El apóstol Pablo explica explícitamente lo que es la inspiración cuando dice: "Y nosotros no hemos recibido el espíritu del mundo, sino el Espíritu que proviene de Dios, para que sepamos lo que Dios nos ha concedido, lo cual también hablamos, no con palabras enseñadas por sabiduría humana, sino las que enseña el Espíritu, acomodando lo espiritual a lo espiritual" (I Cor. 2:12,13). Sabemos, por consiguiente, que estos escritos son divinos, que ellos parten del trono de Dios, y que el bendito libro es la mismísima palabra del Dios vivo y eterno.

II

El Señor Jesucristo da testimonio acerca de la inspiración de las Escrituras. Repetidas veces citó los libros del Antiguo Testamento y dijo que es la Palabra de Dios y del Espíritu Santo que nos fue transmitida por medio de los profetas.

El Nuevo Testamento testifica la inspiración del Antiguo, y el Espíritu Santo, valiéndose de sus mensajeros posteriores, confirma sus mensajes valiéndose para ello de los oráculos anteriores.

El mensaje trae aparejado consigo su propia evidencia, e imparte a todo corazón la convicción de su divinidad y su verdad.

La mejor evidencia de las Sagradas Escrituras es la respuesta que halla en la conciencia del hombre. Al escuchar al Divino Maestro nos vemos obligados a decir: "Me dijo todo lo que he hecho. ¿No será este el Cristo?".

Para el hijo o hija de Dios el más divino de los testimonios respecto a las Sagradas Escrituras, son las bendiciones que ellas traen al alma, el testimonio que el Espíritu Santo trae consigo, y el efecto que la lectura de ese libro ha tenido en su corazón y en su vida.

Las más divinas de sus credenciales son los milagros de la gracia de Dios. Ha transformado al alma de pecadora en santa, y ha hecho que el desierto de la miseria y del mal, florezcan como la rosa.

Pero también tiene credenciales divinas y sobrenaturales. Lado a lado con la inspirada Palabra de Dios y seguido de los testigos gemelos — los milagros y las profecías. Esas potentes palabras han conmovido los cielos y sacudido la tierra. Respondiendo a sus órdenes, los muertos han resucitado, los vivos se han transformado, y toda la naturaleza ha sido testigo de la suprema autoridad de los mandatos de Dios.

Este libro es el panorama de siglos, y la historia ha señalado lo que ha dicho en sus párrafos. Tenemos en él las profecías de sucesos que habían de ocurrir siglos más tarde y todos ellos se han cumplido al pie de la letra de tal modo que al leerlas no nos parecen profecías sino relatos de hechos ya sucedidos. Cuando Babilonia se encontraba en el esplendor de su gloria, Daniel tuvo el valor suficiente para decir que se derrumbaría y sería suplantada por el Imperio Persa. Daniel vivió hasta ver cumplida su predicción.

Cuando Ciro se encontraba en la cúspide de sus conquistas, Daniel miró a través del horóscopo profético, y vio a los guerreros griegos y romanos que caían sobre sus dominios y aniquilaban su imperio. Todos los sucesos históricos subsiguientes fueron predichos por Daniel y algunos de ellos se están cumpliendo hoy día.

¿Qué otra mente que no fuera divina pudo haber hecho esas predicciones? ¿Qué libro que no fuese inspirado podría contener tales escritos?

Aun en los detalles más diminutos se pueden ver indicios de sabiduría y omnisciencia divinas. El profeta de la antigüedad dijo en un lugar que Sedequías sería conducido a Babilonia y en otra parte, que dicho rey no vería la mencionada ciudad. Al principio parece que en ello hubiera una discrepancia, pero en la historia se ve fielmente confirmada tal predicción, pues Nabucodonosor hizo que privaran de la vista a Sedequías poco antes que entrara cautivo a la ciudad, y por consiguiente no la pudo ver. De ese modo, Dios ha confirmado su palabra con el correr de los siglos.

Una de las más grandes mezquitas mahometanas de la ciudad de Damasco fue, hace poco, consumida por el fuego. Anteriormente ésta había sido un antiguo templo cristiano en cuya fachada tenía labrada la siguiente inscripción: "Tu reino, oh Cristo, es eterno, y tu palabra perdura a través de todas las generaciones". Cuando los mahometanos capturaron la ciudad de Damasco, y se apoderaron de la antigua iglesia cristiana, taparon la inscripción con una capa de material duro y encima esculpieron con letras de oro una leyenda tomada del Corán.

Corrieron los siglos y esa fachada sólo expresaba el mensaje del falso profeta. Pero poco a poco, la capa superpuesta se fue gastando, de modo que durante los últimos dos años ha resurgido otra vez la antigua leyenda cristiana, y la Palabra de Dios perdura entre los escombros del mundo en ruinas. Al producirse el incendio del antiguo templo, por extraña coincidencia, lo único que quedó en pie fue el arco de la fachada en el que se veía la leyenda mencionada, y allí está aun hoy día, diciendo al mundo entero: "Tu palabra, oh Cristo, permanece por todas las generaciones".

III

Sobre nosotros pesa la responsabilidad de la Santa Palabra de Dios. Si la Biblia es la inspirada Palabra de Dios, ¡cuán solemne y supremo es lo que ella dice! Creámoslo con toda sencillez, creámoslo sin dudas ni argumentos.

No intentemos eliminar lo sobrenatural ni ponerla al nivel de nuestra razón ni de nuestros conocimientos; sino sometámonos ante el trono de aquel que habla desde el cielo y digamos con todas las fibras de nuestro ser: "Lo que dice es exactamente lo que quiere decir".

Pero también debemos obedecer. El creer significa que hemos de vivir de acuerdo con lo que creemos. Nuestra fe tiene dos lados — el uno es fe, y el otro fidelidad. Esas son las dos alas que nos remontan por encima del oscuro abismo; son los remos con que navegamos por las rápidas correntadas; son las dos manos que retienen para siempre el pacto eterno.

La obediencia es siempre la condición que impone la fe. Sólo podemos reclamar las promesas de este bendito libro según vivamos y dependamos de lo que él enseña por la divina gracia de Dios.

Vivamos pues, en conformidad con todas las enseñanzas de la Biblia. Nuestra vida debe traducir por el lenguaje de los hechos todo lo que ella dice. Cada uno de nosotros debe ser una nueva edición y una nueva versión de las Escrituras, debemos convertir en hechos lo que ella enseña sobre la santidad y el servicio a Dios y a nuestros semejantes.

Dios ha hablado, sucesivamente, a las diversas

generaciones, esperando que cada una de ellas correspondiese al mensaje que le daba; pero a nuestra generación le ha dado la mayor cantidad de su verdad y la plenitud de su revelación. El espera que le consagremos nuestra vida más plena y más hondamente. Vivamos en esta dispensación de acuerdo con todo lo que dice la Biblia.

Viene el día en que recibiremos más amplia revelación de la verdad y dispondremos de toda la eternidad para vivir la vida según se nos revele; pero mientras estamos en esta vida a la altura de lo que dice la Palabra de Dios, y como lo hizo el propio Divino Maestro, cumplamos todo lo que dicen las Escrituras antes de acabar nuestra carrera.

¿Hemos vivido ajustándonos a todo lo que dice la Biblia? ¿Hemos probado la verdad de todas sus promesas? ¿Hemos ilustrado con el ejemplo todo lo que ella ordena? ¿Hemos representado en personajes vivos lo que en ella está escrito? Dios nos ayuda no sólo a poseer la Biblia, sino a que seamos Biblias vivas.

Finalmente, si la Biblia es la inspirada Palabra de Dios, sólo podrán comprenderla aquellos que son inspirados. Hay dos modos de recibir la inspiración y de comprenderla. La inspiración que recibieron los apóstoles y los profetas fue para que escribiesen la Biblia, pero nosotros no necesitamos tan real inspiración como ellos para leerla y comprenderla. La Biblia no fue escrita para la mentalidad fría del hombre natural, sino para los ojos espirituales del corazón, por eso es que nadie sabe lo que es de Dios, sino el Espíritu de Dios que está en él. Debemos tener los mismos sentimientos de Cristo y estar poseídos del Espíritu Santo antes de poder comprender bien y plenamente las Sagradas Escrituras.

¿Recibiremos su bendito Espíritu para poder entender su bendita palabra? ¿Leeremos la Biblia como se lee la carta de un amigo y no simplemente como una historia o una biografía? ¿La consideraremos como el mensaje personal que nos envía nuestro novio y Señor? Si así lo hacemos, comprenderemos lo que ella dice, nos deleitará y comprenderemos su bendito significado y su poder celestial.

Una pobre niña ciega se encontraba moribunda. Sus helados dedos estaban insensibles. Pidió que le alcanzaran la Biblia que amaba tanto y trató de leerla palpando con los dedos las letras en relieve, mas como no podía sentir nada con los dedos se puso muy triste, pero oprimiéndola sobre su pecho, dijo "Biblia querida, no puedo leerte más, pero sigo amándote mucho". En ese momento se dio cuenta que sus labios tenían sensibilidad y que valiéndose de ellos podría seguir leyéndola. Dejó escapar una interjección de júbilo, y pasando los labios de línea en línea leyó y lo que leía le llegaba al corazón.

Amado lector, tomemos la Biblia, leámosla más detenidamente y la comprenderemos mejor. Ella nos dirá lo que Dios quiere decirnos y nos dará el mensaje vivo de su amor.

CAPITULO XVII

EL ESPIRITU SANTO EN EL LIBRO DE JOEL

"Y después de esto derramaré mi Espíritu sobre toda carne, y profetizarán vuestros hijos y vuestras hijas; vuestros ancianos soñarán sueños, y vuestros jóvenes verán visiones".
(Joel 2:28).

JOEL fue el más anciano de los profetas de Judá, cuyos escritos han llegado hasta nosotros. Su pequeño libro contiene la esencia y el texto de las cosas más profundas y más vastas que se encuentran en los libros de Isaías y Jeremías, y en los de los profetas posteriores y contiene la nota clave del día de Pentecostés y de la dispensación cristiana.

Es el texto de todos los libros que se han escrito con referencia al Espíritu Santo, y el germen de todas las manifestaciones que se han hecho de su poder y gracia a través de los siglos desde el día que Joel dio ese glorioso mensaje.

Así como Dios le dio a Habacuc, en un solo versículo, todo el evangelio de la salvación, le dio a Joel el versículo que contiene toda la doctrina del Espíritu Santo. Como el arco iris sobre una nube tempestuosa, como un rayo de sol que sale de dentro de un negro nubarrón, como una flor que se abre en las regiones de nieves eternas, así surge la hermosa visión de Joel de las entrañas de una gran calamidad, de un gran desastre nacional.

Comienza con el cuadro de una invasión de langostas, uno de los más horrorosos de los flagelos que suelen asolar el Oriente, pero es evidente que más allá de ese escenario surge la amenaza de otra prueba más terrible aún y se vislumbra la sombra de un enemigo peor. Tal vez la invasión de langostas fue simbólica de los ejércitos caldeos y de las calamidades más grandes que habrían de caer sobre Israel.

En medio de la gran tribulación en que se encontraba sumido el país, Dios envió al profeta para que lanzara la clarinada llamando al pueblo a que se congregara para ayunar, para hacer penitencia, para que orase y buscara la intervención y liberación que podía darles el Dios con el cual habían hecho pacto. Y el clamor no fue en vano, pues Dios les envió la respuesta consoladora; y como siempre lo hace Dios, les dio más aún de lo que ellos habían pedido, hasta la promesa que él mismo descendería a vivir entre ellos y el derramamiento del Espíritu Santo cuando se cumpliesen los días de Pentecostés, y la más gloriosa de todas las promesas en la que anuncia los tiempos dichosos que seguirán después del advenimiento del Hijo de Dios que vendrá a reinar.

Toda la visión es una especie de plan de las dispensaciones y de los tiempos en que el Espíritu Santo habite como los redimidos. También es una especie de bosquejo que trata de la manera como procederá Dios con la iglesia, cuando se manifieste y derrame su Espíritu sobre ella; pero no se refiere únicamente a la iglesia sino también a cada una de las almas que la constituyen.

I

EL MINISTERIO DEL ARREPENTIMIENTO. Antes que pudiera cumplirse la promesa del Espíritu Santo, tenía que venir la dispensación del arrepentimiento, la humillación y de la oración fervorosa. Por eso vino el llamamiento a la penitencia nacional. "Tocad trompeta en Sion, proclamad ayuno, convocad asamblea. Reunid al pueblo, santificad la reunión". Se trataba pues de un fervoroso y sentido movimiento general que afectaría a todas las clases. "Reunid el pueblo, santificad la reunión, juntad a los viejos, congregad a los niños y a los que maman; salga de su cámara el novio, y de su tálamo la novia. Entre la entrada y el altar lloren los sacerdotes ministros de Jehová, y digan: Perdona, oh Jehová, a tu pueblo, y no entregues al oprobio tu heredad" (Joel 2:15-17).

Tal dispensación de arrepentimiento debe preceder todo período de bendición espiritual. La gran figura típica de ese hecho es Juan el Bautista y su ministerio de advertencias y reformas. Indudablemente, dicho período fue previsto en la visión del profeta, precedido por el advenimiento del Señor Jesucristo y por el derramamiento del Espíritu Santo. De igual modo sigue siendo el caso ahora, antes que una iglesia, o un conjunto de personas, puedan recibir las lluvias de bendiciones celestiales, deben humillarse delante de Dios; deben apartarse del pecado de las cosas mundanas y de la desobediencia; deben reconocer públicamente que es Dios quien les envía las bendiciones; deben inclinarse ante él, reconociendo que dependen de él. Entonces recibirán la misma generosa respuesta que Dios ordenó al profeta Joel que llevará a su pueblo: "Alégrate y gózate, porque Jehová hará grandes cosas... alegraos y gozaos en Jehová vuestro Dios, porque ha dado la primera lluvia a su tiempo, y hará descender sobre vosotros lluvia temprana y tardía como al principio" (21,23).

II

LA VENIDA DE CRISTO. Después de eso se presentó el Señor en persona. "Y conoceréis que en medio de Israel estoy yo, y que yo soy Jehová vuestro Dios, y no hay otro; y mi pueblo nunca jamás será avergonzado". Esta manifestación personal del Señor en medio de Israel, se cumplió, de la manera más enfática, con la venida de Jesús y en la encarnación y ministerio preparatorio de Juan el Bautista. Vemos, pues, que Jesús debe venir personalmente antes que podamos recibir el completo bautismo del Espíritu Santo. Jesús desciende al corazón penitente, al corazón rendido, al corazón humilde, y hace en él su morada. "Pero miraré a aquel que es pobre y humilde de espíritu, y que tiembla a mi palabra" (Isaías 66:2).

Jesús es el dador del Espíritu Santo. "El es quien bautiza con el Espíritu Santo", y debemos recibir a Cristo antes de poder recibir el Espíritu Santo. El primer acto del pecador no es la recepción del Espíritu Santo, sino el recibimiento de Jesús, penitente, y dejando todo pecado abre su corazón para recibir al Salvador. "A todos los que le recibieron, a los que creen en su nombre, les dio potestad de ser hechos hijos de Dios". Después de eso, Jesús da al corazón en que habita, el mismo espíritu que mora en él.

III

LA VENIDA DEL ESPIRITU SANTO. "Y después de esto derramaré mi Espíritu sobre toda carne, y profetizarán vuestros hijos y vuestras hijas; vuestros ancianos soñarán sueños, y vuestros jóvenes verán visiones. Y también sobre los siervos y sobre las siervas derramaré mi Espíritu en aquellos días. Y daré prodigios en el cielo y en la tierra, sangre y fuego, y columnas de humo. El sol se convertirá en tinieblas, y la luna en sangre, antes que venga el día grande y espantoso de Jehová. Y todo aquel que invocare el nombre de Jehová será salvo" (28-32). Esa es la promesa que citó el apóstol Pedro el día de Pentecostés, para explicar el significado de esa extraordinaria manifestación de la presencia de Dios.

1. En primer lugar observaremos que se trata de la venida del Espíritu personalmente. No dice "derramaré de mi Espíritu". Es el propio Espíritu el que desciende.

La tercera persona de la gloriosa Trinidad traslada su residencia del cielo a la tierra, tan literalmente como la segunda persona — el Señor Jesucristo trasladó su residencia del cielo a la tierra, al encarnarse para venir a habitar treinta y tres años y medio en Galilea y Judea.

Este mundo es actualmente la morada del Espíritu Santo, que es un ser real y verdadero, con afectos e inteligencia, y con voluntad tal cual la nuestra. El mismo Espíritu que habitó en Jesús durante su ministerio terrenal reside ahora entre nosotros, y está dispuesto a morar en todo corazón consagrado.

2. Se expresa de manera enfática que el derramamiento del Espíritu Santo fue abundante. La palabra hebrea "derrame" significa abundante efusión, el colmo ilimitado del Espíritu. Dios no da algo del Espíritu, sino que lo da en toda su plenitud. No pone límite de ninguna especie. Dios le da el Espíritu "sin medida" a Jesús, y Jesús nos da a nosotros todo lo que tiene de la plenitud del Espíritu.

Todavía no hemos comenzado a darnos cuenta del poder ilimitado y de los recursos que Dios pone a disposición de la fe y de la obediencia de su pueblo.

3. El alcance del derramamiento es universal — "sobre toda carne". Hasta entonces, las manifestaciones del Espíritu se habían limitado a individuos y a una sola nación. Pero ahora se extendería a los judíos y a los gentiles y a toda la raza humana.

Tal vez hay aquí una alusión al aspecto físico de la bendición. El Espíritu Santo hace su habitación en nuestra carne y nuestro cuerpo es su templo.

4. No habría diferencia de edades. La promesa abrazaba a "los jóvenes y a los ancianos", a "los hijos y a las hijas" e igualmente a los progenitores. En adelante no había de hacerse distinciones de la experiencia, de la edad, ni de las ventajas naturales; el Espíritu Santo sería la sabiduría y el poder de todos aquellos que en él confiaran. El se valdría tanto de los más jóvenes como de los más ancianos,

y "de la boca de los chiquitos y de los que maman" sacaría la fortaleza y la alabanza.

Al aproximarnos a la culminación del tiempo de la plenitud del Espíritu y de la venida del Señor, vemos que Dios elige a los jóvenes tanto como a los ancianos, para convertirlos en instrumentos de su poder. Muchas de las vidas más santas de hoy día son las de aquellos jóvenes héroes y heroínas que actúan en los campos misioneros, hombres y mujeres cuya santidad se destaca tanto más por cuanto no se esperaba tanto de ellos, en vista de las atracciones mundanas que les rodeaban. ¡Ojalá llegasen a saber los jóvenes y señoritas que el Espíritu Santo está dispuesto a tomar posesión de ellos, con todo el entusiasmo natural de la juventud, con toda la frescura de su amor, con todo el esplendor de sus ambiciones, no sólo para llenar y satisfacer sus propios corazones, sino para emplearlos como "antorchas que arden y alumbran"!

El más santo de los hombres que haya vivido en Escocia fue el joven McCheyne, cuyo espíritu vive aún en la actual generación. Las vidas que más han influido en el campo misionero han sido las de jóvenes y señoritas que se han dado como ofrendas inmoladas por amor a Cristo. Sí, el mismo Capitán a quien nos encanta seguir, fue joven y jamás envejecerá. El pondrá su joven corazón y su glorioso Espíritu en los más jóvenes y en los más ancianos, y aceptará la radiante y preciosa ofrenda de consagración de los jóvenes y les cubrirá de gloria que el mundo jamás podrá dar. Recibámosle y démosle lo más brillante y lo mejor que tengamos.

5. La promesa es para todos, sin distinción de clase. "Los siervos y las siervas" que se mencionan

en el versículo siguiente, significan, en realidad, los esclavos, pues la servidumbre de las antiguas familias eran esclavos, propiedad absoluta de sus amos. Bajo la dispensación cristiana los dones especiales del Espíritu Santo descenderían sobre esa clase de personas.

No existen datos que indiquen que esclavos hayan sido llamados a algún servicio especial durante la antigua dispensación; pero bajo la nueva dispensación las clases más pobres, las más bajas y menos probables, serían elevadas y recibirían la dotación de poder de lo alto, y los honores de prestar servicios especiales en el reino de Dios. Así, vemos en el Nuevo Testamento que Pablo reconoce como amigo suyo al esclavo Onésimo y lo recomienda a Filemón, que había sido su amo, y le ruega que lo reciba con cristiano afecto. En sus epístolas, el apóstol Pablo aconseja a los siervos que acepten sus empleos en la servidumbre como servicios que prestan por amor de Jesús y les dice que en el reino del Señor recibirán igual recompensa cuando todas las posiciones sociales sean invertidas y ellos podrán ganar la corona de la vida por haber prestado los mejores servicios durante el período milenial.

La verdad es que en este versículo se da especial énfasis al derramamiento del Espíritu Santo sobre los criados y criadas. La palabra, "también" tiene por objeto señalar particularmente a esa clase especial como objeto del divino cuidado y la divina bendición. Es innegable que bajo la dispensación del evangelio, Dios ha hecho de las clases sociales más humildes vasos que ha colmado de sus más ricas misericordias y ha convertido a muchos de ellos en instrumentos de nobilísimo valor.

No hay nadie que se encuentre tan bajo a causa de las trabas naturales que no pueda llegar a ocupar los lugares más altos en el reino de Cristo. Hagamos saber al joven y a la señorita, por humilde que sea su situación y por escasa que sea su cultura, que el Espíritu Santo está dispuesto a elegirle como vasija de su gracia, y él puede darle la más elevada cultura y prepararle para el más honroso servicio que pueda realizar por amor del bendito Maestro, para quien no hay acepción de personas.

6. Dios iba a impartir especiales dones y manifestaciones del Espíritu Santo: "Vuestros hijos y vuestras hijas profetizarán, vuestros ancianos soñarán sueños, vuestros jóvenes verán visiones". Esas diversas expresiones tienen por objeto hacernos ver la peculiaridad de los dones del Espíritu Santo al revelarle al hombre su voluntad y para hacernos ver lo elevado de los servicios para los cuales él puede hacernos aptos.

Profetizar es exponer el mensaje divino con el poder del Espíritu Santo. Los sueños y las visiones indican la iluminación especial que a él le complace dar a aquellos que se consagran a su servicio.

Por supuesto ello incluye el peculiar ministerio de la inspiración a que ya nos hemos referido, el cual no continúa en la iglesia. Pero en cierto sentido, Dios sigue abriendo el oído interior para que oiga su voz, e ilumina "los ojos del corazón" para que tenga visiones de su gloria y de su palabra.

Al parecer, a los ancianos les viene en sueños y a los jóvenes en visiones. Para los ancianos cuyas facultades físicas han perdido un tanto la actividad, Dios tiene que hablarles de modo más directo. Los jóvenes tienen aún la mentalidad más vigorosa y activa, por eso, Dios les ilumina y reaviva para que perciban la visión celestial.

No alentamos ninguna interpretación que se quiera dar a este pasaje cuyo objeto sea dar alas a extravagantes y peligrosas manifestaciones espirituales, tales como las pretendidas visiones de trances y "mediums"; las pretendidas revelaciones y otras ilusiones y ceguedades de nuestros tiempos. Pero después de haber tomado las medidas que aconseja la santa precaución, y teniendo en cuenta la sobria reglamentación de todas las manifestaciones espirituales, queda mucho lugar para el despertar de la mente, y para la iluminación de la visión espiritual y para el desdoblamiento de la mente de los humildes, de los santos que tienen oído atento. Dios todavía sigue dando sus visiones, especialmente a los jóvenes. El se las dio a José, a Timoteo y a Pablo. En la hora de consagración, en los momentos en que esperaban para ver cual era la voluntad de Dios, cuando se encontraban solos en sus habitaciones, en momentos en que todo parecía mirar hacia el mundo pecador, Dios les dio la visión profética y les reveló la inspirada verdad. Dios nos hace ver qué es lo que él quiere hacer de nuestras vidas; nos revela también cuáles son sus propósitos con respecto al mundo y el gran plan profético que tiene. Todo ello lo revela al corazón humilde, por medio del Espíritu Santo. El "nos hará ver las cosas por venir". El nos dará inspiraciones, iluminaciones, aspiraciones, esperanzas y seguridades que serán para nuestra fe como los destellos de la luz que ve el marino mientras navega los mares, cuando, por momentos se abren las nubes y tiene una vislumbre del sol sobre el fondo azul del firmamento, después, las nubes vuelven a cerrarse pero la nave continúa navegando guiada por la vislumbre del sol que tuvo el marino.

Dios le da sus visiones al corazón santo. Estemos seguros que las voces que oímos y las visiones que vemos son de Dios; cuando estamos así seguros, acariciémoslas y vivamos por ellas; dejemos que nos remonten a las alturas de su amor y de su voluntad. "Tus ojos verán al Rey en su hermosura; verán la tierra que está lejos" (Isaías 33:17). "Yo soy la luz del mundo; el que me sigue, no andará en tinieblas, sino que tendrá la luz de la vida" (Juan 8:12).

7. La venida del Espíritu Santo traerá la salvación a todos aquellos que estén dispuestos a recibirla. El Espíritu Santo no sólo dota a algunos del poder necesario para que presten ciertos servicios especiales, sino que abre las puertas de la misericordia a todos aquellos que están dispuestos a creer en el Salvador y a recibirle como tal.

El día de su venida sucederá que "todo aquel que invocare el nombre del Señor será salvo". Así vemos que el día de Pentecostés no es únicamente un día de bendición para los discípulos, sino también día de salvación para las multitudes, y cuando el Espíritu Santo desciende sobre nosotros "convencerá al mundo de pecado, de justicia y de juicio" (Juan 16:8).

¡Cuán fácil nos es guiar a las almas a Cristo cuando estamos llenos del Espíritu Santo! ¡Cómo se carga el ambiente de poder celestial cuando el pueblo que espera en Dios recibe el bautismo de la plenitud del Espíritu Santo! Cuando eso ocurre, algunas veces las conciencias se sienten redargüidas sin que se les diga ni siquiera una palabra, y hay quienes se sienten impulsados a buscar al Salvador debido a influencias que no alcanzan a comprender.

Indudablemente, con el correr de los días y la aproximación de la venida del Señor, se producirán grandes avivamientos, habrá momentos de grandes despertares, sazones de bendiciones especiales, cuando las multitudes buscarán al Señor, tanto en este país (*) como en el extranjero, y recogerá abundante mies de entre los inconversos.

Nuestra generación ha sido testigo de algunos ejemplos de esas grandes conmociones; y podemos alentarnos con la seguridad de que seguiremos viéndolas, si avanzamos contando con el poder del Espíritu Santo, y les damos a las gentes el evangelio en toda su plenitud y sencillez.

8. En esta promesa se incluye también la promesa de la manifestación sobrenatural del poder divino. "Daré prodigios en el cielo y en la tierra". En Pentecostés, el Espíritu Santo descendió con poder sobrenatural; y sigue actuando aún por medio de la fe de su pueblo, con su poder sanador y obrador de maravillas asombrosas, como testimonio de su palabra al mundo incrédulo que él sigue siendo el Dios vivo y presente.

Esas maravillas confirman igualmente su manifestación por la manera como contesta las oraciones, allana las dificultades, rompe las barreras, provee los recursos para llevar adelante su causa, y en todas esas maravillas de providencia y gracia,

---

(*) El escritor escribía en su país, Estados Unidos.

de las cuales hemos tenido innumerables ejemplos en nuestro tiempo.

El Espíritu Santo que mora en la iglesia es el Ejecutivo omnipotente de la Trinidad, y puede dirigir los sentimientos del corazón humano, los elementos de la naturaleza y los sucesos de la providencia, y trabaja juntamente con su pueblo, no sólo en los actos comunes de su gracia, sino en manifestaciones extraordinarias de su poder divino que mejor prueban su palabra y obra.

Podemos depender confiadamente de él creyendo que nos dará todo el poder que necesitamos para la realización de su obra, y para cumplir su voluntad. Si él mora en nosotros dejará ver sus obras fuera de nosotros. Si él se encarna en nuestro corazón, demostrará su dominio en todo el imperio de su poder divino, tanto en las cosas del cielo como en las de la tierra y las que están debajo de la tierra.

9. Volvemos a ver la venida del Espíritu Santo abriendo el camino para el advenimiento del Señor Jesucristo. La visión de la obra maravillosa del Espíritu Santo nos lleva hasta los sucesos que precedieron al advenimiento de Cristo. El siguiente capítulo es un cuadro de la profecía de su venida. Rebosa de interés profético.

Entre las escenas que se ven, figura el retorno de Israel después de su prolongado cautiverio, la lucha final de las naciones impías con Cristo y su pueblo, la gran batalla de Armagedón, la venida del Señor Jesucristo y el establecimiento de su reino bendito.

Así como la venida de Jesús trajo al Espíritu Santo, la venida del Espíritu Santo, en toda su plenitud y poder, trae la segunda venida de Jesús; y conforme se vaya aproximando ese acontecimiento, su poder se manifestará más gloriosamente, y su pueblo comprenderá mejor su gran propósito y sus infinitos recursos. ¡Ojalá lleguemos a comprender mejor que su especial misión es reunir de entre las naciones un pueblo para Cristo, acabar la obra del evangelio, santificar y preparar a la esposa para la venida del Señor, y presentarla a Jesús y entregarle el gobierno del mundo milenario!

El Espíritu Santo anhela la venida de Cristo y ansía contar con un pueblo que lo comprenda y colabore con él a fin de conseguir que esa venida se cumpla.

Así como la venida del Espíritu Santo traerá aparejada consigo el advenimiento milenario, en cierto sentido también la venida del Espíritu Santo al corazón de una persona trae a dicho corazón una bendición milenaria.

Hay un milenio para el alma como lo hay para la iglesia. Hay un reino de paz, de justicia y de gloria al cual podemos entrar con el Espíritu Santo mientras estamos aún en tierra, aunque sea de manera limitada. Hay un reino de Dios que está en nosotros, que consiste de justicia, paz y gozo en el Espíritu Santo. Ven, bendito Consolador, ven a morar en todo corazón que esté dispuesto a recibirte.

CAPITULO XVIII

EL ESPIRITU SANTO EN EL LIBRO DE ISAIAS

"Bien habló el Espíritu Santo por medio del profeta Isaías a nuestros padres" (Hechos 28:25).

EL nombre "Isaías" significa "Salvación de Jehová". Isaías es el profeta de la salvación, el revelador del Señor Jesucristo y del Espíritu Santo, el agente divino de la obra de salvación.

I

LA CONSAGRACION DE ISAIAS. La revelación del Espíritu Santo que tuvo Isaías comenzó con su llamamiento y consagración. En el capítulo seis de su profecía se encuentra el relato de ese notable acontecimiento. Comenzó con una visión de la gloria de Dios que, según nos dice el apóstol Juan, fue una visión de Cristo en su primitiva gloria.

El primer efecto que tuvo dicha revelación sobre Isaías fue hacerle ver su pecado e indignidad, y se postró con el rostro hacia tierra, diciendo: "¡Ay de mí! que soy muerto... han visto mis ojos al Rey, Jehová de los ejércitos!" (5).

Todo verdadero bautismo del Espíritu Santo ha de comenzar revelándonos nuestro propio pecado, y esto se produce a causa de la revelación de la santidad y de la gloria de Dios. No bien nos reconocemos muertos, Dios está dispuesto a comenzar a "hacer todas las cosas más abundantemente de lo que pedimos o entendemos".

Isaías se dio por muerto, y luego le vino el toque de vida. Uno de los serafines tomó del altar celestial un carbón ardiendo y con él tocó sus labios. Lo que no pudieron tocar los dedos del ángel pudieron soportarlo los labios del mortal. Ese fue el bautismo de fuego, que tuvo el efecto de purificar sus labios y de purgar su iniquidad, a fin de prepararlo para la gran comisión que iba a recibir.

Nadie se encuentra en condiciones de representar a Dios ni para ser instrumento del Espíritu Santo mientras no haya recibido el poder purificador de Dios. Lo primero que debemos recibir no es el bautismo del poder sino el del fuego purificador que consume y limpia intrínseca y totalmente.

Como el bautismo de pentecostés que consistió de lenguas de fuego, así fue el fuego que tocó los labios de Isaías, y así ha de ser el que debe descender sobre cada uno de nosotros. El efecto que tuvo dicho toque de fuego fue la consagración de Isaías al servicio de Dios y de su pueblo. Después de eso pudo oír la voz de Dios. Entonces pudo ver los grandes propósitos de Jehová, que desea henchir la tierra de su gloria. Pudo entonces oír el clamor celestial: "¿A quién enviaré, y quien irá por nosotros?" E Isaías pudo responder sin reserva e incondicionalmente: "Heme aquí; envíame a mí".

Dios quiere enviar a sus obreros, pero sólo han de ser voluntarios. Debe haber entre Dios y sus obreros la más perfecta colaboración. Para poder ser enviados es indispensable que estemos dispuestos a que se nos envíe.

Mas, ¿de qué modo fue enviado Isaías? Dios le envió para que realizara una tarea muy difícil. Le envió a que llevase sus mensajes a un pueblo que no quiso recibirle. Dios le ordenó que fuese aunque sabía que rehusarían el mensaje que llevaba. Dios le envió a un lugar donde estaba seguro que fracasaría y donde sería víctima de persecuciones y que, finalmente, moriría mártir de su vocación. Dios le envió para que supiese que el eco de sus palabras sería rechazado en el curso de su vida, y que pasarían generaciones antes que sus palabras dieran los gloriosos frutos que estaban destinadas a producir.

Pero el saber eso, no produjo cambio alguno en la actitud de Isaías. Bastábale el hecho que Dios le enviara y el saber que estaba cumpliendo la divina comisión que se le había encomendado. Algunos recibirían su mensaje, pero únicamente una décima parte, un resto, un pequeño rebaño, atendería a su voz y llegaría a ser la semilla, la sagrada semilla de una cosecha futura.

Así nos envía Dios cuando hemos recibido el bautismo de fuego. Muchas veces tenemos que actuar en circunstancias difíciles y desagradables, pero debemos hacer lo que hizo Isaías, debemos obedecer e ir a donde Dios nos manda, para dar testimonio aun de aquellas verdades que no agradan y aunque sea para cumplir un ministerio que no alcanzamos a comprender. Con tal de agradar al Divino Maestro, ¿qué importa lo que digan los hombres?

Estamos hablando por medio del teléfono de los siglos. Llegará el día en que vendrá la respuesta, y el Señor dirá: "¡Has hecho bien!"

II

EL ESPIRITU SANTO EN EL SEÑOR JESUCRISTO. La próxima vez que Isaías nos revela la acción del Espíritu Santo es en relación con la persona y la obra del Señor Jesucristo. Nos presenta tres cuadros del bautismo de Jesús por el Espíritu Santo.

El primero lo encontramos en el capítulo once, desde el versículo segundo al cuarto. "Y reposará sobre él el Espíritu de Jehová; espíritu de sabiduría y de inteligencia, espíritu de consejo y de poder, espíritu de conocimiento y de temor de Jehová. Y le hará entender diligente en el temor de Jehová. No juzgará según la vista de sus ojos, ni argüirá por lo que oigan sus oídos; sino que juzgará con justicia a los pobres, y argüirá con equidad por los mansos de la tierra; y herirá la tierra con la vara de su boca, y con el espíritu de sus labios matará al impío".

Hallamos aquí tres series de cualidades que el Espíritu Santo iba a traer en Cristo. Primero, tenemos sus *investiduras intelectuales,* "el espíritu de sabiduría y de comprensión".

La sabiduría es la fuerza aplicada al conocimiento y a la comprensión. Ambas cosas son necesarias a la verdadera sabiduría práctica. Una persona podrá saber mucho, pero lo que sabe no le será de valor alguno si no sabe darle aplicación.

El Espíritu Santo no nos da únicamente conocimientos, sino que nos imparte sabiduría práctica.

Fue así como reposó sobre Jesús, y del mismo modo reposará sobre aquellos en quienes Jesús habita, y les revela la voluntad de Dios, la mente de Cristo, el significado de las Sagradas Escrituras y los mensajes que éstas tienen para nosotros y las lecciones que debemos aprender de nuestra vida y de nuestros tiempos.

La segunda investidura que el Espíritu Santo impartió a Cristo es signo de *facultad ejecutiva*. El espíritu consejero es el que da capacidad organizadora para disponer los planes correctamente y el poder y las fuerzas necesarias para llevar a cabo lo planeado.

Sin un plan bien trazado, sucede a menudo que la obra hecha con la mejor de las intenciones, fracasa; y si no se cuenta con la necesaria capacidad ejecutiva, los mejores planes resultan futiles. En los asuntos humanos esas facultades, generalmente, están divididas; una persona tiene la capacidad creadora y otra el brazo ejecutivo. Pero el Espíritu Santo tiene ambas cualidades y de ellas invistió al Señor Jesucristo, haciéndole Admirable, Consejero y al mismo tiempo, el Dios Todopoderoso, cuyo consejo permanecerá y quien hará todo lo que le plazca.

La tercera clase de atributos representan *lo moral y lo espiritual:* "El espíritu de inteligencia y el temor de Jehová". Y amplía esa declaración con esta otra: "Le hará entender diligente en el temor de Jehová". Son esos los más elevados atributos del carácter, que el Señor Jesucristo poseyó infinitamente.

Los escoceses emplean un dicho muy expresivo.

Hablan de "sentir" (*) las cosas. El sentir una cosa no quiere decir que se le entienda por razonamiento, ni que se le conozca por medio de informaciones que se reciban, sino que quiere decir conocerla por instinto e intuición. Es algo así como el sentido del olfato, o el instinto del pájaro que le hace distinguir la frutilla venenosa por la simple intuición; en cambio el hombre de ciencia tiene que analizarla por medios químicos para descubrir el veneno.

Jesús tuvo esa intuición de lo bueno y lo malo, era la intuición instintiva de la mente y de la voluntad de su Padre, el temor de todo lo malo, y la santa intuición de lo bueno; eso mismo es lo que siente el alma santificada en proporción al conocimiento que adquiere del Señor Jesús y según se hinche del Espíritu Santo.

Tal vez parezca extraño que digamos que Jesús, siendo como era, Hijo de Dios, tuviese temor de su Padre. Pero mientras mayor es nuestra intimidad con las personas leales y veraces, tanto más respeto y veneración les tenemos. El amor no se opone al temor en el sentido elevado y dulce que aquí le damos, pues mientras más amamos a un amigo y mientras más confiamos en él, tanto más temeremos desagradarle u ofenderle, e instintivamente desearemos complacerle.

Ese es el temor de Jehová que es el principio de la sabiduría, y el Espíritu Santo está dispuesto a dar esa sabiduría a toda alma fiel y santificada. Amados, recibamos pues a Cristo en nuestros corazones y el bautismo del Espíritu Santo, que él trae

---

(*) "Sensing things."

juntamente con la sabiduría, con las facultades ejecutivas y la rápida sensibilidad de lo bueno y de lo malo.

El segundo cuadro del bautismo de Jesús por el Espíritu Santo lo tenemos en los primeros cuatro versículos del capítulo cuarenta y dos de Isaías: "He aquí mi siervo, yo le sostendré; mi escogido, en quien mi alma tiene contentamiento; he puesto sobre él mi Espíritu; él traerá justicia a las naciones. No gritará, ni alzará su voz, ni la hará oír en las calles. No quebrará la caña cascada, ni apagará el pábilo que humeare; por medio de la verdad traerá justicia. No se cansará ni desmayará, hasta que establezca en la tierra justicia, y las costas esperarán su ley."

Todas las personas de carácter firme e íntegro, son sencillas y tiernas. Jesús es la perfecta combinación del león y el cordero, de la paloma y el águila; y él se apoderará de nosotros de modo que seamos coronados con la gloria de la humanidad y dotados de la fortaleza del amor.

Hay un tercer cuadro del bautismo del Señor Jesucristo por el Espíritu Santo, el que se encuentra en los primeros cuatro versículos del capítulo sesenta y uno: "El Espíritu de Jehová el Señor está sobre mí, porque me ungió Jehová; me ha enviado a predicar buenas nuevas a los abatidos, a vendar a los quebrantados de corazón, a publicar libertad a los cautivos, y a los presos apertura de la cárcel; a proclamar el año de la buena voluntad de Jehová, y día de venganza del Dios nuestro; a consolar a todos los enlutados; a ordenar que a los afligidos de Sion se les dé gloria en lugar de ceniza, óleo de gozo en lugar de luto, manto de alegría en lugar del espíritu angustiado; y serán llamados árboles de justicia, plantío de Jehová, para gloria suya. Reedificarán las ruinas antiguas, y levantarán los asolamientos primeros, y restaurarán las ciudades arruinadas, los escombros de muchas generaciones".

Este pasaje, tan bien conocido, se lo aplicó a sí mismo el Señor Jesucristo en un discurso público que pronunció en Nazaret. Aquí vemos al Espíritu Santo ungiendo al Señor Jesús, primero, para el ministerio del evangelio de salvación de los pobres, segundo, con el ministerio de la sanidad; tercero, el ministerio de la liberación de los cautivos del pecado; cuarto, el ministerio de la enseñanza, de la reaparición de la vista de los ciegos; quinto, con el mensaje de su venida para proclamar el año aceptable del Señor y el día de la venganza de nuestro Dios; y, finalmente, el mensaje de aliento y consolación a todos los enlutados.

Ese fue el ministerio de Cristo y lo cumplió con el poder del Espíritu Santo.

El no intentó predicar el evangelio antes de haber sido investido; tampoco debemos hacerlo nosotros. Pero al recibir el mismo Espíritu, nuestro ministerio será de salvación, de sanidad, de santificación, de enseñanza, de esperanza, de consolación, de gozo, de alegría, etc.

Hay algo muy notable en el orden en que se suceden estos tres pasajes, referentes al bautismo de Cristo. Primero, en el capítulo segundo trata de una promesa del profeta. Luego, en el capítulo cuarenta y dos, el Padre se la anuncia al Hijo. Aquí la anuncia el Salvador, la declara suya y prosigue a cumplir su ministerio ejerciendo su poder.

Sólo así podemos recibir el bautismo del Espíritu Santo. Este se nos ha prometido a nosotros como a él y debe llegar el momento cuando lo recibamos de la Palabra de Dios y por nuestro acto de consagración. Después de eso debe darse un tercer paso, cuando nosotros mismos lo confesemos, lo aceptemos y avancemos para hacerlo efectivo, ejerciendo el don que hemos pedido y recibido, probando nuestra fe por medio de la obediencia. Cuando nosotros avanzamos con el evangelio de salvación, como lo hizo Jesús, dependiendo del poder del Espíritu, veremos, como lo vio él, que somos investidos con poder de lo alto.

III

EL ESPIRITU SANTO DESCENDIO SOBRE ISRAEL EN CONJUNTO, COMO NACION. En el capítulo 32 de Isaías, entre los versículos 15 al 18 tenemos un precioso cuadro del derramamiento del Espíritu Santo sobre Israel. "Hasta que sobre nosotros sea derramado el Espíritu de lo alto, y el desierto se convierta en campo fértil y el campo fértil sea estimado por bosque. Y habitará el juicio en el desierto, y en el campo fértil morará la justicia. Y el efecto de la justicia será paz; y la labor de la justicia, reposo y seguridad para siempre. Y mi pueblo habitará en morada de paz, en habitaciones seguras, y en recreos de reposo".

Esto viene en seguida de un largo período de depresión y tribulaciones. Trae consigo completa y bendita revolución, y hace que la nación se vuelva hacia la justicia y hacia Dios, y convierte todas las tribulaciones en prosperidad, en bendiciones y en paz. Las primeras gotas de esa bendita lluvia ya comenzaban a caer y el resto de Israel se volvía hacia Dios, e igualmente muchos otros de la antigua madre patria.

El Espíritu Santo comenzaba a visitar a la simiente de Abraham, y muy pronto los desiertos de Palestina florecerían como la rosa. Oremos por Israel, su restauración será, para los gentiles y para el mundo entero, como resurrección de los muertos.

Hay otro cuadro de las mismas bendiciones que vendrían sobre la nación, éste se encuentra en el capítulo 59, versículos 19 a 21. El apóstol Pablo, en su carta a los Romanos cita este pasaje en directa relación con la venida de Cristo y el retorno de Israel. Esto ocurriría al mismo tiempo de una gran efusión del Espíritu que descendería de lo alto para permanecer eternamente.

El Espíritu Santo no se ausentará del mundo cuando Jesús regrese, sino que así como habitó en Cristo en los días de sus padecimientos y de su humillación, el Espíritu Santo morará igualmente en él cuando venga a reinar en gloria.

Todo lo que sabemos con respecto al consuelo, el gozo, el amor, la vida y el poder que él nos da es sólo el anticipo de la gloria con la cual nos llenará en los siglos por venir. Entonces no sólo sabremos lo que es la plenitud de Jesús, sino que recibiremos la plenitud del Espíritu y será cierto lo que dice la Sagrada Palabra con respecto a Israel y la Iglesia de Cristo: "El Espíritu mío que está sobre ti... no faltarán de tu boca, ni de la boca de tus hijos, ni de la boca de los hijos de tu hijo, dijo Jehová, desde ahora y para siempre" (Isaías 59:21).

IV

EL ESPIRITU SANTO PARA CADA UNO DE NOSOTROS, INDIVIDUALMENTE. En Isaías hay otra promesa más grande aún del Espíritu Santo, que cada uno puede reclamar personalmente. Esta se halla en los versículos tres a cinco del capítulo cuarenta y cuatro, donde dice: "Porque yo derramaré aguas sobre la sequedad, y ríos sobre la tierra árida; mi Espíritu derramaré sobre tu generación, y mi bendición sobre tus renuevos; y brotarán entre hierba, como sauces junto a las riberas de las aguas. Este dirá: Yo soy de Jehová; el otro se llamará del nombre de Jacob, y otro escribirá con su mano: A Jehová, y se apellidará con el nombre de Israel".

La única limitación de esta promesa es nuestra idoneidad para recibirla. Tenemos aquí un precioso cuadro del campo, de la lluvia y del fruto.

Primero, el campo es "la tierra árida y seca". En la naturaleza, como en el campo donde ha de obrar la gracia es indispensable la preparación del terreno para que pueda recibir la semilla y producir la deseada mies. La misma semilla caída en cierta clase de terreno, no produce nada, mas sembrada en otro terreno da abundante fruto; de igual modo, el Espíritu Santo se afecta según la clase del corazón donde mora, y de la capacidad del alma para disfrutar de la vida, del poder y de las bendiciones que el Espíritu Santo puede darle. Algunas parecen ser vasijas preparadas para gloria, otras, en cambio, dan la impresión que sólo pueden producir pecado y todo lo que es malo.

Dos hombres se sientan ante la misma mesa. Para el uno se trata de una fiesta, para el otro de abstinencia, simplemente porque el uno tiene hambre y el otro no. El mejor plato que debemos tener sobre nuestra mesa a la hora de comer, es buen apetito. La preparación espiritual que Dios nos da para el advenimiento de su Espíritu es gran hambre y sed. Agradezcámosle cuando nos la da; y demostremos más bien la necesidad que tenemos de él, no la plenitud recibida, es decir, demostremos que deseamos más la bendición no lo que ya hemos recibido, pues la bendición es para aquellos que "tienen hambre y sed de justicia, porque ellos serán hartos".

El mejor modo de prepararnos para recibir el Espíritu Santo es estar vacíos, sentir que le necesitamos, y estar espiritualmente en condiciones para recibirle. Algunas veces Dios tiene que valerse de nuestros fracasos y hacernos ver nuestra ineptitud e indignidad, para conseguir hacernos aptos para que recibamos al Espíritu Santo.

Luego veremos que él derramará "abundantes lluvias" sobre esa clase de terreno. No se trata simplemente de unas cuantas gotas; sino lluvia abundante de su Espíritu hasta que sobreabunde. ¡Ojalá lleguemos a disfrutar las abundantes riquezas de su plenitud, y que las derrame sobre nosotros hasta que no quede sitio para recibir más!

Finalmente, vemos que hay una triple fruición. Primeramente tenemos la salvación de las personas. "Uno dirá yo soy de Jehová". Luego aquellos que no son salvos deben confesarlo públicamente: "Otro se llamará del nombre de Jacob". Y, en tercer lugar, tenemos la más completa consagración del pueblo de Dios. "Otro escribirá con su mano: A Jehová, y se apellidará con el nombre de Israel". Este último describe una condición de vida espiritual mucho más elevada.

Este es un pacto solemne que hace el alma con su Dios, que encierra una entrega completa y absoluta y el reclamo de todas las bendiciones y toda la plenitud del Espíritu Santo.

Viene en seguida el nuevo apellido, como le ocurrió muchos siglos antes al patriarca Jacob, lo que señaló una crisis en la historia de su vida, y a partir de ese momento recibió nuevas fuerzas y renovadas bendiciones. El nombre Israel significa "Príncipe de Dios", eso es el alma triunfante, la vida que disfruta de la divina plenitud del Espíritu Santo.

La misión del Espíritu Santo es cabalmente eso — guiarnos a esas cosas; primero, a que aceptemos al Señor, luego, a que nos reunamos con su pueblo y demos testimonio de ello públicamente, y después, que disfrutemos de la total plenitud de su gracia y bendición.

Al recibir el Espíritu Santo, debemos proseguir, y conforme proseguimos, continuaremos recibiendo la creciente plenitud de su presencia que satisface. Amados míos, ¿hemos dado todos esos pasos? ¿Hemos firmado el pacto personal? ¿Tenemos relaciones especiales con Dios? ¿Es él para nosotros lo que no lo es para ningún otro? ¿Hemos recibido el apelativo eterno y se halla escrito nuestro nombre en el cielo con letras que nadie sabe, aparte de aquel que se lo dio al alma y la que lo recibió?

Esa es, pues, la visión que tuvo Isaías del Espíritu Santo, el Espíritu que primero descendió

EL ESPIRITU SANTO EN EL LIBRO DE ISAIAS

sobre él y le dotó de la capacidad necesaria para revelarlo a otros en el curso de su glorioso ministerio en la persona del Señor Jesús, en la gloria por venir para la nación judía y en el alma que recibe la plenitud del Espíritu Santo.

Todo eso ha sucedido durante los siglos transcurridos desde los días en que vivió Isaías. Estamos en el mediodía y en el esplendor y gloria del Espíritu Santo. ¿Se han cumplido en nosotros esas antiguas promesas y profecías? ¿Se ha realizado en nuestra vida lo que el profeta vio en esa visión? ¿Hemos probado esta parte de las Sagradas Escrituras?

Acudamos a él como lo hizo Isaías, con verdadera hambre espiritual, dispuestos a renunciar a todo y a consagrarnos totalmente a él. Recibamos el sello vivo que Jesús está dispuesto a poner en nuestros labios con su propia mano y a dejarlo en el altar de nuestros corazones; salgamos después, como lo hizo Isaías, contando con el poder del Espíritu Santo, a proclamar su gracia y su plenitud y ser conductores espirituales, transmisores de bendiciones a las almas que hambrean y perecen a nuestro derredor; que nuestra vida, como la de Isaías, signifique "la salvación de Jehová".

CAPITULO XIX

EL ESPIRITU SANTO EN LA VIDA Y EN EL TESTIMONIO DE JEREMIAS

AUNQUE Jeremías ocupa un lugar secundario en el Antiguo Testamento, al comparársele con el de Isaías, la verdad es que él ocupaba el lugar más encumbrado en la opinión de su pueblo, como asimismo en la de los rabíes y los dirigentes religiosos entre los judíos. Era tan alto el concepto que tenían de él que lo consideraban como el espíritu guardián de Judá y de Jerusalén y por eso creían que resucitaría de entre los muertos y que traería una nueva era de esperanza y prosperidad para la nación. A eso se debió que al ver que Jesús realizaba los maravillosos milagros que hizo, llamando la atención de todos, vemos que había quienes creían que era Jeremías que se había levantado de entre los muertos.

La vida de Jeremías está entretejida en la vida de la antigua nación judía y con la caída de Jerusalén. El período de su ministerio, que duró cosa de cuarenta años, fue muy parecido al de Moisés, al principio de la historia del pueblo de Israel. También tuvo gran semejanza a los cuarenta años de prueba a que se vio sometido el pueblo hebreo antes de la caída de Jerusalén, después que hubieron rechazado el testimonio de Cristo y de sus apóstoles.

Esos tres períodos, cada uno de ellos de cuarenta años de duración, fueron de provocación de parte del pueblo de Israel. Así como Moisés fue el mensajero divino en el primero de los períodos mencionados, Jeremías lo fue en el segundo con amorosa lealtad a su patria y suprema fidelidad a su Dios. El hizo todo lo que pudo para evitar la horrorosa catástrofe que vio aproximarse velozmente y que iba a caer sobre su pueblo. Al ver que no podía hacer nada para evitar el infortunio, participó de la desgracia juntamente con él, y, finalmente, según parece, pereció víctima de la crueldad de sus propios compatriotas.

La historia de Jeremías y el testimonio que dio durante toda su vida son una conmovedora y preciosa manifestación del carácter divino y del amor inspirado por el Espíritu Santo.

El Nuevo Testamento testifica admirablemente acerca de lo inspirado de sus mensajes, y en él se reconoce que sus palabras fueron mensajes del Espíritu Santo. Primero echaremos una mirada a su llamamiento al servicio de Dios y de su nación, luego, a las relaciones de su vida y su ministerio en su nación y en su tiempo; y, finalmente, contemplaremos los mensajes que dio bajo la unción del Espíritu Santo, para los siglos venideros.

I

EL LLAMAMIENTO DE JEREMIAS Y LA OBRA QUE SE LE ENCOMENDO. En el primer capítulo de su libro profético, Jeremías nos ha dado a saber cómo fue llamado al servicio de Dios y cómo recibió la comisión para dicho servicio. No es muy diferente a la historia de la consagración de Isaías que leemos en el capítulo sexto de este último profeta. Dios descendió y le dijo a Jeremías que lo había elegido para que fuese profeta de las naciones, desde antes de su nacimiento.

La comisión que Dios le dio es gloriosísima. "Mira que te he puesto en este día sobre naciones y sobre reinos, para arrancar y para destruir, para arruinar y para derribar...y para plantar" (10). La comisión que Dios le dio no sólo alcanzaba a su propio pueblo, sino que ante su palabra profética las más grandes naciones de su tiempo se levantaban y caían. Los poderosos ejércitos que atravesaban toda la tierra y hacían temblar a las naciones, se movían acatando la palabra de Jeremías que hablaba con el poder del Espíritu Santo. Solito en su tranquilo hogar de Anatot, en el tormento de la prisión de Jerusalén. Jeremías era ciertamente la mayor potencia de su tiempo. Era su palabra profética la que decidía los destinos de las dinastías y los reinos.

No hay nada más sublime que el poder que el Espíritu Santo imparte al más humilde de los santos; y el ministerio de la oración que él concede a la más oscura de las criaturas de Dios. ¿Habrá espectáculo más glorioso que el cuadro que se nos presenta cosa de un siglo más tarde en el que nos presenta a ese poderoso soberano oriental, el siempre victorioso Ciro, quien, después de haber subyugado naciones, después de haber caído a sus pies la soberbia de Babilonia, después de haber dominado el mundo entero y haberlo convertido en su imperio, impelido por una influencia que él mismo no pudo comprender se vio obligado a cumplir lo que Jeremías había profetizado?

No hay duda que su ministerio fue algo muy fuera de lo común, pero Dios dará poder semejante a cualquier otro de sus santos verdaderos que esté dispuesto a aceptar, en nombre del Señor Jesús, la importante comisión y el sagrado ministerio de la oración, y a empuñar el cetro de la fe, con el cual podrá tocar al mundo con el poder y bendición eternos de Dios.

La comisión que Dios encargó a Jeremías fue algo muy notable. Como es de suponerse, Jeremías se sintió absolutamente incapaz de desempeñarla. Todos sus naturales instintos se rebelaron contra el llamamiento que había recibido. Jeremías era hombre sensitivo, retraído y amoroso. Para él era un penoso sacrificio estar siempre en continuo antagonismo con el pueblo que tanto amaba y el dirigirle las represiones que Dios le ordenaba que lanzara sobre él — contra los príncipes, contra los sacerdotes y contra los profetas.

Le habría sido mucho más fácil llorar por las aflicciones que agobiaban a Israel, y aun sufrir por sus pecados; pero Dios eligió a ese hombre de instintos tan sensitivos y retraídos para que hiciera a su pueblo las más horrorosas advertencias acerca de los juicios que caerían sobre él, y para que pasase por tribulaciones tan angustiosas que espantarían al más esforzado de los hombres. Jeremías se sintió acobardado, y dijo: "Soy niño". Mas Dios no podía consentirle que invocara su debilidad. No eran las fuerzas de Jeremías las que debían imponerse, sino el poder de lo alto, con el cual sería investido. Dios extendió la mano y le tocó los labios.

Dios le impartió su poder para disipar la debilidad, y le ordenó que se presentara, sin la menor duda ni el más mínimo miedo, y que dijera lo que él le inspiraba. Debía ser como un muro de granito, como una fortaleza de oposición a los ataques de los sacerdotes, de los príncipes, de los profetas y de todo el pueblo.

De igual manera, Dios suele llamarnos algunas veces al desempeño de ministerios para los cuales nos sentimos completamente inaptos. Pero si es él quien nos llama y el que nos da la necesaria idoneidad, ¿por qué hemos de tener miedo? La verdad es que lo único de lo cual debemos tener temor es del espíritu del miedo; cuando avanzamos dispuestos a cumplir la divina misión que se nos ha encomendado, debemos hacerlo sin temor de ninguna clase; con absoluta obediencia. Sí, casi podríamos decir que debemos hacerlo con toda audacia, pues esa es la manera más segura de proceder: "No temas delante de ellos, porque contigo estoy para librarte" (1:8), esa advertencia es, tanto para nosotros, como lo fue para Jeremías.

II

LA RELACION DE JEREMIAS CON SU PUEBLO Y CON SU TIEMPO. Jeremías vivió y testificó durante el reinado de cuatro reyes de Judá, habiendo sido llamado al desempeño de su ministerio a principios del reinado de Josías, quien, habiendo heredado un trono corrupto, y habiendo ascendido a él a muy temprana edad, se vio rodeado de un pueblo dado a la idolatría y al pecado. El largo reinado de Manasés, que se prolongó por medio siglo, sólo se podría comparar con los días de Acab y Jezabel, aunque a causa de los castigos divinos hacia el final de sus días se arrepintió de lo que había sido y de lo que había hecho. Después de un breve reinado de un hijo suyo, reinado que fue tan depravado como había sido el de él, ascendió al trono Josías.

Este, que estaba destinado a ser uno de los mejores reyes de Judá, pudo colocarse al lado de Josafat y Ezequías, verdaderos sucesores de David. Desde el principio comenzó a luchar contra todo lo malo, y luchó valiente y constantemente, hasta el final de su reinado, con objeto de reformar el país. En todo lo que hizo contó con el apoyo de Jeremías. La verdad es que bajo la dirección de Dios, las reformas que realizó se debieron, principalmente, a la labor de **Jeremías.**

Día tras día, Jeremías se detenía en las calles de Jerusalén y pronunciaba sus tiernos y solemnes mensajes. Los primeros discursos que pronunció se han preservado al principio de su libro de profecías. Jeremías hacía recordar a su pueblo el antiguo pacto que habían hecho con Dios y como él había sido fiel y les había dado su bendición. El profeta les hablaba con ternura y franqueza que sus palabras les llegarían hasta el corazón. Exclamaba diciendo: "Así dice Jehová: Me he acordado de ti, de la fidelidad de tu juventud, del amor de tu desposorio, cuando andabas en pos de mí en el desierto". Y renovaba el llamamiento diciendo: "¿He sido yo un desierto para Israel, o tierra de tinieblas?" "Dos males ha hecho mi pueblo; me dejaron a mí, fuente de agua viva, y cavaron para sí, cisternas, cisternas rotas que no retienen agua" (2:31,13).

Luego, probablemente al ver la frialdad e indiferencia con que le escuchaban y, tal vez también con mofa e incredulidad les dirigió algunos solemnes mensajes, haciéndoles ver las calamidades que les sobrevendrían; describió la dramática escena del ejército invasor y del ejército del norte que pondría sitio a la ciudad de Jerusalén y, finalmente, la caída de ésta. Algunas veces se escapaban de su corazón angustiosas exclamaciones tales como éstas: "¡Oh, si mi cabeza se hiciese aguas, y mis ojos fuentes de lágrimas para que llore día y noche los muertos de la hija de mi pueblo!" "¿No hay bálsamo en Galaad? ¿No hay allí médico? ¿Por qué, pues, no hubo medicina para la hija de mi pueblo?" "Pasó la siega, terminó el verano, y nosotros no hemos sido salvos" (9:1; 8:22,20).

Así predicó, rogó, exhortó y esperó año tras año. Poco a poco se fueron viendo algunas señales de mejoría, hasta que al cabo de algún tiempo pareció como si las nubes iban pasando, y que la nación retornaba a su Dios.

Por ese tiempo ocurrió un suceso extraño e importante. Fue éste el hallazgo de un ejemplar del libro de la ley que se había extraviado entre los desechos del templo. La casa de Dios había llegado a ser algo así como un inmundo pesebre y lo habían entregado a la celebración de ritos idólatras hacía ya varias generaciones. Pero Josías había ordenado que se limpiase, y, mientras procedían a la limpieza, encontraron entre los desechos y basuras, un antiguo ejemplar del libro de la ley de Moisés. Tal vez haya sido el libro de Deuteronomio, o quizás se trataba de un rollo grande con todas las leyes. El hallazgo impresionó hondamente tanto al profeta como al rey. Fue algo así como lo que ocurrió en el siglo dieciséis con el hallazgo de la Biblia de Lutero. Llevaron el rollo de la ley y lo presentaron solemnemente ante el rey, y en una reunión a la cual convocaron a los sacerdotes y a todo el pueblo, se leyó el sagrado libro. Mientras escuchaban la voz de Dios y oían sus preceptos y mandamientos, que habían descuidado durante años y los habían desobedecido, comenzó a apoderarse de ellos algo así como el espíritu de la verdadera humillación y deseos de reformarse.

En vista del movimiento que se había producido, Josías convocó a la nación entera para que concurrieran todos a Jerusalén, y ordenó que se celebrase una grande y solemne pascua. Concurrieron del norte, del sur, del oriente y del occidente, y aun algunas partes de Israel se congregó con ellos. La celebración de esa pascua fue tal como no la habían celebrado desde hacía muchísimo tiempo.

Uno habría creído que todo eso habría henchido el corazón de Jeremías de gozo y de confianza. Es indudable que el profeta apreciaría muchísimo el despertar que se produjo entre las masas del pueblo aunque hubiese sido, como de hecho lo fue, de fugaz duración. Pero dicho despertar produjo en él una de esas crisis que tanto agobian a los fieles ministros de Dios. No se le ocultó a Jeremías que la conmoción había sido muy superficial; pudo ver la falta de sinceridad de parte de los dirigentes. Jeremías pudo ver que el corazón del pueblo seguía dado a la idolatría y al pecado, y que todo lo que hacían era superficial y, por consiguiente, no tardaría en desaparecer. Estaban dispuestos a llegar hasta cierto punto, pero no estaban dispuestos a que se produjera en ellos un avivamiento radical que los separara de toda idolatría, de todo pecado y de todos los vicios e iniquidades que predominaban en toda la vida nacional. Así, Jeremías pudo ver, con la visión que produce el discernimiento divino, que lo que necesitaba su pueblo era un avivamiento de esa clase y que ninguna otra cosa podría librarles de la calamidad que les amenazaba.

Por ese motivo, Jeremías rogó a la nación, con más solemnidad que nunca, a que se arrepintiera y buscara a Dios. Convocó a los príncipes, a los sacerdotes, a los profetas y al pueblo en general, a que buscasen la justicia y la santidad; a que circuncidaran sus corazones y a que no descansaran confiados únicamente en el culto ceremonial ni en reformas exteriores.

Pero la nación recibió el mensaje con frialdad, muy pocos lo acataron. La reforma pasajera pronto pasó; los corazones del pueblo quedaban aún sin ser santificados; el profeta estaba seguro que el día de juicio que iba a caer sobre Judá, sólo se había retardado, pero su peligro no había desaparecido.

No transcurrió mucho tiempo antes que las nubes comenzaran a acumularse más oscuras y más amenazantes que nunca. En mala hora el rey Josías fue inducido a emprender, apresuradamente, una insensata campaña contra el rey de Egipto. Desoyendo las advertencias que le envió Dios por medio de los labios de dicho rey pagano, se lanzó a la contienda que se le había prohibido, y como consecuencia de ello perdió la vida dejando su cuerpo ensangrentado en el campo de Meguido.

Al morir Josías, el pueblo de Judá perdió en él la última esperanza, y Jeremías expresó sobre él una lamentación que no es otra cosa que el clamor nacido de la desesperación. Después de eso comenzó la cadena de crímenes y calamidades que culminaron con la caída de Jerusalén y el cautiverio de Judá.

Joacim, sucesor de Josías, fue la contraparte de Acab y de Jeroboam, durante los peores días de Israel. Desoyó todos los consejos y advertencias del profeta. Cuando Jeremías logró conseguir que Baruc le leyese a Joacim lo que decía el rollo de sus mensajes proféticos acerca de los solemnes juicios que Dios había pronunciado contra él, en vez de demostrar el menor signo de arrepentimiento, tomó un cortapapeles y cortó del rollo de pergamino, el trozo donde estaban escritas las palabras que le desagradaron y lo echó al fuego.

El profeta regresó a su casa y volvió a escribir las amenazas que le había ordenado Jehová que escribiera contra el rey, añadiendo algunas frases más amenazantes y más terribles aún que las anteriores, y volvió a enviarlo al rey. Jeremías advirtió repetidas veces a Joacim acerca de la ruina que le amenazaba, pero éste estaba tan ensoberbecido y determinado a obrar mal, que al fin, después de once años de infame reinado, fue muerto a raíz de un ataque nocturno que lanzó contra Jerusalén el ejército babilónico. El cadáver de Joacim quedó tendido en el campo. Siglos después se dijo que en la pálida frente del desdichado rey se podía leer, en letras horribles, el nombre del espíritu maligno que Joacim había seguido durante toda su vida.

Mucho tiempo antes de la muerte del malvado rey, Jeremías había predicho: "En sepultura de asno será enterrado" (22:19), y así acabó su vida, humillado y en la ruina. Tenía tan mala reputación que no quisieron sepultarle en el panteón de los reyes.

Joacim fue sustituído por Joaquín que, en realidad no fue más que un títere del monarca babilónico. Después de un corto reinado, sin nada en él que se destacara, fue reemplazado en el trono por Sedequías que, de hecho, fue el último de los reyes de Judá.

Sedequías era de carácter débil e irresoluto más bien que obstinado. Se destacó por su vacilación y cobardía. Tenía cierto respeto a los mensajes de Jeremías; algunas veces solía llamarlo para consultarle y, al parecer escuchaba sus consejos y daba la impresión que se guiaría por ellos; pero temía el qué dirán de los príncipes y el pueblo, y no tenía valor para obrar de acuerdo con sus propias convicciones.

Repetidas veces Jeremías le advirtió que si obedecía la voz de Dios, aún tenía tiempo para que él y su pueblo quedasen libres de la amenaza del castigo; mas si persistía en su propósito de dejarse llevar de los consejos del pueblo y de los príncipes, y si continuaba dependiendo de las alianzas de los países vecinos, tanto él como su reinado perecerían.

Durante los últimos años del reinado de Sedequías el leal profeta pasó por muchas vicisitudes. Repetidas veces lo acusaron de deslealtad a la patria y le trataron como si hubiese sido enemigo de su nación. Los falsos profetas por su parte, hablaban en su contra y trataban de fomentar las esperanzas del pueblo engañándolo con la apariencia de una ilusoria prosperidad. Hubo momentos en que lo buscaban para matarle. Repetidas veces le encarcelaron y tuvo que soportar crueles penurias, tales como el pasar varios días metido en una mazmorra llena de cieno, y fue únicamente por la compasión que le tuvieron personas desconocidas, que fue librado de perecer allí.

Así corrieron los años hasta que al fin se colmó el vaso de iniquidad y el juicio divino no pudo esperar más. Los babilonios invadieron el país. El cordón que amenazaba destruirles se fue ajustando alrededor de Jerusalén, hasta que, al fin, se derrumbaron sus muros y los caldeos la invadieron. Sedequías quiso salvar su vida huyendo cobardemente, y logró llegar hasta las llanuras de Jericó acompañado de un reducido cortejo de sus servidores; pero los babilonios lo persiguieron hasta capturarlo. El rey y sus hijos fueron conducidos a la presencia de Nabucodonosor. En su presencia ejecutaron a sus hijos, y como para grabar en su memoria de manera imborrable los sucesos de su vida, con horrenda crueldad le extrajeron los ojos, y lo llevaron ciego y cautivo a la ciudad de Babilonia, donde permaneció hasta su muerte.

¿Cuál fue la suerte de Jeremías? Jeremías había permanecido fiel a Dios y Dios no le había fallado en las negras horas por las cuales tuvo que pasar. Habiéndose enterado el rey acerca de la clase de hombre que era, recto y heroico, ordenó a los oficiales de su ejército que buscaran al profeta y que le prestaran todos los cuidados necesarios para que nadie pudiese causarle ningún daño. Nadie le tocó ni un pelo de su cabeza, por el contrario, lo trataron con el mayor respeto y consideración. Dejaron a su elección si quería trasladarse a Babilonia donde se le daría todo lo que deseara para su comodidad y bienestar o quedarse con los ciudadanos de su nación. Por supuesto, el profeta eligió esto último Había vivido para su pueblo y quería morir con ellos; así, pues, permaneció en compañía de los pocos que quedaron en el país después de la deportación de la mayoría de los ciudadanos de Jerusalén que fueron llevados cautivos a Babilonia.

Se dice que acompañó a aquellos que se trasladaron a Egipto y que moró allí con ellos, convirtiéndose en sus consejeros y enseñándoles los mensajes de Dios; pero éstos también desecharon sus amonestaciones y consejos, y, según cuenta la tradición, llegó al fin el día en que le quitaron la vida. Llegó, de este modo, a formar parte de la gloriosa lista de mártires de la verdad que sellaron su testimonio con su sangre.

Humanamente hablando, su vida no tuvo éxito, mas cuando llegue el día en que se abran los libros, y se den los galardones, se verá que la vida de Jeremías sobrepasó a la de muchas otras personas de quienes se creyó que tuvieron brillante y exitosa carrera. El tuvo el honor de haberse mantenido fiel a Dios, aun en los momentos en que, al parecer, había fracasado, y siguió así hasta que al fin murió mártir del cumplimiento de la misión que Dios le había confiado.

En eso consiste el éxito verdadero, y tal fue el testimonio glorioso de la vida de Jeremías.

III

SU MENSAJE PARA NUESTROS TIEMPOS. Finalmente, echemos una mirada a lo que significa su mensaje para los últimos días. En sus escritos proféticos abundan los mensajes para los tiempos futuros. El fracaso del reino de Judá, fue algo así como una especie de fondo de la visión del verdadero reino que había de traer el porvenir.

Jeremías vio, como no lo había hecho ningún otro, cuán impotente era la cultura por elevada que fuere, y los más duros sufrimientos para guiar a la virtud y la lealtad. El secreto del fracaso se halla en los despreciables materiales de la pobre naturaleza humana caída, y en la necesidad de fuerzas más poderosas que las de los propósitos humanos, y aun de la luz de la verdad y del ejemplo. Jeremías miró jubiloso hacia el porvenir, al día glorioso del Nuevo Testamento, a la venida del Salvador y del Espíritu Santo.

El resultado de eso es el hecho que Jeremías, en razón misma de la oscuridad por la cual tuvo que pasar en su tiempo y los fracasos que experimentó, nos ha dado la inspirada visión del nuevo pacto — el evangelio — y de la obra del Espíritu Santo. El autor de la epístola a los Hebreos cita repetidas veces los dichos de este antiguo profeta, dejándonos la más comprensiva declaración acerca del nuevo pacto que ha recibido la iglesia de Dios.

En el capítulo treinta y uno de Jeremías, desde el versículo treinta y uno al treinta y cuatro, vemos que dice: "He aquí que vienen días, dice Jehová, en los cuales haré nuevo pacto con la casa de Israel y con la casa de Judá. No como el pacto que hice con sus padres el día que tomé su mano para sacarlos de la tierra de Egipto; porque ellos invalidaron mi pacto, aunque fui yo un marido para ellos, dice Jehová. Pero este es el pacto que haré con la casa de Israel después de aquellos días, dice

Jehová: Daré mi ley en su mente, y la escribiré en su corazón; y yo seré a ellos por Dios, y ellos me serán por pueblo. Y no enseñará más ninguno a su prójimo, ni ninguno a su hermano, diciendo: Conoce a Jehová; porque todos me conocerán, desde el más pequeño de ellos hasta el más grande, dice Jehová: porque perdonaré la maldad de ellos, y no me acordaré más de su pecado".

Esta faz distintiva del nuevo pacto que anunció Jeremías, yace en el hecho que Dios promete escribir en nuestros corazones y "poner su ley en nuestra mente". El antiguo pacto daba luz y leyes, pero no dio el poder ni la disposición necesarios para obedecerlo. Pero el Nuevo Pacto lo escribe en lo íntimo de nuestro ser; hace que sea parte de nuestro estado natural; lo incorpora en nuestra voluntad, hace que lo elijamos porque así lo deseamos, por propia intuición, a tal punto que no podemos estar sin él, lo deseamos espontáneamente, en una palabra, llega a ser nuestra vida.

Esa es obra del Espíritu Santo. Eso es lo que significa la santificación. Ese es el gran propósito de la redención de Cristo, y su entrada a morar en el corazón del creyente por medio del Espíritu Santo.

Dios es quien promete cumplir este pacto; no depende de lo que hagamos nosotros, lo primero es el hecho que él se constituye en Dios nuestro y nos hace pueblo suyo. El se compromete a enseñarnos y a revelarnos su voluntad por medio del Espíritu Santo, y éste es también quien nos hace ver la naturaleza de su pacto, y los propósitos de su gracia y de su amor.

No dependemos simplemente de enseñanzas externas, sino que todos podemos allegarnos a él y podemos disfrutar de las enseñanzas del Espíritu Santo.

Se observará que la promesa principal de este capítulo no es el perdón de los pecados, esto es secundario y sigue como cosa natural; lo primordial es la promesa del poder de la gracia divina que preserva del pecado y que nos conduce a la santidad.

Ese es el glorioso evangelio que Jesús vino a traer en toda su plenitud, y del cual el Espíritu Santo es, al mismo tiempo, el revelador y el dador de las aptitudes necesarias para cumplirlo. No sólo trae el mensaje del arrepentimiento y del perdón, con la melancólica perspectiva de continuar en pecado. No sólo viene a perdonar el pasado, sino que promete darnos el poder necesario que nos preservará del pecado en el porvenir y darnos una naturaleza cuya tendencia es santa y divina, la que nos hará elegir la voluntad de Dios y vivir santa y obedientemente.

Amados míos, ¿hemos aprendido este bendito mensaje del Espíritu Santo por medio de Jeremías? ¿Hemos entrado en este nuevo pacto? ¿Sabemos lo que es la plenitud de la salvación debido al hecho que el Espíritu Santo ha entrado a nuestro corazón y hecho su morada en él? ¿Ha escrito él en nuestros corazones la divina ley de Dios?

Otro de los mensajes que Jeremías ha dejado para estos postrimeros tiempos es el de la fe. Nos lo ha dejado en el capítulo treinta y dos de su profecía. Se trata de una lección objetiva muy notable. En aquellos días, cuando el futuro se presentaba tan densamente oscuro a causa de la gran calamidad que les había sobrevenido, cuando todo el país estaba bajo el dominio de los caldeos, y la ciudad de Jerusalén estaba a punto de caer; en momentos cuando Judá no valía nada, Jeremías recibió órdenes de invertir la herencia que había recibido de sus padres, adquiriendo una propiedad en la aldea de Anatot. Parecería como si hubiese sido botar el dinero; pero el profeta obedeció inmediatamente, sin vacilación alguna, e hizo la compra públicamente en presencia de todo el pueblo; firmó los documentos, los hizo sellar legalmente e invirtió su pequeño caudal sabiendo muy bien que por dos generaciones estarían bajo el estigma del cautiverio de Judá.

¿Qué significó todo esto? Fue ello una expresión práctica de la fe que tenía en el porvenir de su país, y que llegaría el día en que la propiedad que había adquirido valdría lo que había pagado por ella, entonces sus bienes volverían a su familia, y se cumpliría la gloriosa promesa que Dios le había hecho en Israel.

Eso era dar un paso en la oscuridad, confiando en las promesas de Dios; eso significaba contar con las cosas que no existían como si existieran; era la fe que se anticipaba al futuro y a la medianoche entona su canto de alabanza y poniendo el pie en el vacío, por así decirlo, "encuentra que pisa sobre roca".

Ese es el espíritu de fe en todos los tiempos. Nosotros, como Jeremías, debemos depender de la Palabra de Dios, cuando no hay ninguna otra cosa de la cual podamos depender y debemos poner en práctica lo que es "la certeza de lo que se espera, la convicción de lo que no se ve" (Heb. 11:1). Debemos dar el paso en la oscuridad y en el vacío, sabiendo que tenemos por debajo a Dios y que la visión de la fe y de la promesa que Dios ha hecho son tan reales y tan seguras como su trono eterno.

Hay otro mensaje más que nos ha dejado Jeremías para los tiempos futuros, ante el cual debemos detenernos unos momentos. Lo encontramos en el capítulo dieciocho de su profecía. Se trata de la figura de un alfarero y su vasija. El profeta fue a la casa del alfarero y lo vio trabajando sobre la rueda; pero, por alguna causa, la vasija salió defectuosa; tal vez ello se debió a la manera en que el alfarero manejó la arcilla o podría haber ocurrido que ésta no estaba tan plasmable como se requería. El hecho es que tuvo que echarla a un lado, y al parecer, su trabajo había sido en vano, pues hasta el material que había empleado no era de buena calidad. ¡Con cuánta solemnidad nos habla esto de nuestros pasados fracasos! Tal vez Dios nos tomó en sus manos y comenzó a trabajar en nuestra vida con generoso propósito; pero no nos gustó el proceso empleado por él y no quisimos someternos a su voluntad. Pedimos que nos señalara algo más fácil; retrocedimos para no tomar la cruz, y pareció como si Dios no hubiese podido realizar sus sagrados propósitos, entonces tuvo que ponernos a un lado y dejar que, por el momento, pareciera que sus planes habían fallado. ¡Oh, cuán tristes y solemnes son los naufragios que hemos dejado atrás en el curso de la vida a causa de nuestra falta de fe, y nuestra falta de disposición a confiar en la sabiduría y amor de nuestro Padre Celestial en la hora de prueba!

Pero la parábola de Jeremías tiene un precioso epílogo. El alfarero no tiró la arcilla para no volver a recogerla, sino que volvió a tomarla en las manos y volvió a hacer otra vasija, "según le pareció mejor" (4). Creo que hubo tiempo en que interpreté mal esta visión, pues me pareció que lo que ella enseñaba era que Dios toma nuestras vidas rotas y hace con ellas lo que mejor puede; pero eso no es todo lo que él quiso hacer al principio. Creo que a la gracia de Dios le deleita triunfar sobre nuestra voluntad, y no puedo pensar otra cosa que aun en la lección objetiva que nos presenta Jeremías, se ven señales de esperanza y estímulo, y podemos atrevernos a creer que la vasija elaborada por el alfarero, la segunda vez fue mejor que la que había tratado de hacer primero, porque se nos dice: "y volvió y la hizo otra vasija, según le pareció mejor hacerla" (4). Esta vez no se hizo lo que nosotros queríamos, sino lo que él deseaba que se hiciese. Tal vez nos dio la gracia necesaria para que nos rindiésemos a él y para que, con absoluta confianza, nos pusiésemos en sus manos. Tal vez Dios, movido por su maravillosa misericordia, que todo lo rige, hizo que nos rindiésemos totalmente subyugando nuestra voluntariedad. En todo caso, su amor derribó todas las barreras y salió triunfante; se cumplió lo que él quiso, y se realizaron sus elevados propósitos. Sí, la gracia de Dios no sólo puede vencer a Satán y al pecado, sino que también nos vence a nosotros; tiene las fuerzas necesarias para sobreponerse a la oposición que le hace nuestro débil y voluntarioso corazón.

Gracias a Dios porque contamos con quien, con su gracia soberana, nos salvó cuando estábamos muertos en pecado, y cuya potencia puede salvarnos de todo hasta que llegue el día en que podamos decir: "No a nosotros, ¡oh Dios, sino a tu nombre sea toda la gloria!"

> La gracia todo lo coronará
>   Allá donde hemos de reinar,
> Y a Aquel que el triunfo conquistó
>   Las preces habremos de cantar.

CAPITULO XX

EL ESPIRITU SANTO EN EZEQUIEL

"Vino palabra de Jehová al sacerdote Ezequiel, hijo de Buzi, en la tierra de los caldeos, junto al río Quebar; vino allí sobre él la mano de Jehová".

(Ezequiel 1:3).

EL ministerio de Ezequiel fue dramático y patético. Semejante al de Jeremías, estuvo relacionado con la caída de Judá, pero se diferenció de este último en el hecho que Jeremías presenció las horrorosas escenas que se produjeron con motivo de la espantosa tragedia. Ezequiel, en cambio, se encontraba lejos del sitio donde ocurrieron los fatales sucesos y los vio únicamente en visiones desde las márgenes del río Quebar donde estaba. Dios le hizo ver todo, el doloroso panorama pasaba ante sus ojos día tras día, y lo reproducía ante sus compatriotas por medio de inspiradas visiones; de modo que el mismo día en que cayó en manos de sus enemigos la ciudad de Jerusalén, él lo supo en su espíritu, aunque la noticia tardó años en llegarle.

La verdad es que su vida llegó a ser una especie de lección objetiva de los sucesos que describió, sucesos en que él se interesaba muchísimo, tanto en su condición de profeta como por su patriotismo.

Él sufrió en su propio cuerpo y figurativamente lo que su país y sus compatriotas estaban padeciendo. Pasó los días de hambruna, comiendo alimentos impuros, soportando en sus padecimientos las calamidades que se avecinaban.

El día en que cayó la ciudad de Jerusalén, fue el mismo en que falleció su esposa, y Ezequiel comprendió que la muerte de su esposa era una figura por la cual la misteriosa providencia de Dios quiso hacerle ver lo que era el golpe que había caído sobre Jerusalén. De ese modo enseñó las lecciones de su tiempo tanto por la vida como por la palabra, y dejó sus admirables escritos para que instruyesen a la humanidad en los tiempos venideros.

Los sucesos que se desarrollaban a su alrededor servían de admirable marco para el mensaje de fe y de esperanza que Dios le encargó anunciar con respecto al porvenir. En la ruina sufrida por la nación israelita, Ezequiel pudo ver, como si fuera a través de las aperturas de un muro de un edificio en ruinas, la luz de la dispensación que vendría y la promesa de una esperanza mejor.

Las páginas de su libro destellan la luz del evangelio, y revela éste con claridad tal que ni aun Isaías lo sobrepasa. Habla con extraordinaria claridad acerca del Mesías y especialmente con respecto a la persona del Espíritu Santo y su obra. En ninguna parte hallamos alturas más sublimes de sagradas visiones, ni se nos da revelación más clara y práctica de la verdad acerca de la vida espiritual y de la dispensación del Espíritu Santo. Echemos una mirada a tres visiones admirables que nos ha dejado de su profecía.

I

LA VISION DE LA GLORIA. La profecía comienza con una extraordinaria visión de singular sublimidad y alteza, en la que se revela la gloria del Señor y la poderosa acción de su Espíritu y su providencia.

Primero, vio un viento tempestuoso que venía del norte, dirección esta de la cual procedían los enemigos de Israel, y donde el gran imperio del mundo tenía su asiento.

En medio del viento tempestuoso había fuego envolvente y alrededor suyo un resplandor, y en medio del fuego una cosa como de ámbar. Ya hemos dicho que el viento tempestuoso y el fuego son símbolos conocidos de Dios, y manifestaciones de su presencia y de su gloria.

Después vio dentro del fuego cuatro seres vivos. Estos eran los querubines. Ya los vimos ante la puerta del Edén, como asimismo en el tabernáculo y en el templo, y reaparecen otra vez en la visión apocalíptica.

Son símbolos especiales del Señor Jesucristo y de los infinitos atributos de Dios y de las grandes obras que realiza por su intermedio. Las caras del león, del buey, del águila y del hombre, representan la soberanía, el poder, la inteligencia y el amor que guían todo el gobierno de Dios y todo el plan de redención que él está cumpliendo por medio del Señor Jesucristo.

Esos querubines estaban vestidos de fuego y se movían como el relámpago y como el fuego vivo. Como en las otras representaciones de los querubines, éstos tenían seis alas, que denotaban la agilidad y rapidez de sus movimientos. Para dar mayor realce a la figura, habían cuatro grandes ruedas, de tan enorme circunferencia, que al verlas el profeta le pareció que eran altas y espantosas. Alrededor de su vasta circunferencia veíase una multitud de ojos.

Las ruedas giraban a la par de los movimientos de las alas de los querubines y conducían los cuerpos de los querubines según les dirigía el Espíritu, "porque el espíritu de los seres vivientes estaba en las ruedas" (1:20).

Esa maravillosa visión representaba la majestad, la grandeza, el poder y la celeridad con que obra el potente Espíritu de Dios y su providencia universal. Era la sublime figura de la omnipresencia del Dios vivo y de su infinita actividad lo mismo que de la omnipresencia y actividad del Espíritu Santo, que en el desempeño de su acción de Ejecutivo Divino cumple constantemente los propósitos y planes de la Divinidad.

Toda esa sublime visión no fue más que la base para algo más grandioso aún. Lo que el profeta vio en seguida, por encima de los querubines, las alas y las ruedas, fue un inmenso firmamento que brillaba esplendorosamente con la brillantez y transparencia del cristal, y en el fondo de dicho firmamento apareció un trono que parecía de piedra de zafiro; sobre el trono, como si fuera el centro de todo, sobre la figura del trono, "había una semejanza que parecía de hombre sentado sobre él" (1:26).

Ese era el glorioso trono mediador del Señor Jesucristo; a su alrededor se veía el arco iris de la promesa del pacto, que suavizaba toda asombrosa brillantez, y proclamaba a su pueblo que él era el Rey del pacto.

Cuán majestuosa visión de la gloria de Dios, del Hijo del Hombre, y del Espíritu Santo, por medio del cual la Divinidad realiza sus grandiosos planes, y cuya rapidez, potencia, omnipresencia y omnisciencia se representan tan majestuosamente por medio del fuego consumidor, el relámpago deslumbrante, el horroroso viento huracanado, los querubines, las muchas alas, las ruedas vivas y llenas de ojos en toda la circunferencia, el firmamento de cristal, el trono de zafiro, el Hijo del Hombre; por encima de todo el arco iris de la promesa del pacto, y el Espíritu Santo consumando todos los propósitos del infinito amor y gracia de Dios.

Tal fue la visión con que Ezequiel comenzó su ministerio. Tal era el Poderoso que lo llamó para que fuese su mensajero. Poco después vino el llamamiento personal. Dios le ordenó que tomase en sus manos el rollo que contenía su mensaje y que se lo comiese; y al hacerlo así, al llegar a su boca y a sus entrañas, se convirtió en miel. Después de eso volvió otra vez la visión y apareció la gloria ante sus ojos. Dios le ordenó que saliese y anunciara el mensaje, y le dijo que fuera atalaya de su pueblo, advirtiéndole quien era Dios. Ezequiel salió para realizar la obra de su vida, armado con la certidumbre de que contaba con la gloriosa presencia de Dios, ante la cual el poder y las persecuciones de sus enemigos no significaban nada.

Amado lector, nosotros tal vez nunca tengamos la visión que tuvo Ezequiel, pero la fe puede revestir la tierna presencia que habla con suave voz a nuestros corazones, con toda la majestad de aquellos ropajes antiguos. Podemos estar seguros que aquel que nos habla tan tiernamente y obra con tanta paciencia, es el mismísimo majestuoso ser que llenó los cielos con su gloria; el mismo cuyas ruedas providenciales giran con la velocidad del rayo, alrededor de la vasta circunferencia del universo.

La visión ha desaparecido, pero la gloria perdura. Aunque esa gloria se encuentra hoy día un tanto velada, no por eso deja de ser real; y vendrá el día en que la veremos, tal cual la vio Ezequiel en las riberas del río Quebar.

I I

LA VISION QUE DESAPARECE. La gloriosa visión que tuvo Ezequiel, permanecía aún en Israel. Era la presencia de aquel que les había guiado en todo el curso de su historia. Era el mismo Dios que había ido a la vanguardia de ellos y que se había detenido sobre ellos en forma de nube o de columna de fuego; el que dividió las aguas del mar Rojo y las del Jordán; el que les dirigió en la conquista de Canaán, y el que estableció el trono de David, el que enalteció a Salomón cubriéndolo de gloria; el que se manifestó con milagros a Elías y a Eliseo y el que demostró su amor y poder divino haciendo maravillas a través de la historia de Israel. Pero ahora la conducta incorregible de la nación casi le había agotado la paciencia y le había ofendido de tal modo que estaba a punto de retirarse.

La gloriosa Presencia estaba a punto de dejar el templo que tanto había amado. Judá, desolada y abandonada, estaba a punto de caer en manos del cruel enemigo.

No hay nada más conmovedor y sublime que la visión de esa gloria que se va. Como el pájaro madre, que revolotea sobre el nido donde están sus pichones, que se resiste a dejarlos. El Espíritu se detenía batiendo las alas sobre los querubines y sobre la casa, y finalmente en la cima del Olivar, antes de emprender su largo y triste vuelo, dejando la casa desolada.

En el versículo tercero del capítulo noveno lo vemos comenzar la partida. "La gloria del Dios Israel se elevó de encima del querubín, sobre el cual había estado, al umbral de la casa". En el versículo cuatro del capítulo décimo volvemos a verle como si hubiese regresado o hubiese extendido las alas como queriendo volar. "La gloria de Jehová se elevó de encima del querubín al umbral de la puerta; y la casa fue llena de la nube, y el atrio se llenó del resplandor de la gloria de Jehová. Y el estruendo de las alas de los querubines se oía hasta el atrio de afuera, como la voz del Dios omnipotente cuando habla."

Luego, en el versículo dieciocho del mismo capítulo diez, le vemos comenzar el vuelo. "La gloria de Jehová se elevó de encima del umbral de la casa, y se puso sobre los querubines. Y alzando los querubines sus alas, se levantaron de la tierra delante de mis ojos; cuando ellos salieron, también las ruedas se alzaron al lado de ellos; y se pararon a la entrada de la puerta oriental de la casa de Jehová".

Pero hasta ese punto la visión no había levantado finalmente el vuelo, pues en el versículo veintidós del capítulo once, vemos que la gloria sigue detenida en el monte de Olivar: "Después alzaron los querubines sus alas, y las ruedas en pos de ellos; y la gloria del Dios de Israel estaba sobre ellos. Y la gloria de Jehová se elevó de en medio de la ciudad, y se puso sobre el monte que está al oriente de la ciudad".

Dios siguió esperándoles y rogándoles, y su juicio tuvo por objeto despertar el corazón pecador del pueblo; mas todo fue en vano; finalmente oímos la dolorosa conclusión: "Hijo del hombre, dí a ella: Tú no eres tierra limpia, ni rociada con lluvia en el día del furor... Sus sacerdotes violaron mi ley, y contaminaron mis santuarios... Sus príncipes en medio de ella son como lobos que arrebatan presa, derramando sangre, para destruir las almas, para obtener ganancias injustas. Y sus profetas recubrían con lodo suelto, profetizándoles vanidad, y adivinándoles mentira, diciendo: Así ha dicho Jehová el Señor; y Jehová no había hablado. El pueblo de la tierra usaba de opresión y cometía robo, al afligido y menesteroso hacía violencia, y al extranjero oprimía sin derecho. Y busqué entre ellos hombre que hiciese vallado y que se pusiese en la brecha delante de mí, la tierra, para que yo no la destruyese; y no lo hallé. Por tanto derramé sobre ellos mi ira; con el ardor de mi ira los consumí; hice volver el camino de ellos sobre su propia cabeza, dice Jehová el Señor". (22:24-31).

Aquella fue semejante a la que muchos años más tarde tuvo el Hijo del Hombre desde ese mismo Monte del Olivar, en cuya ocasión dijo: "¡Cuántas veces quise juntar tus hijos, como la gallina junta sus polluelos debajo de sus alas y no quisiste! He aquí vuestra casa os es dejada desierta. Porque os digo que desde ahora no me veréis, hasta que venga tiempo cuando digáis: Bendito el que viene en el nombre del Señor" (Mateo 23:37-39).

Así fue, pues, como el Espíritu les dejó, y en el capítulo siguiente comienza la visión del juicio y la desolación. Amado lector, la misma historia se ha repetido muchas veces. Ella se repitió en la ocasión en que Jesús salió del templo. La legión romana siguió a ese hecho, y Jerusalén volvió a caer. Volvió a repetirse cuando la iglesia de los santos apóstoles se pervirtió y se sumergió en las tinieblas de la edad media, pues habiendo ofendido al Espíritu Santo, éste se retiró.

La misma calamidad amenaza otra vez a la iglesia. Desde el santuario y los altares de la iglesia, ofende al Espíritu Santo con los compromisos y alianzas que contrae con el mundo y con el pecado, y a eso se debe que el Espíritu Santo busque hogar en los corazones humildes y en las misiones y pequeñas agrupaciones que, sin alardes, le obedecen y ponen en él implícita confianza. Esto puede reproducirse en nuestra vida, pues nosotros también podríamos ofender al Espíritu Santo y alejado de nuestro corazón podría quedarse desolado y abandonado, y nuestra vida quedaría expuesta a los juicios de Dios y a las calamidades que seguirían.

Muchas de las tristes vidas y muchas de las desesperadas muertes, no son otra cosa que la repetición de la historia de Israel. ¡Oh, no ofendamos al Espíritu Santo! ¡Oh, no le dejemos pasar sin darle la debida atención! ¡Oh, amémosle, démosle los honores que le corresponden, obedezcámosle, dejemos que haga su morada en nuestro corazón, reconociéndole como nuestro Sagrado Huésped!

III

LA PROMESA QUE EL ESPIRITU REGRESARA. "Esparciré sobre vosotros agua limpia y seréis limpiados de todas vuestras inmundicias; y de todos vuestros ídolos os limpiaré. Os daré corazón nuevo, y pondré espíritu nuevo dentro de vosotros; y quitaré de vuestra carne el corazón de piedra, y os daré corazón de carne. Y pondré dentro de vosotros mi Espíritu, y haré que andéis en mis estatutos, y guardéis mis preceptos, y los pongáis por obra. Habitaréis en la tierra que dí a vuestros padres, y vosotros me seréis por pueblo, y yo seré a vosotros por Dios. Y os guardaré de todas vuestras inmundicias; y llamaré al trigo, y lo multiplicaré, y no os daré hambre. Multiplicaré asimismo el fruto de los árboles, y el fruto de los campos, para que nunca más recibáis oprobio de hambre entre las naciones. Y os acordaréis de vuestros malos caminos, y de vuestras obras que no fueron buenas; y os avergonzaréis de vosotros mismos por vuestras iniquidades, y por vuestras abominaciones. No lo hago por vosotros, dice Jehová el Señor, sabedlo bien; avergonzaos y cubríos de confusión por vuestras iniquidades, casa de Israel. Así ha dicho Jehová el Señor. El día que os limpie de todas vuestras iniquidades, haré también que sean habitadas las ciudades y las ruinas serán reedificadas. Y la tierra asolada será labrada, en lugar de haber permanecido asolada a ojos de todos los que pasaron. Y dirán: Esta tierra que era asolada ha venido a ser como huerto del

Edén; y estas ciudades que eran desiertas y asoladas y arruinadas, están fortificadas y habitadas. Y las naciones que queden en vuestros alrededores sabrán que yo reedifiqué lo que estaba derribado, y planté lo que estaba desolado; yo Jehová he hablado, y lo haré" (Ez. 36:25-36).

Por supuesto, esta promesa se refiere primeramente a Israel en su condición de nación, y llegará el día en que se cumpla cuando será restaurada del cautiverio en que ha vivido por muchos siglos; el Espíritu Santo descenderá sobre esa nación; pero también se refiere claramente a los tiempos del Nuevo Testamento, y destella con la luz del evangelio de la completa salvación gratuita que se obtiene por medio del Señor Jesucristo.

La bendición prometida consta de tres pasos que se destacan con absoluta claridad. El primero es el perdón y la conversión; es decir, que rocío de agua limpia que caería sobre ellos, el perdón de los pecados, y la extracción del corazón empedernido, y la entrega del corazón de carne, es la obra de la justificación y regeneración.

No es necesario que digamos nada más referente a esos primeros versículos. La enseñanza es tan sencilla y tan clara como la del capítulo tercero del Evangelio de Juan o de las epístolas de San Pablo. Pero hay una segunda bendición que es igualmente clara e importante. Esta consiste de la entrada del Espíritu Santo al corazón del creyente para morar en él, limpiándolo y dotándolo de poder. "Pondré dentro de vosotros mi Espíritu y haré que andéis en mis estatutos y guardéis mis preceptos y los pongáis por obra" (27). Esto es algo diferente al nuevo espíritu y al nuevo corazón. Se trata del hecho que el propio Dios desciende a morar en el nuevo espíritu, en la persona del Espíritu Santo, y dota al creyente del poder necesario que le constriñe y le hace andar en santidad y le da la necesaria capacidad y fuerzas para que cumpla sus mandamientos.

Si pudiéramos pintar sobre una tela el cuadro que representa este hecho, sería algo así: Primero, pintaríamos el corazón natural negro y pecador; después pondríamos en el centro de ese corazón negro, un corazoncito blanco, indicando el espíritu regenerador, el nuevo corazón que se recibe en el acto de la conversión, pero que aún sigue en medio de la oscuridad y del pecado, y tiene que sostener una lucha dolorosa y muchas veces con desventaja, a causa del mal que le rodea.

En tercer lugar, pintaríamos en el centro de dicho corazón un rayo de luz celestial, o un carbón ardiendo con fuego celestial, cuya luz penetraría en la oscuridad que circunda el corazón, y llenaría el nuevo corazón y el viejo hasta que desapareciera toda la oscuridad. Entonces Dios se apodera íntegramente del ser y le da las cualidades necesarias para que pueda pensar y sentir, confiar y amar, obedecer y perseverar, como lo haría el propio Señor Jesucristo.

Ese es el Espíritu que santifica; ese es el poder santificador que necesita nuestro pobre y débil corazón. Esa es la fortaleza eficiente que el Espíritu Santo quiere dar a todo corazón que se entregue íntegramente a él y le reciba reconociéndole como el dador de todo lo que pudiese necesitar. Amado lector, ¿ha hecho usted eso? ¿Hemos recibido, no sólo el nuevo espíritu, sino el Espíritu Divino y hemos llegado a saber lo que significa "Cristo en vosotros, la esperanza de gloria"? (Col. 1:27).

Hay un paso que dar para adquirir la bendición de la presencia y obra del Espíritu Santo y la influencia de la vida santificada y victoriosa que afecta nuestras circunstancias y vida externa. "Habitaréis en la tierra que dí a vuestros padres" (36:28). Nos establecemos y arraigamos en la voluntad de Dios y disfrutamos de su bendición. "Llamaré al trigo, y lo multiplicaré, y no os daré hambre" (29). Llegamos a ser cristianos bien alimentados, gozosos y felices, y todos los que nos observan ven que estamos satisfechos y que disfrutamos del reposo y la gloria que corresponde a la vida victoriosa.

"Multiplicaré asimismo el fruto de los árboles, y el fruto de los campos" (30). El bendice nuestro trabajo y nos da abundante fruto, y las bendiciones espirituales. "El día que os limpie de todas vuestras iniquidades, haré también que sean habitadas las ciudades, y las ruinas serán reedificadas" (33). Los lugares áridos y estériles de la vida florecerán como la rosa. Todo aquello que ha sido triste y estéril florecerá y se embellecerá. Los años perdidos serán restaurados y todo lo que hagamos prosperará.

Dice el Señor: "La tierra asolada será labrada... y dirán: Esta tierra asolada ha venido a ser como huerto de Edén; y estas ciudades que eran desiertas y asoladas y arruinadas, están fortalecidas y habitadas. Y las naciones que queden en vuestros alrededores, sabrán que yo reedifiqué lo que estaba derribado" (34-36).

Por supuesto, eso está aún por cumplirse. En lo que atañe a Israel en su condición de nación, ya comenzamos a ver los primeros brotes de la primavera milenial, que le espera a ese pueblo, por tanto tiempo subyugado y pisoteado. Pero tiene también hermosa significación para toda vida cristiana individualmente. Pues Dios "es poderoso para hacer todas las cosas mucho más abundantemente de lo que pedimos o entendemos, según el poder que actúa en nosotros" (Ef. 3:20).

El alma que recibe al Espíritu Santo en toda su plenitud verá que la providencia de Dios sigue a la par con las bendiciones que Dios le da dentro de su propia alma, y la gracia que recibimos interiormente se reflejará en todo lo que hacemos. El Rey que reina supremo en el trono de nuestro corazón moverá su cetro en todo el círculo de nuestra vida y eliminará todo aquello que nos cause dolor o que nos impida obrar como él quiere que obremos.

El sanará nuestros cuerpos; contestará nuestras oraciones; bendecirá nuestros hogares; prosperará nuestros negocios; allanará las dificultades que se nos presentaren; nos abrirá el camino, hará regocijar nuestros corazones y que florezcan como la rosa, y "en lugar de la zarza crecerá ciprés, y en lugar de la ortiga crecerá arrayán; y será a Jehová por nombre, por señal eterna que nunca será raída" (Isaías 55:13).

Las bendiciones que da Dios son inseparables de la habitación interna de su Espíritu y de la experiencia de su gracia santificadora. Sólo aquellos que aman a Dios y que son llamados según sus propósitos saben lo que significa "que a los que aman a Dios, todas las cosas les ayudan a bien" (Rom. 8:28).

Saben que obran para bien. No es difícil creerlo, no tienen que hacer desesperados esfuerzos para decirlo. Cuando andamos con Dios, confiando en él y obedeciéndole piadosamente, nuestros más hondos sentimientos nos dan la plena seguridad que todo es nuestro, porque somos de Cristo, y Cristo es de Dios.

CAPITULO XXI

EL ESPIRITU DE LA RESURRECCION

Ezequiel 37:8

"Porque la ley del Espíritu de vida en Cristo Jesús me ha librado de la ley del pecado y de la muerte" (Romanos 8:2).

"Y si el Espíritu de aquel que levantó de los muertos a Jesús mora en vosotros, el que levantó de los muertos a Cristo Jesús vivificará también vuestros cuerpos mortales por su Espíritu que mora en vosotros" (Romanos 8:11).

EL capítulo treinta y siete de Ezequiel es una de las más notables demostraciones de la obra del Espíritu Santo que tenemos en el Antiguo Testamento, porque presenta con suma claridad y de manera bien definida, la doctrina de la resurrección.

Esa verdad, más que cualquiera otra, es característica del sistema de redención. Se le podría denominar el signo patentado del evangelio. Aun más que la cruz, el símbolo del bautismo expresa la idea fundamental de la religión cristiana; pues la cruz habla únicamente de la muerte, en cambio el bautismo habla de la muerte, de la resurrección y de la vida.

Esa verdad preanunciada en muchos pasajes del Antiguo Testamento y que, indudablemente subraya las enseñanzas de todos los profetas, se le presenta aquí con notable claridad, lo que hace que sea éste uno de los pasajes más notables de la revelación del Antiguo Testamento.

I

EL VALLE DE LOS HUESOS SECOS. Primero, tenemos la visión del valle de los huesos secos. Esta no es una visión de resurrección, propiamente dicho, sino una resurrección especial. El profeta es trasladado, en espíritu, al valle de los huesos secos. Este era un sitio donde, en algún tiempo de la antigüedad, se había librado una batalla, y allí vio los esqueletos de los soldados que habían caído en la batalla. En verdad eran muchísimos, y estaban muy secos.

Toda una generación había pasado desde que esos cuerpos cayeron en la lucha. Hacía muchísimo tiempo que la carne se había desprendido de los huesos, y éstos ya blanqueaban, calcinados por los rayos del sol. Repentinamente, se le presenta la pregunta: "¿Vivirán estos huesos?" El profeta, con mucha prudencia responde: "Señor Jehová, tú lo sabes". En seguida recibe la orden, primero, para que profetice a los huesos, dándoles la orden que Dios le había impartido, y diciéndoles que vivirían, y he aquí que se produjo un ruido y un estremecimiento, y los huesos se reunieron y juntaron unos con otros, hasta tomar la forma de hombres; pero estaban sin vida.

Por segunda vez el Señor se dirigió al profeta

y le ordenó que profetizara para que recibieran vida, y sopló el espíritu de los cuatro vientos sobre los esqueletos, y he aquí que ante la orden del profeta el espíritu de vida entró en los esqueletos y vivieron y estuvieron sobre sus pies, un ejército grande en extremo.

II

LA APLICACION DE ESTA FIGURA A LA NACION ISRAELITA. Dios no deja en la duda al profeta acerca del significado de la visión. La primera e inmediata aplicación de la escena concierne al pueblo de Israel. Este estaba de duelo, lamentaban la ruina del país, y decían: "Nuestros huesos se secaron, y pereció nuestra esperanza, y somos del todo destruidos" (37:11). Pero el profeta les dice que Dios iba a hablarles; que el poder de su Espíritu soplaría sobre ellos; que el Israel destrozado y sin esperanza se levantaría de nuevo, la nación reviviría otra vez y podría regresar a su tierra para reasumir el sitio que le correspondía en el gran plan de Dios, sus divisiones y desuniones acabarían para siempre, y Dios moraría entre ellos, restauraría su antiguo santuario y renovaría el pacto que había hecho con ellos, para no revocarlo jamás.

Difícilmente podría encontrarse otra figura que mejor ilustrase el estado de depresión y abatimiento en que estaba el pueblo de Israel por ese tiempo, que la visión de los huesos secos. Por dieciocho siglos, su esperanza ha estado muerta en sentido mucho más terrible de lo que fue el caso durante el cautiverio babilónico. No hace ni un siglo desde el tiempo en que el pueblo de Israel era desechado y mal querido de todas las naciones de la tierra. Aun en la Gran Bretaña misma, tanto desde el púlpito como desde toda la prensa cristiana, partía la voz opositora a la primera propuesta que se presentó para dar derecho a franquicias a los ciudadanos hebreos y permitir a los descendientes de Abraham que ocupasen lugar y tuviesen nombre entre los gentiles.

Por siglos han sido "desechados de la tierra y reprobados del cielo", y la idea de su restauración a su país y el gozar de las antiguas promesas que recibieron sus antepasados parecían tan remotas que no podían ni imaginarse siquiera que pudiese surgir la más mínima esperanza que tal cosa aconteciera. Mas, he aquí que la visión del profeta ya comienza a cumplirse. La palabra de Dios, en lo que respecta a Israel, se ha recuperado y se le ha sacado de nuevo a la luz. El pueblo de Dios ha comenzado a comprender los propósitos del Todopoderoso con respecto a Israel. Se ha comenzado a predicar el evangelio aun a los incrédulos hijos de Abraham y a proclamarles, como lo hizo el profeta de la antigüedad, la palabra de esperanza y promesa, llamándoles para que salgan de los sepulcros donde están para que acepten a su verdadero Mesías, que es su única esperanza. Y he aquí que ya se oye un ruido y un estremecimiento; los huesos comienzan a juntarse unos con otros, y el resurgimiento del nacionalismo judío es uno de los hechos más notables de hoy día.

En todas partes se puede ver entre ellos el deseo de reunirse y de organizarse. Se constituyen sociedades nacionalistas. Los ricos y los pobres se unen. Grandes dirigentes de esa nacionalidad contribuyen con sus recursos financieros para auxiliar a los pobres y desamparados. Si bien es cierto que todavía no se ha producido un movimiento espiritual, sino que se trata únicamente de la reorganización nacional y el despertar de la esperanza, según lo predijo el profeta, eso sería, cabalmente, lo primero que ocurriría; y muy ciego ha de ser el que no vea que en todas las naciones debajo del cielo se está cumpliendo entre los hijos de Israel lo que el profeta vio en aquella antigua visión.

Pero se está produciendo también un movimiento espiritual más profundo. El Espíritu Santo ha comenzado también su obra salvadora. El corazón del pueblo comienza a sentir el toque sagrado; algunos de los hijos de Israel están reconociendo al tan esperado Mesías, y comienzan a aceptarlo por Salvador y Rey.

Estos son los precursores de la lluvia tardía que ha de caer, cuando el espíritu de gracia sea derramado sobre la casa de David y sobre los habitantes de Jerusalén, y mirarán a Aquel a quien traspasaron y llorarán por él como los que lloran la pérdida del único hijo. Entonces se abrirá una fuente en la casa de David para limpiar a los habitantes de Jerusalén, y se cumplirán todas las promesas que les fueron hechas a los hijos de Israel.

Entonces se unirán Israel y Judá, y cesará el alejamiento que ha habido entre ellos durante siglos; entonces serán limpios de sus impurezas e idolatrías, para que no pequen más, después de lo cual entrarán a ocupar la posición que les corresponde por ser el pueblo escogido de Dios, y por ser la reina de las naciones y especial testigo de Jesús, los descendientes de Abraham cumplirán la grandiosa vocación para la cual Dios les llamó, y serán totalmente restaurados.

Entonces se establecerá otra vez entre ellos el santuario de Dios, y no volverá a ocultar su rostro de ellos, sino que permanecerán por siempre dentro del pacto de amor que hizo con ellos, la Luz del mundo y el Dirigente de las naciones.

III

APLICACION DE LA VISION A LA VIDA ESPIRITUAL DEL ALMA Y A LA IGLESIA. Hay algo peor que la muerte de una nación o que la muerte del cuerpo. Eso peor es la muerte espiritual de aquellos que están sumergidos en sus iniquidades y pecados. El estado de las almas humanas es semejante a los huesos del valle que vio el profeta en la visión que tuvo, eran muchísimos y estaban muy secos. No era nada probable, humanamente hablando, que pudieran ser restaurados a la vida. Pero siempre hay esperanza en Dios y en la resurrección. Tenemos aquí los dos mismísimos medios de procedimiento que vemos al tratarse de la nación. Primero, la Palabra de Dios. Es el instrumento divino para conseguir la conversión de las almas y para resucitar a aquellos que están espiritualmente muertos. "Siendo renacidos no de simiente corruptible, sino de incorruptible, por la palabra de Dios que vive y permanece para siempre" (I Pedro 1:23).

Aunque las almas están perdidas y muertas, Dios nos ha ordenado que les proclamemos su palabra, que les digamos que él les ha enviado vida y que él está esperándoles para darles vida y sacarles del sepulcro.

Esa misma palabra que ellos no pueden comprender, sentir, ni creer, es el poder por el cual pueden despertar y volver a la vida. El evangelio tiene un raro poder para despertar la conciencia humana y para dar vida al espíritu, por medio de la potencia del Espíritu Santo.

Pero la Palabra de Dios, por sí sola, sólo puede efectuar la reforma exterior del individuo, como ocurría con el bautismo de Juan, que al producirse la conversión cambiaba la vida de las personas y por ende, su manera de proceder y sus hábitos, pero no puede soplar en ellos el nuevo aliento, la nueva vida. A eso se debe el primer efecto que consiste del abandono del pecado, la reforma de la vida y la adopción de procedimientos justos; sin embargo, tales personas carecen del aliento de vida. El gran ejecutor de la real y vital transfiguración es el Espíritu del Dios vivo, "el aliento de vida de los cuatro vientos del cielo".

Es muy significativa la orden que recibió el profeta respecto a la manera cómo debía dirigirse al Espíritu; el lenguaje que debía emplear no era de súplica, sino imperativo; del mismo estilo del que empleó para ordenar a los huesos que viviesen; de igual modo debía profetizar ordenando al Espíritu Santo que descendiese y diese vida a esas piedras inertes.

¿No vemos en eso una sugerencia muy significativa, y una solemne lección para que cuando proclamemos el evangelio lo hagamos con la autoridad de Dios, con la seguridad que él investirá de poder el mensaje que exponemos acatando sus órdenes, y que debemos pedir que el Espíritu Santo acompañe lo que digamos, dando así la necesaria eficacia a nuestro testimonio y a lo que hacemos? ¿Nos dice esto que no sólo debemos pedir e invocar al Espíritu Santo, sino que debemos ordenarle y emplearlo, con la seguridad que ejercerá su gran poder para realizar la obra que Dios nos ha ordenado que hagamos?

Así como cuando conocemos las leyes de la electricidad tenemos a nuestra disposición la potente energía de ese elemento, cuando nos rendimos a las leyes de la operación del Espíritu, tendremos a nuestra disposición la potencia infinita del Espíritu. ¿No es ese el verdadero significado de la fe y de la oración en el ministerio del evangelio? ¿No es esa la causa secreta de muchos de nuestros fracasos? ¿Le ordenamos que obre como podríamos hacerlo? ¿Empleamos las fuerzas infinitas que Dios ha puesto a nuestra disposición para que llevemos a cabo la obra que nos ha encomendado?

El efecto de la obra del Espíritu Santo no es simplemente una reforma, sino una transformación. Aquello que tiene apariencia de vida, adquiere verdadera vida, y los hombres se pusieron de pie delante del profeta "un ejército grande en extremo". Desde ese momento no necesitaban la ayuda de nadie para caminar; tenían fuerzas suficientes para sostenerse solos; más aún, llegaron a constituir un poderosísimo ejército, dispuesto a avanzar al encuentro de los enemigos de Dios, y a impartir a otros las bendiciones que ellos habían recibido.

Se reconoce que ese potente Espíritu Santo está actualmente en el mundo. Los cuatro vientos significan los cuatro puntos cardinales de la tierra, lo cual nos sugiere la omnipresencia, y la perpetua presencia del bendito Espíritu Santo que está con la iglesia durante toda la dispensación cristiana, con el propósito de investirla del poder necesario para que cumpla todo lo que el Divino Maestro le ordene llevar a cabo. ¿Reclamaremos los grandiosos y divinos recursos que Dios ha puesto a nuestra disposición? ¿Utilizaremos todos los recursos que nuestro Divino Maestro ha puesto a nuestro alcance? Confiando en lo que dice la Palabra de Dios, ¿estaremos dispuestos a dar la orden a los huesos secos de la iglesia espiritualmente muerta a que se ponga de pie para que Cristo sople sobre ella el aliento de vida?

IV

LA FUTURA RESURRECCION. Aunque este pasaje no es realmente la visión de seres muertos que resucitan, dicha resurrección se asume y se da como un hecho. Esa gloriosa doctrina se revela y se enseña más detallada y claramente en el Nuevo Testamento. La vemos primero en su primer fructificar, que fue la resurrección de nuestro Señor Jesucristo. Lo veremos después en la resurrección de su pueblo, cuando él venga, y tenemos una visión de ella en el tiempo glorioso de la consumación de la fe.

En cada instante será, de alguna manera, el trabajo del Espíritu Santo. El que actualmente está realizando la resurrección espiritual, la consumará en la gloriosa aparición de nuestro Señor, y cambiará el cuerpo de nuestra humillación por otro que se parezca al cuerpo de su gloria, según él lo disponga, a fin de que todo se someta a él.

No nos detendremos ahora a tratar acerca de

esa gloriosa doctrina, pues ella se expone con más amplitud más adelante en las Sagradas Escrituras. Esa es nuestra bendita esperanza, y ya tenemos el modelo y la promesa, en el primero que se levantó de entre los muertos — el glorioso Príncipe de la Vida, nuestro Señor Jesucristo.

V

APLICACION DE LA VISION A TODO EL REINO Y DEL PODER ESPIRITUAL. Encontramos aquí una verdad mucho más grande que la resurrección material. El pensamiento que se destaca más allá de la visión del profeta, y la profunda verdad que surge sobre la presunta fe, es que la resurrección es el dechado y la garantía de todo lo que puede y quiere hacer en respuesta a la fe de su pueblo.

Dicho en una sola frase, el hecho es que tenemos un Dios que resucita a los muertos, y nosotros, a nuestra vez, debemos tener fe en la resurrección. ¿No es este el sublime pensamiento que ha expresado el apóstol al llegar a la excelsitud del primer capítulo de la epístola a los Efesios, donde dice que se acordaba de ellos en sus oraciones y rogaba que Dios les diera sabiduría "alumbrando los ojos de vuestro entendimiento, para que sepáis cuál es la esperanza a que él os ha llamado, y cuáles las riquezas de la gloria de su herencia en los santos, y cuál la supereminente grandeza de su poder para con nosotros los que creemos..." (18-19).

Sigue luego el alcance del poder, este se extiende sobre todo principado y autoridad y poder y señorío, y sobre todo nombre que se nombra, no sólo en este siglo, sino también en el venidero" (21). De ahí en adelante la norma de fe y la medida de lo que hará Dios por su pueblo es la resurrección del Señor Jesucristo.

Cuando quiera que se presentare alguna situación difícil, cuando se nos hiciere alguna pregunta que no sabemos como contestarla y la incredulidad parece decir: "¿Vivirán estos huesos?" tenemos la sencilla respuesta: "Cristo es el que murió; más aun, el que también resucitó, el que además está a la diestra de Dios" (Rom. 8:34).

Hay cosas más oscuras que el sepulcro y más tristes que la muerte. Se presentan situaciones espirituales; dificultades de familia; dificultades en los negocios; catástrofes y calamidades, vienen pruebas y tribulaciones que parecen dulces cuando se les compara con la angustia que trae la pérdida de seres amados; ante el negror de esa pena que nos abruma hasta la oscuridad del sepulcro parece menos densa. Pero gracias a Dios porque podemos enfrentar dichas pruebas y situaciones, aparentemente imposibles de soportar, diciendo: "No confiamos en nosotros mismos, sino en Dios que resucita a los muertos, el cual nos libró de tan terrible muerte, y aun nos libra; en quien confiamos que aun todavía nos seguirá librando" (II Corintios 1:9,10. V. M.). Esa es nuestra esperanza para la hora en que nos encontremos ante la feroz tentación, para el momento en que pasemos por grandes pruebas y tribulaciones, cuando luchamos contra las enfermedades y el dolor en las desesperadas campañas con las fuerzas de las tinieblas, cuando tratamos de salvar a las almas y evangelizar el mundo y apresurar así la venida de nuestro Señor.

Todas esas situaciones son por demás severas para nosotros, pero, alabado sea Dios porque podemos hacerles frente contando con el apoyo del Dios de la resurrección, con la fe de la resurrección. Podemos decir: "Sí, eso es cierto. Para los hombres es imposible, pero no así para Dios, que resucita los muertos".

Nada temáis, os cuida vuestro Dios,
Confiad, pues reina el Gran Libertador;
El vence a Satán la hueste atroz
Y encadena la muerte y el dolor.

Cantad loores al Divino Rey,
Que trae la vida y trae la salvación,
Y, sin temor, decid los de su grey:
"¿Adónde, oh muerte, queda tu aguijón?"

CAPITULO XXII

EL RIO DE BENDICIONES

"Me hizo volver luego a la entrada de la casa; y he aquí aguas que salían de debajo del umbral de la casa hacia el oriente; porque la fachada de la casa estaba al oriente, y las aguas descendían de debajo, hacia el lado derecho de la casa, al sur del altar. Y me sacó por el camino de la puerta del norte, y me hizo dar la vuelta por el camino exterior, fuera de la puerta, al camino de la que mira al oriente; y ví que las aguas salían del lado derecho. Y salió el varón hacia el oriente, llevando un cordel en su mano; y midió mil codos, y me hizo pasar por las aguas hasta los tobillos. Midió otros mil, y me hizo pasar por las aguas hasta las rodillas. Midió luego otros mil, y me hizo pasar por las aguas hasta los lomos. Midió otros mil, y era ya un río que yo no podía pasar, porque las aguas habían crecido de manera que el río no se podía pasar sino a nado. Y me dijo: ¿Has visto, hijo del hombre? Después me llevó, y me hizo volver por la ribera del río.

"Y volviendo yo, ví que en la ribera del río había muchísimos árboles a uno y otro lado. Y me dijo: Estas aguas salen a la región del oriente, y descenderán al Arabá, y entrarán en el mar; y entradas en el mar, recibirán sanidad las aguas. Y toda alma viviente que nadare por dondequiera que entraren estos dos ríos, vivirá; y habrá muchísimos peces por haber entrado allá estas aguas, y recibirán sanidad; y vivirá todo lo que entrare en este río.

"Y junto a él estarán pescadores, y desde En-gadi hasta En-eglaim será su tendedero de redes; y por sus especies serán los peces tan numerosos como los peces del Mar Grande. Sus pantanos y sus lagunas no se sanearán; quedarán para salinas. Y junto al río, en su ribera, a uno y otro lado, crecerá toda clase de árboles frutales; sus hojas nunca caerán... porque sus aguas salen del santuario; y su fruto será para comer, y su hoja para medicina" (Ezequiel 47:1-12).

ESTA magnífica visión profética es, indudablemente, un cuadro de la restauración del templo de Israel y de toda la nación israelita en los días futuros del milenio prometido. Dando esto por concedido, bien podemos aplicarlo también, legítimamente, a la obra que el Espíritu Santo realiza actualmente en los corazones del pueblo de Dios, y en su iglesia, que es el templo del Dios vivo.

Nuestro Señor Jesucristo se identificó él mismo con el agua viva, como lo vemos por la manera tan encantadora que se expresa en la narración que tenemos en el capítulo séptimo del Evangelio de Juan. Allí, en la solemnidad del antiguo templo, en la fecha en que se celebraba la fiesta de los tabernáculos, él se aplicó a sí mismo la hermosa figura del agua que se vertía delante del pueblo, y clamó diciendo: "Si alguno tiene sed, venga a mí y beba. El que cree en mí, como dice la Escritura, correrán ríos de agua viva de su interior. Esto dijo del Espíritu que habían de recibir los que creyesen en él; pues aún no había venido el Espíritu Santo, porque Jesús no había sido aún glorificado" (37-39).

Esa es una paráfrasis exacta del significado de la visión que tuvo Ezequiel. Representa al Espíritu Santo en forma de río cuyas aguas corren de las entrañas del corazón consagrado, y llegan a convertirse en ríos de bendición que bendicen a otros.

Esta visión imaginaria, de corte oriental, es tan sublime, tan preciosa, que se asemeja a una bella flor. No podemos detenernos a analizarla demasiado sin correr el riesgo de dañar su simetría y fragancia. Nos dice ¡alto! el tan glorioso como encantador simbolismo de la figura.

Se refiere al arroyo de aguas cristalinas que se fueron haciendo más y más profundas y extendiéndose como ríos que corrían por las tierras desiertas, transformándolas en vergeles de encantadora belleza, y deslumbrante verdor. Habla de frutos perennes y de hojas de sanidad, y aun el Mar Muerto fue recuperado por sus aguas sanadoras, hasta que llega a ser un sitio a cuyas playas concurren los pescadores y consiguen abundante pesca. Finalmente el templo llega a ser morada de Dios y le dan el nombre de Jehová-sama, que significa: Jehová está allí.

Las figuras de esa clase tienen algo que no es posible analizar. Hay en ellas cierta soltura, destello, un vago pero real esplendor, algo indescriptible pero glorioso, que describe acertadamente cierta condición elevada de nuestra experiencia espiritual. Hay ciertas cosas en la vida cristiana que cuando se las traduce al rudo lenguaje humano, se convierten en algo así como los pétalos secos de una flor muerta; pero si se las deja así no más, sin manosearlas, se las ve vivas y radiantes de gozo. No se las puede traducir, ni siempre se las puede entender. Es la voz del Espíritu que clama interiormente con inexpresables quejidos o inexpresable gozo. Está tan lleno como el magnífico río, tan puro como las aguas cristalinas, tan fresco como el rocío de la mañana, tan saludable como las hojas del árbol de vida, y tan potente como el río cuyas aguas llevan bendición por dondequiera que pasan. No exagera nuestra himnología cuando cantamos:

"Yo resido en las alturas
Donde brilla el áureo sol,
Donde todo es hermosura
Do destella el arrebol;
Allí reina el aire puro,
Perfumado por la flor,
Todo es bello y esplendente,
Fruto del divino amor".

Sin embargo, vamos a tratar de interpretar, hasta donde nos sea posible, el cuadro imaginario, tan rico en lecciones.

Lo primero que llama la atención al lector que se detiene a meditar es la dirección en que corre el río. Sabemos que éste representa al Espíritu Santo, la Santa Persona cuyo ministerio es limpiar, satisfacer, proporcionar bienestar, ayudar y sanar a los discípulos de Cristo. Pero, ¿a qué se debe el que corra hacia afuera y no hacia adentro? ¿No tratamos siempre de conseguir que ese río corra hacia adentro de nosotros? ¿No andamos siempre en busca de su bendición y de su bautismo? Pero aquí, al parecer, el santuario se ocupa únicamente de dar agua; y éste no hace una sola cosa, sale a cumplir su ministerio de desparramar gracia lo más desprendidamente. Esa es la verdadera vida del Espíritu Santo. El verdadero propósito que trajo al Espíritu Santo a vivir entre nosotros fue hacernos colaboradores de Dios, cuya obra consiste siempre en amar, en bendecir y en dar.

Las aguas del río no comenzaron a correr cuando el cauce estaba lleno, sino que comenzaron a hacerlo apenas hubo en él el primer chorrito. Cuando comenzaron a correr los primeros chorritos, el templo pudo haber dicho: "Yo necesito esa agua; lo mejor es que la guarde en el depósito". Pero no; simplemente las dejó salir para que fuesen a cumplir su ministerio de amor; y así siguió hasta el fin, el agua siguió corriendo constantemente, y al llegar al Mar Muerto, el poder de las aguas del río era tan grande que transformó las aguas del mar en agua fresca que daba vida.

El secreto de la condición en que se encontraba el Mar Muerto yacía en el hecho que no tenía salida, a través de los años nunca ha sido otra cosa que un depósito receptor, más no bien comienza a desbordar sus aguas, éstas empiezan a producir vida. Amado lector, ese es el secreto de la debilidad espiritual y de las desilusiones que sufren muchas personas. Comenzad a vivir para Dios y para el bien de otras personas, si así lo hacéis Dios os lo devolverá con diez veces más de lo que dísteis.

La segunda cosa que observamos acerca de este río es que manaba de un santuario. ¿Qué queremos decir al hablar de un santuario? Es un sitio sagrado, apartado, santo y divino. Primeramente, debe estar separado de manera que no se le emplee nunca en nada pecaminoso o común. En segundo lugar, debe ser dedicado exclusivamente a Dios. En tercer lugar, Dios es el único que debe ocuparlo, él debe ser el dueño y soberano, y el único objeto de adoración y culto.

En ese sentido, el creyente verdaderamente consagrado es santuario de Dios, pues se separa de todo lo malo y se dedica al servicio del Altísimo; entonces, el Espíritu Santo viene a morar en él y a representar a la Trinidad en su condición de ocupante propietario de su corazón y de su vida. Ese es el santuario. Esa es la santidad. Esa es la verdadera vida cristiana, y desde las almas de esa clase siempre correrá el río.

Pero nadie puede bendecir a otros más de lo que la propia persona ha sido bendecida. Nadie puede dar lo que no tiene. Nadie puede sacar agua de una fuente impura. ¿A qué se debe el que no bendigamos más a otras personas, de lo que lo hacemos? Ello se debe a que nuestros corazones no son santuarios. Tratamos de hacer algo para Dios pero no tardamos en darnos cuenta que no podemos hacer mucho por el hecho que tenemos el corazón ocupado con mil cosas que no debieran estar allí; Dios no puede tener parte alguna en ningún sitio donde se encuentre algo malo, ni puede aceptar ningún servicio que se le ofrezca a medias.

Amado lector, lo que debemos hacer es consagrarnos a Dios. Dejemos que él nos santifique, que nos llene, para que luego corra de nosotros el Espíritu Santo en toda su plenitud.

La tercera cosa notable respecto a este río era el hecho que vertía de abajo de la puerta del santuario. No descendía del cielo, ni de ningún cerro que estuviese detrás, ni de la fuente que estaba en el recinto sagrado; el río manaba del sitio más bajo, de debajo de la escalera, donde pisaba la gente al pasar. De igual modo, el Espíritu Santo sale del corazón humilde y consagrado; emplea al hombre muerto para el mundo y para sí y no piensa en lo que él mismo es, sino que su deseo es darle a Dios toda la gloria, y el Señor puede llenarle a su gusto y sin medida.

La cuarta cosa que llama la atención al ver este río, es la dirección en que corre. Corre hacia el oriente. Es el río de la mañana, no de la noche. No representa la vida antigua, cuyo sol se está poniendo; sino que representa la nueva vida, que ha comenzado con la resurrección de Cristo y vive en la anticipación de la mañana eterna. Se trata de una nueva vida resucitada que mira en dirección al sol que se levanta.

Ese río comienza en la forma de un arroyito, con muy poca agua; en el curso de la primera media milla, no es más que un arroyuelo. Es tan pequeño que se desliza por debajo del quicio de la puerta. Al principio no es más que un diminuto arroyuelo, pero antes de llegar al mar se convierte en un torrentoso río. Al Espíritu Santo le agrada, igualmente, comenzar sin mucho ruido; le agrada hablarnos "con silbo apacible y delicado", para hacernos ver que no estamos muy distantes. Si nos hablase con voz muy alta, ello sería señal que nos encontramos lejos de él, o que somos muy lerdos. No hay nada que exprese mejor la confianza que se nos tiene, que el hecho que se nos digan los secretos con voz suave y apacible. El bendito Espíritu Santo se nos acerca y nos habla con voz tan tierna y suave que parece como si fuera sólo su aliento y no su voz, lo que oímos. Y si no le conocemos cuando se nos presenta así, pequeño, no le veremos crecer y desarrollar, y nos causará sorpresa ver que no recibimos la bendición y entonces queremos saber por qué. Esperamos viento y lluvia, queremos ver un ciclón de poder, tormentas eléctricas, etc., cuando el ambiente esté lleno de fuerza y de divino fuego eléctrico. Lo único que nos toca hacer es la conexión, para tomar la cantidad de corriente y fuerza eléctrica que necesitamos y para aplicarla a todo el mecanismo de nuestras vidas.

Amado lector, si usted llegara a reconocer los primeros toques de Dios, los primeros susurros de su voz, el toque de su dedo, detrás de lo cual se encuentra toda su omnipotencia, él le hará ver a usted que no es "con fuerza, sino con mi Espíritu, ha dicho Jehová de los ejércitos" (Zacarías 4:6).

La primera parte del recorrido del río era cosa de media milla del sitio desde donde nacía. Allí el profeta se encontró con el que le atendía y éste le hizo cruzar el arroyo, y vio que el agua iba aumentando hasta llegarle a los tobillos. La palabra hebrea que aquí se emplea es mucho más expresiva que la nuestra, pues quiere decir, literalmente, que el agua le llegó hasta la planta de los pies. Sin duda había muy poca agua, tal vez no tenía ni un cuarto de pulgada de profundidad, y si el profeta la hubiese mirado con indiferencia, no habría tenido el placer de disfrutar de la gloria de la visión. Pero él no tuvo a menos pisar el agua, aunque era muy poca. Había suficiente para mojarle la planta de los pies, y eso le bastaba.

¿No es eso, cabalmente, lo que se nos dice a nosotros: "Os he entregado... todo lugar que pisare la planta de vuestro pie"?

¿Qué nombre daremos a ese hecho de poner nuestros pies en el agua? Tal vez sea el acto de dar el paso confiando en el Espíritu de Dios; el lanzarnos a la ventura, pero poniendo nuestra confianza en las promesas que nos ha hecho; contando con él, que ha de ayudarnos a cargar lo que nos abrume y confiando en él para todo, y testificando públicamente que él es nuestra vida y nuestra fortaleza. ¿O quiere decir obediencia? ¿Representa el dar los pasos necesarios para desempeñar el deber? ¿No es ese también uno de los primeros pasos de la obra del Espíritu Santo? El viene para enseñarnos a que tengamos fe y a que seamos obedientes, y siempre espera que hagamos algo, desde el primer momento de nuestra carrera espiritual; algo que muchas veces exige sacrificios; algo que prueba la sinceridad de los motivos que nos impulsan a proceder como lo hacemos; algo que para nosotros signifique todo; pero al obedecerle y proseguir, vemos que él se acerca a nosotros para darnos mayores revelaciones y para guiarnos a mayor plenitud de conocimientos.

Amado lector, ¿daremos ambos pasos; meteremos nuestros pies en las aguas y tomaremos al Espíritu y aceptaremos, con buen ánimo, toda la voluntad de Dios?

"Las aguas hasta las rodillas". Aquí se trata del ministerio de la oración con el espíritu del alma obediente y fiel a Dios. El Espíritu Santo nos conducirá a lugares secretos del Altísimo, y nos permitirá cargar las penas y trabajos que agobian a otras personas participando con él los deberes del sacerdocio que él desempeña siempre ante el trono de Dios. Eso es más que lo que decimos o hacemos. Se trata del desempeño de un deber para el que se nos concede verdadero poder, pero para ello debemos ser bautizados por el Espíritu Santo, no siendo así, todo lo que hagamos será en vano.

Después vemos que el agua llegaba hasta los lomos del profeta. Este es el símbolo del poder, el bautismo del Espíritu Santo que da la necesaria idoneidad para realizar el servicio que Dios espera de nosotros. La ceñidura de los lomos es símbolo de servicio y de fortaleza. Dios da a sus siervos la facultad necesaria para que hablen en su nombre con poder y para que consigan los gloriosos resultados que él espera del ministerio que les ha encomendado. Si no disponemos de ese poder, no tenemos por qué intentar hacer esa obra para Dios. Jesús no comenzó su ministerio antes de haber recibido el bautismo del Espíritu Santo, es presuntuoso de parte nuestra el querer hacer lo que no intentó el Señor Jesucristo.

Luego vemos que las aguas subieron por encima de la cabeza del profeta. Era un río en el que era necesario nadar para poder atravesarlo. El río había alcanzado tal profundidad que el profeta no se sentía con fuerzas suficientes para atravesarlo. No pudiendo hacer otra cosa, se acostó sobre la superficie del agua y dejó que ésta lo arrastrara.

Esa escena representa el momento cuando estamos convencidos que no podemos hacer nada más, contando con nuestros propios esfuerzos y entonces nos dejamos caer en las manos de Dios quedándonos enteramente a merced de lo que él determine. A partir de ese momento todo lo que hacemos es obra que Dios hace por intermedio nuestro; nos encontramos en la misma condición del nadador que flota sobre la superficie del agua que le arrastra, pero por eso mismo, somos más fuertes que si estuviésemos cruzando con nuestras fuerzas, puesto que todas las fuerzas del río le pertenecen a Dios. Por supuesto, tenemos que someternos a hacer lo que él quiera.

Naturalmente, antes de poder contar con la fortaleza de Dios debemos rendirle a él toda nuestra vida. Cuando así lo hacemos heredamos la plenitud de la divina omnipotencia; dispondremos del poder de Dios en la misma proporción de la intensidad de comunión que tenemos con él. El poder es espontáneo; sin ningún esfuerzo brota de una fuente que no depende de nosotros, y corre como un río inagotable.

Vemos después los frutos en las orillas del glorioso río. Hay frutos para alimentar a los santos, frutos perennes, frutos de infinitas variedades; se han restaurado todos los árboles del Paraíso, estos renuevan, mensualmente su mies; cada gozo es un gozo nuevo, fresco como los frutos y las flores del Paraíso. Aun las hojas de los árboles sirven para sanar a los enfermos. Estas no son la parte más importante del árbol, pero ocupan su lugar; de igual modo, el Señor sana por medio del Espíritu Santo, es uno de los ministerios del Espíritu, pero no el **más** grande de los servicios que presta; la sanidad por el Espíritu corresponde en importancia al que tienen las hojas con el árbol, mientras que el fruto corresponde a la vida espiritual del alma.

Hay, además, otros frutos, en especial el de almas preciosas. Los pescadores están de pie en la playa del Mar Muerto reuniendo los gloriosos resultados de su labor.

¡Qué imponente era el cuadro que presentaba el **Mar Muerto!** Tan cerca de las puertas de Jerusalén, nos recuerda continuamente cómo el mundo infernal se encuentra situado tan cerca de las puertas del cielo. Allá está Sion y el templo, pero allá también estaba el mar de la muerte y la puerta del infierno.

¡Ah, eso sigue siendo igual hoy día! Mientras nosotros nos regocijamos en la bendita plenitud del Espíritu, cerca de nuestras puertas están las masas sumidas en el dolor que trae el pecado; los profundos peligros y las grandes aflicciones, que abundan en nuestras ciudades, y en todo este pobre mundo perdido. Pero al ser nosotros henchidos con el poder del Espíritu Santo, nosotros también saldremos como pescadores de hombres para reunir almas preciosas para Cristo; lo haremos con el poder que nos da el Espíritu Santo, y convertiremos los desiertos de la vida en lugares benditos, de manera que en todo lugar "por donde pase el río haya vida".

Todavía hay un cuadro más. Este se encuentra en el último capítulo del libro: "El nombre de la ciudad desde aquel día será Jehová-sama", que significa El Señor está aquí. Ese bendito río trae al

Señor. Ese bendito Espíritu Santo hace que Dios more permanentemente con nosotros, y él es mejor que todos sus dones y que todas sus gracias y operaciones. Dios busca hogar en alguno de nuestros corazones. El Espíritu Santo está llamando a la puerta y quiere que le dejen entrar para constituirse en el Rey de la Gloria de nuestro corazón. Si le dejamos entrar, él establecerá su palacio y su hogar en nuestro corazón y morará allí por siempre. El más grande y sublime de los honores que puede tener un redimido del Señor es el que el Espíritu Santo haga su morada en su corazón.

Como el anciano arquitecto, a quien, al pedírsele que erigiera un templo que sería dedicado al sol, después que otros habían erigido suntuosos e imponentes templos de granito, de mármol y otras piedras valiosas, él levantó uno totalmente de vidrio transparente, y dijo: "Este es el verdadero templo para el sol, pues el sol puede entrar y salir de él sin esfuerzo de ninguna especie".

Dios quiere templos transparentes como aquel de cristal que no refleja la gloria del que lo erigió sino la de Dios; templos en los que él pueda entrar y salir sin que sea necesario para ello abrir puertas, pero que todos los medios y todas nuestras aptitudes estén de tal modo a su disposición, y que estemos de tal modo en contacto con él que vivamos, nos movamos y tengamos nuestra existencia dependiendo de él, y que él encuentre en nosotros la afinidad que busca en vano en el universo y en el alto cielo; porque ¿no somos nosotros también "la plenitud de Aquel que todo lo llena en todo"? (Ef. 1:23).

CAPITULO XXIII

EL ESPIRITU SANTO EN LOS DIAS DE LA RESTAURACION

"No con ejército, ni con fuerza, sino con mi Espíritu, ha dicho Jehová de los ejércitos".
(Zacarías 4:6).

LA restauración fue un período de la historia judía tan destacado como el patriarcal o el mosaico; como el de los jueces o el de los reyes de Judá y de Israel. Ocurrió después del cautiverio, y tuvo por objeto preparar el camino para un suceso de mucho mayor importancia — la venida del Señor Jesucristo.

Fue uno de los períodos de mayor actividad divina del Antiguo Testamento y en él abundan las manifestaciones del Espíritu Santo. El breve mensaje que Zacarías dio a su pueblo como lema de dicha restauración, expresa mejor que cualquier otra cosa, toda su historia. No fue una acción humana sino del Espíritu Santo.

No se produjeron las señales milagrosas que ocurrieron en casi todos los otros períodos de la historia del Antiguo Testamento; pero los milagros providenciales y las manifestaciones del poder del Espíritu Santo fueron mucho más significativos que los milagros que se produjeron en el desierto y en la tierra prometida.

Sigamos los pasos de la acción del Espíritu Santo durante ese extraordinario período.

I

La primera etapa se podría describir como el ministerio de la oración. Tomemos un relato del libro de Daniel: "En el año primero de Darío hijo de Asuero, de la nación de los medos, que vino a ser rey sobre el reino de los caldeos, en el año primero de su reinado, yo Daniel miré atentamente en los libros el número de los años, de que habló Jehová al profeta Jeremías, que había de cumplirse las desolaciones de Jerusalén en setenta años. Y volví mi rostro a Dios el Señor, buscándole en oración y ruego, en ayuno, cilicio y ceniza" (9:1-3).

Cuando Dios está a punto de realizar alguna gran obra con objeto de cumplir sus propósitos, generalmente pone en el corazón de algunos de sus santos en quien puede confiar plenamente, intenso deseo de orar. Fue por eso que llamó a Daniel, su siervo, que había sido bien probado en Babilonia, y le encargó el elevado ministerio de la oración.

No podemos dejar de ver la relación que tienen la oración de Daniel con la profecía de Jeremías. Setenta años antes, el profeta de Dios había anunciado, no sólo el hecho del cautiverio de Judá, sino también el tiempo que este cautiverio duraría. Daniel había estudiado atentamente los rollos sagrados y se había enterado del tiempo que su pueblo estaría sometido al cautiverio. Ahora que, al parecer, el tiempo señalado ya había transcurrido, se sintió alentado a acudir a Dios para interceder y rogar pidiéndole que cumpliese la promesa que había hecho según la inspirada profecía.

Algunos habrían dicho que en vista de que Dios iba a librarles de la opresión en que vivían, no era necesario preocuparse de ello. ¿Por qué no esperar, dejándole que él proceda según le plazca? Pero para la fe verdadera, la promesa de Dios es un incentivo a la oración.

La verdadera fe se apoya en la Palabra de Dios, y por cuanto le ha placido a él comprometerse haciéndonos la promesa, nos sentimos alentados a presentarle nuestras peticiones, creyendo que él las contestará.

Daniel no oró de manera indiferente, sino que por tres semanas íntegras se humilló ayunando y orando delante de su Dios. No oraba pidiendo algo para sí. No se sentía oprimido por lo que a él le ocurría. Las oraciones que elevaba eran totalmente desinteresadas, sólo intercedía por su país, por su pueblo y por la gloria de su Dios. Así es la verdadera oración, y esa es colaboración divina con el propio Dios. Ese es el más elevado y más santo de los ministerios que le ha sido dado al ser humano, pues él nos pone en directa relación con nuestro Señor que ascendió a los cielos, donde intercede por nosotros.

Pero Daniel no oró así al cielo en vano. A su tiempo descendió del cielo un mensajero, y le anunció directamente a él; primero, que era muy querido, y luego que Dios había oído sus oraciones y las había contestado, y que desde el mismo día en que él se propuso interceder ante Dios, él había hecho poner la respuesta entre los decretos del trono, y había puesto en acción todas las fuerzas para llevarlo a cabo.

La verdad era que ese poderoso ángel había estado en camino tres semanas, impedido por las fuerzas de las tinieblas, y los principados que rigen los destinos de este mundo.

¡Cuán imponente visión nos proporciona esto de las fuerzas vivas del mundo invisible, y del poder de la oración que se abre paso a través de todo ese laberinto del mal, y llega hasta el corazón de Dios y hasta su mano que tiene el cetro del universo!

Amado santo de Dios, tal vez seas humilde y desconocido; tal vez tengas poco talento y cuentes con muy escasos medios de vida; pero a solas, en tu cuarto, puedes tocar los confines del mundo, y puedes poner en movimiento fuerzas que influyan en el destino de las naciones.

Allá, en Babilonia vemos a un hombre solitario de hinojos ante Dios, en saco y en ceniza y en gran angustia de corazón. Parécenos un espectáculo de importancia. Mas, esperad; mirad un poco más allá. Extended la visión hacia la lejana circunferencia, y veréis a un potente conquistador que se detiene en su carrera triunfal, para dar un decreto por el cual reconoce el poder de Jehová, y hace que todas las fuerzas de su gobierno cumplan lo que el santo de Dios ha solicitado en su oración.

Veréis una interminable fila de cautivos que se apresuran a regresar del país donde estuvieron cautivos a la amada patria, y luego siglos y siglos de prosperidad hasta los días mesiánicos y aun más allá del milenio. Todo ello resultado de las oraciones de Daniel, el amado de Dios.

El ángel que fue a su encuentro le dijo a Daniel los años que transcurrirían hasta el término de la dispensación del Antiguo Testamento. Le habló acerca del advenimiento del gran Mesías, del sacrificio a que éste se sometería y los alcances que él tendría. Le refirió también las pruebas y tribulaciones a que se vería sometido su pueblo después de la venida del Mesías y de lo que ocurriría en siglos muy lejanos hasta la venida de Jesucristo en toda su gloria. ¡Oh, amados amigos! cuando habláis con Dios, y os eleváis por encima de vuestras propias dificultades, para estar con él en el santo ministerio de la oración, recibiréis respuestas a vuestras oraciones mucho más grandes de lo que esperáis. Dios no sólo os dará lo que pidáis, sino que os dará la eternidad en el más allá. ¡Señor, enséñanos a orar!

II

El próximo paso de la obra del Espíritu Santo se ve en los movimientos providenciales que produjo la restauración.

El caso más notable entre ellos fue la carrera de Ciro. Más de un siglo antes, el profeta Isaías había hecho la descripción de este hombre tan extraordinario. Lo había llamado por su propio nombre, señalándole como instrumento especial para la restauración de Israel:

"Así dice Jehová a su ungido, a Ciro, al cual tomé yo por su mano derecha, para sujetar naciones delante de él, y desatar lomos de reyes; para abrir delante de él puertas; y las puertas no se cerrarán: Yo iré delante de ti, y enderezaré los lugares torcidos; quebrantaré puertas de bronce, y cerrojos de hierro haré pedazos; y te daré los tesoros escondidos, y los secretos muy guardados, para que sepas que yo soy Jehová, el Dios de Israel que te pongo nombre. Por amor de mi siervo Jacob, y de Israel mi escogido, te llamé por tu nombre; te puse sobrenombre, aunque no me conociste" (Is. 45:1-4).

¡Cuán extraordinario es ese cuadro! ¡Cuán asombrosa profecía! ¡Cuán fielmente se cumplió en la romántica historia de Ciro, en su rápida carrera de conquistas, la manera como capturó a Babilonia; la fundación de su imperio universal, y la parte notable que tuvo en la restauración del pueblo de Israel y en la reconstrucción del templo!

El próximo capítulo de la serie extraordinaria de sucesos es la proclama de Ciro, que tenemos en los primeros versículos del libro de Esdras: "En el año primero de Ciro, rey de Persia, para que se cumpliese la palabra de Jehová por boca de Jeremías, despertó Jehová el Espíritu de Ciro rey de Persia, el cual hizo pregonar de palabra y también por escrito por todo su reino diciendo: "Así ha dicho Ciro rey de Persia: Jehová el Dios de los cielos me ha dado todos los reinos de la tierra, y me ha mandado que le edifique casa en Jerusalén, que está en Judá. Quien haya entre vosotros de su pueblo, sea Dios con él, y suba a Jerusalén que está en Judá, y edifique la casa a Jehová Dios de Israel (él es el Dios), la cual está en Jerusalén. Y a todo el que haya quedado, en cualquier lugar donde more, ayúdenle los hombres de su lugar con plata, oro, bienes y ganados, además de ofrendas voluntarias para la casa de Dios, la cual está en Jerusalén.

"Entonces se levantaron los jefes de las casas paternas de Judá y de Benjamín, y los sacerdotes y levitas, todos aquellos cuyo espíritu despertó Dios para subir a edificar la casa de Jehová, la cual está en Jerusalén.

"Y el rey Ciro sacó los utensilios de la casa de Jehová, que Nabucodonosor había sacado de Jerusalén, y los había puesto en la casa de sus dioses. Los sacó, pues Ciro rey de Persia, por mano de Mitrídates tesorero..." (Esdras 1:1-8).

Vemos aquí al conquistador del mundo, en la cúspide de su fama, haciéndose a un lado, movido por impulso divino, constreñido a llevar a cabo lo que Dios quería.

¡Oh, cuán maravilloso es el poder del Espíritu Santo! El sabe como tratar los corazones y las mentes de los hombres, tanto de los más encumbrados como de los más humildes, y puede sobreponerse aun sobre sus aspiraciones más egoístas, para conseguir la realización de los fines que él quiere, para la erección de su reino.

Aquel que nos ha enviado para que seamos sus embajadores entre las naciones ha dicho: "Toda facultad me es dada en los cielos y en la tierra". "Como los repartimientos de las aguas, así está el corazón del rey en la mano de Jehová; a todo lo que quiere lo inclina" (Proverbios 21:1).

Si pudiéramos creer más definitivamente en el poder de Dios y en su providencia, cuánto más grandes serían los planes que haríamos para servirle y cuánto menos temeríamos la oposición de los hombres.

Vivimos días en los que podemos solicitar que la providencia de Dios intervenga de manera especial en los asuntos humanos, y ahora es el momento en que podemos invocar al Espíritu Santo que colabore con la Iglesia de Cristo para enviar el evangelio por el mundo apresurando así la venida del Señor Jesucristo.

En la historia de las misiones ha habido algunos ejemplos admirables de como Dios se ha interpuesto con su poder por medio de las naciones.

La historia del Japón, la de Siam, la de Madagascar, el Motín de la India y la historia de la China; en el curso de medio siglo se han presentado sucesos tan significativos como el de la historia de Ciro. Dios tiene muchas sorpresas de esa clase para todos aquellos que quieran confiar en él.

Ojalá que lleguemos a comprender la inmensidad de nuestro Dios y los enormes alcances de su providencia y de su poder; para que entremos en sociedad con él en su gran designio que tiene por objeto darle el reino a su Hijo. El Anciano de Días ha llegado, y, con él, su juicio de las naciones, para darle al Hijo del Hombre su reino, su dominio y su gloria. Reconozcamos su presencia y reclamemos la acción de su grandioso poder, como en los días de antaño.

¡Cuán sublime y cuán solemne es el espectáculo que la Iglesia contempla hoy día! El poderoso coloso de la China, que por tanto tiempo se opuso a las influencias cristianas exteriores y al evangelio de Cristo, se está destrozando como la vasija del alfarero, y está siendo arado, con el arado de Dios, con el objeto de preparar el camino para el Señor. Indudablemente, todo eso es en respuesta a las oraciones de fe. Sin duda se trata de un movimiento preparatorio que conducirá a algún glorioso movimiento agresivo de fe y de celo evangélico. Dios nos ayude a comprender nuestros tiempos y a comprender a nuestro Dios, a fin de ser dignos del divino llamamiento que hemos recibido para que seamos sus colaboradores.

Otro de los extraordinarios episodios de la obra providencial del Espíritu Santo en aquellos días es la historia de Ester. Aquel fue otro de los milagros de la providencia, aunque de diferente clase, y dentro de un círculo menos complicado. En esa ocasión, el objeto fue impedir el exterminio de una nación. En efecto, la nación israelita debía preservarse a fin que fuese ella el medio por el cual viniese Cristo. El Diablo se había propuesto acabar con ella, mas Dios preparó a una doncella para convertirla en el instrumento que emplearía para libertar y salvar a dicha nación.

Dios había dado a Ester un bello rostro y esbelto y atractivo talle, con la intención que ella empleara dichos dones para la realización de los fines que él se había propuesto. Dios hizo que Ester conquistase los favores del rey y éste la condujo a su palacio y a su trono. Amado joven lector, la cara que Dios te ha dado, tu talle, el lugar social en que te ha colocado son todos poderosos medios que él ha puesto a tu disposición para que los emplees para Dios. Ten cuidado del empleo que das a dichos dones. Llegó el momento en que Ester tuvo que cumplir la gran comisión que Dios le había encomendado, y arriesgó su vida por amor a su país. Ester vaciló, pero si no hubiese cumplido el deber que le correspondía, no sólo habría causado la ruina de su pueblo sino que, probablemente, tal vez ella misma y la casa de sus padres habrían desaparecido. Dios le dio la gracia necesaria para que fuese fiel y debido a su decisión y arrojo, su pueblo fue librado de la muerte.

Los enemigos de Dios cayeron en la trampa que ellos mismos habían preparado. De igual modo obra Dios hoy día, tanto por medio de individuos como por medio de naciones. Ojalá nos dé las fuerzas, como se las dio a Ester, allá en la antigüedad, para comprender el solemne mensaje: "¿Y quién sabe si para esta hora has llegado al reino?" (Ester 4:14).

Igualmente notable es la historia de Zorobabel, como también la de Esdras y Nehemías y los demás israelitas que regresaron a la patria después del cautiverio.

No fue empresa pequeña la de conducir a cosa de 50.000 hombres, mujeres y niños desarmados, a través del vasto desierto, pero Esdras puso toda su confianza en Dios, y no quiso aceptar ni siquiera la escolta que le ofrecieron... ¡Cuán conmovedoras son sus palabras! "Y publiqué ayuno allí junto al río Ahava, para afligirnos delante de nuestro Dios, para solicitar de él camino derecho para nosotros, y para nuestros niños, y para todos nuestros bienes. Porque tuve vergüenza de pedir al rey tropa y gente de a caballo que nos defendiesen del enemigo en el camino; porque habíamos hablado al rey, diciendo: La mano de nuestro Dios es para bien sobre todos los que le buscan; mas su poder y su furor contra todos los que le abandonan. Ayunamos, pues, y pedimos a nuestro Dios sobre esto, y él nos fue propicio" (Esdras 8:21-23). "Y partimos del río Ahava el doce del mes primero, para ir a Jerusalén; y la mano de nuestro Dios estaba sobre nosotros, y nos libró de mano del enemigo y del asechador en el camino y llegamos a Jerusalén" (Esdras 8:31,32).

Esa fue obra del Espíritu Santo, a quien le deleita cuidar y dirigir a aquellos que confían en él. La tarea que tuvieron que cumplir fue sumamente difícil. Primero quisieron reconstruír el templo antes de levantar los muros de la ciudad; lo primero que deseaban era restituír el culto a su Dios, y confiaban que él sería un muro de fuego que les cercaría y que su gloria estaría entre ellos.

Pero estaban rodeados de perversos enemigo que se valieron de todos los medios que les fue posible para impedir la realización de sus planes, y por algún tiempo lograron retardar el proceso de reconstrucción; mas, a pesar de los contratiempos y vicisitudes, Dios les hizo salir airosos y al fin consiguieron ver reconstruído el templo, y Nehemías reconstruyó los muros y restauró las bases sociales y políticas de la vida nacional.

Ese es el verdadero secreto del éxito en toda obra que se hace para Dios. Ese es el verdadero significado de la Iglesia de Cristo hoy día: Dios es la cabeza viva de la iglesia y el Espíritu Santo es su suficiente defensor, su suficiente guía, y todos aquellos que ponen en él su total confianza, jamás se ven decepcionados, pues él es capaz de satisfacer todas sus exigencias y de proveerles todo lo que necesitan.

III

Al mismo tiempo que Dios levantaba a Ciro, Zorobabel, Josué, Ester, Esdras y Nehemías, para llevar a cabo la gran restauración, envió también a su mensajero profético para que les auxiliara por medio de sus consejos. Tres fueron los profetas que colaboraron en la obra de la restauración por medio de sus divinos mensajes, éstos fueron: Hageo, Zacarías y Malaquías. La obra de Malaquías realmente perteneció a un período posterior, y con él llega a su término la dispensación del Antiguo Testamento. Hageo y Zacarías fueron contemporáneos. El uno era anciano, el otro más joven. Dios necesita personas de ambas clases para el ministerio de su iglesia. Por el momento, sólo disponemos del tiempo necesario para ocuparnos únicamente de los mensajes de Hageo.

Fueron varios los que dio. El primero fue una severa reprensión. El pueblo había comenzado a olvidarse de la confianza que Dios había puesto en él y en vez de reedificar la casa de Dios en Jerusalén, construían para sí valiosos edificios, y sólo les preocupaba el afán egoísta del propio bienestar y la ambición de grandeza. El profeta se presentó con una solemne reprensión.

"¿Es para vosotros tiempo, para vosotros de habitar en vuestras casas artesanadas, y esta casa está desierta?" (1:4). El clamor del profeta que llega hasta el alma, es éste: "Subid al monte, y traed madera, y reedificad la casa; y pondré en ella mi voluntad, y seré glorificado, ha dicho Jehová" (1:8).

El mensaje del profeta no fue en vano. Los funcionarios y el pueblo pusieron manos a la obra con lealtad y celo. Siete semanas después, Hageo recibió órdenes para que diese al pueblo otro mensaje, pero esta vez muy diferente al anterior. En este abundaba la divina inspiración, el estímulo y las gloriosas promesas: "Pues ahora, Zorobabel, esfuérzate, dice Jehová; esfuérzate también, Josué hijo de Josadac, sumo sacerdote; y cobrad ánimo, pueblo todo de la tierra, dice Jehová, y trabajad; porque yo estoy con vosotros, dice Jehová de los ejércitos. Según el pacto que hice con vosotros cuando salisteis de Egipto, así mi Espíritu estará en medio de vosotros; no temáis" (2:4,5).

El Espíritu Santo era el que había de guiarles y de fortalecerles. Se repite varias veces la frase: "dice Jehová". Era la palabra de Dios, el Espíritu de Dios, de quienes ellos debían depender, y los que serían su fuente de fortaleza divina en la gran empresa que iban a realizar. Después de eso, la promesa se extiende con toda la grandeza de una visión milenial. "Porque así dice Jehová de los ejércitos: De aquí a poco yo haré temblar los cielos y la tierra, el mar y la tierra seca; y haré temblar a todas las naciones, y vendrá el Deseado de todas las naciones; y llenaré de gloria esta casa, ha dicho Jehová de los ejércitos. Mía es la plata, y mío es el oro, dice Jehová de los ejércitos. La gloria postrera de esta casa será mayor que la primera, ha dicho Jehová de los ejércitos; y daré paz en este lugar, dice Jehová de los ejércitos" (2:6-9).

Construirían una casa que en siglos venideros sería visitada por el propio Hijo de Dios, y que sería glorificada por sus milagros de amor y por sus palabras de gracia. Ellos no se imaginaron el alcance de la gloria que vería el edificio cuyos fundamentos estaban poniendo. En otra visión que tuvo un poco después, el profeta vio como las naciones y reinos caían derribados, y la venida del Señor Jesús, y la recompensa que recibirían entonces Zorobabel y sus fieles colaboradores, cuando el Señor les haría aparecer como signos de honor y gloria.

Así podrá ser la gloria de nuestra obra. Esa es la gloria de toda obra que se hace con el poder del Espíritu Santo. Se hace para la venida del Señor, y recibirá su recompensa el día en que se manifieste todo. ¡Ojalá sea esa nuestra más grande ambición!

Tal vez la casa que edifiquemos para él llegue a ser pisada por el Hijo del Hombre. Las almas que conduzcamos hasta él se presentarán aquel día como corona de júbilo para nosotros y para él. El mundo que ganemos para él, será nuestro reino tanto como de él el día del reinado milenial. Sí, ojalá que apresuremos ese advenimiento y que le preparemos el camino por medio de la evangelización de las naciones. Podrá ser nuestra bendita esperanza y trascendente privilegio que vivamos y que vayamos a su encuentro aquel día de su glorioso advenimiento, y que podamos tener la alegría de darle la bienvenida a su regreso al mundo por el cual murió, para luego participar con él los días gloriosos, los siglos de inefable dicha que colman la visión del período profético.

Ojalá que nuestra obra se posesione de su venida y se sienta dignificada y glorificada por la misma promesa que hinchó de gozo el corazón de los obreros de la restauración. "La gloria postrera de esta casa será mayor que la primera, ha dicho Jehová de los ejércitos; y daré paz en este lugar, dice Jehová de los ejércitos".

Los mensajes proféticos de Zacarías, fueron más ricos y generosos, pero debemos dejar para otro capítulo el desenvolvimiento de las sublimes e instructivas imágenes del Espíritu Santo.

CAPITULO XXIV

LAS OLIVAS Y LOS CANDELEROS DE ORO

"No con ejército, ni con fuerza, sino con mi Espíritu, ha dicho Jehová de los ejércitos".
(Zacarías 4:6).

YA nos hemos ocupado de estas palabras, al rememorar la historia de la restauración y del poderoso movimiento de la providencia de Dios que dio tan gloriosos resultados. También nos referimos al ministerio profético de Hageo, el más anciano de los dos profetas que fueron los mensajeros de Dios, enviados para que fuesen consejeros y animadores del pueblo en aquella época tan crítica de su existencia.

Pero el ministerio de Zacarías fue más notable aún, aunque éste era el más joven de los dos. Las maravillosas visiones que experimentó tuvieron por objeto aliviar de algún modo especial las necesidades y pruebas porque pasaba el pueblo en aquel tiempo.

La primera visión fue la de un hombre entre los mirtos de una hondura y entre éstos había una cantidad de caballos que iban de un lado a otro. Los mirtos caídos representaban la condición en que se encontraba el pueblo de Dios, y los caballos, simbolizaban a los ministros del poder de Dios, que se movían de un lado a otro entre el pueblo sometido a tan duras pruebas, trabajando con el fin de libertarlo. A esa escena siguió un alentador mensaje, en el que se anunciaba que esas regiones bajas y desoladas se llenarían de una multitud de gente; que vendría un período de prosperidad que esparciría a la gente por diversas regiones y ciudades; que el Señor consolaría a Sion y elegiría a Jerusalén.

Siguió después la visión de los cuernos y los carpinteros. Ante los ojos del profeta aparecieron cuatro cuernos, los que representaban a los enemigos que perseguían a Judá y arrinconaban al pueblo de Dios sometiéndolo a toda suerte de padecimientos. Pero detrás de ellos iban cuatro carpinteros, enviados para derribar los afilados cuernos del enemigo, cortarles las puntas, para que no pudiesen causar ningún daño a los hijos de Dios. Había exactamente el mismo número de carpinteros como el de cuernos, y el pueblo de Dios de todos los tiempos debiera saber que sea cual fuere el número de enemigos que les ataquen, siempre hay una fuerza que les defiende, mientras confíen en Dios.

Vino después la visión del hombre con el cordel de medir, el que iba a medir los muros de Jerusalén para averiguar la largura y la anchura de dicha ciudad y a proclamar este mensaje: "Sin muros será habitada Jerusalén, a causa de la multitud de los hombres y de ganado en medio de ella" (2:4). Ese mensaje tuvo por objeto darles ánimo, en vista de la lentitud con que se iba poblando la ciudad. Un puñado de ex cautivos eran los que habían llegado y se estaban estableciendo en el desolado país;

éstos eran tan pocos y tan débiles que los enemigos se mofaban de ellos; mas Dios dijo que aumentarían y llegarían a poblar todo el país. Los débiles y amedrentados pobladores, al ver la ciudad no amurallada y el indefenso templo que estaban tratando de reconstruír, tenían miedo de los enemigos que les rodeaban, por eso Dios les dio, por medio del profeta, esta gloriosa promesa: "Yo seré para ella, dice Jehová, muro de fuego en derredor, y para gloria estaré en medio de ella" (2:5).

Al día siguiente se presentó otra visión más alentadora aún. Todo lo que pudieran hacer los enemigos que tenían alrededor, no podría hacerle tanto daño como la propia debilidad e indignidad interna. El pueblo era consciente de su condición pecadora, y sabía muy bien que lo que habían padecido les había sobrevenido por causa de la deslealtad de sus antepasados. Podían creer que ellos también estaban expuestos a perder las bendiciones de Jehová. Por eso, Dios le dio al profeta otra visión. Este vio al sumo sacerdote, llamado Josué, que representaba a toda la población, de pie, en presencia del Señor, vestido de vestimentas viles, figuras de la culpa y pecado del pueblo, y Satán estaba de pie a la diestra del sumo sacerdote. Mas, he aquí que mientras el profeta contemplaba la escena, partió del trono la orden que decía: "Quitadle esas vestiduras viles... te he hecho vestir de ropas de gala... pongan mitra limpia sobre su cabeza" (3:4,5); y tornándose hacia el acusador, Dios respondió a todos los cargos que éste hacía. "Y dijo Jehová a Satanás: Jehová te reprenda, oh Satanás... ¿No es éste un tizón arrebatado del incendio?" (3:2).

En seguida después de la visión, Jehová les prometió pureza y bendiciones, resumiéndolo en la siguiente gloriosa promesa: "Quitaré el pecado de la tierra en un día" (3:9b). Dios no sólo se interpuso entre ellos y sus enemigos, sino también entre ellos mismos y su propia indignidad y pecado. Así, Dios se interpone entre nosotros y nuestra culpa; él nos escuda contra los cargos de nuestra conciencia, y contra las acusaciones que hace nuestro cruel adversario en contra nuestra, de modo que podemos decir: "¿Quién es el que condenará? Cristo es el que murió; más aun, el que también resucitó, el que además está a la diestra de Dios, el que también intercede por nosotros" (Romanos 8:34).

Ahora llegamos a la visión de la cual trata nuestro texto, la más hermosa, y más significativa de todas e inigualada por ningún otro pasaje de las Santas Escrituras, por su delicadeza y profundidad de sacra significación.

Tuvo por objeto revelar al pueblo cuál era la fuente de su fortaleza. Ellos eran débiles y sus enemigos fuertes. Cabalmente por ese entonces, a causa de las intrigas de sus enemigos, el rey de Persia había dictado un decreto por el que se ordenaba, por el momento, la suspensión de las obras de reconstrucción. Esdras dice que se presentó un ejército que "valiéndose de la fuerza" les obligó a suspender el trabajo. Mas he aquí que, como eco de alguien que responde a la amenaza de una persona airada, vino la respuesta del trono, y Dios envió a Zacarías para que respondiese con la misma frase: "No con ejército ni con fuerza, sino con mi Espíritu, ha dicho Jehová de los ejércitos" (4:6).

El hombre había enviado sus fuerzas poderosas; ejército potente; sin haber tenido en cuenta a Dios, y esa obra y ese conflicto no se llevaban a cabo con poder humano, sino con el Espíritu, dijo Jehová de los ejércitos. ¿Quién eres tú, oh gran monte? Delante de Zorobabel serás reducido a llanura: él sacará la primera piedra con aclamaciones de Gracia, gracia a ella.

La visión misma fue muy hermosa. Al despertarse, cuando estuvo en sus cabales sentidos para entender el significado de lo que veía, vio ante sí un candelero de oro, igual al que estaba en el lugar santo, con sus siete brazos de oro pulido, con el vaso de aceite y la llama que ardía. Encima del candelero había un vaso grande unido a todas las demás lámparas por tubos por los que corría el aceite. Pero ¿de dónde salía el aceite que llenaba el vaso grande del cual corría el aceite por los tubos a las otras lámparas?

Miremos otra vez el admirable y exquisito mecanismo. No había latas de aceite, ni nadie que echase el líquido, ni ningún mecanismo humano que llevara a cabo esa obra, pero habían dos olivas cargadas de fruto maduro continuamente, éstas daban el aceite que corría por las ramas hasta el vaso grande desde el cual corría el líquido a las lámparas. ¡Cuán sencillo, cuán perfecto y cuán lleno de santa significación! ¿Cuál es el profundo significado espiritual de esto?

I

EL CANDELERO. El candelero de oro representa a la Iglesia de Dios y al pueblo de Dios. "Vosotros sois la luz del mundo". "Así alumbre vuestra luz delante de los hombres, para que vean vuestras buenas obras y glorifiquen a vuestro Padre que está en los cielos" (Mateo 5, 14 y 16).

El pueblo de Israel de la antigüedad fue para aquella generación lo que la iglesia debe ser hoy: depositaria de la verdad divina, de vida y de luz — debe ser la verdadera luz del mundo. Así como el candelero era todo de oro, la verdadera Iglesia de Cristo consta únicamente de aquellos que participan de la naturaleza divina. El oro simboliza lo divino, y únicamente cuando somos restaurados y hechos a la imagen de Dios, henchidos de su luz y de su presencia, podemos ser luces que destellen en el mundo.

El candelero era la única luz que iluminaba el templo. Este no tenía ventanas. Toda la luz que lo alumbraba emanaba de Dios. Y el mundo no tiene otra luz aparte de la Iglesia de Dios. Este sagrado libro, iluminado por el Espíritu Santo, contiene todo lo que sabemos con respecto a Dios, a la redención y a la vida futura.

Todo aquel que trata de engañarse a sí mismo y a su pueblo con la antorcha de su propia elocuencia, su filosofía y sensacionalismo, es un verdadero fatuo.

El candelero era uno sólo, pero tenía muchas partes; igualmente la Iglesia de Dios tiene infinitas variedades, pero toda ella consta de una sola luz y de un solo cuerpo. Dios no reduce a todas las almas a un solo modelo, sino que deja que Isaías, Santiago, Juan, y los demás, que cada uno sea lo que es; sin embargo, llena a todos con su presencia y diviniza sus vidas sin alterar su estado natural, sencillo, libre y humano.

Nuestra naturaleza entera tiene que pasar por la nueva creación, pero con la preservación de todas nuestras partes, santificadas y llenas de Dios. De ese modo, todo el ser — cuerpo, alma y espíritu, se preservan sin culpa para la venida del Señor Jesucristo.

El candelero no era luminoso, sino simplemente porta-luz. Por si solo no podía producir luz. Su superficie pulida y brillante podía reflejar la luz que venía de otras fuentes. Lo mismo nos ocurre a nosotros que no tenemos luz propia; lo único que podemos hacer es recibir la luz y sostenerla. Nosotros de nosotros mismos, no somos la luz del mundo pero debemos de tal manera brillar que los hombres vean nuestras obras buenas y glorifiquen a nuestro Padre que está en los cielos.

Lo que debemos revelar no son nuestras virtudes ni nuestra gracia, sino a Cristo que está en nosotros. Hagamos que todos vean cuán impotentes e ineficaces somos, dejados a nuestras propias fuerzas, pero al mismo tiempo, demostremos que tenemos un Salvador que todo lo puede, y que su poder no sólo está a nuestro alcance sino igualmente al de todos aquellos que quieran recibirlo. Esa es la luz que necesita el mundo — necesita que el Espíritu Santo y Jesús y su gracia se eleven por encima de ellos para que disipen la oscuridad, la miseria y el pecado.

El candelero no debía guardar el aceite, sino que debía consumirlo, usarlo, y mantenerlo ardiendo en las deslumbrantes lenguas de fuego. Si las lámparas y los tubos por los cuales corría el aceite, hubiesen intentado retenerlo, lo habrían perdido. Pero lo daban, lo usaban, lo consumían manteniendo la llama siempre inflamada. Algunas veces hay quienes dicen: "No gaste todas sus energías; no use todas sus fuerzas; ahorre su vitalidad". Esa es la manera en que uno lo pierde todo. Sólo tenemos aquello que damos. Lo que retenemos lo perdemos.

Si queremos asirnos a uno de los dones que Dios nos dé, sin usarlo, no tardaremos en verlo desaparecer. Si tratamos de economizarlo en provecho propio, desaparecerá. En cambio, si damos de lo que recibimos, arderá eternamente. Al consumirse el aceite de las vasijas y de las lámparas, el líquido descendía de arriba; las vasijas estaban así siempre llenas, y el aceite era siempre fresco, siempre ardía y las lámparas alumbraban perennemente.

Seamos pues "luces que arden y alumbran", y al dar lo que Dios nos da, él nos reabastece, y tendremos lo suficiente para nosotros y aun de sobra y podremos irradiar luz "en medio de una generación torcida y perversa".

II

EL ACEITE ES EMBLEMA DEL ESPIRITU SANTO. El Espíritu Santo es quien nos da toda la vida y la luz de que disponemos. El es quien produce en nosotros todas las gracias que necesitamos, y él también es quien nos insta a que hagamos todo lo que hacemos para Dios y los hombres.

Amados míos, esa es la prueba, y esa es la diferencia entre Dios y los hombres. Cinco de las vírgenes eran sabias y cinco fatuas. Las fatuas llevaron consigo sus lámparas pero no se proveyeron del aceite necesario para volver a llenarlas cuando el combustible se consumiera; en cambio las prudentes, además del aceite que llevaban en las lámparas, llevaron lo necesario para llenarlas de nuevo cuando éste se consumiera, y al llegar el esposo ese fue el motivo de la separación de las unas de las otras.

Las vírgenes fatuas eran también vírgenes, como las prudentes; eran igualmente puras, esperaban anhelantes la llegada del esposo; tenían un poco de luz y suficiente aceite para mantener sus lámparas encendidas por algún tiempo; pero no contaban con ninguna reserva de aceite, no tenían la plenitud del Espíritu, no moraba en ellas el Espíritu Santo en persona. A eso se debió el que sus lámparas se apagasen en el momento en que más las necesitaban y no pudieron entrar con el cortejo que acompañó a los desposados.

Lo que decidió la suerte feliz de las otras cinco, fue simplemente esto: "Tomaron aceite en sus vasijas, juntamente con sus lámparas". El Espíritu Santo moraba en ellas, y dentro de sus corazones tenían el manantial de toda gracia. No tuvieron necesidad de ir en busca de lo necesario para llenarlas; estaban siempre listas.

Amados míos, dejad que para los entendidos baste sólo una palabra. Seamos llenos del Espíritu Santo, para que cuando venga el Señor nos encuentre tranquilos y en paz.

III

LAS FUENTES DEL ACEITE. Llegamos ahora a la parte más preciosa y más significativa del cuadro — las fuentes del aceite. Estas no consistían del mecanismo humano de los sacerdotes ni de grandes depósitos de donde se pudiese sacar el aceite que reemplazara al que se iba consumiendo de día en día, sino que eran dos árboles vivos cuya fruta madura era exprimida por dos manos invisibles y el líquido corría por dos de las ramas de las olivas y entraban en dos tubos de oro por los que corría el aceite hasta las lámparas. Todo eso se realizaba de manera espontánea, sencilla, silenciosa y divina. El aceite nunca dejaba de correr; el depósito estaba siempre lleno; las lámparas ardían constantemente.

Esa es la fuente de nuestro divino abastecimiento. ¿Quiénes eran esas dos olivas? Ciertamente no representan nada humano, sino la fuente divina de nuestra vida en Cristo. Esos árboles representan al Señor Jesucristo y al bendito Espíritu Santo; el uno en el lado divino de nuestra vida y el otro en el lado terrenal. Ambos llevan el mismo nombre. El apóstol Juan dice que Jesús es nuestro abogado o Paracleto delante del Padre, y Jesús, al referirse al Espíritu Santo dice que es el Paracleto que viene del Padre. El uno es nuestro abogado allá, el otro lo es aquí, dentro de nosotros.

A cada lado nuestro está uno de ellos dos, ¿cómo se podrá extraviar un hijo de Dios que se encuentra entre dos abogados de esa clase? Esas dos personas de la Trinidad cada una de ellas, con su distinta personalidad, pero con una sola naturaleza, son las que nos dan la vida espiritual. Recibimos esa vida así como las olivas destilaban el aceite, de manera espontánea, silenciosa, constante, instintivamente, así como respiramos el aire en que vivimos, así como la sangre circula por nuestro cuerpo, tan silenciosa, tan natural y tan fácilmente, que ni siquiera nos damos cuenta de lo que ocurre.

Es así como podemos estar en él y vivir de él, recibiendo nuestra fortaleza de Dios únicamente. Amados míos: ¿Sabemos cuál es el secreto de las olivas? ¿Sabemos lo que es estar en él?

Pero cabe preguntar ahora: ¿Qué significan las dos ramas de las olivas que transmiten el aceite a los tubos que lo conducen hasta las lámparas? "Estos dos son los ungidos que están delante del Señor de toda la tierra". Se trata aquí del ministerio de la oración unida y con fe. Ese es el ministerio más elevado que se les concede a los santos en la tierra, algo parecido al servicio sacerdotal que presta Jesús desde su trono.

Amados míos, si dejamos a Dios que nos enseñe cómo podemos cumplir ese sagrado servicio, él nos enseñará. En primer lugar, esas ramas tenían que emanar de los mismos árboles y debían estar pegadas a ellos, de manera que pudieran extraer su vida del árbol; de igual modo el que ejerce el ministerio ante el altar de la oración, debe estar en íntima relación con Dios en el lado celestial, pero por el otro lado debe estar también en contacto con la humanidad. Las ramas tienen que extenderse desde el depósito hasta las lámparas. Por eso, para poder ocuparnos en el ministerio de la oración debemos reconocer las necesidades de nuestros semejantes y tenerles simpatía. Debemos dejar de lado nuestro egoísmo; debemos estar en continua relación con nuestros semejantes. Debemos sentir el corazón lleno de simpatía y amor, y estar dispuestos a sufrir con tal de conseguir el bien de otros y de honrar y glorificar a Dios.

Concédanos Dios ese glorioso ministerio y nos enseñe el significado de esa grandiosa promesa: "Si dos de vosotros se pusieren de acuerdo en la tierra, acerca de cualquiera cosa que pidieren les será hecho por mi Padre que está en los cielos" (Mateo 18:19).

IV

1. Los efectos de la obra del Espíritu Santo, se verán, en primer lugar, en la eliminación de los obstáculos. "¿Quién eres tú, oh gran monte?" (4:7). En el camino de la fe se encuentra siempre un monte de dificultades. La mejor evidencia que Dios está presente y de la manifestación de su poder, es la actividad del adversario. Cuando el Espíritu Santo está a cargo de la obra, la fe no se intimida aunque tenga delante la más alta de las montañas, la fe dice: "¿Quién eres tú, oh gran monte? Conviértete en llanura". El Espíritu Santo impartirá la fe necesaria y quitará las montañas. No es posible pasar desapercibida la semejanza de ese pasaje con la admirable enseñanza de nuestro Salvador, con referencia a la fe, donde dice que si tuviéremos fe como un grano de mostaza diríamos a una montaña: "Desarráigate, y plántate en el mar" (Lucas 17:6), y lo haría.

La fe no pide que se quite la montaña; ni siquiera la escala, sino que simplemente le ordena que desaparezca, contando para ello con la autoridad y el poder de Dios. De ese modo obra el Espíritu Santo en el corazón de aquellos que confían en él, le obedecen y se dejan guiar por él.

2. El Espíritu Santo le da a Dios toda la gloria de lo que hace: "El sacará la primera piedra con aclamaciones de: Gracia, gracia a ella" (Zac. 4:7).

La obra del hombre da sus honores al hombre, mas cuando Dios se apodera de nosotros, y cuando por nuestra parte nosotros reconocemos que él basta para todo, podemos hablar de su obra sin pensar en nosotros mismos y decimos con el apóstol. "No yo, mas la gracia de Cristo en mí".

3. La obra del Espíritu Santo es completa. El no deja la columna rota ni las paredes sin techado; no, él realiza sus planes hasta el fin, y él nos guía hasta que veamos lo que esperamos y terminemos la obra que nos ha encomendado. Zorobabel había puesto los cimientos de esa casa; él mismo la había dejado terminada, y "conocerás que Jehová de los ejércitos me envió a vosotros" (4:9b).

La obra de la ambición y de los impulsos humanos es endeble, insegura y espasmódica, en cambio la obra inspirada por Dios se cumple.

4. La obra del Espíritu Santo es bien terminada y perfectamente plomada. "Se alegrarán, y verán la plomada en la mano de Zorobabel" (4:10). La plomada es signo de rectitud. Un muro bien plomado, es derecho, es perpendicular; así es la obra que Dios hace; es derecha, perfectamente terminada, buena y pura. La obra inspirada por Dios no tiene compromisos ni ambigüedades, ni necesita preocuparse por agradar a los hombres; se erige sobre las bases afirmadas sobre las Sagradas Escrituras; sus murallas son justicia y sus puertas alabanzas.

5. Finalmente, el Espíritu Santo realiza su obra empleando para ello instrumentos endebles. ¿Quiénes han menospreciado el día de las pequeñeces? Así comienza. "Sino que lo necio del mundo escogió Dios, para avergonzar a los sabios; y lo débil del

LAS OLIVAS Y LOS CANDELEROS DE ORO 359

mundo escogió Dios, para avergonzar a lo fuerte; y lo vil del mundo y lo menospreciado escogió Dios, y lo que no es, para deshacer lo que es, a fin de que nadie se jacte en su presencia" (I Cor. 1:27-29).

Nunca leo este texto sin que acuda a mi mente el recuerdo de una fría tarde del año 1881, cuando un grupito de siete personas se reunieron en el cuarto de una casa de altos de esta ciudad, para estudiar y orar respecto a la manera de dar el evangelio en toda su plenitud a las multitudes descuidadas de este gran país, que jamás concurrían a las iglesias. Todos éramos muy pobres y, además, éramos muy pocos. Nos habíamos reunido en respuesta a un llamamiento público que se había hecho a todos aquellos que tenían interés en ese asunto.

Sentados alrededor del fuego, para no helarnos en la espaciosa sala, nos miramos unos a otros; ese era, ciertamente, el día de cosas pequeñas. Luego pedimos a Dios que nos dijera lo que quería. Aquella tarde, al abrir la Biblia, las hojas se abrieron en el capítulo cuarto de la profecía de Zacarías, y sin pensarlo, nuestros ojos cayeron sobre ese versículo: "Esta es palabra de Jehová a Zorobabel, en que se dice: No con ejército, ni con fuerza, sino con mi Espíritu, ha dicho Jehová de los ejércitos... porque los que menospreciaron el día de las pequeñeces se alegrarán..."

Tal vez jamás llegó al corazón humano ningún mensaje con mayor fuerza conmovedora y emocionante que aquel que leímos esa tarde. De rodillas, todos unidos en un solo ánimo, dejamos que Dios dijera lo que quisiese a nuestros corazones; los años que han transcurrido desde entonces nos han dado la bendita respuesta.

No tengamos temor de los principios pequeños. Bien podemos tener miedo a los grandes y pretenciosos recursos, pero cuando a siete cifras se les añade Dios, ésta se convierte en millones.

CAPITULO XXV

EL ULTIMO MENSAJE DEL ESPIRITU SANTO A LA ANTIGUA DISPENSACION

"¿Y quién podrá soportar el tiempo de su venida? ¿o quién podrá estar en pie cuando él se manifieste? Porque él es como fuego purificador, y como jabón de lavadores. Y se sentará para afinar y limpiar la plata; porque limpiará a los hijos de Leví, los afinará como a oro y como a plata, y traerán a Jehová ofrenda en justicia" Malaquías 3:2,3.

EL libro de Malaquías contiene el mensaje del Espíritu Santo a la antigua dispensación. A él le cupo el alto honor de clausurar el rollo profético 2.300 años atrás, antes del silencio de 400 años, que habían de ser interrumpidos otra vez, cuando "Dios, habiendo hablado muchas veces y de muchas maneras en otro tiempo a los padres por los profetas" (Heb. 1:1), al fin nos habló por su Hijo.

Aunque se reconoce a Malaquías como uno de los profetas de la restauración, estrictamente hablando, vino poco después de ella; por lo menos fue así en lo que se refiere a la reorganización eclesiástica y política; la parte que a él le tocó fue más bien la de reformador de su tiempo y su misión tuvo por objeto despertar a sus compatriotas del letargo religioso en que habían caído, instándoles a que fuesen rectos en su modo de vivir y fieles a Dios.

Su nombre significa "Mensajero" y ciertamente Malaquías fue vocero y mensajero del Espíritu Santo para su pueblo en el siglo en que vivió y para nuestro siglo en todo aquello en que los tiempos pretéritos se parecen a los nuestros.

Es muy natural que los años finales de la antigua dispensación se parezcan a los años finales de la era del Nuevo Testamento. La condición de los pueblos en los días en que vivió Malaquías se parece mucho a los de las naciones de nuestros días, y el mensaje que proclamó a su generación tiene solemne significación para nosotros, "a quienes han alcanzado los fines de los siglos" (I Co. 10:11).

I

MENSAJES DE MALAQUIAS A LOS PUEBLOS DE SU TIEMPO. A la restauración siguió un período de prosperidad, y, como ocurre generalmente, ese mismo hecho había producido relajación espiritual, la verdad era que el estado de la vida religiosa era verdaderamente lamentable.

Como sucede por lo general, la condición moral del pueblo se podía juzgar por la abundancia de divorcios y el relajamiento de vida doméstica, la impureza social y la injusticia prevalente. Los hombres abandonaban, sin causa alguna, a las mujeres que habían tomado en la juventud y se habían casado con "hijas de dioses extraños". "El altar de Dios estaba cubierto de lágrimas". No sólo el pueblo procedía de ese modo, sino que los mismos sacerdotes habían relajado la moral. Dios envió a Malaquías para que denunciara esa maldad, para decirles que Dios odiaba sus vidas impías y para decirles que debían arrepentirse y, con toda solemnidad, debían buscar la justicia. Juntamente con la relajación religiosa y moral, habíase propagado entre ellos el espíritu mercenario y egoísta. Hasta los servicios religiosos estaban contaminados de ese sentimiento, de manera que el ministerio sacerdotal había llegado a ser una profesión que seguían únicamente por interés. Nadie quería ni siquiera cerrar las puertas del templo si no se le pagaba. Había muerto el antiguo espíritu de sacrificio, amor, y devoción desinteresada; y se había levantado una multitud de parásitos que se valían de la casa de Dios para enriquecerse y engrandecerse egoístamente.

Como resultado de ese espíritu mercenario que predominaba entre el sacerdocio, se desarrolló entre el pueblo la correspondiente tendencia al egoísmo y mezquindad. No contribuían con el diezmo y hasta trataban de burlar a Dios haciendo ofrendas fraudulentas. "Ofrecéis sobre mi altar pan inmundo. Y dijisteis: ¿En qué te hemos deshonrado?... Y cuando ofrecéis el animal ciego para el sacrificio, ¿no es malo? Asimismo cuando ofrecéis el cojo o el enfermo, ¿no es malo?... ¿Quién también hay de vosotros que cierre las puertas o alumbre mi altar de balde? Yo no tengo complacencia en vosotros, dice Jehová de los ejércitos, ni de vuestra mano aceptaré ofrenda... Habéis además dicho: ¡Oh, qué fastidio es esto! y me despreciais, dice Jehová de los ejércitos; y trajisteis lo hurtado, o cojo, o enfermo, y presentasteis ofrenda. ¿Aceptaré yo eso de vuestra mano? dice Jehová" (1:7-14). "¿Robará el hombre a Dios? Pues vosotros me habéis robado. Y dijisteis: ¿En qué te hemos robado? En vuestros diezmos y ofrendas. Malditos sois con maldición, porque vosotros, la nación toda, me habéis robado. Traed todos los diezmos al alfolí y haya alimento en mi casa; y probadme ahora en esto, dice Jehová de los ejércitos, si no os abriré las ventanas de los cielos, y derramaré sobre vosotros bendición hasta que sobreabunde" (3:8-10).

Así fue como se expresó Malaquías ante la generación del Antiguo Testamento, y bien podría hacerlo de igual modo a la generación de este siglo cristiano. Se observa la misma relajación moral, la misma obliteración de preceptos de Dios, las mismas contravenciones de la santidad del hogar, la misma avaricia y el mismo amor al dinero, el mismo espíritu mercenario aun en la obra de Dios, con sus predicadores asalariados, coros a sueldo y personas a quienes se les paga para que invoquen las oraciones. El púlpito ha llegado a ser campo de gimnasia intelectual en el que se hace despliegue de ambiciones ministeriales. En la Iglesia de Dios prevalece el mismo espíritu mundano y la misma tacañería; se gastan millones en lujo y placeres, pero para Dios sólo dan una bagatela; espléndidas decoraciones y costosas torres, que apuntan hacia el cielo exhibiendo el orgullo de la profesión de fe, pero el pueblo da menos, por unidad, para que se lleve el Evangelio al mundo que lo ignora, que lo que gasta cada uno en la sal que ponen al huevo al desayunarse. ¿No es éste un fiel retrato de nuestros tiempos, como lo fue en los días en que vivió Malaquías? ¿No es éste también un fiel cuadro de la descripción que nos ha dejado el Espíritu Santo, en el Nuevo Testamento acerca de la actual dispensación? "También debes saber esto; que en los postreros días vendrán tiempos peligrosos: Porque habrá hombres amadores de sí mismos, avaros... amadores de los deleites más que de Dios, que tendrán apariencia de piedad, pero negarán la eficacia de ella" (II Timoteo 3:1-5).

Ya han comenzado a llegar esos tiempos, y los mensajes de Malaquías y de Pablo se aplican con admirable y terrible exactitud y fidelidad a los cristianos de hoy que contraen compromisos con el mundo. Ciertamente parecería como si en todos los tiempos aquellos que profesan ser seguidores de Dios tienen que ser probados y ser hallados faltos. Primero, Adán en el Edén; luego, el período antediluviano tuvo que ser juzgado. La familia patriarcal se sumergió en la esclavitud de Egipto. La conquista de Canaán terminó con el largo cautiverio de los jueces. El reinado de David llegó a su fin con la caída de Israel y el cautiverio de Judá, y después de la gran restauración bajo Zorobabel, Esdras y Nehemías, el pueblo cayó bajo la férula del amor al mundo y la impiedad reinantes en los días de Malaquías. Lo mismo ocurrirá en los días finales de la dispensación cristiana. Como la iglesia pura de los días de Juan y Pablo llegó a ser la apóstata del romanismo, así también la iglesia de la reforma ha de convertirse en Laodicea de los últimos días; y las señales de Laodicea no son tan difíciles de encontrar en el espíritu de nuestro tiempo.

Pero en los días de Malaquías quedaba un resto fiel, una iglesia dentro de la iglesia, una compañía de quien pudo decir el profeta: "Entonces los que temían a Jehová hablaron cada uno a su compañero; y Jehová escuchó y oyó, y fue escrito libro de memoria delante de él para los que temen a Jehová, y para los que piensan en su nombre. Y serán para mí especial tesoro, ha dicho Jehová de los ejércitos, en el día en que yo actúe; y los perdonaré como el hombre que perdona a su hijo que le sirve. Entonces os volveréis, y discerniréis entre el justo y el malo, entre el que sirve a Dios y el que no le sirve" (3:16-18).

En nuestros días existe aún "el pequeño rebaño", la iglesia de Filadelfia que está lado a lado con la de Laodicea, esperando la venida del Señor. Hay un resto más grande aún de lo que jamás hemos soñado, dentro de la oscuridad de toda generación pecadora, que no ha doblado las rodillas ante la imagen de Baal. En todas las iglesias hay hoy día una cantidad de cristianos que nada saben ni desean saber lo que es el poder del Espíritu Santo, y dentro de ese amplio círculo hay ocultos unos cuantos, como Enoc, que anduvo con Dios, que están llenos del Espíritu Santo, y éstos están a la espera de la venida del Señor, y éstos son la sal preservadora de todo el conjunto y la verdadera fuerza impulsora de todas las actividades cristianas de la iglesia de Cristo.

Es así como el siglo de Malaquías se toca con el nuestro de manera asombrosa y los mensajes finales del Antiguo Testamento resuenan como clarinadas dirigidas a la iglesia del Nuevo Testamento. Acojamos la solemne exhortación. Regocijémonos en las alentadoras promesas que nos da. Ojalá que cuando venga el Señor nos encontremos entre aquellos que constituyen el pequeño resto que le espera.

II

LA PROMESA ESPECIAL DEL ESPIRITU EN MALAQUIAS. En este libro profético se encuentran dos promesas especiales. La primera de ellas es la venida de Juan el Bautista: "He aquí, yo envío mi mensajero, el cual preparará el camino delante de mí", y la segunda se refiere al advenimiento del Señor: "Y vendrá súbitamente a su templo el Señor a quien vosotros buscáis, y el ángel del pacto, a quien deseáis vosotros. He aquí viene, ha dicho Jehová de los ejércitos" (3:1). Esto, por supuesto, se refiere a la venida del Señor Jesucristo en su encarnación y para la realización de su ministerio terrenal. Mas, la promesa se desarrolla inmediatamente con tal plenitud de significado, que abraza también el ministerio del Espíritu Santo. El hecho es que el ministerio de Cristo y el del Espíritu Santo están ligados aquí de tal modo que es imposible decir donde comienza el uno y donde termina el otro. "¿Y quién podrá soportar el tiempo de su venida? ¿o quién podrá estar cuando él se manifieste? Porque él es como fuego purificador, y como jabón de lavadores. Y se sentará para afinar y limpiar la plata; porque limpiará a los hijos de Leví, los afinará como a oro y como a plata; y traerán a Jehová ofrenda en justicia" (3:2,3).

Más adelante viene una tercera promesa en el capítulo siguiente, se refiere ésta a otro de los días que vendrán, y otro fuego que consumirá y quemará hasta convertir en cenizas toda la escoria que no hubiere consumido el fuego del Espíritu Santo. Esto, por supuesto, el día de la segunda venida del Señor que será precedida por el ministerio de Elías, en cierto sentido, y que dará a los nuevos hijos de Israel el renacimiento de un Sol de justicia y a los santos de Dios, el día de gloria milenial.

El tema que nos ocupa especialmente es el de la segunda de las referidas promesas — la promesa del Espíritu Santo.

1. Como lo hemos visto, dicha promesa está en directa relación con el ministerio personal del Señor Jesús. Se habla de ello como si todo fuese obra de Cristo. Pero sabemos quién fue el que trajo el fuego purificador y el jabón limpiador — el bendito Espíritu Santo. Sin embargo, sabemos que es Cristo el que "bautiza con el Espíritu Santo" y cuando éste viene, trae a Cristo; por consiguiente, se trata de la misma vida y de la misma obra llevada a cabo por las dos personas del solo Dios.

2. La obra que viene a hacer tiene por objeto limpiar y purificar. El es el Espíritu de santidad. Pero ello sugiere dos estados de santidad. El primero es la limpieza del pecado, el segundo es la refinación del oro, para darle más pureza y hermosura. El Espíritu viene a hacer ambas obras en el corazón del creyente. Una cosa es ser limpio de todo pecado conocido pero otra cosa es ser refinado, pulido, y transformado a la plenitud de todo lo bueno y estar en perfecta armonía con la voluntad de Dios. Hay lo que es bueno, pero también lo que es perfecto y en armonía con la voluntad de Dios, y el Espíritu Santo anhela elevarnos a esa altura. El ajuar de novia del Cordero no sólo es limpio sino deslumbrante, es decir, glorioso y hermoso, como las ropas que vestía Cristo en el acto de la transfiguración. Se puede refinar el hierro hasta el punto de hacerlo más precioso que el oro. Así, nuestros

corazones no sólo pueden ser purificados sino que pueden ser glorificados, aun mientras estamos aquí en la tierra.

3. La figura del fuego del refinador y la del jabón del lavador, corresponde a esa doble labor. El jabón tiene por objeto limpiar la parte exterior, el fuego tiene por objeto la transformación interna e intrínseca. El fuego penetra hasta aquel lugar donde el agua no puede llegar, y se puede emplear donde el agua y el jabón no tienen efecto alguno. El fuego se puede usar para limpiar únicamente aquellas cosas de naturaleza indestructible. La plata y el oro pueden soportar el fuego porque son de naturaleza incombustible. Mientras más se les somete al fuego, tanto mejor se les hace. De igual modo el fuego del Espíritu Santo sólo puede venir sobre nosotros cuando estamos unidos con Dios, y por consiguiente, participamos de su naturaleza divina. Entonces no tenemos por qué temer el fuego. Este no puede hacernos ningún daño, lo único que hace es refinarnos. Amados míos, algunos de nosotros sólo hemos pasado por agua y jabón. Dios quiere que nuestras ropas sean tocadas por el fuego. Entonces la hija del rey, toda ilustre, gloriosamente ataviada, espera dentro con su vestidura de brocado de oro, que ningún fuego puede desfigurar ni destruir (Salmo 45:13,14).

4. "Se sentará". Esto es muy notable. No hace su obra apresuradamente; es decir, la obra del fuego, la obra profunda e intensa del Espíritu Santo es así. Hay el bautismo del Espíritu, la recepción del Espíritu, la obra de purificación del Espíritu, que son instantánea y totales. Pero hay una obra que el Espíritu lleva a cabo después, que consiste

en llenar, quemar y refinar, pero para esto se requiere tiempo. Dios está dispuesto a tomarse el tiempo necesario y nosotros también debemos estarlo. La figura nos insta a meditar seriamente. El se sienta ante el crisol. No deja ni por un solo instante su preciosa obra; no deja que el fuego sea demasiado intenso, ni que arda más tiempo del necesario, y en el momento en que puede ver su rostro en el oro derretido, sabe que la obra está terminada, y retira el fuego. Es maravilloso llegar a comprender bien la obra inmediata e instantánea que hace el Espíritu Santo al convertir al alma, y luego como por medio de la obediencia y la fe, entra y hace en ella su morada eterna y queda allí para ser el santificador y guardián; para proseguir después su obra gradual y subsecuente, desarrollando el alma y dándole capacidad intelectual, escudriñando el corazón y dándole amplitud, y guiándolo a toda la plenitud de la madurez cristiana.

¡Cuán maravilloso, cuán misericordioso, y cuán generoso de su parte el que quiera tomarse esa molestia con nosotros, y con incansable amor obra en nuestro ser hasta que "nos tenga por dignos de su vocación" e hincha de bondad todo buen intento y toda obra de fe, y nos da poder para cumplir su voluntad, de modo que hagamos lo que a él le agrada, por medio de nuestro Señor Jesucristo, al cual sea toda la gloria ahora y para siempre, amén. Ojalá le dejemos obrar ahora mismo en nosotros y digamos:

> Oh, fuego santo, refinador
> Refina tú mi corazón,
> Dale, te ruego, a mi entero ser
> La purificación.

EL ULTIMO MENSAJE DEL ESPIRITU SANTO...

5. Finalmente, todo eso es servicio. "Limpiará a los hijos de Leví... y traerán a Jehová ofrenda con justicia". Ese es el fin de toda la obra de gracia que realiza Dios. El no nos da el Espíritu Santo para que termine en nosotros; y si el ve que al buscar al Espíritu Santo lo que queremos es nuestra propia felicidad, nuestro engrandecimiento y superioridad, quedaremos decepcionados, pero si lo que deseamos es ser semejantes a Dios y convertirnos en conductores de bendiciones para otros e instrumentos que Dios pueda emplear según fuere su voluntad, él nos llenará y nos utilizará hinchiendo nuestros corazones de gozo. Mientras más demos, tanto más recibiremos, hasta que, como Dios, nuestra única ocupación sea servir de bendición. Esa es la razón porque hay corazones estériles e iglesias muertas. Son mares muertos, que reciben sin tener salida hasta que no pueden retener más; hasta que lo que tenían se ha corrompido y se han convertido en estanques insalubres.

Lado a lado, la bendición y el servicio deben avanzar siempre mano a mano, de acuerdo con la antigua promesa: "Recibiréis el Espíritu Santo que vendrá sobre vosotros y me seréis testigos..."

El Antiguo Testamento termina con la gloriosa promesa del Espíritu Santo. ¡De qué manera tan maravillosa se cumple esa promesa en el Nuevo Testamento! Dejemos que nuestra vida, que lo que digamos y lo que hagamos, transmitan esa promesa hasta que se cumpla esa otra promesa más grande aún que es la de su segunda venida, y nos elevaremos por la adquisición de una más rica experiencia de la presencia del Espíritu Santo en nosotros y prestaremos más noble servicio a los siglos venideros de lo que jamás nos atrevimos a pedir o pensar.

Hemos llegado al fin de las revelaciones del Espíritu Santo en el Antiguo Testamento. Si el Señor quiere, pasaremos a la luz más amplia del Nuevo Testamento, la dispensación del mediodía y del Espíritu Santo. ¡Oh, si en medio de la tenue luz de la antigua dispensación, el Espíritu Santo tuvo tan maravillosos resultados y dejó tan notables ejemplos de su gracia y poder, cuánto más ha de esperar de nosotros, hijos de la mañana y herederos de su verdad y gracia! Dios nos ayude para que seamos dignos de nuestra herencia y fieles a la confianza que Dios ha puesto en nosotros.

SEGUNDA PARTE

CAPITULO I

EL ESPIRITU SANTO EN LA VIDA DEL SEÑOR JESUCRISTO

"Yo a la verdad os bautizo en agua para arrepentimiento; pero el que viene tras mí, cuyo calzado yo no soy digno de llevar, es más poderoso que yo; él os bautizará en Espíritu Santo y fuego" (Mateo 3:11).

ESTAS palabras salidas de labios del precursor, anuncian que habría gran diferencia entre la antigua dispensación que con él llegaba a su término, y la nueva, que Jesucristo estaba a punto de iniciar.

La diferencia sería muy notable por la manera y la medida en que el Espíritu Santo sería derramado sobre el pueblo de Dios y como se manifestaría en la obra de redención. Los dos emblemas naturales — el agua y el fuego — tienen por objeto hacernos ver la diferencia entre las dos dispensaciones.

Hemos visto que el Espíritu Santo estuvo presente en la tierra en el curso de los tiempos del Antiguo Testamento, y como habló por medio de los profetas y mensajeros de Dios, y como cumplió los propósitos divinos en las vidas de los escogidos de Dios, a los que empleaba como instrumentos suyos.

Pero en el Nuevo Testamento predomina especialmente el Espíritu Santo, por consiguiente, no es más que natural que haya en éste considerable diferencia con aquél. La principal diferencia entre la antigua dispensación y la nueva, en lo que concierne al Espíritu Santo, se puede resumir de la siguiente manera:

1. En el Antiguo Testamento el Espíritu Santo era un don que Dios concedía a ciertas personas con el objeto de hacerles idóneas para el desempeño de ciertos servicios especiales; en el Nuevo Testamento se nos dice que dicha promesa es que el Espíritu Santo se derramará sobre toda carne, y ninguno enseñará a su prójimo, ni ninguno a su hermano, diciendo: "Conoce al Señor; porque todos me conocerán, desde el menor hasta el mayor de ellos" (Hebreos 8:11). Uno de los hechos más notables del Nuevo Testamento es el derramamiento del Espíritu Santo sobre todos los creyentes.

2. En el Antiguo Testamento vemos que el Espíritu Santo descendía sobre los hombres y estaba con ellos, pero no en ellos. En la dispensación del Nuevo Testamento el Espíritu Santo viene a morar en nosotros y a unirnos con Dios personalmente; mora en nosotros no sólo con el propósito de darnos poder y prepararnos para el servicio, sino para darnos vida, santidad y comunión con el Ser Divino. Lo que recibimos no es la influencia del Espíritu Santo, sino al Espíritu Santo en persona.

3. Esto nos conduce a la tercera distinción; a saber, que bajo la dispensación del Antiguo Testamento, el Espíritu Santo no residía en la tierra, sino que la visitaba de tanto en tanto, según lo requerían las circunstancias. Ahora, el Espíritu de

Dios mora en la tierra. Esta tierra es su morada. Reside en los corazones de los hombres, y en la Iglesia de Cristo, tan real y verdaderamente como residió Cristo en la tierra durante los treinta y tres años de su encarnación y vida acá abajo.

4. Tal vez la principal diferencia fue ésta: en los tiempos del Antiguo Testamento el Espíritu Santo descendía como el Espíritu del Padre, con la gloria y majestad de la Divinidad, en cambio en el Nuevo Testamento le vemos descender más bien como el Espíritu del Hijo, para representar a Jesús entre nosotros, y para hacernos sentir la realidad del Redentor en nuestra experiencia y en nuestra vida. La verdad es que el Espíritu Santo nunca estuvo totalmente constituído durante la dispensación del Antiguo Testamento. Fue necesario que residiera tres años y medio en el corazón de Jesús de Nazaret, y que llegase, por así decir, a humanizarse, y a aproximarse a nosotros por medio de la unión personal con el Señor hecho carne. Ahora, al descender entre nosotros lo hace en la condición del mismo Espíritu que vivió, amó, sufrió y obró en Jesucristo.

En un sentido, podemos decir que nuestro Señor dejó tras sí su corazón, y cuando el Espíritu Santo viene a morar en nosotros, trae consigo al Cristo vivo y nos hace sentir la realidad de su presencia en nuestros corazones.

Ese debe ser el significado de tan notable pasaje del capítulo 7 del evangelio de Juan, versículo 37 y 38, donde dice Jesús que el espíritu debe manar del creyente como un río de agua viva; luego añade el evangelista: "Aún no había venido el Espíritu Santo, porque Jesús no había sido aún glorificado"

(Juan 7:39). El Espíritu Santo no se manifestó de la manera en que había de hacerlo en los tiempos venideros, sino después de la ascensión de Jesús. Ahora, al descender a nosotros, lo hace como el Espíritu de Cristo. Siendo esto así, es sumamente interesante que contemplemos la relación del Espíritu Santo en su bautismo y en su ministerio terrenal.

Ese es nuestro tema ahora. Que el propio Espíritu Santo nos ilumine y aplique todo a nuestros corazones.

I

Nuestro Señor nació del Espíritu Santo. El anuncio que le hizo el ángel a María relaciona directamente con el Espíritu Divino la concepción y encarnación de Cristo: "El Espíritu Santo vendrá sobre ti, y el poder del Altísimo te cubrirá con su sombra; por lo cual también el Santo Ser que nacerá, será llamado Hijo de Dios" (Lucas 1:35).

La mente humana no alcanza a comprender este misterio — que un Cristo santo fuese concebido y que naciera de una mujer hija de una raza pecadora. No podemos creer en la María inmaculada, pero sí podemos creer en el inmaculado Hijo de Dios que nació de ella sin pecado.

El hecho mismo de que ella fuese mujer imperfecta y pecadora, aumenta la gloria del misterio y hace que sea tanto más perfecta la figura de la experiencia por la cual tenemos que pasar nosotros también para poder llegar a estar en comunión con nuestra Cabeza viva. Porque así como Jesús nació por obra del Espíritu, nosotros, los discípulos de

Jesús debemos nacer igualmente por obra del Espíritu Santo: "El que no naciere de agua y del Espíritu, no puede entrar en el reino de Dios" (Juan 3:5).

El ministerio de la encarnación se repite cada vez que un alma se crea de nuevo en Jesucristo. Dentro del ser no santo de una criatura de Adán el Espíritu Santo implanta una simiente de vida incorruptible y eterna, dicha simiente, por medio de la vida de Dios, es de por sí santa e incorruptible. Tal cual se puede ver en la primavera el brotecito blanco, inmaculado que surge de la tierra oscura y del montón de estiércol, sin que la contamine el impuro ambiente de entre el cual se levanta; de igual modo, el Espíritu Santo hace surgir de entre la perdida humanidad la vida del alma nacida de nuevo; y aunque el objeto de esa maravillosa experiencia parezca imperfecta, tiene, sin embargo, dentro de sí, aquello de lo cual ha dicho el apóstol: "La simiente de Dios permanece en él; y no puede pecar, porque es nacido de Dios" (I Juan 3:9). El alma puede pecar, pero la naturaleza santa que ha sido implantada en él no puede pecar, pues ésta es santa como el que la dio. "Porque el que santifica y los que son santificados, de uno son todos; por lo cual no se avergüenza de llamarlos hermanos" (Hebreos 2:11). Como él, nacemos del Espíritu Santo y llegamos a ser hijos de Dios no por adopción sino por regeneración divina.

II

Jesucristo fue bautizado por el Espíritu Santo. No sólo derivó del Espíritu Santo su persona y la encarnación de su vida, sino que a los treinta años de edad, él mismo se consagró al ministerio de su vida, al sufrimiento y al servicio, y descendió a las aguas del Jordán, en señal de que voluntariamente renunciaba a todo y asumía la muerte; los cielos se abrieron y el Espíritu Santo, por el cual había nacido, descendió personalmente y tomó posesión de él y a partir de ese instante moró en el.

Nadie puede negar que ese hecho fue mucho más trascendental que la encarnación de Cristo. Hasta ese momento no se había destacado ninguna personalidad, pero en adelante habría dos; pues al Cristo se agregó el Espíritu Santo, y con la fortaleza de ese Espíritu, Cristo habría de realizar sus obras, había de expresar sus palabras y cumplir su ministerio en la tierra.

Cosa igual ocurrió en la experiencia de los discípulos de Cristo. No basta que nazcamos del Espíritu Santo, debemos también ser bautizados con Espíritu Santo. En la vida de todo cristiano debe llegar cierta hora crítica en la que descienda al Jordán de la muerte; hora en la que entregue su voluntad y se dedique a cumplir toda justicia, como lo hizo su Maestro; hora en la que voluntariamente asuma la vida de renunciamiento propio y consagración al servicio que Dios le haya señalado, según su sagrada voluntad y cuando Dios le da, además, el poder del Espíritu Santo. A partir de ese momento ya no es una persona sino dos, pero las dos constituyen una sola.

Recuerdo el día en que mi hija entró caminando por uno de los pasillos de ese edificio, y otra persona lo hizo por otro de ellos, hasta encontrarse juntos ante el altar y, después de una sencilla y solemne ceremonia se retiraron, pero no en las mismas condiciones en que habían entrado. Ya no eran una persona sino dos; sin embargo, esas dos personas eran una; mi hija apoyaba su debilidad en la fortaleza de él, tomando su apellido, y, a partir de ese momento, dependería de él en todo lo que necesitara durante el curso de su vida.

De igual modo llega el momento en que el creyente toma de la mano al Espíritu Santo, y recibe en el nuevo corazón y en su experiencia cristiana la poderosa y estupenda presencia del propio Dios, y el Espíritu Santo constituye su morada en él.

Todo esto lo tenemos perfectamente descrito en dos frases del libro de Ezequiel: "Os daré corazón nuevo, y pondré espíritu nuevo dentro de vosotros" (Ezequiel 36:26). Ese es el nuevo corazón que Dios nos da. "Y pondré dentro de vosotros mi Espíritu, y haré que andéis en mis estatutos y guardéis mis preceptos y los pongáis por obra" (Ezequiel 36:27). Ese es el bautismo con el Espíritu Santo. Fue así como Pedro y los demás discípulos nacieron del Espíritu antes del día de pentecostés; mas Jesús les prometió que serían bautizados con el Espíritu Santo el día señalado para ello, y llegado el día se les añadió a la verdadera vida cristiana que ya disfrutaban, la presencia infinita de Dios en la persona del Espíritu Santo que había vivido en ellos y traído a sus corazones al Señor Jesucristo.

Amados míos, ¿habéis llegado a adquirir esa experiencia? ¿Habéis recibido el Espíritu Santo desde que creisteis, o habéis dejado que las tradiciones teológicas y las ideas preconcebidas os hayan impedido heredar la bendición y el poder al cual tenéis derecho? Si así lo hubiéramos hecho, no permitamos que ello continúe. Junto con el Maestro descendamos al Jordán, entremos con él a la muerte, y levantémonos con él a la nueva vida por el bautismo del Espíritu Santo, para seguir disfrutando de la plenitud de poder y de libertad, tal como lo hizo él.

Si el Hijo de Dios no intentó comenzar su ministerio público mientras no hubo recibido el poder de lo alto, ¡cuán presuntuoso es de parte nuestra el que queramos intentar cumplir el ministerio que Dios nos encomienda confiando en nuestra propia fortaleza!

III

No bien hubo recibido el Señor Jesucristo el bautismo del Espíritu Santo, fue llevado por el Espíritu al desierto "para ser tentado por el diablo" (Mateo 4:1). El evangelio da especial énfasis a ese hecho. No fue el Demonio el que apareció primero, sino el Espíritu. En el evangelio de Marcos emplea una palabra más imperativa, dice: "El Espíritu Santo 'le impulsó' al desierto" (1:12).

Tal vez su espíritu humano cejó ante la horrenda prueba del desierto, como le ocurrieran tiempo después en la agonía de Getsemaní, pero el Espíritu Santo lo hizo avanzar por medio de uno de esos impulsos irresistibles que muchos de nosotros hemos llegado a comprender, y durante cuarenta días la bendición que había recibido fue sometida a prueba; su fe fue puesta a prueba; su alma fue probada por todos los asaltos del adversario.

Le condujeron a lugares que parecían contradecir todo lo que había creído, y que lanzaban un reto a todo lo que le había sido prometido. El diablo bien pudo decirle: "¿Eres tú Hijo de Dios en medio del hambre y la soledad; entre las fieras, y expuesto a toda suerte de sufrimientos; estando como estás desechado y abandonado hasta del propio Dios; destituído de todo y en la más absoluta desolación?"

Luego, en medio de todos esos peligros y privaciones, repentinamente se presenta ante sus ojos la visión del poder y la dicha — los reinos del mundo con toda su gloria, si sólo se doblegase, aunque fuera únicamente en un solo punto y se dejase someter por el enemigo, que indudablemente apeló a sus más nobles sentimientos, presentándose ante él como ángel de luz, o tal vez haya apelado a él recordándole lo que era y como, valiéndose de sus propias facultades podría hacer bien a los hombres y beneficiar al mundo.

Esa y otras insinuaciones e instigaciones sutiles se le presentaron por todas partes, pero en medio de todas ellas Jesús conservó inmovible su obediencia a Dios su Padre y su confianza en su palabra, hasta que Satán tuvo que huir de su presencia, dejando a Jesús más que vencedor. Así, pues, lo primero que podemos esperar después del bautismo del Espíritu Santo, es el desierto con toda su soledad y privaciones. Indudablemente se nos presentarán circunstancias que parecerán contradecir todo lo que hemos creído y harán parecer imposibles las promesas de Dios. Podrán llegarnos a parecer que el propio Dios nos ha fallado, y cuando todo es oscuro como la medianoche, se nos presentarán visiones de ayuda procedentes de otras partes, mil voces susurrarán a nuestros oídos dándonos promesas de simpatía y socorro, si nos rendimos, aunque sólo sea un punto de nuestra conciencia y nos entreguemos a la voluntad del engañador.

Se nos presentarán todas las tentaciones que se le presentaron a nuestro Maestro — la lujuria carnal y la de los ojos; el orgullo; la tentación a buscar ayuda en fuentes prohibidas, o tal vez, que nuestra fe llegue a extremos de fanatismo y presunción. Todo eso nos sobrevendrá, pero si es el Espíritu Santo el que nos ha llevado al desierto, él nos sacará de allí. Si levantamos la mirada por encima del tentador y la fijamos en el Divino Libertador veremos que el propio Satanás tendrá que convertirse en aliado nuestro; y convirtiéndonos en verdaderos vencedores, como nuestro Maestro, tomaremos cautivo al enemigo y le obligaremos a que pelee nuestras batallas.

No temamos la lucha; no rehuyamos la prueba; no debe parecernos raro que se nos someta a tan severas pruebas; no veamos primero al Diablo, sino que debemos ver que el Señor está siempre por encima de él y el Espíritu Santo en el centro de nuestro ser y él es nuestro victorioso Libertador. "Vendrá el enemigo como río, mas el Espíritu de Jehová levantará bandera contra él" (Isaías 59:19).

Lo primero que debemos hacer es resolver que vamos a sostener la batalla en nuestra alma, que lucharemos contra el mundo. David tuvo que ir solo al encuentro de Goliat, antes de encontrarse con él en las filas de los filisteos. Jesús tuvo que vencer a Satán en combate mano a mano, antes de poder ir a su encuentro para arrojarlo fuera de los corazones y las vidas. De igual modo, cada uno de nosotros debemos conseguir la victoria de nuestra vida espiritual en la arena de nuestra propia experiencia antes que realizarla en público, después de eso, repetiremos nuestros triunfos en las victorias que nos dará Dios en las luchas que sostendremos en el servicio que prestemos para lograr la salvación de otros.

Amados míos, a través de todas las pruebas a que nos veamos sometidos, ¿no pondremos nuestra entera confianza en el Espíritu Santo, seguros que él es nuestro Libertador en la hora de la tentación y también nuestro Divino disciplinario, que nos conduce, por medio de las pruebas y disciplina, a la fortaleza y la victoria?

IV

En seguida leemos que "Jesús volvió en el poder del Espíritu a Galilea" (Lucas 4:14). La lucha no lo debilitó sino que, por el contrario, le invistió de fortaleza, y casi inmediatamente después le vemos en la sinagoga de Nazaret diciendo: "El Espíritu del Señor está sobre mí, por cuanto me ha ungido para dar buenas nuevas a los pobres; me ha enviado para sanar a los quebrantados de corazón; a pregonar libertad a los cautivos, y vista a los ciegos; poner en libertad a los oprimidos; predicar el año agradable del Señor" (Lucas 4:18,19).

Después de eso todo lo que enseñó, todo lo que hizo, todos los milagros que realizó los atribuyó directamente al Espíritu Santo. En el capítulo doce del evangelio de Mateo, versículo veintiocho, tenemos una declaración muy clara respecto a la relación que tenían sus portentosos milagros con el Espíritu Santo: "Si yo por Espíritu de Dios echo fuera los demonios, ciertamente ha llegado a vosotros el reino de Dios". Es decir, es el Espíritu Santo el que hace que los demonios salgan de nosotros, y ese mismo Espíritu Santo ha de permanecer en nosotros para perpetuar el reino de Dios en la Iglesia durante la dispensación.

Ciertamente es una asombrosa verdad el hecho que es el mismo Espíritu que obró en Cristo, el que Dios le ha dado a la Iglesia para que realice sus obras de amor y poder.

Eso fue lo que quiso decir el Maestro cuando dijo: "El que en mí cree, las obras que yo hago, él las hará también, y aun mayores hará, porque yo voy al Padre" (Juan 14:12). El Espíritu Santo que obra en nosotros es el mismo que obró en Cristo. No nos rendimos a nadie, en honor al Hijo de Dios. El era verdaderamente el eterno Dios, "el mismo Dios del mismísimo Dios". Mas al descender de las alturas de la gloria, suspendió sus operaciones directas de independencia y poder y, voluntariamente, se sometió a depender del poder de Dios por medio del Espíritu Santo. Repetidas veces dijo: "De mí mismo nada puedo hacer". Jesús, voluntariamente, tomó un lugar lado a lado nuestro, y necesitó, de igual modo que el más humilde discípulo, el constante poder de Dios para realizar sus obras. No para reducir su gloria y majestad, porque "siendo en forma de Dios, no estimó el ser igual a Dios, como cosa a que aferrarse, sino que se despojó a sí mismo, tomando forma de siervo" (Fil. 2:6,7). Así vivió dependiendo de otro para servirnos de ejemplo y para enseñarnos que nosotros tenemos el mismo secreto para adquirir las fuerzas y el poder de que él dispuso, y que contando con la ayuda del

Espíritu Santo podemos estar tan seguros de salir victoriosos de la lucha, como salió él.

¡Qué espectáculo solemne es el que presenta el Hijo de Dios viviendo treinta años en la tierra sin realizar ni un solo hecho de su ministerio público hasta haber recibido el bautismo de poder de lo alto, para luego contar toda una vida de servicio dentro del breve período de cuarenta y dos meses de intensa actividad y asombrosas manifestaciones de poder!

Pero Jesús nos ha dejado el mismísimo poder del cual él dispuso. El ha legado a la Iglesia el mismo Espíritu Santo que vivió y obró en él. Aceptemos, pues, ese poderoso don. Creamos en él y tengamos fe en que él basta para todo. Recibámosle, hagámosle lugar en nuestro corazón; luego salgamos para producir la vida y el ministerio que vivió y produjo Jesús, perpetuando así los divinos milagros de nuestro santo cristianismo, por medio del poder del bendito Consolador.

Ese es el potente don de nuestro Señor que ascendió a los cielos. Esa es la suprema necesidad de la Iglesia de hoy día. Esa es la promesa especial de los últimos días. Dios nos ayude a reclamarla en toda su plenitud y poder del Espíritu para luego ir al encuentro de nuestro Señor.

CAPITULO II

EL BAUTISMO DEL ESPIRITU SANTO

"El os bautizará en Espíritu Santo y fuego".
(Mateo 3:11)

ESTO resuena algo así como un eco de la última promesa del Antiguo Testamento. La voz "del Mensajero", la toma "el Precursor". "El es como fuego purificador, y como jabón de lavadores. Y se sentará para afinar y limpiar la plata; porque limpiará a los hijos de Leví, los afinará como a oro y como a plata, y traerán a Jehová ofrenda en justicia" (Malaquías 3:2,3).

En el capítulo anterior hemos visto la relación del Espíritu Santo con el Señor Jesucristo. Primeramente, Jesús nació por obra del Espíritu; luego fue bautizado por él, después de lo cual salió para realizar su obra y cumplir su ministerio con el poder del mismo Espíritu Santo.

Pero "el que santifica y los que son santificados, de uno son todos" (Hebreos 2:11). De igual modo, nosotros debemos seguir en sus pisadas y revivir su vida. Habiendo nacido del Espíritu como él, debemos igualmente, ser bautizados del Espíritu, para poder vivir la clase de vida que él vivió y reproducir su obra. Por eso nuestro próximo tema es el bautismo del Espíritu de Dios por medio de nuestro Señor Jesucristo.

EL BAUTISMO DEL ESPIRITU SANTO

I

EL BAUTIZADOR. Es Cristo a quien le corresponde bautizar con el Espíritu Santo. La primera persona a quien se dirige el pecador no es al Espíritu Santo, sino a Cristo. Lo primero que nos corresponde hacer es recibir a Jesús, y después de eso al Espíritu Santo. Por eso es que la gran promesa del Antiguo Testamento se refiere a la venida de Cristo, y la del Nuevo Testamento, a la del Espíritu.

Jesús recibió el Espíritu enviado por el Padre, nosotros lo recibimos enviado por Jesús. Para que podamos recibir el Espíritu Santo es indispensable que primeramente recibamos a Cristo en su investidura de Salvador y que él venga a ser nuestra vida.

El Padre le dio el Espíritu a Jesús, sin medida, y si Jesús mora en nosotros, traerá consigo al Espíritu Santo, para que habite igualmente en nosotros y en las mismas proporciones en que mora en Jesús.

Nuestros corazones por sí solos no constituyen una morada adecuada para el Espíritu Santo. Sólo después de habernos unido a Cristo nos encontramos en condiciones para recibir el Espíritu Santo en toda la plenitud de su vida y poder. Es el Cristo que habita en nosotros el que de hecho recibe al Espíritu Santo.

A eso se debe el que poco antes que nuestro Maestro partiese de este mundo, es muy significativo el hecho que, de acuerdo con lo que dice la Sagrada Palabra, sopló sobre ellos diciéndoles: "Recibid el Espíritu Santo". El Espíritu Santo descendió sobre ellos por medio del aliento de Cristo. Ese acto tan significativo confirma el hecho que fue Jesús en persona quien les impartió el Espíritu, como si hubiese sido su propia vida. Verdad es que el hecho de haber soplado sobre ellos no hizo que el Espíritu Santo descendiese inmediatamente a morar en sus corazones, pues eso no debía ocurrir hasta después del día de pentecostés. Pero la acción de Jesús tuvo por objeto relacionarlo consigo, para que al descender el Espíritu Santo para morar en ellos, le recibiesen como al Espíritu de Jesús, tal como se los había impartido el Divino Maestro, antes de partir, por medio de su aliento y su beso.

Como ya lo hemos observado, el Espíritu Santo desciende hasta nosotros como el Espíritu de Cristo, y como su propio corazón, fue el Espíritu Santo que realizó las obras portentosas en Jesús y que las repite en nosotros.

Si queremos recibir el bautismo del Espíritu Santo, lo primero que nos corresponde hacer es recibir a Jesús en toda su plenitud. Aproximémonos más hasta lo más íntimo de su ser y recibamos de su boca, a través de sus labios, el Espíritu que él sopla sobre nosotros.

II

EL BAUTISMO. ¿En qué consiste el bautismo con el cual Cristo nos bautiza?

Algunas veces oímos a personas que hablan de esto como si el bautismo con que nos bautiza es algo diferente al de él — a una especie de influencia, sensación o poder. La verdad es que el bautismo no es otra cosa que el propio Espíritu. Cristo es el que nos bautiza y lo hace con el Espíritu Santo, por consiguiente, hay un bautismo del Espíritu Santo que se recibe una vez por todas, y, a partir de ese momento, el propio Espíritu Santo es la vida que mora en nosotros.

La palabra "bautizar" es, en este caso, muy significativa. Podría traducirse literalmente "os bautiza en el Espíritu Santo". No parece necesario tener que decir que la palabra *bautizar* significa *sumergir*, y siempre lleva implicada la idea de muerte y resurrección. En relación con esto ocurre algo muy significativo con respecto a la recepción del Espíritu Santo. Significa que somos bautizados en la muerte, y resucitados, y así recibimos el Espíritu de lo Alto. Del mismo modo como Jesús descendió al Jordán, que era símbolo de la muerte, y allí recibió a la paloma celestial; de igual modo debemos descender nosotros a la muerte de toda nuestra fortaleza y de toda nuestra vida, y rindiéndonos totalmente a él, nos levantemos en novedad de vida con Cristo, y recibiendo así el Espíritu Santo como sello y origen de esa nueva vida.

La condición más importante del bautismo del Espíritu Santo es que realmente muera toda nuestra vida, y que nos compenetremos del significado de la resurrección de Cristo. Debemos ser sumergidos por completo. No debe quedar descubierto ni una hebra de nuestro cabello; y habiendo dejado de ser lo que éramos, entraremos a la presencia de Dios y veremos, que si bien es cierto que, en un sentido, hemos recibido el Espíritu Santo dentro de nosotros, en sentido mucho más amplio, el Espíritu Santo es sumamente inmenso y glorioso para que pueda haber alguien que agote su plenitud;

por consiguiente, después de haber llenado e inundado todo nuestro ser, hay un derrame tan ilimitado como el océano, y quedamos en ese océano como elemento de nuestra vida inagotable.

Demás está decir que el bautismo del Espíritu Santo constituye nuestra unión con la personalidad viva del Espíritu Santo. No se trata de una influencia, ni es una noción o sensación; tampoco se trata de una inmersión en el poder o gozo sino que se trata de un corazón amante, de una inteligencia capaz, de un ser vivo, real y verdadero como Jesucristo de Nazaret, de una persona tan real como nosotros mismos.

III

EL SIMBOLO DEL BAUTISMO, EL FUEGO. "El os bautizará en Espíritu Santo, y fuego" (Mateo 3:11b). Eso no quiere decir que el Espíritu Santo y el fuego sean dos cosas diferentes, o que el bautismo de fuego sea algo distinto al del Espíritu Santo, sino que significa simplemente que la figura del fuego expresa más claramente la intensidad y poder de este divino bautismo. Significa que el alma verdaderamente bautizada por Dios está inflamada. El fuego es el más poderoso y sugestivo de todos los elementos naturales, y parece creado especialmente para simbolizar al Espíritu Santo.

1. Es un elemento incisivo. Traspasa las fibras del corazón de las cosas y su acción es interna e intrínseca. Por eso, el Espíritu Santo "penetra hasta partir el alma y el espíritu, las coyunturas y los tuétanos, y discierne los pensamientos y las intenciones del corazón" (Hebreos 4:12b). El Espíri-

tu Santo escudriña hasta lo más íntimo y produce "la verdad en lo íntimo".

2. El fuego es elemento purificador. Separa la escoria del oro. Quema todo el rastrojo y limpia la vasija de toda impureza. Es el símbolo del Espíritu de Dios que limpia y purifica; sólo puede quemar la escoria del pecado.

3. El fuego es elemento consumidor. Es la fuerza más destructora; por consiguiente, el Espíritu Santo viene a destruir todo aquello que es destructor; a consumir todo lo que es corruptible, y a quemar todo aquello que es combustible. Dios quiere tener un pueblo que haya sido quemado hasta tal punto que al llegar la prueba de fuego del gran día final no quede nada consumible. El Espíritu Santo no viene a destruir únicamente el pecado, sino también destruye todo lo terreno, lo natural y la vida egoísta, hasta que no quede nada sino aquello que es imperecedero. "La hierba se seca, y la flor se marchita, porque el viento de Jehová sopló en ella" (Isaías 40:7). ¿No deseamos ese bendito fuego? ¿No acogeremos jubilosos esa bendita llama? ¿No estamos hartos de todo aquello que se marchita y muere? ¿No deseamos aquella vida que jamás fenece? ¿No deseamos contar con el amor y la amistad que jamás sabrá lo que es decir adiós, y con los tesoros que recibiremos en los cielos?

4. El fuego es un elemento refinador. Por consiguiente, el Espíritu Santo es gran Refinador. No sólo viene para limpiar, sino que también para mejorar, para elevar, para madurar y para embellecer y glorificar el alma, y para hacer que nuestro vestido sea digno de las bodas del Cordero. "Se sentará para afinar y limpiar la plata" (Malaquías

3:3). El Espíritu Santo realiza su obra instantánea y gradualmente. Con uno de sus actos bautiza el alma para siempre. Pero también sigue un proceso por el cual, sentado al pie del crisol, observa la plata diluída hasta que ésta refleje perfectamente su imagen en su superficie, después de lo cual retira el fuego y da por terminada la obra. Viene no sólo para darnos amor, sino que con el amor nos da toda la suavidad y ternura de éste; no sólo despierta en nosotros la longanimidad, sino que nos hace ejercerla, "con gozo"; no sólo nos enseña a amar todo aquello que es puro, verdadero y bueno, sino también todo lo que es de buen nombre. Démosle, pues, la bienvenida al fuego. Invitémosle a que se asiente en nuestro bien dispuesto corazón, y dejémosle que acabe su magnífica obra, hasta que sintamos nuestra alma rebosante de júbilo, que nos veamos cubiertos de oro puro y que nuestros vestidos estén blancos y resplandecientes, listos para las bodas.

5. El fuego es un elemento necesario para la preparación de casi todos los alimentos. No podemos vivir alimentándonos con trigo ni con carne sin cocinar. Los alimentos tienen que ser sometidos al proceso del fuego para poder ser sanos y nutritivos; de igual modo el Espíritu Santo prepara la Palabra de Dios para darnos la subsistencia espiritual. Muchas personas se alimentan con teología cruda y fría. No debe sorprendernos, pues, que sean inválidos espirituales ni que padezcan de malignas indigestiones. Un poquito de alimento, debidamente preparado por las amorosas manos del Espíritu Santo, vale más que volúmenes de teología y hábil exégesis carentes del jugo espiritual.

La comida que se había de comer en la pascua

no debía ser "cruda ni cocida en agua", sino que debía ser asada en el fuego y debidamente preparada. El Espíritu Santo es tan necesario como lo es la sangre de Cristo y la palabra de verdad. El predicador que trata de predicar sin el apoyo del Espíritu Santo es un insensato, y el cristiano que cree poder hallar la verdad y obtener el poder de Dios, sin antes haber adquirido la bendita unción y constante iluminación del Espíritu Santo, es un fatuo.

6. El fuego es un elemento vivificante. De igual modo el Espíritu Santo es la fuente de la vida. ¿Qué es lo que produce la primavera, las flores y la multitud de insectos? Es el calor primaveral, el fuego del lejano sol. Así también el Espíritu Santo trae vitalidad espiritual a todo nuestro ser. Como el calor con que la hembra del pájaro incuba los gérmenes de vida que ella misma depositó en el nido, el Espíritu Santo vitaliza todo nuestro ser, y despierta a la vida benditas semillas que estuvieron dormidas algunas veces, tal vez por años. El reaviva nuestra vida espiritual, cosa igual hace al tratarse de nuestra vida intelectual; también reaviva nuestra vida física y es quien nos da la salud y fuerza.

7. El Espíritu Santo, como el fuego, derrite nuestro duro corazón y lo reamolda según el modelo dispuesto por Dios para que hagamos su santa y elevada voluntad. Si no contamos con el Espíritu Santo, obraremos según lo que se nos ocurre y de acuerdo con nuestros propios planes y propósitos; en cambio el alma llena del Espíritu Santo, sabe adaptarse a las necesidades humanas y a los deseos de Dios. Las personas con quienes uno puede tratar

más fácilmente son aquellas que están llenas del Espíritu Santo.

El Espíritu Santo es un gran lubricante que nos conserva siempre en condición para que podamos cumplir la voluntad de Dios y encarar las providencias de la vida que se nos presenten de día en día, en el orden que Dios las disponga y en los sitios donde él lo quiera.

8. El fuego es la gran fuerza productora de energía y fuente de poder. Es el verdadero secreto de la corriente eléctrica que pone en movimiento los pistones de la maquinaria. De igual modo, el Espíritu Santo es de donde nace el poder espiritual. El es el único que puede hacer de nuestra vida algo útil, el que nos insta a servir a Dios y a cumplir el verdadero fin para el cual nos trajo a la existencia. En todas las esferas de la vida necesitamos su poder. Necesitamos de él no sólo cuando estamos en el púlpito, sino en todo momento de la vida. El Espíritu Santo imparte poder a todos aquellos que quieren recibirle para emplear bien la vida y para cumplir los propósitos para los cuales nos creó.

El período del Antiguo Testamento fue una vida de luchas y esfuerzos humanos. Describe lo mejor que pudo hacer el hombre con la ayuda de Dios; pero Dios ha terminado ese período, que no volverá más. Dios no pide a nadie ahora que haga lo mejor que pueda, sino que él es quien asume toda la responsabilidad de la vida y obra de cada uno, y ofrece entrar a los corazones y tomar posesión de ellos proveyéndoles de todo lo que necesiten. Siendo esto así no tenemos excusa alguna que presentar alegando nuestras imperfecciones e incapacidad. Dios no nos culpa por lo que dejamos de hacer, sino por lo que no le dejamos a él hacer con nosotros.

"Recibiréis poder, cuando haya venido sobre vosotros el Espíritu Santo", y "todo lo puedo en Cristo que me fortalece" (Hechos 1:8, Fil. 4:13).

9. El fuego da calor y el Espíritu Santo es el manantial del amor, del celo y del fervor santo. El es quien inflama a las almas para que sirvan a Dios y estén dispuestas a cumplir los deberes que le corresponden para con la humanidad. El es quien enciende en el corazón del creyente el divino entusiasmo. Cualquier inteligencia, por común que sea, podrá producir más que otra más brillante, si estuviere henchida de santo fervor.

Vivimos en un siglo de gran vehemencia. Todas las fuertes corrientes de la inteligencia humana están en plena actividad. Seamos fervientes. El mundo lo es; Satanás lo es; Dios lo es. La redención es fruto del fervor que costó a quien la realizó, hasta dar la última gota de su sangre carmesí. El Espíritu Santo es sumamente fervoroso. Todo lo que hay en el cielo y en la tierra se expresa con fervor, el único quien no lo hace así es el hombre. Es lamentable que el cristiano, redimido por la sangre de Cristo, cuyo destino es la eterna dicha o el eterno pesar, sea frívolo y que actúe sin serenidad. ¡Oh, amigo mío! piense en lo que ocurrirá si ese día que está usted malgastando fuese el último de su vida, ¡cómo se estremecería usted sólo al pensar en ello! Si cada hora que malgastamos se restara de nuestra vida, ¡cuán inmenso nos parecería el desperdicio! Pero así es realmente. ¡Dios nos ayude a atribuirle a la vida el verdadero valor que ella tiene!

El Espíritu Santo nos hará vehementes y fervorosos. De él dice la Sagrada Palabra que es "las arras de nuestra herencia hasta la redención de la posesión adquirida" (Ef. 1:14). Las arras quiere decir aquí, la realidad. El Espíritu Santo es la realidad de las cosas, y él hace que nosotros también seamos sinceros y fervorosos.

10. Finalmente, el fuego es un elemento protector. El pastor oriental, durante las horas de la noche, rodea su rebaño con un círculo de fuego hecho con las ramas secas que reúne en el desierto, y las fieras, al ver el fuego, no se atreven a acercarse al rebaño. Por eso dice Dios: "Yo seré para ella muro de fuego en derredor, y para gloria estaré en medio de ella" (Zacarías 2:5).

El Espíritu Santo nos defiende de las fuerzas del mal. El corazón inflamado con el fuego de Dios desecha mil tentaciones. Un alambre eléctrico, cargado de corriente es tan potente como una batería de artillería. La cubierta de una estufa cuando está bien caliente consume el agua que le caiga encima. Cosa igual sucede al tratarse de un corazón lleno del Espíritu de Dios, se encuentra en condiciones de resistir y desechar cualquier tentación, cualquier pecado, cualquier tribulación y aun las enfermedades.

¡Oh, seamos llenos del Espíritu Santo, y viviremos vidas encantadas, inaccesibles a las fuerzas terrenales e infernales!

III

LAS VIRGENES PRUDENTES Y LAS INSENSATAS, O EL ESPIRITU SANTO Y EL ADVENIMIENTO DEL SEÑOR

"Entonces el reino de los cielos será semejante a diez vírgenes que tomando sus lámparas, salieron a recibir al esposo. Cinco de ellas eran prudentes y cinco insensatas. Las insensatas, tomando sus lámparas, no tomaron consigo aceite; mas las prudentes tomaron aceite en sus vasijas, juntamente con sus lámparas" (Mateo 25:1-4).

EL evangelio de Mateo es el evangelio del Rey y en los últimos capítulos abundan las enseñanzas del Maestro acerca de su venida. La parábola de las vírgenes es un cuadro de la actitud de la Iglesia en el momento de la venida del Señor, y de la necesidad que tenemos del Espíritu Santo para prepararnos para ese grandioso suceso.

Las diez vírgenes, como los siervos de la parábola de los talentos, representan a toda la Iglesia. En las Sagradas Escrituras muchas veces se representa a la Iglesia por medio de la figura de una mujer. No es necesario ni de ningún provecho tratar de hacer distinción entre las vírgenes y la novia, y el asumir que la novia se encuentra en el fondo de la parábola, en algún lugar superior al de las vírgenes prudentes. Si así fuere, es extraño que el Señor no hace referencia alguna a la parte tan importante del *dramatismo personal* en ninguno de estos discursos finales. La verdad es que lo que en otras partes se representa por medio de la novia aquí se le hace representar por medio de las vírgenes. Algunas veces, al referirse a la Iglesia, se habla de ella como de una novia, otras se le representa como un edificio, y también como un cuerpo, como discípulos, como siervos y como vírgenes; pero siempre se trata de la misma Iglesia; todo lo que se requiere para interpretar el significado es estudiar la figura que se emplea en cada caso, sin divagar a otras cosas hacia donde la fantasía podría conducirnos. Podríamos muy bien formarnos una hipótesis acerca de quien era la madre del hijo pródigo, o buscar la significación de todas las figuras que se emplean en la presentación de las parábolas. El Gran Maestro tiene en vista un solo objetivo en esta gran parábola — demostrar que es necesario que estemos especialmente preparados para el advenimiento del Señor, y lo único que hacemos al querer introducir todo un sistema teológico en la interpretación de la parábola, es producir confusión y distracción del objeto con el cual la dijo el Salvador.

I

PUNTOS DE SEMEJANZA ENTRE LAS VIRGENES PRUDENTES Y LAS INSENSATAS. 1. Los dos grupos eran de vírgenes. Todas ellas eran segregadas y puras. Se puede ser de carácter inmaculado, haberse apartado totalmente del mundo y ser perfectamente intachables en lo que se refiere a la moral y correcto proceder, y no obstante esto, no haber recibido al Espíritu Santo, y, por consiguiente, no estar preparado para el retorno del Señor.

2. Ambos grupos esperaban al esposo. Todas ellas habían salido con ese solo objeto y se habían preparado para recibirle. Así, pues, vemos que podríamos creer en el regreso del Señor, y tener vivo interés en ello, y sin embargo, si no poseemos el Espíritu Santo, no estaremos preparados para dicha ocasión y, al fin figuraremos entre las vírgenes insensatas.

3. Todas ellas "cabecearon todas y se durmieron" (vs. 5). La voz griega que aquí se traduce "cabecearon", describe gráficamente el estado de somnolencia que gradualmente se fue apoderando de ellas, hasta que, finalmente, las dominó y, casi sin quererlo, se durmieron. Ello implica que el pueblo de Dios, aun cuando se encuentra en su mejor disposición, está cargado de sueño. Pero, indudablemente, es mejor dormitar teniendo las vasijas llenas de aceite, que quedarse dormido sin estar preparado para recibir al Maestro en el momento que aparezca.

4. Ambos grupos recibieron el aviso de la aproximación del esposo antes que éste llegara. ¡Cuán amable fue el Maestro al enviarles el aviso de su próxima llegada a las vírgenes que estaban dormidas! El ha prometido que "ese día no nos tomará sorpresivamente como la llegada de un ladrón" (I Ts.5:2; II Ped. 3:10). No sólo las vírgenes prudentes sino las insensatas, igualmente recibieron el aviso para que se despertaran en el último momento, de modo que pudieron enterarse que el Maestro

estaba cerca. Pero, fatalmente, el aviso de nada les sirvió, pues ya era demasiado tarde para que pudieran conseguir el aceite para reabastecer sus lámparas y participar del glorioso desfile organizado para la recepción del Rey.

Las cinco vírgenes insensatas tenían muchas cosas que les favorecían, sólo les faltaba una cosa, pero la carencia de ella bastó para que no pudieran entrar a participar de la fiesta. Dios nos ayude para que no nos falte aquello que necesitamos.

II

LA DIFERENCIA. ¿En qué yacía la diferencia de esas dos clases de vírgenes? ¿A qué se debió el fracaso de las insensatas?

1. Cinco de ellas eran prudentes y las otras cinco insensatas. No basta que seamos sinceros ni que tengamos buenas intenciones, Dios quiere que seamos también inteligentes, instruídos y prudentes. "No seáis insensatos, sino entendidos de cuál sea la voluntad del Señor, aprovechando bien el tiempo, porque los días son malos" (Ef. 5:17,16).

El día de su venida no podremos excusarnos diciendo que no sabíamos lo que él quería que fuésemos ni lo que deseaba que hiciésemos. El nos ha dejado dicho todo lo que quiere que hagamos y lo que quiere que seamos y el desacato a su palabra es señal de desobediencia y culpabilidad.

Hay muchos que no son lo que deben ser ni viven como deben vivir porque ni siquiera comprenden la verdad acerca de la venida del Maestro, y para ellos la Biblia es un libro sellado. ¡Dios nos dé sabiduría!

2. Las vírgenes insensatas eran impulsivas, superficiales, entusiastas, pero carecían de cualidades sólidas y duraderas. Eso se puede ver en el hecho que lo primero que les preocupó fue el estado de sus lámparas, en cambio, la primera preocupación de las prudentes fueron las vasijas que contenían el aceite adicional con el que pudieron rellenar sus lámparas.

Las unas se preocupaban por la flama fugaz, las otras se preocupaban por la fuente permanente de vida y luz. Las unas representan a las personas del momento; las otras a las personas con quienes nos encontramos constantemente.

Juan Bunyan explica la diferencia por medio de los dos personajes que presenta: Pasión y Paciencia. El uno lo quería todo al momento; el otro quería aquello que obtendría al fin.

3. Pero la diferencia principal entre las vírgenes prudentes y las insensatas, fue el hecho que las primeras no sólo se proveyeron de las lámparas que necesitaban, sino que además, llevaron consigo provisión de aceite, en cambio las fatuas se preocuparon únicamente por las lámparas. Es casi innecesario agregar que aquellas que llevaron consigo el aceite adicional representan la vida cristiana y el bautismo del Espíritu Santo. La lámpara ardiendo representa la vida espiritual que ha sido encendida por el Espíritu Santo; el aceite que estaba dentro de la lámpara y en la vasija adicional, representa el Espíritu Santo que el cristiano recibe personalmente en el corazón consagrado.

Hay una gran diferencia en estos dos hechos. Los apóstoles antes de pentecostés y después de ese día, constituyen esa diferencia.

La vasija, como se entenderá fácilmente, es nuestra personalidad — espíritu, alma y cuerpo; el aceite es el Espíritu Santo que desciende al corazón rendido y sumiso para dirigirlo y llenarlo de la plenitud de Dios. Esa es la verdadera preparación para la vida santa y para la venida del Señor Jesucristo.

En tal condición estamos preparados para ir a su encuentro cuando aparezca, y aunque cabecearemos, y en ciertos momentos nos durmamos, tenemos el secreto del Señor dentro de nosotros "para ser hallados por él... en paz" (II Pedro 3:14).

Esa es la gran pregunta que Dios hace con insistencia a su Iglesia hoy día: "¿Recibisteis el Espíritu Santo cuando creísteis?" (Hechos 19:2). Esa es la señal distintiva entre cristianos. Amados míos, no erréis, sed llenos del Espíritu y así "procurad hacer firme vuestra vocación y elección" (II Pedro 1:10).

III

LOS EFECTOS SOBRE AMBAS CLASES. 1. Las vírgenes prudentes estaban listas, y después de algunos minutos de preparación las recibieron en las bodas y entraron a participar del regocijo del Esposo.

2. Las vírgenes insensatas al despertarse, vieron que las lámparas se les apagaban. "¡Dadnos de vuestro aceite!" — exclamaron ansiosas — "porque nuestras lámparas se apagan". Pero no pudieron conseguir el aceite necesario para sus lámparas del que llevaban las prudentes en las vasijas adicionales, pues ellas lo necesitaban todo para la gran ocasión en que tenían que encontrarse.

Es verdad que el Espíritu Santo es indivisible y que no podemos dar a otros parte de las bendiciones que nos ha dado. Si lo poseemos, lo tenemos individualmente, y no podemos separarle en partes. Necesitamos de toda su plenitud para poder estar preparados nosotros mismos, Podremos guiar a otros para que se alleguen a él y ayudarles a que le reciban, pero cada uno tiene que recibirle personalmente.

3. Podrá suceder que aun su bendición la recibamos cuando sea ya demasiado tarde.

Al parecer, esto significa que hasta el último momento se podría obtener el Espíritu Santo, al aproximarse el regreso del Señor, pero, mientras las vírgenes insensatas fueron a comprar, llegó el esposo, y las que estaban listas entraron, después de lo cual se cerró la puerta.

Es indudable que inmediatamente después del aparecimiento de nuestro bendito Maestro, y la traslación de la Iglesia, caerán sobre el mundo muchas bendiciones espirituales; pero entonces será demasiado tarde para entrar a participar de las bodas y para escapar de la gran tribulación.

El tiempo es uno de los factores en todas las grandes cuestiones, y no sólo nos conviene obedecer el llamamiento de Dios, sino que es esencial que lo hagamos pronto. La quinta esencia de la obediencia es "aprovechando bien el tiempo, porque los días son malos" (Ef. 5:16).

¡Oh, amados míos, no perdamos un momento más antes de recibir el Espíritu Santo! No tenemos ni una hora que perder. Nos encontramos en días solemnes, y no estamos listos para vivir ni para morir, ni para ir al encuentro de nuestro Señor, en su venida, si es que no hemos recibido al Espíritu Santo.

Hay algo muy sugestivo en esa figura de ir a comprar. Los vendedores, en este caso no representan a ningún mercader que pudiera vendernos el Espíritu Santo; sino que ellos representan simplemente las fuentes de recursos de donde podemos recibirlo — el método divino provisto por Dios. En cierto sentido lo compramos en el momento que nos apoderamos de él. Cuando compramos algo, el objeto comprado se convierte en propiedad nuestra; de igual modo podemos recibir al Espíritu Santo y hacerlo nuestra propiedad.

En la primera parte de la parábola, se expresa la idea de manera muy bonita y enfática: "Tomando sus lámparas, salieron a recibir al esposo" (vs. 1).

Hay otra cosa que tenemos que realizar al comprar algo, esto es, tenemos que ceder algo; tenemos que desprendernos de algo antes de poder recibir al Espíritu Santo. La verdad es que debemos desprendernos de todo para poder recibirle en toda su plenitud.

Hace algunos días nos retirábamos de una reunión muy grande, y al pasar por uno de los pasillos nos encontramos con una señorita que estaba llorando, sentada al lado del sitio por donde salíamos; al vernos nos rogó que orásemos por ella. Estaba muy compungida. Había llegado al Getsemaní de su vida; estaba deshaciéndose de todo, y algunas de las cosas que tenía que dejar le eran muy queridas; pero fue fiel a Dios y obedeció el llamamiento celestial.

Antes que transcurriera una semana volvimos a pasar por esa ciudad y una amiga fue a saludarnos y a decirnos adiós. Era la misma persona, pero su rostro estaba tan transfigurado que a duras penas pudimos reconocerla. La luz del cielo iluminaba su hermoso semblante, y el gozo y la gloria del Señor le daban singular diafanidad. El sacrificio era cosa del pasado; había llegado la mañana de la resurrección; ella se había desprendido de todo y había recibido al Espíritu Santo.

Hay otro aspecto aún de la compra de esta gran bendición. Cristo la ha comprado para hacerla nuestra y él nos dice: "Venid, comprad, y comed. Venid, comprad sin dinero y sin precio, vino y leche" (Isaías 55:1). El Espíritu Santo es la compra privilegiada de todo creyente. Amados, venid y recibidlo inmediatamente para que estéis preparados y para poder asumir las responsabilidades de la vida y para el gran advenimiento.

4. Las vírgenes insensatas quedaron excluídas de las bodas del Cordero. No nos atrevemos a explicar todo lo que esto significa, pero no cabe duda alguna que hay gran diferencia entre las dos clases de cristianos, y que habrá gran diferencia entre aquellos que irán al encuentro del Maestro con gozo y los que lo harán con pesar; entre aquellos que tienen confianza y los que se avergonzarán al encontrarse delante de él en el momento de su venida. Lo que dice la Biblia a ese respecto no deja lugar alguno a dudas. Sería presuntuoso tratar de definir detalladamente los privilegios que gozarán los que entren a la fiesta o las pérdidas de aquellos que quedarán afuera; pero será ciertamente pérdida, y causará pesar verse privado de algo de lo que

el Maestro tiene preparado para nosotros y el alma que se conforma con ser salva únicamente, sin importarle la corona que el Señor tiene para darle y el sitio que le ha preparado en su seno, es casi demasiado innoble para ser salvada. Dios escribe en nuestros corazones, con solemne énfasis, esa horrenda frase: "Se cerró la puerta" (vs. 10).

5. Pero se oyó después otra frase más solemne aún: "No os conozco" (vs. 12). Llegaron, probablemente con el aceite. Llamaron a la puerta; rogaron que se les dejara entrar, pero desde adentro el Esposo respondió: "No os conozco".

Como lo ha hecho notar el Dean Alford, esta frase es muy diferente a la que dirige a otros, a quienes les dice: "Nunca os conocí". La anterior es sencillamente el anuncio de que no entran al círculo personal de íntima amistad. No les excluye de la salvación, sino únicamente del sitio donde está el Esposo y del círculo más íntimo de su comunión y de su amor.

Amados míos, ¿qué es lo que constituye a la esposa? No son las ropas que viste, la dote que reciba ni el sitio donde se encuentre, sino el amor que siente por el Esposo y que responde a su cariño. Es una preparación que se realiza interiormente. Esa es la preparación que el Espíritu Santo ofrece hoy día a los hijos e hijas de Dios.

Dios llama a una novia para el Cordero, y dice a muchos de los corazones vacilantes: "¡Oye, hija, y mira, e inclina tu oído; olvida tu pueblo, y la casa de tu padre; y deseará el rey tu hermosura; e inclínate a él, porque él es tu señor" (Salmo 45:10,11).

El Espíritu Santo pone, a aquellos que lo desean, en más íntima comunión con Jesús, y hace que lleguen a conocerle de tal modo, que aquel día no habrán cerrojos ni cerraduras que puedan cerrarles las puertas para que no entren al seno de su Señor. Ellos le conocen a él y él les conoce a ellos. Al presentarse su dulce sonrisa, les demostrará que él les conoce y el magnetismo de su personalidad les atraerá al instante a su corazón y a su trono.

Que Dios nos dé la disposición para que queramos recibir esa bendita preparación, para que en el momento de su venida nos encuentre listos para recibirle.

CAPITULO IV

LA PARABOLA DE LAS MINAS, O EL PODER PARA EL SERVICIO

"Negociad entre tanto que vengo"
(Lucas 19:13).

ARQUELAO, hijo de Herodes, fue a Roma para conseguir, valiéndose de las influencias del emperador, que le designaran rey de Judea, y después de lograr su propósito, regresó para disfrutar de su patrimonio. Cristo se valió de esa ilustración familiar para presentar su retorno al seno del Padre para recibir su reino, y luego regresar con objeto de disfrutar de él en compañía de sus seguidores, durante el período milenial. Ese es el cuadro que nos presenta la parábola de las minas.

Pero el tema especial de la parábola es que el Señor encomienda a sus discípulos durante su ausencia y los recursos que les proporciona para desempeñar la responsabilidad que les confía.

Mientras el Divino Maestro nos representa, estando a la diestra de Dios, y se interesa por nosotros, nosotros quedamos aquí haciendo su obra y representando su reino; él nos da los recursos necesarios para que cumplamos dicho ministerio.

Los recursos mencionados los vemos ilustrados por medio de las minas que les fueron entregadas a las diferentes personas. Cada mina consistía de una suma aproximada a quince dólares. Estas representan los recursos que Dios da a sus siervos para que lleven a cabo la obra que les encomienda. ¿Cuáles son esos recursos que Dios da a sus siervos y que aquí los vemos representados por las minas?

Para responder a esa pregunta, es necesario que tengamos presente la diferencia que hay entre esta parábola de las minas y la de los talentos. En la última de las dos parábolas que hemos mencionado, la cantidad que recibió cada uno fue diferente, pero en la primera, las cantidades fueron iguales. Por consiguiente, no pueden significar lo mismo.

Si los talentos representan los dones naturales de fortuna, de influencia social o de capacidad intelectual con que Dios nos dota, las minas han de representar el don del Espíritu Santo que Dios da a su pueblo y a los siervos de Cristo, con objeto de que puedan llevar a cabo su obra.

Se nos enseña claramente que sólo pueden prestar servicios espirituales aquellos que han recibido las facultades espirituales necesarias para ello. "Nadie puede llamar a Jesús Señor, sino por el Espíritu Santo" (I Corintios 12:3). Nadie puede servir a Dios de manera que le sea aceptable a él valiéndose para ello únicamente del talento natural y la energía física. Los apóstoles recibieron órdenes de que "esperasen la promesa del Padre" (Hechos 1:4b), e iban a recibir poder de lo alto después que el Espíritu Santo hubiese descendido sobre ellos; en seguida de lo cual testificarían acerca de Cristo, contando para ello con el poder de Dios.

Sólo hay un poder que da la idoneidad necesaria para el servicio de Dios, éste es el del Espíritu

Santo. Cada uno de los siervos recibió una mina, eso es lo que se promete a todo verdadero siervo de Cristo — "Seréis bautizados con el Espíritu Santo" (Hech. 1:4).

Cada uno de los siervos recibió la misma cantidad, así es, igualmente, el mismo Espíritu Santo el que Dios da a todos aquellos que quieren recibirlo. No recibimos una parte de su persona o de su poder, sino que lo recibimos a él personalmente y podemos disponer de toda la cantidad de su vida y de su fortaleza de acuerdo con la capacidad que tengamos para recibirlas. El Espíritu Santo es indivisible, y Dios da a todas sus criaturas, sin parcialidad alguna, la oportunidad para que le sirvan y le glorifiquen.

Los talentos podrán ser diferentes, algunos oscuros y otros luminosos; mas todos reciben el mismo poder, y por medio de cada uno redundará la misma gloria de Dios, sin que haga diferencia alguna el concepto que el mundo tenga de ellos.

El da a cada uno de sus siervos esa bendita mina. El Espíritu Santo ha sido comprado para todos aquellos que pertenecen a Cristo y han rendido sus vidas y se han sometido voluntariamente al Espíritu divino. El apóstol nos ha trazado la sencilla condición que se requiere para eso, cuando dice: "El Espíritu Santo, el cual Dios ha dado a los que le obedecen" (Hech. 5:32). La promesa de pentecostés no fue restringida a algunos casos especiales, pero el apóstol dice muy claramente: "Porque para vosotros es la promesa, y para vuestros hijos, y para todos los que están lejos; para cuantos el Señor nuestro Dios llamare" (Hechos 2:39).

Dios no nos envía para que nos aflijamos por las responsabilidades que nos encomienda, sino que nos da todo lo que necesitamos para desempeñarlas. Si una gran firma comercial nos designara para que fuésemos a hacernos cargo de algún trabajo en cierto lugar distante, no sería más que natural que esperásemos que se nos pagara el pasaje y se nos diera el dinero necesario para cubrir los gastos del viaje, que nos dieran una carta de presentación y que nos dieran todo lo necesario para desempeñar el cargo que se nos confiara. Y al enviarnos Dios en su gran embajada, él se compromete a darnos los medios para que podamos cumplir nuestra misión con todo éxito. La promesa que nos ha hecho Dios de que nos dará poder debe bastar para darnos toda eficiencia que necesitamos. Eso es todo lo que tenemos derecho a esperar para cumplir de manera eficiente el trabajo que él nos encomiende.

Si el trabajo en que nos ocupamos es secular, tenemos derecho de esperar que él nos ayude y nos dé éxito. Si se trata de una labor totalmente espiritual, tenemos igual derecho de esperar la misma ayuda. El poder que nos dará será en proporción al cargo que desempeñamos. Dios provee ampliamente a los que confían en él. El Espíritu Santo es equivalente a todo lo que requerimos para la labor que se nos encomiende.

Un escritor inglés, creo que fue el señor Pearse, cuenta cómo en cierta ocasión hablando con una mujer pobre, de una misión de la ciudad de Londres, después de haber tratado de hacerle ver que Jesús podía suplirle adecuadamente todo lo que ella necesitaba, al principio la mujer no pudo comprenderlo. Luego el señor Pearse comenzó a interrogarla acerca de su casa y sus circunstancias, y lo que precisaba para su familia, y mostrándole un chelín le dijo: "¿Qué haría usted con este chelín si fuera suyo?" Ella respondió que gastaría dos peniques en pan, uno en carbón y así siguió hasta que se hubo agotado el chelín. "Ve usted, pues que este chelín, en realidad, no es un chelín sino que es carbón, azúcar, y pan. Lo mismo ocurre al tratarse de Cristo". — Mirando de cierto modo es el Cristo, pero desde otro punto de vista, él llega a ser nuestra paz, nuestro gozo y nuestra salvación; él es quien contesta nuestras oraciones, el que nos da la ayuda y dirección y todo lo demás que necesitamos — es decir, él es todo lo que Dios puede ser para nosotros en esta vida y en la eternidad. La ilustración fue muy sencilla y preciosa, y la mujer comprendió lo que significaba y, por consiguiente, aceptó al Salvador, que era el que podía suplirle todo lo que ella necesitaba.

Del mismo modo, el Espíritu Santo es el equivalente de todo, por eso es que dice en cierto lugar del Evangelio de Lucas: "Cuánto más vuestro Padre celestial dará el Espíritu Santo a los que se lo pidan" (capítulo 11:13). En otro lugar, en el Evangelio de Mateo dice: "Cuánto más vuestro Padre, que está en los cielos, dará buenas cosas a los que le piden" (capítulo 7:11). Así, pues, esa mina a la que venimos refiriéndonos, es el equivalente de todo lo que necesitamos en nuestra obra.

¿Necesitamos capacidad para comprender la Biblia? El nos dará la luz necesaria y será, a la vez, nuestro maestro. ¿Necesitamos unción? El nos dará la del Espíritu Santo. ¿Necesitamos fe? El será el espíritu que nos inspirará la fe. ¿Necesitamos simpatía y amor para atraer a las almas a Cristo? El será en nosotros el amor que Dios derrama por medio del Espíritu Santo. ¿Necesitamos poder para convencer a los hombres de sus pecados y para conseguir que se conviertan? El convencerá al mundo de pecado y de justicia y de juicio, y dará efectividad a lo que digamos. ¿Necesitamos poder para ayudar a las personas en las diversas circunstancias de la vida? El hará que todo obre en bien nuestro. El Espíritu Santo es todo para nosotros, y si escaseamos de algo, será culpa nuestra y no de él. Dios ha provisto todo lo que podamos necesitar, y ciertamente espera que seamos leales y fieles a fin de que estemos a la altura de nuestra elevada vocación.

Una señora fue a visitar a una dama cuáquera para pedirle que orase por su hijo que iba camino de la perdición a causa del hábito de la bebida. La dama cuáquera le dijo a la visitante:

—Hermana, ¿has estado tú orando por tu hijo?

—Oh, sí — respondió la interrogada — yo oro lo mejor que puedo, pero me parece que mis oraciones no valen mucho. Quisiera que usted orase, porque usted sabe hacerlo mejor que yo.

—Hermana, ¿has orado con tu hijo? — volvió a preguntar la cuáquera.

—Yo no puedo orar en voz alta, porque me asustaría con el eco de mi voz. ¿Cree usted, acaso, que yo puedo orar en público? Yo soy mujer.

—Hermana — dijo la cuáquera — ¿Qué derecho tienes de ser tan débil que no puedas orar por tu hijo? Tú dispones del mismo Espíritu Santo que yo, tú cuentas con el mismo poder del Espíritu

Santo del que dispongo yo. Hermana, yo no voy a orar por tu hijo, hasta que tú hayas orado con él.

La señora se fue disgustada. Como Naamán, de antaño, le pareció que había sido tratada muy mal; pero, como Naamán, poco después recapacitó, y Dios comenzó a hablarle, haciéndole sentir que su amiga tenía razón. Pensó que no tenía por qué sentirse impotente; que tal vez su hijo caminaba hacia la perdición a causa de la falta de fe que ella había demostrado.

Vertió muchas lágrimas y fueron muchos los dolores de corazón que la afligieron, pero oró a Dios con fe y con amor. Un día el joven llegó a casa completamente embriagado. Inmediatamente se fue a su cuarto y se acostó a dormir. Pero el Espíritu instó a la madre a que entrara a la pieza donde estaba su hijo; se arrodilló a su lado y puso su mano en la frente enardecida del ebrio, y comenzó a pasarla suave y cariñosamente, orando a Dios, pidiéndole tocara el corazón de su hijo y le salvara.

Súbitamente, éste despertó, y en un instante el Espíritu Santo lo hizo sobrio, y mirando a su alrededor, asombrado, exclamó: "¡Mamá! ¿Está usted orando por mí?" En seguida demostró su quebranto y contrición y oró implorando perdón para su alma. Dios oyó esas oraciones de la madre y el hijo, y antes de amanecer el nuevo día, el joven fue salvado y el corazón de la madre se sintió henchido del Espíritu Santo.

"¡Oh, hermana! ¿qué derecho tiene usted de sentirse débil?" "¡Oh, hermano!, ¿por qué ha de sentirse usted incapaz e impotente?" "Recibiréis poder, cuando haya venido sobre vosotros el Espíritu Santo y me seréis testigos".

LA PARABOLA DE LAS MINAS, O EL PODER... 417

Hemos dicho que el Espíritu Santo le es dado a todos los siervos de Dios, por igual. Siendo eso así ¿a qué se debió la gran diferencia?

La diferencia yace en la manera en que empleamos al Espíritu Santo. Dios nos ha dado al Espíritu Santo para que lo empleemos, y eso es lo que quiere decir la expresión: "Ocupaos hasta que venga".

En el capítulo doce de la primera epístola a los Corintios tenemos un pensamiento parecido donde dice el apóstol: "Pero a cada uno le es dada manifestación del Espíritu para provecho" (I Co. 12:7). Dios nos da el Espíritu Santo para que saquemos "provecho" de él; debemos invertir y utilizar el don divino, haciéndolo así creceremos; y mientras más utilizamos el Espíritu Santo, tanto más nos acostumbramos a ello y llegamos a adquirir mucha confianza y gran fe en el poder de Dios. Nuestra capacidad aumenta y se multiplica, hasta que la una mina llega a valer por diez, y el siervo devuelve la mina a su Señor diez veces más grande de lo que era cuando la recibió. A eso se debe la diferencia entre unos hombres y otros. La diferencia yace en la fidelidad. Es la diferencia del afán con que los unos mejoran y aumentan los valores que se les ha confiado y los otros no. La recepción del poder divino es algo muy solemne. Dios se invierte en los hombres, y él es un gran economista del poder, por eso le desagrada ver que malgastemos sus tesoros; le desagrada que dejemos ocioso el poder que nos ha dado o que tratemos con indiferencia los grandes valores que nos ha confiado, que a él le costaron tanto.

Utilicemos, pues, los dones de Dios. Seamos diligentes y fieles en el ejercicio de las cosas espirituales, y, si así lo hacemos, nuestra fe irá en aumento, y también nuestro amor y seremos más y más útiles hasta que produzcamos aumentos, "unos de treinta, otros de sesenta y otros de ciento".

La palabra "negociad" del texto tiene, en el original, una significación mucho más expresiva que la que le damos en nuestro idioma. Ella implica que los bienes con que negociamos no son nuestros sino que nos han sido prestados para que los utilicemos. No se trata, pues, de nuestro poder ni de nuestra fe, sino que esos dones son de Dios y él nos los ha prestado para que los empleemos en el servicio especial que él nos ha encomendado. Al realizar el servicio no somos más fuertes ni más sabios que antes. Lo que hacemos es depender de las facultades que él nos da y nos preparamos para cumplir el próximo deber y aprovechar de la próxima oportunidad que se nos presente.

Pero la palabra en el lenguaje en que fue escrita originalmente tiene mayor significado aún. Es una palabra que se emplea en los negocios. Literalmente significa ocuparse en negocios. La palabra "negociado", que se emplea más adelante en la parábola expresa la misma idea. La expresión es sumamente enfática. El Espíritu Santo no se limita a aquello que denominamos cosas espirituales, sino que es un gran administrador de negocios. Es un Espíritu con sabiduría y facultades prácticas. Es un amigo en toda la extensión de la palabra, y se interesa en todos los asuntos de nuestra vida. La verdad es que *para él no hay nada secular*, pues todo lo que se le consagra a Dios es sagrado, santo y divino.

Siendo esto así, para servirle no es necesario dejar a un lado los negocios ni salir del mundo; sino que debemos considerar que los negocios en que nos ocupamos son de Dios, si así lo hacemos, serviremos a Dios constantemente. La mejor oportunidad con que cuenta Dios para que se le glorifique la encuentra empleando a hombres que se ocupan en negocios seculares, pero que viven muy cerca de él, tanto los días de semana como los domingos; cuando están en los negocios o en el taller de trabajo lo mismo que cuando se encuentran en el santuario del lugar consagrado al culto.

Hay en el mundo muchísimos predicadores, pero lo que Dios quiere tener más y más son hombres y mujeres que exhiban, de manera práctica, su fe y la comunión en que viven con él. Hay muchos apóstoles, pero lo que Cristo busca son epístolas vivas.

No hay nada que dé más eficaz testimonio de Dios que la vida que se vive en la hoguera del mundo, inflamada por la pureza celestial y sostenida por el poder divino. Los que así viven predican sus sermones de tal modo que todos se ven obligados a oírles, quiéranlo o no.

Vivimos en días en que los grandes hombres del mundo son hombres de negocio. Los más poderosos del siglo en que vivimos son nuestros reyes ferroviarios, nuestros banqueros, los fundadores de inmensos consorcios y corporaciones comerciales.

Esos hombres tienen talentos gigantescos e inmensas facultades. ¿Por qué no han de ser tan poderosos para Dios como lo son para el mundo? ¿Por qué no han de tener tanta influencia en la comisión de misiones como lo son en las comisiones comerciales? Pueden emplear sus millones en ferrocarriles y en empresas comerciales; ¿qué impide que lo hagan en la propagación del evangelio de Cristo? ¿Por qué no ha de llegar el día en que los hombres acaudalados, que han acumulado ingentes fortunas en brillantes empresas, no sólo inviertan algunos miles, sino diez, veinte, cincuenta millones, y aún más, en la obra de evangelización de la China, el Africa y la India? Yo no elogiaría al hombre que viniera a decirme: "Tengo veinte millones que quisiera gastar para evangelizar el centro del Africa". Yo le respondería: "Hace usted muy bien, pero ha tardado mucho en llegar a esa decisión."

Cuando los hombres de negocio, lleguen a comprender que eso es lo que significa la entera consagración, veremos cosas más grandes aún de las que se vieron el día de pentecostés. Entonces los jóvenes consagrarán sus vidas al servicio de Dios, y él les dará los millones que le pertenecen para que los empleen con tanta libertad, como lo hacen los hombres del mundo al invertir sus caudales en empresas comerciales y en gigantescas obras con fines puramente egoístas, pues lo único que les anima es ganar riquezas para sí. ¡Dios nos ayude a ocuparnos en sus negocios de manera práctica teniendo en vista su pronta venida!

Los hechos más alentadores que conozco hoy día son los que acabo de mencionar. Hay en este país hombres que están realizando grandes empresas comerciales con el exclusivo objeto de dedicar las utilidades que ellas produzcan a la evangelización del mundo, y para llevar el evangelio a todas las naciones.

"Negociad hasta que venga". El objetivo del Espíritu Santo y el de todo creyente consagrado debe ser siempre referencia directa al regreso personal del Señor Jesucristo. La obra del Espíritu Santo consiste en la preparación del pueblo de Cristo, y del mundo en general para la segunda venida de Jesús. Esto se hará primero por la preparación de nuestros corazones y de nuestras vidas. La novia ha de prepararse, por eso, el Espíritu Santo está llevando a cabo hoy día una obra maravillosa de gracia santificadora en los corazones de los pocos escogidos que están dispuestos a oír el llamamiento que les hace para que se preparen para el retorno del Divino Señor.

Pero eso no es todo. Nuestra obra también debe referirse a su venida. Debemos negociar "hasta que venga". Debemos cumplir nuestro ministerio teniendo en vista el reinado milenial de Jesús.

La obra cristiana que hagamos debe ser inspirada y dirigida por ese sentimiento. ¡Cuánta diferencia habría en nuestros métodos de trabajo, si todo lo que hacemos para Dios lo hiciéramos teniendo presente eso! No tendríamos entonces 120.000 ministros del evangelio trabajando entre sesenta millones de almas de este continente y unos pocos centenares entre muchos millones de la China.

Si dejáramos al Espíritu Santo hacer lo que quiere; ¡cuántos de nosotros nos dispersaríamos hasta los confines de la tierra! Paréceme verle atravesando Escocia diciéndole a un millar de predicadores: "Dejad los púlpitos e id a la India, a la China y al Africa".

Paréceme verle llegar a un pueblo del oeste, donde hay una docena de iglesias que se disputan los miembros de entre la escasa población tratando de fundar sus diversas sectas, separadamente. Me parece oírle decir: "Cerrad tres cuartas partes de estos lugares y enviad a los hombres a los campos descuidados y destituídos, donde no hay nadie que hable acerca de mí".

¡Gran parte del trabajo que llevamos a cabo no concuerda con los deseos de Cristo! Mucho de lo que nosotros consideramos como lo mejor de nuestra labor no es la clase de obra que el Espíritu Santo desea que hagamos, ni tampoco es "negociar hasta que venga el Señor". Hemos retardado su regreso aun haciendo lo bueno, por no haberlo llevado a cabo de la manera que él lo quiere. Pero podemos estar a la espera de su venida aun cuando estemos ocupados en nuestros negocios.

Es muy grato observar en el cuadro que se nos da del retorno de Cristo y el traslado de su pueblo que lo espera, que el Señor los halla a todos ocupados en sus correspondientes vocaciones. En una parte del mundo es de noche y "estarán dos en una cama; el uno será tomado, y el otro será dejado" (Lucas 17:34). No hay nada de malo el que Jesús nos encuentre en cama cuando llegue, si es que aparece por la noche; es mucho mejor que nos halle durmiendo que nos encuentre en pecado. En otro sitio, el advenimiento de Jesús ocurre de mañana, y "dos mujeres están moliendo en un molino" (Mateo 24:41). Una de ellas está preparando el desayuno para su esposo. Está muy bien que se encuentre haciendo eso, por eso el Señor se la lleva desde allí donde se halla cumpliendo un deber secular. En otro lugar es mediodía, y dos hombres se encuentran ocupados en las tareas del campo. Está bien que se encuentren allí si es que hacen el trabajo para Dios. No es necesario que corran a la casa para cambiarse la ropa. No tienen que ir a arreglar las cosas. El Señor les encuentra "sin mancha, e irreprensibles" (II Ped. 3:14). Dios toma, pues, a esos chacareros laboriosos y se los lleva para que se encuentren con su Señor en los aires y se sienten en la fiesta del Cordero vestidos con sus ropas de bodas.

¡Cuán agradable es pensar que todo lo que se hace para el Señor, es sagrado! ¡Cuán bonito es lo que se cuenta de la legislatura de la Nueva Inglaterra! Al producirse una tempestad, tan grande que algunos miembros de la cámara creyeron que se trataba del día del juicio, uno de los miembros hizo moción que se suspendiera la sesión. Un viejo puritano se puso de pie y dijo: "Señor presidente, si el día del juicio no ha llegado aún, no tenemos por qué inquietarnos, y si hubiere llegado, yo, de mi parte, prefiero que me encuentren en mi puesto. Hago moción que no se suspenda la sesión". Ocupémonos, pues, en los negocios del Maestro, para su gloria y con su aprobación.

Finalmente, cuando él venga dará justa recompensa. El siervo que ha empleado bien los dones que se le han confiado recibirá la aprobación de su Señor y se le ascenderá a cargos más elevados. Me alegra el hecho que el advenimiento de Cristo no pondrá fin a nuestra obra. Si su venida significase la cesación de nuestro trabajo, me apenaría mucho.

Gracias a Dios porque seremos ascendidos en los cargos que se nos asignen a través de los siglos eternos. "Tendrás autoridad sobre diez ciudades" (Lucas 19:17b).

¡Cuánto más grande es la recompensa que el servicio realizado! — ¡Una ciudad en vez de una novia! Todo lo que hacemos aquí nos sirve de preparación para lo que haremos más tarde en el más allá. ¡Cuán conmovedor es oír decir al Maestro: "En lo poco has sido fiel". Los servicios que prestamos actualmente son sólo un juego — estamos concurriendo a la escuela de aprendizaje; estamos recibiendo lecciones para aprender a servir como es debido. Lo mejor que hacemos es algo así como lo que hacen las criaturas, pero nos estamos preparando para los más grandes servicios que hemos de prestar en los siglos venideros, cuando, en compañía de nuestro Señor, revestidos de su sabiduría, de su poder y de su gloria, seremos colaboradores, tal vez en aquellas distantes constelaciones o en esta tierra verde, para restaurarla a las bellezas y la gloria del Paraíso y para erigir el precioso templo para el cual el Divino Señor está preparando actualmente las piedras preciosas.

El Maestro no dice que han tenido éxito, sino que han sido "fieles". ¡Dios nos ayude a nosotros para que seamos, por lo menos, fieles!

¡Pero desdichado el siervo que se presentó con su mina envuelta en un pañizuelo! Verdad es que la había conservado, estaba bien limpia, tal vez era de material muy costoso. Había tenido buen cuidado de su salvación, resguardó bien lo que había recibido y lo devolvió en tan buen estado como cuando se lo dieron. ¿Pero le agradó al Maestro esa actitud de su siervo? ¡No, no, no podía estar contento con un siervo de esa clase! "Quitadle la mina, y dadla al que tiene las diez minas". El siervo no se perdió, ni fue destruído como lo fueron los "enemigos" del Maestro. Lo que le ocurrió fue que quedó privado de lo que le habían dado. Ocupó algún lugar en el reino, pero sabía que había perdido para siempre la oportunidad que jamás se le volvería a presentar. Amados míos, podremos salvar nuestras almas, pero perder nuestras vidas. Podremos conseguir entrada al cielo, pero perder nuestra corona eterna. ¡Dios nos ayude a hacer lo mejor que podamos!

Nadie podrá ganar esa corona fácilmente. Ni el gran apóstol lo creyó así, por eso dice que haciendo todo esfuerzo prosigo a fin de ver "si en alguna manera llegase a la resurrección de los muertos" (Fil. 3:11). Corramos, pues, de tal modo que lleguemos a obtenerla.

Amados míos, tenemos ante nosotros toda una eternidad. Podemos ganar o perder una corona inmarcesible; tenemos la vida, en el curso de la cual podremos ganarla y contamos con el infinito Espíritu Santo que nos puede hacer aptos para entrar en la gran competición para obtener el glorioso premio que se nos dará por haber empleado fielmente los dones que se nos ha confiado. ¡Dios nos ayude a ser fieles!

CAPITULO V

EL ESPIRITU SANTO EN EL EVANGELIO DE JUAN

"En el último y gran día de la fiesta, Jesús se puso en pie y alzó la voz, diciendo: Si alguno tiene sed, venga a mí y beba.

El que cree en mí, como dice la Escritura, de su interior correrán ríos de agua viva.

Esto dijo del Espíritu que habían de recibir los que creyesen en él; pues aún no había venido el Espíritu Santo, porque Jesús no había sido aún glorificado" (Juan 7:37-39).

EN los siete primeros capítulos del evangelio de Juan tenemos un notable desenvolvimiento progresivo de la doctrina del Espíritu Santo; primeramente, en abstractas declaraciones de la verdad, y luego ilustrándola por medio de un milagro muy significativo y precioso.

I

Primero, tenemos al Espíritu Santo en su relación con el Señor Jesucristo. En el capítulo 1, versículo 32 del referido Evangelio, vemos descender al Espíritu Santo en forma de paloma y asentar sobre Jesús; y en el capítulo 3, versículo 34 se nos dice que Dios no le da el Espíritu por medida.

Hasta entonces, todos los que habían recibido el Espíritu lo habían recibido por medida; es decir, habían recibido algunos de sus dones y algo de su influencia y poder. Pero Cristo recibió en persona al Espíritu Santo en toda su plenitud y desde entonces el Espíritu Santo ha residido en el mundo con sus ilimitados e infinitos atributos.

Cristo lo recibió primero y como dechado para aquellos que habían de ser sus seguidores, y luego se lo dio a ellos como si hubiese salido de su propio corazón, como el Espíritu que había residido en él y que nos viene a nosotros enternecido por la humanidad del Salvador y para darnos testimonio de él.

A eso se debe que seguidamente leamos no sólo que Jesús recibió el Espíritu, sino que lo dio.

En el capítulo 1, versículo 33 del Evangelio de Juan leemos que el gran precursor dijo, refiriéndose a Cristo: "El es el que bautiza con Espíritu Santo". Cristo es quien nos bautiza con el Espíritu Santo. Por medio de él es que recibimos el Espíritu Santo. El es quien "ha derramado" — según dice el apóstol Pedro — el poder de lo alto y el Espíritu de Pentecostés.

Esa es la manera peculiar como viene el Espíritu Santo entre nosotros en los tiempos del Nuevo Testamento. Procede no sólo del Padre, sino que de manera especial, viene procedente del Hijo y por su intermedio, el Espíritu Santo llega hasta nosotros como el Espíritu del Señor Jesucristo.

II

Seguidamente, vemos la relación que tiene el Espíritu Santo con el creyente; en primer lugar se nos presenta como el Espíritu regenerador. En el Evangelio de Juan, capítulo 3, versículo 5 y 6, dice Jesús: "El que no naciere de agua y del Espíritu, no puede entrar en el reino de Dios. Lo que es nacido de la carne, carne es; y lo que es nacido del Espíritu, espíritu es".

La primera cosa que se experimenta en la vida cristiana es la recepción de un corazón nuevo que no lo da el Espíritu Santo. El hombre natural no es capaz de ver siquiera al Reino de Dios y no puede entrar en él. El Espíritu Santo nos da nueva vida y nuevos sentidos espirituales, por medio de los cuales discernimos, comprendemos lo que es la vida de Dios y entramos en ella como asimismo, al reino espiritual. "Mas a todos los que le recibieron, a los que creen en su nombre, les dio potestad de ser hechos hijos de Dios; los cuales no son engendrados de sangre, ni de voluntad de carne, ni de voluntad de varón, sino de Dios" (Juan 1:12,13).

Luego vemos al Espíritu Santo que entra, personalmente a morar en lo hondo del corazón del creyente. En el capítulo 4, versículo 14 del mismo Evangelio de Juan, leemos que Jesús le dijo a la mujer samaritana: "El agua que yo le daré será en él una fuente de agua que salte para vida eterna". Eso es lo que ocurre cuando el Espíritu Santo mora en el corazón del creyente. Es mucho más que la regeneración. Se trata del hecho que el Espíritu Santo, en persona, viene no sólo para traernos un vaso de agua, sino para abrir en el corazón la fuente de la vida, de modo que en adelante, no dependerá el uno del otro, sino únicamente de Dios de quien emana su vida.

También en el capítulo 7, versículo 37, encontramos una expresión más enfática aun al describir la vida del Espíritu Santo en el interior del corazón humano: "Si alguno tiene sed, venga a mí y beba". Beber el Espíritu es más que recibirlo simplemente. Puede ocurrir que recibamos el Espíritu Santo y que lo poseamos, y que, a pesar de ello, no le empleemos ni bebamos como podríamos hacerlo de la fuente que mana abundantemente.

En la primera epístola a los Corintios, capítulo 12, versículo 13, el apóstol emplea la misma figura, cuando dice: "Porque por un Espíritu fuimos todos bautizados en un cuerpo... y a todos se nos dio a beber de un mismo Espíritu". Para emplear una antigua figura, diremos que se trata de la botella que está en el océano, y el océano en la botella. Puede suceder que estemos en el Espíritu y que, a pesar de ello, no recibamos la plenitud del Espíritu que necesitamos. El beber es un hábito de la fe. el ejercicio de nuestros sentidos espirituales, que constantemente renueva y reaviva nuestra vida espiritual, refrescándonos y satisfaciéndonos, de manera que nos cause placer el dar de nuestra rebosante copa a otros que lo necesitaren.

Habiendo recibido así el Espíritu, se requiere, de nuestra parte, como también se requirió de Cristo, que hagamos uso del Espíritu Santo no sólo en nuestro provecho, sino que lo demos a otros. Por eso leemos en el siguiente versículo: "El que cree en mí, como dice la Escritura, de su interior correrán ríos de agua viva. Esto dijo del Espíritu que habían de recibir los que creyesen en él" (Juan 7:38,39). Esa es la efusión o derrame de la vida espiritual. Es la evidencia de que estamos llenos, y que no podemos contener más, por eso nos ocupamos de derramar la bendición sobre otros. Como el río que describe Ezequiel, cuyas aguas no corren para dentro sino para afuera y llevan bendiciones a las áridas tierras de los lugares desiertos de la vida. No bien llega a ser nuestra vida una cosa positiva, desprendida y efusiva, se agranda de manera indescriptible; a tal punto que lo que era un sencillo pozo en el corazón llega a ser un río que desparrama bendiciones por donde corre en la forma de vida consagrada al servicio de Dios.

El río da la idea de algo abundante, lleno y rebosante, algo que corre espontánea y libremente; no requiere que se le extraiga con bomba, sino que brota por sí solo. Así es el servicio que se realiza con todo el corazón, desinteresado y amorosamente.

Dios no quiere nada que se le tenga que sacar por la fuerza a una persona que no quiere darlo. La oración que se eleva sólo porque se reconoce que es un deber que se debe cumplir; la obra que se lleva a cabo únicamente porque sabemos que debemos hacerla; la palabra que se dice porque debemos decirla en el desempeño del cargo que se nos ha asignado; todo ello es muerto, frío y comparativamente sin valor alguno. El verdadero servicio brota del corazón lleno y gozoso y corre como un río de abundosas aguas. Corre también como las aguas del río deslizándose hacia los lugares más bajos; es una vertiente continua que trata de llegar a los lugares más tristes, más duros y que ofrecen menos esperanzas. Como el río, es una corriente perenne que se desliza entre el cambiante escenario, a través de la vida diciendo como el arroyo del cual cantó el poeta (*). "Los hombres vienen y se van, pero yo sigo corriendo eternamente".

Así es el poder del Espíritu Santo. Hace que seamos sencillos, agradables, exuberantes, fervientes y entusiastas siervos de Dios, y tanto lo que decimos como lo que hacemos son el derrame de una vida tan honda y tan repleta que no puede ocultarse, de modo que aquellos que la observan no pueden resistir el deseo de obtener la bendición que tienen los que gozan de dicha vida que se refleja en el rostro, en la palabra y hasta en la manera de andar de los que disfrutan de ella. Pero la verdad es que no se trata sólo de un río, sino que son ríos. El agua corre por todas partes donde encuentra cauce por el cual puede correr y bendice todo lo que toca a su paso. De ese modo es como Dios nos utiliza. ¿Nos ha llenado así del Espíritu Santo a tal punto que éste rebose de nosotros y llegue hasta aquellos con quienes nos relacionamos?

No es necesario que nos ocupemos siempre en la predicación. La verdad es que a menudo buscamos muy lejos el servicio que Dios quiere que hagamos. Muchas veces tenemos al alcance de la mano el cauce por el cual él quiere que corran las bendiciones que debemos derramar sobre algún corazón que el Señor ha puesto en el curso de nuestra vida; de ese modo, quiere prepararnos para que más adelante podamos ser portadores de bendiciones a círculos más vastos.

Una mujer, fervorosa cristiana, clamaba a Dios ansiosamente, diciéndole que no podía comprender

---

(*) La cita a que se refiere el autor es un poemita famoso del poeta inglés Tennyson (N. del T.).

por qué ella se encontraba atada a su casa y no podía salir y alcanzar a otros lugares, como lo hacían otras mujeres. En ese momento, su hija estaba jugando cerca de ella y le rogaba que la ayudase a arreglar su muñeca; para la criatura, su muñeca era lo más importante del mundo en ese instante, pero la madre, absorta en sus preocupaciones, no le prestó atención.

La niña le rogó, repetidas veces, que le arreglara su muñequita, pero la madre que sólo pensaba en su estado espiritual, primero la hizo a un lado, y, finalmente le dijo que se alejara y la dejara tranquila, pues estaba preocupada pensando en cosas de más valor que la muñeca. La niñita, triste y decepcionada, se fue a un rincón, se sentó con su muñequita en las faldas y se puso a llorar hasta quedarse dormida.

Poco después la madre se acercó a ella y vio las mejillas rosaditas de su hija húmedas aún por las lágrimas, y en sus faldas la desarreglada muñequita. En ese momento, Dios le habló a la señora y le dijo: "Hija mía, al tratar de encontrar algo más importante de qué ocuparte, has quebrantado uno de mis corazoncitos. Deseabas hacer algo para mí. Esa niñita fue el mensajero que te envié, y el servicio, aunque te pareció insignificante, fue el que quise que hicieras. El que es fiel en lo poco, también lo es en lo más, y el que es infiel en lo poco, es incapaz de hacer lo mucho".

La señora aprendió la lección; tomó en brazos a su hijita y la colmó de besos hasta despertarla; luego le pidió a Dios que le perdonara, haciendo a la vez, la misma petición a su hijita. A partir de ese momento todo lo que le venía a mano para hacer, lo hacía con amor de Cristo. Habiendo sido fiel en el cumplimiento de lo que Dios encargaba que hiciese, el Señor fue ampliando más y más su esfera de acción, hasta que llegó el día en que, de pie, delante de sus hermanas, exhortándolas a que avanzaran a la realización de servicios más y más valiosos para Dios, narró el incidente que hemos relatado y explicó la lección que aprendió de él, es decir, que Dios no exige siempre que hagamos cosas grandes, sino simplemente que hagamos bien lo que él nos dé que hacer y que donde quiera que estemos, o sea, cual fuere lo que hagamos, lo realicemos derramando amor.

Dejemos pues que nuestra vida esté llena de amor divino, y derramemos ese amor en todas partes donde estemos y en todo lo que hagamos. Alleguémonos a Dios y bebamos abundantemente de la fuente de su amor y gracia hasta que nuestro corazón esté tan repleto que salgamos en busca de los tristes, de los pecadores y de los afligidos para consolarles con el mismo consuelo con que Dios nos consoló a nosotros.

Esa es la historia del Maestro Divino, y debe serlo igualmente la de sus discípulos. Recibimos para que podamos dar, y sólo podremos seguir recibiendo conforme sigamos dando; mientras más demos, tanto más recibiremos de la plenitud de Dios.

III

Veamos ahora una preciosa lección objetiva de esta doble verdad. La encontramos en el capítulo segundo de este bendito Evangelio de Juan. Me refiero al milagro de las bodas de Caná de Galilea. Dice el evangelista que fue ese el primero de los milagros de Jesús, y debió tener significado especial. Dice también que fue un milagro que puso de manifiesto su gloria, lo que nos da la idea de que dicho milagro tenía por objeto enseñarnos algo y a eso se debe el que figure al principio de las enseñanzas tan profundamente espirituales de este admirable evangelio. Ciertamente se trata de una especie de parábola o símbolo de la verdad que hemos estado tratando de exponer al explicar las enseñanzas del Señor Jesucristo, que encontramos en los pasajes que hemos citado.

1. En el agotamiento del vino en las bodas de Caná, vemos la figura del fracaso de la vida natural, del gozo y del amor. La escena matrimonial es, ciertamente, muy hermosa, abundan en ella las flores hermosas y fragantes de la juventud lozana; el vigor y la nobleza del joven; las manifestaciones de cariño de los amigos; todo augura felicidad para el futuro. ¡Pero cuán pronto caen las sombras sobre esa visión! ¡Cuán pronto se agota el vaso del placer, y cuán a menudo, en el fondo de la copa de la dicha se encuentra la serpiente del dolor que trueca la alegría en tristeza!

¡Qué triste sería la vida si eso fuera todo! Pero cabalmente sucede que al fallar lo natural, comienza lo divino. Ocurre que al morir la antigua creación surge la nueva. En el momento en que se agota el vino de Caná, aparece Jesús de Nazaret. En este admirable milagro vemos, pues, la mismísima verdad que hemos estado tratando de exponer.

EL ESPIRITU SANTO EN EL EVANGELIO... 435

2. Seguidamente vemos la manera cómo se llenaron las tinajuelas. La orden que dio el Maestro fue: "Llenad estas tinajas de agua" (2:7). Se trataba de simples tinajas de arcilla que se usaban comúnmente para guardar el agua; pero estaban vacías y limpias; todo lo que requería era llenarlas de agua pura. Esas tinajas representan nuestras vidas humanas, que no son más que simples vasijas de barro; pero si están vacías y se las ofrecemos al Señor Jesús, y se les llena hasta arriba del Espíritu Santo, de quien siempre es figura el agua, podemos estar seguros que algo ha de ocurrir.

Pero han de llenarse hasta arriba. El corazón íntegro debe recibir a Cristo íntegramente. El Espíritu Santo no nos toma a medias, ni él tampoco se da a medias. Es la plenitud lo que produce el derrame.

3. Sigue después la otra parte, más noble aún, del milagro. El llenar las vasijas es la parte menos importante. ¿Qué viene después? "Sacad ahora, y llevadlo al maestresala" (2:8). Comenzad a usar el agua y ¡he aquí que se convierte en vino!

¡Cuán clara y comprensible es la lección! Recibir al Espíritu Santo trae bendición, pero mayor bendición es impartirlo a otros. La única manera como podemos saber que lo hemos recibido, es dándolo a otras personas. Como los criados de la parábola debemos proseguir a servirlo antes de haber visto el milagro; en el acto mismo de llevarlo a los convidados, el agua se convierte en vino y llega a serlo de la mejor calidad. Ambas cosas son simbólicas del Espíritu Santo, pero el vino es lo mejor. El agua simboliza la limpieza y la plenitud, pero el vino representa el gozo, el amor y la vida divina.

Cuando recibimos el Espíritu Santo somos únicamente cristianos de agua fría, pero al servir y dar de su plenitud bebemos vino celestial y participamos del gozo divino e inefable del Maestro.

Es exactamente la misma idea que se expresa más adelante al hablar de los ríos de agua viva que corren y rebalsan; pero es algo más que el río. Es el gozo y la felicidad que hace que toda la vida se convierta en una boda y en un cántico de júbilo. Aun el mundo se ve obligado a reconocer, como lo hizo el maestresala de las bodas de Caná, que el mejor vino lo habían dejado para el final.

Ojalá viviésemos y sirviésemos a nuestros semejantes de tal modo que todos pudiesen ver y apreciar las bendiciones que trae el Espíritu Santo! Por todas partes tenemos corazones y vidas a quienes el vino terrenal les ha fallado. Dios nos ayude a traerles el vaso celestial, y la vida divina del Señor Jesucristo, hasta que este pobre mundo hambriento llegue a reconocer que tenemos algo mejor de lo que ellos tienen, y que al ver nuestros rostros benignos y llenos de efusivo gozo, sientan vivos deseos de obtener lo que nosotros tenemos.

En conclusión, preguntémonos: ¿cómo podemos recibir la bendición del Espíritu Santo? Escuchemos lo que recomendó María: "Haced todo lo que os dijere" (2:5b). El don que deseamos recibir nos viene por algún acto de obediencia al Divino Maestro. El nos enseña el camino, paso a paso, y al mismo tiempo que obedecemos vamos disfrutando del gozo que él nos da. El interpreta el significado de todo lo que nos ocurre y hace que veamos la realización de lo que deseamos.

Pero tampoco debemos olvidar el otro mandamiento: "Llenad estas tinajas." No debemos dejar sitio vacío en el alma. No debemos quedarnos con nada, sino que debemos dárselo todo a él. Debemos darle a Dios todo el corazón y él lo llenará totalmente de Cristo.

Pero, sobre todo, no debemos dejar sin utilizar el don del amor. "Sacad ahora, y llevadlo al maestresala". Debemos tomar la vida que él nos ha dado y emplearla para consolar a los tristes, para salvar a los perdidos, para socorrer a los que necesitan amparo y para hacer todo lo que esté a nuestro alcance en bien de nuestros semejantes, en nombre de nuestro bendito Señor y Maestro Jesucristo; el Espíritu Santo estará con nosotros y obrará por medio nuestro, dándonos las fuerzas necesarias según vayamos requiriéndolas, y nos multiplicará cien veces más de lo que somos hasta que, como ocurrió en la visión de Ezequiel, las aguas del arroyuelo crecerán hasta llegarnos a los tobillos, luego hasta las rodillas, después hasta la cintura y finalmente hasta la cabeza de modo que tengamos que nadar en ellas. Las pequeñas bendiciones se convertirán en torrente de bendición y poder; y los árboles de vida, crecerán en ambas márgenes, y en todo el camino contaremos con las hojas de salud y la alegría y la gloria del Paraíso restaurado.

CAPITULO VI

EL CONSOLADOR

"Yo rogaré al Padre, y os dará otro Consolador, para que esté con vosotros para siempre".

(Juan 14:16).

EN estos tres capítulos tenemos las más profundas enseñanzas de Cristo acerca del Espíritu Santo.

I

EL NOMBRE – EL CONSOLADOR. La palabra Consolador, no es traducción muy fiel de la palabra griega "Paracleto" que es la que aquí se emplea en el original; dicha palabra significa, literalmente, un Dios que está siempre al alcance de la mano — alguien que se encuentra a nuestro lado, a quien podemos apelar en cualquier momento que le necesitamos. La voz latina "abogado", significa lo mismo — alguien que podemos invocar, o quien pueda llamarnos a nosotros, por estar al alcance de nuestra voz. Se nos presenta, pues, al Espíritu Santo como un Dios omnipresente y que nos basta para todo. Por supuesto todo eso nos proporciona infinito consuelo; pero la idea principal no es tanto el poder sacar de ello gozo espiritual, sino que podemos contar con su auxilio eficiente en cualquier emergencia que se nos presentare.

Eso es, cabalmente, lo que el Espíritu Santo significa para nosotros — es el Dios de todas las cosas. El Dios que está a nuestro lado bajo todas las circunstancias y capaz de responder a todas las exigencias que se nos hicieren. ¡Cuánto consuelo y satisfacción debe ser esto para nosotros en la vida oprimida y azarosa! Un Dios cuya gracia abunda siempre, y por consiguiente siempre tenemos lo suficiente en todo y debemos abundar en buenas obras.

II

LA MANERA COMO SE PRESENTA. El estará en vosotros. "Mora con vosotros, y estará en vosotros". En el Antiguo Testamento y aun durante el ministerio de Cristo, Dios estaba presente **entre** los hombres; pero en la dispensación del Nuevo Testamento y después de la venida del Espíritu Santo, Dios está presente **en** los hombres.

El Espíritu Santo había de incorporarse e identificarse en la vida del creyente, de modo que estemos en directa unión personal con él y obre en nosotros llegando a ser así parte integral de nuestra vida; y sea él quien dirija todas nuestras facultades, y voliciones y capacidades, desde lo más íntimo de nuestro ser. Esa es la diferencia que hay entre las dos clases de cristianos de hoy día: los que tienen a Dios con ellos y los que lo tienen en ellos.

Tal vez no sea posible explicarlo muy bien. Es un hecho que resulta imposible explicar los misterios espirituales a quienes no los han sentido jamás.

Es imposible explicar cómo penetran los rayos del sol en la flor, y como se manifiesta en las bellezas y tintes al abrirse los pétalos; como el agua satura la tierra para luego surgir en la hoja y en la fruta; como la influencia y la imagen de un amigo llega a grabarse en nosotros a tal punto que se adueña de todo nuestro ser, al extremo que llegamos a pensar como él y a obrar como haría él. Estas son únicamente lejanas aproximaciones del bendito misterio de cómo el Espíritu Santo entra, en persona, en la vida del discípulo consagrado, y cómo es él quien dirige los sentimientos, afectos, deseos y acciones de éste, cumpliendo así lo que él mismo prometió cuando dijo: "Moraré en vosotros", y "pondré dentro de vosotros mi Espíritu, y haré que andéis en mis estatutos, y guardéis mis preceptos, y los pongáis por obra" (Ezequiel 36:27).

III

DURACION DE ESA PERMANENCIA. "Para que esté con vosotros para siempre" (Jn. 14:16b). El Espíritu Santo viene para quedarse. El es quien sella el corazón para el día de la redención. El se apodera del alma para no dejarla jamás. Tal vez le ofendamos; podrá ocurrir que sintamos que no contamos con su aprobación, pero él nos ama con amor eterno, y él nos guarda con su poder por medio de la fe que hemos puesto en él y nos protege para que seamos salvos.

Hay quienes dicen que cuando venga Cristo, el Espíritu Santo se retirará del mundo. No fue eso lo que prometió el Divino Maestro. "Para que esté con vosotros para siempre", es la promesa que nos dejó Jesús. Aun después del regreso del Salvador, el Espíritu Santo permanecerá, pues en esos días de negra tribulación habrán almas en la tierra que tendrán necesidad de su consolación, de su amparo y de su cuidado; permanecerá con ellos mientras están en la oscuridad, y durante el período del milenio colaborará con Cristo como lo hizo durante el tiempo de su ministerio terrenal, para poner a este mundo en armonía con Dios y para establecer el dominio de la justicia hasta los límites de la creación.

No deshonramos el trabajo del Espíritu cuando oramos porque Cristo venga. El más grandioso escenario de su trabajo será en esos días mileniales, por lo cual nosotros miramos el futuro con esperanza y oración.

IV

RELACION DEL ESPIRITU SANTO CON EL SEÑOR JESUCRISTO. "Al cual enviará el Padre en mi nombre". Es decir, le enviará para representarme a mí. El será el "otro Consolador". El vino para ser en nosotros lo que fue Jesús, pero, al mismo tiempo, había de ser sustituto y sucesor de él, y aun más de lo que Cristo pudo haber seguido siendo. "Os conviene que yo me vaya; porque si no me fuere, el Consolador no vendría a vosotros; mas si me fuere, os lo enviaré" (Juan 16:7).

¡Cuán preciosa ha de ser su presencia, si puede serlo más de lo que fue la de Jesús! ¿Podemos imaginarnos siquiera lo que fue Jesús para sus discípulos? Fue más que la madre para su criatura, más que el pastor para su rebaño, más que el guía para el viajero que tiene que cruzar el árido desierto, más que el piloto que conduce la nave a través del océano.

Los discípulos se apoyaban en él, vivían de él y dependían de él en todo, no obstante eso, Jesús les dijo: "Es mejor que me vaya, pues así vendrá otro que será para vosotros más de lo que he sido yo en todo".

Amados míos: ¿Es el Espíritu Santo para vosotros más de lo que fue Jesús para sus seguidores galileos? Si es así, ¡cuánto os queda aún por aprender acerca de su intimidad y su ministerio! Tenéis al Espíritu Santo por vuestro consejero y compañero continuo; es el director y guía de vuestros pasos; el maestro de todo lo que sabéis, la esencia de todo lo que creéis, el origen de toda vuestra fortaleza y de toda la felicidad de vuestra vida. El quiere ser todo eso, Cristo sólo podía estar presente en un sitio a la vez; pero el Espíritu Santo puede estar en todas partes al mismo tiempo. Cristo habló con sus discípulos desde la parte exterior de sus naturalezas, pero el Espíritu Santo nos habla desde lo íntimo de nuestro ser. En cierto sentido la presencia de Cristo fue física; la del Espíritu Santo es espiritual y penetra a las profundidades de nuestro ser e interviene en todo lo que pensamos, en todo lo que sentimos y en todo lo que hacemos.

¿Había el Espíritu Santo de reemplazar y sustituir a Cristo de manera que éste quedara desplazado, No, no es esa su función. Por el contrario, la obra del Espíritu Santo es hacer que la persona del Señor Jesucristo sea más real que nunca. Ahí yace el error en que muchos pueden incurrir arrastrados por el afán de realzar la función del Espíritu Santo. Representan a Jesús lejos, a la diestra de Dios, y creen que así realzan al Espíritu Santo excluyendo la presencia en persona del Divino Maestro.

Eso no fue lo que enseñó el Salvador ni es esa la manera de venir del Espíritu Santo. No, oíd: "El dará testimonio de mí, no hablará de sí mismo". "No os dejaré huérfanos; vendré a vosotros". "En aquel día vosotros conoceréis que yo estoy en mi Padre, y vosotros en mí, y yo en vosotros".

"El que tiene mis mandamientos, y los guarda, ése es el que me ama; y el que me ama, será amado por mi Padre, y yo le amaré, y me manifestaré a él... El que me ama, mi palabra guardará; y mi Padre le amará, y vendremos a él, y haremos morada con él" (Juan 14:21,23).

No es posible leer estos versículos sin ver que Jesucristo en persona ha de estar con su pueblo durante el tiempo que el Espíritu Santo esté ejerciendo su ministerio. La verdad es que la función del Espíritu Santo tiene por objeto colocarse tras el escenario para hacer que la presencia de Jesús sea más real. Así como el telescopio no tiene por objeto revelarse a sí sino a las lejanas estrellas, el Espíritu Santo revela a Cristo, es decir, es el medio por el cual recibimos la visión espiritual.

Así como la atmósfera puede hacer que el sol se aproxime hasta donde estamos de tal modo que lo sintamos más cerca que si nosotros ascendiéramos hacia él, el Espíritu Santo es el medio divino establecido por Dios para revelarnos las realidades espirituales, que consigue que Cristo descienda de su trono, y elimine las distancias hasta el punto que desaparezca todo espacio de separación.

Podemos tener la seguridad que, si se puede transmitir un mensaje telegráfico o telefónico a través del espacio y aproximar lo que está distante, no ha de ser difícil para el Divino Creador de la luz, la vida y toda la creación, abrir una línea de comunicación de la tierra al cielo, de modo que podamos morar en lugares celestiales, y que las vivas realidades de ese mundo se encuentren tan cerca que nuestras almas puedan oirlas.

Y realmente así es. Por medio del teléfono de la oración podemos oír la voz de nuestro Señor ausente, y sentir las palpitaciones de su amoroso corazón; podremos entrar aun a la presencia de los espíritus de los justos que han sido hechos perfectos y casi podremos oír los cantos cuyos ecos rodean el trono de Dios. Sí, él está aún con nosotros "todos los días hasta el fin del mundo". La presencia del Consolador nos hace sentir que le tenemos cerca y que le amamos más y más cada día, y nos hace sentir que estamos en él, y él en nosotros.

V

EL ESPIRITU SANTO COMO MAESTRO. El Espíritu Santo no sólo revela a Cristo, sino que enseña la verdad que Cristo comenzó a enseñar. "El os enseñará todas las cosas, y os recordará todo lo que yo os he dicho" (Juan 14:26). "Aún tengo muchas cosas que deciros, pero ahora no las podéis sobrellevar. Pero cuando venga el Espíritu de verdad, él os guiará a toda la verdad; porque no hablará por su propia cuenta, sino que hablará todo lo que oyere, y os hará saber las cosas que habrán de venir" (Juan 16:12,13).

Vemos, pues, que el Espíritu Santo, autor de las Sagradas Escrituras, es quien ilumina la palabra y también el que la enseña. El aclara la verdad y hace que ésta sea comprensible e intensamente real, tal como habréis visto en alguna ocasión los aparatos de metal preparados para una gran iluminación; y os ha parecido, ante la luz del día, que las figuras de hombres, de coronas, estrellas y otros objetos, apenas se podrían ver entre tan grande despliegue de artefactos que se habían erigido encima del arco de triunfo. Pero al llegar la noche, cuando el sol hubo desaparecido, y la luz iluminadora se derrama sobre los artefactos, en un instante todo se ilumina y se ve la estatua del héroe militar; la radiante corona con sus múltiples joyas de variados colores; la procesión de hombres y mujeres y todo el despliegue de galas. Todo ello es obra de la luz.

De igual manera, este santo libro tiene que ser iluminado por el Espíritu Santo. Cuando es así, no leemos la Biblia por obligación, sino que es para nosotros el mensaje de nuestro Maestro, la carta de amor que expresa los sentimientos del corazón de nuestro Esposo.

Luego también ¡con cuánta ternura y paciencia nos instruye el Espíritu Santo! El nos guía a toda verdad. El sabe a qué paso podemos avanzar, y no nos apremia; él hace que la palabra corresponda a la acción y ésta a aquella y hace que sus enseñanzas correspondan al armazón de nuestra vida, nos aclara la verdad de día en día, "mandato sobre mandato, renglón tras renglón, línea sobre línea, un poquito allí, otro poquito allá" (Isaías 28:10), hasta conducirnos a la clase donde hemos de recibir la graduación y estemos preparados para las clases superiores de la escuela de la vida.

¡Cuánto dejó para revelar después en las epístolas y en el Apocalipsis, en razón de que no estaban preparados para recibir esas enseñanzas antes! ¡Y cuántas otras enseñanzas deja de darnos hasta que seamos capaces no sólo de entenderlas, sino que podamos obedecerlas y traducirlas en hechos de la vida!

VI

EL ESPIRITU SANTO RECORDADOR DE LA VERDAD. "El Espíritu Santo... os recordará todo lo que os he dicho" (Juan 14:26).

El Espíritu Santo no sólo nos enseña, sino que aviva nuestro intelecto para que recordemos y aprendamos. El es el autor e iluminador del cerebro y el inspirador de las ideas. El sabe hacernos recordar las ideas en el momento necesario; él nos trae al recuerdo las promesas en el instante en que necesitamos de ellas. El sabe cuándo decir: "Está escrito", y cuándo ponernos en la mano la espada del Espíritu, en el momento en que el adversario se esfuerza para inspirarnos dudas.

El sabe dar "lengua de sabios, para saber hablar palabras al cansado" (Isaías 50:4). El sabe el momento en que debe dar el mensaje apropiado, y, bendiciéndolo, imparte el poder necesario para que perdure.

Descansemos confiados en su dirección, y en que él nos ha de decir lo que debemos hacer para salir victoriosos, y que él será nuestro guía y apadrinador hasta que haya atravesado el laberinto de la vida.

VII

EL ESPIRITU SANTO ES EL QUE IMPARTE LAS FUERZAS NECESARIAS PARA EL SERVICIO. "El convencerá al mundo de pecado, de justicia y de juicio" (Juan 16:8-11). Nosotros podemos acusar al mundo de su pecado, pero únicamente el Espíritu Santo puede redargüirlo de él.

El Espíritu Santo puede hacer que nuestras expresiones, nuestras palabras y nuestros hechos despierten los corazones de los hombres y les hagan ver su pecado y lo que es la eternidad.

El puede hacer que el mensaje llegue al alma de aquellos que lo escuchan de tal modo que les obligue a llegar a una decisión, haciendo de nuestras palabras vehículos de su poder. Pero el Espíritu Santo es el único que puede convencer de justicia, revelando a Cristo de tal modo que nadie crea que se trata simplemente de una mejora o reforma lograda por el propio esfuerzo, sino de verdadero arrepentimiento, fe y confianza en la obra consumada por Jesucristo. El Espíritu Santo puede redargüir al mundo de juicio. El puede dar la sentencia de muerte sobre el yo, sobre el pecado, y sobre el mundo, como también separar a los hombres de este mundo malo actual y preservarlos para el reino de nuestro Señor Jesucristo.

El puede librar a los hombres del poder del príncipe de este mundo y trasladarlos al reino del Hijo de Dios. El puede dar la victoria sobre Satán y terminar la obra que ha comenzado.

¡Cuán inútil es todo lo que hagamos si no contamos con su apoyo! El espera ansiosamente el momento para demostrarnos cuán grandes cosas puede hacer no solamente en provecho nuestro, sino en bien del mundo entero.

VIII

Finalmente, él es el Espíritu de la esperanza, de la promesa y de la realización del futuro. El nos hace ver lo que ha de venir.

Esa promesa había de cumplirse en las últimas enseñanzas de las epístolas y en el Apocalipsis en lo que se refiere a la bendita esperanza de la venida del Señor. El mismo Espíritu que ha dado la luz de profecía, puede dar la luz necesaria para su interpretación y la vida de fe y la esperanza. Sólo él puede hacernos ver esas cosas con perfecta claridad; sólo él puede afirmar nuestra esperanza y nuestro corazón en la bendita esperanza de la venida de Cristo y en el trono de su ascensión.

No basta saber que Cristo vendrá, y que lo desee, pero se produce una gran crisis en la vida del alma que llega a tener verdadero interés en ello, cuando la atracción se cambia de la tierra al cielo y cuando aprende a vivir bajo la influencia del mundo venidero. Una cosa es levantar al mundo desde el lado terrestre, y otra cosa es ser atraído desde el lado celestial. Una cosa es ser un hombre que está en la tierra y vive para la gloria; otra cosa es ser un hombre que está en la gloria y vive para el mundo. En primer lugar, es necesario que seamos retirados del mundo, para luego ser enviados de regreso, con objeto de bendecirlo.

La razón por qué Cristo supo cómo vivir se debió al hecho que él no pertenecía a este mundo.

El Padre lo había enviado del cielo, y nosotros también debemos ser enviados del cielo, para que trabajemos en la tierra como hombres que moramos en el cielo. Ojalá que el Espíritu nos revele lo que ha de venir, para que tengamos por eje de nuestras actividades el trono de nuestro Señor ascendido, para que podamos vivir y trabajar con él con objeto de salvar al mundo en el cual tendremos que permanecer por algún tiempo.

CAPITULO VII

A LA ESPERA DEL ESPIRITU

"Quedaos en la ciudad de Jerusalén, hasta que seáis investidos de poder desde lo alto" (Lucas 24:49). "Esperad — dijo — la promesa del Padre que habéis oído de mí". "Cuando llegó el día de Pentecostés, estaban todos unánimes juntos." (Hechos 1:4; 2:1).

ESTOS tres pasajes sugieren un solo pensamiento definido — la espera que Dios les llene del Espíritu Santo.

La ley del tiempo es un factor importante tanto al tratarse de la naturaleza, como en lo que se refiere a la gracia. Algunas de las operaciones son instantáneas, pero la mayor parte de ellas requieren cierto lapso para el proceso de su desarrollo. El principio que rige la vegetación es gradual: "primero la hierba, luego la espiga, después el grano lleno en la espiga" (Marcos 4:28). Se requiere tanto del invierno como de la primavera para dar fertilidad a la tierra, y la semilla tiene que yacer en silencio en la tierra hasta que germine y brote el tallo que ha de producir el fruto.

Lo mismo ocurre en el mundo espiritual. Hay un punto de espera. La obra de la creación de Dios no fue instantánea sino sucesiva. Fue necesario esperar cuatro mil años para ver el cumplimiento de la venida del Redentor. Abraham tuvo que esperar el advenimiento del hijo prometido. Moisés esperó cuarenta años antes de comenzar la gran obra de su vida. Jesús esperó treinta años antes de comenzar su ministerio público.

Las promesas de Dios son para aquellos que esperan en él; y la vida espiritual, que en algunos aspectos es instantánea, en otros, es progresiva. Llega el momento en que recibimos el Espíritu Santo de manera definitiva; pero se requiere cierta preparación para su advenimiento, y es necesario cierta espera antes de recibir la plenitud de él, como tuvieron que esperarlo Jesús y Moisés. Verdad es que ellos esperaron de un cierto modo que no nos toca esperar a nosotros. En el caso de ellos, el Espíritu Santo no había descendido aún del cielo. El día de Pentecostés fue el día de su llegada a la tierra. Hasta ese momento, el Espíritu Santo había residido en Jesús, pero a partir de Pentecostés había de habitar en su cuerpo, que es la Iglesia y la tierra había de ser su morada. En ese sentido no tenemos que esperar la venida del Consolador, pues ya ha venido y está aquí.

Más aún, en el supuesto caso que el Espíritu Santo ya hubiese venido a la tierra, se habría dado a los discípulos la misma orden, que esperaran en el aposento. La necesidad de que ellos se prepararan era tan urgente como la venida del Espíritu Santo del cielo a la tierra. Hoy día es necesario también que nosotros recibamos cierta preparación.

Pero es preciso que comprendamos bien el significado de dicha espera. Ella no significa que estemos esperando la venida del Señor, sino que estemos esperando saber su voluntad. No significa que estemos a la espera de una bendición que nos ha de venir de lejos, sino que estemos dependiendo de las bendiciones que el Señor nos dé y dándole tiempo al Espíritu Santo para que llene nuestros corazones con la plenitud de su presencia.

Es algo más que la espera de bendiciones futuras. Es más bien la aceptación de las presentes, sin embargo, esa bendición es tan grande que no podemos recibirla en toda su plenitud, en un solo instante, sino que requiere que abramos todos los vasos de nuestro ser entero para recibirla y que continuemos así en esa actitud de corazón siempre dispuestos a recibirla.

El Maestro nos invita, como lo hizo con los discípulos de aquel entonces, a que nos quedemos esperando, y hay razones profundas por las cuales debemos pasar esas sazones de espera, aguardando a nuestro Señor.

I

Esa espera fue necesaria pues tenía por objeto señalar una gran transición en la vida de esos discípulos, ella había de significar una nueva época espiritual; una nueva cronología del corazón. Dios quiere que su pueblo cuente con esas épocas y esas eras.

Al leer los escritos referentes a la geología nos enteramos que la superficie de nuestro globo terrestre se ha ido formando por medio de sucesivas capas entre las cuales se pueden ver sucesivas aberturas. Sobre una capa de roca, se encuentra otra de ripios y masas conglomeradas, seguida después de otra capa de roca.

Lo mismo ocurre al tratarse de la vida espiritual. Los días de espera conducen a un nuevo plano de nuevos avances. Algunas veces es necesario que se produzca una interrupción total, para que salgamos de las zanjas donde nos hemos metido, y nos veamos en libertad para ascender a lugares más altos desde donde podamos avanzar con más arrojo.

En la música una de las cosas que producen mayor efecto son las pausas enfáticas. La palabra "Sela" que se encuentra en los Salmos expresa esa pausa, y para que dicha pausa produzca la sensación que se desea, ha de ser un silencio total. Cuando ésta se produce, hace resaltar mejor el coro que sigue. Así, pues, el Espíritu Santo nos ha dado nuestros "Selas" en el coro de la vida espiritual y hace que nos detengamos en las pausas enfáticas a fin de que podamos oír mejor algo especial que Dios quiere decirnos, con el objeto de hacernos dejar antiguas ideas y medidas y que lleguemos a conocer la plenitud de sus pensamientos y deseos.

II

Ese tiempo de espera fue necesario también para enseñarles la más grande de las lecciones que se han aprendido en el curso de la vida cristiana — el cesar de preocuparse de uno mismo. El mayor peligro a que estaban expuestos esos hombres, no era lo que podrían dejar de hacer, sino lo que podrían intentar hacer. El mayor daño que podemos hacer es tratar de hacer algo para lo cual no estamos preparados, sin saber si lo que queremos hacer concuerda con la voluntad de nuestro Señor. Supongamos que un destacamento de soldados emprende algo sin el consentimiento del capitán bajo cuyas órdenes se encuentran, y sin contar con el equipo necesario, cualquier cosa que intenten hacer terminaría en fatal fracaso a causa de su falta de preparación y de los recursos necesarios.

A eso se debe el que nuestro Señor quiera impedirnos que hagamos cosa alguna mientras no estemos preparados para avanzar confiando en las fuerzas que él nos dé para conseguir la victoria. Lo más difícil de aprender es "desaprender" lo que hemos aprendido, y el darnos cuenta de nuestra absoluta incapacidad.

La experiencia suprema por la cual había de pasar era la de la propia crucifixión y dicha crucifixión consiste no sólo en la muerte del depravado yo, sino del yo que se cree capaz de todo, por sí solo.

Pedro no había aprendido aún a quedarse quieto, pues antes que transcurrieran los días de espera, lo vemos lanzándose al frente y presentando la moción para que se eligiera a otro discípulo, sin contar para ello con la dirección y reconocimiento divinos. Lo mejor que se puede decir acerca de su actuación es que, aunque no hizo bien alguno, tampoco hizo ningún mal, pues según parece, Dios no tuvo en cuenta para nada al apóstol que los demás eligieron a raíz de la moción de Pedro. Cuando Dios quiso hacerlo, él eligió al apóstol que quiso.

Fue necesario, pues, que pasaran en silencio esos días de espera y aprendizaje, formándose el hábito de suspender las actividades y dejar de confiar en las propias fuerzas y méritos, aprendiendo, al mismo tiempo, a actuar bajo la dirección del Espíritu Santo. Hay momentos en que lo mejor que podemos hacer es quedarnos tranquilos y hay momentos en que lo peor que podemos hacer es hacer algo.

Cuéntase una instructiva historia acerca de uno de los pasajeros que navegaban a bordo de cierta nave en una ocasión en que se desencadenó una furiosa tempestad. El pasajero en referencia, iba de un lado para otro preguntando qué podía hacer para ayudar a salvar la nave del peligro que corría. El capitán, alarmado al ver la actividad del hombre, temeroso de que la actitud de éste pudiera producir pánico entre los demás pasajeros, lo llamó a un lado y le dijo: "Usted nos puede ayudar muy bien, si nos hiciera el favor de tener fuertemente esta soga, sin soltarla, hasta que yo le avise". El hombre echó mano de la cuerda desesperadamente y no la soltó hasta que la tempestad hubo pasado, después de lo cual se paseaba por la cubierta de la nave jactándose que él había sido quien había salvado el buque, pero cuando el capitán se enteró de lo que decía, se acercó a él y mirándolo de pie a cabeza, guiñando el ojo, le dijo: "La razón por qué le dí esa soga para que la sostuviese fue para que usted se quedara tranquilo; el único bien que hizo usted mientras la sostenía fue el de no molestar a los demás".

¡Cuánto mal solemos hacer cuando queremos hacer lo que se nos antoja! ¡Cuánto le costó a Dios enseñarle a Abraham que se quedara quieto! ¡Cuántas veces trató Abraham de ayudar a Dios a que cumpliera las promesas que le había hecho!

Luego tomó por consejera a Sara, y Agar entró a participar con ellos en la vida de familia. De esa relación nació Ismael. De Ismael no se produjo nada que no fuese ansiedad y tribulación, hasta que después de un cuarto de siglo, Dios cumplió como él lo quiso.

¡Cuánto tiempo le costó a Moisés aprender a quedarse quieto! Tuvo que esperar cuarenta años en el desierto hasta que hubieron perecido todas sus ínfulas juveniles, y su actividad precoz se hubo convertido en modestia, y hasta en timidez; después de eso, cuando Moisés quiso echarse atrás y le pidió a Dios, que enviara a algún otro en su lugar, ya se había empequeñecido lo suficiente para que Dios pudiera emplearlo para libertar a su pueblo. Fue así como al llegar a las puertas de la liberación, la primera lección que tuvo que enseñar a su pueblo fue que "se quedasen quietos hasta ver la salvación de Dios". No debían hacer nada sino esperar en él, después de eso, Dios se presentó en el escenario e hizo la obra.

Dios no puede emplearnos mientras no estemos convencidos de nuestra indignidad e impotencia, sólo entonces pone Dios su gran potencia que nos hace avanzar diciendo: "No me atrevo ni siquiera a pensar que valgo algo, pero mi suficiencia está en Dios".

III

Esos días de espera fueron necesarios para que los discípulos comprendieran su insuficiencia, su pequeñez, sus fracasos y su dependencia del Maestro. Antes de poder ser repletos tenían que vaciarse.

¡Cuántas veces se preocuparían, al ver correr los días, acerca de las posiciones que habían de ocupar, de las responsabilidades que pesaban sobre ellos! Recordarían el encargo que Jesús les había hecho, sentirían cuán incapaces eran de cumplirlo. Sin duda, se acordarían de la manera insensata en que se habían conducido, de su falta de fe, las disputas que habían tenido entre ellos, el egoísmo que habían demostrado, los temores que les habían acosado, y las derrotas que habían sufrido, todo lo cual les intimidaría y les haría sentir que no valían nada, hasta que en su desesperación clamarían a él solicitando su ayuda y las fuerzas necesarias para encarar la situación.

Dios quiere, pues, que nos apartemos en un lugar tranquilo hasta que él escudriñe lo íntimo de nuestro ser, haciéndonos ver nuestra indiscreción, nuestras flaquezas y lo que necesitamos. En vísperas de una sazón de bendiciones, no podemos hacer nada mejor que efectuar el inventario, no de nuestras riquezas, sino el de nuestra pobreza; debemos detenernos a observar todos los vacíos que hemos dejado y todos los puntos en que no hemos alcanzado la altura que Dios esperaba de nosotros; a llenar el valle de acequias, para luego pedirle a Dios que descienda a llenarnos de todo aquello que necesitamos.

La realización de esa obra toma tiempo. La penetración en nuestra conciencia requiere tiempo. Cuesta trabajo y tiempo el hacérnoslo sentir. Una cosa es reconocer, en sentido general, nuestras necesidades y fallas; pero otra cosa es el darnos cuenta de ella, el sentirnos apesadumbrados y avergonzados de lo que somos, sentir santo deseo de ser diferentes y sentir hondo pesar de lo que hemos sido, todo lo cual es, según dice el apóstol, parte del verdadero arrepentimiento.

En los áureos peldaños de las bienaventuranzas, la primera promesa es para los pobres en espíritu, pero hay otro escalón más abajo en el camino hacia Dios, éste es: "Bienaventurados los que lloran". Es necesario que lloremos nuestra pobreza, que nos demos cuenta de lo que necesitamos, que nos preocupemos de nuestro mal estado espiritual, y que sintamos tal hambre de justicia que no haya nada que pueda satisfacernos sino la plenitud de Cristo.

Hay algunas condiciones espirituales que no se pueden cumplir en un momento. Para arar el barbecho se precisa tiempo; para la preparación del terreno y darle fertilidad se requiere tanto de las heladas del invierno como las lluvias de la primavera. Dios tiene que romper nuestros corazones por el paulatino proceso de su disciplina, tiene que molernos hasta reducirnos totalmente a polvo, para luego suavisarnos y saturarnos con su bendito Espíritu, hasta que estemos en condiciones de recibir las bendiciones que quiere darnos. ¡Oh, humillémonos ante Dios con corazones quebrantados, con almas predispuestas, con espíritus dispuestos a escuchar lo que el Señor quiera decirnos!

IV

Esos días de espera son también importantes para que podamos escuchar la voz de Dios. Estamos tan ocupados que no podemos oír. Hablamos tanto que no le dejamos a él que diga lo que quiere. Dios quiere que prestemos atención a lo que desea decirnos. Quiere que nos postremos ante él, para que él nos haga pensar como él piensa, para que oremos como él desea que lo hagamos, y para que anhelemos lo que él anhela, para luego darnos a conocer su voluntad.

Aunque nos haga esperar mucho, sabemos que cuando nos mande su bendición, quedaremos convencidos que bien valió la pena esperar. "Si demora, esperémosle". Dios habló pocas veces con Abraham, muy pocas fueron las veces que habló con Pablo. Pero los mensajes que les dio vivirán eternamente, y el eco de ellos ha resonado a través de las edades y seguirá resonando en los siglos venideros.

Esperemos en Dios no tanto orando, sino atentos para escuchar lo que nos diga.

V

Dios quiere, además, que esperemos atentos no sólo para demostrar que nos damos cuenta de las necesidades que tenemos, sino para que sintamos la plenitud de su presencia y nos enteremos de su voluntad con respecto a nosotros. El quiere que tengamos una visión del porvenir, tanto como la del pasado. El quiere abrir los tesoros de su gracia y dejarlos a nuestra disposición enriqueciéndonos con la gloria de su herencia que ha puesto a nuestra disposición.

El quiere que levantemos la mirada y la dirijamos hacia el norte y hacia el sur, al este y al oeste para luego decirnos: "Toda esta tierra que ves, será tuya". Quiere hacernos ver al Rey, en todo el esplendor de su gloria, allá en las tierras lejanas. El quiere revelarnos regiones aún inexploradas y gloriosos avances de la vida de fe. El quiere llamarnos a esferas de superior servicio, y hacernos ver los poderosos refuerzos de que podemos disponer para llevar a cabo la obra de nuestra vida.

¡Cuán dulce es esperar en el Señor y habitar en las alturas, desde donde se contemplan las extensas llanuras de sus promesas y de su poder y se le oye decir: "Clama a mí y te responderé, y te enseñaré" — no solamente aquello que ya has visto, sino — "cosas grandes y dificultosas que tú no sabes".

VI

Cuando hablamos de esperar al Señor no queremos decir únicamente estar a la espera para recibir el Espíritu Santo, sino que nos referimos igualmente al proceso mismo de la recepción de éste. La oración tiene poder acumulador para traer la respuesta y la bendición, poco a poco y momento tras momento. Para poder saber cual es la abundancia y plenitud del río de la gracia de Dios, debemos beber de sus aguas muchas y repetidas veces.

Tómese un barril de ceniza, y echad en él un balde de agua, y veréis que después de haber arrojado todo el balde de agua en la ceniza no se ve casi señal de ello. La ceniza estará tan seca como al principio; se puede seguir echando más y más baldes de agua y las cenizas continuarán secas. Sólo después de haber llenado el barril de agua se comienza a ver el efecto de ésta sobre la ceniza. La ceniza estaba tan seca que sólo se le pudo humedecer poco a poco, comenzando del fondo; sólo después de haberse humedecido todo el conjunto se puede ver el efecto del agua.

De igual modo, nuestros corazones están tan secos, que tenemos que esperar al Señor durante días, antes que se vea la impresión de su presencia. Pero todo el barbecho seco se va llenando y la tierra sedienta va absorbiendo, y después de esperar el tiempo necesario, veremos que no ha sido en vano; veremos que el tiempo empleado en oración no ha sido perdido; nos daremos cuenta que hemos estado acumulando en nuestro ser, tesoros de la gracia y del poder de nuestro Dios.

Amados míos, el hecho es que no esperamos lo suficiente delante del Señor. No nos detenemos el tiempo necesario ante el banco de misericordia. Dejamos que los vaivenes de la vida nos arrastren, y en nuestro apresuramiento perdemos tiempo en vez de ganarlo.

Hay un antiguo relato del que se desprende una provechosa lección. Se trata de un jinete que, perseguido por el enemigo, observó que su caballo, en el que tenía puesta toda su confianza comenzaba a fallarle, pues se le había salido una herradura y corría por un camino rocoso. De repente, el jinete se detuvo ante la puerta del taller de un herrero, situado en un paraje donde se producía la bifurcación de dos caminos, y a pesar que pudo ver a sus perseguidores muy cerca, se detuvo el tiempo necesario para que el herrero colocara el herraje en la pata de su cabalgadura. Luego dijo al herrero: "¡Apúrese usted!" y le tiró una moneda cuyo valor era diez veces mayor que el que se cobraba por el trabajo que iba a hacer. El herrero trabajó afanosamente colocando el herraje y clavando los clavos con asombrosa rapidez. No bien terminó la obra y el jinete montó a caballo y partió a todo escape, llegaron los enemigos. El jinete que huía oyó los gritos de triunfo de los que creían que ya le tenían cautivo. Pero no fue así, clavó las espuelas en los ijares del caballo y éste partió como un rayo, pues ya estaba en condiciones para seguir la veloz carrera.

Sí, ese jinete ganó por haber perdido tiempo, pero si no lo hubiese hecho así, lo habría perdido todo. ¡Oh, amados míos, "quedaos en la ciudad de Jerusalén hasta que seáis investidos de poder desde lo alto". "Esperad la promesa del Padre". "En quietud y en confianza será vuestra fortaleza" (Isaías 30:15).

Sin el Espíritu Santo no podemos realizar el viaje de la vida; somos inaptos para el servicio del Maestro; no tenemos autoridad para predicar el evangelio ni poder para ganar almas para Cristo, ni estamos preparados para el porvenir que nos espera. ¡Oh! esperemos a sus pies; fijémonos en nuestras debilidades; démonos cuenta que no valemos nada; vaciémonos de nosotros mismos, para que él pueda llenarnos, y bautizarnos con el Espíritu Santo y nos colme con toda su plenitud. Así podremos proseguir haciendo, no nuestra obra, sino la de él y nos convenceremos que "Aquel que es poderoso para hacer todas las cosas mucho más abundantemente de lo que pedimos o entendemos, según el poder que actúa en nosotros, a él sea gloria en la iglesia en Cristo Jesús por todas las edades, por los siglos de los siglos. Amén". (Efesios 3:20-21).

CAPITULO VIII

PODER DE LO ALTO

"Recibiréis poder, cuando haya venido sobre vosotros el Espíritu Santo, y me seréis testigos en Jerusalén, en toda Judea, en Samaria, y hasta lo último de la tierra" (Hechos 1:8).

Lo que más necesita la naturaleza humana es poder. El hombre es el más débil de todos los seres de la creación. El cachorro del tigre puede cuidarse a sí mismo, pero el ser humano pasa un tercio de la extensión normal de su vida, antes de alcanzar la madurez.

Es presa de todos los elementos que le rodean, y moralmente, es más débil aún. Lleva en el corazón elementos malignos que le arrastran y a su alrededor hay mil influencias que bregan por descarriarle.

Hay algo hondamente conmovedor en lo que dijo una desdichada mujer, con quien hablábamos en un hospital tratando de hacerle ver que debía ser diferente de lo que había sido. Ella respondió: "No tengo fuerzas suficientes para ser buena". Hay inmenso consuelo en esa bendita afirmación de las Sagradas Escrituras donde dice: "Cristo, cuando aún éramos débiles, a su tiempo murió por los impíos" (Romanos 5:6).

El evangelio es un mensaje fortalecedor. "Es poder de Dios para salvación a todo aquel que cree" (Romanos 1:16). El Espíritu Santo tiene el ministerio especial de impartir poder de lo alto. ¡Cuánta significación encierra esta grandiosa promesa! ¿Hasta qué punto hemos alcanzado la plenitud de ella? ¿Hasta qué punto creemos que se ha cumplido?

No podemos encontrar mejor respuesta que la que se nos da en el libro de los Hechos de los Apóstoles. Este versículo es la clave y la tabla de contenido. Cada una de las palabras de este texto señalan una sección íntegra del libro que sigue.

El primer capítulo de los Hechos contiene la historia del poder. Los capítulos siguientes se refieren al testimonio. Después vemos a la iglesia de Jerusalén y, seguidamente, cómo se esparció el evangelio por toda Judea. Más tarde, en Samaria y los capítulos finales se dedican a narrar cómo se predicó el evangelio hasta en los lugares más remotos de la tierra.

No trataremos ahora de pasar revista a todos los hechos que demuestran cómo se cumplió esa orden, según se hallan en los Hechos: trataremos simplemente de explicar el significado de la palabra "**poder**" por medio de los hechos e incidentes de la historia de la iglesia apostólica, tal cual se narra en el libro de los Hechos, que prácticamente, es más bien la historia de los hechos del Espíritu Santo que no los hechos de los apóstoles.

I

ESTE ES EL PODER DE UNA PERSONA. La correcta traducción de este pasaje no es, recibiréis poder, sino el poder del Espíritu Santo descenderá sobre vosotros. No se trata de nuestro poder sino del poder del Espíritu. No dependemos de un poder abstracto sino de una persona, cuya presencia es necesaria para lograr adquirir y conservar el poder.

El Espíritu Santo tiene el poder y nosotros lo tenemos a él. En la ciencia de la electricidad se ha comprobado que el mejor modo de emplear la potencia eléctrica para impulsar los coches que corren por las calles, no es juntando la electricidad en los acumuladores, sino haciéndola correr por los alambres tendidos a lo largo de la ruta por donde los coches han de correr. La fuerza eléctrica no se conserva en el coche, sino que se traslada del dínamo al alambre, y el coche extrae la cantidad de corriente que requiere por medio del contacto continuo con el hilo por donde pasa la corriente eléctrica, y en el momento que se interrumpe el contacto del coche con el hilo electrizado, desaparece la fuerza. La fuerza no está en el carro, sino en el alambre.

De igual modo, el poder del Espíritu Santo viene de arriba. No depende de nosotros, sino del Espíritu Santo, y lo recibimos en él momento tras momento.

Para poder recibir y retener el poder a que venimos refiriéndonos es necesario cumplir ciertos requisitos. Uno de ellos es que le obedezcamos y que hagamos lo que el Espíritu Santo nos indica. Sólo podremos disponer de su poder si procedemos de acuerdo con su voluntad. El tranvía sólo puede contar con el poder eléctrico corriendo por la vía. Tiene fuerza para recorrer las calles, pero no la tiene para meterse en el campo vecino, según el capricho del que lo guía. El Espíritu Santo lo reciben aquellos que le obedecen, y obedecer al Espíritu Santo es algo mucho más grande de lo que muchos creen.

No consiste simplemente en dejar algo malo dentro de cierta esfera reducida, sino de comprender y cumplir la voluntad y los propósitos de Dios al hacer uso de la divina unción con que nos ha investido. No podemos disfrutar de dicho poder únicamente con el objeto de complacernos a nosotros mismos. No podemos gozar de él ni siquiera para complacernos en la manera en que efectuamos trabajos cristianos. Sólo podemos disfrutar de la plenitud del Espíritu Santo mientras empleamos el total del poder que él nos dé para llevar a cabo la obra que nos ha sido encomendada.

Este versículo es la medida y el límite del poder del Espíritu. Nos es dado para que seamos testigos de Cristo, tanto en Jerusalén, como en Judea, en Samaria y hasta lo último de la tierra.

Sólo podremos disfrutar de la plenitud del poder del Espíritu Santo mientras le damos al mundo entero el mensaje del evangelio. Unicamente cuando la Iglesia cumpla la obra de evangelizar al mundo entero, obedeciendo la gran comisión que le ha sido confiada, podrá comprender el total significado de la promesa pentecostal.

II

ES EL PODER DE UN CARACTER SANTO. No se trata de un poder que sea primordialmente para el servicio, sino para recibir la vida de Cristo, es poder para ser, más bien que para decir u obrar. Los servicios que prestemos y el testimonio que demos serán el resultado de la clase de vida y experiencia que tengamos. Lo que hacemos y lo que decimos debe nacer de lo más íntimo de nuestro ser, pues si no fuere así tendrán muy poco efecto. "Si queremos enseñar la verdad, nosotros mismos debemos ser veraces".

El cambio que produjo el bautismo del Espíritu Santo en los primeros discípulos fue mucho más notable que lo que hicieron y testificaron.

Pedro, el discípulo irresoluto — que siempre quiso adelantarse a su Maestro, jactándose de lo que él podía hacer o no hacer, para luego empequeñecerse intimidado por una criada, se transformó en un héroe impertérrito, que se mantuvo firme en presencia de los asesinos de su Señor y les acusó del crimen que habían cometido, y salió luego para seguir las huellas de su Maestro, con espíritu manso y corazón humilde, y finalmente murió en una cruz como su Maestro, pero cabeza abajo, — es un milagro más grande en lo que se refiere a su vida, que el maravilloso poder que puso en evidencia en su testimonio ante el público.

El espíritu de amor y desprendimiento que hizo que los primitivos cristianos consagraran totalmente al servicio de Cristo y de sus semejantes todo lo que poseían, fue un ejemplo que no pudo dejar de impresionar al mundo escéptico y egoísta. La "gran gracia" que cayó sobre todos ellos fue mucho más grandiosa que "el gran poder" con que testificaron acerca de la muerte y resurrección de Jesucristo. La fortaleza heroica con que soportaron los sufrimientos sin paralelo a que fueron sometidos, "regocijándose porque eran contados dignos de sufrimiento por el nombre de Jesús", tenía una fuerza convincente incontrarrestable.

Ese es el poder que la Iglesia necesita hoy día para convencer al mundo incrédulo; poder que nos convertirá no en inspirados apóstoles sino en "epístolas vivas que podrán ser leídas por todos". No hay nada que tenga mayor influencia que el carácter consistente, sobrenatural y santo. Muchos escépticos a quienes ningún libro pudo haber convencido, se han convertido por medio del tierno y dulce ejemplo de la esposa cristiana.

Muchos misioneros que trabajaron entre los paganos han podido comprobar que un arranque de mal genio ha hecho más daño en un instante para anular las enseñanzas de muchos años, que cualquiera cosa que pudieran haber hecho. "Mejor es... el que se enseñorea de su espíritu, que el que toma una ciudad" (Proverbios 16:32). La fuerza que puede sobreponerse a la palabra airada, y que capacita para conservar la serenidad y dulzura en el momento de la prueba, en la cocina o en el taller de lavado, a menudo ha servido de lección objetiva a señoras orgullosas, aunque cultas, a tal punto que éstas han sentido vivos deseos de adquirir aquella bendición que ha hecho que sus domésticas viviesen como viven y tuviesen la fuerza espiritual de que disfrutan, que las hace humildes y en cuyo corazón reina el amor.

III

ES EL PODER DE LA VERDAD. El Espíritu Santo obra por medio de las Santas Escrituras, por eso, el bautismo de pentecostés quedó claramente identificado con el poder de la Palabra.

Lo primero que hizo Pedro después del descenso del Espíritu Santo, fue citar las Escrituras, explicando que lo que había ocurrido no era otra cosa que el cumplimiento de la inspirada Palabra de Dios en el sermón que dio por resultado las extraordinarias conversiones de aquel día. Fue un sermón expositor de las Sagradas Escrituras.

Si nos detenemos a estudiar atentamente los diversos mensajes de los apóstoles, veremos que en todo momento empleaban la Biblia, y algunos de sus mensajes no son otra cosa que declaraciones de las Escrituras y citas del Antiguo Testamento.

El Espíritu Santo nos ha dado las Santas Escrituras y éstas jamás desacreditarán su mensaje. Mientras más sabemos acerca de él, tanto más honraremos su palabra. La Biblia ha de ser siempre la base del poder espiritual, y el instrumento de todo servicio espiritual; pero tendrá que obrar siempre con el poder del Espíritu. "La letra mata, mas el espíritu vivifica" (II Co. 3:6).

El difunto doctor Gordon relata cómo un domingo por la mañana, encontrándose en el extranjero, fue a oír el sermón de un célebre predicador renombrado por su erudición bíblica. Regresó a casa contentísimo por la clara exposición de la verdad que había oído, pero helado por la frialdad con que el predicador había presentado el mensaje. Lo que dijo era cierto, claro y de acuerdo a las enseñanzas de las Sagradas Escrituras, pero helado como un témpano.

Por la tarde fue a escuchar a otro predicador renombrado por el fervor de sus mensajes, y regresó deleitado por la vehemencia y unción con que el predicador se había expresado, pero el fuego era de paja, y no contenía suficiente verdad para hacerlo duradero.

Por la noche el doctor Gordon se dirigió a otro lugar para oír a otro predicador, y regresó no sólo bien informado, sino hondamente conmovido, porque el sermón que escuchó no sólo había sido una exposición de la verdad bíblica, sino que había sido un mensaje vivificado por el poder y lleno del fuego del Espíritu Santo. No fue un fuego de paja, sino de combustible fuerte, que no sólo dejó en el espíritu del oyente el recuerdo de la verdad expuesta, sino también el fulgor y el calor que hinchieron su corazón de gozo y de amor. Ese es el poder del Espíritu Santo, que presenta la verdad con amor; la Biblia encendida con fuego santo; la Palabra de Dios diluída y convertida en unción de amor, de tal manera que podemos sentirla en todas las fibras de nuestro ser, y llega a ser la nutrición de nuestra vida.

IV

ES EL PODER DEL AMOR. El bautismo de pentecostés fue un bautismo de amor. Produjo en los discípulos tal amor a Dios que hizo desaparecer todo amor propio. "Ninguno decía ser suyo algo de lo que poseía". Los más valiosos tesoros eran ofrendados a Dios. La fortuna que poseían y sus hogares, todo lo pusieron a disposición de la Iglesia de Cristo.

Se amaban unos a otros, y se sentían tan estrechamente ligados unos con los otros que constituyeron un conjunto cooperativo. No existía cisma alguno ni había nada que produjera parálisis o mutilación en el cuerpo de Cristo. La Iglesia de Cristo se ha despedazado. Aquí y allá encontramos un miembro sano, pero todo el cuerpo está mutilado y destrozado, por esa causa, el Espíritu no puede extenderse sin que haya nada que lo divida o impida que lo haga en toda su plenitud, en toda la Iglesia; a ello se debe el que no recibamos los dones del Espíritu de la misma manera que lo recibieron los discípulos el día de pentecostés. El cuerpo tiene los miembros enfermos y lacerados, y aquellos que están maltrechos absorben todas las fuerzas de los que se encuentran sanos.

Lo que necesitamos hoy día es el bautismo del Espíritu Santo y cuando la Iglesia lo reciba se producirá la unión, y no necesitaremos de plataformas ni convocaciones para reunir el cuerpo. Se unirán huesos con huesos, miembros con miembros y corazón con corazón, unidos por el Espíritu y la Iglesia de Cristo Jesús será "hermosa como la luna, esclarecida como el sol, imponente como ejércitos en orden" (Cantares 6:10).

El bautismo del Espíritu Santo siempre traerá el espíritu de amor. Llenará el corazón de devoción y de consagración a Dios, y producirá tierna consideración de los unos para con los otros; los hermanos sentirán afecto mutuo, sentirán intensos deseos de conseguir la salvación de las almas y serán amables y considerados con todos.

V

ES EL PODER DE LOS DONES SOBRENATURALES Y DE LA SANTIDAD DIVINA. Bastó el poder del Espíritu Santo para que en el nombre de Jesús sanara el paralítico que estaba sentado ante la puerta del templo llamado La Hermosa, y hasta para levantar al muerto por el cual oró Pedro.

En todas las crisis del ministerio apostólico vemos la manifestación especial del poder sobrenatural. En Jerusalén fue con objeto de dar énfasis al testimonio de los apóstoles y discípulos. Se vio especialmente en los comienzos de la propagación del evangelio en Samaria y se manifestó de manera más asombrosa aún en la prédica de Pedro por toda Judea. En todos los puntos de los viajes misioneros de Pablo vemos "testificando a Dios juntamente con ellos, con señales y prodigios y diversos milagros" (Hebreos 2:4).

Se observará, sin embargo, que el objeto primordial no fue la sanidad de los enfermos ni la manifestación del poder sobrenatural, sino algo más importante, esto es, la demostración del poder del nombre de Jesús y del mensaje de su gracia por medio del evangelio.

Por lo tanto, aunque debemos reconocer el poder sobrenatural del Espíritu Santo, que nunca debió interrumpirse, y es de esperarse que se manifieste más maravillosamente en los últimos tiempos, antes de la venida del Señor Jesucristo, no debemos nunca incurrir en el error de creer que ese sea el objetivo final ni dejar que reemplace las otras más elevadas verdades que tienen que ver con nuestra vida espiritual. Al mismo tiempo no debemos ignorar esas cosas. La Iglesia es una a través de los siglos. "Jesucristo es el mismo ayer, hoy y por los siglos"; el Espíritu Santo es inmutable, y la constitución de la Iglesia es idéntica a lo que dice en el capítulo doce de la primera epístola a los Corintios, al plan que Dios le dio en pentecostés.

No podemos deshacernos de ninguna parte del evangelio sin debilitar las demás; y si hubo un momento en el mundo cuando se necesitó de la obra sobrenatural de los testigos de Dios, es este momento de incredulidad y de poder satánico. Por consiguiente, bien podemos esperar que conforme se va aproximando el fin, el Espíritu Santo obrará sanando enfermos, echando fuera demonios, contestando oraciones de manera asombrosa y haciendo otras maravillas según fuere su voluntad — a fin de hacer ver al mundo incrédulo que el poder del nombre de Jesús sigue inmutable y que "todas las promesas de Dios son en él Sí, y en él Amén", para siempre (II Corintios 1:20).

No tengamos miedo de solicitar la manifestación de su poder tanto en nuestro bien físico como en nuestras necesidades espirituales. Si así lo hacemos veremos que "si el Espíritu de aquel que levantó de los muertos a Jesús mora en vosotros, el que levantó de los muertos a Cristo Jesús, vivificará también vuestros cuerpos mortales por su Espíritu que mora en vosotros" (Romanos 8:11).

VI

ES EL PODER DE LAS OBRAS PROVIDENCIALES. No hay nada más notable que la manera como obró Dios con los primeros discípulos, haciendo ver que aquel que estaba en ellos era el mismo Dios que rige el universo y todo lo que concierne a la vida humana.

¡Cuán maravilloso fue el hecho que estuvieran presentes representantes de todo el mundo el día de pentecostés, y éstos recibieran el poder para testificar acerca de Jesús!

¡Cuán maravilloso fue el encuentro providencial de Felipe con el eunuco etíope, cuando éste viajaba por el desierto, para que después dicho príncipe fuese a su patria en Africa, convertido, iluminado y lleno del Espíritu Santo, para que allí diese testimonio de Jesús en toda la nación y tal vez ganar el norte del Africa para Dios!

¡Cuán notable fue el hecho providencial que Pedro subiera a la azotea donde tuvo la visión que iluminó su entendimiento, amplió sus ideas y le preparó para la obra más grande que debía llevar a cabo en las iglesias de los gentiles; cuando estuvo preparado, sin pérdida de tiempo llegaron los mensajeros enviados por Cornelio y golpearon a la puerta de la casa donde se encontraba el apóstol, y le condujeron a Cesarea para que predicase a los gentiles y diera testimonio de cómo había derramado el Espíritu Santo en Pentecostés!

¡De qué modo tan admirable la providencia de Dios abrió la iglesia de Antioquía y preparó un nuevo centro de la cristiandad entre los gentiles, con el amplio espíritu de una congregación cosmopolita, y allí se reunieron hombres tales como Pablo y Bernabé que habían de ser los dirigentes de un movimiento más vasto que se extendería por el mundo entero!

¡Cuán asombroso fue el hecho providencial que libró a Pedro de caer en manos de Herodes, abriendo las puertas de la prisión la misma noche en que iban a sacarle para ejecutarlo; al mismo tiempo

Herodes fue atacado de una dolencia horrenda, no pudiendo, por lo tanto, cumplir su odioso designio de acabar con la Iglesia de Dios!

¡Cuán extraordinaria fue la providencia que siguió a Pablo a través de su vida estupenda, abriéndole las puertas de las naciones y haciendo que las borrascas y tempestades y aun la mordedura del áspid contribuyesen a la extensión de la causa de Cristo!

El mismo Dios sigue rigiendo el reino de la providencia. El Espíritu que está en nosotros puede seguir dominando las circunstancias que nos rodean. La marcha de los sucesos continúa bajo la dirección del Espíritu Santo, y todo aquel que anda bajo la dirección del Espíritu Santo vivirá una vida encantadora y no morirá hasta haber acabado su obra; los vientos, las olas, la ferocidad y la crueldad humana, y aun los emisarios de Satán se verán obligados a ser auxiliares suyos a fin de que cumpla la obra que le fuere encomendada para el adelanto del evangelio.

Así lo ha demostrado Dios en la vida de hombres tales como Arnot, de Africa; Paton de las Nuevas Hébridas; Jorge Müller, de Bristol y en los muchos humildes misioneros de la cruz, que se han atrevido a confiar en las promesas del Maestro Divino, atribuyendo a sus palabras valor permanente: "Toda potestad me es dada en el cielo y en la tierra y he aquí yo estoy con vosotros todos los días, hasta el fin del siglo".

VII

ES EL PODER QUE GUIA. El Espíritu Santo da el poder necesario para dirigir. El dirigió los pasos de los apóstoles y los de sus siervos desde entonces. El envió a Felipe a Samaria y después al desierto para que se encontrara con el eunuco. Le dijo a Pedro que subiera a la azotea de la casa donde estaba y después le ordenó que fuera al domicilio de Cornelio. El fue quien constriñó a Pablo y Silas para que predicaran en Bitinia y en Efeso, para luego decirles que fueran a Macedonia, llevando así el evangelio a Europa.

El Espíritu Santo les guió paso a paso en todo el camino, y sigue siendo, aún hoy día, nuestro Consejero y Guía. Si ponemos en él nuestra confianza y si le reconocemos en todo, él dirigirá nuestros pasos y nos conducirá a la plenitud de la voluntad del Padre.

VIII

ES EL PODER QUE DEBE GOBERNAR LA IGLESIA. No hay nada más maravilloso que la manera como el Espíritu Santo cuidó de la Iglesia en los tiempos apostólicos. El fue el Jefe y reconocido Director. El presidía los concilios, y se le reconoció como Presidente de ellos. El era quien mantenía bajo su vigilancia a los discípulos, e impedía el ingreso de aquellos que no eran dignos de estar en comunión con ellos y les impedía relacionarse con el mundo.

¡Cuán solemne y cuán impresionante fue la manera como trató a Ananías y Safira! Cuán sugestiva es la solemne declaración: "Y de los otros ninguno osaba juntarse con ellos". Si el Espíritu Santo está en la Iglesia, no es necesario impedir el ingreso del mundo en ella, pues éste preferirá quedarse afuera.

Pero, ¡ay! habría de llegar el día en que el saber, el genio, las influencias mundanas y el poder terrenal serían reconocidos en la casa de Dios, y buscarían el apoyo del mundo valiéndose para ello de compromisos pecaminosos y de atracciones no santas; a causa de eso, la Iglesia había de verse frustrada y tratada por la "multitud mixta", a tal punto que no dispondría del poder necesario para conservarse apartada. Dios está tratando de hacer ver a sus ministros todos, en general, que él puede hacer todo lo que se requiere en su obra, y que cualquier pastor, y cualquier iglesia que así lo reconozca prosperará y recibirá bendiciones espirituales, económicas y aumentará en número, en influencia y en todo sentido.

Oh, pluguiera a Dios hacer ver a su Iglesia cual es el poder y la gloria que están a su alcance y que sea como la mujer "vestida del sol, con la luna debajo de sus pies" (Apoc. 12:1).

IX

ES EL PODER QUE CONVENCE A LOS HOMBRES DE PECADO. No siempre nos sentimos conscientes de que disfrutamos del poder del Espíritu Santo. Este se señala especialmente por el efecto que tiene en el corazón de otras personas. El día de pentecostés, fue el poder del Espíritu Santo el que hizo que las multitudes se sintieran convictas de sus culpas, y fue ese mismo poder el que influyó para que los discípulos obrasen como lo hicieron bajo su dirección. Se nos dice que los que oyeron el testimonio fueron compungidos de corazón... ¿qué haremos?

La excitación es siempre demostración de potencia. Lo que debemos preguntarnos es: ¿Cuál es el efecto que tiene en los corazones de los hombres y en sus vidas? "Cuando Demóstenes hablaba en Atenas, la gente se olvidaba de él y decía: "Vamos en busca de Felipe". Las palabras del orador les impelía a "ir". Igual cosa ocurre cuando está presente el Espíritu Santo, su poder produce resultados inesperados y maravillosos.

El orador podrá ser muy tranquilo e inconsciente del poder que tiene, pero entre él y el público hay hombres y mujeres a quienes hace que se encuentren cara a cara con Dios, y "la verdad se manifiesta a la conciencia de todos ante los ojos de Dios". Una voz le acusa, diciendo: "Tú eres el hombre". Ese poder induce a las personas a que decidan lo que han de hacer y les persuada a que elijan seguir a Dios, debido a eso, dejan el pecado y se entregan totalmente a él. Ese es el poder que necesitamos — ese poder "convencerá al mundo de pecado, de justicia y de juicio". No se trata del poder de un gran mecanismo, ni de la emocionante y enternecedora elocuencia de la prédica y el canto, sino de un poder que actúa silenciosamente en los corazones de los hombres tanto en sus talleres de trabajo como en los hogares, hasta llegar a sentirse constreñidos de entregarse a Dios.

X

ES EL PODER QUE NOS HACE CAPACES DE SUFRIR. Tal vez no hubo en la iglesia cristiana primitiva ninguna manifestación del poder del Espíritu Santo más notable que la manera bizarra y grandiosa como soportaron los sufrimientos por amor de Jesús. Flagelados y humillados ante el concilio, se reunían no para lamentar lo ocurrido o para condolerse el uno del otro, sino para, "gozosos de haber sido tenidos por dignos de padecer afrenta por causa del nombre" (Hechos 5:41).

Perseguidos en Iconio por una multitud de mujeres respetables; afrentados, apedreados "los discípulos estaban llenos de gozo y del Espíritu Santo". La alegría que sentían les hacía ignorar los sufrimientos pues consideraban que éstos eran parte del premio que Dios les daba por su fidelidad.

De igual modo, el poder del Espíritu Santo nos dará a nosotros la fortaleza y heroísmo necesarios para que permanezcamos firmes, como nuestro Maestro, y nos regocijemos por el privilegio que tenemos de cargar la cruz, menospreciando la vergüenza. El Espíritu Santo provocará en nosotros la abnegación y el sagrado sacrificio; hará que nos sea fácil dejar algunas cosas y que soportemos otras "por amor a los escogidos", de modo que podamos decir como el gran apóstol: "Mas aunque fuere derramada mi sangre, como libación, sobre el sacrificio y servicio de vuestra fe, me alegro y me regocijo en todos vosotros" (Filipenses 2:17, V. M.)

XI

DA PODER PARA SERVIR. Finalmente, es el poder para trabajar infatigable, fervorosa y efectivamente. Fue ese el poder que hizo que Pablo, ganando su propio sostén con el trabajo de sus manos, sin recibir apoyo de ninguna sociedad misionera, ni de ninguna iglesia, y sin contar con los medios de transporte y comunicación modernos de ferrocarriles, teléfonos, cíñese el mundo predicando el evangelio en todas partes y que pudiese decir con palabras de triunfo superlativo: "desde Jerusalén, y por los alrededores hasta Ilírico, he llenado todo lo del evangelio de Cristo" (Romanos 15:19).

Amados míos, vivimos en tiempos difíciles y ciertamente el Espíritu Santo debiera producir hoy día hombres seriamente fervorosos. Quiera Dios darnos el poder necesario para que trabajemos de tal modo que nuestras vidas se multipliquen de manera que nos pongamos a la altura de las oportunidades extraordinarias que se nos presenten, para hacer frente a las tremendas exigencias de estos últimos días que nos aproximan al fin del mundo.

¡Ojalá Dios nos dé una raza de Pablos! ¡Ojalá tuviéramos un ejército de Gedeones! ¡Ojalá contáramos con una hueste de héroes! ¡Ojalá recibiésemos un bautismo del Espíritu Santo con todo el significado que tuvo el de pentecostés y todos los elevados alcances de los propósitos del propio Señor Jesucristo!

CAPITULO IX

LLENOS DEL ESPIRITU

"Y fueron todos llenos del Espíritu Santo" (Hechos 2:4).

"No os embriaguéis con vino, en lo cual hay disolución; antes bien sed llenos del Espíritu" (Efesios 5:18).

ESTAS palabras nos dan a entender que hay diferencia entre poseer el Espíritu y ser lleno de él. Los discípulos que se encontraban en Jerusalén el día de pentecostés habían recibido previamente al Espíritu Santo, hasta cierto punto. El Señor Jesús quiso significar algo cuando, soplando sobre ellos, les dijo: "Recibid el Espíritu Santo"; y los discípulos a quienes el apóstol dirigió la carta a los Efesios habían sido "sellados con el Espíritu Santo de la promesa" (1:13), que eran las arras de la herencia comprada por la muerte de Jesús; pero no estaban llenos del Espíritu.

Tal vez no nos sea posible explicar explícita o exactamente la diferencia que hay entre ambos estados. Nuestras teorías y definiciones podrán ser defectuosas, y es probable que sea innecesario que lo entendamos todo teóricamente. Lo importante es que lo busquemos hasta hallarlo; que lo anhelemos y lo pidamos hasta que lo recibamos. Es muy probable que muchas personas se convierten sin darse cuenta, al instante del proceso y muchos son los cristianos que reciben el don del Espíritu Santo mientras andan a tropezones en busca de él, y en la oscuridad extienden las manos para asirse a él en medio de la tribulación espiritual en que se encuentran. Podrá ocurrir, pues, que no sepamos nada respecto a esto, pero podemos desearlo sinceramente y buscarlo con persistencia hasta hallarlo. Todo lo espiritual sobrepasa nuestra comprensión y las experiencias más reales, intensas e importantes a menudo nos vienen por medio de procesos que no podemos explicar.

Las más conocidas operaciones del mundo natural presentan notables ilustraciones de esta distinción. Todos podemos entender fácilmente la diferencia entre un arroyo y un río de correntosas aguas. En ambos casos hay agua, pero en uno de los casos la corriente es débil, en cambio en el otro es poderosa y pone en movimiento innumerables ruedas de fábricas ubicadas a lo largo de su orilla. La potencia yace en la abundancia del agua que llena el cauce hasta desbordarse.

Fácilmente podemos comprender la diferencia entre una caldera llena de agua fría y otra llena de agua hirviendo. En el primer caso, el agua que llena la caldera está fría, y no tiene fuerza; en el otro el calor ha convertido el agua en una potencia que hace mover las ruedas de la poderosa locomotora que arrastra los coches sobre los rieles y los conduce a través del continente.

Toda la diferencia entre el poder y la impotencia, yace en el grado de calor. Las Sagradas Escrituras enseñan esa verdad con claridad meridiana.

El apóstol Pablo, escribiendo a Timoteo, dice en el capítulo primero de su segunda epístola, versículo sexto: "Por causa de lo cual, te amonesto que avives el don de Dios que hay en ti, por medio de la imposición de mis manos. Porque no nos ha dado Dios espíritu de cobardía, sino de fortaleza, y de amor, y de esperanza". (V. M.).

El don ya había sido conferido plenamente y se le había reconocido, pero éste era como una llama que se apagaba — los tizones se estaban convirtiendo en cenizas y la llama estaba casi apagada. La palabra que aquí se emplea es "avives", es decir, aviva el fuego de los tizones — sé lleno del Espíritu.

También en el capítulo 12 de la primera epístola a los Corintios, versículo 7, leemos: "Pero a cada uno le es dada la manifestación del Espíritu para provecho". La palabra "provecho" expresa toda la diferencia que hay entre recibir el Espíritu y estar llenos de él. Todos podrán recibir el Espíritu Santo, pero son pocos los que lo aprovechan, es decir, son pocos los que lo utilizan, los que lo desarrollan, los que lo ejercitan y hacen que alcance su mayor plenitud.

Todo esto se expone admirablemente en la hermosa parábola de las minas, según se narra en el capítulo 19 del Evangelio de Lucas. La mina que recibe cada uno de los servidores es la investidura especial del Espíritu Santo, del poder que se otorga para servir; mas, las ganancias que produce la mina, son diferentes en cada caso. Esta estuvo de acuerdo con la diligencia y fidelidad de cada uno de ellos. Igualmente, el resultado de cada vida es diferente, y la recompensa final será de iguales proporciones. Esta es una admirable, a la vez que solemne verdad, que hace caer el peso de la enorme responsabilidad sobre cada uno de nosotros acerca del uso que hagamos de los dones espirituales que Dios nos dé.

En el versículo trece del capítulo doce de la primera epístola a los Corintios tenemos otra notable declaración: "Porque por un solo Espíritu fuimos todos bautizados en un cuerpo, sean judíos o griegos, sean esclavos o libres; y a todos se nos dio a beber... de un mismo Espíritu".

Una cosa es ingresar al cuerpo por medio del bautismo del Espíritu, y otra el beber del mismo Espíritu. Lo primero, es un hecho, lo segundo, un hábito. Lo primero sirve para entablar cierta relación; lo segundo, es el saber emplear bien dicha relación, el beber de su plenitud hasta quedar repletos y adquirir el hábito de estar en su plenitud de modo que estemos siempre llenos.

Esta verdad también se nos enseña de manera encantadora en la historia de la viuda y su botija de aceite, a la que ya nos hemos referido, según se encuentra en el capítulo cuarto del segundo libro de Reyes, versículos 1 al 7. Esa botija de aceite representa al Espíritu Santo; pero la manera como con el aceite de la botija se llenaron los otros vasos vacíos que la viuda pidió prestados a sus vecinos, nos enseña lo que es la plenitud del Espíritu, conforme lo recibimos según la necesitamos en el curso de la vida, en todas las circunstancias en que la providencia de Dios nos colocare, dándonos oportunidad para desarrollarnos espiritualmente y enriquecernos con la plenitud del Espíritu Santo.

Muchos confinan al Espíritu Santo a una botija de aceite que guardan oculta en la alacena o gabinete. Lo que Dios quiere es que salgamos a hacer frente a todas las necesidades de la vida, derramando la divina plenitud en todas las vasijas que encontremos, hasta que toda nuestra vida sea la incorporación de la suficiencia de Cristo y ejemplo de ella.

II

Averigüemos ahora cuáles son algunos de los efectos y evidencias de que estamos llenos del Espíritu Santo.

1. Al estar llenos del Espíritu Santo, lo primero que ello nos trae es la plenitud de Jesús. La persona del Espíritu Santo y su obra no se deben reconocer nunca aparte de Cristo. Si así lo hiciéramos seguramente nos arrastraría al espiritismo. La religión natural reconoce al mundo espiritual. El espiritismo está lleno de eso. La sacerdotisa de Apolo se denominaba Pitonisa, porque ella inhalaba cierta influencia espiritual hasta que todo su cuerpo se hinchaba como un pitón, y todo su ser se henchía de intensa fuerza espiritual; pero el espíritu que así se posesionaba de ella era el espíritu del mal; era un espíritu que no tenía nada que ver con Cristo ni con el verdadero Dios.

El Espíritu Santo no desciende nunca hasta nosotros aparte de Jesús. Jesús es el camino al Padre, y él es el camino que viene del Padre hasta nosotros. Cuando viene el Espíritu Santo no lo hace para testificar acerca de sí mismo, sino acerca del Señor Jesucristo. Tengamos mucho cuidado con eso. Podemos llegar a estar inflados de influencia espiritual, y sin embargo, ignorar al Señor Jesucristo y desobedecerle, ensoberbeciéndonos, creyendo que nos basta nuestro sentimentalismo, y aun dejarnos arrastrar por el pecado.

El objetivo del Espíritu Santo es, como el de un artista, pintar a Jesús sobre la tela y hacernos ver que es real y verdaderamente quien es, al mismo tiempo que el bendito actor, hasta cierto punto, se oculta de nuestra vista.

Mientras más llenos estamos del Espíritu Santo, tanto más reconocemos a Cristo, tanto más dependemos de él, tanto más vivimos apoyados únicamente en él. A eso se debe el que se emplee la palabra "lleno" al tratarse de él.

En el capítulo dos de la epístola a los Colosenses, versículos 9 y 10 tenemos estos dos notables versículos relativos: "En él habita corporalmente toda la plenitud de la Deidad, y vosotros estáis completos en él". El texto original, literalmente traducido dice: "En él habita toda la plenitud de la Divinidad en forma corporal, y estáis llenos de él". Dios llena a Jesús, y Jesús nos llena a nosotros. Cristo es el hombre ideal, el dechado de lo que debe ser el hombre, y Dios ha puesto en él todo lo que el ser humano necesita para satisfacerle; por consiguiente, a fin de que podamos ser verdaderos hombres, debemos revivir su vida, reproducir su personalidad, recibirle, creer en él y vivir como él con toda la plenitud de su vida gloriosa.

Por eso leemos: "de su plenitud tomamos todos, y gracia sobre gracia" (Jn. 1:16). Dejados a nuestras propias fuerzas, no nos bastamos para hacer frente a nada, y la gran obra del Espíritu Santo es darnos la necesaria idoneidad para hacer frente a cualquier situación de la vida, al mismo tiempo que nos revela nuestra insuficiencia, para luego revelarnos a Cristo y hacerlo entrar en nuestra vida para que pueda darnos todo lo que nos falta. A eso se debe que en el capítulo quince del evangelio de Juan encontramos la siguiente maravillosa promesa: "Yo soy la vid, vosotros los pámpanos. Permaneced en mí y yo en vosotros... el que permanece en mí, y yo en él, éste lleva mucho fruto; porque separados de mí nada podéis hacer".

Esa es la vida a la que nos conduce el Espíritu Santo; la vida de unión personal con el Señor Jesucristo y de constante dependencia de él. El ser lleno del Espíritu, significa, por lo tanto, estar lleno de Cristo, y vivir de tal modo que nuestra constante experiencia y testimonio sea: "Ya no vivo yo, mas vive Cristo en mí; y lo que ahora vivo en la carne, lo vivo en la fe del Hijo de Dios, el cual me amó y se entregó a sí mismo por mí" (Gálatas 2:20).

2. El ser lleno del Espíritu excluirá el deseo de vivir para sí y todo deseo de pecado y, por consiguiente, conduce a la vida santa, justa y sumisa.

En el libro de Exodo capítulo 40, versículos 34 y 35 leemos: "Una nube cubrió el tabernáculo de reunión, y la gloria de Jehová llenó el tabernáculo. Y no podía Moisés entrar en el tabernáculo de reunión, porque la nube estaba sobre él, y la gloria de Jehová lo llenaba".

Esa es una figura fiel del hombre verdaderamente lleno del Espíritu Santo. La entrada del Espíritu Santo al corazón del hombre y su permanencia en él excluye el egoísmo y el pecado. Cuando la gloria de Dios llena nuestro ser, no queda sitio para Moisés.

3. Al ser henchidos del Espíritu Santo recibiremos gozo en toda su plenitud. "Estas cosas os he

hablado — dijo el Divino Maestro, después de haber prometido el Espíritu Santo — para que mi gozo esté en vosotros, y vuestro gozo sea cumplido". (Juan 15:11). Por eso, el apóstol oró, diciendo: "el Dios de esperanza os llene de todo gozo y paz en el creer, para que abundéis en esperanza por el poder del Espíritu Santo" (Romanos 15:13).

La plenitud del Espíritu Santo debe desalojar al dolor, la duda, el miedo y la aflicción, y hará que el gozo de Cristo llene nuestro ser. ¿Qué es lo que produce la melodía del órgano? Esta no se debe únicamente a la habilidad de los dedos que tocan las teclas, sino que se debe también al aire que lo llena. Uno puede tratar de tocar la más bella canción, pero si el órgano no está lleno de aire no saldrá nada; de igual modo nuestros cantos de alabanza serán muertos y fríos si el aliento de Dios no nos llena. En cambio, cuando nuestra alma está henchida del Espíritu Santo, de ella se elevarán preces y correrán ríos de felicidad.

4. Así pues, todos los frutos del Espíritu emanan del corazón que se encuentra lleno de su presencia. "Mas el fruto del Espíritu es, amor, gozo, paz, paciencia, benignidad, bondad, fe, mansedumbre, templanza" (Gá. 5:22). Todos estos son frutos, o por lo menos, fruto del Espíritu, y ellos nacen espontáneamente de la plenitud del Espíritu Santo.

Hace algunos años encontrándome en Hebrón, dirigí la mirada hacia el pozo de David y vi que el agua rebasaba de él. Un amigo que estaba a mi lado, me dijo: "Esa es la señal por la cual sabemos que los valles de Judea están llenos de agua, y que los campos serán fértiles y se verán cubiertos de vegetación. Debe haber habido abundantes lluvias porque el pozo de David que está en Hebrón rebosa de agua y los recursos de agua para la irrigación abundarán".

De igual modo ocurre cuando el alma está llena de Dios, la vida de ésta será santa. Todos los frutos de justicia, de santidad y bendición, brotarán dulce y espontáneamente, "se alegrarán el desierto y la soledad; el yermo se gozará y florecerá como la rosa" (Is. 35:1).

5. Además, el Espíritu Santo puede llenar nuestro entendimiento de comprensión y luz, y dirigir nuestros pensamientos dándoles armonía, dulzura y firmeza. La paz de Dios que sobrepuja todo entendimiento nos ayudará y nuestros pensamientos se apoyarán firmemente en él, "llevando cautivo todo pensamiento a la obediencia a Cristo" (II Corintios 10:5).

6. Sí, aun nuestros cuerpos sentirán dicha plenitud, pues el Espíritu Santo es verdadero tónico para la energía física y la buena salud. La plenitud del Espíritu Santo es el elixir para el cuerpo, el cerebro, y nuestro ser entero. El estar llenos de su vida bendita dará agilidad a nuestros pies, serenidad a nuestros nervios, fortaleza a nuestro cerebro, buena circulación a nuestra sangre, y hará que nuestro ser entero se encuentre en las mejores condiciones para Dios y para su sagrado servicio.

7. Siendo esto así, nuestras circunstancias también irán a la par de la plenitud de nuestro corazón.

Como la botija de aceite de la viuda que sirvió para llenar las otras vasijas, así también la presencia de Dios afecta todo aquello que se relaciona con nuestra vida, y vemos que todo obra para bien de los que aman a Dios y hacen su voluntad.

Las circunstancias se amoldan a nosotros, o nosotros nos amoldamos a las circunstancias y toda nuestra vida "bien compaginada" llega a ser vigorosa y llena de poder y bendición.

8. La bendición no será para que la disfrutemos nosotros mismos únicamente, sino que tendremos para dar a otros; abundará hasta que llegue el momento en que no tendremos sitio donde retener más, y el sobrante irá a enriquecer al mundo sufriente. Esas son las vidas que Dios utiliza, y Dios no puede utilizarnos a nosotros mientras no estemos rebasando de su Espíritu.

En las bodas de Caná de Galilea, el agua no se convirtió en vino sino después que hubieron vaciado el contenido de las vasijas. Fue cuando el río que vio Ezequiel corría desde el santuario en dirección al desierto, que sus aguas se hicieron más y más hondas y su cauce más y más ancho. Así también ocurre al tratarse de nuestra vida, sólo cuando ésta se refunde en el amor y nos olvidamos de nosotros mismos, llegamos a saber lo que es, realmente, la plenitud de Dios.

III

¿*COMO PODEMOS SER LLENADOS?* 1. Debemos estar vacíos. Tengo un fonógrafo en cuya delicada gelatina se graba todo lo que dicto de mi obra literaria. Una vez tenía mucho que hacer, y dicté hasta llenar todos los cilindros que tenía a mi disposición. Después de dos días de trabajo en que cumplí con una tarea literaria que urgía, me sentí satisfecho de haberla acabado.

Pero cuando mi secretaria comenzó a transcribir a máquina lo que yo había dicho y grabado en los cilindros, no pudo entender lo que decía, pues era una mezcla confusa de palabras. Lo que había ocurrido fue simplemente esto: yo había olvidado borrar lo que había grabado anteriormente, antes de hacer el nuevo dictado. El hecho era que yo había dictado a oídos que ya estaban llenos, y, por consiguiente, lo que dije no produjo impresión alguna. Malgasté mi trabajo, perdí el tiempo. Pero aprendí una lección que valió la pena, esta es que antes de estar en condiciones para ser llenados, debemos estar vacíos. Dios no puede dar sus mensajes a personas que tienen los oídos llenos de otras cosas. El Espíritu Santo no puede henchir con toda su plenitud a aquellos que están llenos de otras cosas.

2. Debemos tener hambre. "A los hambrientos colmó de bienes, y a los ricos envió vacíos" (Lucas 1:53). Los viajeros que atraviesan los ardientes desiertos en caravanas, cuando no pueden dar con los oasis donde suelen abastecerse de agua, sueltan los siervos sedientos que llevan consigo y estos recorren los cálidos arenales en busca de agua hasta hallarla.

De igual modo el corazón hambriento siempre encuentra el pan de vida, el alma sedienta siempre halla el agua que le satisface. No hay nada que encuentre a Dios tan prestamente como el alma sincera y anhelante de dar con él. Siempre que lo busquemos con todo el corazón, lo encontraremos.

3. Si queremos que nos llene, debemos abrir nuestro corazón. "Abre tu boca, y yo la llenaré" (Sal. 81:10). Debemos estar exentos de prejuicios y

preconcepciones de verdad alguna que acalle la voz de Dios. Debemos estar en tal estado que podamos oír su voz, por baja y suave que sea, y entender su voluntad.

4. No sólo debemos pedir, sino que debemos estar igualmente dispuestos a recibir. No sólo debemos orar sino que debemos creer igualmente; debemos beber abundantemente del agua de vida; si queremos estar llenos del agua viva, debemos aprender el secreto de cómo es que ésta se bebe.

5. Debemos depender del Señor. El corazón es muy grande y no se le puede llenar en un momento; el alma es muy grande y no se satisface con un solo bocado. "Los que esperan a Jehová tendrán nuevas fuerzas" (Is. 40:31). Es necesario "perseverar en la oración"; constantemente, ante el trono de la gracia; debemos aprender no solamente el secreto de cómo estar en comunión con Dios, sino también cómo suplicarle; y mientras esperamos así, delante del Señor, él nos llenará de tal modo que nos deleitará derramar bendiciones sobre otras personas.

El Espíritu Santo nos es dado para que podamos servir. Dios no puede bendecir a las personas egoístas, y no hay egoísmo más odioso que el de aquellos que contando con las bendiciones espirituales de Dios dejan que haya personas que ignoren el evangelio y, consecuentemente, sufran por ello.

"El alma generosa será prosperada; y el que saciare, él también será saciado" (Proverbios 11:25). En la bendita obra de rescatar a los perdidos y de dar el evangelio al mundo, recibiremos rica recompensa y "la plenitud de la bendición de Cristo".

CAPITULO X

EL ESPIRITU EN LA EPISTOLA A LOS ROMANOS

"Mas vosotros no vivís según la carne, sino según el Espíritu, si es que el Espíritu de Dios mora en vosotros. Y si alguno no tiene el Espíritu de Cristo, no es de él" (Rom. 8:9).

EN esta gran epístola nos aproximamos a un templo espiritual de cuyas ventanas iluminadas emanan rayos de luz de grandiosa y divina verdad.

Dicha verdad es tan gloriosa que basta mencionarla para que por sí sola dé su luz y realice su propia vindicación. Esta, la más grande de las epístolas, nos presenta la doctrina del Espíritu Santo con tal simetría y plenitud de manera tan notable como lo hace de las otras doctrinas que ella contiene.

1. Primeramente se refiere al testimonio. En los versículos 3 y 4 del capítulo 1 de esta carta dice que el Señor Jesucristo "que era del linaje de David según la carne, que fue declarado Hijo de Dios con poder, según el Espíritu de santidad, por la resurrección de entre los muertos".

Se ha interpretado que el Espíritu de santidad que aquí se menciona, significa la naturaleza divina de Jesucristo, pero es muy correcto, y ciertamente de más sencilla interpretación, aplicarlo directamente al Espíritu Santo, declarándolo testigo de la divinidad del Señor Jesucristo, al levantarlo de entre los muertos en conformidad con la voluntad del Padre.

El Espíritu Santo fue siempre testigo de la divinidad de Jesucristo y tuvo muy manifiesta participación en la ofrenda de su sacrificio (porque "mediante el Espíritu eterno se ofreció a sí mismo sin mancha" (He. 9:14). Ciertamente tuvo también parte igualmente importante en su resurrección. Eso es lo primero que nos deleita ver en la parte que tuvo el Espíritu Santo en su acción de testigo de Jesús — especialmente de Jesús resucitado, el Cristo vivo y el divino Señor.

2. Seguidamente, vemos al Espíritu Santo en su función de Espíritu de vida y santidad. En el capítulo 8, versículo 2 de esta epístola leemos: "La ley del Espíritu de vida en Cristo Jesús me ha librado de la ley del pecado y de la muerte".

Esa es la primera obra que realiza el Espíritu Santo al santificar el alma. Observemos atentamente el lugar donde ocurre esto. Ocurre subsecuentemente a nuestra justificación por la fe y a nuestra rendición a Cristo en la muerte y en la resurrección. Entonces, el Espíritu Santo viene a tomar posesión de nosotros y sopla en nosotros el soplo de vida de nuestro Señor Jesucristo. Eso llega a ser una nueva ley de la vida y poder de nuestro ser espiritual, dicha nueva ley nos levanta por encima de la antigua ley del pecado y de la muerte y nos liberta de ella.

Así como la ley de la vida nos levanta por encima de la ley de gravedad, y la fuerza de mi voluntad puede hacer que yo levante mi mano a pesar de dicha ley física que hace que los objetos muertos caigan a tierra, así el Espíritu Santo, al traer a Cristo a mi corazón y a mi vida para que ejerza las facultades de su presencia viva, establece una nueva ley de sentimientos, de pensamientos, de elección y de acción, y dicha ley nueva me eleva por encima del poder del pecado y hace que para mí sea natural ser santo, obediente y semejante a Cristo.

3. Vemos que el Espíritu Santo actúa tanto en la mente como en el espíritu y leemos en el próximo párrafo, versículos 5 y 6: "el ocuparse de la carne es muerte; pero el ocuparse del Espíritu es vida y paz". El Espíritu Santo entra al alma y la pone a disposición de la voluntad de Dios, de modo que elegimos lo que él elige y pensamos lo que él piensa.

Nos dejamos guiar por el Monitor que habita en nosotros; prestamos atención a la voz que nos habla; obedecemos sus órdenes y "no andamos conforme a la carne, sino conforme al Espíritu" (4).

4. Luego, el Espíritu se nos revela como el que vivifica y sana nuestro cuerpo mortal. Dice en el versículo 11: "Si el Espíritu de aquel que levantó de los muertos a Jesús mora en vosotros, el que levantó de los muertos a Cristo Jesús vivificará también vuestros cuerpos mortales por su Espíritu que mora en vosotros".

El Espíritu Santo es la fuente de la vida espiritual física y mental. El cuerpo humano consiste de algo más que marco humano exterior. Contiene el sistema nervioso interior y los fluidos y corrientes que dan vitalidad, energía e impulso a todo el organismo material.

Dentro de todo esto tenemos la vida, y dentro de ella está el Espíritu Santo en el creyente que se ha consagrado a Dios. Aquí se representa claramente al Espíritu Santo, como fuerza vital de nuestro ser material; se nos hace ver que es fuente de vida, vivificante, y dador de energía física de todos aquellos que le conocen y le obedecen. El Espíritu Santo es quien levantó a Cristo de entre los muertos, y él es el que mora en nuestros cuerpos mortales y les da vida. No se trata aquí del cuerpo inmortal de la resurrección sino de la estructura mortal de la presente vida que se alimenta de la vida divina. Ese es el secreto de la vida que se vive dependiendo de la vida de Dios.

Es así como nuestros cuerpos son templos del Espíritu Santo y miembros de Cristo, y somos hechos partícipes de la vida de Aquel que es la cabeza viva.

5. En los próximos versículos se nos presenta al Espíritu Santo como guía y director de nuestra vida cristiana. El apóstol sigue diciendo: "Así que, hermanos, deudores somos, no a la carne, para que vivamos conforme a la carne; porque si vivís conforme a la carne, moriréis; mas si por el Espíritu hacéis morir las obras de la carne, viviréis. Porque todos los que son guiados por el Espíritu de Dios, éstos son hijos de Dios".

Debemos "vivir conforme al Espíritu"; debemos obedecer a nuestro Director Celestial; debemos someternos y acatar las órdenes de nuestro Monitor que viene para enseñarnos el camino que debemos seguir.

La vida cristiana no es simplemente un momento de bendita transformación, sino una vida de continua comunión con Dios y de obediciencia a su voluntad. Debemos andar con Dios paso a paso, adquiriendo el hábito de ininterrumpida dependencia de él y de obediencia a su voluntad. El Espíritu Santo no se cansa nunca de cuidar nuestra vida, y nosotros, por nuestra parte, no debemos cansarnos jamás del celoso cuidado que él tiene hacia nosotros. Ese es el secreto de la paz y la alegría que sentimos y del deseo que sentimos constantemente de obedecerle y de prestar atención a lo que nos dice, ansiosos de cumplir todo.

6. En este pasaje tenemos otra verdad de suma importancia. Esta es que el Espíritu Santo es el Espíritu de la crucifixión. El es quien mortifica nuestra maligna naturaleza y quien nos sostiene en el lugar de la muerte y en la vida cristiana. La actitud de la vida cristiana es tenerse por muerta al pecado.

Debemos tener el hábito de mantener dicha actitud; habrán muchos momentos en que la vieja vida querrá imponerse, pero debemos mantenerla en el sitio que le corresponde, es decir, debemos contarla por muerta. Eso es lo que el apóstol quiere decir al hablar de "hacer morir las obras de la carne". El Espíritu Santo es el único que puede hacer eso. Si quisiéramos hacerlo por nuestra propia fuerza, sería como intentar un suicidio y no llegaremos nunca a saber lo que es morir en paz. La razón por qué hay tantos espíritus andando por ahí, se debe al hecho que muchas personas han tratado de morir confiando en sus propias fuerzas, y se han levantado con esas mismas fuerzas que les hace andar como apariciones y sombras de la vieja vida carnal.

La Iglesia de Dios está llena de esos espíritus incautos, esos cadáveres vivos, esos resucitados, de aspecto triste para ellos mismos y para todos los que los ven. El verdadero secreto consiste de estar tan llenos del Espíritu Santo que, como las hojas otoñales se desprenden del árbol y caen con la llegada de la primavera, nuestra vieja vida permanezca en el sitio de la muerte por medio del poder expulsivo del amor divino y por la vida de Cristo que mora en nosotros.

7. El espíritu de derecho de relación de hijo también está claramente expuesto en este bonito párrafo: "Porque todos los que son guiados por el Espíritu de Dios, éstos son hijos de Dios" (8:14). El Espíritu Santo nos pone en la misma relación con el Padre, como lo hace Jesucristo el Hijo Divino. Somos hechos partícipes del derecho de relación de hijos por medio de la vida que nos da y del cumplimiento de la oración del Divino Maestro cuando dijo: "para que el amor con que me has amado, esté en ellos, y yo en ellos" (Juan 17:26). La razón por qué el Padre nos ama es el hecho que él está en nosotros y nos ama con el mismo amor que siente por el Hijo, y disfrutaremos de la bendita sensación y confianza que corresponde a los hijos de la libertad y del amor.

Se nos titula primogénitos. Todos somos primogénitos tal cual él es el Primer Primogénito y Unigénito. Participamos de la misma relación de hijos que él tiene, y así como la novia participa de las relaciones de familia del esposo y de su hogar, así nosotros entramos a disfrutar de todos los privilegios, inmunidades, glorias, y derechos de la gloriosa vida de Cristo. "Mirad cuál amor nos ha dado el Padre" — y el Espíritu Santo nos lo ha enseñado — "para que seamos llamados hijos de Dios" (I Juan 3:1).

Amados míos, ¿hemos recibido el poder para ser llamados hijos de Dios, y con el espíritu, no de adopción sino de legítimos hijos, clamamos, instintivamente, desde lo íntimo de nuestro ser, diciendo: "Abba Padre"; sabiendo que hablamos con nuestro Padre, el Padre de nuestro Señor Jesucristo y nuestro Padre; el Dios de nuestro Salvador y nuestro Dios?

8. Seguidamente, vemos al Espíritu de esperanza y anticipación de la gloria que ha de venir, y en el versículo 23 leemos: "y no sólo ella (la creación), sino que también nosotros mismos, que tenemos las primicias del Espíritu, nosotros también gemimos dentro de nosotros mismos, esperando la adopción, la redención de nuestro cuerpo".

Es decir, el Espíritu Santo despierta en nosotros la conciencia de la gloria venidera y la seguridad de ella, y nos hace desearla y abalanzarnos hacia ella. Así como el pichoncito encerrado dentro del cascarón, cuando llega el tiempo en que ha de nacer, rompe la cáscara que lo tiene encerrado y sale a la libertad y vida que le permite respirar el aire del gran mundo, y luego alzar el vuelo al firmamento, con alas de águila; de igual modo, el corazón lleno del Espíritu, tiene en sí el pimpollo y el embrión del futuro trascendental, y desde aquí extiende sus nacientes alas, y clama dentro de sí, por la gloria venidera.

¿Quién hay entre los discípulos de Cristo que no haya sentido, en un momento u otro, los dolores de parte de una vida más grandiosa y la profecía de un porvenir trascendente de todo el poder y todas las bendiciones que conocemos?

No sólo contamos con la concepción y anticipación de este glorioso futuro, sino que el apóstol dice que ya tenemos "los primeros frutos". El Espíritu de Dios que tenemos en nuestro corazón es la profecía y la promesa del tiempo que ha de venir cuando disfrutemos de más gloriosa vida espiritual, cuando le veamos, y vestidos de su perfección y dotados de algo de su sabiduría y poder, reinaremos con él por siempre.

Los toques de sanidad divina que ha emocionado nuestros cuerpos mortales no son más que el anticipo de la hora de resurrección, cuando entraremos a disfrutar de la plenitud de nuestra vida eterna, y nuestro cuerpo mortal será tan hermoso, tan glorioso, tan puro y tan fuerte como el cuerpo glorificado de nuestro Salvador que ocupará el trono.

Lo que nos ha sido dado ver acerca de la manera en que Dios contesta las oraciones, del poder que ejerce sobre la naturaleza, de las victorias obtenidas sobre las circunstancias, de la vida divina aun dentro de esta esfera limitada, son únicamente anticipación y promesa del tiempo cuando heredemos el reino que perdió Adán y participemos del dominio sobre toda la creación, para el cual Dios destinó al hombre.

Así pues, el Espíritu Santo nos está enseñando el canto milenial; está despertando en nosotros los impulsos de la resurrección; nos ilumina con la visión de la gloria porvenir, y nos invita a que pongamos a prueba, aun aquí, nuestras alas celestiales. Como el águila enseña a volar a sus aguiluchos, poco a poco y con repetidos esfuerzos, sacándoles de su suave nido, levantándolos sobre sus potentes alas, así la Madre Paloma nos enseña a que extendamos las alas en el aire y a que nos remontemos un poco en nuestra herencia futura.

¡Oh, no desobedezcamos a estas visiones celestiales! No reprimamos esos anhelos. No apaguemos ese fuego inmortal. Tampoco debemos trabar, detener ni aplastar las inspiraciones celestiales, ni las aspiraciones que van aparejadas no sólo con la profecía, sino con el poder vital de una vida sin fin ni límites.

9. En el versículo veintiséis vemos al Espíritu Santo como el Espíritu de la oración: "Y de igual manera el Espíritu nos ayuda en nuestra debilidad; pues qué hemos de pedir. Como conviene, no lo sabemos, pero el Espíritu mismo intercede por nosotros con gemidos indecibles. Mas el que escudriña los corazones sabe cuál es la intención del Espíritu, porque conforme a la voluntad de Dios intercede por los santos".

He ahí el profundo misterio de la oración. Tenemos aquí el delicado mecanismo divino que no se puede interpretar por medio de palabras, ni puede explicarlo la teología, pero que hasta el más humilde de los creyentes conoce aun cuando no pueda comprenderlo.

¡Cuántas cosas hay que nos gusta sobrellevar a pesar que nos abruman y no podemos comprenderlas! ¡Cuántos deseos inarticulados arrancan de nuestro corazón cosas que no podemos comprender! Sin embargo, sabemos que son un eco que parte del trono de Dios y voces que parten de su corazón. A menudo es más bien un quejido que una canción; es más bien una carga, que ágil ala. Pero es una bendita carga, y es un quejido cuyo tono es alabanza e inexplicable gozo. Es "un quejido que no puede expresarse". No siempre podemos expresar lo que es, y algunas veces no lo comprendemos, sólo sabemos que es Dios quien ora en nosotros para que hagamos algo que él necesita y que él comprende.

De manera que lo que debemos hacer es simplemente abrir nuestro corazón íntegramente, dejándole ver la pena que nos abruma, sabiendo que él nos oye, nos ama, nos comprende y nos recibe; él, por su parte, aparta de nuestra oración todo aquello que es imperfecto, fruto de nuestra ignorancia y, presenta el respeto de la oración, invocada en el nombre de Jesús, juntamente con el incienso del Sumo Pontífice, ante el trono de las alturas, y Dios la oye, la acepta y la contesta.

10. El espíritu dispuesto a servir es un atributo suyo. Después se le presenta al Espíritu Santo como el que da las aptitudes necesarias para la consagración al servicio de Dios. En el capítulo doce de la epístola a los Romanos, se observa una fuerza y belleza de la frase debido al empleo de la palabra griega *"paracleto"*.

La expresión, "hermanos, os ruego por las misericordias de Dios", literalmente dice: "Os *paracleto* por las misericordias de Dios", es decir, no soy yo, sino el Espíritu Santo, el que os ruega que presentéis vuestros cuerpos en sacrificio vivo, que es vuestro racional culto. Este es, pues, el mensaje que el Espíritu Santo da a los hijos e hijas de Dios salva-

EL ESPIRITU EN LA EPISTOLA A LOS ROMANOS

dos y santificados, y es también el verdadero poder para la consagración y el servicio.

Podemos identificarnos de tal modo con el bendito Paracleto que lo que digamos a otras personas no sean mensajes nuestros sino de él, y podamos decir: "Yo os *paracleto*", os ruego en nombre del Espíritu Santo. Así, lo que decimos y lo que hacemos tendrá la autoridad y el poder del Espíritu Santo.

11. El espíritu de alegría se nos revela en el capítulo catorce, versículo 17, de esta misma carta a los Romanos, donde dice: "el reino de Dios no es comida ni bebida, sino justicia, paz y gozo en el Espíritu Santo"; y en el capítulo quince versículo 13: "El Dios de esperanza os llene de todo gozo y paz en el creer para que abundéis en esperanza por el poder del Espíritu Santo".

El Espíritu Santo es siempre espíritu de alegría, y el espíritu alegre y lleno de esperanza es esencial para contar con el poder necesario para dar testimonio de Cristo.

12. El espíritu de las misiones es el Espíritu Santo. La revelación suprema del Espíritu Santo en esta epístola sublime, es el espíritu de evangelización del mundo entero. Es muy precioso ver que en ésta, la más doctrinaria de todas las epístolas, el más profundo tratado sobre la justificación, la santificación y los propósitos de Dios, que jamás se haya escrito por manos inspiradas, se encuentren estas palabras finales respecto al ministerio del Espíritu Santo, referentes a la evangelización de todo el mundo, pero ¿cómo pudo ser otra cosa viendo que se trata de manos tales como las de Pablo?

Oíd estas inspiradoras palabras: "Mas os he escrito, hermanos, en parte con atrevimiento, como para haceros recordar, por la gracia que de Dios me es dada para ser ministro de Jesucristo a los gentiles, ministrando el evangelio de Dios, para que los gentiles le sean ofrenda agradable, santificada por el Espíritu Santo.

"Tengo, pues, de qué gloriarme en Cristo Jesús en lo que a Dios se refiere. Porque no osaría hablar sino de lo que Cristo ha hecho por medio de mí para la obediencia de los gentiles, con la palabra y con las obras, con potencia de señales y prodigios, en el poder del Espíritu de Dios; de manera que desde Jerusalén hasta Ilírico, todo lo he llenado del evangelio de Cristo. Y de esta manera me esforcé a predicar el evangelio, no donde Cristo ya hubiese sido nombrado, para no edificar sobre fundamento ajeno, sino como está escrito: Aquellos a quienes nunca les fue anunciado acerca de él, verán; y los que nunca han oído de él, entenderán" (Romanos 15:15-21).

Para el ardiente corazón de Pablo la obra de las misiones no era otra cosa que el ofrendar a Dios el mundo gentil como inmensa ofrenda viva, santificada por el Espíritu Santo. Todo el glorioso y absorbente servicio de su vida tuvo por único objeto la presentación de dicha ofrenda; para esto había solicitado el grandioso poder del Espíritu Santo y lo había recibido, de modo que pudo decir con perfecta verdad: "con potencia de prodigios y milagros, en el poder del Espíritu de Dios... desde Jerusalén, y por los alrededores hasta Ilírico, todo lo he llenado del evangelio de Cristo". Pablo no pudo quedar satisfecho siguiendo únicamente por caminos trillados por otros y trabajando en campos ya ocupados, sino que avanzó a las regiones de más allá, para contar la historia del amor divino y de la divina gracia, en lugares donde el nombre de Cristo era desconocido.

En tiempos cuando todos los medios de comunicación internacional que hoy conocemos, eran desconocidos, cuando no habían ferrocarriles, ni buques de vapor; cuando las líneas telegráficas no existían ni se habían instituído sociedades misioneras, este hombre solitario predicó el evangelio, de pueblo en pueblo, hasta que pudo decir, refiriéndose a aquella región del mundo entonces conocida, que se extendía alrededor de Jerusalén, que había predicado el evangelio de Cristo, sin dejar sitio alguno, y que, por consiguiente, ahora disponía de tiempo para ir a visitar a los amigos de Roma y realizar entre ellos obra misionera.

Dondequiera que el Espíritu Santo toma posesión de los corazones y vidas, ese es el sentimiento que se apodera de ellos, y es el resultado práctico de nuestra consagración, hasta haber llevado el evangelio a todas las razas y en todas lenguas de la tierra; así se cumplirá el propósito de la dispensación cristiana de reunir en su nombre un pueblo de entre los gentiles, después de lo cual vendrá el Señor.

¡Ojalá que el Espíritu Santo nos ayude a todos, como consecuencia del estudio de esta admirable epístola, a comprender el significado que ella tiene para nosotros y para nuestro tiempo, y sacar de las más grandes verdades del evangelio la obra más grande de los siglos!

CAPÍTULO XI

EL ESPIRITU SANTO EN LA PRIMERA EPISTOLA A LOS CORINTIOS

LA primera epístola de Pablo a los Corintios revela la doctrina del Espíritu Santo en diversos párrafos muy claros, en los que expone cuatro aspectos de dicha verdad, todos ellos de gran significación práctica.

En el capítulo segundo se nos presenta como el centro del cual emana la iluminación mental y como la fuente de toda sabiduría y revelación.

En los capítulos tercero y sexto vemos la manera como el Espíritu Santo viene a morar en el nuestro. Se nos da a conocer su santidad y poder.

En el capítulo sexto vemos cómo el Espíritu Santo viene a habitar en nuestro cuerpo y nos une a Cristo.

En el capítulo duodécimo vemos cómo el Espíritu Santo constituye todo el cuerpo de Cristo y lo unifica, lo llena de vida e inviste de poder para el servicio.

I

LA MENTE ESPIRITUAL (I Corintios 2:6-16). El último versículo de este capítulo expresa la verdad especial que se desarrolla en todo el capítulo: "Nosotros tenemos la mente de Cristo". Aquí se presenta al Espíritu Santo como el que despierta la mente, como fuente de toda iluminación mental y como el revelador de la verdad espiritual.

En este capítulo se destacan tres claros e importantes pensamientos. El Espíritu Santo es el revelador de la verdad sobrenatural.

1. En primer lugar, el Espíritu es el revelador de las fuentes de sabiduría. "Cosas que ojo no vio, ni oído oyó, ni han subido en corazón de hombre, son las que Dios ha preparado para los que le aman. Pero Dios nos las reveló a nosotros por el Espíritu; porque el Espíritu todo lo escudriña, aun lo profundo de Dios".

El ojo ha visto mucho, mas hay algunas verdades que están más allá del alcance de la vista natural, éstas son tan maravillosas como este mundo lleno de luz y de belleza como lo ve un hombre que ha sido ciego y le es restaurada la vista. Lo primero que se le ocurre decir es: ¡Qué hermoso! ¡Qué portentoso! ¿Por qué no me dijeron antes que era así?

Hay, pues, verdades espirituales, y un mundo de visión más elevado que Dios tiene para el espíritu revivido, que jamás podrían descubrir nuestros sentidos naturales; mas, cuando lo vemos con la luz de su revelación, nos asombra el hecho de que no hayamos sabido nada de ello antes, y nos parece que todo el mundo debiera saberlo.

Hay cosas que el oído ha oído —palabras elocuentes, notas melódicas y armónicas, la suave voz del afecto, las voces de la naturaleza y del amor humano— pero hay un reino más elevado cuyos mensajes de verdad celestial y divino amor, el oído no ha oído nunca. Hay palabras que expresan ternura y sabiduría que el pastor quiere decir a aquellos que lo saben, y que el Espíritu Santo ansía dar "el que tiene oído, oiga lo que el Espíritu dice a las iglesias" (Ap. 2:17).

Hay pensamientos y verdades concebidas por el corazón humano; admirables creaciones de la imaginación humana; sorprendentes concepciones del alma humana; maravillosas inducciones de la observación y percepción humanas; admirables sistemas de pensar y de filosofía. Para el alma instruida por el cielo hay pensamientos más altos aún que llenarán de asombro y de encanto los siglos venideros. "En quien están escondidos todos los tesoros de la sabiduría y del conocimiento (Colosenses 2:3), y llegará el día en que conoceremos tal cual él, todos los secretos de la verdad. Mas él no puede hablarnos de esas cosas mientras no estemos listos para escucharle. Eso le corresponde hacer al Espíritu Santo. El nos ha revelado algunas de esas verdades por medio de las Sagradas Escrituras, pero eso no es más que una revelación primaria, para los tiempos actuales, y mientras vayamos conociéndole mejor, él seguirá guiándonos y conduciéndonos a todas las alturas del conocimiento en el curso de la eternidad.

"Porque el Espíritu todo lo escudriña, aun lo profundo de Dios". Como una madre que busca en el ropero las ropas que mejor sienten a sus criaturas, según la edad de cada una de ellas; como el maestro que prudentemente discrimina y determina en qué grados ha de poner a los alumnos según los adelantos que hayan alcanzado. Así el Espíritu Santo trata constantemente de enterarse qué progresos hemos hecho, qué es lo que nos puede enseñar y hasta qué grado puede adelantarnos. Trata de ver hasta dónde puede revelarnos lo que Cristo piensa. Muchas veces queda decepcionado al ver que no estamos preparados para recibir los mensajes más elevados que quisiera darnos.

2. Necesitamos algo más que la verdad sobrenatural, debemos tener mente sobrenatural para recibirla. A eso se debe que el próximo paso que tenemos aquí es el Espíritu Santo dándonos la mente de Cristo, y poder sobrenatural de percepción. "Porque ¿quién de los hombres sabe las cosas del hombre, sino el espíritu del hombre que está en él? Así tampoco nadie conoció las cosas de Dios, sino el Espíritu de Dios" (2:11).

Podréis repetir este sermón al canario que canta en vuestra casa, y podrá suceder que incline su cabecita con verdadera atención, tratando de comprender el significado de lo que decís, pero no tardaréis en daros cuenta de que no lo entiende. Su mente diminuta, no es capaz de entender vuestros pensamientos elevados; él sólo tiene la mente de pájaro, en cambio vosotros tenéis la mente de seres humanos. Para que el pájaro os pueda entender tendríais que poner vuestra mente en la de él.

Lo mismo ocurre cuando ponemos nuestras limitadas mentes al lado de los grandes pensamientos de Dios, reconocemos nuestra ineptitud; no podemos comprenderlos. Vuestro canario podrá tener cabeza más grande que el canario de vuestro vecino, tal vez pueda hacer algunas cositas que otros pajaritos no saben hacer; podrá ser un pajarito amaestrado y hacer algunas pruebas que otros pájaros son incapaces de hacer, pero no deja de ser por eso un simple pájaro amaestrado. De igual modo el filósofo, el hombre de ciencia, el erudito, podrá saber algunos artificios intelectuales, que ignoran las personas de menos preparación intelectual, pero aquellos sólo cuentan con la mente humana, y no pueden comprender las cosas de Dios sin haber recibido iluminación divina.

A eso se debe el que "la sabiduría de este mundo sea necedad para Dios". "Pero", agrega, "hemos recibido el Espíritu que es de Dios; para que conozcamos las cosas que nos han sido dadas gratuitamente por Dios" (I Corintios 2:12. V. M.) "Tenemos la mente de Cristo".

Esa es la verdad asombrosa que nos ofrece la revelación. El Espíritu Santo nos aniquila el intelecto, pero lo despierta y lo compenetra de la mente de Cristo que llega a ser prácticamente la verdad, que "las cosas viejas pasaron, y he aquí todas son hechas nuevas".

El Espíritu Santo puede darnos la facultad de cesar de ocuparnos de nuestros propios pensamientos, puede hacer que la verdad sea algo real y vivo, de modo que brille con la intensidad deslumbrante de lo que se siente intensamente. El Espíritu Santo nos ayuda a comprenderlo, a sentirlo, a reconocerlo. Puede iluminar la página hasta que ésta deslumbre con la brillantez de las estrellas del firmamento durante la noche, o cuando el sol brilla en las horas del día haciéndonos ver todos los objetos que están al alcance de nuestra vista. El Espíritu Santo puede poner fin a los fatuos pensamientos de nuestra imaginación "llevando cautivo todo pensamiento a la obediencia a Cristo" (II Corintios 10:5). Bendito bautismo para nuestras pobres imaginaciones errantes. Bendita "paz de Dios que sobrepuja todo entendimiento", que puede "cuidar de nuestros pensamientos" tanto como de nuestro corazón, por amor de Jesucristo. ¡Bendita vista y bendita luz que está al alcance de todos los ciegos!

Por eso, en el precioso y simbólico evangelio de Juan, donde todos los actos públicos de Cristo son lecciones objetivas, vemos que, después de haber declarado él mismo que él es la luz del mundo, en seguida, le dio la vista a un ciego, como si hubiese querido decir: "Lo que necesitáis no es únicamente luz, sino visión". Jesús vino para que viesen aquellos que no podían ver, y para enceguecer a los que veían.

3. Hay otro pensamiento aún que se desprende de esta lección, y éste es la incapacidad de la sabiduría humana para entender las cosas de Dios. "El hombre natural no percibe las cosas que son del Espíritu de Dios, porque para él son locura, y no las puede entender, porque se han de discernir espiritualmente" (I Corintios 2:14).

El hombre natural a quien se refiere aquí, no es, por supuesto, el hombre carnal, sino que quiere decir, literalmente, el hombre físico; es decir, el hombre con alma, la mente intelectual, el cerebro culto, la mente del filósofo. El hecho que los hombres no conozcan la voluntad de Dios no se debe a falta de cultura, sino a la carencia de órganos espirituales. Por consiguiente, dicha ignorancia se debe a que "la sabiduría de este mundo es insensatez para con Dios; pues escrito está: El prende a los sabios en la astucia de ellos" (I Corintios 3:19). A eso se debe el que a menudo ocurra que la erudición y el genio y hasta la propia autoridad eclesiástica, sean incapaces de comprender las más profundas verdades espirituales del evangelio, y hasta llegan a oponerse y ridiculizar las cosas que Dios ha revelado a aquellos que le aman.

Por eso, amados míos, no os debe sorprender cuanto veis que personas inteligentes, y aun profesores que dictan cátedras y ocupan púlpitos sagrados, se oponen a las verdades que amáis más que vuestra vida y que habéis comprendido iluminados con la luz viva de Dios. No os sintáis airados; no respondáis de la manera insensata como ellos se expresan, sino orad por ellos; tenedles lástima, y si la oportunidad se os presenta, haced que la luz de aquello que ignoran brille en sus corazones. Hacedles sentir que les amáis; dejadles ver las lágrimas que vertís movidos por la compasión que por ellos sentís; dejadles ver la gloria que se refleja por medio de vuestro rostro y vuestra vida, y llegará el día en que tendrán vivos deseos de conocer el secreto del Señor que vosotros habéis encontrado.

Cuando Apolo predicó en Efeso las admirables enseñanzas doctas de las escuelas religiosas de aquellos tiempos, Aquila y Priscila, que le escucharon, pudieron ver que carecía de algo. No le criticaron ni le denunciaron, sino que, amorosamente, oraron por él; con toda amabilidad le instruyeron enseñándole las verdades más profundas, y Dios abrió el corazón de Apolo para que recibiese las enseñanzas que le dieron.

Amados amigos, hombres de cultura, que confiáis en vuestra sabiduría, permitidme que os diga que jamás llegaréis a encontrar la verdad que habéis seguido. Sin contar con la divina revelación, no podréis comprenderla. Si Dios no os da luz, estáis ciegos, en tinieblas y expuestos a la perdición.

Rendíos, pues, ante sus benditos pies, con toda humildad, y contrición, reconociendo vuestra impotencia; confesad vuestra ceguera, y clamad a él como lo hizo Bartimeo en la antigüedad: "¡Señor, hazme ver!" — y vosotros también recibiréis la vista espiritual y podréis ver las maravillas de su ley.

II

LA HABITACION DEL ESPIRITU SANTO EN NOSOTROS NOS SANTIFICA. "¿No sabéis que sois templo de Dios, y que el Espíritu de Dios mora en vosotros? Si alguno destruyere el templo de Dios, Dios le destruirá a él; porque el templo de Dios, el cual sois vosotros, santo es" (I Corintios 3:16,17).

"Y esto erais algunos; mas ya habéis sido lavados, ya habéis sido santificados, ya habéis sido justificados, en el nombre del Señor Jesús, y por el Espíritu de nuestro Dios" (I Corintios 6:11).

Tenemos aquí al Espíritu Santo, como el que habita en nuestro corazón y lo santifica, y por consiguiente, es él quien nos santifica y nos preserva. Ese es el misterio de la piedad — el hecho que Dios mora en el templo del alma humana. No consiste simplemente que el templo sea santificado, sino que al ser separado y santificado, se convierte en habitación del propio Dios, y él vive allí su gloriosa vida. "Habitaré y andaré entre ellos" (II Co. 6:16).

El apóstol apela a los corintios con la pregunta: "¿No sabéis?" El poder de esta bendita relación está en el hecho de saberlo, reconocerlo y vivir bajo la influencia de dicho poder. Hay muchos hechos gloriosos, que si sólo los supiéramos, revolucionarían nuestra vida. Durante siglos vivió el mundo al margen de los profundos secretos de la ciencia y de la naturaleza, y por no conocerlos, no pudo disfrutar de la potencia de sus elementos; mas, al enterarse del secreto encerrado en el rayo y en el vapor, inmediatamente se pusieron en función todas las fuerzas que hoy se emplean en el escenario de la vida comercial e industrial de nuestro tiempo.

Al saber que contamos con la presencia de Dios y que él habita en nosotros, instantáneamente venimos a ser partícipes de su omnipotencia. Cuando sabemos que contamos con el poder que nos puede levantar por encima de toda tentación, dificultad o prueba, nos hacemos participantes del poder de Dios, y avanzamos dando gritos de victoria.

¡Amados míos, muchos de vosotros vivís en la pobreza, derrotados y desilusionados, cuando podríais ser conquistadores y millonarios — millonarios espiritualmente! Lo que debéis hacer es reclamar lo que os corresponde; bastará que toquéis el alambre que está cargado de fuerza eléctrica; girad sobre la cuenta bancaria depositada en vuestro nombre; hasta que hagáis uso de los recursos que os pertenecen, reconoced que gozáis de la plena salvación y ponedla a prueba, y podéis andar como hijos de Dios; las dificultades caerán rendidas a vuestros pies, y podréis avanzar al grito de "¡A Dios gracias, el cual nos lleva siempre en triunfo en Cristo Jesús!" (II Co. 2:14).

III

EL ESPIRITU SANTO Y NUESTRO CUERPO. "¿O ignoráis que vuestro cuerpo es templo del Espíritu

Santo el cual está en vosotros, el cual tenéis de Dios?" (I Corintios 6:19).

Esta es una verdad diferente a la que hemos estado estudiando, por lo menos es de diferente alcance y grado de la misma verdad que hemos tratado. El Espíritu Santo no sólo llena el corazón, sino que también llena, o quiere llenar, el cuerpo. El quiere que le consagremos todos nuestros órganos físicos, todos los miembros de nuestro cuerpo, con objeto de tomar posesión de ellos y llenarlos y vivificarlos con su vida divina. El es el Administrador de nuestro cuerpo tanto como es Padre de nuestro espíritu, y puede dar a todo nuestro cuerpo la mismísima vida del Cristo resucitado. Y una vez que ha llenado nuestro cuerpo y lo ha convertido en su templo, lo une a Cristo. Entonces también llega a ser cierto lo que dice en los versículos trece y quince: "El cuerpo... es para el Señor; y el Señor para el cuerpo". "¿No sabéis que vuestros cuerpos son miembros de Cristo?"

Luego nos hace ver la misteriosa y gloriosa relación que se produce entre nosotros y el Salvador, de manera que le llamamos esposo, pues nos casamos con la vida de nuestro amado Señor y él imparte a nuestro ser — a nuestro organismo físico — la propia vida de su resurrección y su fortaleza.

La relación que así se establece, es tan pura y santa como el propio corazón de Dios. Ella no puede compararse con ninguna otra relación humana, pues está por encima de todo lo terrenal. Se trata de la comunión del Espíritu Santo, tan delicada, tan sagrada y tan pura, que el más mínimo intento de emplear figura alguna terrestre, la profanaría. Sin embargo, es real, tan real y satisfactoria como el más tierno e íntimo de los afectos humanos. La verdad es que todo lo que sabemos acerca del amor y gozo terrenales nos hace ver que estos no son más que una figura imperfecta de aquella unión espiritual. Es fuente de energía física del cuerpo consagrado. Hace que nuestros cuerpos se conviertan en miembros de Cristo. Hace que su vida se compenetre en todo nuestro ser; llega a ser nuestra vida y nuestro Pan Vivo. Hace que lleguen a ser para nosotros toda una realidad actual sus admirables palabras: "Como me envió el Padre viviente, y yo vivo por el Padre, asimismo el que me come, él también vivirá por mí" (Juan 6:57).

Este es un amor y una vida que sólo saben lo que son, aquellos que han sentido ambas cosas. El instruirá a las almas consagradas y obedientes, y nos hará sentir, anticipadamente, aun aquí en la tierra, algo de lo que sentiremos cuando nos sentemos a la mesa en la fiesta del Cordero y vivamos para siempre disfrutando de la propia vida del Salvador que es la que él nos da.

También se nos enseña que la morada del Espíritu Santo en nuestro cuerpo, y nuestra unión física con el Señor Jesucristo hará que nuestro ser sea totalmente sagrado, dedicado y consagrado a él. "No sois dueños de vosotros mismos; porque habéis sido comprados a gran precio; glorificad pues a Dios en vuestro cuerpo" (I Corintios 6:20). La versión de Cipriano de Valera es incorrecta en este pasaje, pues la palabra **espíritu** no está en el original. El apóstol se refiere exclusivamente a la vida física. La referencia a la compra hecha pagando precio por ella alude a nuestro cuerpo. Es de nuestro cuerpo de lo que habla al decir que no nos pertenece, y con nuestro cuerpo es que debemos glorificar a Dios.

Mas, ¿de qué modo podemos glorificarle a menos que le dejemos vivir en nuestro cuerpo, que él vea por medio nuestro y trabaje en beneficio de los demás, de tal manera que nuestra vida física exprese la gracia y la plenitud de Dios; que él vea por medio de nuestras vidas santas; que ande con nuestros pies y brille en nuestros rostros iluminados; que vivamos de manera tal que nos expresemos con acento amoroso, y revelemos lo que él es por medio de lo que pensamos y lo que hacemos?

¡Oh, cómo santifica la vida el recibir momento tras momento el aliento que él nos da!

Cuéntase acerca de una mujer china que había rehusado recibir al Señor Jesucristo, de quien le había hablado una de las enfermeras que la atendían, la que era también misionera. Esta señora estaba muy grave y en peligro de morir a causa de una úlcera que tenía en el brazo. El médico dijo que si pudiesen conseguir que alguien se prestara para que le diese parte de su carne y de su sangre para injertarla e inyectarla en su extenuado cuerpo, tal vez podría recuperar la salud. La mujer mandó llamar a su hijo, le relató lo que había dicho el doctor y le preguntó si él estaría dispuesto a dejar que le cortaran parte de su carne y que le extrajeran parte de su sangre con ese fin, pero el hijo rehusó. La infeliz mujer quedó sumida en angustia y desesperación. Un día, la misionera la encontró llorando. Se sentó al lado de su lecho y le preguntó si no le permitiría que ella diese parte de su carne y de su sangre para ver si podían salvarla de la muerte. La mujer se sintió profundamente conmovida al recibir esa oferta de labios de aquella mujer que no era de su familia, ni siquiera de su raza, y aunque alegó que era demasiado sacrificio para ella someterse a esa operación, la misionera se sometió a ella. Después de eso, la enferma fue mejorando de día en día, hasta que, finalmente, el brazo quedó completamente sano. En el sitio donde estuvo la úlcera ahora sólo queda un parche de epidermis blanca.

Un día la misionera volvió a verla y la encontró llorando y mirándose el brazo con extraña ternura. La enfermera le preguntó qué le pasaba, y la mujer china respondió:

"Maestra; he estado mirando esta mancha blanca que tengo en el brazo que me hace ver que usted dio su carne y su sangre para sanarme de la enfermedad que me estaba quitando la vida. ¿Por qué pudo usted hacer eso?"

La maestra respondió: "Sólo pude hacerlo movida por el amor de Jesús, porque él dio su vida por mí".

La pobre mujer china volvió a prorrumpir en llanto y dijo: "Maestra, yo quiero al Jesús del cual usted me ha hablado. Si él pudo hacer que usted me amara de ese modo, cosa que no quiso hacer mi propio hijo, quiero que el Jesús que usted ama y sirve, sea también mi Jesús". Esa pobre mujer fue atraída a Cristo por medio del amor de una de sus hijas misioneras que estuvo dispuesta a dar su carne y sangre para salvarla, movida por el amor puro que la animaba.

¡Oh, amados míos! Al mirar estas venas que estuvieron tan enfermas, a causa de la infección que por ellas corría, y al pensar en Aquel que no sólo dio su vida por mí, sino que reanuda ese don todas las mañanas, ¿cómo podré vivir únicamente para mí? ¿Cómo podré vivir para el mundo? ¿Cómo podré prostituír por el pecado las facultades que Dios me ha dado? ¿Cómo no he de sentir como dice este texto: "Comprados sois por precio; glorificad pues a Dios en vuestro cuerpo que es de Dios" (I Corintios 6:20, V. M.).

Dios nos ayude a recibir la vida de Jesús de manera tal, para que a nuestra vez la consagremos totalmente a su servicio, a fin de beneficiar al mundo, que sólo puede ganarse, valiéndose para ello del modelo vivo de su gran amor y por medio de la maravillosa virtud del Espíritu Santo que nos es dado.

CAPITULO XII

EL ESPIRITU SANTO EN EL CUERPO DE CRISTO

"Porque por un solo Espíritu fuimos todos bautizados en un cuerpo, sean judíos o griegos, sean esclavos o libres; y a todos se nos dio a beber de un mismo Espíritu" (I Corintios 12:13).

TODO este admirable capítulo está consagrado a exponer la profunda verdad de que la Iglesia es el cuerpo de Cristo, y que el Espíritu Santo es la vida de la Iglesia, por consiguiente, el Espíritu Santo es el que constituye la unión con Cristo y él es la Cabeza viva y el que inviste a la Iglesia de poder divino y de la eficiencia necesaria para su santo ministerio.

I

EL ESPIRITU SANTO CONSTITUYE EL CUERPO DE CRISTO. "Porque por un Espíritu fuimos todos bautizados en un cuerpo". La Iglesia no es una organización; es una vida orgánica, un cuerpo vivo constituído por el Espíritu Santo, y unido a Jesucristo, que es su vida y su cabeza viva. Al principio, Eva fue creada en **Adán** y después Dios la sacó de él por medio de un acto especial, y la unió a él en calidad de esposa. De igual modo, el Espíritu Santo saca la Iglesia de Cristo para luego dársela en unión divina, como su gloriosa esposa.

Cada uno de sus miembros recibe el llamamiento y se le crea de nuevo en Cristo Jesús; el Señor los va tomando así, de uno en uno, y agregándolos a su Iglesia. No hay ninguna otra manera de constituir una iglesia. Se podrán formar organizaciones de hombres, pero el hecho de constituirse así, por sí solos, no les convierte en el cuerpo de Cristo. La unión ha de ser vital; la obra debe ser divina. Se le denomina un bautismo. Esta palabra expresa la honda verdad de la muerte y la resurrección. La manera como llegamos a ser incorporados a su cuerpo glorioso y unidos a la vida de aquel que es la gran Cabeza de la Iglesia es por medio de la muerte de nuestra vida natural y por la resurrección de nuestro Señor Jesucristo.

Todo lo que atañe a la vida natural es incongruo con la verdadera Iglesia de Cristo. La maldición más grande de la iglesia de hoy es el elemento carnal que sigue adherido a ella a causa de las personas no santificadas que la integran. La más imperiosa necesidad de la Iglesia del Señor Jesucristo es que aquellos que la constituyen sean bautizados en la muerte por la cruz de Cristo y resucitados a su vida divina. El único que puede hacer esto es el Espíritu Santo. Esto lo está haciendo, miembro tras miembro, momento tras momento, conforme corren los días; recogiendo de todas las gentes, de todas las razas y todas las lenguas — un cuerpo para el Señor, una Esposa para el Cordero. Cuando haya recogido al último miembro y la Esposa esté completa, vendrá el Señor y unirá su cuerpo a la Cabeza ya glorificada.

De manera, pues, que los únicos que pertenecen al verdadero cuerpo de Cristo son aquellos que por medio del Espíritu Santo han pasado de la muerte a la resurrección pues "por un solo Espíritu fuimos todos bautizados en un cuerpo" (I Co. 12:13).

II

EL ESPIRITU SANTO ES EL QUE SOSTIENE LA VIDA DE LA IGLESIA. En el mismo versículo agrega el apóstol: "Y a todos se nos dio a beber de un mismo Espíritu". Una cosa es ser bautizados en el cuerpo, y otra es beber del océano en el cual hemos sido lanzados.

El Espíritu Santo llega a ser el elemento vital de nuestra nueva vida, "en él vivimos, y nos movemos, y somos". Como el pájaro vive en el aire, como el pez vive en el mar, como la flor vive bajo la luz del sol, así vivimos nosotros dentro del elemento del Espíritu Santo; y al beber de su plenitud mantenemos nuestra vida y ésta crece en la madurez de Cristo.

Ese es el secreto de estar lleno del Espíritu y es la manera en que fructifica la vida. ¿Hemos bebido nosotros de ese Espíritu? El es quien debe hacernos beber. El es quien debe hacernos sentir hambre y sed, y quien despierta en nosotros deseos de volar hacia él en busca de su vida y de su amor. El es quien nos constriñe a que recibamos la plenitud de su presencia. El es quien nos riega, nos alimenta, nos llena y nos perfecciona, con gloriosa maestría, y nos prepara para la madurez del cuerpo de Cristo, en toda su plenitud.

III

EL ESPIRITU SANTO UNE EL CUERPO. "El cuerpo es uno" —no dos— "y tiene muchos miembros, pero todos los miembros del cuerpo, siendo muchos son un solo cuerpo, así también Cristo" I Co. 12:12.

1. El Espíritu Santo nos une a Cristo, que es la Cabeza, y también nos une con otros, en Cristo. Cada persona se une directamente con el Señor Jesucristo, que es la fuente de la vida de cada uno individualmente, y de él — es decir de Cristo — tiene que venir la vida a cada uno de los miembros, aun a los que se encuentran en los extremos del cuerpo.

Pero Jesucristo necesita de su Iglesia tanto como ésta necesita de él. ¿De qué sirve una cabeza sin cuerpo? ¿De qué sirve un cuerpo sin cabeza? Por eso aquí se le da a la Iglesia un nombre muy solemne: "Así también Cristo". Se habla de la Iglesia como si esta fuera el propio Señor Jesucristo; la cabeza que está en el cielo es Cristo; el cuerpo que está en ella es igualmente Cristo. La iglesia le representa; representa sus méritos, sus derechos, su nombre, su carácter santo y su poder vital. La Iglesia está llena de su vida; su santidad significa su presencia; su fortaleza física emana de su vida resucitada, y todo su poder es obra del Señor que ascendió a los cielos. Sigue obrando por medio de él, y prosigue su obra como la comenzó en la tierra, y podemos levantar la mirada y decir: "Como él es, así somos nosotros también en este mundo". El participa de todos nuestros sufrimientos. Estamos vinculados con él por medio de los más tiernos lazos de simpatía. Cuando persiguen y hieren a sus discípulos, allí en el trono donde está, siente dolor y simpatía por ellos y exclama: "¿Por qué me persigues?"

2. Pero no sólo eso es así, sino que el Espíritu Santo también mantiene unidos a los miembros. "De manera que si un miembro padece, todos los miembros se duelen con él, y si un miembro recibe honra, todos los miembros con él se gozan" (12:26). La debilidad o la enfermedad que afecta cualquier miembro del cuerpo, hace que toda la estructura física se sienta afectada; por eso, el estado mórbido y enfermizo de tantos de los miembros de la Iglesia de Cristo impide que se produzcan los resultados que Dios tiene derecho de esperar.

Por consiguiente, es algo muy serio el ser responsable de cismas o separaciones de la Iglesia. Al hacer tal cosa pecamos contra Jesús, contra el Espíritu Santo y contra el propio cuerpo de Cristo. Por lo tanto no sólo es necesario que no se produzcan ofensas, injurias ni ataques contra el cuerpo de Cristo; pero por nuestra parte debemos conservarnos nosotros mismos en buen estado de salud espiritual, pues si no lo hacemos así con nuestro contacto contagiaremos todo el cuerpo. Mas, si estamos llenos del Espíritu, tendremos sentimientos tiernos, compasivos y amorosos para con la Iglesia de Cristo, y nos afanaremos por su bienestar y prosperidad. Como el gran apóstol, nos dará placer "y aunque sea derramado en libación sobre el sacrificio y servicio de vuestra fe" (Fil. 2:17), y cumplirá "en mi carne lo que falta de las aflicciones de Cristo por su cuerpo, que es la iglesia" (Col. 1:24); participando, de las necesidades del pueblo, juntamente con la bendita Cabeza; ayudándonos unos a otros, cumpliendo así la ley de Cristo.

IV

EL ESPIRITU SANTO INVISTE AL CUERPO DE CRISTO DE LA CAPACIDAD Y PODER NECESARIOS PARA EL DESEMPEÑO DE SUS VARIOS MINISTERIOS. Este es el tema especial de este capítulo, y todo lo que hemos dicho nos conduce a ello.

1. Cada uno de los ministerios requiere, para su desempeño bueno y eficiente, la inspiración del Espíritu Santo y la eficiencia que este da. Nadie puede decir en verdad, que Jesucristo es el Señor si no cuenta para ello con la iluminación del Espíritu Santo. Dios no puede emplear dones seculares y naturales aparte del Espíritu Santo. "Si alguno habla, hable conforme a las palabras de Dios; si alguno ministra, ministre conforme al poder que Dios da; para que en todo sea Dios glorificado por Jesucristo (I Pedro 4:11). Lo que constituye la eficiencia en el cuerpo de Cristo no es el gran talento ni la mayor cultura, sino que es sencillamente el poder absoluto del Espíritu Santo. Se trata de un ministerio divino y, por lo tanto, el que ha de desempeñarlo debe estar divinamente equipado para ello.

2. También se nos enseña que cada uno de los miembros de la Iglesia puede ser investido del Espíritu Santo para poder desempeñar el servicio que se le asigne; "a cada uno le es dada la manifestación del Espíritu para provecho" (I Corintios 12:7); es decir, el Espíritu Santo no hace acepción de personas, sino que está listo a investir a todo siervo

de Cristo de la capacidad necesaria para realizar la obra a la cual se le ha llamado, y para que ocupe en el cuerpo el sitio para el cual se le ha asignado.

Esta bendita investidura no está destinada únicamente a los apóstoles, profetas, obradores de milagros, maestros o los que ocupan cargos especiales, sino que se le concede a todos los miembros de la Iglesia de Dios. Todas las partes del cuerpo son necesarias e importantes, y como lo explica el apóstol de manera clara y comprensible, empleando para ello figura fisiológica, el miembro más débil y humilde del cuerpo humano, muchas veces es al que más se le cuida; lo mismo sucede en la Iglesia de Cristo, Dios emplea y da honores a algunos de los más débiles y humildes, llenándoles de su poder, glorificando de ese modo su propia gracia.

3. Hay una gran variedad. Como en el cuerpo humano, cada miembro tiene su propia función, y la unidad se enriquece por medio de la armonía de las diversas partes. Dios no quiere que nos imitemos unos a otros, sino que cada uno sea como es, pero que cada uno cuente también con la presencia del Espíritu Santo.

El ministerio que se nos asigna depende, hasta cierto punto, del lugar que ocupamos en el cuerpo, de las circunstancias que nos circundan y las condiciones en que nos ha colocado la providencia; por los instintos e inclinaciones que nos son naturales y por los dones con que nos han dotado la naturaleza y la gracia. El Espíritu Santo está esperándonos para investirnos allí mismo en el lugar donde estamos, quiere darnos las aptitudes necesarias para que seamos más útiles y más eficientes

EL ESPIRITU SANTO EN EL CUERPO DE CRISTO

en el desempeño de las funciones que se nos encomienden.

El apóstol da la lista de algunos de dichos dones. Algunos son llamados a ser apóstoles, profetas, doctores, evangelistas, obradores de milagros, consejeros, algunos para ayudar a otros para gobernar, pero observemos que el deber de ayudar precede al de las funciones de gobierno, y el maestro ocupa posición previa al que obra milagros. Lo que Dios reconoce no es la brillantez, sino la voluntad y eficiencia con que se cumple el cometido que se nos asigna. Si no podemos realizar maravillas, podemos ser, por lo menos, una lamparita que alumbre el camino a algún viajero; podemos ser escuderos, apoyando y ayudando a otros obreros.

4. El Espíritu Santo es el que administra todos esos dones. La persona a quien se emplea como instrumento, no es la que recibe los honores ni se le reconoce como el que ha realizado la obra, sino que se le trata como el mero instrumento. A eso se debe el que tengamos esta expresión tan significativa: "Pero todas estas cosas las hace uno y el mismo Espíritu" (I Corintios 12:11). El Espíritu es el que lleva a cabo la obra, el hombre es simplemente la vasija, por medio de la cual pone en función su poder y gracia soberanos. Como lo dijo tan sabiamente Ricardo Baxter: "Cada uno de nosotros es nada más que una pluma en las manos de Dios. ¿Y cuáles son los honores que recibe la pluma?" Mientras tenemos presente ese pensamiento nos vemos exentos de toda sensación de superioridad, de egoísmo, altivez, y nos tenderemos en el polvo, ante sus pies, reconociendo que somos vasijas vacías y le dejaremos a él — al Espíritu Santo, que nos ponga

en cualquier sitio donde él crea que podemos ser de alguna utilidad.

5. Hay otro pensamiento también de gran significación, este es que el mismo hecho de emplear el don con que nos inviste el Espíritu Santo, nos hace crecer — "pero a cada uno le es dada manifestación del Espíritu para provecho" (I Corintios 12:7). Al emplear los dones del Espíritu Santo, de manera prudente y fiel, estos mejoran, y nos hacemos más eficientes, y Dios, a su vez, nos emplea más y más y premia nuestros esfuerzos, y llega el momento en que no sólo nos inviste de un don sino que nos da muchos otros y si sinceramente codiciamos los buenos dones, Dios multiplicará los frutos de nuestro servicio, haciéndolos sumar miles y miles de ellos, para que en el día de las recompensas, nuestra simiente sea como las estrellas del firmamento y nuestra corona será más brillante e iluminada por la luz sobrenatural.

¡Cuán solemne es la verdad que el propio Dios nos hace capaces y nos da el poder necesario para que podamos servirle! El nos ofrece una corona que quiere que ganemos; nos ha dado la vida en el curso de la cual podemos ganar dicha corona; nos ha colocado en un siglo en el que se nos presentan extraordinarias oportunidades, y nos ha dado el Espíritu Santo para que podamos hacer mejor en el curso de nuestra existencia. Dios nos ayude a ser fieles a la comisión que nos ha encomendado, aprovechemos del mejor modo posible las oportunidades que nos ofrece por la gracia del Señor Jesucristo y por el poder del bendito Espíritu Santo.

CAPITULO XIII

EL ESPIRITU SANTO EN LA SEGUNDA EPISTOLA A LOS CORINTIOS

El que nos confirma con vosotros en Cristo, y el que nos ungió, es Dios, el cual también nos ha sellado, y nos ha dado las arras del Espíritu en nuestros corazones" (II Corintios 1:21,22).

"Siendo manifiesto que sois carta de Cristo expedida por nosotros, escrita no con tinta, sino con el Espíritu del Dios vivo; no en tablas de piedra, sino en tablas de carne del corazón" (II Corintios 3:3).

"Por tanto, nosotros todos, mirando a cara descubierta como en un espejo la gloria del Señor, somos transformados de gloria en gloria en la misma imagen como por el Espíritu del Señor" (II Corintios 3:18).

ESTOS tres versículos nos presentan cinco símbolos muy notables del Espíritu Santo; son joyas, de sagradas metáforas, que irradian luz celestial y hablan de las profundas verdades de la experiencia cristiana.

LA UNCION. "El que nos confirma con vosotros en Cristo, y el que nos ungió es Dios" (II Co. 1:21).

La figura de la unción la encontramos a través de todas las Sagradas Escrituras, y se cristaliza en el nombre de Cristo y en el de cristiano. La palabra Cristo significa "el Ungido", y el término cristiano quiere decir "perteneciente a Cristo", o sea, el que ha sido ungido por el Espíritu Santo.

Vemos esa figura en todo el ceremonial del Antiguo Testamento. Se empleaba especialmente para señalar a las personas elegidas para el desempeño de las tres principales funciones oficiales del Antiguo Testamento: del profeta, del sacerdote y del rey.

Los profetas eran ungidos para señalar que habían sido elegidos para que fuesen testigos y mensajeros de la voluntad de Dios y, de igual modo, nosotros somos testigos y mensajeros de Dios.

Los sacerdotes eran ungidos para que fuesen intermediarios entre Dios y el pueblo, y para que intercedieran por otras personas; así también nosotros somos ungidos para que entremos a formar parte del sagrado sacerdocio de Dios, para que nos alleguemos a él, para que nos postremos a sus pies y le rindamos culto, para que ofrendemos el sahumerio de la fe, el amor y la consagración, y para que tomemos en nuestro corazón los padecimientos, los pecados y las necesidades de nuestros semejantes, y para que participemos del ministerio sacerdotal de nuestro Maestro glorificado.

Los reyes eran ungidos para que gobernaran en nombre de Dios, para que en forma majestuosa representasen ante el pueblo a Jehová; nosotros pertenecemos igualmente al sacerdocio real; somos reyes y sacerdotes delante de Dios; poseídos por el Espíritu Santo, nuestra vida será un reinado victorioso sobre nosotros mismos y sobre el pecado;

triunfaremos sobre las tentaciones y sobre las dificultades que se nos presenten y mantendremos la dignidad de nuestra elevada vocación.

El Espíritu Santo nos unge para los tres ministerios. El es el único que puede darnos idoneidad para tan elevada vocación; y Dios da el don del Espíritu Santo a todos los seguidores de Jesús que estuvieren dispuestos a recibirle y a obedecerle.

La figura de la unción se emplea también con más amplia y hermosa significación. Ella es emblema de santa alegría. "Te ungió Dios, el Dios tuyo, con óleo de alegría más que a tus compañeros" (Salmo 45:7). "Unges mi cabeza con aceite; mi copa está rebosando" (Salmo 23:5). También es símbolo de sanidad: "Ungiéndole con aceite en el nombre del Señor, y la oración de fe salvará al enfermo, y el Señor lo levantará" (Santiago 5:14,15).

Esta unción a que venimos refiriéndonos puede obtenerla hasta el más humilde de los creyentes y el más indigno de los pecadores que esté dispuesto a recibir a Jesús y ser bautizado por el Espíritu Santo. En el Antiguo Testamento no hay ninguna figura de unción más que aquella que se refiere al leproso, en el libro de Levítico. Un pobre desechado e indigno pecador, en toda su impotencia y miseria, era conducido ante el sacerdote; éste lo tocaba con la sangre, lo lavaba con agua, lo desnudaba y limpiaba; después de lo cual se le vestía con ropas de santidad. La sangre y el aceite tocaban la punta de la oreja, el dedo pulgar, el pie, y se le ungía.

Lo mismo ocurre aún, el más impotente, aquel de quien se tiene menos esperanza, el más indigno recibe el más grande de los dones del Señor Jesucristo: el bendito Espíritu Santo y puede decir con el apóstol: "El que nos confirma con vosotros en Cristo, y el que nos ungió, es Dios" (II Corintios 1:21). "El Espíritu del Señor está sobre mí, por cuanto me ha ungido para dar buenas nuevas a los pobres; me ha enviado a sanar a los quebrantados de corazón; a pregonar libertad a los cautivos, y vista a los ciegos; a poner en libertad a los oprimidos; a predicar el año agradable del Señor" (Lucas 4:18,19).

II

EL SELLO. El sello se ha empleado siempre para marcar las reliquias antiguas en los negocios de todos los tiempos. En primer lugar se le emplea para señalar la legitimidad y para certificarla; de la misma manera el Espíritu Santo certifica al creyente estampándole el sello de Dios, dándole testimonio de que ha sido aceptado y la seguridad de la salvación.

Además el sello indica la pertenencia. Así el Espíritu Santo nos aparta, y nos sella con el sello que indica que pertenecemos a Dios, y al mismo tiempo nos hace ver que ya no nos pertenecemos a nosotros mismos, pues hemos sido comprados por Jesucristo; nos compró con su sangre y estamos obligados a vivir para servirle y para honrarle y glorificarle.

Por otra parte el sello expresa la realidad de lo que se trata. El sello graba su impresión en la cera y hace que ésta sea una cosa real, tangible y duradera. El Espíritu Santo da, pues, realidad a lo que sabemos y convierte en experiencia real aquello que hasta entonces fue simple teoría. El Espíritu Santo nos hace ver la realidad de la verdad; nos hace comprender que Jesús es real y verdadero; hace que las cosas divinas sean hechos reales para nuestra conciencia y de nuestra experiencia.

Finalmente el sello sirve para estampar la imagen de Jesucristo, y deja en nuestra vida la estampa de su carácter.

Pero no se puede marcar el sello en la cera cuando está dura; el material que se quiere estampar con el sello debe ser blando; sólo cuando la cera se encuentra en ese estado se puede conseguir que el sello quede fijo en ella, de manera permanente. Del mismo modo Dios tiene que ablandar nuestro corazón antes de sellarlo. ¡Cuántas bendiciones trae la contrición! El Espíritu Santo trata siempre de quebrantar nuestra rigidez y convertirla en ternura, a fin de imprimir en nosotros el sello que nos marque indicando que pertenecemos a Dios, que seamos imagen suya de manera que todos aquellos que nos ven y nos traten, vean y sepan que somos representantes de Cristo.

El acto del Espíritu Santo, al sellarnos, es definido y explícito. En la epístola a los Efesios dice exactamente cuando ocurre. "En él también vosotros, habiendo oído la palabra de verdad, el evangelio de vuestra salvación, y habiendo creído en él, fuisteis sellados con el Espíritu Santo de la promesa" (cap. 1:13). Lo primero que hacemos es rendirnos a él, después de haber procedido así, creemos en él y el Espíritu Santo por medio de un acto de fe definitivo por el cual nos compromete a ser de él; después de eso el Espíritu Santo comienza su obra.

Nos presentamos y ponemos nuestro sello en el divino mandamiento, porque el que le ha recibido ha puesto su sello testimoniando que Dios es fiel. Luego el Espíritu Santo desciende y pone su grande poderoso sello, sobre el nuestro que colocamos con manos tímidas y temblorosas, y nos vemos sellados con doble sello, para el día de la redención.

Amados míos, ¿habéis recibido la unción del Espíritu Santo? ¿Habéis sido sellados por él?

III

LA PRENDA. Esta es una palabra muy significativa. Ha sido transmitida a casi todas las lenguas tomada del hebreo. La misma palabra hebrea es la que se emplea en griego y así también en otras lenguas.

Representa la primera cuota que se entrega en señal de una compra. Si compro un terreno, hago el primer pago en el momento en que firmo el contrato de compra; por ese hecho el dueño de la tierra que he adquirido, está obligado a entregármela a su debido tiempo, y yo, de mi parte, tengo la obligación de abonar el resto. La prenda constituye el primer pago, parte de la suma total que uno se compromete a pagar; es, en una palabra, lo que ata el compromiso contraído.

La prenda tiene, además, otro significado parecido al que dejamos dicho. Antiguamente en los países orientales el vendedor también solía dar la primera cuota al comprador. Tomaba un puñado de tierra, de la parte del terreno que había vendido, la metía en una bolsita y se la entregaba al comprador en señal de la entrega total, que le haría a su tiempo, de la propiedad que había vendido. Lo que le entregaba al comprador era **exactamente** la misma tierra que había comprado, aunque en muy pequeña cantidad, pero ésta era la garantía de que le iba a entregar la propiedad completa que, a su tiempo, le sería transferida.

Así el Espíritu Santo es para nosotros el pago de una parte de la herencia cuya entrega total se nos ha prometido. Es el primer fruto de la cosecha, la primera parte de la herencia. El trae a nuestro corazón y a nuestra vida la misma bendita realidad que el cielo completará. La única diferencia yace en la medida y el grado. Así pues, tenemos la doble prenda. Primero, la recibimos en nuestro corazón como prenda de la herencia espiritual que nos traerá del cielo; pero más adelante, en el capítulo quinto, versículo cinco vemos un aspecto de dicha prenda un tanto diferente: "Mas el que nos hizo para esto mismo es Dios, quien nos ha dado las arras del Espíritu". Pablo no trata aquí de nuestra herencia espiritual, sino de nuestra herencia física en Dios. Se refiere a la resurrección del cuerpo, alude a la gloria que traerá Cristo, cuando seremos vestidos de nuestra casa que nos vendrá del cielo, y el apóstol lo dice aquí con toda claridad, que el Espíritu Santo es igualmente la prenda — el anticipo — de eso.

Que otra cosa puede ser esto sino la bendita verdad y la aún más bendita experiencia de muchos de nosotros, que el Espíritu Santo imparte al cuerpo los mismos principios de la resurrección y vida, vivificándolo, alegrándolo, fortaleciéndolo, inspirándole vida y vigor divinos; elevándolo por encima de la enfermedad y el dolor, y anticipándole aunque en pequeña proporción la gloria de la resurrección.

IV

EPISTOLAS DE CRISTO. "Siendo manifiesto que sois carta de Cristo expedida por nosotros, escrita no con tinta, sino con el Espíritu del Dios vivo; no en tablas de piedra, sino en tablas de carne del corazón" (II Corintios 3:3).

Tenemos aquí una nueva figura del Espíritu Santo, en que se le presenta como el gran anotador que escribe en las tablas vivas de los corazones y vidas humanas lo que es Cristo, su carácter y su vida. Es una figura muy preciosa; cada uno de nosotros aparece representado como un libro que se publica para el mundo, y que lleva en sí el mensaje de Cristo. Hay muchos que jamás leen ningún otro libro. Es la Biblia encuadernada con tapas que no son cuero de Rusia ni marroquí, ni de tela, sino de vida humana. Esa es la obra del Espíritu Santo, es el más grande de los ministerios de la vida consagrada a Dios, amados míos, ¿revelamos a Cristo de ese modo ante las miradas del mundo? ¿Estamos ocupados en llevar por todo el mundo el mensaje de su amor y buena voluntad? ¿Escribe el Espíritu Santo con dedo, lo que quiere escribir en nosotros? ¡Oh, cuán sagradas fueron esas tablas de piedra en las que el propio Dios escribió con su dedo la antigua ley, y que, para conservarlas fuera de daño, ordenó que las depositaran en el arca del pacto! ¡Cuánto más sagradas son las tablas en las cuales el Espíritu Santo está escribiendo, actualmente, la vida de Jesús, comprometiéndose a cuidar nuestras vidas consagradas a Dios!

Dios nos ayude a recibir el mensaje para que luego con fidelidad, dulzura, prudencia y constancia, todos puedan saberlo y leerlo, de manera que aquellos que no leen la Biblia ni lo que es su gracia, puedan leerlo en nosotros. Como se ha dicho con feliz acierto:

"Cada uno de nosotros es una Biblia o un libelo". Dios nos ayude para que, con el poder del Espíritu Santo, seamos epístolas vivas de Jesucristo.

V

FOTOGRAFIAS DE JESUS. "Por tanto, nosotros todos, mirando a cara descubierta como en un espejo la gloria del Señor, somos transformados de gloria en gloria en la misma imagen, como por el Espíritu del Señor" (II Corintios 3:18).

Esta es la última de las mencionadas metáforas del Espíritu, y conduce el pensamiento hasta un clímax hermoso y perfecto. No somos sólo libros sino que somos libros con ilustraciones; no somos únicamente epístolas de Cristo, sino que somos fotografías de Cristo. En el centro del volumen de nuestra vida hay una lámina viva, que el Espíritu Santo se ocupa en perfeccionar; por medio de esa lámina él le revela al mundo la gloria de Jesús.

La idea es muy notable y exquisitamente delicada. Se nos representa mirando fijamente el rostro de Jesucristo, y, mientras lo contemplamos, su semejanza se refleja en nuestro semblante; el Espíritu Santo está tomando un retrato de Jesús, no lo hace sobre una placa sensitiva, como ocurre en el arte fotográfico, sino sobre una cara humana, y esa cara llega a ser, para el mundo, una ilustración viva de lo que es la gloria de nuestro Señor.

Para que este retrato pueda tomarse bien, debemos mantener nuestro rostro firme y nuestros ojos fijos en él; al hacerlo así su gloria se refleja en nuestro semblante, y su imagen se refleja en nuestra cara. Es preciso que al mirarlo lo hagamos con cara descubierta. Ningún velo o nube ha de interponerse. Como en el arte fotográfico antes de exponer la placa para obtener la impresión en ella, se debe retirar del frente de la cámara el paño que se emplea para cubrirla; así también nosotros debemos hacer a un lado el mundo, la carne, y toda otra obstrucción, y con cara descubierta y la mirada fija debemos contemplarle a él; y mientras estamos ocupados con Cristo y permanecemos en comunión con él, su gloriosa semejanza se reproduce en nosotros, y comparecemos ante el mundo, no solamente como epístolas vivas sino como imágenes de nuestro bendito Señor. ¡Sublime concepción! Somos libros ilustrados que revelamos al mundo quien es nuestro bendito Salvador, así como él reveló al mundo su glorioso Padre.

Jesús era el destello de la gloria de su Padre y la imagen misma de su ser, y a nosotros nos es dado el privilegio de representar la gloria de Jesús y de ser imagen suya. De la misma manera que Jesús representó a Dios, nosotros debemos representar a Cristo, y los que nos observan sabrán quien es él por lo que ven en nosotros.

Esa es la obra bendita del Espíritu Santo. El Espíritu Santo es el artista que está ante la tela y el que pinta el cuadro celestial. Pero no sólo pinta el cuadro sino que hace vivir. No nos estereotipa para luego guardarnos en un gabinete, sino que el cuadro se renueva de día en día; cada día debe ser mejor que el anterior. Se pasa "de gloria en gloria". Debemos alcanzar el estado de gloria para luego proseguir de gloria en gloria, siempre aumentando la diafanidad.

Amados míos, ¿habéis entendido eso? ¡Que el Espíritu Santo nos dé la capacidad necesaria para comprender y comprobar el bendito significado de estos cinco símbolos celestiales del Espíritu Santo — la unción, las epístolas vivas, y la viva imagen del rostro del Salvador! Amén.

CAPITULO XIV

EL ESPIRITU SANTO EN LA EPISTOLA A LOS GALATAS

"Si vivimos por el Espíritu, andemos
también por el Espíritu".
(Gálatas 5:25).

LOS gálatas fueron los montañeses escoceses de la antigüedad; fue de la provincia de Galacia de donde salieron los más tarde llamados galos que fueron a poblar la región de Europa conocida ahora con el nombre de Francia.

Eran los gálatas afectuosos y generosos, y aceptaron inmediatamente las enseñanzas de Pablo; pero con igual facilidad se dejaron inducir por los falsos maestros que llegaron a la provincia después que Pablo hubo partido de allí. Por eso, vemos aquí que les advierte, con apasionado entusiasmo, que no se dejen seducir por los judaizantes que trataban de apartarles de la sencillez de Cristo y hacerles retornar a los enredos de la ley.

Debido a eso el tema de la epístola es el adecuado a las condiciones en que se encontraban los gálatas en aquel entonces, es decir, el apóstol explica lo que es la *libre gracia*. Oponiéndose a la enseñanza errónea de aquellos que querían seducirles y privarles de la libertad del evangelio, reitera repetidas veces, que la gracia por la cual habían obtenido la salvación desde el principio era libre y gratuita, y que ahora debía santificarles y guiarles hasta el fin.

Ese pensamiento predomina a través de toda la epístola en las referencias que hace al Espíritu Santo. Estas referencias no son pocas y en ningún momento de poca importancia; todas ellas tienen la semblanza de ese glorioso tema — la libertad del evangelio, que, naturalmente, por inferencia, se comprende que significa la libertad del Espíritu Santo.

I

El Espíritu Santo se recibe por la fe y no por las obras de la ley.

"¡Oh gálatas insensatos! ¿quién os fascinó..? Esto sólo quiero saber de vosotros: ¿Recibisteis el Espíritu por las obras de la ley, o por el oír con fe?" (Gálatas 3:1,2).

El Espíritu nos es dado tan gratuitamente, como la sangre de Jesús y la justificación ante Dios, por medio de Cristo. La promesa que se nos hace acerca del Espíritu Santo es igual a la que se nos hace con respecto a la salvación y lo recibimos del mismo modo como recibimos la salvación, por medio de la fe sencilla en la sangre del Cordero; depende de nosotros el acto de apropiarnos de dicha bendición. De la misma manera, como recibimos el gran don de Jesucristo, recibimos la bendición del Espíritu Santo, no por rendirnos, ni por consagrarnos, ni por lo que sufrimos, ni por nuestra crucifixión sino simplemente por creer en él.

Dios no nos da el Espíritu Santo porque lo merezcamos; tampoco nos lo da porque hayamos padecido; no se lo da a aquellos que luchan sino que se lo da gratuitamente a aquellos que voluntariamente lo quieren recibir, confiando simplemente en la promesa de Dios, y por la confianza que pongamos en su gracia y en su amor.

Debemos confiar en el Espíritu Santo así como confiamos en Jesús. Debemos decirle a la roca que vierta el agua. Si la golpeamos con nuestra mano violenta, confiados en nuestros propios esfuerzos, nuestra actitud sólo servirá para impedir que recibamos la bendición que buscamos. Tengamos fe; recibamos al Espíritu Santo.

II

Toda nuestra vida cristiana ha de ser sostenida y mantenida por el Espíritu Santo, por medio de la mismísima fe con que comenzamos, por eso leemos en el versículo 3 del capítulo 3 de la epístola que estamos estudiando. "¿Tan necios sois? ¿Habiendo comenzado por el Espíritu, ahora vais a acabar por la carne?"

¡Cuántos insensatos proceden así! Comienzan, como pecadores impotentes, postrándose a los pies de la cruz. Aceptan todo como el supremo don de la misericordia divina, pero luego comienzan a rodearse de cierta reputación y se creen que por sí mismos han adquirido suficientes fuerzas, y, por consiguiente, tratan de conseguir la santificación valiéndose para ello de su propia abnegación, sus sacrificios y sus ineficaces luchas. Todo eso es, ciertamente, insensato y vano. La gracia que necesitamos para conservarnos salvos y santificados es la misma que precisamos para obtener la salvación al principio. "Por quien también tenemos entrada por la fe a esta gracia en la cual estamos firmes" (Romanos 5:2).

Nuestra vida cristiana consiste de una sucesión de simples actos de fe, tales como aquellos con que comenzamos. "De la manera que habéis recibido al Señor Jesucristo, andad en él" (Colosenses 2:6). El Espíritu Santo es esencial para sostenernos y mantenernos en todos los ejercicios de la vida espiritual, él lo hace valiéndose de su poder divino y por su espontánea operación, en lo más íntimo de nuestra vida cristiana.

Amados míos, ¿habéis sido insensatos? Desistid de vuestros duros y vanos esfuerzos, y morad sencillamente en él. Sed llenos del Espíritu, y los frutos se producirán por sí solos.

III

Los servicios cristianos que prestemos y el poder que tengamos para realizarlos, se deben al Espíritu, y sólo podemos cumplirlos por la fe y por la gracia de Dios en Cristo. En esta misma epístola a los Gálatas, que venimos estudiando, encontramos en el versículo 5, capítulo 3, esta interrogación: "Aquel, pues, que os suministra el Espíritu, y hace maravillas entre vosotros, ¿lo hace por las obras de la ley, o por el oír con fe?"

Sí, el mismo ministerio, para el cual nos ha dado aptitudes el Espíritu Santo, debemos desempeñarlo por la fe, dependiendo de los dones que él nos da por gracia. El poder del Espíritu Santo para poder servir a Dios con idoneidad, lo recibimos, como al principio recibimos la salvación, en el nombre de Jesús, creyendo en la misericordia divina y en lo que Dios ha dicho. Se nos da según nuestra fe. "Aquel, pues, que os suministraba el Espíritu"; no se trata de ningún hombre, si es Dios a quien se alude. Jesús es quien nos da el Espíritu Santo, y lo da a aquellos que creen y conforme creen. Si queremos, pues, adquirir esa más honda plenitud, debemos creer en el Espíritu Santo; debemos recibirle confiando implícitamente en las promesas de Dios.

IV

Seguidamente, se nos presenta al Espíritu Santo como la suma de todas las bendiciones que recibimos por los méritos de Cristo y debido al gran pacto que Dios hizo con Abraham en el cual se funda el evangelio. He aquí lo que dice en Gálatas 3:13,14: "Cristo nos redimió de la maldición de la ley... para que en Cristo Jesús la bendición de Abraham alcanzase a los gentiles, a fin de que por la fe recibiésemos la promesa del Espíritu".

Por consiguiente, la promesa del Espíritu es la sustancia del pacto que hizo Dios con Abraham y la bendición suprema de la redención realizada por Jesucristo. Como el pacto que hizo con Abraham fue un acto puramente de fe y no por obras, y se llevó a cabo mucho antes de la dispensación de la ley, así también el Espíritu Santo nos es dado con tanta liberalidad como las demás bendiciones del evangelio. La inferencia se justifica muy bien al decir que si no hemos recibido el Espíritu Santo tampoco hemos heredado toda la bendición del pacto que hizo Dios con Abraham ni el completo rescate de la redención realizada por nuestro Señor Jesucristo.

El Espíritu Santo es quien hace efectiva para nosotros la redención comprada por Cristo, sin él, la cruz no es para nosotros más que una vaga posibilidad, y el evangelio no es más que una promesa incumplida.

Amados míos, ¿habéis recibido la promesa del Espíritu? A otra de las promesas se las denomina en plural; las promesas, pero a esa se la denomina en singular — LA PROMESA; esta es la promesa que lo abraza todo, y en ella está incluído todo lo demás, sin ella, todo lo demás es vano. Reclamemos, pues, la promesa del Padre, y la herencia de la fe, con toda su bendita plenitud.

V

EL ESPIRITU DE HIJOS Y DE CRISTO. La próxima cosa de esta preciosa epístola en la presentación del Espíritu Santo es la del Señor Jesucristo que habita en nuestro corazón por medio de la unión nuestra con él, de modo que hace que nos alleguemos muy cerca de él como hijos y herederos suyos. "Por cuanto sois hijos, Dios envió a vuestros corazones el Espíritu de su Hijo, el cual clama: ¡Abba, Padre!" (Gálatas 4:6).

Esa naturaleza de hijos que Dios nos da es una promesa que sólo hallamos en el Nuevo Testamento, se trata de un privilegio que disfrutan únicamente aquellos que se han unido al Señor Jesucristo. Este no es el derecho que se adquiere en virtud de la creación; no es tampoco el derecho de hijos que nos corresponde en virtud de nuestra regeneración y porque Dios nos ha engendrado; esta es una naturaleza nueva y más elevada de hijo, que nos es dada en virtud de nuestra unión con Jesucristo, quien nos pone en última relación con el Padre.

El es el Hijo Unigénito, el Primogénito, y nosotros también somos primogénitos y se nos llama "los primogénitos que están inscritos en los cielos" (Hebreos 12:23).

Contando con el hecho que él nos ha hecho sus hijos, y sintiendo lo que él siente en su corazón que levantamos la mirada y decimos: "Abba Padre" — es una doble paternidad, una doble experiencia — nacidos en su corazón y luego casados con su Hijo Unigénito. ¡Oh, cuán asombroso es el amor con que nos ha amado, que seamos llamados hijos de Dios! Somos hijos de Dios y "sabemos que cuando él se manifieste, seremos semejantes a él" (I Juan 3:2). No somos más siervos, sino hijos y si hijos, también herederos de Dios en Cristo.

Amados míos, ¿hemos recibido el poder necesario para ser hijos de Dios, para dejar que el Espíritu Santo obre en nuestra elevada vocación?

VI

EL ESPIRITU SANTO ES EL QUE NOS SANTIFICA Y NOS DA LA VICTORIA. "Digo, pues: Andad en el Espíritu, y no satisfagáis los deseos de la carne" (Gálatas 5:16,17), es decir, el Espíritu: y éstas se oponen entre sí, para que no hagáis lo que quisiereis".

Una sola letra arroja la luz perfecta de Dios para poder realizar la exposición de este versículo, esta es la letra mayúscula "E" con que se escribe la palabra Espíritu. El Espíritu Santo es quien resiste a la carne; él es el único que puede vencerla y excluirla, y si andamos en el Espíritu no haremos las obras de la carne (Romanos 8:4).

Ese es el gran secreto de Dios con respecto a la santidad; no se trata de luchar contra el pecado sino de estar llenos de Dios. Ese es el antiguo principio de la fuerza expulsora de una energía superior y de un supremo afecto. Así como el agua hace salir el aire del vaso cuando se llena éste de agua; como la luz hace salir la oscuridad al iluminarse el cuarto, así también el Espíritu Santo anula la fuerza del pecado y lo desaloja.

Es la antigua cuestión de la lucha para santificarnos a nosotros mismos y tratando de mantener sujeta a la carne, valiéndonos para ello de nuestras propias fuerzas, o elevarnos por encima de todo ello hasta donde está Dios y viviendo dentro de ese elevado ambiente, nos encontramos fuera del alcance y dominio de la carne. Se trata pues de si es que pretendemos limpiar el inmundo pantano de sus corruptos miasmas, o si volamos por encima de él, para vivir en luz pura del cielo en compañía del Espíritu Santo, donde no puedan alcanzarnos las impurezas ni arrastrarse las serpientes.

Es algo así como la antigua fábula de los pesebres de Augías que parecían imposible de limpiar a punta de pala de la suciedad que se había acumulado durante años, siendo más sencillo y mejor que la poderosa corriente del río que atravesaba el establo arrastrara las inmundicias; transformándolos en un lugar de inmaculada limpieza. En una palabra, el glorioso privilegio de ser santificados no es cuestión de lo que nosotros podamos hacer, sino que es un don gratuito de la gracia, y lo que se requiere es que tengamos fe en que Dios viene a morar en nosotros y, por lo tanto contamos con su presencia y su poder.

VII

EL FRUTO DEL ESPIRITU. Este sigue, naturalmente, como resultado de lo que hemos venido diciendo, y se expone igualmente en los versículos siguientes, en los que exponen las obras de la carne en sus numerosas expresiones. Primero los actos impuros; luego las fuentes de donde emana la impureza; después la idolatría, a la que conduce la impureza; después de eso, la maldad y el odio en todas sus formas; todo eso corre hacia los hombres arrastrando consigo todo el mal que les ha separado de Dios; y, finalmente les conduce a los excesos del crimen y del sensualismo.

El contraste a ese cuadro tan horrendo, nos da el fruto del Espíritu, que "es amor, gozo, paz, paciencia, benignidad, bondad, fe, mansedumbre y templanza" (Gá. 5:22).

Estos no son los frutos, sino el fruto. No se trata de muchas cosas que hemos de hacer, sino de una sola, y esa es amar; pues todas esas manifestaciones de fruto no son otra cosa que diversas formas del amor. El gozo, es el amor regocijándose; la paz, es el amor en actitud de reposo; la paciencia, es el amor soportando pacientemente; la ternura, es el amor refinado; la mansedumbre, es el amor inclinando la cabeza; la bondad, es el amor en acción; la templanza es el verdadero y sano amor propio, y, la fe es el amor apoyándose en la confianza. De modo, pues, que la quintaesencia de la vida cristiana es, sencillamente, vivir amando. Pero la verdad es que tengamos amor, basta que seamos llenos del Espíritu y cuando estamos así poseídos de él, el amor mana espontáneamente de la vida interior, como el agua de la fuente. Todo ello es producto del don gratuito de la gracia de Dios; todo ello es la plenitud de una corriente inagotable; es el pozo artesiano que extrae su agua desde las profundidades, para que luego sus aguas corran en todas direcciones derramando bendiciones.

¡Cuán fácil es vivir esa vida! ¡Cuán deleitosa, cuán real y verdadera, cuán gloriosa!

VIII

LA PARTE QUE NOS TOCA A NOSOTROS EN EL ACTO DE RECIBIR EL ESPIRITU Y NUESTRA COLABORACION CON DIOS EN LA OBRA QUE EL REALIZA. (Gálatas 5:25). "Si vivimos por el Espíritu, andemos también por el Espíritu". No nos toca a nosotros hacer nada, sino yacer en sus manos dejándole a él solo que trabaje por nosotros. Siendo esto así; quiere decir eso que no nos queda a nosotros más que hacer que ponernos tranquilamente en las manos de Dios sin hacer nada. ¡Oh, sí!; nos queda mucho que hacer. Debemos andar "por el Espíritu": debemos ser colaboradores de Dios. Debemos andar en los pasos de nuestro bendito compañero; debemos seguir por el camino que él nos indique. Debemos adquirir el hábito de depender constantemente de él y obedecerle; y al andar así con él, él se manifestará en nosotros en toda su plenitud y producirá en nosotros la fruición de su vida.

Hay cosas que debemos hacer, pero debemos hacerlas según nos lo indique y nos dé las aptitudes necesarias para ello. Debemos conservar ciertas actitudes, pero éstas deben sernos tan naturales como los pasitos que da una criatura a quien su madre conduce de la mano, y camina a su lado en la gran ciudad, sin conocer ninguna de las calles ni saber los números de las casas. No es tanto nuestro caminar, sino el de nuestro compañero. No fue tanto Enoc, sino aquél en cuya compañía anduvo, lo que le dio la virtud. Pero Enoc tuvo que andar al lado de su bendito amigo. Nosotros también llegaremos a saber lo que es la plenitud de su amor si estamos con él, si andamos con él y si seguimos en sus pasos, seguiremos así hasta llegar al conocimiento total de nuestro Señor.

IX

LA ACTITUD DE AQUELLOS QUE ESTAN LLENOS DEL ESPIRITU PARA CON LOS DEBILES Y DESCARRIADOS. (Gálatas 6:1). "Hermanos, si alguno fuere sorprendido en alguna falta, vosotros que sois espirituales, restauradle con espíritu de mansedumbre, considerándote a ti mismo, no sea que tú también seas tentado".

¿Podrá esta vida en el Espíritu enorgullecernos y hacernos creer que somos superiores a otros? No, nos enternecerá, nos hará compasivos y nos llenará de simpatía hacia los que andan en pasos vacilantes y que tropiezan al andar a nuestro lado.

Al hombre espiritual es a quien le corresponde restaurar al que ha errado, y a pesar de la experiencia que ha adquirido "debe considerarse a sí mismo, no vaya a ocurrir que él también sea tentado", pues debe tener presente que él es tan débil y endeble como su hermano.

Fue después que Pedro hubo reiterado su amor, y después de haber sido reaceptado por el Señor; cuando hubo aprendido la amarga y humillante lección, cuando el Divino Maestro le encomendó el cuidado de las ovejitas débiles y de los impotentes corderitos. Del mismo modo nosotros, cuando hayamos sido llenados del Espíritu, el Espíritu de la ternura, de la paciencia, de la compasión, que nos empleará para que colaboremos con El en la restauración de los descarriados y en la búsqueda de salvación de los perdidos.

X

Finalmente consideraremos al Espíritu en relación con el porvenir: Lo que se siembra para el Espíritu se cosecha para el Espíritu.

¿Qué efecto tiene esta vida sobre la venidera? El efecto que tiene es muy real y verdadero, muy solemne, de mucha duración. "Dios no puede ser burlado: pues todo lo que el hombre sembrare, eso también segará. Porque el que siembra para su carne, de la carne segará corrupción; mas el que siembra para el Espíritu, del Espíritu segará vida eterna". (Gálatas 6:7,8).

¡Oh, cómo hablan los acontecimientos! Podremos esparcir cardos; podremos arrojar la preciosa simiente en los antros del pecado pero más adelante recogeremos una triste cosecha; en cambio podremos sembrar semillas de paciencia, de confianza, de santas ofrendas y de servicios desinteresados, y más adelante recogeremos el fruto, si no desmayamos.

¡Aquellos de vosotros que desperdiciáis el tiempo y las oportunidades, llegará el día en que os daréis cuenta de cuánto habéis perdido! ¡Llegará el día que habiéndoos convertido y consagrado vuestra vida al servicio de Dios, desearéis ser útiles en la sagrada obra de extender el reino de Dios en la tierra, lamentaréis entonces haber desperdiciado vuestra juventud, y haber perdido las oportunidades que tuvisteis, y entonces será tarde para recuperar el tiempo perdido!

Aquellos de vosotros que tenéis la penosa sensación de no ver el fruto de vuestra consagración y trabajo, no os desalentéis; proseguid vuestra obra. "Echa tu pan sobre las aguas; porque después de muchos días lo hallarás" (Eclesiastés 11:1). Llegará el día allá en el cielo, cuando sabréis el significado de esta promesa: "con la sombra de mi mano te cubrí, extendiendo los cielos" (Is. 51:16). Llegará el día en que veréis las avenidas de la gloria, con los árboles de justicia cubiertos de flores del Paraíso, y un ángel que anda a vuestro lado os dirá, que esas son las plantas sembradas en años de fe y de paciencia; son fruto de las semillas de la fe y de las oraciones; del sacrificio y la obediencia, plantados por vosotros mucho tiempo atrás.

¡Oh, amados míos, orad! Estáis sembrando mies en terreno celestial, y llegará el día en que vuestra alma alborozada verá el fruto. Sufre con paciencia, soldado de la cruz. Tal vez no tengas la oportunidad de servir; tal vez no te sea dado el privilegio de predicar el evangelio; tal vez no se te permita hacer la obra que quisieras y por lo cual lo dejarías todo; lo que se te pide es que te mantengas valiente, fiel, aun en medio del dolor, de la incomprensión, de la provocación y circunstancias desagradables dentro del seno de la familia, en el negocio, en la oficina o el taller. Sé fiel. Estás sembrando para el Espíritu y llegará el día que recogerás las bellas flores y frutos de la gloria.

Recibirás tu corona Nada de lo que alienta el Espíritu morirá jamás; nada de lo que siembra el Espíritu podrá perecer jamás. Siembra, pues; llora; espera; mantente firme. Tal vez tengas que llorar ahora, pero te regocijarás más adelante. Tal vez tengas que sembrar ahora, pero más tarde cosecharás.

CAPITULO XV

TODAS LAS BENDICIONES DEL ESPIRITU, O EL ESPIRITU SANTO EN LA EPISTOLA A LOS EFESIOS

"Bendito sea el Dios y Padre de nuestro Señor Jesucristo, que nos bendijo con toda bendición espiritual en los lugares celestiales en Cristo".

(Efesios 1:3).

ESE es el texto de toda la epístola a los Efesios. En dicha epístola se nos revelan todas las "bendiciones del Espíritu". Esa es la traducexacta del citado versículo.

La diferencia entre las bendiciones del Espíritu y las bendiciones espirituales es grande. Este es un caso en que un sustantivo vale por cien adjetivos. El Espíritu Santo en persona vale más que todos sus dones.

Las bendiciones que se desdoblan en esta epístola, según se dice, está "en lugares celestiales", es decir en el reino más elevado y entre los elementos donde moramos con Cristo, por encima de la vida natural, y donde vivimos en comunión con el mundo celestial.

El tema que presenta el apóstol en esta sublime epístola es el de las más elevadas bendiciones que el Espíritu Santo imparte a aquellos que entran a disfrutar de la plenitud de Cristo. Pluga al Espíritu Santo hacernos ver y disfrutar de todas las bendiciones que trae.

I

EL SELLO DEL ESPIRITU. "En él vosotros también habiendo creído en él, fuisteis sellados con el Espíritu Santo de la promesa, que es las arras de nuestra herencia hasta la redención de la posesión adquirida" (Efesios 1:13,14).

En uno de los capítulos anteriores ya nos hemos referido al sello y la prenda del Espíritu, por consiguiente, es innecesario que nos extendamos a tratar de eso aquí. El sello es el signo de propiedad, de la realidad, certeza y semejanza de ésta; la prenda (o las arras, como dice el texto citado más arriba) es la primera cuota. Al ponernos el sello, el Espíritu Santo nos asegura las bendiciones que vienen aparejadas con nuestra herencia, y estampa en nosotros la imagen de Cristo; y, como anticipo, nos da la promesa de todo lo que significará la plenitud de nuestra futura herencia.

Todos los discípulos tienen el privilegio de poder contar con dicha promesa, y podemos reclamarla y recibirla por la fe, en el momento en que creemos. Se le reconoce no como la coronación de la vida cristiana sino como el principio de ella.

Amados míos, ¿hemos sido apartados de ese modo y sellados como propiedad de Dios, y se nos ha hecho saber en nuestro fuero interno lo que es la esperanza de nuestra vocación, y hemos saboreado anticipadamente lo que ha de ser nuestra gloria futura?

II

EL ESPIRITU ILUMINADOR. La próxima cosa que hace el Espíritu Santo es abrirnos los ojos, para hacernos ver la grandeza de nuestra vocación y la plenitud de nuestra herencia. Esto se explica ampliamente en el sublime pasaje de Efesios 1:15-23. Esta es la primera oración que eleva el apóstol a favor de los que han sido sellados, a quienes ya se ha referido.

El apóstol ruega por ellos, implorando que el Espíritu Santo les dé el espíritu de sabiduría y de revelación para su conocimiento. Se trata aquí de una revelación divina especial, que sobrepasa el poder y el intelecto humanos, en su capacidad y sabiduría naturales. No se trata únicamente de la dotación de nuevas verdades y de especial iluminación, sino que el Espíritu Santo da nueva visión espiritual para que el creyente pueda comprender el valor de los dones y apreciarlos. El Espíritu Santo ilumina los ojos del entendimiento. Esa frase tendría más correcta interpretación de la original si se le tradujese: "los ojos del corazón", en lugar del entendimiento, pues el apóstol se refiere aquí a la íntima naturaleza espiritual, que es el centro mismo de nuestro ser, y fuente de nuestros pensamientos y del concepto de las cosas divinas.

La comprensión de la visión celestial no nos viene por medio de nuestro frío intelecto sino por medio del instinto espiritual. Hay "cosas que ojo no vio, ni oído oyó, ni han subido en corazón de hombre... que Dios nos las reveló a nosotros por el Espíritu" (I Co. 2:9,10). Hay algunos humildes cristianos que no saben escribir palabras de dos sílabas, ni conocen las reglas del idioma que hablan, pero no obstante esa desventaja tienen pensamientos y concepciones de Dios, éxtasis de gozo celestial, por los que un ángel estaría dispuesto a dejar, alegremente, su trono.

El objeto de esta visión es "para que sepáis cual es la esperanza a que él os ha llamado" (Ef. 1:18), lo que significa, el glorioso propósito para el cual nos ha llamado; para que nos deleitemos con la esperanza y la expectación; para que sepamos cuál es nuestro elevado destino y nos regocijemos al pensar en la dicha que nos espera.

Después de eso, el apóstol ora para que sepamos lo que son "las riquezas de la gloria de su herencia en los santos" (1:18). La palabra "sepamos" u otras del mismo verbo que se usan en estas citas, significan *saber enteramente* — saber todo lo que se puede llegar a saber. "La herencia en los santos", significa la obra de gracia que Cristo está realizando en los corazones de todos aquellos que constituyen su pueblo, obra que llegará a su consumación en la gloria eterna, cuando nos sentemos con él en su trono y participemos de su reino eterno en nuestra condición de la esposa glorificada. Para que podamos ser partícipes de esa herencia, Cristo dejó su primer trono, y no nos importa perderlo todo con tal de poder participar de esa herencia.

El apóstol ora para que aquellos que han sido sellados, tengan una visión de lo que es la gloriosa herencia, con todo lo que ella significa en el presente y en el porvenir, que sepan lo que son todas las riquezas en gloria. La belleza de esa visión quita todo esplendor de los cuadros terrenales y de todas las perspectivas mundanas; hace también que las tribulaciones sean menos afligentes y que las cosas terrenales parezcan pompas de jabón y sueños sin valor. El apóstol oraba, además, para que supiesen bien lo que es "aquella supereminente grandeza" o mejor dicho, la supereminente grandeza del poder de Dios; o como dice el original griego, "su dinamita" para los que creen.

Pero no debemos creer que lo que imparte la visión que nos da el Espíritu Santo es únicamente gozo y gloria, sino que ella nos inviste de poder. No hay nada que necesitemos más que poder. Constantemente chocamos con fuerzas opositoras que no podemos contrarrestar dado a nuestra debilidad humana. Tenemos que contender incesantemente y no estamos en condiciones para hacer frente ni al más débil de nuestros enemigos, ni para sobreponernos ni a las más pequeñas dificultades que se nos presenten. No tenemos fuerzas, debido a eso, lo que necesitamos más que cualquier otra cosa es poder espiritual. Pero podemos obtener todo el poder que necesitamos de manos de aquel que dijo: "Toda potestad (poder) me es dada en el cielo y en la tierra" (Mateo 28:18). La palabra que se emplea aquí para significar poder, debido a los avances de la ciencia moderna tiene una nueva significación. La palabra que aquí se emplea para expresar el poder que imparte el Espíritu Santo, es la misma con que se expresa la imponderable potencia de la dinamita. El Espíritu Santo quiere que veamos lo que es ese poder y quiere investirnos de él. Pero para recibir dicho poder debemos creer en él, si carecemos de fe no podremos adquirirlo.

¿Qué diferencia hay entre el siglo quince cuando se carecía de todo eso y el trabajo era un proceso lento y cansador? ¿Cuál es la diferencia entre nuestro Empire Express (Expreso Imperial) que corre a una velocidad de sesenta millas por hora, y el pobre indio salvaje con sus zapatos para andar en la nieve, que tarda un mes para recorrer la distancia que podemos recorrer en un día? En aquel tiempo había tanta potencia en la naturaleza como la que disfrutamos hoy día. Las ocultas fuerzas de la electricidad estaban en la tierra en aquel entonces como lo están ahora. La diferencia yace únicamente en el hecho que la gente de aquel entonces desconocía la existencia de dichas fuerzas, en cambio nosotros las conocemos y las usamos. De igual modo, hay en Cristo fuerzas espirituales mucho más potentes que la dinamita, o la electricidad; sin embargo, hay millones de cristianos que andan por ahí, tropezando, quejosos y derrotados, porque no saben nada acerca de las riquezas de la gloriosa herencia que les pertenece.

¿Por qué hemos de ser débiles? ¿Por qué hemos de fracasar? ¿Qué excusa podemos dar de nuestra ignorancia, teniendo como tenemos, tan grandiosos recursos de bendiciones en el trono de la gracia de Dios, recursos que están al alcance de la fe y de la oración? Luego, el apóstol pasa a darnos una lección objetiva de todo esto en la resurrección y en la ascensión del Señor Jesucristo. Esta no es, simplemente, una teoría, sino un hecho consumado. Todo este poder ha sido puesto a prueba, y lo que fue cierto una vez, siempre puede volver a serlo. Lo que se cumplió en la vida de Jesús se puede cumplir en cada uno de nosotros, para que podamos ver la obra de Dios y su asombroso poder "la cual operó en Cristo, resucitándole de los muertos y sentándole a su diestra en los lugares celestiales, sobre todo principado y autoridad y poder y señorío, y sobre todo nombre, que se nombra, no sólo en este siglo, sino también en el venidero; y sometió todas las cosas bajo sus pies, y lo dio por cabeza sobre todas las cosas a la iglesia, la cual es su cuerpo, la plenitud de Aquel que todo lo llena en todo" (Ef. 1:20-23).

Todo su poder supremo quedó expuesto en la resurrección de Cristo. Ese poder fue el que rompió los lazos de la tumba; abrió las puertas del sepulcro; rompió el sello que habían puesto los soldados romanos sobre la peña que cerraba la entrada al sepulcro; hizo huir espantados a los soldados que hacían la guardia, sacó al Señor resucitado, con toda la gloria de su vida inmortal. Mas, no sólo hizo eso sino que lo elevó por encima de la tumba vacía, y también lo elevó muy alto por encima de la tierra, en el aire, y del espacio, más allá de los planetas y las constelaciones, hasta el trono central, en el que se sentó en el sitio de honor y poder a la diestra de Dios eterno.

Dios le exaltó muy por encima de todo gobierno, poder, potencia y ley, y lo puso más alto que todo otro nombre que se nombra, tanto en este siglo como en el venidero. Pensad en todos los nombres que sabéis; pensad en todas las fuerzas que teméis; pensad en todos los enemigos que os espantan, y recordad que Jesús está por encima de todo ello.

Y Jesús no ocupa ese lugar en provecho propio, sino en beneficio nuestro. El es la cabeza de todo para su cuerpo, que es la iglesia. La función que ocupa allí es la de emplear su poder en beneficio nuestro. Su ocupación eterna es representarnos.

El necesita tanto de nosotros, como nosotros de él. Sin nosotros él no es más que la cabeza, puesto que nosotros somos su cuerpo; nosotros somos el complemento de su vida; somos la mitad de su ser, y al ayudarnos a nosotros, se ayuda a sí mismo; al bendecirnos, él recibe más bendición. Por consiguiente, podemos reclamar confiadamente la plenitud sin límites de su bendición, sabiendo que todo lo que es verdad con respecto a él, puede serlo igualmente con respecto a nosotros, "pues como él es, así somos nosotros en este mundo" (I Juan 4:17).

Tener la visión de esas cosas es ser omnipotente. Pluga al Espíritu Santo ungirnos los ojos y hacernos ver su gloria.

III

EL ESPIRITU DE ACCESO Y COMUNION. Después de haber visto la gloria de nuestro Señor que ascendió a los cielos, tenemos acceso al Espíritu Santo para tener comunión con él. "Por medio de él los unos y los otros tenemos entrada por un mismo Espíritu al Padre" (Efesios 2:18). La puerta ha quedado abierta, y podemos entrar y salir por ella por la libertad que corresponde a los hijos, contemplando su gloria y recibiendo de él fuerzas para contrarrestar nuestras debilidades, y gracia por gracia.

Todo eso es obra del Espíritu Santo. El es quien nos hace sentir lo que necesitamos; él es quien fomenta en nosotros el espíritu de oración, el que nos da confianza para allegarnos a Dios, y testificar que hemos aceptado a Jesús por Salvador nuestro, y el que nos insta a disfrutar constantemente de la bendita comunión con el Padre, y los unos con los otros. Debemos orar "en el nombre del Espíritu Santo" y acatar lo que él indica, las oraciones inspiradas por él ascienden ante el trono de Dios y regresan trayéndonos bendiciones.

IV

EL ESPIRITU QUE HABITA EN NOSOTROS. Pero ahora tenemos una visión mucho más grande. Hemos visto la gloria del más allá, dentro de las puertas celestiales, en medio del esplendor del trono. Hemos recibido permiso para entrar por las puertas abiertas de la oración; hemos podido contemplar el trono y hemos recibido abundante gracia que se desprende de él. Pero ahora, el Espíritu Santo trae todo hasta nosotros y lo pone en nuestro corazón y en nuestro ser.

El cielo que antes lo veíamos arriba, desciende ahora a constituirse en cielo dentro de nosotros; el Salvador entronizado a la diestra de Dios llega a entronizarse en nuestro corazón y en nuestro ser, y el propio Dios traslada su tabernáculo del cielo a la tierra, y viene a morar entre los hombres, en el templo del corazón de los creyentes. Esa es la siguiente función de la obra del Espíritu Santo según se expone en esta sublime epístola. Consta de dos hechos: primero, actúa en toda la iglesia en la función de cuerpo de Cristo, que ella desempeña (Efesios 2:21,22). "en quien todo el edificio, bien coordinado va creciendo para ser un templo santo en el Señor; en el cual vosotros también sois juntamente edificados, para morada de Dios en el Espíritu".

Luego también se cumple en el corazón de cada cristiano, individualmente. "Que os dé, conforme a las riquezas de su gloria, el ser fortalecidos con poder en el hombre interior por su Espíritu para que habite Cristo por la fe en vuestros corazones, a fin de que arraigados y cimentados en amor, seáis plenamente capaces de comprender con todos los santos cuál sea la anchura, la longitud, la profundidad y la altura, y de conocer el amor de Cristo, que excede a todo conocimiento, para que seáis llenos de toda la plenitud de Dios" (Efesios 3:16-19).

La esencia o la sustancia de esta oración es que seamos llenos de toda plenitud de Dios y que Cristo habite en nuestros corazones por la fe, de modo tan completo que sepamos cual es "la anchura, la longitud, la profundidad y la altura" de su amor.

Para eso, el Espíritu Santo tiene que corroborarnos y prepararnos. En nuestra condición natural no podríamos soportar la gloria y el poder de tal bendición. Eso sería como cargar una pistola de bolsillo con la carga de un cañón; el efecto sería la explosión de la pistola. Si Dios nos diera todo el poder que le pedimos algunas veces, simplemente serviría para acabar con nosotros. Nos sentiríamos tan grandes e importantes que esa sería nuestra ruina, o de no ser así nos sentiríamos aplastados por el peso de la gloria. Por eso es que lo primero que pide en sus oraciones es que seamos corroborados interiormente con el poder del Espíritu Santo, para que Cristo pueda morar en nuestro corazón, por la fe.

Así como el fabricante del cañón lo construye con toda la resistencia que pueda dársele al metal que constituye el cuerpo del cañón, en el sitio donde el estampido haga más presión, y luego va extendiendo la capacidad de resistencia de acuerdo con lo que se requiere, el Espíritu Santo nos prepara para que seamos las vasijas de su gracia y de su poder. Probablemente el fabricante del cañón hizo muchos experimentos y pruebas antes de poder darle al metal la resistencia necesaria para el fin a que se le destinaba. Tal vez tuvo que romperlo y fundirlo de nuevo varias veces, antes de estampar en él el sello de su establecimiento y de entregarlo para que lo coloquen en el buque de guerra de su patria. De igual modo, el Espíritu Santo tiene que trabajar mucho y pacientemente para formarnos a nosotros. Algunas veces tiene que deshacernos y hacernos de nuevo antes de poder confiarnos los elevados cargos que quiere que desempeñemos, y que podamos soportar el excesivo peso de los honores que quiere poner dentro de nosotros. No tengamos miedo de su poderoso amor, ni rehuyamos la presión de su mano sabia y poderosa con la cual quiere modelarnos.

En la visión que tuvo Daniel, los imperios del mundo estaban representados por una magnífica imagen, cuya cabeza era de oro, los hombros y brazos de plata, el torso de bronce, y las piernas de hierro. Era una figura espléndida, símbolo de grandeza y poder, pero fue hecha pedazos y sus partes se desparramaron como la paja cuando en la cosecha de verano se le separa del grano. El secreto de este desastroso fin fue éste: los pies de esa espléndida imagen eran de barro.

Muchas vidas al parecer grandes y poderosas no tienen más consistencia que la de la referida imagen de la visión de Daniel, y toda obra que se apoya en materiales mixtos, tiene que destrozarse al ser sometida a prueba. Dios nos está sacando el barro; lo que él quiere son hombres y mujeres hechos de acero puro, que puedan soportar la fuerza de la presión del poder que él ponga sobre ellos y también la gloria con que él les investirá.

La verdad es que Dios nos bendice tanto como puede y nos llena hasta donde podemos resistir. La dificultad yace en algunos de nosotros que no podemos contener mucho. Conforme nos entregamos a él, nos llena más y más con toda la plenitud de Dios. Cristo debe morar siempre en nosotros, cuando esto ocurre, seremos capaces de comprender con todos los santos, cuál sea la anchura, la longitud, la profundidad y la altura, y de conocer el amor de Cristo que excede a todo conocimiento (Efesios 3:18,19). Porque él "es poderoso para hacer todas las cosas mucho más abundantemente de lo que pedimos o entendemos, según el poder que actúa en nosotros".

El Dr. Boardman cuenta acerca de una señora de Londres, a quien la lectura de este pasaje le impresionó con poder tan convincente, que tuvo la sensación que no podría estar tranquila mientras Dios no se lo hiciera sentir positivamente. Ella sabía que nunca había recibido nada mucho más abundantemente de lo que pedimos o entendemos, por lo tanto, lo que hizo fue acercarse a su Padre, pidiéndole que cumpliese su palabra con ella, y le dijo que no cesaría de pedirlo mientras no obtuviera lo que él ha prometido en este versículo.

Esperó la respuesta de Dios durante varias semanas y el día que volvió a encontrarse con el pastor le dijo a éste que Dios había respondido a sus oraciones, y que el Señor se había revelado a su corazón de tal modo que excedió mucho a lo que ella había esperado. Pero la señora dijo que Dios le había hecho ver que le quedaba mucho que recibir aún, manifestó que Dios había elevado sus pensamientos mucho más arriba de las bendiciones, como la bendición que había recibido había superado lo que ella se imaginó. De ese modo la estaba conduciendo de gloria en gloria, y conforme iba ensanchándose su capacidad para recibir, Dios iba llenándola.

Así es efectivamente; todos podemos recibir mucho más abundantemente de lo que pedimos, y permanecer permanentemente en esa condición paradojal de la vida espiritual, siempre satisfechos, pero, al mismo tiempo, siempre hambrientos y sedientos de algo más.

V

DE COMO VIVIR DIARIAMENTE LA VIDA DEL ESPIRITU SANTO. Todo lo que sintamos en nuestra vida interior no dejaría de ser más que piadoso misticismo si no ejerciera influencia práctica en nuestra conducta de la vida diaria. A eso se debe que tengamos en el capítulo 5, versículos 9, 10, 17 y 18 de la epístola que venimos estudiando, detalles concretos respecto a la conducta que debemos observar: "porque el fruto del Espíritu es en toda bondad, justicia y verdad, comprobando lo que es agradable al Señor. Por tanto, no seáis insensatos, sino entendidos de cuál sea la voluntad del Señor. No os embriaguéis con vino, en lo cual hay disolución; antes bien sed llenos del Espíritu". Esa es la manera como debemos conducirnos diariamente, y al ser así llenos del Espíritu Santo, nuestra vida será la expresión de la bondad, la justicia y la verdad.

No simularemos ser lo que no somos, ni seremos religiosos de profesión, sino que nuestra vida será la expresión de nuestra vida interior, y todo nuestro ser inspirado por impulsos divinos, derramará alegría, bondad, dulzura, desprendimiento y bendición entre aquellos con quienes nos relacionamos.

VI

LA VIDA TRIUNFANTE POR MEDIO DEL ESPIRITU SANTO. La última escena de la epístola nos conduce al final y a la coronación de la vida cristiana. Se trata de una escena de lucha y violenta tentación. Luchamos "contra principados, contra potestades, contra los gobernadores de las tinieblas de este siglo, contra huestes espirituales de maldad en las regiones celestes" (Efesios 6:12). Estas fuerzas se nos oponen hasta en las mismas puertas del cielo. No debe, pues, sorprendernos, el hecho de que tengamos que luchar con ellas en los lugares celestiales. Es allí, precisamente donde se concentran esas fuerzas, y tratan de hacernos volver atrás desde las puertas de la gloria. Mas "en nada intimidados por los que se oponen; que para ellos ciertamente es indicio de perdición, mas para vosotros de salvación; y esto de Dios" (Filipenses 1:28). Ya hemos visto a estos principados en esta epístola. Se trata de aquellas fuerzas que se mencionan en el capítulo primero, sobre las cuales Cristo está muy por encima. Son fuerzas ya derrotadas de las que nosotros "somos más que vencedores".

Pero ¿cómo podremos hacer frente a esas fuerzas tan feroces? En esto también tenemos que agradecer a Dios por el Espíritu Santo. "Vendrá el enemigo como río, mas el Espíritu de Jehová levantará bandera contra él" (Isaías 59:19).

Primeramente, contamos con la espada del Espíritu, Efesios 6:17. "Tomad el yelmo de la salvación, y la espada del Espíritu; que es la palabra de Dios". Esa fue el arma con que Cristo se defendió en el encuentro con el enemigo en el desierto, repitiéndole la palabra: "Escrito está". Y cuando el Diablo, sorprendido del efecto de esta espada celestial, la tomó para emplearla él también, citando la Sagrada Escritura, Cristo tomó el otro filo de ella y le dio el último golpe aniquilador, con esa sublime frase: "Escrito está también".

El Espíritu Santo nos ha dado la palabra, y no ha de olvidarse de ella al manifestarse en nuestros corazones. La verdad es que lo que Dios quiere es que vivamos de acuerdo con todo lo que ella dice antes que partamos de la tierra para ir a disfrutar de la vida en el más allá. El Espíritu Santo es el único que puede hacer que la Palabra de Dios sea una espada en nuestras manos victoriosas. El Espíritu Santo es quien nos hace presente la promesa o la reprensión que ella nos hace, o el mandamiento que debemos tener en cuenta en la situación en que nos encontremos; y armándola con la punta de fuego y con el filo cortante que penetra y corta las artimañas del Diablo, nos hace triunfar en todas las batallas de la vida.

En el versículo dieciocho tenemos la oración del

Espíritu: "Orando en todo tiempo con toda oración y súplica en el Espíritu, y velando en ello con toda perseverancia y súplica por todos los santos". Esa es otra de las armas con que hemos de ganar la victoria, y lo más notable acerca de esta arma es el hecho que la parte principal de la oración, no es solicitando algo para nosotros, sino para otros. Actuamos como generales prudentes y entendidos, rodeamos la posición enemiga y la atacamos directamente, orando por otras personas, logrando así que se retire y nos deje en paz; mientras estamos así ocupados, altruistamente, en el amor que debemos tener a nuestros semejantes y en las oraciones que debemos elevar por ellos, es que nos olvidamos de las tribulaciones que nos abatían y de las tentaciones que nos acosaban y nos sentimos elevados por encima del campo de batalla, hasta esos lugares celestiales donde la serpiente no puede alcanzar ni pueden llegar los dardos de fuego del Diablo.

VII

¿QUE ACTITUD DEBEMOS ASUMIR PARA CON ESTE AMIGO CELESTIAL? En el capítulo 4, versículo 30 de Efesios tenemos una bonita explicación respecto a eso: "No contristéis al Espíritu Santo de Dios, con el cual fuisteis sellados para el día de la redención". No dice que no le enfademos, o que no lo alejemos de nuestro lado, sino que no lo contristemos, que no lo desilusionemos, ni le causemos dolor alguno.

El Espíritu se ha propuesto realizar en nosotros, y por intermedio nuestro todo lo que el amor y las bendiciones puedan producir. Cuando no nos rendimos a su sagrada voluntad; cuando no dejamos que él nos eduque, nos moldee, nos separe de todo aquello que nos debilita o nos daña; cuando no permitimos que nos haga idóneos para la gloria que está preparando para nosotros, se entristece, se siente decepcionado; y si el Consolador pudiese llorar, verían correr sus lágrimas de amor y ternura por su rostro amable y generoso.

Así como la madre ansía que su criatura reciba la mayor cultura posible y que logre el mayor éxito que pueda ofrecerle la vida, y se siente recompensada de todos los sacrificios que haya tenido que hacer, al ver a su hijo o hija alcanzar los honores y triunfos por los cuales ha luchado y trabajado; así como el profesor amoroso emplea años preparando a su discípulo, y cuando llega el día en que dicho discípulo recibe uno de los más altos premios que se otorgan, y oye como lo aclaman en la universidad, abraza a su alumno con mayor gozo como si hubiese sido él mismo quien había obtenido el galardón, así el bendito Espíritu Santo celosamente trata de conseguir que nuestra vida pueda realizar lo más posible durante su existencia terrenal; y cuando llegue el día en que nos tome de la mano y nos presente a Jesús como su gloriosa esposa, sin mancha y sin arruga ni nada semejante, el gozo que sentirá el Espíritu Santo será más grande aun que el nuestro.

¡No hagamos nada que le decepcione! No le ofendamos. No nos alejemos de él, ni despreciemos su longanimidad ni su amor. "No contristéis al Espíritu Santo de Dios, con el cual fuisteis sellados para el día de la redención."

CAPITULO XVI

EL ESPIRITU SANTO EN LA EPISTOLA A LOS FILIPENSES

"Porque sé que por vuestra oración y la suministración del Espíritu de Jesucristo, esto resultará en mi liberación" (Filipenses 1:19).

"Por tanto, si hay alguna consolación en Cristo, si algún consuelo de amor, si alguna comunión del Espíritu, si algún afecto entrañable, si alguna misericordia, completad mi gozo, sintiendo lo mismo, teniendo el mismo amor, unánimes, sintiendo una misma cosa" (Filipenses 2:1,2).

LA carta a los Filipenses es la más encantadora de todas las epístolas paulinas. En ella deja entrever los pliegues de lo más íntimo de su corazón y de sus más tiernos afectos para con sus rebaños espirituales. Por ninguna de las otras iglesias parecía sentir tanto cariño como el que lo unía con el grupito que se congregaba en Filipos, que constituía el primero que había sellado su primer viaje misionero al continente europeo. Bien pudo decirles: "Os tengo en el corazón; todos sois partícipes de mi gracia. Doy gracias a Dios por vuestra comunión en el evangelio, desde el primer día hasta ahora".

Pero no se trata únicamente de la expresión hueca del amor de un simple corazón humano; sino que en ella expone los sentimientos más tiernos, maduros y delicados del espíritu y temperamento cristiano. Es la madurez del fruto ya listo a caer de la rama; es el florecer del duraznero, delicado como los tintes del arco iris, suaves como las alas de un ángel. Hay algo en el tono de esta epístola que sólo pueden apreciarlo los sentidos muy refinados de la más honda y elevada experiencia cristiana.

Si la gran epístola a los Efesios es como el edificio del tabernáculo, con su profundo desdoblamiento de la vida más y más profunda, la epístola a los Filipenses es como el dulce incienso que se ponía sobre el altar de oro del santuario.

En esta epístola sólo hay dos referencias a las Sagradas Escrituras, mas ambas están perfectamente contestes con la estructura y el espíritu de toda ella.

I

LA SUMINISTRACION DEL ESPIRITU. La palabra "suministración", que aquí se emplea es una voz rara vez usada, y ella tiene un significado especial y muy figurativo. Se trata de la traducción de la palabra griega *epichoregos,* y ella se refiere al epichoregos o sea el dirigente de coro de la antigua Grecia. Al efectuarse uno de los grandes festivales se acostumbraba que un hombre, como acto de generosidad para el público, pero, al mismo tiempo, también en señal de la distinción y honor con que se le señalaba, presentaba, para entretener al público, un bien elaborado programa musical. Consis-

EL ESPIRITU SANTO EN LA EPISTOLA A LOS...

tía éste de muchas piezas, gran variedad de selecciones de música, que se ejecutaba con diversidad de instrumentos por múltiples actores. La persona designada para la preparación de dicho programa tenía que suministrar todo lo que era necesario para la ejecución de dicho programa, corriendo por su cuenta todos los gastos. El era responsable de conseguir los actores, los instrumentos y el público que concurriese al acto. No sólo debía suministrarlo todo, sino que también era responsable de la dirección del coro. De esa antigua palabra deriva nuestro vocablo *coro*. Esta palabra pues, expresa la idea de suministro, pero especialmente del suministro de las partes de un coro musical, y ella contiene la idea de algo armonioso y glorioso. Se trata pues de un suministro a la vez abundante y de magníficos resultados.

Esta palabra se emplea en un notable pasaje del capítulo primero de la segunda epístola de Pedro donde dice. "Añadid a vuestra fe, virtud; a la virtud, conocimiento; al conocimiento, dominio propio; al dominio propio, paciencia; a la paciencia, piedad; a la piedad, afecto fraternal; y al afecto fraternal, amor." Esa palabra "añadid" es la misma voz griega *epichorego*. Significa, pues, "haced que estas preciosas gracias formen coro en vuestra vida". Haced que todas ellas armonicen y luego producid preces armoniosas, de tal manera que vuestra vida sea una doxología de gozo y gratitud. Luego, al final de ese párrafo reaparece la misma palabra: "Porque de esta manera os será otorgada amplia y generosa entrada en el reino eterno de nuestro Señor y Salvador Jesucristo" (II Pedro 1:11). Lo que se podría traducir literalmente, del siguiente modo: "Así se coreará vuestra entrada". Es decir que aquellas mismas gracias que os fueron suministradas en la vida terrenal y que os atendieron como coro celestial, os esperarán en las puertas del cielo y cantarán el día de vuestra coronación. El amor y la ternura, la fe y la paciencia que ejercisteis en el curso de vuestra peregrinación en la tierra, os esperarán allá, como un séquito de músicos para celebrar vuestra victoria y la recepción de vuestra recompensa.

Es la palabra que se emplea en el pasaje de la epístola a los Filipenses: "la suministración del Espíritu de Jesucristo". El Espíritu Santo es el director del coro, y él es el que suministra al apóstol toda la gracia necesaria, para que su vida no sólo sea tolerable sino triunfante, de modo que todo se convierta en un coro de alabanzas.

El apóstol acaba de referirse a las pruebas por las cuales estaba pasando y los perspicaces enemigos que lo afligían y le ponían tropiezos, llegando a valerse hasta del mismo evangelio que él amaba tanto, para producir disputas y contiendas, "pensando" —dice— "añadir aflicción a mis prisiones". Pero fue tan abundante el suministro del Espíritu Santo, en su función de dirigente del coro de su vida victoriosa, que pudo sobreponerse al odio de los celos, convirtiendo la prueba en victoria, de tal manera que pudo sacar bendiciones de los golpes que le asestaba el Diablo, y pudo cantar este coro de alabanza: "¿Qué pues? Que no obstante, en todas maneras, o por pretexto o por verdad, es anunciado Cristo; y en esto me huelgo, y aún me holgaré, porque sé que esto se me tornará en salvación" — es decir en mi completa y plena salvación —

por vuestra oración, y por la suministración del Espíritu de Jesucristo".

De igual modo, amados míos, el Espíritu Santo puede suministrarnos tan acabadamente lo que necesitamos.

> Que todo mal y tentación
> Podrá trocar en bendición.

Ese era el aporte a su salvación. Por supuesto no quiere decir que eso significa su liberación de la condenación, sino que se refería a esa vida más profunda y más completa en Cristo que está comprendida en la entera salvación. Una cosa es ser salvado "así como por fuego", y otra es ser totalmente salvado.

El apóstol dice que recibirá eso "por medio de la oración". Podemos ayudarnos unos a otros a recibir mayor plenitud del Espíritu de Jesús. Si tenemos el corazón predispuesto a recibir la bendición del Espíritu Santo, las oraciones que elevan otros creyentes nos alcanzarán y aumentará la medida de lo que recibamos.

Toda verdadera oración realiza algo, y añade algo a las bendiciones que pedimos para nosotros y para otras personas. No podemos prestar ningún servicio mejor a algún verdadero hijo de Dios, que orar por él en el Espíritu Santo, y con el amor profundo y divino que nos pone en contacto con aquellas personas por quienes oramos, haciéndonos ver lo que necesitan. Esto es especialmente así al tratarse de aquellas personas que se presenten ante el público para exponer las verdades de Jesucristo, puesto que éstas deben primero recibir las bendiciones para luego impartirlas a otras personas. Oremos por dichas personas, y podemos hacerlo con la plena seguridad que las bendiciones que invocamos para ellas caerán también sobre nosotros. Para seguir empleando la figura que hemos venido presentando del coro imaginario, nuestras oraciones deben ser el aire que llena el órgano y produce las notas que resuenan a través de los tubos.

II

LA COMUNION DEL ESPIRITU. Filipenses 2:1,2. Este es un pasaje muy exquisito, pues toca algunos de los rasgos más delicados del sentimiento cristiano. Se refiere a "la consolación de Cristo", a la ternura de su amor consolador. Habla acerca del "consuelo que trae el amor", del bálsamo curativo de la simpatía y del afecto santo, y de "la comunión del Espíritu"; de la comunión de los santos con Dios y con los hermanos en el Espíritu Santo. Habla de "afecto entrañable", es decir de aquella sensibilidad espiritual que nos hace sentir el dolor o la felicidad de los demás. Hay en eso algo tan refinado y exquisito, que la mente tosca y ordinaria no puede comprender y es realmente cierto que "sólo aquel que lo siente sabe lo que es".

Vamos a ocuparnos especialmente de esta tercera frase: "Si hay alguna comunión del Espíritu". La palabra griega koinonia, que literalmente se puede traducir por la frase en común, significa cabalmente eso, el tener las cosas en común.

1. Se emplea primero para expresar nuestra comunión con Dios: "Nuestra comunión verdade-

ramente es con el Padre, y con su Hijo Jesucristo" (I Juan 1:3). "La comunión del Espíritu Santo".

La comunión con Dios es la base de todas las demás comuniones, y la comunión con Dios no consiste únicamente del culto externo ni de las oraciones expresadas, sino que consiste de la unidad con Dios, y el tenerlo todo "en común con él". Así como el aceite y el agua no pueden mezclarse, como el hierro y la arcilla no se pueden fundir juntos, así tampoco puede haber comunión entre Dios y el alma pecadora. Tenemos que reconciliarnos con él; debemos estar unánimes con él; debemos parecernos a él, tener los mismos sentimientos que a él lo animan, y debemos estar llenos de su Espíritu Santo.

Debemos poseer el órgano que nos haga sentir lo mismo. No basta que tengamos un hilo telefónico que una nuestro despacho con la ciudad distante, sino que es necesario que haya una batería eléctrica que haga transmitir el mensaje a través del alambre. De igual modo debemos contar con los órganos espirituales necesarios para poder entablar comunión con Dios y para poder sentir lo que él siente.

Podremos tener esa comunión. El Espíritu Santo es el órgano conductor de dicha comunión. El es al mismo tiempo la corriente eléctrica que transmite el mensaje como también el que lo interpreta. "Por él tenemos entrada al Padre". Podemos abrirle nuestro corazón y él puede abrirnos el suyo a nosotros. Podemos pedirle lo que necesitamos y obtenerlo. Pero mejor que el hecho de recibir lo que necesitamos es el hecho que su corazón responde a los sentimientos del nuestro; y más que lo que le digamos en palabras o que él nos diga a nosotros, es la honda aunque silenciosa comunión del corazón que está en conformidad con la santa voluntad de Dios y que vive consciente de su deleitosa presencia.

No es necesario que estemos siempre hablando de Dios, ni que estemos siempre oyendo lo que él nos diga, para estar en comunión con él; hay una comunión inarticulada, más dulce aún que la de las palabras. La criatura se puede sentar todo el día al lado de su atareada madre, y aunque se digan muy poco la una a la otra, y aunque ambas estén muy ocupadas, la una en el absorbente juego y la otra en su apremiante trabajo, no obstante ambas están en perfecta comunión. La madre sabe que su hija está allí y la hija sabe que su mamá está bien. Lo mismo sucede entre el creyente y su Salvador, ambos pueden pasarse horas enteras en silenciosa comunión de amor, mientras el creyente está ocupado en cosas comunes, pero consciente que en todo lo que hace, por pequeño que fuere, cuenta con la presencia del Señor, con su aprobación y su bendición.

Y cuando se presentan tribulaciones e inconvenientes por demás complicados para expresarlos en palabras, y por demás extraños para describirlos o comprenderlos, cuán dulce es caer en esos momentos en sus amantes brazos, y simplemente sollozar la pena que no podemos expresar en palabras.

Cansado, sin poder orar,
Las manos déjolas caer,
Confiando que me ha de amparar
Aquel que sabe comprender

> Como el niño que consolación
> En el seno de la madre va a buscar
> Aunque a su pena no halle solución,
> Sus lágrimas allí logra enjugar.
>
> Así en el seno de mi Salvador
> Alivio encuentro de mi mal
> Pues él colma del amor
> Del Santo Padre Celestial.

2. Eso incluye también la comunión de unos con otros. "La comunión del Espíritu", significa tener comunión espiritual. Gracias a Dios por el artículo del credo que enlaza a la iglesia haciéndola una sola en todos los tiempos y en todos los climas: "Creo en la comunión de los santos".

Naturalmente esto tiene que ser ante todo, la comunión en el Espíritu. No se trata únicamente del afecto natural, sino de la comunión de corazones que gozan la misma vida divina. Por supuesto es más grata y más íntima al tratarse de aquellos seres que nos son más queridos, pero en el caso de nuestros amigos más queridos, nuestro amor debe transformarse, pues si eso no ocurriere no sería duradero ni nos pondría en comunión espiritual.

Además se trata de tener comunión con la verdad. Mientras más estrecho sea el acuerdo en la verdad, tanto más íntima será nuestra comunión en el Espíritu. Por consiguiente conforme Dios nos conduce a enseñanzas más profundas y a verdades más elevadas, tanto más se intensifica nuestra comunión.

Recordamos cuando nos convertimos, y al momento nos encontramos en comunión con algunas personas que ya habían sido salvadas. La nota principal de nuestro testimonio era "Jesús me salva", y todos los creyentes eran nuestros amados hermanos. Nos daban ganas de tomarles de la mano y decirles: "Somos hermanos". Pero esa es una parte pequeña del coro. Era la parte del soprano, y la voz de soprano por sí sola no es muy voluminosa.

Después de algún tiempo aprendimos el bajo más profundo de la santificación, y luego obtuvimos una nota nueva y una nueva parte de nuestro canto. Nuestra música se enriqueció, y fue más completa nuestra armonía.

Recordamos la primera vez que nos encontramos con otro creyente que, como nosotros, sabía lo que es la bendita verdad de que Cristo es nuestro Santificador. Este no sólo era nuestro hermano sino que era doblemente hermano nuestro. Cuánta alegría nos dio encontrarnos con una persona que podía comprender nuestros más hondos sentimientos y las enseñanzas del Espíritu Santo. ¡Cuánto más estrecha fue nuestra comunión en la plenitud de esa verdad!

Después de un tiempo agregamos una tercera parte, el tenor triunfante de la sanidad divina, y la vida sobrenatural de nuestro Señor en nuestro cuerpo. ¿Podremos olvidarnos de nuestro primer encuentro con aquellos que entendían estas cosas? Habíamos estado solos, sin que se nos comprendiera, mal interpretados y perplejos, pero al encontrar a otro creyente que andaba por la misma senda solitaria, y vivía disfrutando de la misma bendita experiencia, era un acorde de tres voces y una comunión divina.

No obstante esto, en la música perfecta hay otra parte más, el contralto suave y sugestivo, que lleva nuestros pensamientos muy lejos, y despierta los acordes de la memoria y de la esperanza. Así, pues, llegamos a la cuarta de las verdades de este bendito evangelio — la venida de nuestro Señor, y la gloriosa esperanza de su regreso. ¿Será necesario que diga que esto produce más íntima comunión con aquellos que están unidos por esa santa expectativa de la venida como la Esposa del Cordero? Así Dios nos une en la plenitud de la verdad. No seamos indiferentes acerca de ninguna de las verdades que él nos ha revelado, ni dejemos de ser fieles a su testimonio ni a nuestra mutua comunión.

Además no sólo tenemos comunión en la verdad, sino igualmente en la vida del Espíritu. No hay nada en el mundo que pueda unirnos, si nuestros corazones no están unidos por la presencia del mismo Espíritu. El evangelio cuádruple no es mejor en nada que los treinta y nueve artículos de la iglesia anglicana sin el Espíritu Santo. El secreto de la verdadera unión cristiana es el bautismo del Espíritu Santo y la plenitud de la vida de Cristo en todos los que creen.

Esta es también la comunión de la oración; nos hace sensibles de tal modo que podemos sentir lo que necesitamos unos y otros, y nos ata por un lazo de unión, como ocurre con los que escalan las montañas, de modo que si uno se cae, los demás lo sostienen, y si uno sufre, todos sufren con él.

Pidámosle a Dios que nos haga comprender todo lo que significa su ministerio, en lo que atañe a nosotros y a sus siervos; seamos tan exactamente "colocados" en el cuerpo de Cristo, que llevemos en nuestro corazón a aquellos a quienes el Espíritu Santo nos asigne, y que nos indique las responsabilidades y carga que él quiere que participemos con ellos.

Finalmente, debe haber también comunión en el servicio. Hemos sido llamados para que testifiquemos juntos y para que trabajemos en estos días tan importantes. No es por casualidad que el Espíritu Santo nos ha hecho sentir lo mismo y nos ha hecho entender las mismas verdades y guiado a vivir la misma clase de vida. En estos últimos tiempos el Espíritu Santo está preparando un poderoso movimiento, que es la preparación especial para la venida del Maestro, y no podemos desoír su llamamiento especial sin sufrir gran pérdida nosotros mismos y sin poner trabas a los fines que persigue con respecto a nosotros y a su iglesia.

Cuando Dios nos enseña verdades especiales y nos bendice, no podemos seguir siendo lo que hemos sido; él nos prepara para que cumplamos algún servicio especial y para que testifiquemos acerca de lo que él ha hecho por nosotros; tenemos la obligación de mantenernos juntos en la propagación de las verdades que nos ha revelado, y para ayudar a otras personas a que reciban las bendiciones que nosotros hemos recibido.

Algunos de nosotros tenemos la solemne sensación que, si hubiéramos dejado de testificar cuando Dios nos habló por primera vez acerca de estas profundas verdades; no sólo habríamos desperdiciado la mejor oportunidad de nuestra vida, sino que muchas personas no habrían obtenido las bendiciones que Dios derramó sobre ellas por medio nuestro.

Amados míos, sobre todo seamos fieles a nuestra vocación; no permitamos que ninguna cobardía o miedo, ni ningún compromiso con lo que opinan otros, nos haga vacilar y desistir de nuestro elevado llamamiento, no seamos desleales a los vínculos de unión con el pequeño rebaño que el Maestro está preparando para su reinado.

"Por tanto, si hay alguna consolación en Cristo, si algún consuelo de amor, si alguna comunión del Espíritu, si algún afecto entrañable, si alguna misericordia, completad mi gozo, sintiendo lo mismo, teniendo el mismo amor, unánimes, sintiendo una misma cosa (Filipenses 2:1,2).

CAPITULO XVII

EL ESPIRITU DE AMOR

"Vuestro amor en el Espíritu"
(Colosenses 1:8).

ESTA es la única vez que se menciona al Espíritu Santo en la epístola a los Colosenses. El tema de esta preciosa carta es la plenitud de Jesús y su gloria. Pero no es posible glorificar a Jesús sin reconocer al Espíritu Santo, por eso tenemos esta breve mención referente al bendito Espíritu. Mas a pesar de su brevedad relumbra como una perla celestial, y refleja las más profundas y más importantes verdades concernientes al bendito Consolador.

Epafras acababa de visitar al apóstol. Era Epafras uno de los ministros de la iglesia colosense, y éste le había dado cuenta a Pablo acerca de la condición en que se encontraba la iglesia; esta comunión entre sus miembros era perfecta, su unión era ininterrumpida; sus miembros eran caritativos, desprendidos y considerados los unos con los otros. No había entre ellos lenguas charlatanas; no se oían rumores denigrantes, no había incomprensiones ni disputas; no se hacían críticas, ni se oían quejas, ni se abrigaban malos sentimientos, todos estaban unidos por lazos de amor armonioso y magnífica colaboración, en el testimonio, en el trabajo y en el culto de la iglesia. Manifiestamente entre ellos había divina unión. Era "amor en el Espíritu". No se trataba simplemente de partidarismo ni de amistad personal; no procedían así porque eran gregarios ni dados a formar corrillos o buscar favoritismos personales; todo era tan celestial, tan santo, tan semejante a Cristo, que era evidentemente el dominio e inspiración del Espíritu Santo. Por eso al enterarse de eso el apóstol exclama con gratitud y gozo: "Damos gracias a Dios, Padre de nuestro Señor Jesucristo, habiendo oído de vuestra fe en Cristo Jesús, y del amor que tenéis a todos los santos, a causa de la esperanza que os está guardada en los cielos, de la cual ya habéis oído por la palabra verdadera del evangelio, que ha llegado hasta vosotros, así como a todo el mundo, y lleva fruto y crece también en vosotros, desde el día que oísteis y conocisteis la gracia de Dios en verdad" (Colosenses 1:3-6).

Pluguiera a Dios que este precioso cuadro se repitiese con más frecuencia. Contemplémoslo como dechado de lo que debe ser el verdadero amor cristiano y como ejemplo de la más selecta y noble obra del Espíritu Santo.

En el mundo hay mucho amor, y siempre lo habrá. El amor es el secreto de todos los romances; el tema de todos los poemas, y el alma de todo drama que conmueve el corazón humano o que encanta los oídos. Se encuentra en el fondo de toda acción heroica nacional; es lo que dora toda acción patriótica y cubre de gloria el altar de los hogares. Pero la diferencia entre el amor de la naturaleza y "el amor del Espíritu" es muy grande.

1. El amor natural es un instinto y una pasión; el amor del Espíritu es una nueva creación, fruto de la vida sobrenatural que imparte el Espíritu Santo, al nacer el alma de lo alto. El corazón natural no sabe nada de eso. El amor humano podrá ser un poquito más elevado en lo que se refiere a dimensión, grado y naturaleza, al que tiene el avecilla a sus pichones, o la leona a sus cachorros; es de origen terreno y tiene que desaparecer con la tierra. Pero el amor del Espíritu desciende de arriba; es parte de la naturaleza de Dios y, por consiguiente, es eterno. Es de la estirpe de la familia celestial y vínculo del hogar eterno.

2. El amor natural es egoísta, lo es así porque tal es su naturaleza y termina con su propia satisfacción; el amor divino no sabe lo que es egoísmo, y lo que persigue es el bien de aquellos a quienes ama. Debido a eso el más intenso amor nacido de pasión humana al sentirse decepcionado podrá convertirse en el odio más intenso. Podrá golpear con el golpe mortal de la venganza a aquel por quien antes habría dado la vida, si este despierta en él celos y resentimientos. En cambio el amor divino se olvida de sí y trata de bendecir al que ama. No ama únicamente por el placer de amar; sino que ama porque quiere bendecir, ayudar y elevar y no esquiva ningún sacrificio, ni el de su propia felicidad, con tal de realizar el bien del ser amado.

3. El amor natural se basa en las cualidades atractivas del ser amado; el amor divino nace de algo interior, y brota de un impulso irresistible. El amor meramente humano se siente atraído por la bondad y el encanto del ser amado, ora sea éste real o imaginario. Pero el amor divino puede amar

lo más repulsivo, lo puede seguir amando movido por el impulso del propio corazón, aun cuando las circunstancias hicieran parecer imposible la continuación del amor. Es así como "Dios muestra su amor para con nosotros, en que siendo aún pecadores, Cristo murió por nosotros" (Rom. 5:8).

En el verdadero amor materno vemos cierta aproximación a ese amor. ¿Quién ha visto una madre que no tenga "una criaturita hermosa"? Otras personas podrán no ver nada bello en la criatura, pero la madre sí lo ve. Aunque la criatura fuere enfermiza y fastidiosa, a tal punto que causare constante molestia y diese mucho trabajo atenderla, eso en vez de disminuir el cariño de la madre más bien lo intensifica. Noche y día la madre atiende a su criatura con verdadero gozo, y si la misma llega a fallecer, la madre siente tanto más la pérdida a causa del trabajo que le ocasionó cuidarla, y no puede acostumbrarse a estar sin la niña endeble que tanto dependía de ella, al punto de ser parte de su propia vida.

Dios nos amó en razón de algo que él tiene en sí, por eso si Cristo está en nosotros, amaremos en razón del Cristo que está en nosotros; amaremos aun a los que son indignos de ser amados, les amaremos porque Cristo les ama, aunque instintivamente no podríamos amarles.

4. El amor natural es sensitivo y vive alumbrado por los rayos del afecto que le corresponde, pero el amor divino es longánime, paciente y fiel, en las horas más oscuras del sufrimiento y cuando se le trata mal. El propio elemento del amor divino es sufrimiento. En el cuadro sublime que tenemos en el capítulo trece de la primera epístola a los Corin-

tios, el amor emprende su marcha con "el amor es sufrido" y la termina diciendo: "todo lo sufre"; en el centro se levanta el signo: "no se irrita". El amor se mueve dentro de un ambiente de sufrimiento y de mal; pero puede sufrir sin irritarse y sin ser injurioso. El sublime ejemplo es el Hijo de Dios cuando estuvo entre sus crueles adversarios; mientras más mal le hacían tanto más honda era la convicción que tenía de que necesitaban de su amor, y tanto más deseaba padecer para bendecirles y salvarles. Ese es siempre el espíritu del amor cristiano.

En cierta ocasión, cuando unos diez mártires evangélicos cayeron en el sur de la China, una de las sobrevivientes al referirse a esa hora, dijo que en el momento en que todos esperaban la muerte, lo único que ella recuerda es el intenso gozo y amor que henchían sus corazones, gozo y amor que procedían del cielo. Cuando la noticia llegó a sus amistades residentes en Inglaterra, nadie dijo una palabra de odio, ni aun aquellos que más amaban a las víctimas; por el contrario, pareció como si se hubiese hecho más pronunciado el amor divino que sentían por esas gentes y acrecentando el deseo de salvarles de la ignorancia y ceguera que les había inducido a cometer tales crímenes.

El amor que bendice únicamente a aquellos que nos bendicen es terrenal, "¿no hacen también lo mismo los publicanos?" (Mt. 5:46). Pero el amor que tenemos a aquellos que no pueden hacer nada por nosotros; el amor que bendice a los que nos maldicen, y que ora por los que nos hacen mal y nos persiguen; el amor que está dispuesto a morir por aquellos que quieren quitarnos la vida, ese es el amor de Dios. Sólo el Espíritu Santo puede inspirar al corazón amor de esa clase.

5. El amor natural es esporádico; el amor divino es duradero y eterno. El amor natural depende del estado de ánimo en que nos encontremos o del de aquellas personas a quienes amemos. Pero el amor divino nace del eterno Cristo que está en nosotros — ama lo mismo vayan bien o mal las cosas, y ama siempre. Debemos orar mucho diciendo: "Ve si hay en mí camino de perversidad, y guíame en el camino eterno" (Salmo 139:24).

¿Queremos gozar de ese amor eterno? ¿Estamos hartos de sufrir desengaños? Jesús puede darnos su amor eterno.

6. El amor natural es exclusivo, parcial y partidario; el amor divino es comprensivo y universal, como lo es el corazón de Dios. No ama a los favoritos, sino que ama por el deleite que da el amar a todos aquellos que necesitan que alguien les ame. No ignora los lazos más estrechos de las relaciones de la vida. No ama a todos, exactamente con el mismísimo afecto ni siquiera con el mismo grado de amor, pero ama a cada uno en el sitio donde Dios le ha puesto, ama a todos con la debida proporción y amplia simpatía.

Hace que el esposo le tenga más profundo afecto a su esposa, que ocupa un sitio especial en su corazón. Da a los amigos una intimidad especial, que les une en lazos de simpatía. Tiene sitio para toda clase de amistad y para todo lazo de unión, todo ello en perfecta simetría y plenitud. Como la clara luz del sol, que penetra en todo lugar donde hay espacio, y entra más pronto donde hay más espacio. Como el bendito Maestro, tiene su Juan que se reclina en su seno y su María que le hace sus hondas confidencias; pero también tiene su Pedro, a quien, en su correspondiente lugar, ama igualmente, su Tomás sobre quien derrama sus simpatías, y la criaturita que toma en sus brazos. Ese es el amor de Dios.

El amor humano llega a ser antagónico, y no quiere a los que no están dentro de su círculo de atracción, pero el amor de Dios se extiende equitativamente a todos, con absoluta justicia y al mismo tiempo, con mayor dulzura, delicadeza y santa emoción que los mejores sentimientos de afecto humano.

7. El amor humano es inmoderado; el amor divino es moderado y sabe dominarse. La madre petulante y apasionada en un momento estrecha en su seno a su querida criatura, pero en otro instante podrá dirigirle las más severas injurias, que nacen de la ira. El padre impulsivo puede amar a su hijo tan desmedidamente y ser tan indulgente con él que no le impida que haga aquello que podrá afectar su carácter y el porvenir de su vida. El verdadero amor restringe y hasta se atreve a desagradar, con objeto de hacer mayor bien al ser amado. Dios nos ama así y llega hasta herirnos con objeto de sanarnos, y nos castiga a fin de salvarnos.

Ese fue la clase de amor que tuvo José a sus hermanos. Restringiendo el ardiente cariño de su corazón, se mantuvo alejado de los culpables, hasta que hubo conseguido su arrepentimiento; y entonces, después que hubieron reconocido su maldad, fue el primero en perdonarles y les ayudó a olvidar lo pasado. Estrechándoles en sus brazos les dice, apasionadamente: "No os entristezcáis, ni os pese... me envió Dios delante de vosotros" (Génesis 45:5).

Así es el amor divino, considerado, sobrio, consagrado, valiente de tal modo que se atreve a herir con objeto de curar, de corregir o de salvar.

8. El amor humano existe por lo que ve; el amor divino vive por la fe, por eso leemos; "El amor todo lo cree; todo lo espera" (I Co. 13:7). Cuando no puede ver en el momento las cualidades dignas de amor, ora pidiéndole a Dios que las dé, y cree que Dios contestará la oración, debido a eso procede como si Dios ya hubiese contestado la petición; después de eso la esperanza y la fe se dan la mano y miran hacia el porvenir, hasta que la visión se convierte en realidad y cubre al ser por el cual ha orado con toda la gloria con que Dios le cubrirá algún día.

Así, pues, Dios es amor, él nos ve no tal cual somos hoy en nuestra indignidad y pecado, sino como hemos de ser algún día, cuando brillemos como el sol en el reino de nuestro Padre, y reflejemos la gloria de la hermosura del rostro de nuestro Salvador; eso es lo que Dios ve y lo que le deleita. Dios nos trata ahora como si fuéramos glorificados. El nos ve "en lugares celestiales en Cristo Jesús". El "todo lo cree, todo lo espera" para nosotros y se propone cumplir todas las cosas en nosotros. Ese es el amor con que debemos bendecir a nuestros amigos. Debemos, pues, orar por ellos de ese modo, creyendo que recibirán lo que hemos pedido por ellos y viéndoles ante la luz de Dios en el cielo. De ese modo nuestro amor les elevará hasta alcanzar la visión, y Dios podrá realizar con ellos lo que él quiera.

9. El amor humano es humano; "el amor en el Espíritu" es el amor de Dios dentro de nosotros. Es el amor del Espíritu Santo que hinche nuestro corazón y que mana de él. No se trata de lo mejor que podamos sentir, decir o hacer, sino que es el mismo sentimiento del corazón de Cristo que se reproduce en nosotros. Por eso se ha dicho con justa razón que el capítulo trece de la primera epístola a los Corintios es una fotografía de Jesús, y la manera correcta de leerlo es insertando el nombre de Jesús en lugar de la palabra amor, y luego transferirlo a nuestro corazón y vida e insertar a Cristo en lugar nuestro en nosotros. Entonces será cabalmente cierto que "Cristo en nosotros es sufrido, es benigno; Cristo en nosotros no busca lo suyo; Cristo en nosotros no tiene envidia, no se jacta; Cristo en nosotros no se goza de la injusticia, mas se goza de la verdad; Cristo en nosotros todo lo sufre, todo lo cree, todo lo espera, todo lo soporta; Cristo nunca deja de ser".

Así, pues, tenemos que volver a refugiarnos en Cristo tratando de salir de nuestro yo y entrar en él, diciendo: "No vivo yo, mas vive Cristo en mí" (Gá. 2:20). Eso es lo que persigue el Espíritu Santo: quiere hacernos ver nuestra insuficiencia y la suficiencia de Cristo, y paso a paso trasladar el cuadro vivo a nuestra vida para que nuestra experiencia se convierta en realidad viva.

Ese es, pues, "el amor en el Espíritu". El bendito Espíritu de amor descendido del cielo para enseñarnos esta lección superior de justicia, santidad y divina semejanza, porque "Dios es amor; y el que permanece en amor, permanece en Dios, y Dios en él" (I Juan 4:16). El amor es el cumplimiento de la ley. El amor es la suma de toda bondad. El amor es la esencia de la santidad. El amor es vida.

El Espíritu Santo ha venido para educarnos en la escuela del amor. De día en día nos va enseñando nuevas lecciones, conforme vamos desarrollando la capacidad de aprender, y, cuando hay cosas difíciles de aprender, es porque el Espíritu Santo nos ha puesto en otra clase de disciplina, nos proporciona otra oportunidad para que dejemos que Jesucristo entre en nosotros y nos enseñe a que seamos pacientes, longánimes, y a que tengamos la gentileza de amor.

Un obispo que había sido injuriado le estaba contando a Francisco de Sales, el mal que le habían hecho; habían dicho mentiras acerca de él y habían tratado de difamarlo; el veterano santo escuchó y dijo: "Sí, hermano mío, todo eso es cierto; es muy malo; es muy injusto; es muy cruel", — luego añadió: "pero hay otro lado de la cuestión". — "¿Quiere usted decir que hay alguna excusa o razón que justifique lo que me ha hecho?"

"No de parte de los que han hablado mal de usted, hermano mío, pero hay una razón más importante por la cual ha ocurrido eso, es la siguiente: Dios ha permitido que le suceda eso a usted para enseñarle una lección que vale más para usted que su buen nombre; ésta es que *aprenda Ud. a callar la boca* cuando hablan mal de usted, y es evidente que todavía no ha aprendido usted esa lección".

El obispo, comprendió la lección y la recibió en silencio. Pluga a Dios hacer que veamos en todo la mano de nuestro Maestro, lecciones que él quiere enseñarnos y el amor de nuestro Padre. Si así fuera la vida sería para nosotros una escuela de amor, y seríamos dulcemente perfeccionados en lo más elevado por su gracia, de manera que nada podría causarnos daño sino que, por el contrario, por encima de la mano de los enemigos veríamos la mano amorosa bendiciéndonos abundantemente y haciéndonos alabarle "hasta por la ira del hombre", porque Dios la emplea para perfeccionarnos, entonces puede ser que llegue el día en que podamos decir: "Es tan agradable amar a mis enemigos que si el hacerlo fuese pecado, tal vez me sentiría tentado a cometer ese pecado, y si el Señor lo prohibiera, me parece que sería la más grande de las tentaciones de mi vida el desacatar ese mandamiento". Dios nos dé "el amor del Espíritu" y digamos otra vez el nuevo mandamiento: "**Amaos unos a otros, como yo os he amado**".

CAPITULO XVIII

EL ESPIRITU SANTO EN LAS EPISTOLAS A LOS TESALONICENSES

"Pues nuestro evangelio no llegó a vosotros en palabras solamente, sino también en poder, en el Espíritu Santo" (I Tesalonicenses 1:5).

"Recibiendo la palabra en medio de gran tribulación, con gozo del Espíritu Santo" (I Tesalonicenses 1:6).

"Dios os haya escogido desde el principio para salvación, mediante la santificación del Espíritu y la fe en la verdad" (II Tesalonicenses 2:13). "No apaguéis al Espíritu" (I Tesalonicenses 5:19).

LOS tres primeros de estos cuatro pasajes nos presentan tres aspectos de la obra del Espíritu Santo — como el Espíritu que imparte poder, gozo y santidad. El último versículo nos presenta el lado práctico de la cuestión y el grave peligro de que podemos apagar al Espíritu Santo.

I

EL PODER DEL ESPIRITU. El apóstol atribuye la conversión de los tesalonicenses al poder del Espíritu Santo. La obra que llevó a cabo entre ellos fue acompañada de extraordinarias manifestaciones del Espíritu Santo cuyo poder les hizo sentir convictos de pecado y les convirtió, dándoles otra naturaleza. Refiriéndose a eso dice el apóstol:

"Porque vosotros mismos sabéis, hermanos, que nuestra visita a vosotros no resultó vana; de que cuando recibisteis la palabra de Dios que oísteis de nosotros, la recibisteis no como palabra de hombres, sino según es en verdad, la palabra de Dios, la cual actúa en vosotros los creyentes" (I Tesalonicenses 2:1 y 13).

El despertar que se produjo en ellos y su entrega a Dios fue tan maravillosa, que Pablo pudo decir acerca de ellos: "Porque partiendo de vosotros ha sido divulgada la palabra del Señor, no sólo en Macedonia y Acaya, sino que también en todo lugar vuestra fe en Dios se ha extendido de modo que nosotros no tenemos necesidad de hablar nada; porque ellos mismos cuentan de nosotros la manera en que nos recibisteis, y cómo os convertisteis de los ídolos a Dios, para servir al Dios vivo y verdadero, y esperar de los cielos a su Hijo, al cual resucitó de los muertos, a Jesús, quien nos libra de la ira venidera" (I Tesalonicenses 1:8-10).

El apóstol atribuye esos maravillosos resultados enteramente al poder del Espíritu Santo, que acompañó la palabra de Dios, y le dio tal autoridad que la recibieron, no como palabra de hombre, sino como mensaje directo del Dios vivo.

Ese es el primer elemento del poder del Espíritu Santo, hace que el obrero y el orador desaparezcan de la vista y pone al que escucha cara a cara con Dios.

Eso es lo que quiere decir Pablo cuando dice que ellos recibieron con toda confianza lo que él les dijo. Pablo les habló como mensajero procedente directamente del cielo, y ellos le recibieron como tal. El mensaje del apóstol no lo dio valiéndose de palabras sabias ni con estudios de retórica, sino con autoridad divina. Mucha de la prédica moderna no consiste más que de palabras — palabras lógicas, retóricas, bien expresadas, algunas veces conmovedoras, a tal punto que hacen verter lágrimas y despiertan entusiasmo, ¡pero no son más que palabras!

El poder del Espíritu Santo guía a los hombres a hacer mucho más de lo que se puede expresar en palabras, y hace que los oyentes reciban la esencia del mensaje de Dios acerca del arrepentimiento y la salvación y de la inmediata necesidad de que se decidan a aceptarle y a obedecerle. Consigue que la gente haga algo inmediatamente y para siempre.

La palabra que se emplea aquí para expresar poder, es *dinamita*. Es una fuerza que rompe todo. Quebranta la conciencia y hace que se sienta culpable de haber pecado, quebranta el corazón y hace que éste se deshaga angustiado y arrepentido. Quebranta la voluntad y hace que nos rindamos y acatemos su voluntad. Rompe las ataduras del pecado, de los hábitos y los lazos con que Satán nos tuviere atados.

No sólo habla acerca de la seguridad de que Cristo libertará del pecado, sino que hace que sintamos esa seguridad. Nos hace sentir que es Dios quien habla, que somos pecadores, que estamos perdidos, y luego, que somos salvados.

Amados míos, ¿hemos sentido ese poder que convierte y transforma? Queridos colaboradores, ¿tenemos esa seguridad? ¿Es esa nuestra suprema y única dependencia para conseguir la salvación de las almas, y para servir a nuestro Rey?

II

EL GOZO DEL ESPIRITU. Uno de los primeros resultados de la conversión de los tesalonicenses fue el espíritu gozoso que se apoderó de ellos. "Y vosotros vinisteis a ser imitadores de nosotros y del Señor, recibiendo la palabra en medio de gran tribulación, con gozo del Espíritu Santo" (I Ts. 1:6).

El espíritu jubiloso es uno de los frutos inmediatos del Espíritu Santo. La nueva vida es esencialmente dichosa, ella hace desaparecer las causas que producen tristeza y pesar, pues nos hace disfrutar de la luz eterna.

El gozo del Espíritu Santo no es una emoción natural ni depende de las circunstancias o ambiente favorable en que nos encontremos. En el caso de los tesalonicenses sintieron gozo a pesar de haber sufrido contrastes y muchas aflicciones. Pasaron por muchas pruebas — persecuciones, pérdida de amistades, y hasta estuvieron en peligro de muerte, pero mientras más grandes fueron las aflicciones tanto más divino y profundo fue el gozo que sintieron.

Así ocurre siempre. La vida cristiana es una eterna paradoja: "Como entristecidos, mas siempre gozosos; como pobres, mas enriqueciendo a muchos; como no teniendo nada, mas poseyéndolo todo" (II Corintios 6:10).

Es un misterio inexplicable. El mundo no puede comprenderlo, ni puede dar el gozo que da el Espíritu Santo, y, gracias a Dios, porque tampoco puede quitarlo. Nosotros tampoco podemos comprenderlo. Es un canto de la noche, que no podemos explicar por qué se canta, lo único que sabemos es que se canta. Es un manantial que brota en el desierto, cuyo origen no se puede ver, y cae en una fuente terrenal de la cual corre por los canales sin guiarse por ninguna orden prescrita. Es un gozo artesiano de cuyas profundidades rocosas saltan las aguas, sin requerir para ello de mecanismo, de bombas ni de manos ni baldes humanos. La alegría viene porque hay alegría que desciende del cielo, a donde pertenece y donde existirá eternamente.

Es una bendita herencia. El que la posee tiene una fortuna, aunque esté pasando por gran penuria. Es un antídoto contra la tentación y contra el pecado. Nos eleva más allá del poder del mal y nos mantiene en las inexplicables alturas de la paz y la victoria. Es un bálsamo para la enfermedad y el dolor y un sagrado elixir para los nervios, el cerebro y cualquier otro mal. Sirve de inspiración para alentarnos en el servicio que hacemos para Dios y para la humanidad, y hace que nuestras instancias al mundo enfermo de pecado y afligido, sean irresistibles; es inútil que tratemos de llamar a los perdidos y cansados a que entren por las puertas de la misericordia, si nuestro semblante marchito, lo desganado de nuestra actitud y el tono sepulcral de nuestra voz, les hace sentir que ellos son más felices que nosotros. El gozo de Jehová es nuestra fortaleza, y esto no sólo en lo que atañe a la santidad, sino también al tratarse de la salud, de la felicidad y de la santa influencia que ejercemos sobre otros corazones y otras vidas, y en todo lo que hacemos para Dios y nuestros semejantes.

Amados míos, abrid vuestro corazón y recibid el gozo del Espíritu.

III

LA SANTIFICACION DEL ESPIRITU. Lo primero que llama fuertemente la atención del lector sencillo y sin pretensiones que lee este versículo, es la fraseología clara y común que se emplea en él para decir que la santificación es parte esencial de nuestra salvación.

Le expresa en lenguaje que no tiene la más mínima ambigüedad, que Dios nos ha escogido desde el principio para salvación, por la santificación del Espíritu y fe de la verdad (II Tesalonicenses 2:13). No somos elegidos para que seamos salvados sin tener en cuenta para nada nuestro estado espiritual, sino que somos elegidos bajo esas condiciones esenciales de la santificación por el Espíritu Santo.

Es muy difícil comprender cómo puede haber personas que crean que alguien espere salvarse, despreocupándose absolutamente de su santificación. La salvación consiste, hasta cierto punto, en la santificación, porque sólo por medio de la santificación somos salvados del violento poder del pecado que es el destructor del alma.

En este versículo se atribuye la santificación al Espíritu Santo. Es obra suya, no nuestra; es parte igual a la de la gracia gratuita de Dios que nos justifica y perdona por la fe en el Señor Jesucristo. En el capítulo quinto, versículo veintitrés de la epístola anterior, el apóstol expresa claramente en su oración la naturaleza de ésta cuando dice: "Y el mismo Dios de paz os santifique por completo; y todo vuestro ser, espíritu, alma y cuerpo, sea guardado irreprensible para la venida de nuestro Señor Jesucristo" (I Ts. 5:23). Dios es quien hace esa obra, y la lleva a cabo por medio del Espíritu Santo.

La palabra *santificado*, tiene tres significados específicos, y son estos: separado, dedicado y henchido.

Lo primero es que seamos separados de la vieja vida egoísta y pecadora. Hay ciertas cosas que no podemos consagrarlas a Dios, sino que debemos deshacernos de ellas. La antigua ofrenda por el pecado no se podía poner sobre el altar — era impura, porque el pecado del pueblo se había puesto sobre ella; esta debía llevarse, pues, afuera del campamento y allí se le consumía con fuego, en el sitio del juicio. Nosotros tampoco podemos consagrarle a Dios nuestro pecado; debemos renunciarlo; debemos desprendernos de él; debemos morir al pecado; debemos ser separados de él.

En segundo lugar viene la dedicación a Dios. Ese es el lugar de la consagración. Ese es el sitio donde se ofrece la ofrenda que es consumida por el fuego. Dicha ofrenda se colocaba sobre el altar y Dios la aceptaba como olor agradable. Así también nosotros, habiéndonos separado de nuestro pecaminoso yo, le ofrecemos a Dios por medio de nuestro Señor Jesucristo, la nueva vida que hemos recibido y se la dedicamos totalmente a él y él la acepta como olor agradable. Pero aun así, no es nada más que la voluntad lo que le consagramos, una mera posibilidad; una vasija, limpia, pero vacía. El poder que hará que la consagración valga algo para Dios, debe partir del propio Dios. El posee la vasija, y es a él a quien le corresponde llenarla y conservarla repleta. Ese es el tercer significado de la santificación. Ser llenos del Espíritu Santo, es cuando Dios toma toda nuestra voluntad consagrada, nuestra vasija limpia y vacía, y todo lo que podrá ser y hacer nuestra nueva vida recién rendida a Dios, y las une de tal modo con Jesús, y las llena con la vida de nuestro Divino Señor, que la vida que vivimos llega a ser la de Cristo, y desbordamos del espíritu, con que nos inviste el Espíritu Santo.

La vida que vivimos, no es nuestra, pero "de su plenitud tomamos todos, y gracia sobre gracia" (Juan 1:16).

Esa es, pues, la santificación del Espíritu Santo. Su especial función es santificar las almas que han sido justificadas por la gracia y la sangre de Cristo.

Primero le hace ver al alma que necesita ser santificada; luego su estado pecaminoso que ha heredado y del cual no puede deshacerse y como le es imposible producir algo limpio de lo que es impuro, o vivir santamente teniendo, como tiene, el corazón impuro. Después de eso Dios nos hace ver los medios que ha provisto para que podamos ser santificados, por medio del don gratuito de Cristo, la eficacia de la propiciación de nuestro yo muerto, realizada por él; la eficacia de su sangre, y la buena disposición del Espíritu Santo para efectuar la obra de purificarnos el corazón y de habitar en él. Después nos conduce para que demos el próximo paso — a que nos rindamos incondicionalmente a él para que pueda consumar su bendita obra en nosotros que estamos dispuestos a apartarnos de todo mal, sin reserva de ninguna especie, y a dedicar igualmente, sin reserva, todo lo que tenemos al servicio de Dios y a su perfecta voluntad.

Entonces nos acepta y hace que sea efectiva la transacción que hemos hecho; por habernos rendido enteramente a Dios y apropiándonos, por la fe, de la obra redentora de Cristo, el Espíritu Santo acaba con nuestra antigua vida egoísta y entra a vivir en nuestro corazón consagrado, uniéndonos así con Jesús, llenándonos de su gracia y de su presencia, y guiándonos momento tras momento, dependiendo constantemente de su gloriosa gracia.

En cierto sentido esta obra es instantánea; tiene principio definido y al momento damos todo por terminado eternamente. Pero en otro sentido, es progresivo, al guiarnos el Espíritu Santo paso a paso, de fortaleza en fortaleza, de gracia en gracia, de gloria en gloria, con el espíritu del Señor.

Conforme nos van viniendo las nuevas revelaciones de la luz, el Espíritu Santo exige renovada obediencia y renovados avances; no obstante eso, mientras andamos en la luz, Dios nos acepta si andamos según la luz que tenemos, y se nos considera santos y agradables a sus ojos.

Nuestro verdadero crecimiento comienza después que hemos recibido la santificación y nos hemos puesto en perfecta comunión con él. La iglesia de Cristo tiene que aprender todavía lo que es la plenitud de vida en el Espíritu Santo, conforme la providencia de Dios, de día en día, va creando nuevas situaciones para el discípulo obediente, y el

Espíritu Santo le hace idóneo por medio de su divina gracia.

IV

UNA ADVERTENCIA PRACTICA: "NO APAGUEIS EL ESPIRITU". En vista de los tres aspectos de la obra del Espíritu a que nos hemos referido, cuán conmovedora y solemne es la advertencia: "¡No apaguéis al Espíritu!" Si bien es cierto que, en primer lugar, dicha advertencia se dirige a la iglesia colectivamente, también puede ser verdad refiriéndose al creyente individualmente.

Es posible que en nuestra condición de cristianos, entendamos mal al Espíritu Santo, que impidamos su acción y le desobedezcamos, que lleguemos a apagar su fuego santo, truncando los grandes propósitos de su amor.

No digo que el alma que real y verdaderamente crece en Jesucristo se perderá finalmente, pero, amados míos, podrá perder mucho de lo que la salvación significa para ella. Una cosa es estar perdido; otra cosa es la pérdida de la corona, y no disfrutar de la santa voluntad de nuestro Padre. Las Escrituras están llenas de exhortaciones acerca del peligro de no alcanzar la herencia y perder el completo galardón.

El Espíritu Santo es como una persona de amor muy sensible. El corazón de la mujer no se toma por asalto sino por medio del respeto, la consideración, la ternura y el amor. Pero en cualquier momento ella puede interrumpir y enfriar el corazón del que le ama y está dispuesto a ponerlo todo a sus pies, si procede de tal modo que apague el fuego del amor que quiere conquistarla. Del mismo modo se nos presenta el Espíritu Santo y nos hace respetuosas y amables amonestaciones. El no acepta ningún sacrificio que no se haga de todo corazón; no reconoce ninguna obediencia que no se dé con alegría. Pero pide sacrificios y obediencia en prueba de nuestro amor, y nos hace pasar por situaciones de perplejidad y prueba, pues esa es la única manera de disciplinarnos para el fin a que nos ha designado.

Es ahí donde pueden entrar la desobediencia y la denegación. Podremos rehuir su solícita dirección, podremos rehusar someternos a la prueba por medio de la cual quiere conducirnos a una gloriosa victoria; podremos buscar un camino más fácil y desechar la temida cruz; mas al obrar así ofendemos al Espíritu Santo; detenemos nuestro progreso; obligamos a Dios a que espere hasta que estemos listos para avanzar con él, y después de algún tiempo, tal vez hastiemos su amor paciente, que él nos considere inaptos para recibir la bendición que había designado para nosotros, y si bien es cierto que no perderemos nuestra alma, se nos privará de nuestra corona.

Hay quienes han perdido para siempre bendiciones que les esperaban, y tal vez han llegado a endurecerse de tal modo que ni siquiera se dan cuenta de lo que han perdido.

Podemos tomar un trozo de hierro candente, y meterlo en agua hasta enfriarlo, y hacerlo tantas veces, hasta que al fin el metal comienza a descomponerse convirtiéndose en ceniza, y el temple y la substancia del hierro se corroen y se malogran.

Podemos malograr nuestros corazones a causa

de nuestra desobediencia y repetidas heladas del amor divino, hasta que al fin no queda nada sino escoria.

Debemos tener cuidado al oír la voz de Dios, no podemos jugar con ella ni con la ternura y amor infinitos del Espíritu Santo. "¡No apaguéis al Espíritu!"

Podemos apagar el Espíritu con la desobediencia; con la desconfianza; tratando de complacernos a nosotros mismos y por nuestra cobardía; podemos hacerlo también cediendo a la tentación o lanzándonos al mundo y vendiendo nuestra primogenitura a cambio de un plato de lentejas; podemos hacerlo por nuestra petulancia, por nuestras malas miradas y nuestro lenguaje mordaz; podemos hacerlo por nuestra impaciencia y nuestra rebelión contra la voluntad de Dios. Tengamos, pues, mucho cuidado. No resistamos al Espíritu, no lo ofendamos ni lo apaguemos.

Finalmente, debemos tener cuidado de no apagar el Espíritu en otras personas. Podemos impedir que Dios obre en nuestras almas; podremos impedir que la iglesia de Dios salga victoriosa; podemos ser causantes de que todo el cuerpo se paralice, haciendo que uno o dos miembros contraigan algún mal crónico.

Tal fue lo que le ocurrió a Moisés, Josué y Caleb, cuando se vieron impedidos de llegar a donde Dios quería que llegasen, a causa de la incredulidad de Israel. A eso se debe también hoy día el que la iglesia no goce de la plenitud del poder pentecostal, porque hay tantos que formando parte del cuerpo de Cristo asumen una actitud tan débil. Muchas son las almas que se sienten acalambradas o heladas y hasta seducidas a no cumplir la voluntad de Dios ni obedecer el santo llamamiento del Espíritu Santo, atraídas por un amor equivocado, o por el descuido e influencia no santa de alguien que se titula amigo.

Dios nos libre de la horrenda culpa de no sólo pecar, sino de inducir a otros a que pequen. Dios nos ayude a fomentar la llama de la vida y el poder divinos en nuestro propio corazón y en el de otras personas, hasta que queme con el fuego del pentecostés, y sea como el fanal que arde con la llama de la mañana del advenimiento.

CAPITULO XIX

EL ESPIRITU SANTO EN LAS EPISTOLAS DE PABLO A TIMOTEO

EN las cartas pastorales y personales que escribió Pablo a Timoteo, su hijo en el evangelio, encontramos que se refiere cinco veces al Espíritu Santo.

Las trataremos en su orden lógico.

1. *El Espíritu Santo en relación con la persona y la obra de Jesucristo* (I Timoteo 3:16): "Grande es el misterio de la piedad: Dios fue manifestado en carne, justificado en el Espíritu".

Es indudable que se refiere aquí al testimonio del Espíritu Santo acerca del Hijo de Dios encarnado. Dicho testimonio consistió no sólo del anuncio que precedió al nacimiento del Hijo de Dios, y por las sobrenaturales manifestaciones del Espíritu Santo que siguieron a dicho suceso, sino especialmente en ocasión del bautismo de Jesús, cuando el Espíritu de Dios descendió públicamente y reposó sobre él, testificando que era su Hijo Divino, y el Espíritu Santo se unió con él, siendo desde ese momento la investidura de poder para el desempeño de su ministerio y de su obra. A partir de ese momento el Espíritu Santo testificó continuamente acerca de Jesús, manifestando el poder de Dios por medio de sus palabras y su obra.

Jesús dio sus mensajes por medio del Espíritu Santo; fue también por medio del Espíritu que echaba fuera los demonios y sanaba a los enfermos; fue por el Espíritu que, inmaculado como era, se ofreció a Dios, en propiciación de nuestros pecados y salió victorioso del conflicto, del sufrimiento y de la cruz; fue por el Espíritu que se sobrepuso al poder de Satanás, no sólo en el desierto, sino igualmente en la última lucha; fue por el Espíritu que ofreció su sacrificio perfecto ante el trono del Padre, y fue por medio del Espíritu Santo que se levantó de entre los muertos, "fue declarado Hijo de Dios con poder, según el Espíritu de santidad, por la resurrección de los muertos" (Romanos 1:4).

Luego el Espíritu Santo cumplió la promesa que había hecho de asumir la obra que Jesús había comenzado, y para dar testimonio de la ascensión del Señor durante el ministerio de los apóstoles y la organización de la iglesia y en todos los milagros de la gracia de Dios que han continuado en la era cristiana. El Espíritu Santo testifica acerca de Jesús haciéndolo conocer como el Hijo de Dios, el Salvador del mundo y fiel cumplidor de sus promesas.

Dondequiera que descienda el Espíritu Santo se le verá siempre dando testimonio de Jesús y rindiendo honores al Hijo de Dios.

2. *El Espíritu Santo en relación con las Sagradas Escrituras.* (II Timoteo 3:16,17). "Toda la Escritura es inspirada por Dios, y útil para enseñar, para redargüir, para corregir, para instruir en justicia, a fin de que el hombre de Dios sea perfecto, enteramente preparado para toda buena obra".

Aquí se nos presenta al Espíritu Santo haciéndonos ver la relación que tiene con la palabra de Dios. Es su palabra, y doquiera que se encuentre da testimonio de ella y le da la honra que ella se merece. Quienquiera que conozca mejor al Espíritu Santo, también conocerá mejor la Biblia, la amará, vivirá por ella y la empleará como arma en el trabajo y en la guerra.

La que aquí se emplea significa literalmente, "soplo de Dios", de modo que el texto a que venimos refiriéndonos debe leerse: "Toda escritura es el soplo de Dios, y es útil para enseñar, para redargüir, para corregir, para instruir en justicia". Las Sagradas Escrituras son, pues, el aliento de Dios. Así como Dios sopló en el hombre el soplo de vida, y éste fue alma viviente así ha soplado en la Palabra su vida, y esta es la expresión de lo que él piensa, de lo que quiere y de lo que siente en su corazón. Así como cuando soplamos nuestro aliento sobre el vidrio de la ventana, y el vapor que sale de nuestra boca lo nubla, así Dios ha soplado su aliento sobre las páginas, por eso tenemos en ella sus pensamientos y los sentimientos de su corazón; y esto no como letra muerta, sino como el mensaje vivo de su amor.

Reconocemos este santo libro como la propia palabra de Dios. No es simplemente una obra que contiene valiosos datos históricos, principios de ética, y poesía sublime; sino que es un mensaje enviado al hombre, directamente del cielo, con la autorización de su Señor. Al recibirlo nosotros, al creerlo, y al poner en él toda nuestra confianza; se hace real, y el Espíritu Santo testifica, por el efecto que tiene en el corazón de las personas que lo leen, que es realmente la palabra del eterno Dios.

Entonces su lectura nos es provechosa; en primer lugar nos instruye, haciéndonos conocer la verdadera voluntad de Dios, y enseñándonos todo aquello que debemos saber; luego dándonos convicción, (que es lo que en realidad significa la palabra que aquí se emplea) llegándonos a la conciencia, y haciéndonos ver nuestros errores. Seguidamente nos corrige, nos dirige, no sólo haciéndonos ver lo malo, y haciéndonos sentir conscientes de ello, sino enseñándonos lo bueno y demostrándonos como podemos hacerlo. Finalmente sirve "para instruirnos en justicia", edificándonos, pues tal es el significado exacto de la palabra que aquí se emplea, y haciéndonos crecer hasta llegar a la madurez de la vida cristiana. Así es como el hombre de Dios llega a la madurez de la experiencia, y se encuentra preparado para toda buena obra, para ayudar a otros y para servir a su Maestro.

El hombre de Dios debe vivir de la Palabra de Dios; el Espíritu Santo jamás pasará desapercibidamente la palabra que él mismo ha dado. Hay dos extremos. La palabra sin el Espíritu es seca y muerta, pero el Espíritu sin la palabra es incompleto. Démosle a las Sagradas Escrituras todo el honor que les corresponde; estudiémoslas; adquiramos la costumbre de utilizarlas habitualmente, escudriñándolas, alimentándonos con ellas; contra Satán, y para ayudar y bendecir a las almas.

3. *El mensaje del Espíritu Santo para nuestro tiempo*. Toda esta palabra es el mensaje del Espíritu Santo, pero el Espíritu ha dado en estas epístolas algunos mensajes que explícitamente son para estos tiempos.

Así leemos en la primera epístola a Timoteo capítulo 4, versículo 1: "Pero el Espíritu dice claramente que en los postreros tiempos algunos apostatarán de la fe, escuchando a espíritus engañadores y a doctrinas de demonios".

Esta declaración se encuentra más primorosamente expuesta en el tercer capítulo, versículo primero al quinto de la segunda epístola: "También debes saber esto: que en los postreros días vendrán tiempos peligrosos, porque habrá hombres amadores de sí mismos... tendrán apariencia de piedad, pero negarán la eficacia de ella".

Cuando queremos imprimir un mensaje dándole especial énfasis, lo subrayamos, y el impresor lo compone en letra cursiva. Si queremos darle un poco más de énfasis, subrayamos con dos o tres líneas, en tal caso el impresor no compone lo que hemos escrito y subrayado así con letra cursiva, sino con letras mayúsculas. Esa es la manera como el Espíritu Santo ha escrito estos versículos. Escrito en letra cursiva, es enfático, pero lo es doblemente así, escrito en mayúsculas para los hombres de nuestro tiempo, para los días finales del siglo diecinueve y los primeros momentos del siglo veinte. Lo que dice expresamente, es el mensaje que nos envía a nosotros, y nos hará bien escuchar su mensaje enfático.

No se trata de un mensaje sentimental color rosa, radiante de poesía y complacencia; no es nada menos que una solemne advertencia de peligro y de temor sagrado. El tono con que se expresa no tiene nada de ambiguo: "Presta atención"; no dice nada acerca de la libertad universal ni de influencia cristiana, ni de la proximidad del milenio de nuestro siglo; sino que habla que al aproximarse al fin de los tiempos, habrán días más oscuros y peligrosos; no serán tiempos gloriosos sino "peligrosos"; tiempos en que se presentarán espíritus seductores; tiempos engañosos en que la gente creerá las mentiras; tiempos en que la luz que tengamos dentro de nosotros se convertirá en tinieblas; tiempos en que los elementos más peligrosos se encontrarán dentro de la iglesia de Dios, y entre aquellos que tienen "apariencia de piedad, pero negarán la eficacia"; tiempos en que aquellos que parecen más justos y rectos "que se abstienen de ciertas viandas y prohiben el matrimonio" que, al parecer, son la personificación del sacrificio y de la más elevada moral, serán cabalmente los diregentes de Satanás para engañar y cometer las más monstruosas iniquidades.

Ya nos encontramos en esos tiempos. El panorama está a la vista, el siglo se aproxima a su fin y por todos los lados se ven nubes. ¿Se ha producido alguna vez, antes de ahora un espectáculo tal como el que contemplan los cielos en estos momentos? Miles y decenas de miles de impotentes cristianos son asesinados como ganado en los mataderos, y atropellados por lujuria brutal bajo las órdenes de un gobernante europeo, con el consentimiento tácito de seis de las grandes potencias que tienen a su disposición diez millones de soldados. Esto ocurre durante semanas, meses y años bajo la luz del cielo y a la vista de la diplomacia y las amenazas de lanzarse a la guerra por cualquier pequeñez, y no se levanta una espada, no se oye una protesta contra tales atropellos y mortandades. Ciertamente el gobierno humano ha fracasado totalmente. Es innegable que el mejor de los reinos y los reyes son como la arcilla del alfarero. Es un hecho que la debilidad y la maldad se han dado la mano. Dios está demostrándole al hombre cuan incapaz es de gobernar esta tierra, y la absoluta necesidad de que venga el Príncipe de Paz y poderoso Rey, que juzgará al mundo con justicia y a los pobres con equidad. El juzgará a los pobres y salvará a los niños y los menesterosos y quebrantará al opresor. "Porque él librará al menesteroso que clamare, y al afligido que no tuviere quien le socorra. Tendrá misericordia del pobre y del menesteroso, y salvará la vida de los pobres. De engaño y de violencia redimirá sus almas, y la sangre de ellos será preciosa ante sus ojos" (Salmo 72:12-14).

¡Ojalá venga ese bendito Rey! Toda la creación clama por él. Claman los perseguidos armenios, y los santos ante el altar exclaman: "¿Hasta cuándo, Señor, hasta cuándo?"

El Espíritu dice expresamente todo esto tiene que ocurrir, y el mismo hecho de que estén ocurriendo, es como luz profética que brilla en la oscuridad, como los primeros rayos del amanecer en el negro mar de la noche.

Gracias a Dios porque se aproxima la mañana. Prestemos atención a la voz del Espíritu, velemos, oremos y estemos siempre alerta.

4. *El Espíritu Santo es quien induce al cristiano a entregar su vida a Dios y a consagrarla a su servicio.* "Por lo cual te aconsejo que avives el fuego del don de Dios que está en ti por la imposición de mis manos. Porque no nos ha dado Dios espíritu de cobardía, sino de poder, de amor y de dominio propio" (II Timoteo 1:6,7).

Tenemos aquí, en primer lugar el claro reconocimiento del Espíritu Santo. Dios ha dado el espíritu no de temor sino de poder, etc.

El modo que se emplea aquí en la lengua griega es siempre enfático, es el modo "aoristo" que expresa un hecho acabado en cierto momento dado, no se trata de algo progresivo, ni aproximación gradual a algo, sino que se trata de algo realizado al momento, una vez para siempre. Ese es el sentido en que se nos da el Espíritu Santo. Es la hora de crisis de la vida del creyente, cuando recibe de ese modo al Espíritu Santo como el inspirador de vida y la fuente de poder, que ha de suplir todo lo que necesitemos espiritualmente conforme con la plenitud de todo lo prometido por el Divino Maestro.

Amado lector, ¿has recibido tú, definitivamente, el don y la promesa del Padre? Sin duda habrás reclamado muchas promesas, ¿pero has recibido realmente la **promesa**? ¿Qué razón alegas para decir que no la has recibido? ¡Oh, no dejes pasar ni una hora más sin postrarte a los pies de tu Padre Celestial rindiéndote definitivamente a él para recibir al Espíritu Santo según lo ha prometido en palabra!

Pero vemos que aún después de haber recibido el Espíritu Santo, quédale algo que hacer al creyente, por eso es que Pablo le recomienda a Timoteo que despierte el don que había recibido de Dios y estaba en él. La palabra que se emplea aquí es una metáfora, que describe la acción de avivar el fuego que se está apagando. La llama de la vida y del poder divino va declinando, o, por lo menos, no aumenta, por consiguiente requiere que se le avive, para que intensifique.

Cuando se nos da el Espíritu Santo es un capital divino que se nos entrega para que nosotros lo hagamos producir, y cuando lo empleamos y desarrollamos se multiplica en nuestras manos. Es la mina a que se refiere la parábola, que puede aumentar hasta llegar a convertirse en diez minas. Es la botija de aceite de la historia de la viuda que puede servir para llenar todas las vasijas que hubieren en la casa y en el vecindario, y mientras más se usa, más aumenta. Es el agua de las tinajuelas de Caná de Galilea que se puede vaciar en los vasos de los huéspedes convertida en vino, suficiente vino para abastecer a todos en dicha ocasión.

Podemos estimular al Espíritu Santo y desarrollarlo, o podemos dejarlo descuidado e inerte hasta que decaiga y se apague, y en vez de ser una potente fuerza de Dios, con toda la energía que necesitamos, llega a ser el delator de nuestra infidelidad y de nuestra negligencia.

Amados míos, despertemos el don de Dios que está en nosotros. Saquemos la ceniza del fuego que se va apagando. Pongamos el carbón y el combustible de la verdad viva; detengamos la corriente de aire frío por medio de la oración y dejemos que arda el fuego hasta que dé calor a la familia de Cristo y llegue a dar luz y bendiciones al mundo que está pereciendo por falta de calor espiritual. Al despertar el don de Dios que está en nosotros, éste llega a convertirse en fortaleza, amor, valor y templanza. Estas cuatro significativas palabras expresan la cuádruple plenitud del Espíritu Santo.

Primero, nos demuestra que el Espíritu Santo nunca inspira temor, que dicho en otras palabras, podemos decir que es el Espíritu que inspira ánimo y valor. Para comenzar necesitamos tener ánimo y valor, sin esa cualidad no nos atrevemos a entrar en posesión de los otros dones. Precisamos valor para abnegarnos y padecer, para decir "no" a lo que nosotros quisiéramos, para privarnos de aquello que más nos agrada y para abstenernos de todo aquello que pueda ser impedimento al cumplimiento de la voluntad de Dios y de que recibamos las más grandes bendiciones que él quiere derramar sobre nosotros.

Debemos tener ánimo y valor para creer lo que dice Dios, y para dar testimonio de que lo creemos; precisamos valor para avanzar y para obedecer sus órdenes y gozar de toda su plenitud.

En segundo lugar, es el Espíritu que imparte fortaleza. El valor y buen ánimo, sin las fuerzas necesarias, sólo servirán para hacernos desperdiciar la vida. El valor unido a la *fortaleza* nos hará invencibles. La palabra griega que se emplea para designar poder es *dinamita*. El Espíritu Santo es la dinamita que consigue los resultados, pues rompe las barreras y derriba todos los impedimentos.

Amados míos, ¿tenéis ese poder? ¿Estáis haciendo algo con vuestra vida? ¿Estáis realizando lo que os habéis propuesto llevar a cabo? ¿Conseguís resultado de vuestras oraciones? ¿Vivís victoriosamente o sois llevados de un lado a otro por las olas que os lanzan contra los peñascos de la orilla? Dios nos ha dado el Espíritu que imparte poder, el Espíritu que despierta. No creemos que el poder con que contamos es nuestro; es el poder del Espíritu Santo que está en nosotros. El potente cable está tendido debajo de la calle en que nos encontramos; enganchemos a él nuestro coche, y veremos que arrastra cualquier cosa, por pesada que sea. Ahí está el poder, y si no lo empleamos se desperdiciará.

En tercer lugar, el Espíritu Santo es el Espíritu de amor. El valor, sin la fuerza necesaria es frenesí que no da ningún resultado, y el valor y poder sin amor, es despótico y monstruosamente cruel. Se requiere amor para hacer que el poder sea benéfico y para emplearlo en beneficio de los demás. Por eso es que el Espíritu Santo nos da el Espíritu de amor, que hace que todos nuestros propósitos y todo lo que hacemos se convierta en bendición. No se trata de nuestro amor. Continuamente nos encontramos en situaciones en que no podemos amar, pero es el Espíritu Santo el que ama. Es el amor poderoso; es el amor que ama aquello que es indigno de amar y detestable. Es el amor que perdonó a sus enemigos y oró por sus homicidas.

Pero hay otro elemento aun en esta cuádruple investidura. Necesitamos del Espíritu de sabiduría, el espíritu de la templanza, o como lo han traducido algunos, el Espíritu de la disciplina. Ese es el Espíritu que nos mantiene bien equilibrados, y nos pone en condiciones de poder emplear del mejor modo posible todos nuestros recursos y aprovechar de todas las oportunidades que se nos presentan para ser útiles.

El poder y el valor, por sí solos, sin la necesaria sabiduría, podrán hacernos echar a perder todo, y aun el amor podrá ser una sensación mal dirigida si no cuenta con suficiente sabiduría para orientarlo. Vemos, pues, que el Espíritu Santo es el Espíritu de la sabiduría práctica. Esta debe restringir, dirigir y disciplinar nuestros pensamientos, y debe educarnos para que sepamos lo que piensa, para que acatemos su dirección y para que hagamos su voluntad.

La sabiduría del Espíritu suele ser, algunas veces, diferente a la sabiduría humana, pero siempre es segura, la obediencia a Dios es siempre lo mejor. Pablo y Silas, si se hubiesen dejado guiar por su propio criterio, se habrían quedado en Efeso, en Bitinia y en el Asia, pero el Espíritu Santo les ordenó que se dirigieran a Grecia y a Europa, porque Dios previó lo que significaría la evangelización del gran continente futuro. La sabiduría de la carne habría impedido toda iniciativa y arriesgada tentativa de la fe y del valor de la iglesia de Dios; pero la sabiduría de Dios quedó plenamente justificada ante sus criaturas conforme éstas fueron avanzando, obedeciendo las órdenes que recibían de Dios.

El Espíritu Santo sabe qué actitud tomar en cualquiera de las circunstancias en que nos encontremos. Confiemos, pues, en él. Obedezcámosle, acatemos su sabia y santa instrucción, y él nos guiará por buen camino para que no tropecemos.

La virtud de la investidura a que venimos refiriéndonos consiste en la distribución proporcional de todas sus partes. No consiste únicamente en tener valor, o amor solamente, o sólo sabiduría o únicamente poder. La sabiduría por sí sola nos hará duros y fríos, pero inflamada por el amor y con energía de la fuerza nos hará capaces de bendecir al mundo.

El león es emblema de bravura; el buey lo es de la fuerza, el hombre es emblema del amor, y el águila con su visión perspicaz es la figura de la sabiduría, en el Espíritu se encuentran reunidas todas esas cualidades: el valor, la fuerza, el amor y la sabiduría.

Contando con tan divina provisión, amados míos, ¿por qué hemos de tener miedo? ¿Por qué nos hemos de sentir débiles? ¿Por qué se nos ha de tratar con dureza o por qué nos hemos de sentir sometidos a prueba? ¿Por qué hemos de ser tan insensatos que lleguemos a fallar? Despertemos el don de Dios que está en nosotros, revistámonos de la fortaleza, la vida y el poder del Espíritu Santo, y avancemos, sintiéndonos personalmente incapaces, pero seguros de poder cumplir con la voluntad de Dios confiando en su abundante gracia.

5. Finalmente se presenta aquí al Espíritu Santo haciéndonos ver que él es el poder que nos hará capaces de cumplir la sagrada vocación a la cual hemos sido llamados. "Guarda el buen depósito por el Espíritu Santo que mora en nosotros" (II Timoteo 1:14).

Las palabras "el buen depósito", son las mismas que emplea el apóstol en el versículo anterior donde habla de "lo que le ha encomendado". Hay dos depósitos: tenemos el depósito que le hemos encomendado a Cristo, y sabemos que él puede cuidarlo bien; se trata de nuestra alma preciosa; concierne a nuestro eterno porvenir; es lo más importante de nuestra vida en el más allá.

Pero él también nos ha encomendado un depósito. El nos ha encomendado algo que, para él, es tan precioso como lo que nosotros hemos puesto a su cuidado — se trata de su gloria; su testimonio; su reino en la tierra — "aquello que se nos ha encomendado" ¿lo cuidaremos y devolveremos glorioso sin desmedro alguno, cuando nos encontremos con él?

Gracias a Dios porque nos ha dado el Espíritu Santo para que podamos cumplir su voluntad — para que podamos guardar "el buen depósito por el Espíritu Santo que mora en nosotros". No sólo cuida la parte que a él le corresponde sino que desciende a cuidar también la parte que nos corresponde a nosotros. Bendito amigo, bendito ayudador, bendito substituto, bendito Ser que basta para todo, te recibimos; nos apoyamos en ti; te encomendamos aquello que has confiado a nuestro cuidado, como también aquello que tú nos ha encomendado a nuestro cuidado. Confiamos en tu sabiduría, en tus fuerzas, en tu amor y en tu omnipotencia, y sustentados por ti avanzamos para llevar a cabo la obra que nos has encomendado. Trabajaremos y velaremos hasta la aparición de nuestro Señor. — Amén.

CAPITULO XX

REGENERACION Y RENOVACION

"No por obras de justicia que nosotros hubiéramos hecho, sino por su misericordia, por el lavamiento de la regeneración y por la renovación en el Espíritu Santo, el cual derramó en nosotros abundantemente por Jesucristo nuestro Salvador" Tito 3:5,6.

ESTE pasaje nos presenta un grandioso panorama del plan de salvación. Primero el apóstol se refiere a nuestro estado anterior, "cuando éramos insensatos, rebeldes, extraviados, esclavos de concupiscencias y deleites diversos, viviendo en malicia y envidia, aborrecibles, y aborreciéndonos unos a otros".

Luego pasa a decirnos cuales son las fuentes de nuestra salvación. Negativamente, "no por obras de justicia que nosotros hubiéramos hecho" pero, hablando positivamente, fue por su misericordia que nos salvó, por la bondad y el amor de Dios nuestro Salvador.

La obra de salvación es totalmente divina. "Para siempre será edificada misericordia" (Salmo 89:2). Fue la misericordia de Dios la que nos salvó. Jamás podremos desprendernos de la misericordia divina. Una vez alguien le preguntó a un pobre indio cómo había obtenido la salvación. Este tomó un gusano y poniéndolo en el suelo lo rodeó de hojas secas que luego encendió, haciendo un círculo de fuego alrededor del gusano; éste sintió el calor del fuego y dándose cuenta que estaba en peligro trató de huir, pero en todas direcciones se encontraba con el cerco de fuego. Al fin, no encontrando medio de escape se encogió en el centro del círculo y allí se quedó esperando morir. Pero en ese momento el indio extendió la mano y lo levantó, salvándolo de la muerte. "Eso fue lo que me ocurrió a mí" — dijo el indio — "fue la misericordia la que me salvó, la que se cumple en nosotros diariamente dándonos la plenitud de la gran salvación".

Seguidamente el apóstol prosigue a describir los pasos especiales: "por el lavamiento de la regeneración y por la renovación en el Espíritu Santo, el cual derramó en nosotros abundantemente por Jesucristo nuestro Salvador, para que justificados por su gracia, viniésemos a ser herederos conforme a la esperanza de la vida eterna" (vs. 5-7).

Este versículo siete no quiere decir que la justificación viene después de la regenaración, la derivación del caso implica que ésta preceda a aquella. *"Habiendo sido* justificados por su gracia" es la verdadera forma en que está construída la frase. Dios nos toma tal cual somos, pecadores, y nos justifica por su gracia en el momento en que creemos, después de eso nos regenera, nos da el Espíritu Santo y nos conduce a la plenitud de su gracia.

Pero aquí tenemos que ver únicamente con dos de los peldaños de esta escalera: "el lavamiento de la regeneración y la renovación en el Espíritu Santo".

I

LA REGENERACION. El significado literal de la frase "el lavamiento de la regeneración", es el que en griego designaba la fuente que había en el tabernáculo. Sabemos que en el patio del antiguo santuario había dos objetos de sumo interés. El primero era el altar ante el cual se presentaba el pecador y transfería su culpa a la ofrenda que había traído y sacrificado, y por medio de la sangre de dicho holocausto recibía la propiciación; el otro objeto era la fuente de agua, allí veía sus manchas en los espejos que rodeaban la fuente y los limpiaba en el agua que ella contenía. La primera figura representa la sangre de Jesucristo, y la segunda representa la obra regeneradora del Espíritu Santo. El patio a que nos hemos referido era de todo el mundo. Representa la provisión del evangelio hecha por Dios para todos los pecadores, la obra justificadora y redentora de Jesús y la gracia regeneradora del Espíritu Santo.

Por eso el lavacro de la regeneración representa, en primer lugar, la obra del Espíritu divino que despierta el alma muerta en el pecado, y la conduce a la vida de Dios. La Biblia está llena de eso. A menudo se representa al pecador muerto en sus culpas y pecados. No se trata únicamente de carecer de luz necesaria; no basta el que se tomen buenas resoluciones y se hagan reformas morales, lo que necesita es *vida*. Por eso leemos: "Si alguno está en Cristo, nueva criatura es; las cosas viejas pasaron; he aquí todas son hechas nuevas" (II Corintios 5:17). A eso se debe el que Jesús le dijera a Nicodemo: "El que no naciere de nuevo no puede ver el reino de Dios" (Juan 3:3), y el profeta Ezequiel al referirse a la salvación que vendría, dice: "Quitaré el corazón de piedra de en medio de su carne, y les daré un corazón de carne" (Ezequiel 11:19). "Os daré corazón nuevo, y pondré espíritu nuevo dentro de vosotros" (Ezequiel 36:26). Este es el lavamiento de la regeneración, es la obra indispensable del Espíritu Santo en la conversión.

Una noche me arrodillé al lado del lecho de un moribundo; se trataba de un joven que estaba en esa condición hacía ya varios meses, sin nadie que le guiara al Salvador. Aquel día, por primera vez, un amigo le había hablado acerca de Jesús, y trató de ayudarle a entrar por la puerta estrecha.

Me encontraba de rodillas a su lado, y al verle en su condición desesperante, con el cerebro debilitado y su cuerpo más y más agotado, comprendí que me era imposible hacerle comprender que necesitaba pasar por ese cambio. El pobre joven nunca había hecho nada condenable, y no se sentía consciente de haber cometido ningún pecado externo, sin embargo Dios me ayudó para que pudiera hacerle ver que "lo que es nacido de la carne, carne es", y que en el estado natural de su corazón no podía ir a formar parte de la familia del cielo, como no podía hacerlo el gatito que yacía en el suelo al lado de la estufa, ni el canario que estaba dentro de la jaula.

Luego, al sentir él que necesitaba pasar por ese gran cambio, fue fácil guiarle a Jesús, y ofrecerle el don gratuito de la vida eterna por medio de Jesucristo, nuestro Señor, y pude decirle que podía tomarla en ese instante como el gran don del amor de Dios. En ese momento el Espíritu Santo acudió en nuestro auxilio y demostró su todopoderosa facultad de producir una nueva creación.

Jamás olvidaré el raro pero gratísimo reflejo de luz que iluminó el semblante del joven en el instante en que aceptó dicho don y dijo con todo el corazón: "Lo acepto", y reclinando su cabeza en mi pecho y abrazándose a mi cuello permaneció así por largo rato, mientras yo oraba y él entraba al seno del amor eterno.

Al separarme de él todo era paz y dulce felicidad celestial. En la mañana siguiente, muy temprano, entró por las puertas de la ciudad, y aquellos que le rodeaban nos dijeron como, poco antes de partir, Dios les dio una visión del cielo abierto y del carruaje que había de conducirle al hogar eterno. La familia que no conocía a Dios y apenas comprendía estas cosas maravillosas, se sintió hondamente conmovida al observar los efectos de la gracia divina que había descendido sobre el joven, y, por intermedio de él, habían llegado a ellos desde las puertas abiertas de la eternidad.

Ese es el lavamiento de la regeneración. Amados amigos, no podéis entrar al cielo sin haber adquirido ese corazón nuevo. Sin la vida divina, no podréis ver el reino de Dios. Sin el toque divino no podéis entrar en él. Nadie puede obtener esa regeneración por propias fuerzas, ni se puede obtener luchando por ellas. Gracias a Dios porque hay un modo de adquirirla: "Mas a todos los que le recibieron, a los que creen en su nombre, les dio potestad de ser hechos hijos de Dios; los cuales no son engendrados de sangre ni de voluntad de varón, sino de Dios" (Juan 1:12,13).

¡Oh, pecador, ven al lavamiento de la regeneración! Deja que tu endurecido corazón se incline a los pies de Jesús, recíbele; acude a él endurecido e impotente como estás; con toda tu falta de fe y toda tu insensibilidad; él extraerá el corazón empedernido, y te dará corazón de carne; él te meterá en el lavamiento de la regeneración después de lo cual te hará conocer la plenitud de su gracia y de su gloria.

II

LA RENOVACION POR EL ESPIRITU SANTO. Después de haber recibido la nueva vida necesitamos que ésta sea sostenida; debe ser abrigada, madurada, edificada, hasta que alcance toda la plenitud de Cristo. Esta es obra del bendito Padre Dios que nos condujo a la vida. Eso es lo que significa la renovación por el Espíritu Santo.

1. Primeramente ello sugiere que nuestra vida diaria depende de él. No se nos da al momento todo lo que necesitamos para toda la vida. No hay ningún depósito de gracia de un día para otro. El maná ha de caer de día en día, siempre fresco; la vida ha de ingerirse de aliento en aliento; tenemos que alimentarnos con el pan de vida de día en día. No es algo que hemos de pedir, sino que él nos da.

Debemos estar con él, y él en nosotros, porque sin él "no podemos hacer nada". Nuestro depósito de gracia no es un gran dique, sino un tubito por el cual corre la suficiente gracia que necesitamos de momento en momento. Debemos aprender, pues, a vivir en constante comunión con el Espíritu Santo.

El Espíritu Santo se deleita en nuestra comunión, no se cansa de que retornemos a él vez tras vez. El ansía que acudamos a él y que lo hagamos repetidas veces: "puede también salvar perpetuamente a los que por él se acercan a Dios, viviendo siempre para interceder por ellos" (He. 7:25).

2. El lenguaje denota nuestra frescura espiritual. No podemos alimentarnos con alimentos viejos ni con pan duro; lo que Dios nos da es siempre fresco y nuevo. "Yo seré a Israel como rocío" (Oseas 14:5), es la figura que emplea Dios para describir su bendito don. No siempre llueve, pero, el rocío cae todas las noches, y todas las mañanas se le ve brillar sobre las flores y en las hojas de los árboles. Cae suave y quedamente; no viene con el brío de la tempestad, que lava la tierna plantita; el rocío refresca sin disturbar. Además el rocío cae cuando la temperatura es calurosa e incómoda. La verdad es que el rocío no cae sino que se levanta, está constantemente en el aire y las plantas lo absorben, según éstas se encuentran en condiciones para absorber la humedad de la atmósfera. El Espíritu Santo está siempre a nuestro alcance, requiriéndose para ello únicamente que estemos en condiciones para recibirlo y absorberlo. ¡Oh, bebamos del rocío de su gracia y vivamos en la renovación del Espíritu Santo!

Cuán preciosa es la figura que tenemos en la vara de Aarón; al ponerla dentro del sagrado santuario, reverdeció, floreció y dio fruto. De igual modo la vara de la fe, de la oración del Santo sacerdocio y de la comunión reverdece, florece y da fruto continuamente.

Más preciosa aún es la figura del agua que fluyó y corría en el desierto para proveer al pueblo de Israel. En Horeb comenzó a fluir de la roca que golpeó Moisés y siguió vertiendo hasta convertirse en arroyo y después en río que abastecía al pueblo de toda el agua que necesitaban. Por esa razón, cuando volvieron a tener sed, Dios les hizo retroceder y le ordenó a Moisés que "hablase" a la roca, no le dijo que la golpeara — "hablad a la peña a vista de ellos; y ella dará su agua" (Números 20:8). Moisés incurrió en el error de golpearla, pero el agua vertió igualmente, porque estaba allí, y Dios le concedió igualmente los beneficios de su gracia.

Sin embargo, cuando llegaron al ilimitado desierto y no tenían bajo sus pies nada más que la ardiente arena y sobre sus cabezas, los quemantes rayos de sol, no les faltó el agua. Lo único que tenían que hacer era excavar en un sitio con sus palas y reunirse alrededor de la excavación cantando cánticos de fe y de alabanza, y el agua salía a la superficie de modo que todos podían recoger la cantidad que necesitaban.

Esa es la renovación del Espíritu Santo. Así es como él nos abastece de todo lo que necesitamos de día en día. Así espera el Espíritu Santo para responder al clamor de la fe. Así es como a él le agrada responder al cántico de alabanza, y fluye por todo nuestro ser con toda plenitud, haciendo que "el desierto de la vida florezca como la rosa".

Eso fue lo que quiso decir Pedro al hablar de "los tiempos del refrigerio de la presencia del Señor" (Hechos 3:19); "hasta los tiempos de la restauración de todas las cosas" (Hechos 3:21) que había de traer consigo el advenimiento de Cristo. Nos encontramos en "los tiempos del refrigerio", y esperamos el día de la restauración. ¡Oh, recibamos la bendición! ¡Oh, reclamemos la plenitud de ella! Recibamos la renovación del Espíritu Santo. Pasemos a disfrutar de su gran promesa. "Daré bendición a ellas y a los alrededores de mi collado, y haré descender la lluvia en su tiempo, lluvias de bendición serán" (Ezequiel 34:26).

3. Esta expresión nos sugiere un pensamiento más. La palabra que se emplea aquí, en griego, sólo se encuentra una vez más en el Nuevo Testamento. La encontramos en ese notable pasaje del capítulo doce de la epístola a los Romanos, donde dice el apóstol, "transformaos por medio de la renovación de vuestro entendimiento" (Romanos 12:2). Es bien sabido que lo que allí se expresa, debiera traducirse "Sed transfigurados por la ascendente renovación de vuestro entendimiento". La palabra que allí se emplea, como ya lo hemos dicho, es la misma que se ha traducido "renovación", y en ella se alude a la figura de la transfiguración.

El pensamiento del apóstol es que el Espíritu Santo no nos está conduciendo hacia nuestra transfiguración. Lo que el Espíritu Santo quiere no es conducirnos únicamente a la gracia, sino llevarnos a la gloria. No basta ser regenerados, también queremos ser glorificados. No basta llegar hasta el lavamiento de la regeneración. Entremos por la puerta, pero después entremos y salgamos para disfrutar de los magníficos pastos. Pasemos donde están las lámparas de oro del Señor. Alimentémonos en la mesa de los panes sin levadura; gocémonos con la fragancia del incienso fresco que llena el santuario. Entremos, con toda confianza, al lugar santísimo, por un camino nuevo y vivo, y allí ante la luz del fuego sagrado, bajo las alas de los querubines, en la sagrada presencia de Dios, anticipémonos la gloria de la vida más allá, y avancemos con la diafanidad de esa gloria reflejada en nuestras frentes derramando sus bendiciones en el mundo oscurecido y triste.

El Espíritu Santo quiere transfigurar nuestra vida así como lo hizo con la de Cristo. Habían transcurrido dos años y medio de esa vida bendita consagrada al ministerio de Dios. El también había nacido del Espíritu. El también había sido bautizado en las playas del Jordán. La santa paloma había descendido del cielo abierto y había reposado sobre él. Había salido de allí poseído del poder del Espíritu, y se había encontrado en la lucha con Satanás en el desierto, y se había dedicado al servicio de amor en las aldeas de Galilea.

Pero ahora se internaba en el valle de Cedrón, a los bochornos de los tribunales, al oscuro Getsemaní y a la lucha que allí había de sostener, al misterio de la cruz, horrendo lugar donde se vería abandonado de Dios por haber tomado sobre sí el pecado de los hombres; iría al hondo, frío y tenebroso sepulcro. Tenía necesidad de algo más, aparte de la fortaleza de Dios; también precisaba su Gloria. Así, pues, aquella noche ascendió a las alturas del Hebrón, y fue investido con los ropajes de su prístino trono y del reinado de su advenimiento. Luego, investido así de esa gloria descendió del monte para echar fuera demonios y verlos rendidos a sus pies; para triunfar en las persecuciones y sobre todos los adversarios; para sufrir los tormentos de la cruz y la vergüenza y triunfar sobre el pecado y la muerte.

Por eso leemos que desde entonces había en su

porte una extraña majestad, "y Jesús iba delante de ellos, y se espantaban, y le seguían con miedo". ¡Oh, amados míos, nosotros también nos encontramos en los umbrales de tiempos solemnes! Nubes oscuras se ven en el horizonte; espeluznantes rayos y relámpagos rasgan el firmamento; en los aires se oyen solemnes ruidos; hay señales de crisis; todo está tranquilo; se nos aproximan días de solemne significación.

Necesitamos algo más de lo que hemos tenido. Debemos pasar de la gracia a la gloria. Nosotros necesitamos de la vida transfigurada, como la necesitó él. Desde las alturas del Hebrón debemos dirigir la mirada al valle de la humillación y del sufrimiento, y por encima de éste debemos ver los iluminados cerros del advenimiento de su gloria. ¿Seremos transfigurados nosotros también? ¿Saldremos después como lo hizo él para triunfar sobre Satán, sobre el pecado y la muerte; para esparcir la luz de su gloria por donde vayamos; para mantenernos inmóviles en medio de los peligros y convulsiones de nuestro tiempo; para ir al encuentro de nuestro Señor que viene, "para que comprobéis cuál sea la buena voluntad de Dios, agradable y perfecta"? (Romanos 12:2).

Apartémonos con él, como lo hicieron los tres discípulos de antaño. Ascendamos a un monte muy alto y quedémonos allí apartados de todo. No temamos las sombras de la noche, ni la nube de gloria, cuando ésta nos cubra; así sabremos nosotros también algo de lo que es su grandiosa promesa: "La gloria que me diste, yo les he dado, para que sean uno, así como nosotros somos uno" (Juan 17:22).

CAPITULO XXI

EL ESPIRITU SANTO EN LA EPISTOLA A LOS HEBREOS

EN la epístola de Pablo a los Hebreos, se encuentran cinco referencias especiales al Espíritu Santo, como sigue:

I

EL ESPIRITU SANTO EN RELACION CON LA MUERTE DE CRISTO. Hebreos 9:14: "¿Cuánto más la sangre de Cristo, el cual mediante el Espíritu eterno se ofreció a sí mismo sin mancha a Dios, limpiará vuestras conciencias de las obras muertas para que sirváis al Dios vivo?"

Hemos visto como el Espíritu Santo estuvo en relación con toda la vida del Señor Jesucristo. Por medio de su sombra fue encarnado Hijo de Dios. Por su bautismo fue ungido para la realización de una obra especial. Guiado por el Espíritu Santo se dirigió al desierto para ser tentado del Diablo, y después lo condujo también a la victoria. Lo ungió para que predicara el evangelio. Jesús echaba fuera los demonios por medio del Espíritu Santo. A través de toda su vida el Espíritu Santo estaba en sociedad con él, y el Señor condescendió a depender de él, y de él recibía la gracia y la fortaleza que necesitaba, como lo hacemos nosotros sus discípulos.

Pero ahora vemos al Espíritu Santo en la última hora de la vida del Divino Redentor; vemos como le atiende mientras está en la cruz del Calvario, y participa del acto grande de la vida del Divino Maestro. "El cual mediante el Espíritu eterno se ofreció a sí mismo sin mancha a Dios". El bendito Consolador estuvo con él en la oscuridad, en la hora solitaria. Le dio fortaleza en la agonía de Getsemaní y lo sostuvo para que no muriese antes del tiempo en que había de morir y para que no cediera bajo el peso del mal.

El Espíritu Santo lo sostuvo para que no perdiera su dulzura, su amabilidad y su inmaculada justicia, bajo la horrenda prueba de la humillación y el sufrimiento ante el tribunal y en el pretorio romano. El Espíritu Santo estuvo con Jesús cuando agonizaba en el madero, cuando todos le abandonaron, y aún en el momento en que su Padre apartó la mirada de él. El Espíritu Santo le atendió y sostuvo hasta el último momento del gran sacrificio, y después del cual, presentó esa ofrenda de vida perfecta ante el trono de Dios, como sacrificio perfecto e inmaculado hecho en propiciación por el pecado, y en rescate de la vida de todo pecador.

Bendito Espíritu Santo, cuánto le debemos; aun la cruz del Calvario y la gran propiciación se la debemos a él.

Así como se encontraba con el Maestro en el acto de la crucifixión, también lo estará con su discípulo. El nos ayudará para que muramos para nosotros mismos y para el pecado. Unicamente contando con el poder del Espíritu Santo podemos ser verdaderamente cruficados. "Mas si por el Espíritu hacéis morir las obras de la carne, viviréis" (Romanos 8:13). Mas si tratamos de hacerlo por nuestra cuenta, sólo seremos como el infeliz Nerón, que apuñaleó su cuerpo cien veces, pero nunca tuvo el coraje necesario para suicidarse. ¿Moriremos con Jesús para luego surgir de nuevo en toda la plenitud de su vida infinita? Recibamos el Espíritu Santo, y dejémosle que, amorosamente, nos conduzca a la muerte para luego hacernos surgir a la vida eterna.

Después de eso, aun en el caso de que estas vidas mortales fenezcan, antes de la venida de nuestro Señor, el mismo bendito Paracleto que estuvo con el Señor en el instante de su muerte, estará con nosotros al lado de nuestro lecho de dolor, y levantará nuestras almas en sus alas de amor, y las conducirá en el viaje solitario hasta el seno del Padre, y presentará nuestro espíritu, inmaculado, ante el trono de Dios. Bendito y Eterno Espíritu, nuestro Dios y amigo eterno, ¡oh, cuánto te debemos!

II

EL ESPIRITU SANTO EN SU FUNCION DE TESTIGO DEL NUEVO PACTO. "Y nos atestigua lo mismo el Espíritu Santo; porque después de haber dicho: Este es el pacto que haré con ellos después de aquellos días, dice el Señor: pondré mis leyes en sus corazones, y en sus mentes las escribiré, añade: y nunca más me acordaré de sus pecados y transgresiones" Hebreos 10:15-17.

Ese es el evangelio que el Espíritu Santo le reveló a Jeremías, en los oscuros y declinantes días del judaísmo, cuando a través de las ventanas rotas del templo terrenal, el profeta tuvo la visión de la luz de una mañana mejor.

Ese antiguo pacto, tan gloriosamente revelado a Jeremías, se repite tres veces en la epístola a los Hebreos, por consiguiente se le debe considerar de inmensa significación y de gran peso. La verdad es que se trata de la esencia del evangelio. Alienta el espíritu de la nueva dispensación.

En la antigua economía la ley estaba escrita en tablas de piedra. Aquí se nos dice que está escrita en nuestros corazones y en nuestras almas. De ese modo llegan a ser parte de nuestra naturaleza; de nuestros pensamientos, de nuestros deseos, de nuestros gustos y de nuestro ser. Llega a ser el instinto e impulso espontáneo de nuestra vida, y nos es tan natural amarla y cumplirla como nos lo es vivir y respirar.

Todos sabemos cuál es la potencia de la gran ley del amor. ¿Cuánto os imagináis que querrá pagar el padre y esposo por la mujer que cuida a sus criaturas y atiende en el hogar? ¿Cuál será la suma de dinero que podrá pagársele por su trabajo, mientras vive a su lado, participando de su suerte y se desvive cuidando a los pequeñuelos? Ninguna consideración terrenal podrá persuadir a esa mujer a asumir tamaña responsabilidad, ninguna ley que no sea la de la fuerza podrá obligarla a someterse a tal esclavitud. Pero hay otra ley, la ley del amor, y Dios ha escrito esa ley en el corazón de todas las madres; y por medio de esa dulce ley del amor, la mujer deja la casa de sus padres, su suntuoso y cómodo hogar, y se va con el hombre a quien ama, para participar de su destino, para trabajar a su lado, para cuidar a sus criaturas, trabajando desde la mañana hasta el anochecer en beneficio de ellas, sin fatigarse, sin sentir que está realizando sacrificio alguno, y ansiosa hasta de dar su vida, con tal de hacerles felices. ¡Ah, esa es la ley del corazón! Esa es la manera como el Espíritu Santo pone la voluntad de Dios en nuestros corazones y hace que nos deleitemos cumpliéndola.

Por eso fue que el Espíritu Santo descendió en Pentecostés exactamente en la fecha del aniversario de la entrega de la ley. Pentecostés y el Sinaí son las dos ordenanzas del calendario de los tiempos que corresponden el uno con el otro. El primero era el día en que se escribió la ley sobre las tablas de piedra; el segundo aquel en que el Espíritu Santo escribió la ley en los corazones y vidas humanas.

Amados míos: ¿sabéis cuál es el secreto de esa vida y ese poder? ¿Sabéis cuál es el pacto divino por el cual el Espíritu Santo desciende a morar dentro del corazón del hombre, y cual es "la ley del Espíritu de vida en Cristo Jesús" que liberta "de la ley del pecado y de la muerte" (Romanos 8:2), que cumple la justicia de la ley, no sólo por medio nuestro, sino "en nosotros"?

Después de eso se añade: "Yo seré vuestro Dios, y vosotros seréis mi pueblo" (Lv. 26:12). No somos pueblo de Dios primero, constituyéndolo así a él Dios nuestro: sino que primero él se constituye nuestro Dios, y después somos "pueblo suyo". La madre antecede a la criatura, y es su maternidad la que constituye a la criatura. El hecho de que ella es madre, produce ese otro de la existencia de la criatura. Así es como Dios nos llama; él nos elige, nos salva, nos llena; nosotros correspondemos a su amor y voluntariamente nos hacemos sus hijos obedientes.

Luego, no sólo recibimos el perdón de nuestros pecados, sino que Dios los olvida. Somos elevados por encima de toda nube condenatoria y es eternamente cierta la promesa: "nunca más me acordaré de sus pecados y de sus iniquidades" (Hebreos 8:12).

Amados míos, ¿hemos entrado nosotros en ese pacto nuevo por medio del Espíritu Santo? ¿Andamos bajo el impulso espontáneo del Espíritu Santo que mora en nosotros?

III

EL ESPIRITU SANTO EN RELACION CON LAS SEÑALES SOBRENATURALES Y LOS HECHOS DEL EVANGELIO. "Testificando Dios juntamente con ellos, con señales y prodigios y diversos milagros y repartimientos del Espíritu Santo según su voluntad" (Hebreos 2:4).

En este pasaje el apóstol nos da un cuadro vivo de la preeminencia de "la gran salvación" del evangelio en comparación con la ley. A la dispensación mosaica la introdujeron ángeles y hombres, en cambio el evangelio "nos ha sido dado por el Señor", y lo han repetido aquellos a quienes él envió directamente para que así lo hicieran, después de lo cual lo ha sido "confirmado por el Espíritu Santo".

El pasaje no se refiere únicamente a los portentos que se realizaron en los primeros capítulos del cristianismo, sino también al poder sobrenatural que Dios ha prometido en todos los tiempos de la dispensación cristiana, para confirmar ante el mundo incrédulo la realidad divina del gran mensaje de Dios. El Espíritu Santo continúa presente en la Iglesia, y sigue dando las señales confirmatorias, no sólo por medio de los milagros de su gracia que obran en el corazón de los hombres, sino también por sus milagros providenciales que realiza en la iglesia y en el mundo, y los que hace en los cuerpos de aquellos que confían en él.

Amados míos, ¿sabemos lo que son dichos signos? ¿Estamos haciéndolos manifiestos ante el mundo? ¿Sigue siendo este evangelio un poder vivo, y es su propio gran testigo? ¿Quién hay entre nosotros que no haya visto lo suficiente para hacernos comprender y sentir que se trata del poder de Dios? "¿Cómo escaparemos nosotros si descuidamos una salvación tan grande?" (He. 2:3).

IV

EL ESPIRITU SANTO EN RELACION CON LA DECISION INMEDIATA QUE HAGAMOS DE SERVIR A DIOS. "Por lo cual, como dice el Espíritu Santo: si oyereis hoy su voz, no endurezcáis vuestros corazones" (Hebreos 3:7,8).

Ese es siempre el mensaje del Espíritu Santo a los hombres. Es un mensaje siempre de actualidad, que exige decisión inmediata.

El Espíritu Santo respalda siempre dicho mensaje recordando la solemne historia del desierto, en la que se narra la salida del pueblo de Dios de la esclavitud en que vivía amparado con su mano poderosa, y, guiado por él, avanzando hasta las puertas de Canaán.

Después de eso, en un momento infortunado,

vacilaron, dudaron, desobedecieron, retrocedieron y pasaron casi medio siglo de fracasos, desilusiones y muerte deshonrosa. Un solo día estuvieron en el estrecho istmo, pero dieron un mal paso y lo perdieron todo a causa de la indecisión. ¡Cuán tristes, cuán desolados fueron esos años que pasaron en el desierto, siempre en movimiento pero sin dirección determinada! Trabajaban, sufrían, pero no consumaban nada; sólo marcaban el tiempo, esperando la hora triste e inevitable que pusiera fin a sus vidas desobedientes.

Amados míos, todavía hay vidas que se viven así; hay hombres y mujeres que han perdido la oportunidad que tuvieron. Han desobedecido el elevado llamamiento, y han retrocedido desde las puertas de la promesa. Actualmente sólo están dejando correr el tiempo y aproximándose al término de una vida cuyo eco será: "¡Ay, bien pude haber sido otra cosa!"

Eso es cierto en lo que se refiere al pecador. Llega el momento en que este tiene que decidir o perecer. El mensaje que le da el Espíritu Santo es siempre: "Hoy, mientras puedes decir hoy", (pues tal vez no cuentes con todo el día; podrá ser que la eternidad cuelgue de un áureo momento). "Hoy, que podemos decir hoy, si oyereis *hoy* su voz, no endurezcáis vuestro corazón".

Pero también es un mensaje que envía al discípulo, pues todos nosotros llegamos hasta las puertas de la tierra prometida, hasta el punto de llegar a una gran decisión; llegamos hasta el sitio en que debemos efectuar la consagración total; llegamos hasta las playas del Jordán, donde el Espíritu Santo está esperando para descender sobre nosotros tan pronto como estemos dispuestos a dar el paso y entrar a las aguas de la muerte y de la consagración. Llega el momento en que no hay tiempo que perder; es cuestión de hacerlo *ahora o nunca*. ¡Oh, amados míos! Si tal cosa nos ocurriera a alguno de nosotros hoy, "mientras que se puede decir hoy, no endurezcáis vuestros corazones".

Sí. Aun después de haber recibido el Espíritu Santo, aun después de llevar una vida consagrada, se presentan horas de crisis. Se abren grandes puertas que nos ofrecen oportunidades de servir a Dios y a los hombres, entonces es necesario hacer algunos sacrificios, contraer ciertos compromisos y hacer ciertas promesas; pero se ganan las victorias y la obra se hace. Pero estas cosas no se detendrán a esperarnos. Como el tiempo de la cosecha, las mencionadas oportunidades pasan, y el mensaje que nos da el Espíritu Santo es: "Redimiendo el tiempo" (Col. 4:5).

Mas no se trata simplemente del tiempo, sino que es cuestión del momento, *ton kairon* — en el instante. No contamos con días para ello, sino momentos. Los días son malos; los minutos son de oro; aprovechémoslos mientras podamos. Dios nos ayude, amados míos, para que comprendamos ese mensaje, y a que dejemos que el Bendito Guía y Amigo nos conduzca de victoria en victoria, hasta que finalmente nos presente, sin mácula, ante la presencia de Dios, cubiertos de gloria y de inefable gozo.

V

EL ESPIRITU SANTO Y SU RELACION CON EL RETROGRADO. En esta epístola hay dos pasajes muy solemnes que se refieren al retrógrado. "Porque es imposible que los que una vez fueron iluminados y gustaron del don celestial, y fueron hechos partícipes del Espíritu Santo, y asimismo gustaron de la buena palabra de Dios y los poderes del siglo venidero, y recayeron, sean otra vez renovados para arrepentimiento, crucificando de nuevo para sí mismos al Hijo de Dios y exponiéndole a vituperio" (Hebreos 6:4-6).

"¿Cuánto mayor castigo pensáis que merecerá el que pisoteare al Hijo de Dios, y tuviere por inmunda la sangre del pacto en la cual fue santificado, e hiciere afrenta al Espíritu de gracia?" (He. 10:29).

Ni el tiempo ni el espacio de que disponemos nos permitirán tratar detenida y ampliamente estos versículos, pero bastarán algunas observaciones para arrojar suficiente luz sobre ellos a fin de impedir que lleguen a ser piedra de tropiezo a las personas sinceras y tímidas.

En primer lugar, es evidente, por lo que dicen otros pasajes de las Escrituras, que hay misericordia y perdón para todo pecador que está dispuesto a aceptar la misericordia de Dios por medio de nuestro Señor Jesucristo. Repetidas veces vemos que la infinita misericordia de Dios se ha impuesto, absolviendo al pecador penitente y contrito. Por consiguiente el pecador no tiene razón de ninguna especie para dudar de que ha de ser recibido ante el trono de gracia. "Todo pecado y blasfemia" — dijo nuestro Salvador — "será perdonado a los hombres" (Mateo 12:31).

En segundo lugar, el pecado de la persona a quien se refiere aquí, no es ningún pecado común.

No se trata de una simple caída, sino que se trata del que "se aleja" y se aleja tan completamente que rehusa hasta la sangre de Cristo por medio de la cual podría ser perdonado, y desprecia, echando a un lado el único sacrificio por el cual pudo haber abrigado esperanza de obtener misericordia. El que tal hace crucifica de nuevo al Hijo de Dios; lo expone al vituperio público; pisotea su sangre y desafía despectivamente al Espíritu de gracia.

La dificultad para que dicho pecador se salve, no yace en que la misericordia de Dios tenga limitaciones, sino en el hecho que rehusa la misericordia de Dios, y el único medio por el cual podría ser restaurado que es el Señor Jesucristo.

En tercer lugar, el supuesto caso que acabamos de referir no es algo que haya ocurrido. Puede ser más bien algo así como una advertencia o una suposición, pero la advertencia se hace con objeto de que tal cosa no ocurra nunca. La madre da voces, llamando a su criatura y diciéndole que se aleje del peligroso precipicio, pues si no lo hace corre peligro de matarse, pero eso no quiere decir que la criatura se va a matar. Esa es cabalmente, la única manera de salvarle de la muerte. Las advertencias de Dios no son profecías, son su manera de impedir que ocurra lo que podría ocurrir. Por eso es que el apóstol agrega: "Pero en cuanto a vosotros, oh amados, estamos persuadidos de cosas mejores, y que pertenecen a la salvación, aunque hablamos así" (Hebreos 6:9).

Por consiguiente no hay razón para deducir de estas solemnes advertencias, que hay razón alguna para que el alma penitente se desespere creyendo que no ha de ser perdonada. Al mismo tiempo debemos tener presente que la advertencia es tan solemne que de ninguna manera queremos debilitar su tremenda fuerza, pues cuando comenzamos a retroceder no podemos decir a donde vamos a parar. Lo que parezca sólo un desliz, podrá llegar a ser una verdadera caída, que tal vez acabe por el rechazo de Cristo y la rebeldía contra Dios. Nuestra seguridad yace en que acatamos la solemne advertencia. "Pero nosotros no somos de los que retroceden para perdición, sino de los que tienen fe para preservación del alma" (He. 10:39).

Cuéntase acerca de un hombre que publicó un aviso solicitando un cochero. Entre los que se presentaron para desempeñar el cargo habían dos que parecían tener condiciones para ello. Les llamó aparte, uno después de otro, y les preguntó hasta qué proximidad de un precipicio podrían conducir el vehículo sin caer en él. El primero de los candidatos dijo que podía hacerlo hasta media pulgada del borde del precipicio, asegurando que lo había hecho varias veces, con toda seguridad. En seguida le preguntó al otro: "¿Y usted?" El interrogado respondió, modestamente: "Le diré a usted con toda verdad que no puedo asegurarle, porque nunca he querido aventurarme a ir más cerca del borde del precipicio; siempre he tenido por regla dirigir el coche lo más lejos que ha sido posible del peligro, y me he sentido satisfecho sabiendo que mi patrón y su familia no corrían riesgo alguno".

No le fue difícil al caballero que necesitaba el cochero, decidir cuál de los dos era el que le convenía. "Usted es la persona que necesito" — le dijo — "el otro podrá ser muy hábil, pero lo que yo quiero es la seguridad".

Amigos míos, no juguemos con el peligro, no juguemos con el pecado, ni nos aventuremos a acercarnos al lado del fuego, del cual tal vez no podamos regresar. El Espíritu Santo cuida de nosotros con el amor con que la madre cuida a su criatura, nos cuida valiéndose de las advertencias que nos hace. Como el Peregrino en el Palacio hermoso, que salió de allí diciendo acerca de lo que había visto en él: "Estas cosas nos hacen tener esperanza y miedo", así igualmente en la prudente seguridad del lugar donde estamos sentiremos sabio y santo temor y también alegre y bendita esperanza. De ese modo, amándole y temiéndole, seremos resguardados por el Espíritu Santo, hasta la hora feliz en que, por medio del Espíritu eterno, sin mancha alguna, nos ofrezcamos a Dios.

CAPITULO XXII

EL CELOSO AMOR DE DIOS

"¿El Espíritu que él ha hecho morar en nosotros nos anhela celosamente?" (Santiago 4:5).

LA traducción de este texto, en la versión moderna de las Santas Escrituras, es como sigue: "El Espíritu que Dios hizo habitar en nosotros, suspira por nosotros con celos envidiosos". Pero la versión más feliz es: "El Espíritu, que habita en nosotros, nos ama celosamente". Esta es una pequeña gema en medio de un montón de rocas, una florcita en el desierto, un poquito de poesía y sentimentalismo sagrado anidado en la gran epístola del sentido común. Uno estaría más dispuesto a ver una rosa en un desierto o un botón de flor en un témpano que no encontrar este precioso trocito sentimental en la epístola del más práctico de todos los apóstoles.

Santiago ha hecho resonar la nota clave de todo el sistema de la revelación. Este es el hilo de oro que se encuentra a través de toda la Biblia, desde el acto nupcial de Eva hasta las bodas del Cordero. La vida de amor del Señor. Este es el romance de la Biblia, y la cadena de oro de la revelación.

La historia de Rebeca es una especie de idilio, que presenta toda la idea de su romántico noviazgo y enlace matrimonial. Así como Abraham envió a su criado de mayor confianza, para que buscara novia para Isaac y así como el anciano Eliezer cumplió con toda fidelidad la misión que se le confió, hallando, y persuadiendo a Rebeca, para luego conducirla y entregarla en brazos de Isaac, que le esperaba al caer del día; así el Espíritu Santo ha sido enviado por el Padre, para sacar del mundo pecador la novia para su Hijo amado, y, habiéndola llamado, conducirla al hogar, educarla y vestirla y prepararla poco a poco para el glorioso encuentro con su Señor, en esa sublime ocasión que ha de ser la consumación de los siglos — la boda del Cordero.

En este pasaje se representa al Espíritu Santo dispensándonos tanto amor que nos cela, pues quiere conservarnos sagradamente para nuestro bendito Esposo y Señor. En el contexto se lee acerca de la amistad del mundo y el pecado del adulterio. La fiel traducción de ese pasaje donde dice: "¡oh almas adúlteras!" (Stg. 4:4), es simplemente: "vosotras adúlteras". La frase íntegra está en género femenino. Santiago no se refiere a ningún enlace matrimonial terreno, sino a la lealtad de la novia del Cordero a su Señor celestial. En toda la Sagrada Escritura se hace figurar a la iglesia como esposa, y el pecado de deslealtad a Cristo se le expresa en el sentido de adulterio espiritual. Por eso es que aquí se menciona a la adúltera, y se le pregunta del modo más solemne: "¿No sabéis que la amistad del mundo es enemistad contra Dios?" Stg. 4:4.

Cualquier compromiso que se contrae con el mundo es infidelidad a Cristo y adulterio, es cabalmente en relación con eso que entra el texto a que venimos refiriéndonos: "El Espíritu que Dios hizo morar en nosotros nos anhela celosamente". "El Espíritu Santo vela constantemente la lealtad de nuestro corazón y nuestra devoción exclusivamente dedicada a Cristo".

Pues bien, el Espíritu que nos es dado a cada uno de nosotros es el que nos conserva fieles a Cristo. El Espíritu primero nos gana y cautiva para Cristo, y después vela para que seamos fieles y nos guía hasta que estemos listos para encontrarnos con él en su glorioso advenimiento.

Esta figura sería entendida mucho mejor en tierras de oriente en tiempos antiguos, que en nuestros días. En casi todas las fiestas matrimoniales que se realizan en el oriente figura un intermediario, amigo del novio y de la novia, que se encarga de arreglar los preliminares, y luego reúne a los contrayentes, tal cual lo hizo Eliezer en el caso de Rebeca e Isaac. Esa es la elevada misión del Espíritu Santo, y es tan leal a Cristo en el desempeño de su función, que la más mínima mancha en nuestro carácter santificado, el menor signo de infidelidad en nuestra lealtad y devoción a Jesús produce en su sagrado corazón santo celo. El Espíritu Santo se ha consagrado a producir nuestra unión con Jesús, y quiere hacernos lo más digno que sea posible de dicha unión.

Ese es el propósito que persigue todo su trato con nosotros, a eso se debe toda la disciplina que impone a nuestra vida; esa es la razón por la cual nos llama a Cristo, y luego nos prepara y hace aptos para nuestra elevada vocación como parte de la iglesia que es la esposa del Cordero.

EL CELOSO AMOR DE DIOS

I

Primero el Espíritu Santo nos busca, nos halla, y nos conduce a Jesús por medio de la conversión. Ve en nosotros aquellas condiciones con las cuales Dios nos creó para que las usásemos para él, y que Satanás prostituyó, para vergüenza y ruina nuestra, y se hace el propósito de ganarnos para nuestro Señor celestial.

Eso explica un hecho que nos debe haber ocurrido muchas veces cuando Dios se nos ha revelado demostrándonos muchas veces su misericordia antes que nosotros lo reconociéramos a él como Salvador y Padre nuestro; y contestó muchas de las oraciones que le invocamos, cuando, realmente, no teníamos derecho alguno de reclamar las promesas hechas por él. El Espíritu Santo nos estaba atrayendo para que fuésemos cautivados por su amor; trataba de hacernos ver que andaba en busca nuestra; nos presenta las joyas de Isaac para que el obsequio nos atrajera al donante y nos indujera a prestar atención a sus ofertas de gracia. De antemano nos trataba como amigos y como hijos e hijas suyos. Saltaba encima de los años que pasamos en el pecado y la incredulidad, anticipando el momento en que amaríamos y lloraríamos amargamente por no haberle comprendido antes ni aceptado su amor.

Amados míos, el Espíritu Santo está llamando en estos momentos a algunos de vosotros. El os quiere con celoso amor. Le pertenecéis a él por el eterno propósito de Dios; llegará el día en que le amaréis y viviréis para él con todo vuestro corazón, entonces querréis dar cualquier cosa por deshacer los años que disteis al pecado y al mundo. Dejadle entrar a vuestro corazón; dejadle que se capte vuestro cariño; dejadle que os atraiga a su seno y que seáis amados de él.

II

En segundo lugar, aun después que hayamos sido reconocidos por el Salvador nuestro, desea que avancemos y lleguemos a entablar con él más profunda unión y más íntima comunión. Acudimos a él en busca de refugio, huyendo del juicio y de nuestras culpas; le aceptamos reconociéndole Libertador nuestro, que nos libra de condenación y del temor; hemos volado hacia él en busca de refugio, como la avecilla que, apremiada por la tempestad se lanza sobre la cubierta de una nave; pero desea que nos alleguemos más cerca de él; quiere que nos deshagamos de las dudas y temores que nos acosan, y que pongamos en él toda nuestra confianza e íntima comunión. De ese modo el Espíritu Santo nos conduce amorosamente a una vida de completa unión con Jesús y de total consagración a él.

Miles de cristianos conocen al Espíritu Santo únicamente como amparo que resguarda de la culpa y del peligro; ignoran que él quiere conducirles al aposento interior de su corazón, y hacerles partícipes de su amor más profundo. Así es, pues, que el Espíritu Santo es quien se encarga de atraer a los hijos e hijas de Dios, y los conduce hasta el mismo seno de Jesús. El Espíritu Santo dice: "Oye, hija, y mira, e inclina tu oído; olvida tu pueblo, y la casa de tu padre; y deseará el rey tu hermosura;

e inclínate a él, porque él es tu Señor" (Salmo 45:10,11).

El Espíritu Santo quiere que demos la espalda a todos los ídolos mundanos, y que le demos a él todo el corazón. En cambio él nos dará el privilegio de ser participantes y herederos de todas sus riquezas y gloria. Eso es lo que significa la consagración. Eso es lo que llamamos el bautismo del Espíritu Santo. Con su amor celoso, el Espíritu Santo está llamando a algunos tal vez mientras leen estas líneas.

III

Pero aun después de habernos rendido a Cristo, reconociéndole como nuestro Salvador, y consagrándonos totalmente a él por el Espíritu Santo de manera que Jesús se haya entronizado en nuestro corazón, no habremos hecho otra cosa sino lo que hizo Rebeca al emprender viaje de su casa a la de su novio, y el Espíritu Santo actúa como lo hizo Eliezer, es decir, él es quien ha de conducirnos hasta el punto de destino, enseñándonos lo que debemos hacer y cómo debemos hacerlo y preparándonos para el encuentro con nuestro Señor.

A través de toda esta vida de disciplina y experiencia, el Espíritu Santo continúa amándonos con incesante e infatigable devoción, haciéndonos avanzar, con celosa solicitud, para que conozcamos la elevada voluntad de Dios. Así se constituye en Santificador nuestro. El está preparando nuestros vestidos de bodas de manera que nos sienten bien, para que la hija del Rey esté "gloriosamente ataviada" "con vestidos bordados será llevada al rey"

(Salmo 45:14). No sólo se vestirá de blanco, sino el vestido que vestirá será deslumbrante, será el vestido de bodas de la esposa del Cordero.

Al recibir a Cristo como nuestro Santificador, en cierto sentido quedamos santificados desde el principio. Hemos aceptado totalmente la voluntad de Dios, y él nos considera del todo obedientes. Sometemos nuestra voluntad tan totalmente a la suya, que aceptamos sin reserva de ninguna clase. Sin embargo, nos queda aún mucho que aprender; necesitamos recibir aún mucho más comprensión de cómo esas cosas han de llegar a penetrar en las fibras de nuestro ser. Como una señorita que toma en sus manos una tela en la cual el fabricante ha estampado, con delicados y completos trazos, el dibujo de lo que ella se propone bordar, en cierto sentido la señorita cuenta, desde el principio, con el modelo completo, pero teniéndolo así perfectamente trazado, a ella le toca ahora "trabajarlo" con la seda e hilos de oro, y con toda paciencia, da, con la delicada aguja, tantas puntadas como la obra lo requiera. De igual modo el Espíritu Santo, desde el primer momento, estampa en nosotros la imagen de Cristo; prosigue luego a grabarlo con fuego y a bordarlo hasta que nuestros vestidos sean delicadamente bordados de hilo de oro y fina seda. Por eso es que nos ama y cuida celosamente al cumplir la obra santificadora de su gracia, cuidando que no haya ni la más mínima mancha; cuidando que no se produzca ninguna falla que pudiera desfigurar la perfección del gran propósito de la obra de gracia que Dios hace en nosotros.

Llegará el día en que le agradeceremos por su amor, cuando nos encontremos con la gloriosa esposa del Cordero y nos presenten llenos de indecible gozo, ante Dios, y el universo asombrado concurra para ver a la esposa del Cordero, vestidos con ropas más radiantes que las gemas de la tierra y con colores más preciosos que los de mil arco iris o mil soles.

Nadie que se detenga a pensar seriamente podrá dejar de comprender la gran importancia y la realidad de esta obra más profunda del Espíritu Santo. Una cosa es amar, pero otra es tener ese amor que todo lo sufre y es benigno; que nunca deja de ser, es sufrido. Una cosa es tener paciencia pero otra cosa es "dejar que la paciencia tenga su obra completa, para que seáis perfectos y cabales, sin que os falte cosa alguna" (Santiago 1:4). Una cosa es saber abstenerse y dominarse, y otra es ser "fortalecidos con todo poder, conforme a la potencia de su gloria, para toda paciencia y longanimidad" (Col. 1:11). Una cosa es disfrutar de lo que es justo y correcto, pero otra cosa es tener "lo que es amable y de buen nombre". No sólo debemos tener las cualidades justas y necesarias, sino que debemos estar adornados con las cualidades decorativas de la vida cristiana. Una cosa es tener las gracias del Espíritu Santo en formación, y otra tenerlas en la madurez. Una cosa son las uvas del mes de diciembre y enero; pero otra son los bien maduros y purpurinos racimos de marzo y abril, cuando están listos para la vendimia.

Hemos visto al Espíritu Santo guiando a un alma; dándole aquí un toquecito, substrayéndola de algún exceso; ahondando aquí una línea; allá realzando alguna cualidad. De día en día hemos visto cómo, silenciosamente, poco a poco, el cuadro ha ido agrandándose y perfeccionándose; haciéndose más simétrico, más profundo y más expresivo, hasta que recibimos la sensación que la obra ha llegado a su culminación, que el alma está madura, lista para el advenimiento del Maestro.

IV

Juntamente con la obra de la santificación, están la obra de separación y crucifixión. Para que algo pueda crecer, algo debe morir. El Espíritu Santo nos separa de las influencias del mundo al cual ya no pertenecemos y los miles de elementos que tratarán de distraer o contrarrestar sus nobles propósitos. Cabalmente es allí donde se manifiesta más el celo de su amor; es allí donde a menudo tiene que romper nuestros ídolos, y cortar los lazos que nos atan, elementos estos que debilitarán nuestro carácter o que impedirán nuestro mayor crecimiento. Mientras más hondo o más alto hayamos de crecer, tanto más reducida será la esfera de simpatía que sintamos por las cosas terrenales. Vemos, pues, que la obra del Espíritu Santo no consiste únicamente en separar del pecado, y del mundo impío y profano, sino que también en alejarnos de miles de cosas que afectan a la vida, y que se interponen entre nuestro Señor y nosotros, a fin de que no alcancemos los elevados propósitos que él tiene con respecto a nuestra vida.

Tal vez no lo veamos nosotros, pero él lo ve, y tal es el amor que nos tiene, que no puede permitir que nada nos dañe. Puede ser que se trate de alguna amistad muy querida; podrá tratarse de algo inocente o lo que consideremos algo así como un cariño absolutamente puro. Pero él podrá ver que ese amor, o esa amistad, ocupan el sitio que le corresponde a él, y en vez de producir más afecto a la Cabeza, llega a levantar una barrera entre nosotros y nuestra Cabeza viva. En lugar de ser una rama que dé fruto llega a ser un parásito, que nos absorbe la vida, o un apoyo sobre el que nos reclinamos en vez de arraigarnos más fuertemente en él, por eso suavemente nos desprende de ello.

Podrá ocurrir que nuestras ambiciones, nuestras aficiones literarias, nuestro gusto artístico, nuestro atractivo y agradable hogar, nuestras cultas y refinadas amistades, la atracción que tiene para nosotros la refinada estética, todo eso absorba de tal manera nuestra vida que le demos menos importancia a él y a su obra. Debido a eso el Espíritu Santo arroja sobre ello los rayos de luz y la sonda del cirujano descubre el mal; los rayos examinadores traspasan la carne y los huesos hasta que llegan a descubrir los intentos del corazón y sacan a la luz el peligro oculto; entonces el Espíritu Santo pone a prueba nuestra lealtad y nuestro amor, pidiéndonos que lo rindamos todo a él.

Podrá suceder que sean las mismas tareas cristianas las que absorben nuestro cariño y entusiasmo de tal modo que lo dejamos a él afuera. Podrá ser que trabajamos impulsados por alguna idea o alguna ambición, y no por amor a nuestro Señor, debido a eso podrá suceder algunas veces que su amor celoso destruya la visión con objeto de salvar a la criatura. Eso nos trae a la memoria al joven aprendiz del arte pictórico que vio a su maestro sobre el andamio que le había servido para pintar en el cielo raso de una sala un bellísimo fresco; el maestro fue retrocediendo poco a poco, admirando su magnífica obra hasta que llegó al borde del andamio. El joven aprendiz vio que estaba en peligro de causarse un grave daño. No sabiendo qué hacer para impedirlo, tomó uno de los pinceles mojados con pintura y lo lanzó al fresco, produciendo en él una horrible mancha. Al ver eso el maestro en vez de seguir retrocediendo dio un paso hacia adelante y dejó escapar una interjección airada, mas no tardó en ver al joven aprendiz, alarmado y pálido, con la mano levantada, señalándole con el dedo el punto del andamio donde había estado en peligro de caer. El artista comprendió el porqué. En un arranque de emoción abrazó al joven y, llorando, le dio las gracias por haber malogrado su obra salvándole la vida.

De igual modo el bendito Espíritu Santo ha echado a perder la visión de nuestro pasado, y ha desolado las esperanzas de nuestro porvenir con objeto de dedicarnos a algo mejor. Confiemos en él hasta el fin; dejémosle que nos ame tanto como él quiera; jamás pongamos en duda la bondad de sus deseos y mandamientos, que siempre buscan nuestro bien.

V

El amor celoso del Espíritu Santo también tiene por objeto educarnos. El quiere agrandar nuestra visión y elevar nuestros pensamientos, a fin de hacernos más idóneos compañeros de nuestro glorioso Esposo. El trata de hacernos comprender la grandeza y bondad de sus propósitos y darnos participación con él en el desarrollo de sus gloriosos planes cuyo objetivo es la salvación del mundo y, en siglos venideros, hacer que sus redimidos se ocupen en realizar los más elevados y grandiosos servicios en el universo. El Espíritu Santo se siente muchas veces ofendido y dolorido al ver nuestra estrechez, al ver que lo único que nos preocupa son nuestros intereses personales, debido a ello no podemos comprender sus gloriosos propósitos ni sus eternos designios.

Se cuenta el caso de un joven y una señorita que se comprometieron a muy temprana edad. Después el joven ingresó a un colegio superior donde obtuvo valiosa preparación. Al terminar sus estudios se empleó en una firma comercial en los intereses de la cual viajó por diversos países varios años, lo que contribuyó a que ampliase sus conocimientos de la vida y de la humanidad. Todo ese tiempo estuvo en comunicación con su prometida, hasta que, finalmente, un día se dirigió a la casa de su novia para hacerla su esposa. Pero, triste es decirlo, no tardó en echar de ver que mientras él había desarrollado y crecido mental y espiritualmente, ella no había hecho ningún progreso. El seguía amándola y cifrando en ella todos los intereses de su vida, pero la joven no lo comprendía; ella no podía elevarse a la altura de los pensamientos del que tanto la amaba ni comprender sus planes y, por consiguiente no podía participar de sus magníficas aspiraciones. No obstante eso, contrajeron enlace, mas el joven no tardó mucho en darse cuenta que el abismo que les separaba se iba ahondando más y más de día en día. El horizonte hasta donde alcanzaba su vista no iba más allá del cerco de la granja de su vecina; su mundo consistía únicamente del gatito que dormía al lado del fogón, de las ovejas que pastaban en el campo, de la leche que daban las vacas y de los útiles de cocina.

El joven nunca se lo hizo saber a su esposa, ni ésta llegó a enterarse de lo que sentía su marido, pero de día en día éste fue abatiéndose y decayendo hasta que, finalmente, murió con el corazón quebrantado.

Amigos míos, nuestro bienamado Novio con su gloriosa mentalidad, su vasta visión del universo y sus grandiosos propósitos, no sólo para redimir al mundo, sino para glorificar el nombre de su Padre en cada estrella y constelación del espacio infinito, valiéndose para ello de aquellos a quienes ha elegido, sin duda ha de sentirse atormentado al ver la lentitud con que se entienden sus propósitos.

Hay quienes se sientan en su almacén de venta de comestibles con miras de hacer su fortunita; otros trabajan en su campo con la esperanza de dejarle a sus hijos una granja de la cual puedan vivir desahogadamente. Cautivados por el reducido círculo dentro del cual viven, y, tal vez, también la iglesia a que pertenecen, no tienen interés en ninguna otra cosa. Jamás piensan en el gran mundo que espera que alguien le salve, tampoco se acuerdan de los millones que nunca han oído nada acerca de Jesús, ni de los elevados propósitos de su corazón que tienen por objeto no sólo que estemos con él, sino que seamos su reina durante los años del milenio, sobre todo el universo redimido. Levantémonos a la altura de sus elevados fines; salgamos de entre los lazos que nosotros mismos nos hemos tendido, en esta vida cercada de lo terrenal, y pasemos a ejecutar el plan que él ha preparado para el mundo, apresurando así su gloriosa venida, para que se cumpla el grandioso propósito que él tiene con respecto a toda la humanidad.

VI

Vemos, pues, que el Espíritu Santo va guiando y desarrollando nuestra fe, preparándonos así para la vida más elevada del mundo del más allá. Porque la fe son las alas con las que nos remontaremos algún día hasta cruzar el otro lado del abismo y volaremos por encima de las alturas de los siglos por venir. Aun después de haber recibido el Espíritu Santo nos quedamos satisfechos permaneciendo en reducidos llanos y pequeños círculos; y no admitimos ser empujados a trabajos más arduos o de objetivos más elevados; debido a eso el Espíritu Santo tiene que obligarnos, con la fuerza del amor, para que desarrollemos nuestras fuerzas y energías espirituales de las que, en nuestro concepto, carecíamos por completo.

"Como el águila que excita su nidada, revolotea sobre sus pollos, extiende sus alas, los toma, los lleva sobre sus plumas; Jehová solo le guió" (Deuteronomio 32:11,12). Así él despierta nuestra nidada, y nos lanza al aire, cual huérfanos impotentes e indefensos; nos parece que lo hace con objeto de destruirnos, mas lo hace con miras de corroborarnos; para que batamos las alitas de nuestra fe y aprendamos a volar entre lo invisible. Cuando estamos algo cansados, él extiende sus potentes alas y nos sostiene hasta que estemos en condiciones para aprender otra lección. Así, pues, por medio de trabajos, disciplina y pruebas, como asimismo por las nuevas circunstancias en que nos pone; por las dificultades que nos parecen imposibles de vencer, él nos fortifica y hace crecer, haciendo que nos apoyemos en él. Nos enseña a recurrir a su gracia y nos instruye para cuando adquiramos mayores energías y la noble virilidad de la vida por venir. El Espíritu Santo se deleita al ver que nos rendimos a él, y se siente muy descepcionado cuando rehusamos hacerlo así. Se entristece cuando la arcilla no deja que el alfarero le dé la forma que él quiere y, por consiguiente, tiene que echarla a un lado.

Amados míos, confiemos en su amor y rindámonos a sus elevados y santos propósitos de amar y bendecir.

VII

Finalmente el Espíritu Santo anhela que seamos de la mayor utilidad posible, quiere instruirnos con ese fin. La vida que se vive para Dios es desprendida; la manera como viviremos en él más allá será generosa y desprendida. Lo que hagamos para Cristo hoy día es una gran inversión, de ese modo estamos depositando nuestros tesoros en el cielo, ellos constituirán nuestra riqueza y recompensa eternas. Por eso es que el Espíritu nos insta a que aprovechemos, de la mejor manera posible, las oportunidades que se nos presentan; él desea que sembremos las semillas de ser útiles y que invirtamos lo que nos es más querido por medio del sacrificio y el servicio, que darán flores imperecederas, y que plantemos en los cielos árboles de justicia que den fruto de gloria.

CAPITULO XXIII

EL ESPIRITU SANTO EN LAS EPISTOLAS DE PEDRO

EN las epístolas de Pedro se presentan tres verdades importante respecto al Espíritu Santo.

I

EL ESPIRITU INSPIRADOR. En la Segunda Epístola de Pedro se nos dice: La profecía nunca fue traída por voluntad humana, sino que los santos hombres de Dios hablaron siendo inspirados por el Espíritu Santo" (II P. 1:21). Esta es una declaración muy explícita de la doctrina de la inspiración. Los que profetizaban no daban sus opiniones; no escribieron movidos por el impulso de su propia voluntad. Algunas veces dijeron cosas que eran contrarias a sus sentimientos, como por ejemplo cuando Samuel tuvo que anunciar lo que iba a ocurrirle a la familia de Elí o cuando Jeremías expresó tan terribles advertencias contra su amada patria y sus queridos compatriotas.

Pero los profetas fueron "movidos por el Espíritu Santo". La palabra griega que se ha traducido *movidos*, en otras versiones se ha vertido el vocablo *llevados*. Es decir fueron impelidos por una fuerza potente que les arrastró mucho más allá de donde ellos habrían querido llegar. Algunos de ellos ni comprendieron sus predicciones, pues en el capítulo 1, versículo 10 y 11 de la Primera Epístola de Pedro dice: "Los profetas que profetizaron de la gracia destinada a vosotros, inquirieron y diligentemente indagaron acerca de esta salvación, escudriñando qué persona y qué tiempo indicaba el Espíritu de Cristo que estaba en ellos, el cual anunciaba de antemano los sufrimientos de Cristo, y las glorias que vendrían tras ellos" (1ª P. 1:10,11).

Daniel nos dice que oyó las visiones que tuvo, pero sin comprenderlas. Algunas veces los profetas tuvieron la visión de un rey glorioso, otras veces la visión consistió en un Cordero sangrando. Pero no siempre comprendieron plenamente lo que ello significaba, ni supieron tampoco cuando ocurriría. Lo que se presentaba ante su vista era un glorioso cuadro de una promesa de inmensas bendiciones, pero algunas veces se cernían nubes sobre la visión, y lo único que los profetas sabían claramente era que esas maravillosas revelaciones de la verdad que se les revelaba "no era para sí mismos sino para quienes administraban".

En el versículo siguiente el apóstol dice que el Espíritu Santo no sólo inspiró el mensaje de los profetas, sino que también inspira los mensajes de los ministros del evangelio que predican hoy el evangelio de Cristo: "Las cosas que ahora os son anunciadas por los que os han predicado el evangelio por el Espíritu Santo enviado del cielo". 1ª P. 1:12. El profeta de la antigüedad era órgano que empleaba el Espíritu Santo, pero el ministro del evangelio cuenta con la presencia del propio Espíritu Santo en persona, "el Espíritu que descendió del cielo", éste acompaña los mensajes que da, sellándolos con su autoridad y poder; de manera que cuando pronunciamos el mensaje de Dios, hablamos en su nombre, y los que nos escuchan son responsables de la actitud que tomen, recibiéndolo o rechazándolo, pues se trata de la palabra del Dios vivo.

II

EL ESPIRITU SANTIFICADOR. I Pedro 1:2. "Elegidos según la presciencia de Dios Padre en santificación del Espíritu, para obedecer y ser rociados con la sangre de Jesucristo". El apóstol Pedro creía, de manera absoluta, en la soberanía de Dios, y en el propósito divino de la elección; mas no creía en ninguna predeterminación aparte de la santificación personal. La verdad es que el propósito divino tiene dos fines. Del lado extremo el cable está atado al trono, y oculta de nuestra vista se encuentra la inescrutable e inaccesible luz de Dios; mas de este lado el cable de la gracia divina está a nuestro alcance, y podemos atarlo a nuestro corazón por medio de la fe en el Señor Jesucristo, y por el Espíritu Santo que mora en nosotros, para que podamos asegurarnos de nuestra elección y saber que pertenecemos a la familia celestial.

La santidad es el elemento y el ambiente de la divina vocación, y por lo tanto debemos estar unidos al Espíritu Santo de modo inseparable. Aparte de ese estado espiritual, no tenemos derecho a apoyarnos en ninguna disciplina eclesiástica. Dejemos la teología en las manos de Dios, y, por nuestra parte aseguremos de la aplicación práctica.

Observemos atentamente la expresión que aquí

se emplea. No dice que es santificación *por* el Espíritu, sino *del* Espíritu. Hay gran diferencia entre esas dos proposiciones. La santificación por el Espíritu podría cristalizarnos hasta ponernos en estado de santificados, como se queda la cera cuando se le quita el sello con que se le ha estampado, o como el reloj al que le da cuerda y se le deja para que siga solo. En cambio la santificación del Espíritu no es un estado constituído por uno mismo, sino una santificación que se produce a causa de la unión con el Espíritu, y hace que dependamos de la vida que él viva en nosotros y del poder que él nos dé, en todo momento de nuestra existencia. Apartados de él no somos santificados, sólo lo somos mientras estemos llenos de él y mientras estemos continuamente en él. Sólo somos la vasija vacía que él tiene que llenar, y conservarla así, rellenándola, "por medio de la renovación del Espíritu Santo".

El genitivo griego que se expresa por la preposición *de* manifiesta la íntima relación que hay entre nuestra santificación y la posesión del Espíritu Santo. Amados míos, ¿es el Espíritu Santo quien santifica nuestra vida? ¿Poseemos algo más que la santidad? ¿Es el Espíritu Santo en persona que "mora en nosotros y anda en nosotros"? ¿Es él quien "nos hace guardar sus estatutos y sus juicios y cumplirlos"?

Además la santificación del Espíritu Santo hace que seamos "rociados con la sangre de Jesucristo". La sangre de Jesucristo significa la vida de Jesucristo, y la vida de Jesucristo tiene siempre dos aplicaciones. En primer lugar, Jesucristo dio su vida por nosotros derramando su sangre y haciendo la propiciación de nuestras culpas al morir él en

EL ESPIRITU SANTO EN LAS EPISTOLAS... 665

el Calvario. Pero también Jesús nos da su vida por medio de su unión con nosotros, y por su permanencia en nosotros.

Ese es el sentido de la expresión "rociados con la sangre". En el capítulo veinticuatro de Exodo leemos, que en la ocasión en que Moisés iba a llevar consigo arriba del monte a los dirigentes del pueblo de Israel ofreció el sacrificio de becerros; los inmoló y roció la sangre de éstos sobre el altar, lo cual significaba el derramamiento de la sangre de Cristo al ser inmolado en la cruz. Pero la mitad de la sangre Moisés puso en vasijas y la llevó al monte, después de haber rociado una parte de ella sobre el pueblo y sobre el libro del pacto. Así, pues, rociados de sangre y acompañados por la sangre ascendieron hasta la presencia de Dios y el Señor les recibió y les dispensó su amor y favor. Después de eso, en lugar de los truenos y relámpagos que habían hecho estremecer el Monte Sinaí, el día anterior, el cielo estaba azul y sin una sola nube y les cubría como una bóveda celeste, y Jehová les recibió haciéndoles entrar hasta donde él estaba, festejó el hecho como si hubiesen sido príncipes invitados a un banquete de la familia real y, dice, además: "Extendió su mano sobre los príncipes de los hijos de Israel; y vieron a Dios". Exodo 24:11.

La sangre que se roció en esta preciosa figura difiere totalmente de aquella que se derramó sobre el altar; ella representa la vida que Cristo nos da por cuyo medio nos hace aptos para estar en su presencia y para que podamos tener comunión con él. Esa es la obra del Espíritu Santo, quien nos pone en unión viva con Jesús y nos hace vivir la misma vida de Cristo.

Creemos que tal es el significado de la fuerte expresión que se emplea tan a menudo refiriéndose a la sangre y la vida de Jesús. Decimos que somos "salvos por su vida". También decimos: "la sangre de Jesucristo su Hijo" 1ª Juan 1:7 — es decir, la vida de Jesucristo — "nos limpia, nos mantiene limpios, limpiándonos de todo pecado". En el capítulo seis del Evangelio de Juan vemos que es comiendo su carne (la de Jesús) y bebiendo su sangre que tenemos vida eterna, y esa vida ha de ser alimentada de día en día. Amados míos, ¿sabemos lo que es ser rociados con la sangre de Jesús? ¿Vivimos sustentados por su vida?

En el Antiguo Testamento hay otra hermosa figura que ilustra muy bien lo que venimos diciendo. Nos referimos a lo que dice en el capítulo 19 del libro de Números referente a la vaca bermeja. Pasaremos por alto las otras aplicaciones de dicha notable figura para referirnos únicamente al rociamiento del agua de separación.

Cuando alguno del campo de Israel se había contaminado y estaba inmundo por haber tocado un cuerpo muerto, o por haber tocado algo impuro, se hizo la provisión necesaria para que fuera limpio y restaurado rociándolo con agua de la separación. Esa agua se sacaba de entre las cenizas de la vaca que había sido inmolada y quemada, cuyas cenizas se habían dejado en un sitio sagrado, cabalmente con ese objeto. Se derramaba agua sobre las cenizas y luego con una rama de hisopo se rociaba a la persona impura y quedaba purificada.

Sabemos que el agua que se mezcla con cenizas se convierte en lejía y en ese estado su acción es punzante y cortante, tan cáustica como el fuego.

No era nada probable que los que eran así rociados llegasen a olvidarlo. Era una purificación cortante que penetraba hasta la médula, y quemaba hasta el hueso. De igual modo la obra del Espíritu Santo no es siempre suave y agradable, sino que, a menudo, es penetrante y consumidora. Nos hace sentir el significado de la muerte de Cristo, hasta que nos ponemos en verdadera comunión con su muerte, de tal manera que llegamos a sentirnos dispuestos a darnos por muertos para todo aquello que él nos haga ver en nuestra vida que es pecaminoso o egoísta.

En cierto sentido la obra santificadora del Espíritu Santo es, al mismo tiempo, inmediata y progresiva. Llega el momento en que nos ponemos en unión personal con Jesús y recibimos el bautismo del Espíritu Santo. En ese momento se nos recibe plenamente y somos totalmente santificados según la luz que tengamos. Mas conforme va aumentando la luz y haciéndose más intensa, el Espíritu Santo nos conduce más adelante, revelándonos al mismo tiempo, todo aquello que fuere contrario a su perfecta voluntad, y podemos sufrirlo sin mengua alguna, hasta que lleguemos a sentirnos perfectamente de acuerdo con la naturaleza y la vida de Cristo.

Nos ocurre algo así como lo que le sucede a la rama de un árbol que cae en un arroyo cuyas aguas tienen sustancias calizas. De día en día la cal va penetrando en las fibras de la madera, hasta que llega el momento en que la rama pierde su naturaleza vegetal y se trueca en piedra. Aunque conserva su forma natural, su naturaleza ha cambiado sustancialmente y ha adquirido la naturaleza de la piedra. Vemos, pues, que en cierto sentido el Espíritu Santo conserva la vida de Jesucristo en una especie de solución, que reparte entre nosotros, hasta que lleguemos a ser perfectamente semejantes a la imagen de nuestro glorioso Modelo y Adalid.

Además, la santificación del Espíritu conduce a la "obediencia". No es todo teoría y experiencia, sino algo muy práctico y real. Interviene en la vida diaria del hogar, en la fábrica, en los negocios. Nos hace mejores hombres y mejores mujeres, y obliga al mundo a que testifique acerca de su legitimidad y su realidad. Después de eso todo se hace fácil. No se trata de una obediencia obligada que para cumplirla requiere esfuerzo, sino que es fruto espontáneo de la vida y del amor. El Espíritu no sólo mora en nosotros, sino que anda con nosotros, y "lo que era imposible para la ley, por cuanto era débil por la carne", "la ley del Espíritu de vida en Cristo Jesús", lo lleva a cabo, "para que la justicia de la ley se cumpliese en nosotros, que no andamos conforme a la carne, sino conforme al Espíritu" (Ro. 8:2-4).

III

EL ESPIRITU DE GLORIA. I Pedro 4:14. "Si sois vituperados por el nombre de Cristo, sois bienaventurados, porque el glorioso Espíritu de Dios reposa sobre vosotros". La obra del Espíritu Santo no se limita únicamente a limpiar, sino que ella tiene por objeto también glorificar. Desciende no sólo para emblanquecer nuestras ropas, sino para darle diafanidad, como la luz de la transfiguración, y las ropas de la fiesta de bodas.

El antiguo tabernáculo estaba dividido en tres secciones. La primera representaba la salvación; esta sección consistía del patio al cual concurrían los adoradores en busca de la sangre propiciatoria y del agua purificadora. La segunda sección era el lugar santo; era el lugar donde estaban los sacerdotes, donde vivían con Dios entre las luces que irradiaban de las lámparas de oro; los sacerdotes se alimentaban con el pan sagrado y embalsamaban el ambiente con incienso que se quemaba en áureo altar de intercesión. Esa sección representaba la santificación, la comunión, la vida vivida en intimidad personal con el Señor Jesucristo. Pero había otra sección un poco más adentro. Este era el lugar santísimo, la sacrosanta morada de Dios, donde la llama sagrada ardía entre las alas extendidas del querubín celestial. Era la imagen de la gloria de Dios. Representa, naturalmente la futura gloria de nuestro hogar celestial y el día del milenio que esperamos. Pero también representa el comienzo de la gloria a la que podemos entrar ahora, pues el Espíritu Santo es el anticipo de nuestra futura herencia, y él hace que tengamos una vislumbre de lo que será aquello, dándonos a probar lo que es, mientras estamos todavía aquí en la tierra.

Esa cámara interior, desde los tiempos de Moisés, no estaba expuesta a las miradas de nadie. El único que podía entrar en ella era el sumo sacerdote, y esto sólo una vez al año. Mas al morir Jesús el velo que cerraba el acceso a ella se rompió, cayendo de alto a abajo, y el paso quedó abierto para que podamos llegar hasta ella y disfrutar de su gloria. Por eso es que leemos en la invitación: "Teniendo libertad para entrar en el Lugar Santísimo por la sangre de Jesucristo, por el camino nuevo y vivo que él nos abrió a través del velo, esto es, de su carne,... acerquémonos con corazón sincero, en plena certidumbre de fe" (He. 10:19-22). Sí, podemos entrar a disfrutar de la gloria aun aquí en la tierra. "La gloria que me diste yo les he dado", (Juan 17:22), ese es el legado que nos dejó nuestro Salvador. El no sólo nos da su paz y su amor, sino que nos da su gloria, y podemos comenzar a disfrutar de ella desde ahora. "A quien amáis sin haberle visto, en quien creyendo, aunque ahora no lo veáis, os alegráis con gozo inefable y glorioso" (1ª P. 1:8). "Y no sólo esto, sino que también nos gloriamos en las tribulaciones" (Romanos 5:3). "Si sois vituperados por el nombre de Cristo, sois bienaventurados; porque el glorioso Espíritu de Dios reposa sobre vosotros" (I Pedro 4:14).

Es difícil, por no decir imposible, hacer comprender esto a alguien que no se ha iniciado aún en el alfabeto de las cosas celestiales. Pero casi todos los hijos e hijas de Dios, en un momento u otro, se han sentido conmovidos por el Espíritu de la Gloria del Señor. Tal vez iluminó la cámara de oración de tal modo que pareció haberse convertido ésta en la puerta del cielo. Tal vez dé a vuestra tribulación cierto toque de luz, que transforme la noche en día y las sombras de la muerte en luz celestial. Tal vez vino cuando Jesús sanó vuestro cuerpo y os hizo disfrutar de los primeros frutos de la resurrección. Tal vez os venga cuando os sentéis a meditar en la cruz que habéis dejado atrás, en el Cristo que está en vosotros y en el hogar que os espera, y casi no sabéis si estáis en el cuerpo o fuera de él. Pero os puedo decir que el Espíritu Santo está dispuesto a traernos dicha gloria en el lugar o en el momento en que más necesitamos de ella.

Pareciera que el ambiente de mayor simpatía del Espíritu Santo fuera el sufrimiento, el de la persecución y del reproche. Parecería como si al bajar el barómetro al punto más bajo, el sol celestial brillara más esplendorosamente a través de las nubes tempestuosas. "Nos gloriamos en la tribulación"; cuando se nos vitupera por el nombre de Cristo — que es la verdadera traducción de ese versículo — "el Espíritu de gloria y de Dios reposa sobre nosotros".

Pero debemos estar bien seguros de que el reproche que se nos hace es "por el nombre de Cristo" — que es la correcta traducción de ese pasaje. No padezcamos, como lo sugiere el versículo, debido a nuestro insensato modo de proceder, o por causa de nuestro pecado, como los transgresores entremetidos. Mas, testificando en el nombre de Cristo, viviendo elevada y santamente, le representamos a él y nos parecemos a él, no tenemos por qué espantarnos de las pruebas y tormentas que nos sobrevengan. La nube será el fondo sobre el cual se destacará el arco iris. La columna de nube que descuella durante el día amenazante de niebla, por la noche resplandecerá como fuego celestial.

> El duelo Dios lo convierte
> En santa felicidad,
> Y brilla, cual las estrellas,
> En la densa oscuridad.

CAPITULO XXIV

EL ESPIRITU SANTO EN LA PRIMERA EPISTOLA DE JUAN

UNO se siente impresionado al ver cuán limitadas son las veces que se hace referencia al Espíritu Santo en la gran epístola del discípulo amado, en comparación con las veces a que se refiere al Señor Jesucristo.

Hay sólo cuatro o cinco pasajes de esta larga carta en que se menciona por nombre el bendito Paracleto, pero a Cristo se le menciona muchas veces. Uno se siente inducido a preguntarse a qué se deberá eso. Tal vez la respuesta nos sugiera una verdad profunda y preciosa. Juan estaba tan impregnado del Espíritu Santo que, como el Espíritu Santo, que nunca habla acerca de sí mismo, pensaba constantemente en Jesús y daba testimonio de él. El mismo hecho de no hablar directamente acerca del Espíritu Santo, llamándolo por su nombre, es la mejor evidencia de que estaba poseído del Espíritu y que estaba ocupado, como lo está siempre el Espíritu Santo, pensando en Jesús, y en la glorificación del Hijo de Dios.

Así es, amados míos, mientras más llenos estemos del Espíritu Santo, tanto más ocupados estaremos de Jesús, y por consiguiente, no nos preocuparemos tanto de nuestra propia experiencia ni de nuestro glorioso Amigo que mora en nosotros, sino que estaremos embebidos pensando en Jesús y en su amoroso corazón.

Hay sin embargo, en esta misma epístola algunas importantes referencias al Espíritu Santo. Mas antes de ocuparnos detalladamente de lo que nos proponemos estudiar, es necesario que expliquemos el porqué de nuestro silencio respecto de uno de los versículos de esta epístola que se refiere directamente al Espíritu Santo.

Me refiero al bien conocido pasaje de I Juan 5:7: "Tres son los que dan testimonio en el cielo: el Padre, el Verbo y el Espíritu Santo; y estos tres son uno". Este versículo que contiene un testimonio teológico tan claro y definitivo de la doctrina de la Trinidad, es, indudablemente, espurio. No figura en ninguno de los manuscritos antiguos, y con la aprobación de los más eminentes eruditos de nuestros tiempos, se le ha omitido de la versión revisada; no cabe la menor duda que es un agregado hecho por algún copista que tenía más celo por la teología que discernimiento del Espíritu Santo y del orden en que se desarrolla el pensamiento en este capítulo. El versículo es totalmente inaplicable en el lugar donde se le ha puesto, pues es absolutamente innecesario probar la divinidad del Hijo o del Espíritu Santo.

I

EL ESPIRITU SANTO EN SU FUNCION DE UNCION DIVINA. "Pero vosotros tenéis la unción del Santo, y conocéis todas las cosas. Pero la unción que vosotros recibisteis de él permanece en vosotros, y no tenéis necesidad de que nadie os enseñe; así como la unción misma os enseña todas las cosas, y es verdadera, y no es mentira, según ella os ha enseñado, permaneced en él" (1ª Juan 2:20,27).

Ya nos hemos referido al símbolo del aceite, y a la figura de la unción al referirnos al Espíritu Santo. La idea que se desprende de este pasaje es esencialmente la misma que surge de los pasajes ya mencionados. La palabra es un poco diferente, no se trata tanto del ungir, como de la unción, lo que aquí se menciona es la *chrism*.

No es necesario que recordemos a los lectores que esta palabra *unción* o *ungir* es la misma de la cual viene el vocablo Cristo, por consiguiente, "el ungido" significa aquel Cristo. En versículos anteriores leemos acerca del anticristo y de los muchos anticristos que vendrán. En contraste con ellos están aquellos que pertenecen a Cristo. La palabra cristiano deriva de la misma raíz, pero dicha aplicación no es del todo satisfactoria. Cristiano es alguien que tiene alguna relación con Cristo, pero ser *de Cristo*, significa alguien que está unido a Cristo y que, de hecho, es una segunda edición de él que le representa entre los hombres.

Esa era la gran misión del Espíritu Santo — apartar al Cristo, y hacer de él el gran dechado para todos los hombres del porvenir. Habiendo realizado esa obra de glorificar a Jesús, ahora está reproduciendo a Cristo en aquellos que son *de Cristo*. El llama a los discípulos de Jesús y los instruye para que representen al Maestro y repitan Su venida en el curso de la dispensación cristiana.

Ya hemos llamado la atención al hecho que se empleaba la unción al elegir a los profetas, a los sacerdotes y a los reyes, y a la especial significación del nombre de Cristo en relación con sus tres funciones de Profeta, Sacerdote y Rey. De igual modo nosotros somos ungidos para que seamos profetas, sacerdotes y reyes de la iglesia de Dios, para que seamos testigos de su voluntad y de su obra; para ser intercesores de Dios entre los hombres y para formar parte de la familia real de Dios, victoriosos sobre el egoísmo y sobre el pecado y a la espera de participar con nuestro bendito Adalid del reino del período milenial.

El Espíritu Santo nos llama a ese elevado ministerio y nos hace idóneos para ello. La unción que aquí se menciona es descripta como un don divino. "La unción que habéis recibido". El verbo que aquí se emplea es muy enfático. Significa que lo que hemos recibido es algo especial, y sabemos que lo hemos recibido. Amados míos, ¿hemos recibido la unción divina, es decir al Espíritu Santo?

La referencia que aquí se hace a la obra del Espíritu Santo trata especialmente de dos aspectos de él — en sus funciones de Maestro y de Guardián. En su función de Maestro nos da a conocer la voluntad de Dios valiéndose para ello de las Sagradas Escrituras. El lenguaje empleado no significa que seamos inspirados como los apóstoles y profetas del Señor, para que conozcamos la voluntad de Dios aparte de las Sagradas Escrituras. No significa que no hemos de recibir el mensaje de Dios por medio de labios humanos; lo que significa es que no debemos recibir ningún mensaje como palabras de hombres, sino que aunque sean los ministros de Cristo quienes nos hablan, debemos recibirlos como mensajeros de Dios, cotejando lo que enseñan con lo que dice la Biblia, y recibiéndolo como la palabra de Dios que habla a nuestras conciencias por medio del Espíritu Santo.

Esta unción no sólo nos instruye sino que hace que permanezcamos en él. El gran objetivo de que contemos con la bendita presencia del Espíritu Santo en nuestros corazones es el de unirnos con Cristo y depender siempre de él y vivir cerca de él, "para que cuando se manifieste, tengamos confianza, para que en su venida no nos alejemos de él avergonzados" (1ª Juan 2:28).

Recibámosle, pues; permanezcamos en él; representemos a nuestro bendito Señor, y en este siglo del anti-Cristo, seamos no solamente cristianos sino seamos *de Cristo,* representando a nuestro Señor en la tierra como él nos representa eternamente en el cielo.

II

EL ESPIRITU QUE PERTENECE EN NOSOTROS.
"En esto sabemos que él permanece en nosotros, por el Espíritu que nos ha dado" (I Juan 3:24).

"En esto conocemos que permanecemos en él, y él en nosotros, en que nos ha dado de su Espíritu" (I Juan 4:13).

Pero aquí no se trata tanto de que el Espíritu permanezca en nosotros, sino que Cristo esté en nosotros por medio del Espíritu Santo. El objeto del Espíritu Santo es revelar a Jesús y glorificarle, haciendo que el Salvador sea un ser real y personal, en la vida del creyente. Esto no es cuestión de fe sino de conocimiento. "Sabemos que él permanece en nosotros". Nos sentimos conscientes de la realidad de su presencia y eso nos satisface. Para nosotros Cristo es un ser que está personalmente en nosotros reclamando nuestro cariño, y nos satisface de todo lo que necesitamos; y el Espíritu Santo nos atiende para que por nuestra parte, nosotros atendamos a Jesús; el Espíritu Santo nos conserva en comunión con Jesús que es la fuente y esencia de nuestra vida espiritual y física.

Jamás podremos comprender al Espíritu Santo mientras creamos que todo termina en él. Las Sagradas Escrituras siempre nos conducen más allá de todo objetivo o experiencia, hasta que nos encontremos con el propio Señor y Salvador Jesucristo.

III

"Amados, no creáis a todo espíritu, sino probad los espíritus si son de Dios; porque muchos falsos profetas han salido por el mundo" (I Juan 4:1). La gran ambición del Diablo es falsificar al Espíritu Santo. El Diablo se ha valido siempre de muchas falsificaciones y de muchos anticristos, mas al aproximarse el fin de los tiempos, las "huestes espirituales de maldad en las regiones celestes", aumentarán y las "asechanzas del diablo" (Efesios 6:11,12) serán más sutiles y engañosas.

Ya podemos percibir los principios de ese tiempo engañoso satánico, con el que terminará la actual dispensación, y se reunirán las huestes del mal para "la gran batalla del Señor Dios Todopoderoso". Muchas veces el Diablo se presenta disfrazado de ángel de luz, y Dios nos ha advertido que velemos para que no logre engañarnos.

El apóstol Juan nos dice cuál es la prueba suprema, y ésta consiste del testimonio que dichos espíritus dan acerca del Señor Jesucristo. Cuando una influencia espiritual, cualquiera que ella sea, culmina en sí misma y no conduce directamente al Señor Jesucristo ni le glorifica, ni le vivifica, tenemos fundada razón para dudar de ella. Cualquier experiencia espiritual que se apoya principalmente en ella misma y en el deleite que proporciona o en su significación, es muy propensa a que sea de otro espíritu. El Espíritu Santo siempre testifica acerca de Cristo.

Este pasaje nos da otro distintivo por el cual podemos llegar a conocer algunos espíritus que han aparecido en nuestros días. "Todo espíritu que no confiesa que Jesucristo ha venido en carne, no es de Dios; y éste es el espíritu del anticristo, el cual vosotros habéis oído que viene (I Juan 4:3). Este ya estaba en el mundo en los días en que Juan escribió esa declaración.

Ese es el espíritu que niega la existencia material del mundo y la encarnación física del Señor Jesucristo. Que afirma que la historia de la creación no es más que una hermosa alegoría y que el relato de Cristo es ficticio. Desecha la doctrina del pecado, de la expiación y de la crucifixión de Cristo en propiciación de los pecadores.

No es necesario nombrar el error tan vastamente propagado hoy día, que enseña la inexistencia del mundo material, que no existe cuerpo material, y que, por lo tanto no hay ninguna base física para las enfermedades, pues todo consiste únicamente de las ideas y de la mente, y que lo único que nos corresponde hacer es pensar bien, porque el dolor es únicamente una idea mental y si rehusamos creer en el dolor, éste dejará de existir, y la sanidad se producirá por sí sola. Esto no es cristianismo ni ciencia, sino el espíritu falso que predijo Juan diecinueve siglos ha, y uno de los presagios del último anticristo.

Pero hay muchos otros espíritus falsos. Aquellos que conocen el Espíritu Santo están expuestos a un peligro muy real, que consiste en estar tan absortos en sí mismos y en su propio valer que lleguen a apartarse de Cristo y de la verdad. Satán trata de hacernos subir a la torre del templo, para luego lanzarnos a algún insensato fanatismo o presunción. Si somos verdaderos hijos e hijas de Dios, no puede matarnos, pero puede inutilizarnos de tal modo que no podamos participar de las batallas del Señor. El Diablo puede empañar nuestro testimonio, puede conseguir que se hable mal del bien que hacemos, y hacernos tan extravagantes y ridículos que nuestro testimonio sea repelente a las personas sensatas. Que Dios nos dé "el espíritu de poder, de amor y de dominio propio" (II Timoteo 1:7).

IV

EL ESPIRITU DE VICTORIA. "Vosotros sois hijos de Dios, y los habéis vencido; porque mayor es el que está en vosotros, que el que está en el mundo" (I Juan 4:4).

El secreto de la victoria estriba en el conocimiento del vencedor que está dentro del corazón, y en el derrotado adversario que está afuera. Juan no dice que seremos nosotros los vencedores, sino que les venceremos porque el que en nosotros está, es mayor que el que está en el mundo. El que está en nosotros ya ha triunfado y él es quien nos hace participantes de su victoria. Debemos ir al encuentro del enemigo, sabiendo que ya está vencido, y, como Josué y los ejércitos de Israel, debemos poner nuestro pie en el pescuezo de los gigantes y mirar sus rostros sin miedo alguno. Satanás sólo tiene poder cuando consigue amedrentarnos. *El huye de la fe victoriosa y de la sagrada confianza.*

Al mismo tiempo, vemos que Juan reconoce el poder de aquel que está en el mundo. "Somos de Dios" —dice más adelante— "y todo el mundo está bajo el maligno" (I Juan 5:19). El mundo yace en los brazos del Maligno, cautivo e impotente, y éste hace lo que quiere con él. El Diablo es quien lo domina, y, aunque algunas veces parezca muy culto, hermoso y civilizado, el principio que yace en el fondo de todo su progreso es el egoísmo humano, y por lo tanto, predomina la impiedad. Cristo no ha llegado a ser aún el soberano de todo el mundo; él es soberano del corazón de todos aquellos que constituyen su pueblo; él está en ellos; Satanás está en el mundo. Pero todo corazón del cual Jesús es rey, es victorioso, y se lanza a todo encuentro con el grito de combate: "A Dios gracias, que nos da la victoria por medio de nuestro Señor Jesucristo" (I Corintios 15:57).

V

EL ESPIRITU DE TESTIMONIO. He aquí el último aspecto bajo el cual se nos presenta al Espíritu Santo en la epístola de Juan: "El Espíritu es el que da testimonio, porque el Espíritu es la verdad, porque tres son los que dan testimonio en el cielo; el Padre, el Verbo, y el Espíritu Santo: y estos tres son uno" (I Juan 5:6,7). Los tres testigos que testifican en la tierra son el Espíritu Santo, el agua del bautismo y la sangre de Jesucristo, que recordamos en la santa cena, sangre que reconocemos como la expiación de nuestros pecados y el pago de nuestra redención, pero aquello de lo cual debemos ocuparnos aquí es del Espíritu Santo.

1. El Espíritu Santo testifica primero por medio de la Palabra, eso es lo que sostiene Juan en este pasaje. Dice el apóstol: "Si recibimos el testimonio de los hombres, mayor es el testimonio de Dios; porque Dios nos ha dado vida eterna; y esta vida está en su Hijo" (I Juan 5:9-11). Luego pasa a decir que si no recibimos su testimonio le hacemos a Dios mentiroso, porque no hemos creído en el testimonio que él ha dado acerca de su Hijo. Ese es el mensaje del evangelio. El que habla es el Espíritu Santo. Este viene entre los hombres como testigo de Dios y le anuncia al pecador que Dios nos ha dado vida eterna, que esa vida la obtenemos por el Hijo, y que si aceptamos a su Hijo tenemos vida. Lo que a nosotros nos corresponde pues, es aceptar ese testimonio, y creerlo implícita e inmediatamente; no bien lo creemos llega a ser verdad en lo que a nosotros concierne y se nos incluye entre los súbditos de esa gran salvación. Es allí donde debe comenzar la fe, aceptando el testimonio de Dios y creyendo lo que ha dicho acerca de nuestra salvación por medio de Jesucristo.

2. Lo siguiente es el testimonio que el Espíritu Santo da en nuestros corazones de que lo

que creemos es cierto y positivo. "El que cree en el Hijo de Dios, tiene el testimonio en sí mismo" (I Juan 5:10). En el instante en que creemos en la palabra de Dios, esa palabra se hace efectiva en nuestro corazón y nos trae paz y salvación. Primero debemos aceptar la palabra y luego recibimos el testimonio interior. El Espíritu Santo no puede darnos la seguridad de que somos salvados, mientras no creamos lo que Dios ha dicho en su palabra, en la que asegura que nos ha aceptado y salvado, simplemente porque hemos acudido a Cristo como él lo ha dispuesto. Y, como él mismo lo prometió, sin echarnos fuera. Después de eso el alma pasa a disfrutar de paz y deleitosa seguridad, basada en la palabra de Dios y en la repetición que de ella hace el Espíritu Santo en la conciencia de cada uno de nosotros individualmente, dándonos la seguridad de que somos hijos e hijas de Dios.

3. El Espíritu Santo testifica nuestra íntima unión con Cristo y nuestra divina adopción de hijos. Al rendirse el discípulo enteramente a Dios, recibe el sello del Espíritu Santo; se posesiona de su corazón el Espíritu de adopción, y siente en su alma que Jesús es un ser real y verdadero. El Espíritu de Dios testifica nuestra unión con él. Por eso dijo Cristo: "En aquel día" —cuando descienda el Espíritu Santo— conoceréis que yo estoy en mi Padre, y vosotros en mí, y yo en vosotros" (Juan 14:20). Ese es el sello del Espíritu. Ese es el anillo matrimonial que testifica el matrimonio del alma con su Amado.

4. El Espíritu Santo testifica que Dios contesta nuestras oraciones. Esto sigue en los versículos 14 y 15 del capítulo 5 de la Primera Epístola de Juan:

"Esta es la confianza que tenemos en él, que si pedimos alguna cosa conforme a su voluntad, él nos oye. Y si sabemos que él nos oye en cualquiera cosa que pidamos, sabemos que tenemos las peticiones que le hayamos hecho".

5. El Espíritu Santo da testimonio de los servicios que prestamos y nos da las cualidades necesarias para que seamos útiles: "Testificando Dios juntamente con ellos, con señales y prodigios y diversos milagros y repartimiento del Espíritu Santo según su voluntad. (Hebreos 2:4).

Servimos a Jesucristo, y el Espíritu Santo da testimonio de ello. El es quien nos da las aptitudes necesarias para servir a nuestro Dios; él nos da almas en recompensa por nuestro afán; él hace que nuestras palabras tengan buen efecto, y que el fruto que ellas dan, "permanezca" para gloria de Dios y gozo eterno nuestro.

Todo siervo de Cristo, bautizado con el Espíritu Santo, tiene derecho de esperar el testimonio del Espíritu acerca de su obra así como en los antiguos tiempos, "ellos, saliendo, predicaron en todas partes, ayudándoles el Señor y confirmando la palabra con las señales que la seguían" (Marcos 16:20). Nosotros también tenemos derecho de esperar que "sigan señales". Algunas veces son señales espirituales, manifestadas en la conversión de almas; otras veces las manifestaciones son físicas, por medio de sanidades; otras veces ellas se manifiestan por la solución de algún problema difícil de resolver, que Dios allana con su aprobación y bendición. De ese modo Dios ha puesto su sello sobre la obra misionera de nuestros días. Así también Dios ha puesto su sello en el testimonio de aquellos que se han atrevido a reclamar la plenitud del evangelio y han tomado posesión de todas las riquezas de la herencia que les pertenece. Así también pondrá Dios su sello en toda vida totalmente consagrada y rendida a él.

Amados míos, reclamad el testimonio, esperad el poder; no os quedéis satisfechos antes que él selle vuestro testimonio.

6. El Espíritu Santo no sólo nos da testimonio a nosotros, sino que también nos emplea a nosotros para dar su testimonio por intermedio nuestro. La razón especial de su advenimiento es para hacernos testigos de Jesús. "Recibiréis poder, cuando haya venido sobre vosotros el Espíritu Santo; y me seréis testigos, en Jerusalén, en toda Judea, en Samaria y hasta lo último de la tierra" (Hechos 1:8).

Ese es el gran ministerio del Espíritu, testificar ante el mundo, y especialmente ante los paganos, valiéndose para ello de los discípulos de la iglesia de Cristo.

Amados míos, al leer estas palabras ¿nos sentimos conscientes de que hemos dado fielmente nuestro testimonio? ¿Hemos hablado en nuestros hogares exponiendo nuestra fe en Cristo? ¿Hemos testificado acerca de Cristo, con toda franqueza, delante de los miembros de nuestra familia y nuestras amistades? ¿Podemos decir que estamos limpios de la sangre de todos? ¿Saben en nuestro trabajo y en nuestro negocio y en nuestros círculos sociales que somos amigos incondicionales de Cristo? ¿Hemos tenido el valor de hablar en la iglesia de Cristo, con la propiedad necesaria y en el momento conveniente dando un mensaje o testimonio acerca del Divino Maestro? ¿Saben todos quienes somos y lo que creemos? ¿Somos abiertamente cristianos? ¿Nos da placer testificar acerca de nuestra fe en Jesús, y consideramos que es un verdadero privilegio testificar que somos salvados por aquel que puede salvar a todos? ¿Llegaremos algún día a encontrarnos con una compañía de corazones amorosos que serán nuestra corona y nuestro sello?

Hace algunas semanas el que esto escribe tuvo la gran satisfacción de encontrarse en un púlpito ante una gran congregación; y oyó decir al pastor de la iglesia que lo presentaba ante el púlpito, que veinte años atrás él había sido guiado a Cristo por aquel a quien en ese momento tenía a su lado, aunque aquel a quien presentaba a su auditorio no sabía que, bajo la dirección de su Dios, había sido el instrumento empleado por el Padre Celestial para que él encontrara la salvación y empleara su vida tan útilmente. Al estremecerse nuestro corazón con humilde gratitud a Dios por haber tenido tal privilegio, pareciónos que se nos presentaba una visión del momento en que allá en el mundo celestial se presenten unos aquí y otros allá y nos felicitarán y, conduciéndonos hasta el trono del Señor le alabarán porque él nos empleó para conducirles a Dios; allí, por primera vez veremos y conoceremos a los hijos de nuestras tierras a quienes el Espíritu Santo ha convertido en sellos de nuestro ministerio. ¡Oh, amado mío! ¿Habrá alguien allí que le estará esperando a usted? ¿Cree usted que le espera alguna sorpresa de esa clase cuando se presente usted a la diestra de Dios "para ir a descansar de sus labores y sus obras le sigan"?

Recibid primero la plenitud del Espíritu Santo, después de eso no podréis hacer otra cosa que entregaros incondicionalmente a él. Dejad que él testifique por medio de vosotros. Entreguémonos a él de tal modo que él pueda adueñarse de nosotros, dominarnos y emplearnos para que reproduzcamos en nosotros las bendiciones que hemos recibido.

En una estación misionera de las fronteras de la India, un día una niñita le dijo a su maestra:

—Maestra, ¿me permitiría usted hacer una cosa?

—¿Qué es lo que quieres? — preguntóle la maestra.

—Me quiero dar yo misma a usted, porque la quiero tanto.

La niña se arrodilló y tomando en sus manitas las de la maestra le dijo:

—Me quiero dar a usted porque la quiero mucho.

La pobre niña no sabía cómo expresar su felicidad y arrojóse en los brazos de su maestra, dichosa al pensar que era de aquella maestra a quien amaba tanto.

Pocos días después la misma niña le preguntó a su maestra cómo podría consagrarse a Cristo, pues ella había oído hablar de eso pero no sabía lo que era. La maestra le dijo:

—Querida mía, lo que tienes que hacer es darte a Jesús como te diste a mí.

La carita de la niña se iluminó, y arrodillándose a los pies de su maestra, juntó sus manos en actitud de adoración y, dirigiendo la mirada hacia arriba, con santa reverencia, dijo: "Jesús me doy a ti porque te amo". El Espíritu Santo descendió sobre ella, y la niña sintió que la había sellado para siempre.

El padre de la niña vivía en una población lejana; era un hombre cruel y brutal que nunca había querido oír el mensaje del evangelio. La hija comenzó a orar por él. Un día la niña le preguntó a su maestra si no podrían hacer nada para conseguir la salvación de su padre.

—Puedes escribirle, si quieres, dile que te has entregado a Jesús y pregúntale si él no quiere hacer lo mismo.

La niña escribió la carta y mientras lo hacía derramó muchas lágrimas y elevó su corazoncito en oración a Dios. Transcurrieron días y semanas, y pareció como si no iba a resultar nada. La niña no supo que el padre se había puesto furioso y estaba esperando el momento de efectuar una terrible venganza. Un día el hombre se presentó en la misión. Había caminado cincuenta millas y se sentía cansado y deshecho; se sentía tan mal que le saltaron las lágrimas. Dijo que quería ver a la maestra y cuando se vio con ella pidió que le bautizaran. Dijo que había hecho el viaje para entregarse a Jesús, y sin más ese hombre que había sido tan depravado y brutal, se entregó a Jesús y llegó a ser un humilde y valiente testigo del Salvador a quien tanto había odiado y despreciado.

Amado lector ¿no quieres darte a Jesús y dejar que él te emplee como lo hizo con esa niña y con su padre?

CAPITULO XXV

EL ESPIRITU SANTO EN LA EPISTOLA DE JUDAS

"Estos son los que causan divisiones; los sensuales, que no tienen al Espíritu. Pero vosotros, amados, edificándoos sobre vuestra santísima fe, orando en el Espíritu Santo, conservaos en el amor de Dios, esperando la misericordia de nuestro Señor Jesucristo para vida eterna" (Judas 19-21).

LA epístola de Judas, y el Apocalipsis que le sigue, se escribieron para los últimos tiempos. Presentan un notable contraste entre los primeros y últimos capítulos de la historia humana, especialmente en lo que atañe a las clases de impiedad prevalentes al principio y que volverán al fin, y da una profecía del retorno del Señor, predicha por Enoc en tiempos antediluvianos y que están por cumplirse en los días en que nos ha tocado la suerte vivir.

En el pasaje que tenemos delante, Judas describe a dos clases de hombres y señala el notable contraste que hay entre ellos. Se parecen, pero los unos no son más que imitadores de los otros. La clase de impiedad que será más peligrosa al aproximarse el fin de los tiempos, no será la que abiertamente se opone a Dios, sino aquella que estará disfrazada de aparente piedad, sin el poder, pues ella será la imitación que hará Satanás del Espíritu Santo. Veamos primero aquellos que son simplemente imitadores, para luego proseguir a ver a los que son legítimos.

I

AQUELLOS A QUIENES SATAN CONVIERTE EN IMITADORES. "Estos son los que causan divisiones; los sensuales, que no tienen el Espíritu" (Judas 19). Esta es una infortunada traducción. La palabra *sensual*, según se emplea en el lenguaje corriente, significa inmoral, grosero, licencioso y abiertamente depravado. La palabra griega no da esa impresión. La palabra *sensible* sería lo más aproximado, pero aun eso sería demasiado fuerte. La palabra *natural* sería la más adecuada. Esa misma palabra se ha traducido así en el primer capítulo de la Primera Epístola a los Corintios donde dice: "el hombre natural". La única manera de darle el significado más aproximado sería traduciéndola por nuestra voz "físico" pues deriva de la palabra griega *psyche,* que significa alma. El vocablo que nos ocupa describe la parte intermedia de la naturaleza humana. De acuerdo con la filosofía bíblica el hombre es una trinidad como su Creador; consiste de espíritu, alma y cuerpo. El Espíritu es la naturaleza superior, que conoce a Dios, distingue entre lo bueno y lo malo, y es capaz de sentir afectos religiosos, emociones y anhelos. El físico es el otro extremo, consta éste del organismo material dentro del cual habita el alma y el espíritu, de cuyos deseos, propósitos y obras es instrumento. Entre ambos, es decir entre el espíritu y el cuerpo — se encuentra el alma, la mente natural, el centro de los afectos, de la comprensión, de los gustos, del amor y del odio. El alma es la parte que piensa que se puede cultivar que tiene a la vez bajas pasiones y refinados gustos. El hombre síquico se encuentra bajo el dominio de esa parte de su ser.

Podemos vivir bajo tres condiciones. Primeramente, podemos ser dominados por la naturaleza más baja, por nuestra existencia animal — nuestro cuerpo con sus brutales apetitos. Esto es sensualidad pura. En segundo lugar, podemos ser dominados por nuestros gustos, por nuestra inteligencia, por nuestros afectos y pasiones, por nuestra naturaleza síquica. En tercer lugar, podemos ser dominados por nuestra naturaleza espiritual.

El hombre síquico es aquel que está dominado por su mente natural, ora sean sus tendencias elevadas o bajas. Es el hombre hijo de su madre, descendiente de Adán, que ha heredado la naturaleza humana caída que obra enteramente arrastrada por sus impulsos. Podrá ser un hombre de muy buena apariencia, muy intelectual e inteligente; muy afectuoso, lleno de virtudes domésticas y de fuego patriótico, pero no es más que un hombre natural.

Las tres partes que constituyen nuestro ser han caído bajo la maldición. El cuerpo está expuesto a las enfermedades y la muerte. El alma se ha envuelto en sí misma y se ha enlazado con sus propios gustos y deseos, como la cuerda de un reloj que se ajusta sobre el eje. También nuestro espíritu ha caído, la conciencia se ha descompuesto; la voluntad se ha debilitado y está mal dirigida y nuestras mejores aspiraciones están dominadas por la influencia de espíritus perversos y por motivos impíos.

No basta que sometamos cualquiera de las partes de nuestra naturaleza, o todas ellas, a una, ni aun al espíritu natural, pues este también ha caído. Hay quienes creen que todo lo que se requiere es la crucifixión del cuerpo — enjaularlo, alimentarlo con hierbas y raíces y privarlo de todo placer; alegan que obrando así, algunas veces se consigue librarlo de sus malas inclinaciones. Se ha comprobado que tal cosa no es posible, pues no bien se le priva de las restricciones que se impone, retorna a anteriores inclinaciones. Podremos aplastar el cuerpo pero no nos será posible acabar con sus malas tendencias.

Hay también quienes dicen que debemos exterminar el alma, crucificar nuestras pasiones humanas, nuestros afectos terrenales, nuestros gustos y deseos naturales, y hacernos fríos, abstraídos y espirituales. La verdad es que el Diablo es espíritu, pero es el más depravado de los espíritus. El monje encerrado en su celda, alejado de todo pensamiento, deseo y afecto terrenal, puede ser la encarnación de la maldad, del jesuitismo y de las crueldades y ambiciones más perversas.

El remedio que Dios ha dispuesto es la rendición total del hombre a Dios —espíritu, alma y cuerpo— éste se debe entregar a la muerte para luego ser objeto de una nueva creación, recibiendo un cuerpo convertido, un alma regenerada y un espíritu nuevo por medio de la gloriosa obra de la conversión. Pero ni aun eso basta; pues aun después de convertidos podremos recaer. Por consiguiente no sólo necesitamos tener un corazón nuevo y un nuevo espíritu, sino que es menester que el Espíritu Santo entre en el hombre nuevo para cuidar de él, para resguardar el corazón y la mente, para defender la ciudadela; para que habite en nosotros y nos inste a guardar sus estatutos.

El apóstol al referirse a esos hombres dice que no tienen el Espíritu. Tienen un sustituto, este es su propio espíritu, o mejor dicho, su propia alma, su sabiduría humana, su culta naturaleza. Son hombres físicos.

Esa generación no ha desaparecido aún, el mundo está lleno de ella. ¿Qué es la teosofía? ¿Qué es la ciencia cristiana? ¿Qué es gran parte de la prédica moderna? ¿Qué es la religión de la cultura? Habrá quienes prediquen con conmovedora elocuencia; quienes se expresen de manera tan emocionante que derramen lágrimas y hagan llorar a los que les escuchan, pero, después de todo, tanto el predicador como los que le escuchan podrán ser simplemente hombres físicos. Tal vez hoy viertan lágrimas en la iglesia, y mañana harán cosa igual en el teatro. Cuando los franceses derramaban torrentes de sangre en la terrible revolución de hace cien años, pasaban las noches en los teatros de París vertiendo lágrimas al presenciar dramas de índole sentimental. Hasta en la religión se encuentra cierto sentimentalismo falso en estos tiempos modernos.

La sublimidad del oratorio podrá elevar nuestras almas a raptos deleitosos; las perfectas armonías de los himnos clásicos podrán encantar los bien cultivados gustos pero no debemos olvidar que tales sentimientos no son religiosos. Podemos llegar a prosternarnos bajo la magnífica bóveda de la catedral, y en el claroscuro de luz religiosa podrá posesionarse de nosotros una especie de recogimiento que nos parezca culto, pero todo eso no es más que sentimentalismo, y podemos salir de allí para ir a seguir viviendo la vida egoísta y pecadora. Todo eso es simplemente sicología. No es más que la tendencia de la mente humana. Eso es lo que inspira el desbordante entusiasmo y la devoción de la idolatría pagana.

A eso se debe el que la poesía, las artes, la música y la elocuencia, a través de los tiempos, han encantado y conmovido el corazón humano. Pero, después de todo, no se trata más que de sentimientos humanos y nada de eso tiene que ver con la obra del Espíritu Santo. El poder del Espíritu Santo llega hasta la conciencia y convence de pecado, ilumina la inteligencia y revela la diferencia que hay entre lo bueno y lo malo, como asimismo la belleza y la autoridad de la voluntad de Dios. El Espíritu Santo afecta la voluntad, hace que ésta esté dispuesta a sacrificar sus propios gustos y que se rinda, alegremente a la voluntad de Dios; toma posesión de la vida y hace que ésta se consagre, sin reserva alguna, a servir obedientemente a Dios. Tal vez las demostraciones emotivas no sean tan notables, pero "por sus frutos los conoceréis". (Mateo 7:16).

Debemos tener cuidado de las imitaciones y confundir lo físico con lo espiritual, porque "el hombre natural (el hombre físico) no percibe las cosas que son del Espíritu de Dios;... no las puede entender, porque se han de discernir espiritualmente" (I Corintios 2:14).

El hombre natural, de carne y sangre, no puede heredar el reino de Dios. La raza de Adán no puede entrar a la patria eterna, mas, por la resurrección de Cristo pasamos de muerte a vida, y por medio de la vida espiritual de Cristo, nacemos del segundo hombre, el Señor que vino del cielo, y podemos participar de su herencia eterna.

"Porque todo el que quiera salvar su vida, la perderá; y todo el que pierda su vida por causa de mí, la hallará" (Mateo 16:25). Debemos entregar esta vida que se vive sólo para sí, aun en su condición más agradable y elevada. ¿La perderemos para siempre? No, ella nos será devuelta con el poder de la resurrección y en siglos por venir disfrutaremos de mayor cultura y gozaremos para siempre la más noble satisfacción. Llegará el día en que Dios nos vestirá de arco iris y nos hará brillar como el sol en su reino, y nos dará la capacidad necesaria para que podamos apreciar y disfrutar de todo lo bello y sublime, pero todo será para honra y gloria de nuestro Padre Celestial.

II

"Pero vosotros, amados, edificándoos sobre vuestra santísima fe, orando en el Espíritu Santo, conservaos en el amor de Dios, esperando la misericordia de nuestro Señor Jesucristo para vida eterna" (Judas 20, 21).

1. El hombre espiritual es un hombre de fe. La fe es la base de la vida y del carácter cristiano, y sobre ese fundamento somos edificados. No pode-

mos desarrollar más allá del fundamento. Sólo podemos avanzar hasta donde alcance nuestra fe. Debemos añadir a nuestra fe virtud; a la virtud, conocimiento; al conocimiento, dominio propio; al dominio propio, paciencia; a la paciencia, piedad; a la piedad, afecto fraternal; y al afecto fraternal, amor (II P. 1:5), y todas las demás gracias de la vida cristiana. Todo esto debemos recibirlo por la fe, y avanzar recibiendo todo eso de Cristo, "de fe en fe", de gracia en gracia, de día en día.

2. El hombre espiritual es un hombre que sabe amar. "Conservaos en el amor de Dios". Si bien la fe es el fundamento, el amor es el elemento en que crecemos y vivimos. Por eso dijo Cristo: "Estad en mi amor". El amor es el ambiente propicio para nuestra vida y desarrollo. El amor es vida y sólo podemos crecer conservándonos en el amor de Dios y en ininterrumpida comunión con él.

3. El hombre espiritual no pierde la esperanza. Conserva una visión gloriosa, un horizonte celestial; tiene una visión de lo infinito. Dicha visión va en aumento de día en día, y cada vez es más grande la inspiración que de ella recibe. Sin esperanza no puede haber nada glorioso. Mientras mayor es la esperanza tanto más grande y poderosa es la inspiración.

Nuestra esperanza es gloriosa e infinita; tiene siempre la mirada fija en los años eternos y llega hasta las sublimes alturas de Dios. Mientras vivimos bajo la influencia de esa bendita esperanza, nos elevamos a tal altura y grandeza que vemos las cosas terrenales pigmeas y empequeñecidas, y ese mismo hecho sublimiza nuestra vida y nuestro carácter.

4. El hombre espiritual es sostenido en su vida de fe, de amor y de esperanza por la oración del Espíritu Santo. Tal es el poder que da impulso a su vida; es la inspiración que sostiene su fe, su esperanza y su amor; es la fuerza que le imparte continuamente la necesaria fuerza.

El Espíritu Santo ha venido para asumir la responsabilidad del cuidado de las vidas consagradas. El asume la responsabilidad de dichas vidas como el piloto que ocupa su puesto en la cubierta de la nave para conducirla al puerto de destino; como el contratista de la erección de un edificio que se encarga de proveer todos los materiales necesarios para la construcción, hasta dejarla terminada; como el maestro e instructor de algún colegio importante que asume la responsabilidad de enseñar y disciplinar a los alumnos; como la madre que asume el cuidado de su amada criatura; como el jefe comandante de una gran campaña que tiene la mirada y su mano en cada uno de los detalles de la contienda — así el Espíritu Santo es el autor y consumador de nuestra vida espiritual. El tiene la mirada puesta constantemente en la gloriosa consumación. El entiende, como no hemos podido entenderlo nosotros, el glorioso plan que tiene Dios para nosotros. El nos ve constantemente como seremos cuando brillemos como el sol en el reino del Padre. El sabe cuáles son los peligros que nos circundan, nuestros defectos interiores, las tentaciones de afuera, y todo lo que podemos hacer y lo que no podemos hacer en la vida, y a pesar de todo se ha propuesto conducirnos hasta el fin.

El Espíritu Santo hace esto por medio del ministerio de la oración. Nos hace partícipes de la obra de nuestro propio desenvolvimiento y entera salvación. El Espíritu Santo no procede con nosotros como lo hace el alfarero con la arcilla plástica, sino que actúa con nosotros y quiere que colaboremos con él. Cada vez que se suscita alguna circunstancia en que necesitamos algo, él ora por nosotros haciéndonos ver lo que necesitamos y nos guía para que le presentemos nuestras necesidades al Padre Celestial en nombre del Señor Jesucristo. Es así como paso a paso, momento tras momento, el Espíritu Santo ora por todo lo que necesitamos en la vida para nosotros, para nuestra obra, para aquellos por quienes Dios ha puesto en nuestro corazón que nos interesemos, y el Padre Celestial nos contesta en el nombre del Señor Jesucristo.

En ningún momento de la vida del creyente deja el Espíritu Santo de velar por él, le cuida solícitamente con más ternura de lo que haría una madre. Si fuéramos más sensitivos para comprender, más prestos para escuchar, más listos a responder, nuestra vida sería una incesante oración, y todo lo que recibiésemos nos vendría por el bendito conducto de la intercesión del Espíritu Santo. Entonces sí "oraríamos sin cesar" y "daríamos gracias en todo", "esperaríamos continuamente en Dios". No dejaríamos de percibir la más leve indicación, sugestión o ministerio de la oración; pues estaríamos en contacto con el bendito Guía y nos sentiríamos conscientes continuamente de que contamos con su aprobación y que podemos cumplir sus más elevados y grandiosos pensamientos.

Amados míos, tal vez sea éste el secreto de muchas experiencias que habéis comprendido. Ese es el porqué de aquellos momentos de depresión que os han venido y que os han hecho verter lágrimas y enterrar vuestras cabezas en ambas manos al mismo tiempo que elevabais una súplica que no podíais comprender. El Espíritu Santo ve que necesitáis algo, sabe que estáis en algún peligro, del cual ni siquiera os dais cuenta, y ora para que seáis librados de algún mal, que llegaréis a reconocer más tarde. Cuando estáis a punto de dar un paso en falso, cuando corréis riesgo de entrar por una senda errada, de desoír algún importante llamamiento, o de ser engañado por alguna sutil asechanza de Satán, el Espíritu Santo se encuentra cerca, listo para invocar la oración en vuestro fuero interno, aunque ésta parezca simplemente un quejido que no se exprese en palabras. Si sois prudentes os rendiréis a ella, y responderéis al toque del Espíritu Santo. Muchas veces lo que el Espíritu Santo quiere es que os unáis con él orando por alguien, por algún alma en peligro, por alguien que pasa por momentos aflictivos, por enfermedad o alguna otra circunstancia que requiere ayuda; o algún mal que debáis resistir o algo que el Divino Maestro quiere que hagáis para él.

¡Ojalá fuésemos más sensitivos para oír su voz y más obedientes a las oraciones del Espíritu Santo! Si así lo fuéramos no perderíamos nada de su voluntad y nuestra vida sería radiante en presencia del Señor.

Preguntamos: ¿cuál es la oración del Espíritu Santo?

1. El Espíritu Santo nos inspira el deseo de orar y nos hace ver la necesidad de ello. Algunas veces lo comprendemos, otras veces no. Algunas

veces es una sensación de gozo y de elevación espiritual; algunas es un quejido indecible e inarticulable, otras veces es una indefinida sensación de que adolecemos de algún defecto, o una subconciencia de nuestra vaciedad y fracaso. El "tener hambre y sed de justicia" es una bienaventuranza. La sensación de que necesitamos algo es el lado sombrío de la bendición. Agradezcamos al Espíritu Santo porque nos hace sentir la necesidad de orar.

El más grande elogio que hizo Dios de Daniel de los tiempos antiguos fue cuando dijo que era "varón de deseos" y el Señor ha prometido que si nos deleitamos en él, nos concederá las peticiones de nuestro corazón (Salmo 37:4).

2. El Espíritu Santo nos enseña a orar en conformidad con la voluntad de Dios. El nos dirige cómo hemos de orar; nos ahorra el que malgastemos el tiempo orando sin saber por qué; nos ilumina y nos hace comprender los fundamentos de la oración, y nos hace ver qué es lo que le agrada a Dios, de manera que podemos pedirle con toda confianza aquello que es conforme a su voluntad, y que lo que él nos da en respuesta a nuestra petición es lo que él quiere darnos.

El señor Jorge Müller dice que muchas veces le toma mucho más tiempo decidir sobre qué debe orar, que el que tarda en recibir la respuesta a sus peticiones.

3. El Espíritu Santo nos da acceso a la presencia de Dios.

4. El Espíritu Santo nos enseña a orar en nombre de Jesús. Nos hace ver cuáles son los derechos que tenemos por medio de nuestro Gran Mediador y al acercarnos a Dios en nombre de Jesús poder

pedir como él lo hace; y, con toda humildad, pero con entera confianza, podemos decir: "Padre, gracias te doy por haberme oído, yo sabía que siempre me oyes" (Juan 11:41,42).

5. El Espíritu Santo nos hace orar con fe, "es necesario que el que se acerca a Dios crea que le hay, y que es galardonador de los que le buscan" (He. 11:6).

El nos enseña cuando oramos, a creer que recibiremos las cosas que hemos pedido, y a confiar en lo que ha dicho el Maestro, sin ansiedad ni temores. El imparte al corazón la tranquila seguridad de que Dios acepta nuestras plegarias y nos sostiene durante la prueba a que se ve sometida nuestra fe durante el tiempo de espera, dándonos confianza y tranquilidad y disipando el temor.

6. El Espíritu Santo nos hace elevar la oración de amor y de fe; nos eleva a la dignidad y poder de nuestro sagrado sacerdocio, poniendo sobre nosotros las responsabilidades del Gran Sumo Pontífice, permitiendo que seamos partícipes "de las aflicciones de Cristo por su cuerpo, que es la iglesia" (Colosenses 1:24). En el desempeño de este bendito ministerio a menudo nos damos cuenta de las necesidades de nuestros semejantes, y se nos concede el privilegio de ayudar a algunos en dolor o peligro; llegará el día en que nos enteraremos de que muchos se salvaron, se ganaron muchas victorias y se disfrutaron muchas bendiciones debido al sagrado ministerio de aquellos a quienes ayudamos por vía del trono de Dios, al cual nos aproximamos por medio de la oración, ayuda que no habríamos podido dar de ningún otro modo.

Cuando nos emancipamos totalmente de nuestros egoístas afanes y cuidados, y estamos en condiciones para consagrarnos de lleno a colaborar con nuestro Divino Maestro, el Espíritu Santo se deleita en hacernos sentir las necesidades de las multitudes, de toda la iglesia y del reino de Cristo siéndonos posible, por consiguiente, ejercer un ministerio que abarque el mundo entero y que se eleve a la altura de nuestro gran Sumo Pontífice, delante del trono de Dios.

7. El Espíritu Santo despierta en nosotros el espíritu de comunión de modo que cuando no tenemos nada que pedir guardamos silencio y sin pronunciar palabra, nos mantenemos en comunión en el seno de Dios. Ese estado debiera llegar a ser el verdadero ambiente de nuestro ser.

Finalmente, al orar así, inspirados por el Espíritu Santo, podremos edificarnos más en nuestra santa fe, nos "conservaremos en el amor de Dios" y esperaremos, viendo con visión celestial, la misericordia del Señor Jesucristo para vida eterna. Se cumplirá así en nuestra vida la bendición de esta preciosa epístola: "A aquel, que es poderoso para guardaros sin caída, y presentaros sin mancha delante de su gloria con gran alegría, al único y sabio Dios, nuestro Salvador, sea gloria y majestad, imperio y potencia, ahora y por todos los siglos, Amén".

CAPITULO XXVI

EL ESPIRITU SIETE VECES SANTO

"Yo estaba en el Espíritu en el día del Señor" (Apocalipsis 1:10).

"Los siete Espíritus que están delante de su trono" (Apocalipsis 1:4).

"Y siete lámparas de fuego ardían delante del trono, las cuales son los siete Espíritus de Dios" (Apocalipsis 4:5).

"Tenía siete cuernos, y siete ojos, los cuales son los siete Espíritus de Dios enviados por toda la tierra" (Apocalipsis 5:6).

EL libro de Apocalipsis es el último mensaje del Espíritu Santo a la Iglesia de Cristo. Se dio después de haber desaparecido la primera generación de cristianos, y Juan era el único que quedaba de todos aquellos que siguieron al Señor. Hacía ya medio siglo que Jesús estaba en el cielo, regresó para hacerle otra visita al apóstol que se encontraba en Patmos, con objeto de hacer a sus seguidores la última revelación de su voluntad, respecto a estos últimos días de la dispensación. Por consiguiente se trata, pues, del mensaje que Cristo ha dejado especialmente para nosotros, y en el mismo Apocalipsis se le denomina "mensaje del Espíritu a las Iglesias".

En el pasaje que ahora tenemos delante se nos

presenta un cuadro del Espíritu Santo, tal cual se le presentó a Juan en este Apocalipsis.

I

LAS SIETE PLENITUDES DEL ESPIRITU. Los siete espíritus que están delante del trono no pueden ser espíritus creados, pues sería blasfemia relacionar seres inferiores con las divinas personas del Padre y el Hijo al hacer la descripción de la gloria y el culto que se rinde a la Trinidad en este pasaje.

Evidentemente lo que se representa aquí es al Espíritu siete veces Santo. El número siete es el de la perfección; se emplea para describir la perfecta plenitud del Espíritu divino en sus atributos y obras. El es todopoderoso y todosabio; toda la vida, toda la gracia y toda la plenitud que podamos necesitar para cumplir los deberes de la vida y la perfecta voluntad de Dios con respecto a cada uno de nosotros.

Podríamos detenernos a especificar los siete grandes atributos del Espíritu Santo, en su función de Espíritu de Luz, Espíritu de Vida, Espíritu de Santidad, Espíritu de Poder, Espíritu de Gozo, Espíritu de Amor, y Espíritu de Esperanza; pero después de haber nombrado esos siete gloriosos aspectos de sus funciones, quedan aún muchos más que podríamos nombrar, el amor y la gracia del Espíritu Santo, como el amor de Jesús, sobrepasan toda comprensión nuestra.

¿Podéis pensar en algo que necesitáis para vuestra vida espiritual, para vuestro ser físico, o para la realización de vuestros servicios para Dios y los hombres? Todo lo que necesitéis podéis hallarlo en el Espíritu Santo. ¿Habéis fallado en algo, o sabéis de alguien que ha fallado? Cabalmente en esas circunstancias él puede dar la gracia que jamás falla "nos ha dado todas las cosas que pertenecen a la vida y la piedad" (II Pedro 1:3). "Y poderoso es Dios para hacer que abunde en vosotros toda gracia, a fin de que, teniendo siempre en todas las cosas todo lo suficiente, abundéis para toda buena obra" (II Co. 9:8).

En vista de esto, la mención que se hace de los siete Espíritus en relación con las siete iglesias parece sugerir la preciosa verdad que para cada iglesia el Espíritu Santo tiene un aspecto separado. No es lo mismo para todos. El Espíritu Santo obra directa y específicamente para cada una de sus iglesias y para con las personas que las constituyen, y él da todo su amor y toda su gracia a cada una específicamente. Tal cual una madre que cuenta con una docena de criaturas y da todo su corazón a cada una de ellas, el Espíritu Santo se da a cada uno específicamente, y cada uno de nosotros puede llegar hasta el sitio donde está Juan reclinado en el regazo del Redentor, y puede atreverse a decir que es "el discípulo a quien Jesús amaba".

Amados míos, ¿estamos disfrutando del Espíritu siete veces **Santo**?

II

LA PLENITUD DEL ESPIRITU DE LUZ. "Siete lámparas de fuego ardían delante del trono" (Apocalipsis 4:5).

Este es un cuadro de la plenitud del Espíritu de luz. Se presenta en medio de una escena de grandeza y de terror. Se abre una puerta del cielo, y Juan vio el trono del eterno Jehová, rodeado de la insignia de su majestad y de las manifestaciones de la ira y poder de Dios.

Está a punto de comenzar el juicio del mundo depravado, y de los espíritus perversos que han sido dueños de él por tanto tiempo. Se oyen ruidos de truenos y relámpagos de ira que parten del trono central, pero aparecen las siete lámparas de fuego, derramando su benigna luz sobre el espeluznante escenario, e inmediatamente todo se transforma. Delante del trono se ve un mar de vidrio como cristal, y la escena de juicio se convierte en escena de paz. Después aparece el Cordero en el trono, y toda la creación eleva un cántico a Dios y al Cordero.

Las siete lámparas que se ven delante del trono nos recuerdan la visión de Zacarías, que encontramos en el capítulo cuatro de su profecía que representa al Espíritu Santo en las siete luces de la iglesia, y el aceite que abastece las lámparas que arden constantemente. No tenemos ninguna otra luz aparte del Espíritu Santo, y la luz que emana de él es perfecta, siete veces refulgente. Irradia su luz sobre todo misterio, sobre toda perplejidad, y alumbra todos los pasos de la vida.

El Espíritu Santo es quien nos da la luz de las Sagradas Escrituras, el que revela la misericordia del Señor Jesucristo que nos da la salvación y nos da a conocer la voluntad de Dios para que ordenemos por ella nuestra conducta. El es la luz de la vida, el que nos señala la senda que debemos seguir, y nos enseña cómo debemos andar en el enredado laberinto de esta vida. El es la luz que penetra y revela lo que tenemos en nuestros corazones, para luego hacernos ver la preciosa sangre que limpia, y nos da la promesa adecuada cada vez que la necesitamos. El es la luz perfecta que jamás decepciona, que nunca exagera, que nunca elude ni oculta la verdad, por penosa que sea, que nunca cambia, que nunca falla, ni nos deja sumidos en la oscuridad.

Pero el Espíritu Santo no es únicamente luz, sino que también es paz, calor, — pues "arde" a la vez que "alumbra". Da vida a la vez que esparce luz; tiene poder, al mismo tiempo que guía; de él brota amor al mismo tiempo que la verdad, y al recibirle nosotros también nos convertimos en "focos ardientes que esparcen luz", y nuestras vidas serán ejemplos vivos de las verdades que profesamos y de los principios que sostenemos.

III

EL ESPIRITU SANTO DADOR DE VISTA PERFECTA. "Tenía siete cuernos, y siete ojos, los cuales son los siete espíritus de Dios enviados en toda la tierra" (Apocalipsis 5:6).

Esta es la más sublime de las visiones del Señor Jesucristo que tenemos en todo el libro de Apocalipsis. Estando el evangelista con la mirada dirigida al cielo, ve un rollo que, al parecer, contiene escritos los propósitos y la voluntad de Dios acerca de los tiempos futuros. El rollo está sellado. Nadie en el cielo ni en la tierra podía romper los sellos de dicho rollo. Súbitamente un ángel se acerca y le anuncia que el misterio iba a resolverse, pues se había encontrado a uno que podía romper los sellos y abrir el rollo. Este era el León de la tribu de Judá que pudo romper los sellos y "abrir el libro".

Juan recorrió el escenario, con la mirada, en busca del león, ¡pero he aquí que lo que vio fue un Cordero! Este llevaba las señales rojas del sufrimiento y la muerte, no obstante eso, después de contemplarle detenidamente de más cerca, vio que llevaba también las insignias de poder y sabiduría infinitos, pues tenía siete cuernos y siete ojos, símbolos éstos de poder perfecto los primeros y de perfecta sabiduría los segundos.

Esos siete ojos representan los siete Espíritus de Dios, es decir el Espíritu siete veces Santo de Dios, que ha sido enviado a la tierra. Necesitamos algo más, aparte de la luz; necesitamos los ojos con que podamos ver la luz, la facultad de recibir iluminación interior; la creación y vida de nuevos sentidos espirituales que puedan comprender las nuevas realidades espirituales que revela el Espíritu Santo; que pueda reconocer al Señor Jesús y darse cuenta de la presencia de aquel a quien el Espíritu se deleita en dar a conocer. Vemos, pues, que se representa al Espíritu Santo como los ojos que Dios nos da interiormente para iluminarnos.

Eso nos recuerda aquella preciosa expresión que encontramos en uno de los Salmos: "Sobre ti fijaré mis ojos", Dios nos da sus ojos, y con su luz nos hace ver toda la verdad espiritual y todas las realidades divinas. Por eso es muy significativo el hecho que al revelarse el Señor Jesucristo en el Evangelio de Juan, como la luz del mundo, inmediatamente después de esa preciosa enseñanza le restauró la vista a un ciego, haciéndoles ver así que lo que ellos necesitaban era la visión, más aun que conocimiento de la verdad. Seguidamente pasó a decirles que él había venido al mundo "para que los que no ven, vean, y los que ven, sean cegados" (Juan 9:39). La confianza que tenían en su propio saber era la causa de su ceguera, y de su incapacidad de entender sus enseñanzas.

Eso es lo que el Espíritu Santo nos trae — nos da una visión del Señor Jesucristo; nos da la facultad de poder ver las cosas divinas como las que ve el propio Dios. No sólo nos da conocimiento de la verdad, sino que nos da la facultad de comprenderla. El Espíritu Santo no sólo nos revela las promesas, sino que nos enseña a apreciarlas. No sólo nos hace ver el pan vivo y las corrientes del agua de vida, sino que nos abre la boca para que bebamos, y hace que nos agrade conocer y probar las bendiciones que traen estas cosas. No sólo nos habla, sino que él habla por intermedio nuestro. Se vale de nosotros para pensar, nos da instintos e intuiciones divinas y hace que nuestro criterio santificado obre bajo su influencia y por medio de lo que él sugiere. Lo hace de manera tan sencilla, pero al mismo tiempo tan perfecta, que no es tanto que Dios nos hable a nosotros, sino que habla por intermedio nuestro "así el querer como el hacer, por su buena voluntad" (Filipenses 2:13).

Observemos que esos siete ojos son del Cordero, pero también lo son del Espíritu Santo. La unión perfecta entre el Espíritu y el Hijo, se ve claramente en esta fuerte y sublime figura. Los siete cuernos representan el poder del Cristo entronizado, y los siete ojos representan la sabiduría del Espíritu Santo. Entre los cuernos y los ojos, entre el infinito poder de Jesús y la infinita sabiduría del Espíritu Santo, ¿cómo hemos de caer o fallar?

Reconozcamos siempre al Espíritu Santo como el Espíritu de Jesús, y demos al Cordero inmolado los mismos honores que damos al Espíritu Santo.

Vemos, además, que los ojos del Señor son "enviados en toda la tierra". El Espíritu Santo no actúa desde el cielo, sino que lo hace aquí mismo en la tierra. La infinita sabiduría de Dios, que es el Espíritu Santo, está con la iglesia para dirigirla, cuidarla y dar impulso a la obra que hace para él, hasta que se cumpla el ministerio de la redención, hasta que se hayan roto todos los sellos del rollo, y se cumpla toda la visión con el regreso glorioso del Señor Jesucristo, como el León de la tribu de Judá.

IV

EL ESPIRITU EN EL DIA DEL SEÑOR. Juan, después de haber explicado lo que es la plenitud del Espíritu Santo, dice: "Estaba en el Espíritu en el día del Señor". Observad que no dice el Espíritu estaba en mí. Esto también es cierto, pero lo otro expresa una verdad más grande. Un Espíritu siete veces santo, tan lleno de recursos y atributos, es demasiado grande aun cuando se trate de todo el corazón humano, por consiguiente llega a ser un océano de ilimitada plenitud en el que estamos sumergidos y en el que habitamos. Al oír tal expresión parécenos como si estuviéramos al pie de un manantial y que bebiéramos de él hasta hartarnos.

Pero el agua sigue manando hasta convertirse en una laguna, que luego llega a hacerse un océano — una inmensidad de agua en la que llega el momento en que no hallamos pie ni orilla, pero nos lavamos y bebemos hasta que nos perdemos en el océano de su infinita plenitud. Esa es la concepción divina. El Espíritu Santo es el elemento y la atmósfera en que vivimos, como el pájaro en el aire, como el pez en el agua, como los pulmones en el éter cuyo oxígeno absorbemos y con cuyo aliento vivimos. No nos henchimos de aire aspirándolo una sola vez, sino que seguimos rodeados de él y podemos respirarlo muchísimas veces, hasta que llega a ser la fuente de nuestra vida incesante; lo único que lo limita es nuestra capacidad de recibirlo.

No sólo tenemos el privilegio de estar en el Espíritu en ciertos momentos de éxtasis y de especial arrobamiento, sino que podemos quedarnos allí, estando nosotros en él y él en nosotros, de manera que sea un hecho, en sentido espiritual, que "en él vivimos, nos movemos y somos" (Hechos 17:28). Entonces cada día es un "Día del Señor". Entonces toda la vida es un interminable "Sabbath" de santo descanso y comunión celestial. Cada lugar un santuario, cada estación un domingo, y cada momento un cielo de paz, de alegría y de amor.

> Ven, santa paloma celestial,
> Sagrado Espíritu de amor,
> Nuestra alma hazla revivir;
> Ven, con poder pentecostal,
> Ven, siete veces Santo Señor,
> En nos ven a vivir.

CAPITULO XXVII

MENSAJE DEL ESPIRITU SANTO A LAS IGLESIAS

"El que tiene oído, oiga lo que el Espíritu dice a las iglesias" (Ap. 3:22).

LAS siete cartas que el Señor Jesús envió a las siete iglesias de Asia contienen el último mensaje del Espíritu Santo a las iglesias de la era cristiana.

Dichas cartas no fueron dirigidas a la iglesia apostólica; pues todos los apóstoles, excepto Juan, estaban ya en el cielo, y las dos primeras generaciones de cristianos habían pasado a la eternidad. De manera muy especial estas epístolas representan el mensaje del Salvador resucitado y del Espíritu Santo a las iglesias de los últimos días y de nuestro tiempo. Aunque contienen las palabras del propio Señor Jesús, también representan, teniendo en cuenta la perfecta unión que vemos constantemente en las Sagradas Escrituras, entre el Espíritu Santo y el Hijo de Dios, lo que el Espíritu dice a las iglesias.

Un breve viaje por la región del oeste de Asia Menor, nos conduciría, siguiendo el orden en que se nombran en estas epístolas, a las ciudades de Efeso y Esmirna, y de allí a Pérgamo y Tiatira para luego proseguir a las otras que aquí se mencionan.

Muchos estudiosos han interpretado estas cartas diciendo que ellas representan, en orden cronológico, las sucesivas etapas del cristianismo desde los tiempos de Juan hasta el fin de la era cristiana. Hasta cierto punto esto es, indudablemente, así.

Efeso, fuerte y ortodoxa, celosa y activa en su labor cristiana, representa a la iglesia inmediatamente después del período apostólico. Esmirna, perseguida y dolorida, representa el período siguiente de persecución y martirio. Siguió después la reacción de Pérgamo — la iglesia próspera y mundana; con sus mayores peligros y tentaciones representa el período de Constantino, cuando el cristianismo llegó a ser la religión del Estado, el mundo había cesado de oponérsele, y cambió la severa mirada perseguidora por la arrobadora y seductora sonrisa de los placeres.

La iglesia de Tiatira representa el siguiente paso, el resurgimiento de la corrupción espiritual, especialmente la apostasía romana. A ésta sigue, naturalmente, Sardis — un estado de absoluta muerte espiritual, que representa muy bien la oscuridad y muerte de la edad media.

Viene enseguida, Filadelfia, endeble pero fiel, leal a la palabra de Cristo y a su nombre, contando con su aprobación y bendición. Esta iglesia representa el período de la Reforma, que produjo el avivamiento de la vida y poder espiritual bajo el impulso que le dieron Lutero, Cranmer, Knox, Doddrige, Baxter y la vida religiosa y profundos movimientos espirituales que han seguido entre las benditas minorías de las iglesias de Cristo, durante estos últimos siglos.

Hay aún otro cuadro más, este es el de la iglesia de Laodicea, rica, próspera, satisfecha de sí misma, vastamente respetada, pero totalmente tibia, indiferente y sumamente ofensiva a los sentimientos del Señor Jesucristo. Este se detiene del lado de afuera de la puerta, golpea solicitando que se le deje entrar, advirtiendo acerca del juicio venidero y diciendo que pronto volverá para sentarse en su trono milenial. Ciertamente ésta representa a la iglesia de hoy, y a la más mundana aún del porvenir. El último período de la cristiandad antes de la venida del Señor.

Pero si bien el cuadro es cronológicamente cierto, al mismo tiempo cada una de las mencionadas iglesias representa un estado de cosas permanentes y perpetuas hasta el fin de los tiempos. Si bien es verdad que Efeso representa los primeros siglos del cristianismo, también se encuentra a través de todos los tiempos. Aunque es un hecho que Filadelfia representa la aurora de la Reforma, es un hecho también que el espíritu de Filadelfia prosigue, y los representantes del verdadero avivamiento y del cristianismo vital, continúan hasta el fin. Vemos pues que todas estas iglesias son concomitantes a la vez que sucesivas.

Representan siete estados de la cristiandad que casi siempre se pueden hallar en alguna parte de ella, a la cual el Espíritu Santo le envía su último mensaje solemne de advertencia, represión o promesa. Contemplemos dichos mensajes alumbrados por esa luz.

I

EL MENSAJE DEL ESPIRITU A LA IGLESIA FUERTE. La iglesia de Efeso era fuerte. Estaba llena de buenas obras. "Conozco tus obras", y no sólo tus obras, sino "tu trabajo" Ap. 2:2 — obras que cuestan algo, "y tu paciencia" — obras continuas. Era la de Efeso una iglesia conforme con la doctrina fundamental, celosa del cumplimiento de los deberes, apoyaba con firmeza todo aquello que consideraba verdad, y se oponía, sin vacilaciones, a todo aquello que consideraba falso o ilegítimo. "Has probado a los que se dicen ser apóstoles, y no lo son, y los has hallado mentirosos". Ese es un magnífico testimonio, y uno podría pensar que una iglesia de la cual puede hablar tan elogiosamente el Divino Maestro, debe encontrarse muy por delante aun de aquellas que figuran entre las buenas. Pero el Señor no está satisfecho con Efeso. El mensaje del Espíritu es penetrante y condenatorio. La versión inglesa expresa muy débilmente el significado de la frase condenatoria que aquí se emplea en el original griego. No es: "Tengo algo contra ti", sino "Tengo contra ti" (como dice en la versión castellana de Cipriano de Valera). Tengo tanto contra ti, que si no cambias la causa de la ofensa y reprobación, no podré sufrirte más; "vendré pronto a ti, y quitaré tu candelero de su lugar, si no te hubieres arrepentido" (Ap. 2:5).

¿Cuál fue el gran cambio que se había producido? ¿Cuál fue la grave omisión en que esa iglesia había incurrido? "Has dejado tu primer amor". Era la falta de amor, la falta de fervor, la falta de devoción al Señor Jesucristo. Contaban con el elemento activo y correcto, pero carecían de la sensibilidad del corazón, sin la cual todo no es más que hueco formulismo, Cristo no acepta ningún sustituto de la vida que se da por entero al Salvador amado.

No nos casamos con el único objeto de tener una mujer que nos prepare la comida y lave la ropa, como hacen los salvajes africanos, sino que nos unimos en matrimonio para tener una compañera a la cual le consagramos todo el afecto de nuestro corazón. Si nuestra esposa dijera que no puede amarnos porque está por demás atareada con sus quehaceres, le diríamos que una criada puede hacer eso, pero únicamente la esposa debe amarnos como lo anhela nuestro corazón. Eso es lo que Jesús le pide a su iglesia, y no recibirá ninguna cosa en su reemplazo.

¿De qué consiste ese primer amor? Consiste de esa apasionada demostración de gratitud y afecto que se apoderó de nosotros en el momento de nuestra conversión; esa demostración de regocijo, esa efervescente devoción infantil, que se convierte en hábitos de sobria, sincera, tranquila y fiel obediencia. ¿Aceptaremos su represión aunque no sintamos el mismo apasionado entusiasmo que tuvimos al principio? No, ciertamente que no. El primer amor no significa el que tuvimos la primera vez recién cuando nos convertimos, pues Jesús quiere que con el correr del tiempo le amemos más y mejor. No se refiere al primer amor en el orden del tiempo, sino en el orden de importancia. Lo que quiere es el amor que le da a él la preferencia; que le coloca a él en el lugar supremo; el amor que le hace a él objeto del primer afecto al despertarnos por la mañana y el último, por la noche, antes de quedarnos dormidos; el gozo supremo de todo nuestro ser; el alegre reconocimiento de su soberanía sobre nuestra voluntad y sobre todas nuestras acciones, el darle la preferencia sobre todo, sintiendo que sin él no hay nada que nos interese. El quiere ser el primero en el afecto de nuestro corazón y en las aspiraciones de nuestra vida. Eso es lo que Cristo quiere, sin ese amor, no importan cuán buenas sean nuestras intenciones, nuestra generosidad y nuestro celo por su obra, todo es para él como metal que resuena y címbalo que retiñe.

Ese es el primer y último mensaje del Espíritu Santo a las siete iglesias. Jesús quiere vuestro amor. Una querida hermana cristiana pasó una vez por una muy singular experiencia. Le pareció que Cristo no estaba satisfecho con la clase de vida que ella llevaba, y con objeto de obviar ese sentimiento, comenzó a hacer planes para trabajar más. Asumió la responsabilidad de otra clase en la escuela dominical; tomó a su cargo otra sociedad de señoras; dedicó algunas horas más a otros trabajos, pero nada de eso logró tranquilizarla. Con el correr de los meses su intranquilidad fue aumentando, en vez de disminuír, y se sintió más y más desilusionada.

Al fin se arrojó a los pies de su Salvador y le dijo: "Señor, ¿por qué no me dices qué es lo que quieres? ¿Qué puedo hacer para complacerte?" Parecióle entonces oír una voz suave que le decía: "Lo que quiero no es que trabajes más, sino que me ames más". Y al dejarse caer en los amantes brazos de Jesús, y reclinarse sobre su pecho, como la María de antaño, se convenció de que lo que el

Maestro quería era que le diese su corazón con su primer amor. "El que tiene oído, oiga lo que el Espíritu dice a las iglesias".

II

MENSAJE DEL ESPIRITU A LA IGLESIA ATRIBULADA. Apocalipsis 2:8-11. La iglesia de Esmirna era una iglesia mártir. Ella representa al atribulado pueblo de Dios de todos los tiempos. Dicha tribulación no consiste siempre de fuego externo. El dolor que causan las pruebas interiores suele ser más intenso, y hoy día sobrevienen al corazón humano aflicciones tan dolorosas, como las que se sufrieron en los días de los mártires. ¿Cuál es el mensaje del Espíritu a la iglesia atribulada? "Sé fiel hasta la muerte y yo te daré la corona de la vida" (Ap. 2:10). No debemos tratar de salir de las tribulaciones por cualquier medio fácil que se nos presente, sino que debemos seguir fieles aunque sigamos atribulados. Sigamos fieles aunque ello nos produzca la muerte. La gran tentación que se nos presenta siempre es tratar de salir de la prueba o tribulación a cualquier costo, como si el objeto principal fuese librarnos de la prueba.

¡Cuán noble fue el ejemplo que nos dejaron los hombres de Babilonia respecto a eso! "Nuestro Dios" —dijeron— "a quien honramos, puede librarnos del horno de fuego ardiendo; y de tu mano, oh rey, nos librará. Y si no, sepas, oh rey, que tu dios no adoraremos, ni tampoco honraremos la estatua que has levantado" (Daniel 3:17,18). He ahí la verdadera actitud de aquel que es verdaderamente fiel; se queda firme (como Cristo en el desierto, que rehusó la ayuda que le ofrecía el Diablo) hasta que el propio Dios liberte o acepte el sacrificio con todo lo que éste costare. Eso es lo que más falta nos hace hoy día, necesitamos la columna vertebral y la sangre real de esa lealtad dispuesta a cualquier sacrificio con tal de mantenerse fiel a sus principios y a su Dios. Cuando el Espíritu Santo encuentra hombres y mujeres de esa clase, con ellos puede realizar cualquier cosa.

III

MENSAJE DEL ESPIRITU A LA IGLESIA MUNDANA. Esta la tenemos representada en la iglesia de Pérgamo (Ap. 2:12-17).

En esta iglesia moraba Satanás, y Satanás tiene su trono en el mundo. El principal peligro que amenazaba era la doctrina de Balaam, la tentación de concurrir a los banquetes mundanos codeándose con los grandes e influyentes personajes; comiendo cosas sacrificadas a los ídolos y deleitándose con placeres profanos, manteniendo la doctrina de los nicolaítas — con cierta apariencia de piedad, pero con toda libertad de pecar.

Esa es la peculiar tentación de la iglesia hoy día, asirse a Dios con una mano dándole al mundo la otra; el ceder los puros y sagrados principios, a fin de complacer a los grandes e influyentes, pretendiendo, sin embargo, que su afán es ser fiel a Dios. El Espíritu Santo ofrece algo mejor, en contraste con el pan y el amor prohibido del mundo — promete el maná escondido del banquete celestial, y el amor eterno del Señor Jesucristo. Esto lo tenemos representado por la piedrecita blanca con el nombre escrito en ella, el cual ninguno conoce sino aquel que lo recibe.

Rehusemos la tentación de pan del mundo y de la amistad de éste, y llegará el día en que nos sentaremos en el palacio donde se da el banquete celestial, y la bandera que flameará, sobre nosotros será la del amor. Cuando el Señor nos reciba y nos haga entrar a participar de las bodas del Cordero, y nos haga disfrutar del encanto de su amor, un instante de esa dicha será mejor recompensa que toda una eternidad de placer terrenal.

Amados míos, ¿está el Espíritu Santo dando el mensaje a alguno de vosotros? ¿El atrayente mundo está tratando de inducirnos a la vida mundana? "El que tiene oídos oiga lo que el Espíritu dice a las iglesias".

IV

MENSAJE DEL ESPIRITU SANTO A LA IGLESIA CORRUPTA. Tiatira representa, el período de corrupción, y la vida ilegítima de los perversos. La frase más notable de esta epístola — "las profundidades de Satanás" — representa muy bien el misterio abominable del papado, y los peligros similares que rodean la iglesia en estos últimos días, por medio de los engaños de Satán y la falsa vida de Tiatira.

Es indudable que ese estado de cosas irá en aumento conforme se va aproximando a su fin la era en que nos encontramos. Se presentarán profetas falsos, habrá quienes dirán que ven visiones, que son iluminados y que han tenido revelaciones; se multiplicarán las "osofías" y los "ismos".

En esta epístola el Espíritu Santo nos ha dado

una buena arma que podemos emplear para contrarrestar todas esas influencias: "No impondré sobre vosotros otra carga, pero la que tenéis, retenedla hasta que yo venga" (Ap. 2:24,25).

Se nos presentan hombres con sus teosofías y sus revelaciones, que nos dicen, como la serpiente le dijo a Eva, que hay una vida más elevada en planos espirituales más altos; pero esas insinuaciones no son otra cosa que destellos engañosos de las luces de las lámparas del abismo. En respuesta a todo lo que dicen no tenemos ninguna otra cosa que hacer sino mantener bien alta la palabra de Dios, que revelará todas esas falsas ilusiones como el sol, que no sólo hace huir las tinieblas, sino que eclipsa la luz de los faroles y antorchas.

En contraste con todo eso, ¡cuán gloriosa es la promesa que hace el Espíritu Santo a los que se mantienen fieles y salen vencedores! En oposición al poder del Diablo, que ofrece el adversario, y contrarrestando la luz falsa de sus pretendidas revelaciones, dice el Señor Jesús: "Al que venciere, y guardare mis obras hasta el fin, yo le daré autoridad sobre las naciones... y le daré la estrella de la mañana" (Ap. 2:26-28), el poder y la luz que vienen de arriba, y que perdurarán eternamente. ¡Oh, amados míos! ¿Habrá alguien entre nosotros que se ha dejado atraer por las engañosas luces del error, del fanatismo, de la superstición y del falso misticismo? "El que tiene oído, oiga lo que el Espíritu dice a las iglesias".

V

MENSAJE DEL ESPIRITU SANTO A LA IGLESIA MUERTA. Sardis representa la culminación de todo lo precedente — una iglesia que tiene el nombre como si estuviera viva, pero la verdad es que está muerta. ¿Cuál es el mensaje que envía el Espíritu a dicha iglesia? Triste es decirlo, pero es la verdad que de nada sirve hablarle a una iglesia muerta. El Espíritu Santo sólo puede dirigirse a los pocos que todavía están vivos dentro de la iglesia. A ellos les dice: "Tienes unas pocas personas en Sardis que no han manchado sus vestiduras; y andarán conmigo en vestiduras blancas; porque son dignas" (Ap. 3:4).

Si Dios te ha puesto a ti, amado lector, entre una congregación de esa clase, puedes mantenerte fiel; puedes vivir en íntima relación con él, y ser un leal testigo de Cristo, aunque todo lo que te rodee esté muerto. A los que se encuentran en tu condición el Espíritu Santo les hace una promesa gloriosa: "El que venciere será vestido de vestiduras blancas; y no borraré su nombre del libro de la vida, y confesaré su nombre delante de mi Padre, y delante de sus ángeles. El que tiene oído, oiga lo que el Espíritu dice a las iglesias". (Ap. 3:5 y 6).

Amado mío, permanece fiel, aunque te encuentres solo, y llegará el día en que oirás que tu nombre se menciona delante del trono de tu Padre.

VI

EL MENSAJE DEL ESPIRITU AL PEQUEÑO REBAÑO DE FIELES. La iglesia de Filadelfia sólo recibe palabras de encomio de parte del Señor. Es una iglesia pequeña, con muy pocas fuerzas, pero se ha mantenido fiel en dos respectos: Ha permanecido leal a la palabra de Cristo y a su nombre. Ha mantenido el testimonio claro y fiel a la palabra de Dios y a las Sagradas Escrituras, y en contraste con nombres eclesiásticos y demostraciones exteriores, reconoce y honra el nombre del Señor Jesucristo, las Sagradas Escrituras y al Cristo viviente. Esos son sus testimonios. A través de los siglos, al ver esas señales, fácil es reconocer al verdadero rebaño evangélico de Cristo, esto es especialmente así en estos últimos días.

Amados míos, en contraste con la alta crítica y los diversos puntos de vista, ¿nos mantenemos fieles a la sencilla autoridad de la inmutable Palabra de Dios? En contraste con cualquier otro nombre, ¿seguimos fieles al Señor Jesucristo, creemos en su divinidad, deseamos glorificarle, creemos en su divina gracia y en el poder de su sagrado nombre?

Luego el Espíritu Santo nos da a nosotros estas promesas: Primero, "una puerta abierta, la cual nadie puede cerrar (Ap. 3:8), lo que significa, el privilegio de servirle. En segundo lugar, participaremos de la gloriosa traslación de la esposa en la ocasión de la venida del Señor. "Te guardaré de la hora de la prueba que ha de venir sobre el mundo entero, para probar a los que moran sobre la tierra" (3:10). En tercer lugar, se nos asignará un lugar permanente y honroso en la nueva Jerusalén, se nos hará partícipes del reino milenial de nuestro Señor, seremos columnas de su templo, llevaremos el nombre de la nueva Jerusalén y el nuevo nombre de Jesucristo, quedando así identificados con él y con su amor y gloria por siempre jamás.

O amados míos, teniendo presente este tan elevado llamamiento y estas gloriosas verdades, seamos fieles y "el que tiene oído, oiga lo que el Espíritu dice a las iglesias".

VII

MENSAJE DEL ESPIRITU A LAS IGLESIAS INDIFERENTES. Hay algo tristemente sugestivo en el hecho de que lo que se dice acerca de la iglesia de Laodicea es tan diferente a lo que se dijo de las demás. Aun la iglesia de Sardis fue reconocida como suya; pero esta útlima no lo es; lo que les pertenece a ellos es "la iglesia de los laodicenses". Parece como si el Señor hubiese querido decirles como le dijo a Israel de antaño: "He aquí vuestra casa os es dejada desierta" (Lucas 13:35).

No habéis querido que yo os dirija, podéis quedaros con vuestra iglesia si así lo queréis. El mismo nombre Laodicea, significa "el sitio del pueblo". Representa la iglesia popular, una iglesia que quiere agradar a la gente de su tiempo. Se trata de una iglesia grande, rica y poderosa; es acaudalada, posee muchos bienes, no carece de nada; está, también, muy satisfecha de sí misma. Los informes de la cantidad de miembros con que cuenta, su posición económica, su organización misionera son muy halagadores. Realiza una obra muy extensa; gasta bastante dinero y está perfectamente satisfecha con los adelantos que ha realizado y con su prosperidad en general, pero, ¡ay! ante los ojos del Señor, no es más que "un desventurado, miserable, pobre, ciego y desnudo" (3:17). Se representa al Señor como alguien a quien se ha excluído, vedándosele la entrada. Por eso está ante la puerta llamando, como si fuera un desconocido; les está haciendo su última advertencia solemne; les advierte acerca del castigo y del juicio venidero; les aconseja que compren el oro verdadero de la fe, las ropas blancas de la divina santidad, el colirio de la iluminación espiritual.

¡Pero lo más triste y desconsolador de todo el cuadro es que él representa la última escena del cristianismo visible — la iglesia, al final de los tiempos en el advenimiento del Señor!

Amados míos, ¿será posible que la iglesia de nuestros padres, la iglesia de los reformadores, la iglesia de los mártires, pueda llegar a ser una iglesia de esa clase? Preguntaos: La iglesia de Pablo y de Juan ¿no llegó a ser la iglesia apóstata de Roma?

¿Cuál es el verdadero secreto de todo eso? "Eres tibia" Ap. 3:16 — respetable indiferencia; la misma causa que produjo la decadencia de la iglesia de Efeso, agravada e intensificada, por la falta de ternura, de amor, de entusiasmo y la ausencia de Jesús dentro de su seno. La iglesia que ha perdido el Espíritu de avivamiento y la sencillez del fervor; la iglesia que considera que la experiencia religiosa es simplemente sentimentalismo, fanatismo y extravagancia, vestida con ropajes de majestuosa respetabilidad y propia complacencia, se cruza de brazos y dice: "Estoy enriquecida, y no tengo necesidad de ninguna cosa" mientras que Jesús está de pie esperando en la puerta y el juicio final está por llegar, es una iglesia laodiceana, a la cual el Divino Maestro le da la espalda, por eso su último mensaje no se lo envía a la iglesia en conjunto sino que habla individualmente a los componentes de ella que quieran salir de la indiferencia y convertirse en vencedores espirituales: "Si alguno oye mi voz y abre la puerta, entraré a él, y cenaré con él y él conmigo" (Ap. 2:20). "Al que venciere le daré que se siente conmigo en mi trono; así como yo he vencido, y me he sentado con mi Padre en su trono" (Ap. 2:21).

Esa promesa es para cada persona individualmente. Sí, aunque la iglesia apostatare, podemos nosotros, personalmente, seguir fieles a Dios, y obtener nuestra corona.

Figuran aquí dos promesas: Primero debemos recibir a Cristo en nuestro corazón; después nos sentaremos con él en su trono. Se nos da el premio disfrazadamente. Muy pronto vendrá el Señor en toda su gloria para conocer a aquellos que han permanecido fieles a él en los días de tribulación y prueba. En vista de ese gran día, roguemos a Dios que nos ayude a quedar fieles.

Se cuenta que el zar Iván, de Rusia, algunas veces solía disfrazarse e iba a entremezclarse con la gente del pueblo a fin de enterarse, personalmente de qué clase de gente se componía su pueblo.

Una noche salió vestido como mendigo a la ciudad de Moscú y fue de puerta en puerta solicitando albergue. Muchas fueron las casas donde le negaron alojamiento, hasta que llegó el momento en que el zar se sintió muy desalentado al ver el egoísmo de su pueblo. Felizmente, al fin, dio con una casa donde lo recibieron muy amablemente. El pobre hombre que ocupaba la casa lo hizo entrar, le dio de comer un pedazo de pan y una taza de agua para beber, después de lo cual le señaló una cama donde podía acostarse a descansar. El colchón era de paja, y el hombre le dijo: "Lamento no poder ofrecerle algo mejor, pero tengo a mi esposa enferma, pues acaba de tener familia, y tengo que cuidar a la madre y a la criaturita recién nacida". El emperador se acostó y durmió tranquilamente. Al fin había dado con un hombre de buen corazón. Al llegar el día, por la mañana temprano se despidió, dándole las gracias a su benefactor.

El pobre hombre muy pronto se olvidó del extraño huésped y de lo que había hecho por él, pero algunos días después se detuvo en la puerta de su domicilio el carruaje real. El emperador, acompañado de su séquito se presentó en el humilde hogar.

El pobre hombre se alarmó al ver al soberano y sus acompañantes, se arrojó a los pies del emperador al mismo tiempo que preguntaba: ¿Qué es lo que he hecho?

Iván hizo que el hombre se levantara y, tomándolo de la mano, le dijo: "No has hecho nada, sino hospedar a tu emperador. Yo fui quien durmió en esa cama con colchón de paja; fui yo quien recibió tu humilde pero generosa acogida, y vengo a recompensarte por ello. Me recibiste disfrazado pero ahora vengo tal cual soy para remunerarte por tu amor: Tráeme aquí tu hijito recién nacido". Cuando le presentaron a la criatura, el emperador dijo: "Ponedle mi nombre, y cuando crezca, yo cuidaré de su educación y le daré un puesto en mi corte".

Entregándole al hombre una bolsa de oro dijo: "Utiliza este dinero en beneficio de tu esposa, y si llegares a necesitar algo, no dejes de ir a ver al pobre mendigo que durmió la otra noche en ese rincón".

Al alejarse el emperador, el pobre hombre se regocijó por haber alojado en su casa al emperador disfrazado. Llegará el día en que en medio del esplendor del trono del advenimiento, daremos mundos por conseguir una mirada de los ojos reales.

¡Cómo nos regocijaremos cuando en medio de los millares de seres que poblarán los cielos veamos su amorosa sonrisa y, al reconocernos, le oigamos decir: "Venid, benditos de mi Padre, sentaos en mi trono, no os avergonzasteis de mí cuando llegué, disfrazado, entre vosotros, ahora he venido para presentaros a mi Padre y sus santos ángeles"!

"El que tiene oído oiga lo que el Espíritu dice a las iglesias". Ap. 3:6.

CAPITULO XXVIII

EL ULTIMO MENSAJE DEL ESPIRITU SANTO

"El Espíritu Santo y la Esposa dicen: Ven"
(Ap. 22:17).

ESTE es el último mensaje del Espíritu Santo y la última vez que se le menciona en el Nuevo Testamento. Generalmente al referirse a él se hace como un llamamiento dirigido al pecador para que acuda a Cristo, pero, en realidad, es una oración que elevan el Espíritu Santo y la Esposa implorando a Cristo que regrese, basándose en la promesa hecha por él con respecto a su segundo advenimiento. La respuesta la tenemos en su bondadoso mensaje: "Ciertamente vengo en breve y la respuesta del apóstol y la iglesia: "Amén, sea así, ven, Señor Jesús".

Es ciertamente, muy notable y precioso el hecho que la última palabra del Espíritu Santo en este gran Apocalipsis, que tiene por objeto revelarnos el retorno de nuestro Señor, sea una invocación pidiéndole a Jesús que venga. La gran obra del Espíritu Santo, desde que Jesús ascendió a los cielos, ha sido la preparación para el regreso del Salvador. Los dos últimos mensajes de nuestro Divino Maestro, antes de partir, que tenemos en los primeros diez versículos de los Hechos de los Apóstoles, se refieren al Espíritu Santo y a su segunda venida. Entre esas dos promesas está encerrada toda la era cristiana, y el objeto del primero es el cumplimiento de lo último.

El Espíritu ya ha revelado la visión profética, y la clausura con el fin de los tiempos. El Espíritu Santo eleva una ardiente oración en la que hace que se una la amada Esposa de Jesús: "Ven, Señor Jesús". Después envía el mensaje a todas partes y agrega: "Que el que oye diga ven". Luego, volviéndose hacia el mundo y hacia el pecador, pronuncia el último mensaje: "El que tiene sed, venga; y el que quiera, tome del agua de la vida gratuitamente" (22:17).

Este pasaje nos sugiere la relación que tiene el Espíritu Santo con el regreso del Señor.

1. El Espíritu Santo es quien ha hecho las predicciones acerca de la segunda venida de Cristo. Fue el Espíritu Santo quien susurró a Enoc en el oído la primera noticia respecto al advenimiento, allá en los tiempos antes del diluvio. Fue él quien le dio a Jacob, cuando estaba moribundo, la visión del reino que se establecería en Silo. Fue él quien le reveló, aún al falso Balaam, la gloria de los mejores días, a tal punto que éste sintió deseos de participar de ellos. Fue él quien hizo que Job hablase acerca del día cuando vería en la carne al Redentor vivo, afirmando que él mismo lo vería sin ningún intermediario. Fue él quien inspiró a David para que cantara tantas veces y de modo tan sublime acerca del Príncipe de Paz, cuyo nombre permanece para siempre y cuyo dominio se extendería de mar a mar. Fue él quien le impartió a Isaías el ruego profético que le caracterizó y el que le reve-

ló a Daniel y Zacarías el panorama de los siglos. Valiéndose de los labios del Divino Maestro predijo en el monte del Olivar, la caída de Jerusalén y el fin de los tiempos.

Fue él quien enseñó a la iglesia primitiva acerca de esta bendita esperanza, para consolarla en sus tribulaciones y para alentarla en sus labores. Fue él quien inspiró al primer concilio que se reunió en Jerusalén, dándole el plan por el cual debía regirse la era cristiana; él que le reveló a Pablo la gran apostasía. También fue el Espíritu Santo quien inspiró los gloriosos mensajes referentes al advenimiento que se encuentran en las epístolas de los Corintios y a los Tesalonicenses. Y ahora le ha revelado al último de los apóstoles, con claridad que sobrepasa todas las visiones precedentes, la gloriosa verdad del retorno del Señor, y, resumiéndolo todo, torna su rostro hacia el cielo y eleva la última oración, diciendo: "Ven, Señor Jesús, ven pronto".

Más adelante, al leer este libro, alumbrados por la luz del cielo, veremos que en él se han revelado todos los incidentes y detalles del regreso del Señor. Mucho de ello lo hemos entendido mal; mucho de ello podrá continuar pareciéndonos oscuro, hasta el fin, pero nada de lo que debemos saber para ir al encuentro de nuestro Señor, ha quedado sin decirse. El Espíritu Santo nos lo ha hecho saber con toda claridad. Una palabra de cada veintiuna de esta escritura del Nuevo Testamento, trata este gran tema.

El que leyere la Biblia sin darse cuenta de ello es un insensato, y pierde la bendición que se anuncia en este mismo libro donde dice: "Bienaventurado el que lee, y los que oyen las palabras de esta profecía, y guardan las cosas en ella escritas" (Ap. 1:3).

2. El Espíritu Santo es quien ha interpretado e iluminado las escrituras proféticas.

No basta tener la palabra profética, necesitamos que alguien nos ayude a comprenderla.

Daniel habló acerca de visiones del advenimiento pero la comprensión que tuvo de lo que dijo, fue muy vaga, y se le dijo que las dejara selladas hasta que llegara la hora final. Pero también se le dijo que al aproximarse el fin, los entendidos comprenderían, y eso es cabalmente lo que está ocurriendo hoy día.

La más notable señal que nos aproximamos al final de los tiempos, y que el misterio de los siglos está por llegar a su fin, es la luz admirable que el Espíritu Santo ha derramado para iluminar las profecías de modo que podamos interpretarlas en estos tiempos.

No hay dudas de que se ha incurrido en errores; algunas cosas quedan aún oscuras; mucho queda aún por esclarecerse, pero las grandes etapas del futuro son, ciertamente, muy claras, y la iglesia de Cristo sabe lo suficiente para mantenerse fiel y lista para la venida de su Señor.

La más avanzada y la más sólida erudición del siglo está del lado de la verdad preliminar. La luz de la ciencia ha llegado a ser tributaria de la interpretación de las Santas Escrituras, y la verdad concerniente a la venida del Señor se ha publicado tan vastamente e ilustrado y proclamado de manera tan clara que ningún cristiano tiene por qué estar en duda hoy día con respecto a ese día.

Ni el menos informado y menos entendido de los discípulos de Cristo tiene por qué temer darse al estudio de la profecía creyendo que ésta es misteriosa y difícil de comprender. El Espíritu Santo la aclarará, y nos bendecirá si nos dedicamos a estudiarla, y cumplimos fielmente la profecía.

3. El Espíritu Santo está haciendo los preparativos para el advenimiento del Señor, despertando en el corazón de sus discípulos, deseos y expectación hacia este advenimiento.

Cuando se aproximaba el día en que el Señor Jesús había de venir a la tierra por primera vez, su pueblo fiel esperaba la redención y consolación de Israel y llegado el momento se encontraba allí para darle la bienvenida. No fue necesario que se le enviase ninguna carta para invitar a Ana y a Simeón para que concurriesen al templo en la ocasión en que iba a hacerse la presentación del niño Jesús; por medio de la sencilla pero infalible dirección del Espíritu Santo, ambos llegaron a tiempo; Simeón tomó al niño en sus brazos y lo bendijo, y Ana se retiró de esa escena jubilosa para ir a contar a todos los que esperaban la redención de Israel, que el Redentor había venido.

Lo mismo ocurrirá al fin. Los Simeones y Anas de Cristo le estarán esperando igualmente, y verán ellos los primeros rayos de luz de la aurora, y los primeros indicios de las Bodas cercanas.

Conforme se vaya acortando el tiempo esos indicios serán más y más uniformes y generales entre el rebaño y cuando aparezca el Señor su Esposa no estará en tinieblas para que la llegada del Esposo no la tome desapercibida, "sino que estará lista esperando para ir a su encuentro".

Esa bendita esperanza que embarga los corazones de muchos de nosotros, es una de las señales de los tiempos; esa singular sensación afecta también a los adeptos de religiones falsas que, sin poder decir por qué, están a la espera de la aparición de algún gran personaje que ha de surgir en esta generación.

Algunas veces esas sagradas intuiciones son más positivas y más inequívocas que las conclusiones a que arriban la ciencia y la filosofía. El pajarito no yerra cuando al aproximarse el invierno, movido por el impulso de su instinto, abre las alas y remonta el vuelo y se dirige a las regiones del sur; sabe que allá reina la primavera y no se equivoca.

Tenía razón el niño cuyo barrilete volaba tan alto que lo había perdido de vista entre las nubes, pero que continuaba prendido al hilo que él tenía en las manos, cuando unos amigos le dijeron riéndose creyéndolo muy ingenuo: "El barrilete se ha ido, el viento se lo llevó".

"No — replicó el niño — no se ha ido, sé que está allí porque siento que tira el hilo".

Amados míos, ¿sentís al Espíritu Santo que os atrae? Aunque la sabiduría mundana se mofe, y aunque la ambición mundana haga planes para generaciones venideras; y aunque nuestro propio mundo gire sobre el eje de nuestro "yo", no obstante todo eso, nuestros ojos miran hacia el cielo y nuestro corazón nos dice con una intuición que no podemos menos que reconocerla como verdadera; "tenemos la convicción de que la venida del Señor se acerca".

Es el bendito Espíritu Santo. Escuchemos su voz

apacible; tratemos de comprender bien lo que dice; conforme se va aproximando el día estemos preparados "inclinándonos" y "levantando nuestras cabezas" y como el pájaro que descansa en la rama del árbol, con las alas listas para levantar el vuelo y los ojos alerta para ver la señal de su compañero, estemos preparados para responder inmediatamente que nos llame, para ir con él en el aire.

4. El Espíritu Santo está realizando los preparativos para el regreso de Cristo, vistiendo espiritualmente a sus criaturas.

El llamamiento ha salido. "Han llegado las bodas del Cordero, y su esposa se ha preparado. Y a ella se le ha concedido que se vista de lino fino, limpio y resplandeciente; porque el lino fino es las acciones justas de los santos" (Ap. 19:7,8).

El Espíritu Santo está preparando a un pueblo para la venida de Cristo. En todas las secciones del mundo cristiano se observa notable movimiento hacia la entera consagración a Cristo, para que recibamos el bautismo del Espíritu Santo, y seamos transformados de modo que lleguemos a ser lo que Cristo quiere que seamos.

Este es cabalmente el momento en que el Esposo está cerca. Cuando la esposa está vestida y lista, el Señor no tardará en aparecer. Ese es uno de los movimientos religiosos especiales de nuestro tiempo. Dadle el nombre que queráis — santificación, la segunda bendición, vida cristiana más elevada, el bautismo del Espíritu Santo, o entera consagración — tal es el llamamiento que Dios hace hoy a su pueblo, y es precursor de la venida del Divino Maestro.

Las parábolas relatadas por nuestro Señor y

conocidas con el nombre del traje de bodas y de las diez vírgenes, están basadas en esta gran verdad — la necesidad de estar especialmente preparados para el advenimiento del Señor. En la primera de las parábolas que acabamos de mencionar se ve que se trata de la santidad personal de cada individuo, y en la segunda se demuestra la necesidad del indispensable bautismo del Espíritu Santo. Dios por su divina gracia nos da gratuitamente ambas cualidades. A la Esposa "le es dado que se vista de lino fino, limpio y brillante". Esta no tiene que preparar el ajuar, sino simplemente vestirse con el que le proporciona el Rey, y, como Rebeca de la antigüedad, vestirá el vestido que le ha dado el Esposo, y se cubrirá con el velo para ir a su encuentro cuando él viniere.

Amados míos, ¿habéis recibido el "vestido de bodas"? ¿habéis provisto el aceite necesario, en vuestras vasijas al mismo tiempo que en vuestras lámparas? ¿Estáis vestidos con el traje no solamente "limpio" sino "brillante" no sólo sin mancha de pecado, sino adornado con la hermosura y la gloria de las ropas sacerdotales? Tenemos la ropa interior y la exterior. El vestido interior debe ser inmaculado y el externo debe ser glorioso. Esa es la razón por qué el Espíritu Santo nos está sometiendo a la disciplina de la vida.

La palabra que se emplea aquí en La Revelación para significar "blancura" tiene la significación de brillantez; es la misma palabra que se emplea para describir el aspecto que tomó el ropaje de nuestro Señor el día de la transfiguración. Amados míos, vistámonos con las ropas blancas y deslumbrantes, y por la gracia del Espíritu Santo, estemos preparados para la venida del Divino Señor.

5. El Espíritu Santo nos da las arras de la resurrección.

Ya nos hemos referido a esto en capítulos anteriores, en relación con la vida física de Cristo que se manifiesta en el creyente por medio del Espíritu Santo. Dicha vida es la anticipación de lo que es la vida del que ha resucitado. Es el anticipo, el primer fruto, de la gloria física que disfrutaremos cuando él venga.

La sanidad divina, bien entendida, no es otra cosa que la vida de Jesucristo en nuestro cuerpo mortal, un anticipo de lo que será la resurrección. Esto es obra del Espíritu Santo; él es quien da vida a nuestros cuerpos mortales, viviendo en nosotros. Amados míos, ¿sabéis lo que es esa vida sobrenatural? ¿Estamos gustando de las fuentes de la inmortalidad que ha de abastecernos eternamente de vida que emana de la fuente inagotable?

6. Por la providencia de Dios el Espíritu Santo está operando en todas las naciones, preparando a las gentes para la venida de Cristo.

Los extraordinarios sucesos de nuestros tiempos son el principio de esos vuelcos que han de traer el reinado de Cristo. El Espíritu Santo ya está obrando en las naciones, está derribando barreras y abriendo caminos para el regreso de Cristo. El mismo Espíritu Santo que conmovió los corazones de los soberanos de la antigüedad convirtiéndoles en instrumentos providenciales, que son parte del plan de Dios en la proximidad del fin de los tiempos. Es evidente que los extraordinarios sucesos que se están desarrollando tan rápidamente en todas partes del mundo, tienen portentosa significación.

Los admirables avances del saber humano; la manera agitada como se desenvuelve la vida; las actividades comerciales y los métodos de transporte y comunicación por mar y tierra; las guerras y los rumores de guerra que mantienen inquieto el ambiente político; las revoluciones y sediciones de la sociedad y de las instituciones políticas — todo eso tiene gran significación e indica cosas por venir y el Espíritu Santo emplea esos mismos medios para proseguir firmemente sus propósitos, pues "sus ojos reconocen toda la tierra", y con su mano dirige a los hombres para que hagan lo que él quiere.

7. El Espíritu Santo es quien prepara a los discípulos de Cristo para luego enviarlos a cumplir la gran comisión que Jesús les ha dado, que sean sus testigos y que evangelicen al mundo entero.

Esa es la más grandes de las obras que lleva a cabo preparando las cosas para la venida de Cristo. Directamente relacionada con la promesa que hizo Jesús acerca del Espíritu Santo, tenemos la gran comisión: "Recibiréis poder, cuando haya venido sobre vosotros el Espíritu Santo y me seréis testigos... hasta lo último de la tierra" (Hch. 1:8).

Es así como hoy vemos al Espíritu Santo realizando la grandiosa obra de enviar el mensaje del evangelio a aquellos que no lo han recibido aún en nuestra patria y también a los paganos en el exterior. El Espíritu Santo no es simplemente una sensación agradable que se apodera del corazón del creyente, sino que es una poderosa influencia de consagración misionera práctica y de evangelización mundial, y todo corazón al que el Espíritu Santo enseña a decir: "Ven, Señor Jesús, ven presto" también se le oirá decir: "El que tenga sed, venga; y el que quiera, tome del agua de vida gratuitamente".

Amados míos, si estamos realmente, llenos del Espíritu Santo y si anhelamos la venida de Cristo, debemos ser obreros activos, ocupados en la preparación de terreno para su venida. Cumpliremos fielmente la comisión que se nos ha encomendado, dondequiera que Dios nos ponga. En nuestra patria, seremos ganadores de almas, y si no nos es posible a nosotros mismos ir al extranjero para llevar el mensaje del evangelio, haremos lo que esté a nuestro alcance para ayudar a otros a que lo hagan.

Gran parte de nuestra vida religiosa no es más que simple sentimentalismo cómodo; disfrutamos del lujo egoísta; cumplimos aquellos deberes cristianos que nos agradan, pero sabemos muy poco, o nada, de lo que es la incesante y abnegada consagración del Señor Jesucristo que impele a hacer todo lo posible con objeto de ganar el mundo rebelde para su Padre Dios.

Amados míos, ¿sois realmente sinceros y fervorosos? ¿Decís como lo dijo el Divino Maestro: "Empero de bautismo tengo que ser bautizado: y, ¡cómo me angustio hasta que se cumpla!?" (Lucas 12:50). ¿Avanzamos tan aprisa como nos es posible, para llevar el evangelio del reino de Cristo a todas las naciones a fin de apresurar su venida?

Tal vez, amado hermano, al leer estas líneas, Dios le esté llamando a usted para que vaya a llamar al discípulo perdido que ha de completar el número de la Esposa, y así traer de regreso a nuestro adorable Redentor.

Por otra parte, podría suceder, amado lector, que al leer estas líneas, seas aun pecador irredento — un alma a quien Cristo espera para completar a su gloriosa Esposa, y mientras espera dice: "El que quiera, venga y beba del agua de vida, gratuitamente".

Hay aquí tres palabras cortitas que parecen estar armoniosamente entrelazadas. La primera es: "Ven, Señor Jesús", es la voz del Espíritu Santo la que así se expresa, y ese será el clamor de todos aquellos que están llenos del Espíritu. "Y el que oye, diga: Ven".

La segunda palabra es: "Id". Si realmente estamos diciendo "Ven, Señor Jesús", iremos con el evangelio de salvación en busca de los descarriados en nuestro país, y a los paganos de otras tierras. La tercera es la repetición de la misma palabra "ven" pues ése ha de ser nuestro mensaje, como lo es del Espíritu Santo, al mundo perdido y moribundo. "Venid a Jesús". "El que tiene sed venga, y el que quiera, tome del agua de vida gratuitamente."

Se dice que la primera vez que la reina Victoria estuvo de visita en Escocia, se tomaron medidas para que la noticia de su llegada se diera desde Edimburgo por medio de luces colocadas en los más altos montes. Las luces se reflejarían en todas direcciones desde Leith a Stirlin, de Stirlin a Inverness, de Inverness a la lejana ciudad de Caithness. Así, de montaña en montaña las luces llevaron la alegre noticia; "La reina ha llegado".

Este texto parece ser algo así como el anuncio del atalaya. Apresurémonos, pues, a instalar los focos de luz en la cima de todas las montañas de la tierra; señalemos a los atalayas que han de hacer la guardia por la mañana; estemos listos para el momento en que se enciendan las luces; hasta que llegue la mañana venturosa en que el atalaya más próximo vea la señal de la luz que brilla de un punto a otro, y se extiende de torre en torre, de tierra en tierra, hasta que en todo el mundo los que oigan dirán: "Ven", y se elevará el clamor del cortejo de tierra y cielo, que acude a recibirle: "El Señor ha venido". Así sea, Señor Jesús, ven pronto.

www.ingramcontent.com/pod-product-compliance
Lightning Source LLC
Chambersburg PA
CBHW050416240426
43661CB00055B/2172